Arnold Hottinger
Gottesstaaten und Machtpyramiden

Arnold Hottinger

# Gottesstaaten und Machtpyramiden

Demokratie in der islamischen Welt

NZZ Verlag

© 2000, Verlag Neue Zürcher Zeitung, Zürich
Internet: www.nzz-buchverlag.ch
ISBN 3 85823 852 X

# Inhalt

# Einleitung

In dem vorliegenden Buch geht es um Demokratie in den Ländern einer Kultur, in der Demokratie nicht einheimisch ist. Die nahöstlichen Kulturen, die historisch ältesten und die ersten auf der westlichen Seite der Welt, waren auf Königtum aufgebaut, und dieses Königtum beruhte auf Gottkönigtum: der Vorstellung, dass die menschlichen Staaten den Göttern oder ihrem spezifischen Gott zu dienen haben, weil sie ihnen oder ihm unterstehen. Auch der Islam hat die Grundvorstellung übernommen, nach welcher die Gemeinschaft der Gläubigen in dieser Welt Gott zu dienen habe und die Anführer dieser Gemeinschaft als Nachfolger des Propheten Gottes Vertreter auf Erden seien.

Die Gottesherrschaft hat allerdings auch im Osten eine Tendenz, die auf Verweltlichung hinausläuft, weil die Herrscher gut leben, reich sind und sich normalerweise mehr für Macht interessieren als für den Dienst an Gott, sogar wenn sie sich selbst weiterhin als Gottes Vertreter auf Erden ansehen. Deshalb hat es auch in der islamischen Welt oft eine praktische Trennung zwischen der geistlichen und der politischen Sphäre gegeben, jedoch nie eine theoretische Anerkennung dieser Dualität. Die Gottesgelehrten entwickelten den Anspruch, dass sie als die Fachleute des Gottesgesetzes und der Religion überhaupt das Recht hätten, im Namen der Religion zu sprechen. Doch durch die ganze islamische Geschichte hindurch, bis zu Khomeini, sahen sie gleichzeitig den Herrscher, sei er der Nachfolger des Propheten, *Khalifa* (unser Kalif), oder in späterer Zeit der De-facto-Machthaber, *Sultan*, als eine notwendige und daher legitime Figur, die dazu da war, die Gemeinschaft der Gläubigen zu lenken, ja sie zu befehligen, wie es der Titel des Kalifen, «Befehlshaber der Gläubigen», unterstreicht. Ohne ihn würde die Gemeinschaft in Unordnung geraten. Die Legitimität des Herrschers, sei er Kalif oder nur «Sultan», geht aus Notwenigkeit hervor, und diese Notwendigkeit (des Amtes, nicht der Person) wird ihrerseits als ein Beweis der göttlichen Zustimmung gesehen. Wenn Gott den Machthaber für die menschliche Ordnung notwendig gemacht hat, will er ihn offenbar, vielleicht nicht notwendigerweise als Person, jedoch jedenfalls als Amt und Auftrag. Der Herr-

11

scher wird so, entsprechend der seit Beginn der nahöstlichen Zivilisationen bestehenden Tradition, als notwendig und daher gottgegeben angesehen.

Dante denkt nicht anders; zu Anfang seiner Schrift «De Monarchia» legt er nieder, dass drei Thesen zu beweisen seien: «Ob die Monarchie notwendig sei zum Wohle der Welt; ob das römische Volk sich zu Recht das Amt der Monarchie zugewiesen habe; drittens, ob die Machtbefugnisse *(auctoritas)* des Monarchen unmittelbar von Gott abhängen oder von irgendeinem Diener oder Stellvertreter Gottes.» Die Schrift Dantes beweist dann ausführlich mit den Mitteln der scholastischen Logik, dass alle drei Fragestellungen zu bejahen seien.

Doch Dante war schon in seiner Zeit nicht unwidersprochen, und die spätere Entwicklung in Europa, besonders seit der Aufklärung und der Französischen Revolution, hat diese Widersprüche so sehr bestärkt, dass am Ende wenig Glauben mehr an das natürliche, weil notwendige und daher gottgegebene Recht der Herrscher, zu herrschen, verblieb. Die Ansicht, nach welcher die Herrschenden für das weltliche Wohlergehen ihrer Untertanen, nicht für das geistliche, zu sorgen hätten und verantwortlich seien, nahm im Westen überhand, und aus ihr ging hervor, dass die Untertanen selbst zu beschliessen hätten, was sie als ihr weltliches Wohl ansähen und wie es zu suchen sei; mit anderen Worten, dass ihnen ein Aufsichtsrecht über die Machthaber zustehe.

Im Nahen Osten hat eine entsprechende Entwicklung erst in der Zeit stattgefunden, in der europäische Vorbilder und Vorstellungen in die nahöstliche Welt eindrangen. Dieser Prozess begann mit dem 19. Jahrhundert; doch erst gegen Mitte des Jahrhunderts war er so weit fortgeschritten, dass von bestimmten Eliten, die sich stark an westliche Vorstellungen und Vorbilder anlehnten, das göttliche Recht der Herrscher zu herrschen in Frage gestellt werden konnte. Im Volk blieb, beispielsweise im Osmanischen Reich, dieses Recht und die Ansicht von der Notwendigkeit eines «Padeschahs» (Allherrschers) bis zum Ende des Ersten Weltkriegs verankert. Als ein Zeugnis dafür unter vielen mag die Beschreibung von Irfan Orga[1] aus der Zeit des Weltkriegs dienen: «Ein Wagen folgte der Kavallerie, gezogen von eleganten, aristokratischen Pferden; wir konnten einen Augenblick lang einen kleinen alten Mann sehen mit einem kleinen weissen Bart. Er trug Uniform mit vielen Medaillen, die über seine Brust krochen. Ein lauter Schrei der Anhäng-

---

1    Irfan Orga: Portrait of a Turkish Family, New York 1957, S. 168.

lichkeit brach aus von den Leuten, deren Hälfte in Lumpen gekleidet war. Tief aus den Kehlen rollte der Willkommensgruss. ‹Lang lebe unser Allgebieter!›, riefen sie aus; er zog weiter und andere Stimmen nahmen den Ruf auf. Sogar als der Wagen endgültig verschwunden war, kamen die Echos der jubelnden Menge zu uns zurück.»

Seither ist ein knappes Jahrhundert verflossen, und es ging nicht ohne Wirkung am Nahen Osten vorbei. Die westlichen, zuerst europäischen, später auch amerikanischen, Vorstellungen und Errungenschaften, Methoden und Ideale haben sich gewaltig ausgebreitet und überall Wurzel gefasst. Sie sind tief in den Nahen Osten eingedrungen. Alles Leben wurde von ihnen ergriffen, die Wirtschaftssysteme so gut wie die Technologie, die Bauweise der Städte, die Kleidung und Lebensweise der Menschen, die Grundvorstellungen von Erfolg und Effizienz, von Bildung und Kultur – auch die Ideen vom Zweck und Sinn der Staaten und der Aktionen ihrer politischen Führung. Die Begriffe von Vaterland, vom nationalen Staat, vom Fortschritt und Wohlstand der Bürger kamen aus dem Westen und sind im Nahen Osten einheimisch geworden. Die Einwirkungen aus dem Westen haben zu einer tiefgreifenden Veränderung der wirtschaftlichen und der sozialen und der mentalen Strukturen geführt. Auch die politischen Systeme sind unter dem Einfluss westlicher Vorbilder teilweise schon in der Kolonialzeit grundlegend umgebaut worden. Bürokratien, Polizeistrukturen, moderne Armeen wurden aufgebaut, über ihnen kamen neue Gremien und ganze Gesellschaftsschichten zur Macht, die diese Herrschaftsinstrumente einsetzen und kontrollieren sollten.

Doch die neuen Machtsysteme sind so gut wie immer unvollständig geblieben. Um in einigermassen zufriedenstellender Art im Interesse der Gemeinschaften zu funktionieren, bedürften sie der Kontroll- und Orientierungsorgane, die es erlaubten, Machtmissbräuche und andere politische sowie wirtschaftliche Fehlentwicklungen schon früh zu erkennen und abzustellen. Dass dies auch im Nahen Osten theoretisch als eine Notwendigkeit erkannt wird, kann man aus sämtlichen Verfassungen ablesen, welche die Staaten der muslimischen Welt – wie viele andere sogenannte Entwicklungsländer – sich selbst gegeben haben. Diese Verfassungen garantieren Volksvertretungen, unabhängige Gerichte, Informationsfreiheit; sie sprechen von Parlamenten und Menschenrechten. Sie tun dies, weil theoretisch die Notwendigkeit fest steht, die Machthaber zu kontrollieren und für ihre Aktionen zur Rechenschaft zu ziehen. Doch jedermann weiss, dass in Wirklichkeit keine Kontrollen für die Machthaber bestehen. Sogar wenn sie den

Staat bestehlen, tritt das erst in ganzem Ausmass zu Tage, nachdem die Machthaber abgetreten sind, sei es durch den Tod, sei es durch einen Umsturz. Die Parlamente pflegen als Scheinparlamente zu funktionieren, das heisst, sie sind nichts anderes als vom Machthaber ausgesuchte Beifalls- und Legitimierungsgremien. Die Gerichte und die Presse sind manchmal wenigstens teilweise unabhängig, doch wenn es vom Standpunkt der Machthaber aus als notwendig erscheint, werden sie gleichgeschaltet – durch Zensur und Verstaatlichung sowie durch Militär- und Sondergerichte, die gezwungen sind, sich an die Weisungen von oben zu halten. In der politischen Wirklichkeit, auch wieder besonders, wenn Notlagen bestehen (doch wann bestehen sie nicht?), regiert der oberste Machthaber oft mit Hilfe seiner Geheimpolizei oder verschiedener Geheimpolizeiapparate, die nicht nur die Untertanen sowie die unteren bürokratischen und militärischen Herrschaftsorgane, sondern darüber hinaus auch einander gegenseitig bespitzeln sollen. Die in den Verfassungen niedergelegten Rechte der Staatsbürger und die Einrichtungen, die ihnen dienen sollten, diese Rechte auch wahrzunehmen, werden als reine Kulissen demokratisch scheinender Dekoration gehandhabt.

Dass solche Kulissen aufgestellt werden, zeigt, dass die Machthaber und ihre Untergebenen wissen, wie eine moderne Demokratie funktionieren sollte. Die Tatsache, dass es den Mächtigen jedoch immer wieder gelingt, das Funktionieren der konstitutionell vorgesehenen Organe und Regeln zu verhindern und zu umgehen, weist darauf hin, dass die demokratischen Systeme nur in der Theorie anerkannt sind, jedoch nicht in der politischen Praxis verankert werden konnten. – Liegt das an den Machthabern oder an ihren Völkern? Den Machthabern ist gewiss die Hauptschuld zuzusprechen; doch auch den Völkern kann man in vielen Fällen vorwerfen, dass sie allzu bereit seien, die Machthaber gewähren zu lassen und ihnen sogar zuzujubeln, weil der Wunsch nach einem charismatischen, Heil verheissenden obersten Chef, sei er propagandabedingt, sei er durch alte Herrschaftstraditionen oder durch beides gegeben, bei grossen Teilen der Bevölkerungen stark genug wirkt, um einem Aspiranten relativ leicht zur absoluten Macht zu verhelfen. Ist er einmal zur Macht gelangt, steht es ihm frei, diese immer feiner auszubauen und immer solider abzusichern, so dass später einsetzende Kritik bei seinen Untergebenen schwerlich mehr zum Ausdruck gelangen oder gar praktische Wirkungen hervorbringen kann.

Dabei darf man nicht übersehen, dass die Machtinstrumente, die einem heutigen Machthaber zur Verfügung stehen, sehr viel wirksamer sind als in

14

vergangenen Zeiten. Dies ist auch eine Folge der Verwestlichung: sie liefert der Staatsmacht eine ganze Palette von Machtmethoden, über die traditionelle Machthaber, so absolut sie auch zu regieren trachteten, nicht verfügten. Dazu gehören alle Errungenschaften der modernen Technik, vom Fernsehen über die staatlichen Zeitungen bis zur drahtlosen Datenübermittlung; alle Vorteile, die das moderne Wirtschaftsleben jenen bringt, die es leiten und beherrschen, vom Erdölmonopol bis zum Papiergeld und der Notunterstützung durch den Internationalen Währungsfonds; sämtliche Machtstützen, die moderne Waffen abgeben, vom Maschinengewehr bis zum Kampfhelikopter, ja notfalls bis zum Giftgas. Moderne Polizei- und Geheimdienstmethoden und Technologien zur Überwachung der eigenen Untergebenen sind ein beliebtes Geschenk, das industrielle Staaten ihren Freunden in der Dritten Welt gerne machen.

Bürokratien zur Lenkung, Überwachung und Besteuerung der Völker sind überall nach westlichem Vorbild ausgebaut und verfeinert worden. Die Macht der Herrschenden ist durch die Verwestlichung der Methoden und der Aktionsmöglichkeiten des Staates vervielfacht worden. Die traditionellen Kontrollen, denen Herrscher einst unterstanden, haben dagegen abgenommen: bis zum Zusammenbruch der alten Regime unter dem Druck der westlichen Mächte waren solche Kontrollen primär durch den Einfluss gegeben, den die Geistlichen als Vermittler zwischen der Bevölkerung und dem Staate ausübten. Der geistliche Stand besass bis ins 19. Jahrhundert eine lockere Kontrolle über die Herrscher, weil es für diese nicht empfehlenswert war, die Warnungen und Mahnungen der Geistlichen systematisch zu ignorieren. Doch die Verwestlichung hat einen tiefen Graben zwischen den Geistlichen und den Machthabern gezogen und gleichzeitig die Geistlichen von den modernen Eliten unter den Staatsbürgern isoliert. Sie sind dadurch gegenüber dem Staat und seinen Machthabern viel schwächer geworden. Die Geistlichen pflegen noch heute in der islamischen Tradition zu leben, die anderen, Machthaber und Eliten, in einer von aussen übernommenen Moderne, die sich auf Vorbilder aus der Industriewelt stützt. Die Berührungspunkte zwischen beiden Seiten haben stark abgenommen. Man kann behaupten, die westlichen Methoden und Errungenschaften hätten die Macht der Machthaber in den nichtwestlichen Ländern gewaltig gesteigert und gleichzeitig die bisher bestehenden – ohnehin nicht sehr wirkungsvollen – Machtkontrollen stark abgebaut. Die Kontrollen jedoch, die in den westlichen Systemen dafür sorgen, dass diese Systeme mit einigem Erfolg fortdauern und vielleicht sogar weiter vorankommen, sind in den verwestlichten Ländern der Dritten Welt (nicht nur in den muslimischen, die im Mittelpunkt dieses Buches stehen) nicht wirklich eingeführt worden oder sie haben es nicht vermocht, Wurzeln zu schlagen. Sie bestehen nur als wirkungslose Scheininstitutionen. Damit fehlen die Kontrollen gerade da, wo sie besonders notwendig wären. Viel ist übernommen worden, doch der eigentliche Schlussstein im Gewölbebogen der Übernahmen fehlt, und das ganze Gewölbe läuft deshalb immer wieder Gefahr zusammenzubrechen.

Die Demokratie ist im Nahen Osten nicht einheimisch. Aber sie muss es werden. – Warum? – Letztlich, weil in der heutigen Welt ohne demokratische Einrichtungen kein wirklicher Fortschritt erreicht werden kann oder höchstens ein viel zu langsamer, zögernder und immer wieder schweren Rückschlägen ausgesetzter. Mitspracherecht und echter Fortschritt hängen insofern zusammen, als aufgezwungener Fortschritt, sei es von aussen oder von innen, schwerlich ein echter Fortschritt sein wird. Diese Art eines aufgezwungenen, meist «kommandierten» «Fortschrittes», der die Bevölkerung und ihren Willen, aber auch ihre Möglichkeiten negiert, dürfte vielmehr über kurz oder lang zu Um- und Zusammenbrüchen führen, die das Erreichte jeweilen wieder in Frage stellen.

Eine solche Politik bringt ausserdem aller Wahrscheinlichkeit nach in der Praxis nur imitativen oder derivativen Fortschritt, das heisst solchen, der bereits anderswo Entwickeltes übernimmt und damit notwendigerweise hinter dem Fortschritt «der anderen», von denen er übernommen wird, hinterherhinken wird. Sogar wenn derartige Übernahmen erfolgreich verlaufen (in vielen Fällen sind sie es nur teilweise), werden sie doch immer spät und damit zu spät verwirklicht, um im heute bestehenden weltweiten Konkurrenzkampf von Nutzen zu sein: «die anderen» haben schon neue Methoden und Sichtweisen entwickelt, während ein auf derivativen Fortschritt angewiesenes Land sich Methoden, Gesichtspunkte, Erfolgsrezepte gerade erst aneignet, die mittlerweile schon überholt sind.

Kurz gesagt, ohne eigene Kreativität in wenigstens einigen Lebens- und Wirtschaftsbereichen wird eine Gemeinschaft staatlicher oder anderer Art in der heutigen Zeit schwerlich eine befriedigende Existenz führen können. Kreativität jedoch wird durch nichts so sehr gedrosselt wie durch Machthaber, die der Ansicht sind, sie müssten alles eng bestimmen und kontrollieren, was in ihrem Machtbereich vor sich geht. Dabei bemächtigen sie sich angesichts der strategischen Bedeutung der Kommunikationsmittel unvermeidlicherweise auch der Meinungsfreiheit, das heisst, sie heben sie auf.

16

Freiheit ist heute nicht einfach ein Luxus, der das Leben angenehm macht. Sie muss als eine Grundvoraussetzung für eine erfolgreiche Existenz gelten, als unabdingbare Voraussetzung für eine erfolgreiche Bewältigung der Moderne. Ohne sie wird keine Nation den Konkurrenzkampf mit anderen Völkern, die Freiheit besitzen, bestehen. Im politischen Bereich jedoch gibt es keine Freiheit ohne Demokratie, weil einzig diese – so unvollkommen sie jeweilen sein mag – in der Lage ist, Freiräume für die Einzelnen und die Gruppen zu gewährleisten, die ihrerseits als Vorbedingung für deren Kreativität erkannt werden müssen. Weil eine mehr oder minder instinktive Erkenntnis dieser Zusammenhänge unter den meisten Völkern der Gegenwart zu bestehen scheint, findet sich in der heutigen Zeit ein allgemeiner Wunsch nach Freiheit, den man unter vielen anderen Merkmalen auch daran erkennen kann, dass die absoluten Machthaber unserer Tage fast immer darauf bedacht sind, ihre Kommandogewalt demokratisch zu verkleiden, indem sie Dinge aufziehen wie (Staats-)Parteien, (gelenkte) Wahlen und Parlamente (von Ja-Sagern). Sie sehen sich veranlasst, wenigstens einen Schein von Freiheit zuzugestehen, wenn sie schon nicht gewillt sind oder sich nicht in der Lage glauben, wirkliche Freiheiten zuzulassen.

Demokratische Ordnungen, wo sie nicht einheimisch sind, können nicht durch Befehl eingeführt werden. Sie können nur funktionieren, wenn sie sich einwurzeln können. Das heisst, sie müssen von Bevölkerungsmehrheiten getragen werden und dürfen von Sperrminderheiten jeglicher Art (die wichtigste sind immer die Militärs) nicht von vorneherein zurückgewiesen oder nachträglich wieder in Frage gestellt und abgeschafft werden. Die Einwurzelung demokratischer Ordnungen in einer Region, in der sie bisher nicht verwirklicht werden konnten, ist ein Prozess, den man nicht zu leicht nehmen darf. Dem Verfasser dieses Buches scheint, dass eine derartige Operation bessere Verwirklichungschancen besitzt, wenn die Schwierigkeiten des Unterfangens möglichst klar ins Auge gefasst werden. Erst dann kann die Annahme, dass sich die Freiheit von selbst einstelle, sobald der jeweilige frühere Machthaber abgesetzt sei, als ein Irrtum erkannt werden, der eben dadurch zustande kommt, dass die Schwierigkeiten der Einpflanzung und Verwirklichung einer freiheitlichen Ordnung unterschätzt werden oder überhaupt nicht erkannt worden sind.

Um die ganze Tragweite der Umwandlung zu erkennen, die vollbracht werden muss, ist ein Rückblick in die Vergangenheit unerlässlich, weil sie die Gegenwart, so wie sie heute ist und wie sie geändert werden müsste, weitgehend bedingt und erklärt. Für die Erkenntnis der gesamten Problematik von absoluter Herrschaft und freiheitlicher Ordnung im islamischen Raum scheint dem Verfasser eine doppelte Rückschau am wirkungsvollsten. Es gilt erstens, weit zurückzublicken, weil nur die langfristige historische Perspektive die uralte Verankerung des Raumes in starren hergebrachten Autoritätsstrukturen erkennen lässt. Man sollte sich zweitens jedoch auch der jüngsten Vergangenheit zuwenden, weil sie voll von – bisher wenig erfolgreichen – Ansätzen ist, freiheitlichere Strukturen zu schaffen. Gerade weil sie sich bis heute nicht verwirklichen liessen, kann man aus solchen Ansätzen viel darüber lernen, was jeweilen zu den Fehlschlägen geführt hat. Man erkennt dann leichter, welche Schwachstellen bestehen und wie sie möglicherweise zu überwinden wären.

# Teil I

# Die Macht einer langen Vergangenheit

# Das alte Ägypten

Die ursprünglichen Herrschaftsstrukturen im Nahen Osten, das heisst in einer der Wiegen der ersten organisierten Gemeinwesen, die unsere Geschichte kennt, weisen alle einen gemeinsamen Charakter auf, sie sind durchwegs Gottesstaaten, Theokratien.

Der Pharao Ägyptens war selbst ein Gott und wurde zugleich als der Sohn des höchsten der Götter gesehen. Der «Ensi», welcher die mesopotamischen Tempelstädte leitete, galt eher als der Pächter der Götter, der ihren Besitz auf Erden verwaltete und ihre Knechte, die Menschen, beaufsichtigte und lenkte, damit sie ihren Dienst an ihren Göttern versahen. Doch dieser Pächter war auch der Günstling der Götter, besonders der seines eigenen Stadtgottes (oder er wurde sogar als dessen Sohn angesehen). Die Mythen Ägyptens und Mesopotamiens machen dies klar, und die Titel, die ihre Herrscher tragen, weisen auf die jeweilig geltenden Mythen hin; die Titulatur bietet gewissermassen eine konzentrierte Form solcher Mythen.

Der Pharao ist, wie er das von sich selbst sagt: Beim Leben des Horus: Mächtiger Stier, Der in Theben erscheint; Der den Beiden Ländern das Leben bringt, den Beiden Göttinnen. Geburten erneuernd, machtvollen Arms; die Neun Bogen zurückschlagend; der Goldene Horus, erneut erscheinend; machtvollen Bogens in jedem Land; der König von Unter- und Oberägypten, Herr beider Länder: *Men-maat-Re Ir-en Re;* der Sohn *Res,* Herr des Diadems: *Seti Mer-ne-Ptah,* geliebt von *Re-Har-Akhti,* dem grossen Herrn. Der gute Gott, machtvoll in Waffen, heldisch und mannhaft wie *Montu,* reich an Gefangenen, wissend, wie er seine Hand anlegt, hellwach, wo immer er sein mag; sprechend mit seinem Mund, handelnd mit seiner Hand, tapferer Führer seiner Armee, starker Kämpe im Herzen der Schlacht, ein *Bastet* schrecklich im Kampf, der in die Masse der Asiaten eindringt und sie niedermäht, die Mächtigen von *Retenu* zermalmt; der die letzten Grenzen jener erreicht, die sich seinen Vorschriften widersetzen. Er bewirkt, dass die Herrscher von Syrien abziehen ans Ende der Welt. Ihre Herrscher sagen: «Wohin sollen wir gehn?» Die ganze Nacht hindurch bezeugen sie seinen Namen, sie sagen: «Wahrlich, wahrlich» in ihren Herzen. Es ist die Kraft seines Vaters Amon, die ihm Macht und Sieg verleiht.» (Nach J. B. Pritchard: The Ancient Near East, an Anthology of texts, Princeton Univ. Press 1969 p. 182.)

So beginnt der Pharao Seti I. (etwa 1318–1301 v. Chr.) die Inschrift auf einer Siegesstele in Palästina. *Re* ist der grosse Sonnengott von Heliopolis. Er kann mit anderen wichtigen Göttern verschmolzen werden zu *Amon-Re* (Himmel-Sonne) oder *Amon-Re-Har Akhti* (Himmel-Sonne-Horus des Horizontes), womit der junge Sonnengott des östlichen Horizontes gemeint ist, *Sobek-Re* (Krokodil-Sonne) usw., in unserm Text auch mit *Maat*, Gerechtigkeit. Der König, Pharao, ist immer Res Sohn. *Montu* ist der ägyptische Kriegsgott, ein *Bastet* ist die ägyptische Katzengottheit, die sich mit der Löwengöttin *Sekhmet*, die auch eine Kriegsgöttin ist, vermengen kann. *Ptah*, Herz und Zunge, «der Öffner», ist der Ursprung aller Dinge, auch des Schöpfergottes *Atum*, des kosmischen Alls; *Ptah* ist dem Logos verwandt oder gar gleich zu setzen. *Die Neun Bogen* sind eine häufige Bezeichnung für die Nichtägypter, in diesem Falle die syrisch-palästinensischen «Barbaren». *Amon* ist der Himmelsgott, als *Amon-Re* der Sonnengott am Himmel.

Hierzu sagt John A. Wilson (in «Before Philosophy», Pelican Books A 198, zuerst Chicago 1946, p. 74): Wie kann der König der Gott-König sein, ausser indem der Gott-König in ihm präsent ist? Ein einziger Text, der den König verherrlicht, setzt ihn mit einer Reihe von Göttern gleich: «Er ist Sia», der Gott der Wahrnehmung; «er ist Re», der Sonnengott; er ist «Khnum», der Gott, der auf seiner Drehscheibe die Menschen hervorbringt; «er ist Bastet», die Göttin, die beschützt, und «er ist Sekhmet», die Göttin, die bestraft. Oberste Herrschaft zu verstehen, die Bevölkerung aufzubauen, ihr Schutz und ihre Bestrafung waren alles Attribute des Königs; der König war ein jedes davon; jedes dieser Attribute war manifest in einem Gott oder einer Göttin; der König war jeder und jede von diesen Göttern und Göttinnen.

Wilson gibt ebenfalls einen Text (p. 95), in dem ein hoher Beamter seinen Kindern für die Zeit nach seinem Tod Anweisungen gibt: «Betet an in euren Körpern König Nemaatre, der für immer lebt, und bringt Seine Majestät euren Herzen nah. Er ist Wahrnehmung, die in euren Herzen liegt, weil seine Augen jedermann durchforschen. Er ist Re, dessen Strahlen wir sehen; er ist jener, der die beiden Länder heller erstrahlen lässt als die Sonnenscheibe. Er macht das Land grüner als ein wasserreicher Nil; er hat die Beiden Länder (Ober- und Unterägypten) mit Kraft und Leben gefüllt. Der Atem friert ein, wenn er sich dem Zorn zukehrt, deshalb ist er friedlich,

22

damit die Welt atmen kann. Er gibt jenen Nahrung, die ihm folgen, und er gewährt jenen Auskommen, die in seinen Pfad treten. Der König ist das Ka, und sein Mund ist Überfluss. Das bedeutet, dass er jene hervorbrigt, die entstehen sollen.» (Wilson erklärt: das *Ka* war mit einem jeden Individuum geboren, als dessen identischer Zwilling es ihn durch sein Leben begleitete als die erhaltende und aufbauende Kraft, und es ging ihm im Tod voran, um seine erfolgreiche Existenz in der nächsten Welt zu bewerkstelligen. Manchmal wird der Begriff als «Lebenskraft» übersetzt. An anderer Stelle wird der König auch als das «göttliche Ka» angesprochen, «das die Beiden Länder festlich schmückt und die Bedürfnisse des ganzen Landes erfüllt».)

Der Text fährt fort: «Er ist (der Töpfer-Gott) Khnum für alle Körper; der Zeuger, der alle Körper hervorbringt. Er ist (die Katzengott-Königin) Bastet, welche die Beiden Länder beschützt; wer ihn anbetet, wird seinem Arm entkommen. Er ist (die Straf-Göttin) Sekhmet für jeden, der gegen seine Befehle verstösst; (doch) er ist milde gegen jene, die betrübt sind. Streitet für seinen Namen, seid rein um seines Lebens willen, und ihr werdet frei sein von allen Zeichen der Sünde. Wen der König liebt, der wird ein verehrter (Geist) werden; doch für den Rebellen gibt es kein Grab, sein Leichnam wird ins Wasser geworfen. Wenn ihr das tut, wird euer Leib heil bleiben. So wird es immerdar sein.»

Höchst instruktiv ist auch der ausführliche Text, den der junge Ramses II im Grabtempel seines Vaters einmeisseln liess, als er diesen Grabtempel fertig stellte. Die Inschrift lässt manchmal den jungen Pharao sprechen, manchmal seine vertrauten Diener: Die «Vertrauten Diener» wurden vor Seine Majestät gebracht, ihre Nasen waren auf den Boden gedrückt, ihre Knie waren auf dem Erdboden in Jauchzen und Erdküssen. Ihre Arme waren (erhoben) in Anbetung zu Seiner Majestät. Sie beteten diesen Guten Gott an, indem sie seine Schönheit vor ihm priesen. (...) Sie lagen auf ihren Bäuchen und krochen auf dem Boden vor Seiner Majestät mit den Worten: «Wir kommen zu dir, Herr des Himmels und der Erde, Re, Leben der Erde in ihrer Gesamtheit, Herr der Lebenszeit (Natur?), stark an Umlaufzeit (wie ein Stern), Atum (Sonnengott als Schöpfer) für die Menschheit, Herr des Schicksals (Ablauf der Ereignisse in der Natur), der die Renewetet (Schlange, Göttin der Erde) hervorbringt, (...) Pfeiler des Himmels, Stütze der Erde, der Vorgesetzte, der die beiden Ufer (Ägyptens) richtig leitet (...).» Sie unterstreichen dann die Vorsorge des Königs für seine Untertanen und melden sich schliesslich bereit, seine Befehle zu vernehmen. Ramses teilt seinen Beamten seine Absicht mit. Er kommt dabei auf sich selbst und auf seinen

Vater zu sprechen. «Ich bin hervorgegangen aus Re (...), aber der mich erzog und der mich gross machte, das war der Allherr selbst. Ich war noch ein Kind, als ich schon ein Herrscher wurde. Er gab mir die Erde, als ich im Ei (im Mutterleibe) war. Die Grossen küssten die Erde vor meinem Antlitz, als ich eingeführt wurde als ältester Sohn und als Fürst vor den Thron des Geb. Ich wurde ernannt zum ... (Lücke) und zum Oberhaupt des Heeres und der Reiterei.» Er erwähnt weiter, wie er schon als Kind von seinem Vater Sethos I. gekrönt worden sei, «weil die Liebe zu mir in seinem Leibe so gross war». Er erhielt sein eigenes Frauenhaus und begann die Herrschaft auszüben. Dann spricht er von seinem Wunsch, «das Gehöft» (Tempelbezirk) für seinen Vater gross zu machen. «Nicht will ich seine Stätte vernachlässigen, wie jene Kinder, die ihren Vater vergessen (...).»

Die Beamten loben den Herrscher: «Du bist Re, sein Leib ist dein Leib! Nicht gibt es einen Herrscher wie deine Art! (...) Seit der Zeit des Gottes (Re), sooft ein König in Erscheinung trat, hat es keinen anderen so wie dich gegeben. Nicht wurde er gesehen mit dem Gesicht, nicht wurde er gehört in der Rede, einen Sohn, der Denkmäler für seinen Vater erneuerte. (Nur Horus habe so aufopfernd für seinen Vater, Osiris, gesorgt). Nicht einer ist aufgestanden, indem er für seinen Vater eintrat, sondern jedermann handelt in seinem eigenen Namen, ausser dir und diesem Horus. Wie du bist, so ist der Sohn des Osiris. Siehe, du bist ein guter Erbe so wie er. Sein Königtum, du führst es in gleicher Weise. (...) Die Götter sind zufrieden mit Kemet (Ägypten), seit du als König der Beiden Länder erschienen bist.» Die Lobrede dauert weiter an, hier nur die Hauptpunkte, wie sie der Herausgeber in Überschriften fasst: Deine Gerechtigkeit erfreut die beiden Hauptgötter von Abydos, Re und Atum. Osiris belohnt dich durch ewiges Leben. Die Götter der Unterwelt lassen dich auf der Erde die Sonne sein. Dein Vater, Sethos I., fühlt sich belebt durch deine Taten für ihn. Du sorgst auch für die Bauten der früheren Könige. Du wirst den Tempel deines Vaters vollenden. Du bist ein mächtiger König. Du wirst nach deinem Tode selig werden. Du führst immer neue Denkmäler aus. Du errichtest Bauten von Syrien bis zum Sudan.

Der König erteilt dann seine Befehle zum Bau. Er spricht seinen verstorbenen Vater direkt an: «Wache auf, wende dein Gesicht zum Himmel, damit du Re siehst, o mein Vater, der du zu einem Gott (geworden bist).» Es folgt eine ausführliche Darlegung seiner Absichten, die wir auch wieder nur in den Überschriften des Herausgebers wiedergeben: Ich werde dir auf der Erde opfern lassen, während du im Grabe ruhst. Du wirst dadurch neu belebt werden. Ich werde in deinem Totentempel deinen Statuen opfern lassen, dir

Priester für die Opfer einsetzen, selbst die Arbeiten beaufsichtigen und eine Arbeiterschaft einbringen, die dem Hohepriester unterstellt sein soll. Die Verehrung im Totentempel wird einheitlich geordnet. Er erhält Einkünfte aus dem Ausland. Der Grundbesitz wird schriftlich festgelegt. Du erhältst Laienpriester, Arbeiter und Bauern für deinen Tempel.

Der König malt sich sodann die Lage seines verstorbenen Vaters aus: «Siehe, du trittst ein in den Hohen (Himmel), damit du Re folgen kannst. Du mischst dich unter die Sterne und den Mond. Du ruhst in der Duat (Jenseits, am Himmel gedacht?) wie ihre Bewohner neben Wenen-nofer, dem Herrn der Ewigkeit. Deine beiden Arme ziehen (das Schiff) des Atum im Himmel und auf der Erde wie die nicht müde werdenden Sterne (die unermüdlich umlaufen) und die nicht verschwindenden Sterne (die am Nordpol nie untergehen), während du der Mann bist, der an der Spitze steht (der vom Bug aus die Wassertiefe misst), im Schiff der Millionen von Jahren (Sonnenboot). Wenn Re am Himmel aufgeht, liegen deine Augen auf seiner Schönheit. Wenn Atum hinaufsteigt auf der Erde, bist du unter seinen Gefolgsleuten. Du trittst ein in das verborgene Reich vor seinem Herrn. Dein Schritt reicht weit in das Innere der Duat (Unterwelt). Du verbrüderst dich mit der Götterschaft der Cherit-nuter (unterirdisches Totenreich).»

Ramses versichert, er bringe seinem Vater Opfergaben dar, sogar während er sich im Ausland befinde, und er fordert seinen Vater auf, seinerseits als Fürsprecher für seinen Sohn bei Re zu wirken: «Ach mögest du dem Re sagen: Schenke das Leben meinem Sohne aus einem liebenden Herzen! Gib Lebenszeit auf Lebenszeit, vereinigt mit Jubiläen, dem Erwählten von Re, der mit Leben beschenkt ist. – Es ist gut für dich, dass ich der König bin bis in Ewigkeit, denn du wirst beschenkt von einem guten Sohn, der seines Vaters gedenkt. Ich sorge um dein Haus als tägliche Aufgabe zum Nutzen für dein Ka mit allen Dingen (Opfern).» Alle Schädigungen des Tempels verspricht der Herrscher fern zu halten, und er versichert seinem Vater: «Mein Herz wendet sich dir zu, und ich betreibe Fürsorge für deinen Namen, während du in der Duat bist. Zweimal herrlich ist es für dich, wenn ich bin und solange der Geliebte von Amon, der mit Leben beschenkt ist, wie Re, der Sohn des Re, lebt.»

Daraufhin meldet sich der Verstorbene zum Worte, er spricht «mit einem Schlag ins Gesicht», d. h. so kräftig als er ob er noch lebte, «wie ein Vater auf der Erde mit seinem Sohn redet». Er sagte: Dein Herz ist sehr süss, mein Sohn, erwählt von Re, der mit Leben beschenkt ist, über das, was du in Auftrag gegeben hast. Möge Re dir Millionen von Jahren geben und eine

Ewigkeit auf dem Thron des Horus der Lebenden. Möge Osiris dir die Lebenszeit des Re im Himmel erbitten. Mögest du in ihm am Morgen aufgehn, wie Re. Leben und Heil sei bei dir! Wahrheit, Stärke und Freude des Herzens für den «Stark an Jahren» (Beiname Ramses' II.) und Gesundheit deiner Glieder, wie die des Re im Himmel. Freude des Herzens und Jubel seien an jeder deiner Stätten. O König, der Kemet (Ägypten) stützt und die Fremdländer bändigt!

Verbringe die Ewigkeit deiner Lebenszeit als König von Ober-Ägypten und als König von Unter-Ägypten, wie Atum gedeiht bei dem Aufgang und Untergang der Sonne. Siehe, ich sage zu Re aus einem liebenden Herzen: «Gib ihm die Ewigkeit wie Chepra» (Sonnengott)! Ich habe es wiederholt zu Osiris, als ich vor ihm eintrat: «Mögest du ihm die Lebenszeit deines Sohnes Horus verdoppeln!» Siehe, Re sagt in dem Horizont des Himmels: «Gib ihm die Ewigkeit und Unendlichkeit und Millionen von Jubiläen, dem Sohne des Re von seinem Leibe, der geliebt wird, der mit Leben beschenkt ist, der Herrliches tut! Atum hat dir seine Lebenszeit als König anbefohlen. Kraft und Sieg sind vereint hinter dir.» … Die Rede des verstorbenen Königs dauert noch länger. Er beruft sich auf Thot, den Schreibergott, der die Lebensdauer schriftlich bestätigt, und er erklärt, er sei auch bei Osiris zu Gunsten seines Sohns eingeschritten. Er dankt dann noch einmal ausführlich seinem Nachfolger und erwähnt dabei, dass er, der Verstorbene, dank der Opfergaben des Sohns im Totenreich eine göttliche Stellung erlangt habe.

«Ich bin es, der gross gemacht wurde wegen all dessen, was du für mich getan hast. Ich bin eingesetzt worden als einer, der an der Spitze des Totenreichs steht. Ich bin nun ein (neues) Wesen, ich bin ein Gott. Möchte doch meine Schönheit (Kraft) andauern, solange ich um dich besorgt bin, während ich in der Duat weile. Ich bin dein wirklicher Vater, der (nun) ein Gott ist. Ich mischte mich unter die Götter im Dienst des Aton (Sonne). Ich bin ein Gefolgsmann des Gottes, der in seiner Barke ist, und ich bin angesehen im Hause des Re wie einer, der in den Kreis der Götter aufgenommen ist. Dies ist geschehen, seit Re gehört hat von deiner Tüchtigkeit, so dass er sich deiner Schönheit erinnerte. – Siehe, du bist doch in der gewaltigen Lebenszeit, die Re dir anbefohlen hat. Du durchlebst die Ewigkeit, wie die Götter im Himmel. Du bist das lebende Abbild des Atum. All deine Reden geschehen (werden Wirklichkeit) wie die des Herrn des Alls. Du bist das kluge Ei des Chepra, der göttliche Same des Sonnengottes, der aus ihm hervorgegangen ist. Was du bildest, wird das, was Re selbst macht. Was du gesagt hast, geschieht wie das, was ein Gott getan hat. Du bist für Ägypten wie eine

Amme. Du kommst als Re, der für die Untertanen lebt. Das Land Schnaw und die Insel Mehu (Ober- und Unterägypten) unter deinen Füssen, sie erflehen Jubiläen für den Erwählten von Re, und die Lebenszeit des Herrn des Alls, wenn er aufgeht und untergeht in Ewigkeit und Unendlichkeit. (Leicht gekürzt nach Günther Roeder: Kulte, Orakel und Naturverehrung im Alten Ägypten, Artemis Verlag, 1960 S. 43–71.)

All dies ist natürlich politische Theorie und gleichzeitig Theologie, beide Disziplinen fallen bezeichnenderweise zusammen. Die politische Geschichte der pharaonischen Jahrtausende ist ebenso voll von Umstürzen, Intrigen, Machtkämpfen wie die Geschichte späterer Zeiten, die das «grosse Haus» des Pharaos nicht mehr kannten. Dennoch ist die politische Theologie nicht ohne praktische Auswirkungen geblieben. Über fast drei Jahrtausende hinweg folgte ein Pharao dem anderen. Das Land brauchte ihn; wenn der alte stürzte, bedurfte es eines neuen. Ein Alleinherrscher, der das Niltal regierte und regulierte, war gewissermassen unabkömmlich. Wenn er fehlte, schien den Ägyptern die Welt zerbrochen zu sein.

Sie zerbrach in der Tat manchmal. Die Ägyptologen sprechen von diesen Zeiten als von den «Übergangs- oder Zwischenzeiten», in denen die feste Ordnung der Alleinherrscher einstürzte. Die erste Übergangszeit (2200 bis 2050 vor Chr.) schliesst das Alte Reich ab. Es gibt eine ganze Literatur des Zusammenbruchs mit «Propheten», die auftreten, um die schlimmen Zeiten zu beweinen und auch die noch überlebenden Machthaber an ihre Pflicht zu erinnern. Die Dokumente sprechen sogar vom Selbstmord, der von den Ägyptern als ein möglicher Weg der Erlösung ins Auge gefasst wird. «Wahrhaftig, die Krokodile sinken ab, weil sie soviel hinabgezerrt haben; die Menschen gehen zu ihnen aus freien Stücken», sagt der Prophet Ipu-wer. Die königlichen Gräber werden geplündert: «Die früher lebenden Götter ruhten in ihren Pyramiden, auch die Toten, die seligen Toten, begraben in ihren Pyramiden, und jene, die Häuser errichteten – ihre Orte sind nicht mehr. Sieh, was aus ihnen geworden ist! (...) Ihre Mauern sind niedergebrochen, und ihre Stätten sind nicht mehr, als wären sie nie gewesen» (bedeutend mehr Zitate und Einzelheiten bei: John A. Wilson: The Culture of Ancient Egypt, Univ. of Chicago Press 1951 S. 108–124).

Doch es war auch diese Zeit des ersten Zusammenbruches, in der eine moralische Umwertung stattfand. Anstelle des weltlichen Erfolges, der im Alten Reich den Massstab für Glück und Unglück abgab, trat nun ein Bewusstsein des inneren Wertes der Einzelnen. Nicht nur die Propheten, sogar ein einfacher Bauersmann erkühnt sich nun in einer berühmten Erzählung, dem obersten Palastverwalter in einer langen Rede deutlich zu machen, dass er, der Bauer, ein Anrecht auf «*Maat*», Ordnung, Gerechtigkeit, habe und dass es die Pflicht des hohen Beamten sei, aktiv für Ausbreitung des Rechtes zu sorgen. «Der Schöpfergott hatte allen Menschen gleichen Zugang zu Wind und Wasser gewährt – und zu gerechter Regierung durch den Gottkönig und seine Vertreter.» (Wilson, S. 121) … «*Maat* gehörte noch immer den Göttern, war eines der göttlichen Attribute des Königtums und wurde selbst als Göttin verehrt. Doch diese Zeit bestand darauf, dass *maat* hinabreiche und auch die niedrigsten der Ägypter umfasse, dass sie ein Recht darauf hätten, demokratisch von ihren Herrschern geschützt zu werden.» (S. 123.) Die Ägypter sahen sich gezwungen, ihre Skala der Werte neu zu durchdenken. Dabei haben sie etwas Positives und Optimistisches zutage gefördert: das Recht eines jeden, besser zu leben. Dies war über tausend Jahre, bevor sich ähnliches Denken bei den Hebräern und den Griechen abzeichnete.

In Ägypten ging diese Sicht der Dinge jedoch wieder im Materialismus unter, als die Zeit des Unglücks vorüber war und die Nation erneut aufblühte. In der zweiten Zwischenperiode (1880–1550 vor Chr.), als die Nation wiederum in Gefahr geriet und darauf das Grossreich einen aggressiven Nationalismus entwickelte, wurde die disziplinierte Einheit des Staates wichtiger als die Rechte und Chancen der Einzelnen, und die Idee von Gleichheit und sozialer Gerechtigkeit wurde schrittweise aufgegeben. «Dies ist die Geschichte eines Volkes, das einst eine ferne, jedoch klare Sicht des Verheissenen Landes erlangte, sich aber am Ende in der Wüste verlor …» (So gekürzt der Ägyptologe J. A. Wilson, S. 123 des zitierten Buches.)

# Mesopotamien

Mesopotamien unterschied sich von Ägypten im politischen Bereich dadurch, dass das Land primär aus Stadtstaaten zusammengesetzt war, die nur periodisch unter der Vorherrschaft dieses oder jenes Stadtherrschers zu Reichen zusammengefasst wurden. Es gab daher in Mesopotamien keinen «Pharao», der die Krone der Beiden Länder (Unter- und Oberägypten) trug, sondern mehrere *Ensi*, die den Stadtstaaten vorstanden.

Der politischen Pluralität entsprach eine theologische: die grossen Götter und Göttinnen besassen ein jeder und jede seine oder ihre Stadt. Der Ensi dieser Stadt war der Verwalter, der für den jeweiligen göttlichen Stadtherrn, Besitzer oder Besitzerin, wirkte. Die Bewohner der Stadt waren Diener, Sklaven des Gottes, für dessen Auskommen sie zu sorgen hatten, indem sie seinen Tempel, und die seiner Familienmitglieder und göttlichen Diener, erbauten, einrichteten, bedienten und versorgten. Die Tempel waren die Hauptgrundbesitzer im Lande. Die Menschen arbeiteten auf den Tempelfeldern und hüteten die Tempelherden, um deren göttliche Besitzer zu ernähren und zu erhalten.

Der «Ensi» war der oberste Verwalter des Gottesbesitzes. Er war vom Stadtgott beauftragt, den «Gutsbetrieb» mit allem Drum und Dran zu leiten. Der göttliche Gutsherr konnte ihm Weisungen zukommen lassen, wenn er spezifische, ausserhalb des Routinebetriebs stehende Handlungen wünschte. Er liess sich über Träume vernehmen. Um sie zu träumen, begab sich der Ensi in den Tempel seines Herrn, nahm Opferrituale vor und schlief dort. Der Willen des göttlichen Grund- und Tempelherrn konnte auch durch Opferorakel und Sternzeichen sowie andere Naturerscheinungen ausserordentlicher Art offenbar werden. Auch Kriegshandlungen benötigten derartige Hinweise und Aufforderungen der göttlichen Stadtherren. – Wenn dabei eine Stadt andere Städte unterwarf, so geschah dies in den Augen der Theologen und damit der Gläubigen insgesamt, weil die Götter im Rat der Götter beschlossen hatten, einer von ihnen, der Stadtgott und Besitzer dieses oder jenes Stadtstaates, solle – auf beschränkte Zeit – als «König der Götter» wirken. Dies bedeutete auf der Erde, dass die Stadt des jeweiligen Götterkönigs über jene der anderen Götter und Göttinnen herrschte, so lange natürlich, bis in der himmlischen Ordnung eine Veränderung eintrat, die dann auch eine Veränderung auf Erden mit sich brachte.

So wurde der politische Aufstieg von Babylon zur Macht über Mesopotamien auf den Aufstieg ihres Stadtherrn und Besitzers, des Gottes Marduk, zurückgeführt. Der Rat der Götter hatte ihm unter Zustimmung der grössten der Götter, die den Vorsitz übten, Enlil und Anu, vorübergehend die Rolle eines «Königs der Götter» zugebilligt. Unter den von den Archäologen ausgegrabenen Keilschriftdokumenten gibt es einen Bericht, der Göttin Ningal auf die Zunge gelegt, in dem geschildert wird, wie Ningal, die Stadtgöttin von Ur, weiss, dass ihrer Stadt Zerstörung bevorsteht. Sie schildert ausführlich, wie sie nicht schlafen kann, «weil Schrecken vor der flutartigen Zerstörung durch den Sturm auf mir lastete (...), weil solch bitteres Weinen meinem Land vorbestimmt war». Die Göttin sagt aus: «Sogar wenn ich wie ein Vogel meine Flügel ausgestreckt hätte und wie ein Vogel zu meiner Stadt geflogen wäre, sie wäre dennoch bis zu ihren Fundamenten zerstört worden; Ur würde dennoch zugrunde gegangen sein, dort wo sie lag. Sogar wenn ich laut herausgeschrien hätte und gerufen: Weiche zurück, Tag des Sturms, zurück in deine Wüste!, hätte die Brust des Sturmes sich doch nicht von mir gehoben.» Die Göttin unternimmt einen Versuch, ihre Mitgötter zu erweichen, obwohl sie weiss, was geschehen muss. «Dann, wahrlich zu der Versammlung, als die Menge sich noch nicht erhoben hatte und die Anunnaki noch sassen, da sie sich noch nicht (zu einem Beschluss) gebunden hatten, schleppte ich meine Füsse und erhob meine Arme. Wahrlich ich vergoss meine Tränen vor Anu; wahrlich ich selbst trauerte vor Enlil: Möge meine Stadt nicht zerstört werden, sprach ich zu ihnen. Könnte Ur nicht zerstört werden? sagte ich ihnen. Und könnte mein Volk nicht getötet werden? bat ich sie, wahrlich. Doch Anu neigte sich nie diesen Worten zu; und Enlil beschwichtigte mein Herz nicht mit den Worten: ‹Es gefällt mir, es sei!› Wahrhaftig, sie gaben Befehl, dass die Stadt zerstört werde; Befehl, dass Ur vernichtet werde, und ihr Geschick bestimmte, dass ihre Bewohner getötet würden.»

Die im ersten Satz erwähnten *Annunaki* sind die beschlusskräftigen Götter der Götterversammlung, die *Anu* als ihren König und Vorsitzenden anerkennen. *Enlil* ist der Gott des Sturms; er pflegt als Beauftragter des Anu die Welt zu regieren. (Nach Thorkild Jacobsen in dem erwähnten Band: Before Philosophy, S. 212, 213).

30

Die theologische Konstruktion mit der Götterversammlung, in der auch die Stadtgötter ihren Platz einnehmen, verrät ein Zusammengehörigkeitsgefühl der politisch in Stadtstaaten aufgeteilten Bewohner Mesopotamiens. Dieses ist so stark gewesen, dass die bestehenden sprachlichen Unterschiede zwischen den akkadischen Semiten und den nichtsemitischen Sumerern das Zusammenleben der «Mesopotamier» in den selben Städten nicht hinderten. In ihrer Keilschriftliteratur hatten die Mesopotamier gesamthaft einen Namen, mit dem sie sich selbst bezeichneten, sie nannten sich selbst die «Schwarzköpfe». Sie führten Kriege gegeneinander, in denen es um den Vorrang der jeweiligen Stadtstaaten ging. Sie besassen dennoch – ähnlich wie später die Griechen und noch später die Bürger der Stadtstaaten der italienischen Renaissance – das Bewusstsein, zu einer gemeinsamen Kultur zu gehören, die sich in der von den Sumerern zuerst erfundenen und entwickelten Schrift und der dazugehörigen städtischen Zivilisation wie auch in einer allen gemeinsamen theozentrischen Weltsicht ausdrückte.

Ägypten besass seit dem 3. Jahrtausend vor Christus ein einziges Zentrum für das ganze Niltal bis zu den Katarakten mit einem Gott-Herrscher. Spuren einer früheren Organisationsstufe, mit den Beiden Ländern und darunter liegend verschiedenen «Gauen», die einst ihre eigenen Götter besassen, bevor diese «zusammengelegt» wurden, sind in Ägypten erkenntlich, doch gehören sie der vorhistorischen Zeit an. Mesopotamien war und blieb – kulturell, politisch und theologisch – polyzentrisch, wenngleich der eine oder der andere der Stadtstaaten vorübergehend die Oberherrschaft erringen konnte. Der ägyptische Pharao wurde unter die Götter versetzt und herrschte auf Erden als ein Gott unter Menschen. Die mesopotamischen «Ensi» blieben Menschen, wenn auch ihre Stadtgottheit mit besonderer Gunst auf einen tüchtigen, getreuen und gehorsamen Verwalter seiner oder ihrer Stadt schauen mochte. Sie waren nur die Beauftragten ihres Gottes oder ihrer Göttin. Sie verwalteten ihre Stadt im Auftrag der Gottheiten und daher natürlich mit der göttlichen Legitimation, die sie in den Augen ihrer Untertanen in Gottes Schatten auf Erden verwandelte, um eine Formel zu verwenden, die in späteren Jahrhunderten Geltung erlangte.

Bestimmte Rituale, die aus einer älteren Schicht der religiösen Entwicklung stammten, jedoch noch in historischen Zeiten vom Ensi ausgeführt wurden, dürften das sakrale Prestige des Verwalters der Stadtgottheit weiter gesteigert haben. Wenn der König jeden Frühling mit einer Tempelpriesterin eine «Heilige Hochzeit» vollzog, die dazu diente, die Fruchtbarkeit der Felder abzusichern und zu beleben, tat er dies als Verkörperung des Stadtgottes, indem er ihn darstellte, also seine Persona annahm und damit der Gott selbst wurde, solange das Ritual dauerte. – Umgekehrt gab es einen Stellvertreter des Königs, der dessen Figura übernahm, mit seinen Kleidern und auf seinem Thron, wenn dem König Unheil drohte, was etwa durch eine Sonnen- oder Mondfinsternis oder andere ungewöhnliche Naturerscheinungen erkannt werden konnte. Der Stellvertreter wurde nach dem Vorbeiziehen der gefährlichen Zeitspanne getötet, damit er das dem König drohende Unheil in den Tod mitnehme. (Ausführlich und mit den Quellangaben und Belegstellen zu all diesem: Thorkild Jacobsen in dem oben erwähnten Band «Before Philosophy». Hsg. H. and H. A. Francfort; Penguin Books A 198, S. 137–206. Über den Stellvertreter des Königs s. Jean Bottéro, «Mésopotamie, l'écriture, la raison et les dieux», Paris 1987, dort: «Le substitut royal et son sort» S. 252–283).

Angesichts dieses Weltbildes, das den Kosmos als einen Staat und die Götter als seine Herrscher sieht, ist es folgerichtig, dass Gehorsam die wichtigste Tugend der Menschen sein muss. Sie leben im Mittelpunkt einer Hierarchie von konzentrischen Bindungen. Ihre erste ist jene der Familie, in welcher dem Familienoberhaupt Gehorsam geschuldet wird; ihr folgt die Stadtgemeinschaft. Sie ist eine politische Existenz- und eine wirtschaftliche Produktionsgemeinschaft unter der Aufsicht und im Interesse des Stadtgottes, und sie wird geleitet vom Ensi; die «Schwarzköpfe» schulden ihr gehorsame Unterordnung. Darüber steht die Gemeinschaft der Götter, welche im Himmel die Gemeinschaft der mesopotamischen Stadtstaaten widerspiegelt; sie fordert und bewirkt in den Augen der Gläubigen durch Verleihung von Siegen Ein- und Unterordnung der Einzelstaaten unter die jeweilige Oberherrschaft der hegemonischen Stadt.

Wie S. N. Kramer in seinem Werk «L'Histoire commence à Sumer» (franz. Übersetzung Paris, 1994 p. 58–60; englische Ausgabe, Chicago 1963) dokumentiert, kannten die Könige der mesopotamischen Städte ein «Parlament», das aus zwei Versammlungen, einem Senat und einer Bürgerversammlung, bestand. Jedenfalls spricht ein Keilschrift-Dichter von einer solchen Zwei-Kammer-Versammlung in Uruk. Sie wird von dem sagenhaften Helden Gilgamesch konsultiert, bevor er Agga, dem Rivalenherrscher von Kish, der ihm durch Botschafter ein Ultimatum hat überbringen lassen, seine Antwort erteilt. Die Versammlung der Alten der Stadt antwortet Gilgamesch: «Wir wollen uns dem Hause von Kish unterwerfen, wir wollen es nicht mit den Waffen schlagen.» Doch Gilgamesch, «der grosse Taten für die Göttin Inanna verrichtete, nahm in seinem Herzen die Worte der Alten seiner Stadt nicht an. Erneut brachte Gilgamesch, der Herr von Kullab, die Sache vor die Kämpfer seiner Stadt und forderte Rat von ihnen. «Unterwerft euch nicht dem Hause von Kish! Schlagen wir sie mit den Waffen!» Die Versammlung der Kämpfer der Stadt, die zusammengetreten war, antwortete Gilgamesch: «Unterwerft euch nicht dem Hause von Kish! Schlagen wir sie mit den Waffen!» Gilgamesch, der Herrscher von Kullab, als er diesen Ratschlag der Kämpfer seiner Stadt hörte, da freute sich sein Herz und seine Seele wurde hell. (Die Geschichte geht weiter, indem die Krieger von Kish heranziehen und den Bewohnern von Uruk Schrecken einjagen. Doch diese Angst dauert nicht lange. Der Rest des Gedichtes ist schwer zu verstehen. Es scheint jedoch, dass es Gilgamesch schliesslich gelingt, die Freundschaft Aggas, des Herrn von Kish, zu gewinnen und dadurch die Belagerung seiner Stadt zu beenden.) – Wie die Götter kennen also auch die Menschen ihre Ratsversammlungen, die der König einberuft und die sogar aus zwei Häusern bestehen können. Bei den Göttern wie bei den Menschen dürfte es sich dabei um eine «primitive Demokratie des frühen Mesopotamien» (Th. Jacobsen, wie oben S. 162) gehandelt haben, wie sie zur Zeit bestand, als die mesopotamische Stadtkultur erst im Entstehen begriffen war, also um eine aus vielen Stammesgesellschaften bekannte Stammesdemokratie. Bei den beiden Ratsversammlungen, die Gilgamesch befragt, jene der Alten und die der Krieger, dürfte ebenfalls ein solches Relikt aus dem frühen, vorgeschichtlichen Mesopotamien vorliegen.

Später festigt der Ensi seine Stellung und baut sie zu jener eines Königs aus. Eines der Mittel, die er dazu verwendet, ist die Legitimisierung seiner Befehlsgewalt auf Grund des Verwaltungsmandates über «seine» Stadt und «seine Schwarzköpfe», von dem man annimmt, der Stadtgott habe es ihm, seinerseits unter Zustimmung der Götterversammlung, erteilt. «Sieg und Opfer» vor dem Gott der neugewonnenen Stadt brachte dem priesterlichen Feldherrn einen Zuwachs zu seiner Titulatur, und ein «König der Länder» oder «König der vier Weltgegenden» war dann «mit Kraft begabt von Enlil, mit heiliger Milch genährt von Ninchursag, mit gutem Namen genannt von Inanna, mit Verstand begabt von Enki, im Herzen geliebt von Nansche» usw. (Hartmut Schmökel: Das Land Sumer, Die Wiederentdeckung der ersten Hochkultur der Menschheit, Urban-Bücher 13, 2. Aufl. 1956 S. 86). Solche Ober- und Grosskönige entfernen sich rasch vom Typ des reinen Ensi, und dieser steht später als Vasall und Statthalter unter den Grossherrschern. Über die Tempelwirtschaften der einzelnen Städte erhoben sich in späterer Zeit die Königspaläste solcher Grosskönige, die selbst ausgedehnten Grundbesitz ihr eigen nannten und darüber hinaus noch grosse Abgaben aus den ihnen unterstellten Städten und deren Ländereien zogen. Der König wurde auch religiös weiter überhöht. Der Ensi konnte schon als der «Geliebte Gemahl der Inanna» angesprochen werden, weil er die Göttin in der Heiligen Hochzeit geehelicht hatte; doch der Grosskönig wird seit der Zeit von Ur III. (2065–1295 vor Chr.), ein eigentlicher Gottkönig, dem man Opfer bringt, dem man Gebete in der Form von «Gottesbriefen» widmet, Hymnen singt und Tempel erbaut (Schmökel, wie oben).

# Iran

Die iranische Tradition ist viel jünger als jene der beiden Stromtäler, doch sie ist für den Nahen Osten von besonderer Wichtigkeit, weil sie fortgelebt hat bis zur arabischen Eroberung Persiens im 7. Jahrhundert nach Christus und durch ihr Eindringen in den Islam sogar darüber hinaus, besonders zur Zeit der Abbasiden-Kalifen von Bagdad (750–1258 n. Chr). Die Vorstellung vom Grosskönig, der unter dem besonderen Schutz seines Gottes steht, finden wir bei den Achämeniden im 6. Jahrhundert vor Christus. Dass diese persischen Grosskönige sie aus Mesopotamien übernommen haben, ist höchstwahrscheinlich; sogar die Schrift, die sie schreiben, die Keilschrift, stammt dorther. Sie dürfte durch die Elamiter an die einwandernden persischen Stämme weitergegeben worden sein. Die Elamiter waren ein seit vielen Jahrhunderten im Südosten von Mesopotamien, am Karun-Fluss, lebendes Volk, das in den Sog der mesopotamischen Kultur geraten war, lange Zeit mit den Sumerern gekämpft und diese am Ende der Epoche von Ur III. (1295 vor Chr.) besiegt hatte. Viel später (646 v. Chr.) hatten die Assyrer die Elamiter besiegt und ihre Hauptstadt zerstört. Susa, die spätere Winter- und Verwaltungshauptstadt des Persischen Reiches, war schon Hauptstadt der Elamiter gewesen. Kyros II., der Grosse, der Begründer des Achämenidischen Reiches, hatte von seinem Vater ein kleines Herrschaftsgebiet, Anshan, geerbt, das zuvor ein Teil des Elamitischen Reiches gewesen war. Pasargadae, seine Sommerhauptstadt und seine Begräbnisstätte, liess Kyros in Anshan anlegen. Über die Religion der damaligen Perser erfahren wir einiges aus den königlichen Inschriften der Achämeniden. Herodot und andere griechische Quellen sprechen auch von ihr. Die Heilige Schrift der Parsi-Religion, die Avesta, ist aus Büchern zusammengesetzt, die aus verschiedenen Epochen stammen, doch ihre ältesten Teile reichen gewiss auf die Zeit vor der Begründung des Achämenidischen Reiches (550 vor Chr.) zurück.

Diese drei Quellen geben allerdings höchst unterschiedliche Bilder der persischen Religion. Aus den Inschriften geht hervor, dass die Könige einen höchsten Gott Ahuramazda anerkannten und dass sie sich als in seinem Schutze stehend sahen: «Ein Grosser Gott ist Ahuramazda, der diese Erde geschaffen hat und jenen Himmel schuf, der den Menschen geschaffen hat und Glück für den Menschen schuf; der Darius zum König erhoben hat, einen König über vielen, einen Herrn von vielen. – Ich bin Darius der König, König der Könige, König von Ländern, die alle Arten von Menschen enthalten, König dieser grossen Erde fernhin und weit, Sohn des Hystaspes, ein Achämenide, ein Perser, Sohn eines Persers, ein Arier aus arischem Stamm. – Es spricht Darius der König: Durch die Gunst des Ahuramazda sind dies die Länder, die ich ergriff ausserhalb Persiens; ich herrschte über sie; sie brachten mir Tribut; was von mir zu ihnen gesagt wurde, das taten sie; mein Gesetz hielt sie fest: Medien, Elam, Parthien, Aria, Bactria, Sogdiana, Chorasmia, Drangiana, Arachosia, Sattagydia, Gandara, Sind, Amyrgische Skythen; Skythen mit Zipfelkappen; Babylonien, Assyrien, Arabien, Ägypten, Armenien, Cappadocien, Sardis, Ionien, Skythen jenseits des Meeres, Skuda, Ionier, die den Petasos tragen, Libyer, Äthiopier, Leute von Maka, Karier. – Es spricht Darius der König: Vieles, was übel war, habe ich gut gemacht. Provinzen waren in Unruhe; ein Mann schlug den anderen. Durch die Gunst des Ahuramazda bewirkte ich, dass der eine den anderen keineswegs schlägt; ein jeder steht an seiner Stelle. Mein Gesetz, dass sie es fürchten mögen, so dass der Stärkere den Schwächeren weder schlägt noch zerstört. – Es spicht Darius der König: Durch die Gunst von Ahuramazda habe ich vieler Hände Werk, das am falschen Ort war, an seinen richtigen Ort gebracht. Eine Stadt, die … hiess, deren Mauern vor Alter zerfallen waren, vorher ohne Ausbesserung – ich habe eine neue Mauer gebaut, damit sie von dann ab in Zukunft diene. – Es spricht Darius der König: Möge mich Ahuramazda zusammen mit den Göttern beschützen, mit meinem königlichen Haus und was ich habe einmeisseln lassen.» (Nach einer Tablette aus Susa, die weitgehend mit den Felseninschriften vom Grab des Darius in Naqsh-e Rustam, bei Persepolis, übereinstimmt, aus R. Ghirshman: Iran, Pelican Book, 1961 p. 153).

Das Symbol des Lichtgottes Ahuramazda ist auf den Reliefs von Persepolis häufig zu sehen, es schwebt als Flügelgestalt über den Königen. Seine künstlerische Ausformung geht auf ägyptische Flügelbilder wie jene des Horus zurück. Die Inschriften der achämenidischen Grosskönige erwähnen Zarathustra nicht. Doch Ahuramazda, der Lichtgott und oberste aller Götter, ist auch der Gott, den Zarathustra verehrt und mit dem er in den Gathas, dem ältesten Teil der Avesta, Zwiesprache hält, den er auch lobpreist und

anbetet. Das Heilige Feuer, das auf den Reliefs der Achämeniden oft dargestellt ist, gehört ebenfalls zu den Gottessymbolen der Religion Zarathustras.
In den Inschriften erscheint Ahuramazda als einer der Götter, der stärkste
und erste, aber neben ihm gibt es noch andere; auch in der Avesta stehen
neben Ahuramazda noch andere Gottheiten und göttliche Mächte.

Herodot, der aus der kleinasiatischen Küstenstadt Halikarnassos
stammte und die Perser wohl aus Kleinasien kannte, nicht aus Persien, gibt
seinerseits eine Beschreibung der persischen Religion, in der von Ahuramazda nicht die Rede ist. Er spricht davon, dass die Perser keine Statuen aufstellen, keine Altäre errichten und keine Tempel bauen, «jeder, der solches
tut, wird von ihnen als ein Narr angesehen, dies wohl, weil die persische Religion nicht anthropomorphisch ist wie jene der Griechen. Zeus ist in ihrem
Religionssystem der gesamte Himmelskreis, und sie opfern ihm auf den Gip-
feln der Berge. Sie verehren auch die Sonne, den Mond, die Erde, Wasser und
Winde. Dies sind ihre ursprünglichen Gottheiten. Erst später lernten sie von
den Assyrern und Arabern den Kult der Uranischen Aphrodite, der assyrische
Namen für Aphrodite ist Mylitta, der arabische Alilat, der persische Mitra.» –
Der griechische Geschichtsschreiber (er bezeichnet sich selbst als einen
Berichterstatter; wir würden ihn heute einen Journalisten nennen) fährt dann
fort, indem er die Opferhandlungn der Perser schildert, «ohne Altar, Flöten-
musik, Girlanden, Libationen, wie sie bei uns stattfinden». Der Opfernde
muss einen grünen Zweig in sein Kopfband stecken, «gewöhnlich Myrte». Er
darf nicht um persönliche oder private Gunst beten, sondern nur für den
König und das Wohl der Gemeinschaft, zu der er gehört. Das geschlachtete
und gekochte Fleisch des Opfertiers wird auf eine möglichst weiche grüne
Unterlage gelegt, «mit Vorliebe Klee». Ein Magier muss immer dabei sein
und eine «Beschwörung» sprechen, die von der «angeblichen Geburt der
Götter» handelt. Nach einer kurzen Weile nimmt der Opfernde das Fleisch
weg und «tut damit, was er will». All dies hat Herodot, so versichert er, persönlich beobachtet. (Buch 1, 130.) – Der griechische Beobachter spricht
hier offensichtlich von der Volksreligion, welche die persischen und wohl
auch die medischen Stämme auf ihren Wanderungen aus dem innerasiati-
schen Norden nach Persien mitgebracht hatten. Wie er andeutet, wurde diese
ursprüngliche Religion später angereichert durch die Aufnahme von Göttinnen und Göttern der mesopotamischen und allgemein der nahöstlichen
Hochkulturen. Zarathustra erhob die Volksreligion auf die Stufe einer Hochreligion, indem er den Schöpfer- und Lichtgott Ahuramazda als Gott des
Guten hervorhob und ins Zentrum seiner erneuerten Religion stellte.

Für die frühen Perser war Ahuramazda jedoch offensichtlich nicht der einzige Gott, eher der höchste für jene, die an ihn glaubten. Die anderen Götter fuhren fort, neben ihm zu existieren, sowohl die eigenen ursprünglichen Naturgottheiten der persischen Wanderstämme wie auch, wohl zunehmend, die verschiedenen Götter und Göttinnen der nahöstlichen Hochkulturen, besonders natürlich jene der Völker, die an Persien angrenzten und – seit Kyrus, Cambyses und Darius – von den Persern unterjocht worden waren. Sogar in den Yasht, den Hymnen der Avesta, findet man Lobhymnen auf die Sonne, *Mitra,* den Wind, *Vayu,* die als göttliche Kräfte gesehen werden.

Die Inschriften zeigen klar, dass den achämenidischen Herrschern Ahuramazda weitaus am wichtigsten war – er beschützte sie, und ihm verdankten sie ihre Erfolge –, dass sie jedoch die Existenz anderer Götter ebenfalls anerkannten: «Es spricht König Dareios: Dies, was getan worden ist, das alles habe ich nach dem Willen Ahuramazdas getan. Ahuramazda brachte mir Hilfe, bis ich das Werk vollendete. Mich soll Ahuramazda schützen vor dem Übel, und mein Haus und dieses Land. Darum bitte ich Ahuramazda; möge es Ahuramazda mir gewähren. – O Mensch, Ahuramazdas Befehl erscheine dir nicht widerwärtig, den geraden Weg verlasse nicht, sündige nicht. – Der grosse Gott ist Ahuramazda, der dies wunderbare Werk, das wir sehen, geschaffen hat, der das Glück für den Menschen geschaffen hat, der dem König Dareios Weisheit und Rüstigkeit verlieh. – Es spricht der König Dareios: durch die Gnade Ahuramazdas bin ich solcher Art, dass ich ein Freund bin des Rechtes, dass ich nicht ein Freund bin des Schlechten. Es ist nicht mein Gefallen, dass der Arme vom Mächtigen Unrecht erdulde, noch ist es mein Gefallen, dass der Hohe um des Niederen willen Unrecht erdulde. Was recht ist, das ist mein Gefallen. Nicht bin ich ein Freund für die Anhänger der Lüge. Ich bin nicht rachsüchtig; was mich zornig macht, halte ich fest unter Kontrolle, und meiner eigenen Leidenschaft bin ich streng Herr. Wer sich bemüht, den belohne ich nach seinem Verdienst; wer sich vergeht, den bestrafe ich nach seiner Missetat. Nicht ist mein Gefallen, dass jemand einem Manne Böses tue; auch ist es nicht mein Gefallen, dass nicht gestraft werde, wer Böses tut. Was ein Mann gegen einen Mann sagt, das überzeugt mich nicht, bis er dem Zeugnis nach guter Regel Genüge tut. Was ein Mann tut oder leistet für andere nach seinem Können, damit bin ich zufrieden, und meine Freude ist gross und ich habe Wohlgefallen daran. Solches ist mein Wille und mein Befehl. Indem du, was ich gewirkt, sehen und hören wirst, ob in der Heimat oder im Felde, betrachte meine Rüstigkeit und meine

Weisheit, diese meine Güte, die über Leidenschaft und Wissen steht. –
Soweit mein Körper die Kraft hat, bin ich als Krieger ein guter Krieger.
Wenn es meinem Verstand zweifelhaft erscheint, wen ich als Feind, wen
nicht als Feind betrachten soll, dann gedenke ich zuerst der guten Taten, ob
es nun ein Feind oder ein Freund sei, den ich vor mir habe. Geübt bin ich
mit Hand und Fuss. Als Reiter bin ich ein guter Reiter, als Schütze ein guter
Schütze, als Lanzenwerfer bin ich ein guter Lanzenwerfer, zu Fuss wie zu
Ross. Und die Fähigkeiten, mit denen mich Ahuramazda bekleidet hat, ich
habe die Kraft gehabt, sie zu nutzen; durch Ahuramazdas Gnade habe ich,
was ich geleistet habe, mit diesen Fähigkeiten gewirkt, die Ahuramazda mir
verliehen hat.»

So lautet der zweite Teil der grossen Felseninschrift auf dem Grab des
Dareios, das dieser sich selbst hatte anlegen lassen. Der Inhalt ist eng verwandt mit dem der weiter oben zitierten Tafel von Susa, jedoch ausführlicher
und daher des Zitierens wert. (Aus H. H. v. d. Osten: Die Perser, in: «Grosse
Kulturen der Frühzeit», Essen 1988, S. 66.) Gegenüber dem mesopotamischen und dem ägyptischen Herrschertum ist hier deutlich, dass der Grosskönig zwar von seinem Gott Ahuramazda gesegnet ist, wie der Pharao und
der Ensi von ihren Göttern; dass er jedoch seine Legitimität als Herrscher
und in der Tat seinen Erfolg bei der Erlangung der Krone und der Eroberung
fremder Reiche darauf zurückführt, dass er – mit Hilfe Ahuramazdas – Gutes
tat und Schlechtes zu verhindern suchte. Dies dürfte die grundsätzliche Neuerung sein, die Zarathustra als Religionsstifter einführte; sein Lichtgott Ahuramazda ist eine Verkörperung des Guten und will das Gute. Die Herrscher,
die in seinem Namen regieren, verpflichten sich zum Guten und ziehen aus
dieser Verpflichtung ihre Legitimität.

Von Kyros und von seinen bedeutenderen Nachfolgern unter den Achämeniden wissen wir, dass sie die Religionen der eroberten Völker bewahrten
und ihren Kult sogar förderten. Die Israeliten hat Kyros bekanntlich aus der
babylonischen Gefangenschaft, die tatsächlich eine assyrische war, obwohl sie
in Babylon stattfand, entlassen, nachdem er die Stadt von den Assyrern
erobert hatte. Er gab ihnen nicht nur die Erlaubnis, nach Hause zurückzukehren, sondern ausdrücklich auch, ihren Tempel in Jerusalem wieder aufzubauen. Auch den anderen eroberten Völkern liessen die Perser ihre Religionen und ihre Götter. Das eroberte Babylon durfte seinen Marduk
behalten. Den Krieg, den sie geführt hatten, sahen die Perser nicht mehr als
einen Krieg ihres Gottes gegen fremde Götter, die es im Namen der eigenen
Gottheit gefangen zu nehmen oder gar zu vernichten galt. Diese neue und

tolerantere Grundhaltung der frühen Perser wurde dadurch möglich, dass sie einerseits ihren Übergott, den Lichtgott Ahuramazda, besassen, der «das Gute» von ihnen forderte, während sie selbst daneben die anderen Götter aus ihrer eigenen alten Zeit noch anerkannten und darüber hinaus neue Götter aus den benachbarten Kulturstaaten übernahmen. Ein Pluralismus des Göttlichen bestand, allerdings mit einem Übergott neuer Art, der offenbar auch für die persischen Grossherren der weitaus wichtigste Gott war. In diesen stufenförmigen Pluralismus liessen sich die Götter der eroberten Städte und Reiche eingliedern; auch sie fanden Raum unter den vielen eher lokalen und volkstümlichen Gottheiten, die in dem weiten persischen Reich hier und dort in Erscheinung traten und Verehrung fanden.

Der persische König war durch die Eroberung des Grossreiches zum König der Könige geworden und sein Gott zum Übergott über den anderen Göttern. Ihr theologischer Pluralismus erlaubte es den achämenidischen Herrschern auch, einen politischen Pluralismus zu üben, der allerdings ein Pluralismsus der Unterordnung unter den Grosskönig und unter seinen mit einer moralischen Dimension ausgestatteten Lichtgott war. Diese hieratische Ordnung wird in Persepolis durch die Tributträger sichtbar, wie sie auf der grossen Treppe abgebildet sind, die zur Empfangshalle des Grosskönigs emporführt. Doch was dort dargestellt wird, ist nicht gewaltsame Unterwerfung, sondern eher Mitarbeit an dem grossen Reich der Perser. Die achämenidische Eroberungspolitik liess zu, dass die dem Reich einverleibten Stadtstaaten und Völker mit ihren Göttern nicht zerstört wurden, sondern fortbestanden. Der den anderen Göttern übergeordnete Lichtgott des Guten, Ahuramazda, erschloss diese Möglichkeit.

## Religion und Herrschaft unter den Sassaniden

In späteren Zeiten, vor allem unter den Sassaniden, die ihr persisches Grossreich von 224 bis 651 nach Christus regierten, ist die Religion Zarathustras von den persischen Priestern, den Mobed, systematisiert und ausgebaut worden. Erst zur sassanidischen Zeit wurde die Avesta als kanonische Schrift niedergelegt. Sie enthält mündlich tradierte Überlieferungen von Zarathustra, die damals schon mindestens 700 Jahre alt gewesen sein müssen, vermischt mit jüngeren Schriften. Die Geistlichen wurden ein wichtiges Element zur Stütze des Thrones und damit natürlich auch eine politische Kraft, die sich im Falle von Gegensätzen und Reibungen auch gegen missliebige

Inhaber der Königswürde wenden konnte. Die Mobeds haben auch dafür gesorgt, dass die einst weit offene Religion der Achämeniden zu einer geschlossenen Orthodoxie verengt wurde. Die Andersgläubigen des Reiches, das waren damals in erster Linie die Christen, die Juden und im Osten die Buddhisten. Sie wurden meistens verfolgt. Die Mobeds haben zugleich den Herrscher, soweit sie konnten, in die Nähe Gottes entrückt und ihn, um dies zu erreichen, den Menschen unzugänglich gemacht. Er sollte nun von «hinter dem Vorhang» regieren. Dies bewirkte natürlich, dass seine Regierungsorgane, wozu die Mobeds zusammen mit den grossen Adligen gehörten, in dem Masse an Gewicht zunahmen, in dem sie gegenüber dem Volk den unsichtbaren Herrscher vertraten, für ihn sprachen und seine angeblichen Weisungen ausführten.

Schon Zarathustra selbst hatte den Durchbruch seiner Religionsreform erreicht, nachdem er (nach der wahrscheinlichsten Tradition im Jahr 588 vor Chr.) den Kleinkönig Vishtaspa (griechisch: Hystaspes), der im Osten Irans herrschte, für seine Ideen gewonnen hatte, was dann zur Ausbreitung der Reform Zarathustras über das ganze persische Gebiet führen sollte. Die Mobeds wurden nun Sprecher einer Orthodoxie, die sich selbst als die wahre Religion des Propheten Zarathustra und seines Hauptgottes Ahuramazda ansah, indem sie sich auf die Sassanidenherrscher stützten und diese ihrerseits legitimierten. – Firdausi, der grosse Nationaldichter der Perser aus dem 10. Jahrhundert nach Chr., stützte sich (obwohl er selbst Muslim war) auf sassanidische Chroniken und Überlieferungen für die Sagen und Geschichten, die er in seinem Epos verarbeitet. Dem Gründer der sassanidischen Dynastie, Ardeshir (224–240), legt er den Vers in den Mund: «Betrachte Altar und Thron als untrennbar; sie beide müssen einander stützen!» Und Schahpur I. (241–271), der Sohn und Nachfolger des Begründers der Dynastie, sagt von sich selbst in einer grossen Inschrift, die er an dem viereckigen Steinturm gleich neben dem Grab von Darius in Naqsh-e Rustam, nicht weit von Persepolis, angebracht hat: «Ich bin die Mazda verehrende Göttlichkeit Schahpur, König der Könige der Arier und Nicht-Arier, der von Göttern abstammt, Sohn der Mazda verehrenden Göttlichkeit Aradschir, König der Könige der Arier, der von Göttern abstammt, der Enkel der Göttlichkeit Papaks, des Königs.»

Die Entwicklung, die zur sassanidischen Zusammenarbeit von Thron und Religion führte, ist jedoch keineswegs gradlinig verlaufen. Die sassanidische Zeit kannte zwei Versuche, die von Zarathustra gegründete, dann aber von den Mobed festgeschriebene Religion der Perser zu verändern.

Beide verliefen insofern gleich, als es den Reformern oder Propheten in beiden Fällen zunächst gelang, die Gunst eines der Herrscher für sich zu gewinnen. Doch beide kamen zu Fall, als der nächste Herrscher bzw. im zweiten Falle der Herrscher selbst wieder unter den Einfluss der Mobeds, der Verteidiger des religiösen, kulturellen und sozialen status quo, geriet, zur engen Orthodoxie zurückkehrte und blutig gegen die nun als Ketzer gesehenen Erneuerer einschritt.

## Der Religionsstifter Mani

Der erste Reformversuch war jener von Mani, seine Gläubigen waren die Manichäer, die auch in der europäischen Geschichte eine Rolle gespielt haben. Mani, der gegen 216 in Babylon geboren war, setzte die Lehre Zarathustras konsequent fort. Er proklamierte eine Weltreligion des Lichtgottes, die dem Guten zum Triumph über das Böse verhelfen werde. Neben der Lehre Zarathustras sollte seine Religion auch jene der Christen und der Buddhisten umfassen. Die Malerei als Kunst des Lichtes wurde als eines der Mittel der manichäischen Missionstätigkeit eingesetzt; Fragmente von prachtvoll gemalten Manuskripten der Manichäer sind in Zentralasien erhalten geblieben. In der späteren persischen Sage wird Mani immer als ein fabelhaft begabter, wundertätiger Maler beschrieben. Schahpur I. (241–271 nach Chr.) hat Mani gefördert, und der Prophet hat ihm eines seiner Hauptwerke gewidmet. Unter Schahpur I. konnten die Christen, die Juden, die Buddhisten und die Manichäer ihre Religionen frei ausüben. Doch Bahram I. (271–74), der Schahpur nachfolgte, kam unter den Einfluss des Mobed Karter, der später unter ihm Ober-Mobed werden sollte. Der neue Herrscher verbot zuerst Mani das Missionieren und machte ihm später den Prozess wegen Ketzerei. Karter, der nun zum obersten Religionsführer aufsteigen konnte, liess eine eigene Inschrift unter die oben erwähnte des Gründers der Dynastie, Schahpurs I., in Naqsh-e Rustam setzen.

Dort schreibt der Oberpriester stolz: «Durch mich ist die Religion gefestigt worden, und die Weisen Männer wurden erhoben zu Würden und Macht im Reiche. Die Häretiker und die Zögernden unter den Magiern, die nicht den Vorschriften folgten, wurden von mir bestraft; sie bekehrten sich und wurden wieder eingesetzt. Durch mich wurden zahlreiche heilige Feuer begründet und Magier für ihre Wartung eingesetzt, dieses erfolgte auf das Geheiss der Götter, des Königs und meiner selbst.» Er spricht dann davon, dass «jene, die den Dämonen gefolgt waren, diese aus Furcht (vor ihm selbst) aufgegeben und die Götter anerkannt» hätten. Auch rühmt er sich der Vertreibung der «Vertreter der Juden, der buddhistischen Mönche, der Brahmanen und der Nazarener (Christen) sowie der Ketzer», womit er die Manichäer meint.

## Mazdak, Religionsstifter und Sozialreformer

Der Reformversuch des Mazdak kam gute zwei Jahrhunderte später, zur Zeit des Königs Khobad (481–530). Dieser König war von den grossen Adligen, den «sieben Familien», die miteinander um Einfluss rangen, eingesetzt worden. Der neue König hatte sodann diese grossen Familien gegeneinander ausgespielt und sich so, nach Bürgerkriegen, Unabhängigkeit von seinen Mentoren geschaffen. Unter dem Volk, das schwer unter den Kriegen litt, erstand zu dieser Zeit ein neuer Prophet, Mazdak, der den alten persischen Kampf zwischen Gut und Böse, wie er schon der Lehre Zarathustras innewohnte, in neuer, verschärfter Form predigte und gleichzeitig um eine soziale Komponente bereicherte. Er scheint der Ansicht gewesen zu sein, dass die erblichen Adels- und Machtprivilegien nicht gerechtfertigt seien und von einer brüderlichen Gesellschaft abgelöst werden sollten.

Die späteren Geschichtsschreiber haben seiner Lehre, von der wir nur wenig Genaues wissen, nicht viel Sympathie entgegengebracht. Sie bezichtigten ihn der Weibergemeinschaft und des «Kommunismus», bevor dieses Wort noch erfunden war. Der arabische Geschichtsschreiber persischer Herkunft, at-Tabari aus der viel späteren islamischen Zeit (839–923), blickt auf Mazdak mit den Worten zurück: «Mazdak und seine Anhänger behaupteten, Gott habe den Menschen ihre Habe gegeben, damit sie sich gleichmässig darin teilten. Doch die Menschen hätten einander dabei schweres Unrecht zugefügt. Sie behaupteten, sie wollten den Reichen nehmen, um den Armen zu geben, und so den Unvermögenden das Ihre wieder zu verschaffen auf Kosten der Vermögenden. Denn dem, welcher zu viel Geld, Frauen und sonstigen Besitz habe, stehe darum noch kein grösseres Recht zu als einem anderen. Der Pöbel benützte die ersehnte Gelegenheit, scharte sich um Mazdak und die Seinigen und fiel ihm zu. So wurden die Leute sehr von den Mazdakisten belästigt, und diese wurden so mächtig, dass sie es wagen konnten, einem ins Haus zu dringen und ihm Wohnung, Frauen und Vermögen abzunehmen, ohne dass er es ihnen zu wehren vermochte ... Nun dauerte es nicht mehr lange, dass der Vater sein Kind, das Kind seinen Vater nicht mehr kannte und niemand mehr etwas besass, um sich eine Annehmlichkeit zu verschaffen.» (H. H. v. d. Osten, wie oben, S. 115 f.). – Noch später hat Nizam ul-Mulk, der grosse persische Minister des seldschukischen Grossreiches (1018–1092), in seinem Königsspiegel, «*Siyasatnama*» (Buch von der Politik), ausführlich über Mazdak und seine angeblichen Schandtaten geschrieben, wie sie in seiner Zeit als eine sagenhafte Erinnerung überlebten. (s. Nizamulmulk, Das Buch der Staatskunst, übers. Von K. E. Schabinger, Manesse Bibliothek der Weltgeschichte, Zürich 1987 S. 435–459 und 479–481.) Das wenige, was man über die wirkliche Doktrin Mazdaks weiss, findet sich zusammengefasst bei Alessandro Bausani, «Persia Religiosa», Il Saggiatore, Milano 1959 S. 120–134.

Der Widerstand der Adligen und der Priesterklasse führte dazu, dass der Mazdak begünstigende Herrscher Khavadh (488–96 und 498–531), abgesetzt und sein Bruder auf den Thron erhoben wurde. Khavadh wurde gefangen genommen, doch sein Bruder, der neue Herrscher, weigerte sich, seiner Hinrichtung zuzustimmen. Später gelang es Khavadh, aus dem Gefängnis zu fliehen und den Thron zurückzugewinnen. Die Mazdakisten breiteten sich wieder aus, sogar Adlige begannen sich ihnen anzuschliessen. Doch sie gerieten nun in einen Zwist mit Khavadh, weil dieser seinen zweiten Sohn zu seinem Nachfolger ernennen wollte, während der ältere Unterstützung bei den Mazdakisten suchte. Der König liess die Führer der mazdakistischen Bewegung zu einer Disputation einladen, an der neben den Mobed auch christliche Bischöfe der nestorianischen Kirche mitwirkten. Die Mazdakisten wurden zu Ketzern erklärt, und Soldaten, die dafür bereitstanden, machten ihre Sprecher nieder, indem sie in das Zelt eindrangen, in dem die Disputation stattfand.

Der zweite Sohn Khavadhs, Khosraw, wurde darauf in der Tat der nächste Herrscher. Er trägt den Beinahmen Anushirvan («von der unsterblichen Seele») und herrschte von 531 bis 579. Unter ihm wurden die letzten Mazdakisten, auch Mazdak selbst, umgebracht, und er setzte sich energisch für den Wiederaufbau des durch die inneren Kämpfe zerrütteten Reiches ein. Khosraw Anushirvan ist einer der berühmtesten Sassanidenherrscher geworden. Die Sage erzählt viel von seiner Gerechtigkeit und Sorge für das Volk und die Armen. Die nestorianische Kirche, die im Oströmischen Reich, einem Erbfeind der Sassaniden, als ketzerisch galt und daher nicht geduldet wurde, erlebte im Persien Khosraws eine Blütezeit, besonders in den mesopotamischen Reichsprovinzen sowie auch, durch rege Missionstätigkeit, in Zentral-

44

asien. Im Gegensatz zu den orthodoxen Christen waren die Nestorianer nicht der heimlichen Sympathien mit dem oströmischen Feinde des Sassanidischen Reiches verdächtig.

## Das sassanidische Herrschaftssystem

Mit den Sassaniden entstand das endgültige Modell dessen, was man als die «orientalische Zusammenarbeit zwischen Thron und Altar» bezeichnen kann. Die frühere altorientalische Stufe des gleichen Regierungsmodells unterschied sich dadurch von der späteren sassanidischen, dass der König wesentlich mit zu den Göttern der altorientalischen theokratischen Staaten gehört hatte. Er war damals auf Erden der Hauptgott; die Priester mit ihren Tempeln und Opferaltären waren seine und der anderen Götter Diener. Zur Zeit der Sassaniden hatte sich ein Gleichgewicht zwischen den Dienern der Religion und den Herrschern herausgebildet; die beiden Kräfte waren aufeinander angewiesen und konnten einander zu Fall bringen, wenn Zwist zwischen ihnen ausbrach.

Normalerweise setzte der Herrscher die Geistlichen ein, mindestens insofern er das Haupt der geistlichen Hierarchie bestimmte; doch gab es periodisch Zeiten, in denen die Geistlichen kollektiv, meist in Zusammenarbeit mit den ebenfalls mächtigen Adelshäusern, die Herrscher absetzten oder ihnen ihren Willen aufzwangen. Dies war der Fall, als die beiden neuen Propheten Mani und Mazdak auftraten, obgleich sie anfänglich die Gunst ihrer Herrscher genossen. Die Herrscher selbst bewahrten Reste von Sakralisierung; wir sahen oben, wie der Emporkömmling Schahpur, der Gründer einer neuen Dynastie, sich selbst als «Göttlichkeit» bezeichnet und für sich selbst, seinen Vater und Grossvater Gottessohnschaft (wie immer diese gemeint gewesen sein mag) in Anspruch nahm.

Doch die Priesterklasse hatte sich Unentbehrlichkeit verschafft, in erster Linie dadurch, dass sie ein höchst komplexes Zeremoniell entwickelte, dessen genaue Erfüllung als wesentlich für die Gültigkeit der geistlichen Zeremonien empfunden wurde. Dazu gehörten im Falle der Religion Zarathustras auch Reinigungszeremonien für alle Gläubigen, die stets von Geistlichen durchgeführt werden mussten. Hinter dem Zeremoniell stand die geistlich-moralische Macht der Religion, die Annäherung an das Gute forderte und Entfernung vom Bösen, Dämonischen. Man kann vermuten, dass es letztlich diese Verankerung der Technizität des Zeremoniells im über-

45

technischen, metaphysischen Urgrund von Gut und Böse gewesen ist, die es den Mobeds erlaubte, ihr Gewicht gegenüber den «göttlichen» Herrschern so weit zu steigern, dass ein labiles Gleichgewicht zwischen den beiden Mächten von Thron und Altar entstehen konnte, das an die Stelle der früheren Unterordnung der (einstmals eher «technokratischen») Priesterschaft unter den altorientalischen Gottkönig trat. – Eine parallele Entwicklung, ebenfalls von einer urtümlichen, «primitiven» zu einer sogenannten «Hochreligion», die zum einen, unsichtbaren, aber moralisch wertenden Gott hinführte, haben natürlich die israelitischen Stämme mit dem Judentum und dessen Nachfolgereligionen, dem Christentum und dem Islam, durchgemacht, alle drei mit vergleichbaren Resultaten im politischen Bereich: nämlich einem labilen Machtgleichgewicht zwischen den mehr weltlichen Machthabern, die oft den Titel von Königen trugen, und den mehr geistlichen Würdenträgern priesterlicher Ausbildung und Kompetenz.

## Hellenismus

Einen deutlichen Hinweis auf das Gewicht, das im Nahen Osten während der hellenistischen Zeit dem Gottkönigtum zukam, gibt uns die Geschichte Alexanders des Grossen (356–323 v. Chr.). Die Berichte seiner Geschichtsschreiber spiegeln die Reibungen wider zwischen den hellenisierten Mazedoniern, zu denen die engsten Vertrauten und Gefolgsleute Alexanders gehörten, und den priesterlichen Würdenträgern in den neu unterworfenen Gebieten des Ostens, die, besonders in Ägypten, dem König göttlichen Rang zusprechen wollten. Alexander selbst hat seiner Vergöttlichung nicht widersprochen, jedenfalls nicht in Gegenwart seiner neuen Untertanen aus dem Osten. Die Vergöttlichung scheint sogar eher seine Zustimmung erhalten zu haben, wenn es gleich auch Anekdoten gibt, die zu zeigen scheinen, dass er sich im Umgang mit seinen alten Gefährten auch einige Skepsis gegenüber seiner eigenen Vergöttlichung erlaubte. So wird zum Beispiel berichtet, dass die Priester des Jupiter-Ammon-Heiligtums in der ägyptischen Wüste, deren Orakel Alexander befragen kam und denen er unter anderen die Frage vorlegte, ob einer der Mörder seines Vaters, des Königs Philipp von Makedonien, entkommen sei, ihm bedeutet hätten, er solle sich vor Gotteslästerung hüten, denn sein Vater sei nicht Philipp, sondern Jupiter-Ammon, worauf Alexander die Frage neu gestellt habe: «Ist einer der Mörder Philipps entkommen?»

Im Streit, der später zwischen Kleitos und Alexander ausbrach, als Kleitos betrunken war, wird unter anderen bitteren Worten des alten Kriegsgefährten aus Mazedonien die Bemerkung zitiert: «Die angebliche Feigheit der Mazedonier hat dir, Alexander, immerhin das Leben gerettet, als du dem Schwert des Spithridates zu entfliehen suchtest; und das Blut jener armen Mazedonier sowie die Wunden, die sie deinetwillen erlitten, haben dich so grossmächtig gemacht, dass du nun den König Philipp nicht mehr als deinen Vater anerkennen, sondern unbedingt als der Sohn von Jupiter-Ammon auftreten willst!» (Plutarch, Alexander, 87.) Was dann unter weiteren trunkenen Reden und Widerreden dazu führte, dass Alexander so sehr in Zorn geriet, dass er seinen Getreuesten mit einem Speer ermordete, den er einem seiner Wächter entriss. In den Berichten fehlen auch nicht die tröstenden Worte des Sophisten Anaxarchos, der dem über seine Untat verzweifelten Herrscher erklärt haben soll, dass Jupiter nach Ansicht der Dichter Themis neben sich sitzen habe, was nur bedeuten könne, dass alles, was der Herrscher tue, gerecht und heilig sei. Habe er doch gesiegt und sei Herr und Meister geworden, so dass es ihm zustehe, die Grenzen zwischen Recht und Unrecht zu ziehen, so dass er Herr und Meister bleibe und sich nicht einer leeren Meinung der Niedrigeren zu beugen habe. Dieser Trost habe nach Plutarch den Schmerz Alexanders gelindert, aber auch seine Sitten noch weiter verwildern lassen. (Alex. 90.)

Arrian (vgl. 4,7) bringt eine ähnliche Version der Geschichte von Kleitos mit weniger Einzelheiten, doch auch er macht klar, dass der Fussfall orientalischer Art von Alexander gefordert wurde, die Mazedonier ihn jedoch ablehnten (vgl. 4,10), und auch er stellt die Streitreden in Zusammenhang mit der Übernahme orientalischer Sitten.

Dem stehen selbstkritische Bemerkungen des grossen Eroberers gegenüber, die auch von Plutarch überliefert werden, wenn etwa der verwundete Alexander seinen Freunden gesagt haben soll: Was da aus meiner Wunde fliesst, ist wirkliches Blut und nicht, wie Homer sagt (Ilias, V 340, Diomedes verletzt Aphrodite): «das ambosische Blut, Ikhor, wie es fliesst in den Adern der seligen Götter». – Und als ein heftiger Sturm mit Donnerschlägen ausbrach und alle erschraken, sagte der Rhetor Anaxarchos zu Alexander: «Du, Sohn des Jupiter, könntest du wohl das gleiche tun?» Alexander lachte und antwortete: «Ich will meinen Freunden keinen Schrecken einjagen, wie du es tust, wenn du meine Speisen verachtest und sagst, wenn Fische aufgetischt werden, die Köpfe von Herrschern und Satrapen sollten auf den Platten liegen!» Der Rhetor hatte nämlich bei einem Festmahl so gesprochen. – Aus solchen und ähnlichen Anekdoten schliesst Plutarch, dass Alexander «sich nicht selbst täuschte und nicht dem Stolz verfiel wegen dieser angeblichen Abstammung von einem Gott, sondern sich ihrer bediente, um die anderen Menschen unter dem Joch des Gehorsams zu halten, indem er ihnen diese Meinung nahe legte» (Alexander 52). Dennoch, so kommt Plutarch wieder auf das Thema zurück, habe Alexander den Athenern über Samos geschrieben: «Nicht ich habe euch diese edle und hochgemute Stadt gegeben; ihr habt sie von jenem erhalten, den man damals meinen Vater und Herrn nannte», womit er den König Philipp meinte. Der Fussfall vor dem Herrscher war seit alter Zeit ein polemisches Thema: «Alexander wollte die Mazedonier erproben, um zu wissen, wie sie den Gebrauch, den er einzuführen gedachte, aufnehmen würden, nämlich die Anbetung, das heisst sich zu verbeugen und vor dem König niederzufallen»; deshalb habe er begonnen, sich teilweise nach persischem und medischem Brauch zu kleiden, um zu sehen, wie seine Mazedonier dies aufnähmen. (Alex. 78.) Das gleiche griechische Wort, Proskynesis, bedeutet Anbetung, Anrufung, Niederknien, sich Niederwerfen und Anflehen.

Die Diadochen haben später den Anspruch, von Gott abzustammen, gefestigt. Zweifellos wurden sie durch die alten Herrschaftstraditionen der Länder, die sie beherrschten, dazu angeregt, wenn nicht sogar gezwungen. Im ägyptischen und mesopotamischen Osten gehörte Göttlichkeit einfach zum Königtum; das zweite war ohne die erste nicht glaubwürdig. Bekanntlich ist dann die Vergöttlichung des Herrschers aus dem Osten auch nach Rom gedrungen. Die Cäsaren und Augusti waren «divini»; nach ihrem Tod wurden sie «dei», erhielten ihre Tempel und waren damit unter die Götter aufgenommen. (Nach Sueton war Caligula nicht weit davon entfernt, das orientalische Diadem zu tragen. Heliogabal war der erste Kaiser, der es wirklich trug, allerdings nur privat; Aurelian aber in der Öffentlichkeit;) er erscheint mit dem Titel «Deus Aurelianus» und «Imperator Deus et Dominus Aurelianus» auf seinen Münzen, und er war der Gründer der absolut autokratischen Regierungsform, die dann zuerst Diokletian und später auch Konstantin der Grosse übernahmen.

# Der byzantinische Gottesstaat

Mit dem Christentum in Byzanz und im ganzen Nahen Osten bis zum parthisch-sassanidischen Grenzgebiet ergibt sich dann eine mit der sassanidischen vergleichbare Lage. Der Kaiser in Konstantiapel ist Schutzmacht und Oberhaupt der Kirche. Er setzt die Bischöfe und Patriarchen ein. Doch die kirchliche Hierarchie besteht eigenständig; sie besitzt ihre eigenen verbrieften Rechte, und der Kaiser kann es sich nicht immer erlauben, ihr seinen Willen zu diktieren. Wenn er es dennoch tut, muss er mit Spannungen rechnen, die unter Umständen sogar seine Herrschaft gefährden können. Wir haben gesehen, wie sassanidische Könige ursprünglich den neuen Propheten Mani und später Mazdak zuneigten, wie sie jedoch bald gezwungen wurden, sich von ihnen loszusagen und sie und ihre Gläubigen als Häretiker zu verfolgen. In ähnlicher Art neigten Konstantin (324–337) in den letzten Jahren seiner Herrschaft und noch deutlicher sein Sohn und Nachfolger Konstantius (333–361) den Arianern zu; ebenso Valens (364–387), der im Osten des Reiches nach dem Zwischenspiel des Julianus Apostata (361–363) an die Macht kam. Doch dessen Nachfolger, Theodosius der Grosse (379–395), entpuppte sich als ein entschiedener Anhänger des Glaubensbekenntnisses von Nizäa (des Konzils, das 325 von Konstantin dem Grossen einberufen worden war und das Arius verurteilt hatte). Er liess als erster Kaiser einzig das nizäische Glaubensbekenntnis gelten und verfolgte die Anhänger aller anderen als Ketzer. Sein Ziel dürfte gewesen sein, eine einheitliche Kirche innerhalb des ihm unterstehenden Staates zu schaffen. Dennoch stiess er schroff mit Ambrosius, dem Bischof von Mailand, zusammen, da dieser die Unabhängigkeit der Kirche forderte, während Theodosius beabsichtigte, (und auch weitgehend erreichen sollte), als Kaiser über den Kirchenfürsten zu stehen und als Schiedsrichter unter ihnen zu entscheiden. Der Staat sollte seiner Ansicht nach Vorrang vor der Kirche geniessen.

Der Zusammenstoss mit Ambrosius hatte einen konkreten Anlass: Die Stadt Thessalonika, eine der grossen Städte des Reiches, hatte sich gegen germanische Truppen erhoben, die in ihr einquartiert waren und die Bürger bedrängten. Der Kommandant dieser Truppen und viele seiner Soldaten wurden erschlagen. Theodosius, der auf seine germanischen Söldner angewiesen war, liess darauf germanische Truppen ein Massaker in der Stadt durchführen, bei dem auch Frauen, Kinder und Greise ermordet wurden. Ambrosius schritt darauf zum Kirchenbann gegen Theodosius, und dieser war gezwungen, seine Schuld zuzugeben und die Sühne auf sich zu nehmen, die Ambrosius über ihn verhängte. Während der Sühnezeit verbot ihm Ambrosius, die kaiserlichen Regalia zu tragen. – Theodosius war auch der Kaiser, der die Götterverehrung der Heiden endgültig verbot und sie als Vergehen gegen «den Kaiser und die Religion» unter schwere Strafe stellte. Sein letztes Dekret in diesem Sinne erfolgte im Jahr 392, und das Heidentum wird darin als «heidnischer Aberglauben» bezeichnet. Im folgenden Jahre fanden die letzten Olympischen Spiele statt.

## Der Streit um die Natur Christi

Ein weiterer Kirchendisput wurde 29 Jahre später politisch akut, als Nestorius, Presbyter in Antiochien, den Patriarchenthron in Konstantinopel erhielt. Nestorius war glühender Anhänger einer neuen Lehre, nach welcher Christus zwei Naturen gehabt habe, eine menschliche und eine göttliche, die beide voneinander unabhängig gewesen seien. Er forderte von Kaiser Theodosius II. (408–450), dass er die «Häretiker», als welche ihm die Bekenner des Glaubens von Nizäa galten, verfolge. Sofort nach seiner Einsetzung in Konstantinopel rief er dem Kaiser zu: «Gib mir, mein Herrscher, die Erde befreit von Ketzern, und ich will dir den Himmel zum Lohn geben. Hilf mir bei der Zerstörung der Ketzer, und ich will dir bei der Zerstörung der Perser (mit denen Theodosius im Krieg stand) helfen!» – Doch der Patriarch von Alexandria, Cyrillus, und der Bischof von Rom, Celestinus, verurteilten die neue Lehre von den zwei Naturen Christi auf einem Konzil, das in Rom zusammentrat. Theodosius berief daraufhin seinerseits ein Konzil in Ephesus ein (das Dritte Ökumenische Konzil 431), auf dem Nestorius verurteilt wurde. Er wurde nach Ägypten verbannt und starb dort. Seine Lehre wurde verfolgt. Doch viele seiner Anhänger zogen nach Persien. Die Schule von Edessa, in Syrien, die eines der Hauptzentren des Nestorianismus war, wurde knappe zwei Generationen später, im Jahr 489, zerstört, und ihre Lehrer und Studenten wurden vertrieben. Sie gründeten eine neue Schule in Nisibis auf persischem Boden. Den Persern waren die Nestorianer als Feinde ihrer

Feinde willkommen, weil sie ein gegen Byzanz gerichtetes Christentum vertraten.

Die Lehre des Nestorius hatte weitere Folgen: Ihre schärfsten Gegner, die Anhänger des Cyrillus von Alexandria, entwickelten ihrerseits eine neue Lehre, die das Gegenteil jener des Nestorius vertrat. Sie waren der Ansicht, dass Christi Menschlichkeit völlig in seiner göttlichen Natur aufgegangen sei, weshalb er nur eine, eine göttliche, Natur habe. Diese Lehre, Monophysismus genannt, setzte sich in Konstantinopel durch und erhielt die Zustimmung des Kaisers Theodosius II., obgleich der Patriarch von Konstantinopel und der Papst von Rom, Leo I., die neue Lehre ablehnten. Ein Konzil in Ephesus vom Jahr 449, das unter dem Vorsitz des Bischofs von Alexandria abgehalten wurde, erzwang die Anerkennung des Monophysismus als orthodox. Es kam zu Unruhen im Reiche, während deren Theodosius II. starb.

Theodosius hinterliess keine Kinder. Seine Schwester Pulcheria liess sich zu einer nominellen Heirat mit General Marcian bewegen. Hinter Marcian stand ein anderer General, Asper, alanischer (das heisst germanischer) Herkunft, der seiner arianischen Neigungen wegen nicht selbst Kaiser werden konnte. Die Goten und die anderen germanischen Söldner wurden einflussreich in Konstantinopel. Asper vermochte auch den nächsten Kaiser, Leo I. (457–474), auf den Thron zu heben. Doch die Bevölkerung der Grossstadt hasste die Macht der fremden Barbaren, die auch als Sympathisanten des Arianismus galten. Die Arianer verteidigten die «Konsubstantialität» Gottes mit Christus. Als eine Flottenexpedition gegen die Vandalen in Nordafrika fehlschlug, beschuldigte die Bevölkerung Asper, der sich ursprünglich gegen den Feldzug ausgesprochen hatte, des Verrates. Die Spannungen wuchsen weiter, als Asper für seinen Sohn die Position eines «Cäsars» in Anspruch nahm. Dies war der zweite Rang nach dem des Kaisers, der selbst den Titel «Augustus» trug. Kaiser Leo I. liess schliesslich Asper und viele seiner germanischen Gefolgsleute und Mitstreiter umbringen, wofür er den Beinamen «der Schlächter» erhalten sollte. – Noch vor diesen Ereignissen, im Jahr 451, hatte der Vorgänger Leos, Marcian (450–457), das Konzil von Chalkedon einberufen. Dieses verdammte den zwei Jahre zuvor in Ephesus als orthodox erklärten Monophysismus und formulierte eine neue christologische Position, auf welcher alle spätere Orthodoxie aufbauen sollte: «ein und derselbe Christus aus zwei Naturen ohne Vermischung und Änderung, Teilung oder Trennung», was allerdings stark nach einem bloss verbalen Kompromiss zwischen der Position der Nestorianer und jener der Monophysiten aussieht. – Die Kirchen und die Bevölkerung von Syrien und Ägypten blieben monophysitisch oder bewahrten mindestens Sympathien mit der nun verurteilten Lehre. Unruhen und Gewaltausbrüche führten zu blutigen Repressionen im ganzen folgenden Jahrhundert, und man kann sagen, dass der Monophysismus auf diesem Wege zur Fahne wurde, um die herum sich die syrischen und ägyptischen Völker in ihren wachsenden Ressentiments gegenüber der «römischen» Herrschaft von Byzanz scharten. Dies erleichterte im 7. Jahrhundert das Eindringen der späten Sassaniden nach Syrien und Ägypten und, kurz darauf, die Eroberung der muslimischen Araber. – Das Konzil von Chalkedon hat auch die Gleichstellung, genauer «gleiche Privilegien», jedoch den «zweiten Rang», des Patriarchenthrons von Konstantinopel gegenüber dem des Papstes von Rom beschlossen. Dieser Artikel, Kanon 29 der Konzilsbeschlüsse, wurde allerdings vom Papst abgelehnt.

### Kompromissversuche im christologischen Streit

Weil das Festhalten am Monophysismus der östlichen Provinzen zu einer Spaltung der Kirche zu führen drohte, wurde unter Kaiser Zeno (474–491) der Versuch eines Kompromisses unternommen. Er nahm die Gestalt einer «Einheitserklärung» an (Henotikon von 482), die von Acacius, dem Patriarchen von Konstantinopel, und jenem von Alexandria, Peter Mongus, ausgearbeitet wurde. Sie besagte, Christus sei «gleicher Natur wie der Vater in seiner Göttlichkeit und der gleichen Natur wie wir in seiner Menschlichkeit». So sollte der Streitpunkt von zwei oder einer Natur umgangen werden. Doch die Einheitserklärung bewirkte nur, dass die Religionsparteien noch zunahmen: es gab nun die beiden extremen Flügel der Monophysiten und der Orthodoxie und dazu noch die Parteigänger der Versöhnung beider Seiten auf Grund des Henotikons. Auch dem Papst missfiel das Henotikon so sehr, dass er Acacius, den Patriarchen von Konstantinopel, in den Kirchenbann tat. Dieser ging seinerseits dazu über, den Namen des Papstes aus dem Gebet zu entfernen, und so entstand der erste vollständige Bruch zwischen Rom und Konstantinopel.

Aus dem Bedürfnis, die östliche und die westliche Reichshälfte theologisch zu versöhnen, welches schon das Henotikon hervorgebracht hatte, entstand weiter unter Kaiser Heraklios (610–641) die Lehre des Monotheletismus sowie der Streit um diese Lehre, die ihrerseits ebenfalls statt zur Versöhnung zu weiteren Verwicklungen führen sollte: Der Kaiser glaubte, eine Versöhnung mit den monophysitischen Bischöfen des Ostens werde möglich, wenn die Christologie weiter kompliziert und raffiniert werde, indem man auch den Willen Christi in die Diskussion über seine menschliche oder göttliche Natur einbeziehe. Eine Lehre wurde formuliert, nach der Christus zwei Substanzen, aber eine «Energie» oder einen «Willen» (thelema) habe.

Doch diese Theorie führte wiederum zu neuem Streit, wobei sich Kritiker der neuen Lehre auf beiden Seiten des alten Streites zu Wort meldeten und gleichzeitig die neue Lehre ihre Anhänger als eine weitere Religionspartei in den Streit entsandte. Der Kaiser stellte sich hinter die neue Lehre und liess 638 eine Exposition (ekthesis) ihrer theologischen Erkenntnisse von den zwei Naturen, aber dem einen Willen Christi verfassen und sie am Narthex der Heiligen Sophienkirche anschlagen. Sie stiess jedoch auf den Widerstand des Papstes von Rom, der an zwei Naturen und zwei Willen festhalten wollte. Weil ausserdem in dieser Zeit die arabischen Eroberer bereits Syrien unter ihre Herrschaft gebracht hatten und Ägypten ihnen kurz darauf auch zufallen sollte, war nun das Versöhnungsbestreben mit den Provinzen monophysitischer Neigungen, welches der Ursprung und Zweck der neuen Lehre gewesen war, nicht mehr aktuell. Der Nachfolger des Heraklius, Konstans II. (641–689), dem nun auch Ägypen entglitten war, versuchte 10 Jahre nach der «Exposition» durch eine neue Erklärung, den «Typos», die Spaltung mit Rom zu heilen. Der Typos verbot «allen Orthodoxen, die zur unbefleckten christlichen Lehre und zur Katholischen und Apostolischen Kirche gehören, miteinander zu diskutieren oder zu streiten über einen Willen oder eine Energie, oder über zwei Energien und zwei Willen». Doch der Erfolg blieb aus. Papst Martin in Rom verurteilte auf einer Lateranischen Synode «impiissima Ecthesis» sowie «scelerosus Typus». Kaiser Konstans II. befahl seinem Provinzgouverneur in Ravenna, den Papst gefangen zu nehmen und nach Konstantinopel zu senden. Dies geschah, und der Papst wurde in Konstantinopel schweren Erniedrigungen ausgesetzt sowie des Versuchs schuldig gesprochen, einen Aufstand gegen den Kaiser in den westlichen Provinzen anzustacheln. Er wurde darauf nach Cherson auf der Krim verbannt, wo er starb. In seinen Briefen aus Cherson schrieb der exilierte Papst an seine Freunde, sie sollten ihm Nahrung senden, vom «Brot höre er reden, aber er sehe es nie».

Nach Verhandlungen zwischen Byzanz und Rom kam es schliesslich zu einem vorläufigen Frieden mit dem übernächsten Nachfolger des Papstes, Vitalian. Eine volle Versöhnung kam unter Konstantin IV. (668–685) zustande, als dieser ein neues Konzil in Konstantinopel einberief (das Sechste Ökume-

nische vom Jahr 680), das den Monotheletismus endgültig verurteilte und
«zwei Naturen Christi» anerkannte, die in «einer Hypostasis» sichtbar würden,
sowie «zwei natürliche Willen und Energien, die harmonisch zusammen-
gehen für das Heil der Menschheit». Dies bedeutete in der politischen Praxis, dass die Rücksichtnahme Konstantinopels auf die Meinungen und Positionen der östlichen Provinzen, besonders Syriens, Palästinas und Ägyptens,
aufgegeben wurde. Sie gehörten nun nicht mehr zum «Römischen Reich»,
sondern unterstanden den Muslimen, obwohl es noch viele christliche Gläubige mit ihren Bischöfen in ihnen gab. Dafür wurde versucht, die Einheit mit
Rom wiederherzustellen. Grosse Teile von Italien gehörten nach wie vor zum
byzantinischen Reich. Doch schon 691 unter Justinian II. (685–95 und
705–711) kam es zu neuen Reibungen mit Rom, weil Papst Sergius sich weigerte, die Beschlüsse des damals einberufenen ökumenischen Konzils zu
unterschreiben, nämlich des Quinisextum Trullanos, «von der Kuppel», das
in einer Domhalle in Konstantinopel stattfand. Der erzürnte Kaiser wollte
Papst Sergius nach Konstantinopel bringen lassen, doch die italienischen
Truppen beschützten ihn vor dem Beauftragten des Kaisers.


### Der byzantinische Bilderstreit

Die nächste schicksalhafte Episode in der langen Reihe der politisch-theolo-
gischen Auseinandersetzungen um den oströmischen Gottesstaat war der
langdauernde Streit um die Abschaffung und Wiedereinführung der Heiligenbilder, die Frage des Ikonoklasmus. Die Initiative zu diesem Ringen, das
in seinen zwei Hauptperioden das 8. und die erste Hälfte des 9. Jahrhunderts
beschäftigte, ging von Kaiser Leo III. (717–741) aus. Aus welchen Gründen
er zur Bekämpfung der Heiligenbilder schritt, ist unter den Gelehrten
umstritten. Deutlich ist, dass die meisten der Befürworter der Bildzerstörung
Kaiser östlicher Herkunft waren, also von Haus aus eher der monophysitischen Lehre nahe standen; die Verteidiger der Bilder jedoch Theologen,
Machthaber und Machthaberinnen sowie Mönche und das einfache Volk aus
dem Westen des Reiches waren. – Leo war ein überaus erfolgreicher Militär-
führer. Er hatte Konstantinopel in der zweiten Belagerung der Stadt durch
die Araber im Jahr 718 gerettet, und er hatte erfolgreich gegen die Bulgaren
gekämpft. In der zweiten Hälfte seiner Herrschaft, wahrscheinlich im Jahr
726, erliess er ein Edikt gegen die Bilderverehrung, und kurz darauf ordnete
er an, dass eine Christusstatue, die am Eingang zum kaiserlichen Palast stand,

zerstört werde. Dies führte zu Unruhen. Der Beamte, der die Zerstörung durchführen sollte, wurde getötet, und der Kaiser setzte Truppen ein, um die aufgebrachte Bevölkerung von Konstantinopel mit Gewalt niederzuhalten. – Vier Jahre später rief der Kaiser ein Konzil zusammen, das entweder sein erstes Edikt bestätigte oder sogar ein neues Bilderverbot erliess. Die Dokumentation der Bilderfeinde wurde später von den siegreichen Bilderfreunden soweit wie möglich zerstört, weshalb sichere Quellen fehlen. Der Patriarch von Konstantinopel, der sich weigerte, den Konzilsbeschluss zu unterschreiben, Germanos, wurde abgesetzt. Sein Nachfolger Anastasius unterschrieb. In den elf Jahren der weiteren Herrschaft Leos scheint es nicht zu Verfolgungen wegen Bilderverehrung gekommen zu sein. Doch Rom lehnte das Bilderverbot ab. Papst Gregor II. rief ein Konzil in Rom zusammen und liess die Bilderfeinde aus der Kirche ausschliessen.

Der Sohn und Nachfolger Kaiser Leos, Konstantin V. (741–775), ging scharf gegen die Bilderverehrer vor. Er berief ein Konzil, das 754 zusammentrat, zuerst in Hiereia, jenseits des Bosporus, später in Konstantinopel, als das (allerdings von den später siegreichen Bilderverehrern abgelehnte) Siebte Ökumenische Konzil. Es beschloss, dass «alle Abbilder, die durch die böse Kunst der Maler gemacht worden sind, aus den Kirchen entfernt und verflucht werden», und es verordnete, dass alle jene, die solche Bilder in Kirchen oder ihren Häusern aufstellten, die sie verehrten oder auch nur heimlich besässen, abgesetzt würden, wenn sie kirchliche Ämter inne hätten, oder im Falle von Laien in Kirchenbann zu tun und von den weltlichen Gerichten als Gottesfeinde und Feinde der Lehren, die von den Vätern niedergelegt worden sind, abzuurteilen seien. – Daraufhin wurden die Heiligenbilder systematisch zerstört. Besonders brutal ging man gegen die Marienbilder vor. Bilderverehrer wurden gefoltert, eingekerkert, hingerichtet oder verbannt. Bilder von Bäumen, Jagdszenen, Früchten und Vögeln wurden an die Wände der Kirchen gemalt. Die Ikonoklasten gingen besonders brutal gegen die Klöster vor, von denen viele aufgelöst wurden. Tausende von Flüchtlingen, darunter viele Mönche, nahmen in den Provinzen Zuflucht, wo die Bilderverfolgung geringer war, vor allem in Italien, aber auch an den Küsten des Schwarzen Meeres und an den von den Arabern beherrschten syrischen Küsten. Die Verfolgung der Klöster, deren Grundbesitz eingezogen wurde, war so stark, dass manche Historiker die Theorie aufgestellt haben, die Bilderverfolgung sei nur ein Vorwand gewesen, der dazu gedient habe, die Klöster aufzuheben und ihren Landbesitz an den Staat zu bringen.

Der nächste Kaiser, Leo IV. (775–780), war auch gegen die Bilder, jedoch nicht fanatisch. Seine junge Frau, Irene aus Athen, war eine grosse Bilderverehrerin. Als Leo starb, hinterliess er einen minderjährigen Sohn, Konstantin VI. (nominell 780–797), für den seine Mutter regierte. Sie musste sehr vorsichtig die Rückkehr zur Bilderverehrung vorbereiten und hatte zugleich mit den Slawen an den Grenzen und mit Thronprätendenten im Inneren zu kämpfen. Als 786 ein Konzil in der Kirche der heiligen Apostel zusammentrat, das über die Wiederzulassung der Bilder befinden sollte, wurde es von den Truppen, die in Konstantinopel standen und Gegner der Bilderverehrung waren, mit blanken Schwertern aufgelöst. Doch im folgenden Jahr, 789, trat ein neues Konzil in Nizäa zusammen. Seine achte und letzte Versammlung hielt es im Kaiserpalast in der Hauptstadt ab. Dieses (nach der Zählung der Bilderfreunde) Siebte und letzte Ökumenische Konzil der Orthodoxen Kirche beschloss, die Bilderverehrung wieder zuzulassen. Es belegte jene mit Kirchenbann, die «die Heiligen Bilder Idole genannt haben und die behauptet haben, dass die Christen Ikonen anbeten, als ob sie Gott wären, oder dass die Katholische Kirche je Idole zugelassen hätte». Das Konzil liess auch die Reliquien wieder in die Kirchen bringen, die die Ikonoklasten aus ihnen entfernt hatten, und ordnete die Wiederherstellung der geschlossenen Klöster an. Die Väter dieses Achten (resp. Siebten) Konzils brachten ein ganzes Arsenal von Argumenten für die Bilderverehrung zusammen, dessen sich in den späteren Ringen um die Bilderfrage die Befürworter der Bilder bedienen konnten. Zur Zeit des ersten konziliaren Bilderverbotes von 754 hatten sie nur wenige derartige Argumente anzuführen vermocht.

Die bilderfeindliche Tendenz schien überwunden, doch sie lebte fort und auferstand mit Leo V. (813–820), der ein Offizier aus armenischer Familie war, wieder. Er soll erklärt haben, alle ikonoklastischen Kaiser seien eines natürlichen Todes gestorben und im Purpur begraben worden, während die Bilderverehrer alle entweder im Exil gestorben oder in Schlachten gefallen seien. Er wolle daher den Ikonoklasten folgen. Der Patriarch von Konstantinopel, der für die Bilderverehrung eintrat, wurde abgesetzt. Ein Konzil versammelte sich 815 in der Sophienkirche und erklärte, «frauliche Einfalt» (Irenes) habe die Anbetung «toter Figuren» und «lebloser Bilder» wiedereingeführt. Es verbat die «unerlaubte Herstellung von falsch benannten Ikonen» und auch das Anzünden von Kerzen vor ihnen sowie das Verbrennen von Weihrauch. Die zweite ikonoklastische Periode dauerte 30 Jahre (die erste hatte 50 gedauert), und die Bilderfeinde fanden in ihr viel grösseren Widerstand als in der ersten. Einer der wichtigsten Vorkämpfer der Bilderverehrer war Theodor, der Abt des Klosters von Studion. Theodor sprach auch offen gegen die Einmischung des Kaisers in die inneren Angelegenheiten der Kirche. Leo V. liess ihn zusammen mit vielen seiner Anhänger in eine entfernte Provinz verbannen. Die Ikonoklasten herrschten unter den drei Kaisern, Leo V., Michael II. (820–829) und Theophilos (829–842). Unter Theophilos war die Verfolgung der Bilderanhänger vielleicht am stärksten, doch scheint diese Verfolgung weitgehend auf die Hauptstadt beschränkt geblieben zu sein. Die Gemahlin von Theophilos, Theodora, war eine Anhängerin der Bilder, mit Wissen ihres Gatten. Als er starb, wurde sie Regentin für ihren minderjährigen Sohn, Michael III. (nominell 843–867), und die Geschichte von Irene wiederholte sich. Der bilderfeindliche Patriarch Johannes Grammatikos wurde abgesetzt, und an seine Stelle trat Methodius, der zur Zeit des Kaisers Michael II. diesem einen Brief des Papstes zu Gunsten der Bilderverehrung übermittelt hatte. Methodius war dafür ausgepeitscht und in einem Grab eingekerkert worden. Die Regentin Theodora brauchte nur ein Jahr, um durch ein neues Konzil die Bilder wieder zuzulassen, und am 11. März 843 wurde der Abschluss der Arbeiten ihres nun wieder bilderfreundlichen Konzils feierlich begangen, ein Tag, der bis heute in der Orthodoxen Kirche gefeiert wird.

## Kaiser und Kirche in gegenseitiger Abhängigkeit

Die reichlich fliessenden Quellen erlauben im Falle des byzantinischen Gottesstaates eine viel detailliertere Einsicht in die Strukturen und ihre Auswirkungen, als dies etwa bei den zeitgenössischen Sassaniden der Fall ist. Wir haben uns deshalb etwas länger mit den frühen Byzantinern beschäftigt. Ihr Gottesstaat unter der Schirm-, aber auch Vorherrschaft des «von Gott eingesetzten» Kaisers unterstand in erster Linie dem Gebot des beinahe allmächtigen Kaisers. Doch der Kaiser hatte auch auf die Kirche Rücksicht zu nehmen. Sie war so stark im Volk verwurzelt, dass ein allzu rücksichtsloses Vorgehen gegen sie zu Gefahren führte. Die Geistlichen konnten Unruhen in der Hauptstadt und in den Provinzen hervorrufen und manchmal sogar den Kaiser zum Nachgeben zwingen. Oft wurden gegen die Mehrheit der Kirchenleute gerichtete Schritte vom nächsten oder übernächsten Herrscher rückgängig gemacht. In der Zwischenzeit konnte es «Märtyrer» geben. Den Kaisern war es allerdings so gut wie jederzeit möglich, ihre kirchlichen Würdenträger zu manipulieren. Sie konnten missliebige Kirchenfürsten absetzen und neue ernennen, die ihre Wünsche theologisch rechtfertigten und durchführten. Es kam so gut wie nie vor, dass die Kaiser keine kirchlichen Partner fanden, die ihre Politik übernahmen, rechtfertigten und innerhalb der Kirche durchführten, wenn es sich gleich oft ergab, dass diese Politik, wenn sie allzu unpopulär war, später von den Herrschern selbst oder von ihren Nachfolgern revidiert oder völlig rückgängig gemacht wurde.

Eine von vorneherein zu erwartende Folge des Gottesstaates wird durch die Geschichte der Byzantiner sehr anschaulich illustriert: dies ist die politische Bedeutung, welche Religionsfragen in einem Staat erlangen, in dem die Religion im Zentrum des Staates steht und von ihm in keiner Hinsicht getrennt werden kann. In einem solchen Staat nehmen leicht eigentlich politische Fragen religiöse Färbung an. Man führt Bürgerkriege und spricht Todesurteile aus über Fragen der Natur Christi oder des Willens Christi oder über jene der Bilderverehrung. Die Positionen, die in solchen Streitfragen ergriffen werden, können jedoch leicht auf Trennungslinien zurückgehen, die – wie im christologischen Streit – geographische und regionale Bedeutung haben: die Ostprovinzen gegen jene des Westens, oder die – wie im Bilderstreit – wirtschaftliche und machtpolitische Interessengruppen zu umfassen scheinen: Klöster gegen Feinde des Klosterwesens.

# Der arabische Gottesstaat

Zwischen die iranische, auf Zarathustra gegründete Theokratie und die römisch-byzantinische, die auf dem Christentum aufbaute, schob sich nun noch eine weitere Theokratie ein, jene, die Muhammed begründen und zuerst anführen sollte und die den Namen Islam erhielt, der «Hingabe» (an Gott) bedeutet. Im Gegensatz zu der Religion Zarathustras und jener der Christen sollte der Islam nie ein eigentliches Priestertum kennen und aus diesem Grunde kannte er auch nie eine «Kirche» im Sinne einer priesterlichen Hierarchie mit einem oder mehreren geistlichen Oberhäuptern. Muhammed selbst war sowohl der Prophet des neuen Glaubens wie auch der erste Leiter der jungen «Gemeinschaft der Gläubigen» im geistlichen so gut wie im politischen und sogar militärischen Bereich. Die späteren Muslime haben immer wieder auf das Vorbild Muhammeds zurückgegriffen, nicht nur in religiösen, sondern in allen Fragen des Menschenlebens, also auch im gesellschaftlichen und politischen Bereich, und sie strebten danach, sich möglichst genau an die Regeln und Vorgehensweisen zu halten, die der Prophet theoretisch niedergelegt oder praktisch vorgelebt hatte.

Der Prophet war von Gott inspiriert und geleitet. Die Muslime hatten sich daher einerseits an das Heilige Buch zu halten, das Muhammed über die Jahre seines Prophetentums offenbart worden war, andrerseits aber auch – in den Fragen, in denen der Koran keine klar erkennbare Vorschrift erteilte – an das Vorbild des Propheten selbst und die Lösungen, die er getroffen hatte. Die Zeit, in der Muhammed lebte und seine «Gemeinschaft der Gläubigen» anleitete und anführte, ist für alle Muslime eine vorbildliche Zeit geblieben. «Damals stand der Himmel über den Menschen offen», wie es ein zeitgenössischer muslimischer Intellektueller formulierte. Muhammed war eben der Gesandte Gottes, und aus diesem Grund sind seine Zeit und sein Wirken als massgebend anzusetzen. Vor Muhammed gab es nach muslimischem Glauben viele Propheten, die alle die Menschheit zu Gott aufgerufen haben; Moses und Christus waren zwei ihrer wichtigsten. Doch Muhammed ist der letzte und endgültige Prophet, das «Siegel der Propheten» nennt ihn der

Koran (33/40). Er setzte daher die endgültigen Normen, nach denen sich alle späteren Gläubigen zu richten haben.

Nach des Propheten Tod erhielt er «Nachfolger» (*Khulafâ'*, Singular *Khalifa*), die allerdings keine Propheten waren, sondern nur Nachfolger Muhammeds in seiner Eigenschaft als Leiter der «Gemeinschaft der Gläubigen», also in seiner politischen Funktion. (Die Schiiten haben ihrerseits nicht die «Nachfolger» der Sunniten, sondern die direkten Nachfahren des Propheten, über seinen Schwiegersohn Ali und dessen Gemahlin Fatima, als die legitimen Leiter der Gemeinschaft der Muslime anerkannt. Sie nannten sie nicht Kalifen, sondern Imame und sprachen ihnen beinahe prophetische, übermenschliche Eigenschaften zu.) Der Umstand, dass Muhammed sowohl der politische wie auch der religiöse Leiter seiner Gemeinschaft geworden war, erklärt sich daraus, dass es in der Gesellschaft, in der Muhammed seine Sendung verkündete, keinen Kaiser oder König, ja keinen Staat gab, mit dem der Prophet zu rechnen hatte. Bei Zarathustra und bei Christus war es anders gewesen.

## Die Stammesgesellschaft Muhammeds

Muhammed wuchs in der Handelsstadt Mekka auf, die dem Beduinentum noch nahe genug stand, um sich selbst nach dem Stammesgesetz zu regieren. Unser heutiges Leben ist so stark an den Staat gebunden, dass wir uns eine Gesellschaft ohne Staat kaum vorstellen können. Dennoch gibt es solche Gesellschaften bis auf den heutigen Tag, und vor wenigen Jahrzehnten, bevor das Automobil, das Maschinengewehr und das Bombenflugzeug die Macht der Stämme weitgehend beendeten, waren sie noch viel häufiger. In einer Stammesgesellschaft sind es die Stämme und ihre kleineren Unterabteilungen, die Sippen oder Klans, welche die Sicherheit des Einzelnen garantieren. Es gibt keine Polizei. Wenn ein Mord oder ein Diebstahl geschieht, ist der Stamm mit seinen Verbündeten und Klientengruppen dafür verantwortlich, dass diese Vergehen gesühnt werden. Innerhalb des Stamms und der Sippe geschieht dies durch die anderen Sippen- oder Stammesbrüder, oft unter Anleitung und Verantwortlichkeit des Sippen- oder Stammeschefs. Wenn es um ein Verbrechen geht, das von dem Angehörigen eines aussenstehenden Stammes verübt wurde, ist der Stamm des Opfers kollektiv dafür verantwortlich, dass eine Sühne stattfindet. Entweder der fremde Stamm zeigt sich bereit, die Strafe für das Verbrechen zu vollstrecken, oder aber es bricht Fehde zwischen den beiden Stämmen aus. Der Stamm des Opfers ist verpflichtet, die Sühne zu vollziehen, indem er entweder ein Mitglied des schuldigen Stammes erschlägt oder in einem Raubzug dem schuldigen Stamm das Gestohlene wieder abjagt. Die Fehde kann sich dann in Blutrache über Jahre hinwegziehen, und sie wird leicht so schädlich für beide Stämme, dass sie von vorneherein wenn irgend möglich vermieden wird, indem die Beteiligten eine Sühne für den ersten Übergriff aushandeln oder besser noch dafür sorgen, dass ein erster Übergriff gar nicht erst stattfindet. – Der Umstand, dass eine Sühne nicht nur vom Opfer, das unter Umständen sein Leben verloren hat, sondern von seinem ganzen Stamm gefordert und mit aller Macht angestrebt wird, wirkt natürlich abschreckend, und dies ist der Sinn der Stammessolidarität. Sie verschafft Sicherheit durch die Drohung der allen Stammesmitgliedern obliegenden Sühnepflicht.

Auch in der Handelsstadt Mekka waren es die Stämme, welche die Sicherheit und die Rechtschaffenheit ihrer Mitglieder garantierten. Eine Stadtregierung gab es nicht. Es gab nur bestimmte Sippschaften und Unterstämme, die auf Grund von Bündnissen eine Hegemonie über die anderen in der Handelsstadt zusammenlebenden Stammesgruppen ausübten. Muhammed gehörte zu dem hegemonischen Stamm der Quraish und einem wichtigen Klan dieses Stammes, den Hâshem, an; doch er selbst war als Waise eher eine Randfigur in seinem Klan und gehörte nicht zu den Führungspersonen. – Als er nun, so sah er es selbst und so sehen es die Muslime bis heute, den Auftrag Gottes erhielt, die Gesellschaft von Mekka zum Dienst des wahren, einzigen und unsichtbaren Gottes aufzurufen und ihre Götzenverehrung zu beenden, stiess er auf Widerstand bei den politisch führenden Gruppen seiner Heimatstadt, der sich allmählich bis zu einer Verfolgung seiner Person und der seiner ersten Anhänger ausweitete. Er wurde am Ende aus seinem Familienklan, den Hâshem, ausgestossen, was bedeutete, dass dieser für den Fall seiner Ermordung die Rachepflicht ablehnte, und er war damit unabgesichert den immer gefährlicher werdenden Nachstellungen seiner Feinde ausgesetzt. Der wichtigste seiner Feinde und der Feinde der neuen Religion in Mekka war Abu Jahl aus der führenden Sippe von Mekka, den al-Makhzûm, ein reicher und mächtiger Kaufmann. Muhammed entkam den Nachstellungen seiner Feinde schliesslich dadurch, dass er «auswanderte», man könnte auch von «fliehen» sprechen, weil die Auswanderung, die *Hijra*, heimlich und des Nachts geschah.

Die Zufluchtsstadt, al-Medina, die damals eher eine ausgedehnte Oase als eine eigentliche Stadt war, hatte dem Propheten und seinen ersten

Gefolgsleuten Hilfe angeboten, weil in ihr Unruhe herrschte. Auch sie kannte keine allmächtige Regierungsspitze, keinen König oder Herrscher, und unter ihren verschiedenen Klans, die aus elf heidnischen und drei zum Judentum übergetretenen Stammesgruppen bestanden, brachen immer wieder Zwiste aus. Muhammed, so hofften die ihn einladenden Medinenser, könnte unter ihnen als Schiedsrichter wirken. In Medina, wo er im Juli des Jahrs 622 eintraf, begann Muhammed sowohl als Prophet wie auch als Politiker zu wirken. Er sollte dabei so erfolgreich sein, dass er schrittweise die meisten Medinenser zum Islam bekehrte und dann über sie und über seine mit ihm aus Mekka ausgewanderten Mitmuslime als Leiter der Gemeinschaft der Gläubigen herrschte. Für Muhammed, den wegen seines Prophetentums aus seinem Stammesverband ausgestossenen «Vogelfreien», mussten die neubekehrten Muslime so etwas darstellen wie seinen eigenen neuen Stamm oder Überstamm. Sie wurden nun die Solidaritätsgruppe, die ihren Mitgliedern in dem Masse Sicherheit und Überleben garantieren konnte, in dem sie Macht entwickelte und viele einflussreiche Individuen umfasste. Der Prophet wurde auf diesem Wege zum «Befehlshaber», Amir, «der Gläubigen», al-Mu'minîn. – *Amir al-Mu'minîn* ist den auch der politische Titel geworden, den seine Nachfolger trugen, da sie nicht auf den Namen eines «Gesandten Gottes», *Rasûl ul-Lah*, Anspruch erheben konnten, der dem Propheten alleine zustand. Die Überlieferung nennt die mit Muhammed nach Medina eingewanderten Muslime *Ashâb*, was Gefährten bedeutet; die zum Islam übergetretenen Medinenser *Ansâr*, das heisst Helfer.

## Muhammeds Auseinandersetzung mit den Juden

Der Aufstieg des Propheten zum eigentlichen Herren der Stadt und ihrer Gläubigen ging schrittweise und auch in Medina nicht ohne Konflikte vor sich. Es waren in erster Linie die jüdischen Unterstämme der Stadt, die sich nicht leicht bekehren liessen. Als er nach Medina gekommen war, scheint der Prophet angenommen zu haben, dass die jüdischen Unterstämme, deren Religion er als verwandt, ja wahrscheinlich zuerst sogar als identisch mit seiner eigenen ansah, leicht zum Islam kommen würden. Die elf heidnischen Klans von Medina waren in solche geteilt, die mit den drei jüdischen Bündnisse abgeschlossen hatten, und in andere, die gegen die Juden und ihre Verbündeten standen. Die Juden selbst waren wahrscheinlich seit geraumer Zeit in Medina zu Hause gewesen. Medina war eine Grossoase, in der die Menschen vom Ackerbau lebten, und es gibt die Vermutung, dass es die Juden gewesen sein könnten, die die übrigen Stämme der Oase den Ackerbau gelehrt haben könnten, als diese aus der nomadisierenden Wüstenexistenz in die Oase gelangten und sich dort niederliessen. Zwei der jüdischen Klans, die *Nazîr* und die *Qurayza*, scheinen im Besitz von Teilen des besten Ackerlandes der Oase gewesen zu sein. Der Dritte, die *Qaynuqâ'*, betrieb einen Markt in Medina.

Da Muhammed zunächst annahm, dass die Juden sich seiner Religion zuwenden würden, hatte er für seine Muslime, die «Gefährten» und die «Helfer», zuerst die Zusammenarbeit mit den Stammesgruppen gewählt, die mit den jüdischen Klans gemeinsame Sache machten. Doch nach etwa anderthalb Jahren sah er ein, dass die Juden eher Feinde seines neuen Glaubens würden als Anhänger. Da sie auch ein Heiliges Buch besassen, war es für sie leicht, darauf hinzuweisen, dass Unterschiede zwischen ihrer Lehre und der prophetischen Sendung Muhammeds bestanden, die in dieser Zeit noch nicht abgeschlossen war, sondern sich in locker aufeinander folgenden Offenbarungen äusserte. Solche Kritik musste Muhammed als eine Infragestellung seiner Sendung empfinden. Sie war es in der Tat, weil der Koran darauf bestand, dass die Juden substanziell die gleiche Religion besässen wie die Muslime, nämlich die Religion des einen Gottes, die Abraham gegründet hatte. Jüdische Kritik an seiner Botschaft stellte eine theologische Herausforderung dar, auf die der Prophet antworten musste, wenn seine Lehre nicht fragwürdig werden sollte. Die Abwendung seiner Gemeinschaft von den jüdischen Sippen kam zuerst dadurch zum Ausdruck, dass eine Offenbarung den Muslimen, die sich bisher beim Beten nach Jerusalem hin verneigt hatten, gebot, sich umzukehren und sich nach Mekka hin zu verbeugen.

Die ganze Situation hat sich in den Versen 136–151 der 2. Sure niedergeschlagen. Diese Verse machen auch klar, dass der Islam sich selbst als die wahre Religion Abrahams sieht, die über Ismail, Isaak und Jakob auf Moses und Jesus gekommen ist und die auch allen anderen Propheten gegeben war. «Wir machen keinen Unterschied zwischen ihnen, und Ihm ergeben wir uns. Und wenn sie glauben, wie ihr glaubt, dann sind sie rechtgeleitet. Wenn sie sich abkehren, so finden sie sich im Widerstreit. Gott wird dich vor ihnen in Schutz nehmen» (2/137,8). «Oder wollt ihr sagen, dass Abraham, Ismail, Isaak und Jakob Juden gewesen sind oder Christen? – Sprich: Wisst ihr es besser als Gott? Wer ist denn ungerechter als jener, der ein Zeugnis verbirgt, das er von Gott hat? Gott aber lässt nicht unbeachtet, was ihr tut. (…) Die Toren unter den Menschen werden sagen: Was hat sie von der Gebetsrichtung abgebracht, der sie bisher gefolgt waren? – Sprich: Gottes ist der Osten und der Westen; Er führt, wen er will, auf dem graden Weg. So haben wir euch zur Gemeinschaft des Mittelweges gemacht, damit ihr für die Menschen Zeugnis ablegt und der Gesandte Zeugnis für euch ablege. Wir haben die Gebetsrichtung, die du innegehalten hast, nur festgelegt, damit wir wissen, wer dem Gesandten folgt und wer sich gegen ihn umkehrt» (2/141–144).

Die kurze Anspielung: «Wer ist denn ungerechter als jener, der ein Zeugnis verbirgt, das er von Gott hat?» (oben 2/141) wird von den traditionellen Auslegern des Korans als ein Hinweis darauf aufgefasst, dass die Juden und Christen in ihren Heiligen Büchern Dinge verschwiegen hätten, die ihnen von Gott offenbart worden seien. Diese «Unterschlagungen», so lautet die gewöhnliche Interpretation, seien Hinweise auf die künftige, endgültige Religion des Islams und ihren Propheten Muhammed gewesen. – Allgemeiner: die Antwort der Muslime auf die Herausforderung der Juden (und später auch Christen), wenn diese erklärten, die Offenbarung des Propheten sei falsch oder inkorrekt, weil sie nicht mit ihren Büchern übereinstimme, lautete – und lautet noch heute: «Es ist eure Überlieferung, die wissentlich oder unwissentlich verfälscht worden ist. Wir alle haben die richtige Religion Gottes und Abrahams, doch euer Verständnis dieser Religion Abrahams beruht auf entstellten Offenbarungen.»

Gleichzeitig mit dieser theologischen Auseinandersetzung kam es auch zu einer politischen Umorientierung: Muhammed begann mit jenen Stammesgruppen von Medina zusammenzuarbeiten, die nicht in Koalition mit den drei jüdischen Klans standen. Chef der Koalition mit den jüdischen Unterstämmen war Abdallah Ibn Ubay, Oberhaupt der Gegenkoalition Sa'ad Ibn Mu'adh. Die neu begonnene Zusammenarbeit mit Sa'ad Ibn Mu'adh und etwa 200 Kriegern seiner Koalition brachte kurz darauf den Muslimen ihren ersten militärischen Sieg ein. Sie gewannen am 15. März 624 die Schlacht von al-Badr gegen das Heer von Mekka, welches der alte Feind von Muhammed, Abu Jahl, anführte. Abu Jahl selbst und viele der führenden Mekkaner wurden in al-Badr getötet. Der Koran bezieht sich mehrfach auf diesen Sieg und erwähnt ihn als einen Beweis der Hilfe Gottes für seine Gemeinschaft (3/124–8; 8/6–18,33 f., 42–5). – Nach seiner Vertreibung nach Medina hatte der Prophet die Initiative gegen seine Feinde in Mekka ergriffen, indem er vergeblich versuchte, Handelskarawanen der Mekkaner, die sich unterwegs ans Mittelmeer oder nach dem arabischen Süden befanden, zu überfallen. Die Mekkaner hatten dann ihrerseits versucht, Medina anzugreifen, wurden jedoch von Muhammed mit Hilfe seiner alten Anhänger aus Mekka und seiner neuen Verbündeten aus Medina bei al-Badr, kurz vor Medina, entscheidend geschlagen.

Kurz nach dieser ersten Schlacht der «Gemeinschaft der Gläubigen» kam es auf dem Markt von Medina, den die jüdischen Qaynuqâ' abhielten, zu einem Streit, in dem einer der Muslime und einer der jüdischen Händler getötet wurde. Muhammed benützte die Gelegenheit, um die Qaynuqâ' zu zwingen, Medina zu verlassen. Nach Verhandlungen, Kämpfen und neuen Verhandlungen zogen sie nach der Nachbarstadt Khaybar davon. All ihr Besitz verblieb den Muslimen. Die anderen jüdischen Gruppen und ihre Verbündeten unter den Medinensern waren ihnen nicht zu Hilfe gekommen. – Später wurden auch die beiden anderen jüdischen Klans aus al-Medina entfernt: die Nazîr, nachdem die Muslime am 23. März 625 in der Schlacht von Uhud, gegen das Heer von Mekka, das zu einem zweiten Angriff auf Medina vorgestossen war, bedeutende Verluste erlitten hatten. Der Prophet selbst war leicht verwundet worden. Zuvor hatte die Gemeinschaft der Gläubigen noch andere, weniger bedeutende Rückschläge hinnehmen müssen. Das Vorgehen gegen die Nazîr – die eingewanderten Muslime übernahmen die Gärten und Palmen der Juden – scheint ohne eine ernsthafte Provokation[1] von Seiten der Vertriebenen erfolgt zu sein. «Es ist wahrscheinlich, dass Muhammed weitgehend durch die Notwendigkeit motiviert war, die Muslime nach ihren Rückschlägen zu ermutigen und seine eigene Position in Medina zu stärken», urteilt der Orientalist Montgomery Watt, dessen Darstellung wir hier weitgehend folgen (Muhammad: Prophet and Statesman, Oxford Univ. Press 1964 p. 151; vgl. die ausführlichere zweibändige Studie desselben Verfassers: Muhammad at Mekka, und Muhammad at Medina, Oxford 1953 und 1956). – Die dritte Gruppe von jüdischen Arabern in Medina, die Banu Qurayza, wurden nach der sogenannten Grabenschlacht liquidiert. Diese wichtige Schlacht gegen die Mekkaner fand im fünften Jahr der Hijra, in den ersten zwei Aprilwochen des Jahres 627 statt. Die Mekkaner hatten eine grosse Koalition gegen Medina zusammengebracht, wobei sie auch über etwa 500 Mann Reiterei verfügten. Die Muslime, die keine Reiter besassen, verteidigten sich auf Weisung Muhammeds hinter einem Graben, der den Zugang nach Medina versperrte. Die Angreifer versuchten, mit den Qurayza

---

1    Allerdings soll Muhammed eine Offenbarung gehabt haben, die ihm deutlich machte, dass die Nazîr ihn zu töten planten.

in Verbindung zu treten, um diese dazu zu veranlassen, die Muslime von Medina aus im Rücken anzugreifen. Es scheint zu Verhandlungen gekommen zu sein, doch die Qurayza gingen schliesslich nicht gegen die Muslime vor. Die weit überlegene Armee der Mekkaner und ihrer Verbündeten musste am Ende unverrichteter Dinge abziehen, was ein entscheidender Erfolg für die Verteidiger war.

Nach dem Abzug der Mekkaner liess Muhammed die Qurayza in den festen Häusern angreifen, die sie in der Oase besassen. Sie ergaben sich schiesslich nach einer Belagerung von 25 Tagen. All ihre Männer, es sollen 600 gewesen sein, wurden hingerichtet und die Frauen und Kinder in die Sklaverei verkauft. Muhammad setzte Sa'ad Ibn Mu'âdh aus dem Stamm Aws als Richter ein, der über das Geschick der Gefangenen bestimmen sollte. Sa'ad war seit der Trennung Muhammeds von den Juden der wichtigste medinensische Vertragspartner der Muslime geworden[2]. Er hatte im Grabenkrieg schwere Wunden erlitten, an denen er bald darauf sterben sollte. Alle Anwesenden mussten schwören, dass sie sich an seinen Urteilsspruch halten würden, dann erst sprach Sa'ad das Todesurteil aus, welches unmittelbar vollstreckt wurde. Der Landbesitz der Qurayza wurde unter die Muslime verteilt.

## Der Staat des Propheten

Es geht uns hier nicht darum, eine volle Lebensbeschreibung des Propheten zu geben, wir versuchen nur, die Art des Staates zu schildern, den er gegründet hat. Muhammed lebte in einer Gesellschaft, die keinen Staat kannte, und was er gründete, war eine Religion, nicht ein Staat. Doch gerade weil es in Mekka und in Medina keinen Staat gab, war der Prophet gezwungen, einen Machtapparat zu schaffen, in dessen Schutz seine neue Religionsgemeinschaft leben konnte. Er musste seine Gemeinschaft zu einem «Stamm» entwickeln, der den anderen Stämmen die Stirne bieten konnte. Dieser «Stamm» allerdings, der sich die «Gemeinschaft der Gläubigen» nannte, ist, beflügelt durch die neue Religion, noch zu Lebzeiten des Propheten über alle anderen Stämme Arabiens hinausgewachsen.

2   Siehe oben S. 45.

Nachdem Muhammed siegreich aus Medina nach Mekka heimgekehrt war, was er 629 teils durch neue Kämpfe, teils auch durch Diplomatie erreicht hatte, begann er Boten an die Stämme Arabiens auszuschicken, die diese aufforderten, zum Islam überzutreten, politisch gesehen, sich dem Über-Stamm der Muslime anzuschliessen oder Kriegs- und Beutezüge von Seiten der Muslime zu gewärtigen. Der «Stamm» der Muslime tat, was alle Stämme seit jeher getan hatten, er stellte die schwächeren Stämme in seinem Umfeld vor die Wahl, entweder seine Klienten zu werden oder Ziel und Opfer seiner Überfälle. Noch zu Lebzeiten Muhammeds schlossen sich fast alle Stämme der ganzen Halbinsel der Gemeinschaft der Gläubigen an, die sich auch *«Umma»* nannte, «Gemeinde, Gemeinwesen», aus einer arabischen Wurzel gebildet, die «Mutter» bedeutet. Schwächere Stämme, die sich der Gemeinschaft anschliessen wollten, mussten Beiträge in die gemeinsame Kasse entrichten; stärkeren Stämmen konnte dies erlassen werden.

Allen Mitgliedern der Gemeinschaft war es verboten, einander zu bekriegen oder zu versklaven. Je mehr Stämme der Halbinsel sich der Gemeinschaft der Gläubigen anschlossen, desto folgerichtiger wurde es, dass die Beutezüge, die sich früher unter den verschiedenen Stämmen abgespielt hatten, nach aussen, über die Wüstenhalbinsel hinausgriffen. Rechtmässige Kriege konnten die zum Islam übergetretenen Stämme nur noch gegen Nichtmuslime führen und erlaubte Beute nur noch von ihnen erlangen.

### Die frühe muslimische Expansion

Das Ausbrechen der Muslime aus der Arabischen Halbinsel kann einerseits damit erklärt werden, dass dort unter der Führung Muhammeds ein muslimischer «Grossstamm» oder «Protostaat» auf der Halbinsel entstanden war, der nun den Expansionsdrang und die Beutelust der Muslime nach aussen lenkte. Andrerseits war die Stunde günstig: Die beiden alten Gottesstaaten, der persische und der byzantinische, hatten sich während der Zeit, in welcher im Inneren der Arabischen Halbinsel der Islam entstand, gegenseitig zerfleischt. Zuerst, von 612 an, waren die Perser unter der Führung von Khosraw Parviz (590–628) tief nach Armenien, nach Anatolien, nach Syrien und nach Ägypten eingedrungen. Persische Soldaten standen damals in Khalkedon, auf der asiatischen Seite des Bosporus, das heisst in Sichtweite von Konstantinopel. Der persische Heerführer, der Jerusalem eingenommen hatte, liess 50 000 Christen umbringen und die Reliquie des Heiligen Kreuzes nach der Winterhauptstadt der Perser, Ktesiphon, nah beim heutigen Bagdad, bringen. – Doch Byzanz beherrschte die Meere, und 622, im Jahr der Hijra Muhammeds, fuhr Kaiser Heraklios (610–641) in Sichtweite seiner Feinde mit einer byzantinischen Flotte durch den Bosporus nach Süden, um die Wiedereroberung der byzantinischen Stammländer zu beginnen. Sie dauerte fünf Jahre und bewirkte, dass die Sassaniden nicht nur Kleinasien, Syrien und Ägypten räumen mussten, sondern auch Armenien und sogar ihre alt-angestammten Winterquartiere im Irak. Der sassanidische Palast in Dasta-gird, nördlich von Ktesiphon, wurde von den Byzantinern geplündert, und die Familie des Sassanidenkönigs musste aus dem Irak fliehen; der Feuer-tempel von Takht-e-Sulaiman, wo heute die iranischen Erdölfelder liegen, wurde verbrannt. Der zerstörte Palast soll zur Zeit seiner Blüte von 6000 Berittenen bewacht worden sein und im Inneren 12 000 Sklaven beschäftigt haben; er habe auch einen Harem von 3000 Konkubinen beherbergt. In Iran brach in Folge der Niederlage im Jahr 627 ein Aufstand aus, nachdem auch die Pest einen grossen Teil der Bevölkerung, die Quellen sprechen von einem Drittel, hinweggerafft hatte. Der sassanidische Kaiser wurde von seinen Adli-gen abgesetzt, eingekerkert und ermordet. Heraklios verhandelte mit seinem Nachfolger, Kavadh II. (628–32), und erreichte die Rückgabe aller verlore-nen Provinzen und des Landes Armenien.

In dieses Ringen griffen die Muslime ein – als eine dritte, unverbrauchte und enthusiastische Kraft. Der Karawanenweg nach Syrien und ans Mittel-meer war schon vom Propheten selbst durch vorbereitende Vorstösse erprobt worden. Der Abfall vieler arabischer Stämme nach dem Tod Muhammeds (632) und die Notwendigkeit, sie in die Gemeinschaft der Muslime zurück-zuführen, beschäftigte den ersten Nachfolger des Propheten, Abu Bakr, sei-nen Schwiegervater und Vertrauten der ersten Stunde, der auch ein Fach-mann für die Belange der arabischen Stämme war. Doch unter dem nächsten «Nachfolger des Propheten», Omar, der schon im Sommer des Jahres 634 der zweite *Khalifa* wurde und zehn Jahre lang herrschte, fanden die ersten gros-sen Eroberungen statt. Im Jahr 636 verloren die Byzantiner mit der Schlacht am Yarmuk, einem Nebenfluss des Jordans, der heute die syrisch-jordanische Grenze bildet, ihre Herrschaft über Syrien. Jerusalem ergab sich den Arabern zwei Jahre später; nochmals zwei Jahre später brach ein arabisches Heer unter Amr Ibn al-Âs in Ägypten ein und schlug die Byzantiner entscheidend bei Heliopolis; Alexandria ergab sich 642, und die arabischen Heere stiessen weiter der Mittelmeerküste entlang in die Cyrenaika vor. Im Osten griffen die Araber nach Mesopotamien über, sobald die Byzantiner aus Syrien zurückgewichen waren. Der Pufferstaat von Hira, wo eine den Persern zuneigende arabische Dynastie regiert hatte, war schon 633 von einem arabischen Heer unter Khalid Ibn al-Walid, dem künftigen Sieger am Yarmuk und alterfolgreichen Feldherrn des Propheten, erobert worden. Hira wurde nun Ausgangspunkt für die Eroberung Mesopotamiens. Die fünf Tage lang dauernde Schlacht von Qâdisiya vom Juni 637 öffnete Mesopotamien den Arabern. Sie gründeten Basra, legten ein grosses Heerlager in Kufa an und besetzten Khusistan zwei Jahre später. Schon drei Jahre darauf (642) erfolgte die endgültige Niederlage der Sassaniden auf dem persischen Hochplateau in der Schlacht von Nihawand, nordwestlich von Hamadan. Das Hauptheer der Sassaniden wurde geschlagen, König Yazdagerd III. floh nach dem Osten und liess den Arabern den Weg nach Hamadan und darauf nach Rages, später Ray genannt, in der Nähe des heutigen Teheran, sowie nach Aserbaidschan und Armenien offen. Es gab noch vereinzelte persische Regionen, die Widerstand leisteten; doch die zentral gelenkte Verteidigung war zusammengebrochen. Der letzte der Sassaniden wurde 651 auf seiner Flucht weit im Osten ermordet und erlitt damit das gleiche Geschick wie der letzte der Achämeniden, Darius III., als er vor Alexander dem Grossen floh.

Hier soll keine Geschichte der arabischen Eroberungen verfasst werden. Sie trüge zum Thema des Buches wenig bei. Deshalb möge eine blosse Aufzählung der weiteren Hauptfeldzüge genügen. 683 erreichte Uqba Ibn Nâfi den Atlantik bei Agadir, nachdem er ganz Nordafrika durchquert hatte; und 711 setzte Târiq Ibn Ziâd nach Spanien über. Schon fünf Jahre später erreichten die Spitzen der arabischen Vorstösse dem Mittelmeer und der atlantischen Küste entlang das Innere Frankreichs. Im Osten überschritt im Jahre 705 Ibn Qutaiba den Oxus (Amu Darya) und nahm Transoxianien in den nächsten 10 Jahren in Besitz, während gleichzeitig der arabische Einfluss den Indus erreichte und stellenweise überschritt. Die erste arabische Flotte wurde 648/49 von Mu'awiya, dem ersten arabischen Statthalter in Damaskus, gebaut. Im Jahr 653 griff sie Zypern an, 654 schlug sie die Flotte der Byzantiner. 668–73 wurde Konstantinopel zum ersten Mal, wenn auch vergeblich, belagert; 717/18 zum zweiten Mal, wieder vergeblich; ein drittes und letztes Mal gelangten die Araber im Jahr 782 unter der Führung des Prinzen und späteren Khalifen Harûn ar-Raschîd bis zum Bosporus.

Diese gewaltigen Eroberungen wurden dadurch möglich, dass die muslimischen Heere sich auf die Kämpfe konzentrierten und die neu eroberten Länder byzantinischer und sassanidischer Kultur- und Verwaltungtradition weitgehend nach deren eigenen Gesetzen fortleben liessen. Die Tribute, die früher nach Konstantinopel und nach Ktesiphon geflossen waren, wurden nun in eher reduziertem Masse den neuen Herrschern zugeleitet. Die Verwaltung der eroberten Gebiete blieb zunächst in den Händen der bisherigen Verwaltungshierarchien und der kleineren Landbesitzer. In Syrien übernahm der erste Gouverneur von Damaskus und spätere Begründer der Omayyadendynastie, Mu'awiya, sogar die syrischen Soldaten und ihre Heeresorganisation. Die arabischen Eroberer konzentrierten sich in grossen Heerlagern: Alexandria, Alt-Kairo, Kairouan im Westen; Kufa, Basra, Nishapur und Merw (das heutige Mery) im Osten. Später sollten diese Garnisonen alle Grossstädte werden.

## Die «schutzbefohlenen» Völker

Es dürfte am Ende die rasche Ausdehnung der Gemeinschaft der Gläubigen gewesen sein, die ihre besondere Art der Toleranz bewirken sollte. Es war einfach unmöglich, die gewaltigen Massen von neu eroberten Christen und Zoroastriern zum Islam zu bekehren; es war ausserdem auch geschäftlich unrentabel, da die Nichtmuslime die Sondersteuer der *Jiziya* entrichteten. Bei den ersten Schritten, das neue Imperium zu organisieren, die unter Omar getan wurden, griff man daher auf den Umstand zurück, dass der Prophet selbst mit Juden und – mindestens seiner Absicht nach – auch mit Christen darüber verhandelt hatte, unter welchen Bedingungen sie als untergeordnete Klienten in die Gemeinschaft der Gläubigen einbezogen und aufgenommen werden könnten. Im Koran (9/24) fand man den Vers: «Kämpft gegen jene, die nicht glauben, bis sie die Jiziya bezahlen», was anzudeuten schien, dass jene, die sie bezahlten, nicht mehr bekämpft werden müssten. Was die frühen Muslime genau unter Jiziya verstanden haben, ist nicht klar. Jedenfalls war sie eine Kopfsteuer und muss zuerst so etwas wie einen Tribut bedeutet haben. In vielen Fällen wurde ihre Höhe ausgehandelt, sobald die neuen Untertanen kapitulierten. Der spätere Gebrauch und noch mehr die Systematisierungen der Gelehrten entsprechen nicht notwendigerweise den wahrscheinlich unterschiedlichen Verfahren der ersten Zeit[3]. Die Unterworfenen erhoben sich selten gegen ihre neuen Oberherren (die grossen Koptenaufstände in Ägypten, wie der Baschmurische von 829–30, gehören einer

---

3    Siehe ECI 2 unter Djiziya

späteren Epoche an), was wahrscheinlich damit zu tun hatte, dass ihr Geschick unter den Muslimen nicht schlechter, möglicherweise sogar erträglicher war als unter ihren früheren Oberherren. Die nichtorthodoxen Christen des Ostens waren unter der arabischen Herrschaft jedenfalls besser daran als unter der byzantinischen, weil Byzanz glaubte, sie als Heterodoxe verfolgen zu müssen, während die Araber sie als Christen weitgehend in Ruhe liessen.

Nicht nur im finanziellen, im wirtschaftlichen und organisatorischen Bereich, sondern auch in den Belangen der materiellen und geistigen Kultur hatten die Muslime unendlich viel von ihren neuen Untertanen zu lernen und zu übernehmen. Der Islam und ihre in seinem Namen erlangte Macht gaben den Eroberern die Zuversicht, vom Können und Wissen der alten Kulturländer ohne Minderwertigkeitsgefühle zu profitieren. Was die Araber in ihr Weltreich mitbrachten, waren fast nur der Islam, die durch den Koran geadelte Sprache und ihre in ihrer alten Wüstenumwelt so wichtigen, jedoch durch den Islam und durch ihre eigene neue Rolle als Herren eines Weltreiches eigentlich überholten Stammesgebräuche und Stammesstrukturen. Die Stämme waren gemeinsam auf Eroberung ausgezogen, und alte Stammesgegensätze, wie jene zwischen den süd- und den nordarabischen Stämmen und Stammesbünden, blieben noch mehrere Generationen lang unter den Eroberern lebendig. Auch der Begriff des *Mawla*, das heisst Klient, Schutzbefohlener, kam aus der Stammestradition und wurde dann im neu eroberten Reich verwendet, um die neu zum Islam bekehrten, früheren *Dhimmi* (Angehörige der schutzbefohlenen Religionen) oder Heiden in die arabische Stammesgesellschaft einzupassen. Freigelassene Sklaven wurden automatisch die *Mawâli* (Plural von *Mawla*) ihrer ehemaligen Herren, und neu zum Islam Übergetretene mussten sich ebenfalls einem «arabischen», das heisst der Stammeswelt angehörigen, Patron als Klienten unterstellen. Dies geschah mit den neuen Muslimen, ungeachtet der islamischen Lehre, nach welcher alle Muslime gleich sein sollten und der «Beste unter ihnen der Gelehrteste» sei. Der Mawla schuldete seinem Herrn Loyalität, und der Patron übernahm die Verantwortung, falls der Mawla eine Blutschuld auf sich lud. Unter Umständen konnte der Patron von seinem Mawla erben. Fürsten gebrauchten ihre Mawâli sowohl als Soldaten wie auch als Verwalter und Regierungsfachleute. Dieses Patronatssystem wurde die wichtigste Institution, die den Unterworfenen und Bekehrten das Eindringen in die arabisch-muslimische Gesellschaft erlaubte, was allerdings nur in kleinen Schritten und nicht ohne Erniedrigungen für die Aufsteiger vor sich ging.

71

Die Bedeutung, welche die beiden von den muslimischen Arabern eroberten Hochkulturen für das Gesamtreich behielten, wirkte sich dahin aus, dass die islamische Theokratie eine durchaus einzigartige Theokratie werden sollte, nämlich eine solche, in der andere Religionen ein Existenzrecht behielten. – Existenzberechtigung bedeutete nicht Gleichberechtigung; eine solche gab es niemals, die Muslime waren und blieben das Staatsvolk. Doch es gab auch nicht die im ganzen europäischen Mittelalter und in der Neuzeit bis zur Französischen Revolution gültige Regel, nach welcher die herrschende Religion, meist jene des Herrschers, alle anderen rivalisierenden und abweichenden verfolgte, niederhielt und ihre Anhänger in vielen Fällen aus dem Lande vertrieb.

## Der Streit um die Nachfolge des Propheten

Für knappe 30 Jahre nach dem Tod Muhammeds blieben Mekka und Medina Zentren des neuen Grossreiches, dann sollte das Gewicht der eroberten Länder, zuerst Syriens, später des Iraks, den Regierungssitz an sich ziehen. Doch schon in Mekka kam es zum Streit darüber, wer die politische Nachfolge des Propheten, das Kalifat, übernehmen dürfe. Ali Ibn Abî Tâleb, der Vetter des Propheten, sein Schwiegersohn und der Vater seiner Enkel sowie einer der ersten Anhänger der neuen Religion, beanspruchte diese Position. Er scheint sich damit abgefunden zu haben, dass Abu Bakr der erste Nachfolger des Propheten wurde, denn er war bereit, unter ihm das Amt eines *Qâdi*, Richters, zu übernehmen. Doch als dann Omar, der wie Abu Bakr der Vater einer der Gemahlinnen Muhammeds war, den Kalifenrang erhielt und nach ihm Othman, welcher zwei der Töchter Muhammeds, Ruqayya und Umm Kulthum, geheiratet hatte, fühlten Ali und seine Partei sich übergangen. – Othman wurde im Jahr 656 in Medina ermordet. Mu'awiya, der schon erwähnte Statthalter von Syrien, war sein nächster Verwandter, und der blutgetränkte Rock des Ermordeten soll an ihn als Mahnung gesandt worden sein, für Othman Rache zu nehmen. Ali wurde nun der vierte *Khalifa*, doch konnte er sich in Syrien nicht durchsetzen. Der Statthalter von Damaskus verweigerte ihm den Gehorsam unter dem Vorwand, Ali müsse zuerst beweisen, dass er keine Schuld an der Ermordung seines Vorgängers trage. Ali hatte noch gegen eine weitere Rivalenpartei zu kämpfen, welcher A'ischa, die Lieblingsfrau Muhammeds, und die alten und angesehenen Gefährten des Propheten Talha und Zubayr angehörten. Sie wurden im Dezember 656 in der Nähe von Basra in der sogenannten Kamelsschlacht von Ali geschlagen. Der Name kam von dem Kamel, auf dem A'ischa an der Schlacht teilnahm und von dem aus sie ihre Parteigänger anspornte.

Ali verlegte die Hauptstadt des Reiches nach Basra, weil die meisten seiner Anhänger sich in Mesopotamien befanden. Die Auseinandersetzung zwischen Mu'awiya und Ali führte zur Schlacht von Siffîn am mittleren Euphrat, die unentschieden ausging (26. Juli 657). Eine neue Streitpartei fiel von Ali ab, die sogenannten Kharijiten, die sich nicht damit abfinden konnten, dass Ali bereit war, ein Schiedsgericht zwischen seinen Ansprüchen und jenen Mu'awiyas entscheiden zu lassen. Ihrer Ansicht nach hätte er kämpfen müssen, wenn er seiner Bestimmung sicher gewesen wäre. Es folgten eine Schlacht mit ihnen, die Ali gewann (Nahrawân 658) und der Schiedsspruch (in Adhruh 659), der für ihn ungünstig ausfiel, woraufhin Mu'awiya sich zum Kalifen in Syrien, Palästina, Ägypten und dem Hijaz, Ali sich im Irak und Iran proklamieren liess. Dann kam es zur Ermordung Alis durch einen Kharijiten in Kufa im Jahr 661. – Damit wurde Mu'awiya der unumstrittene fünfte Kalif. Er verlegte seinen Regierungssitz in seinen eigenen Machtbereich, nach Damaskus, und wurde zum Begründer der Omayyaden-Dynastie. Ihr Name ist abgeleitet von jenem des Urgrossvaters Mu'awiyas, Omayya.

### Der Beginn der Schia – Politischer Streit mit religiösen Folgen

Doch in Kufa blieb die Partei Alis (*Shi'at 'Ali*, daher die Schia und die Schiiten) stark, und die dortigen Anhänger riefen den zweiten Sohn Alis, Hussain, mit dem Versprechen in ihre Stadt, sie würden für seinen Anspruch kämpfen. Der ältere Sohn Alis, Hassan, hatte auf den Anspruch verzichtet. Hussain zog mit seiner Familie und einigen wenigen Anhängern, total 72 Personen, aus Medina durch die Wüste Richtung Kufa, wurde jedoch von einem Offizier des neuen Omayyadenkalifen, des Sohnes Mu'awiyas, Yezid (680–83), bei Kerbelâ gestellt und vom Euphrat abgeschnitten. Er war so, um nicht zu verdursten, gezwungen, gegen eine weit überlegene Truppe zu kämpfen, und wurde am 10. Oktober 680 mit seinen Anhängern und zwei jungen Söhnen getötet, ohne Kufa erreichen zu können und ohne aus Kufa Hilfe erhalten zu haben. Hussain und seine Gefährten wurden dadurch zu den ersten und wichtigsten der schiitischen Märtyrer.

Der Streit um die politische Führungsposition der Gemeinschaft der Gläubigen wurde zu einer Sache der Religion; diese Entwicklung ging aus der gottesstaatlichen Natur der Gemeinschaft der Muslime hervor. Schon die oben erwähnten Kharijiten, die sich von Ali lossagten, aber auch nicht Mu'awiya folgen wollten, wurden durch ihre politische Stellungnahme zu einer religiösen Parteiung oder Sekte. Sie sollten sich später (684) in eine radikale und eine gemässigte, mehr quietistische Richtung spalten, Azraqiten und Ibaditen.

Die ursprünglich aus politischen Gründen zusammengetretene Partei Alis wurde nach dem Märtyrertod Hussains ebenfalls eine Religionsrichtung. Die Ali-Anhänger von Kufa fühlten sich schuldig, Hussain nicht zu Hilfe gekommen zu sein. Die sogenannten «Reuigen» marschierten noch im Jahre 785 in einer Selbstmordaktion gegen die abbasidischen Truppen; im selben Jahr brach der Aufstand eines weiteren Schiitenführers, Mukhtar, aus, der für den Führungsanspruch eines Halbbruders Hussains, des Muhammed Ibn al-Hanafiya, kämpfen wollte. Die «Partei Alis» wurde auf diesem Weg eine politisch-religiöse Oppositionsbewegung gegen das sunnitische Kalifat, der Omayyaden und später der Abbasiden. Sie trat für die Nachfahren Alis und Hussains ein, die nach ihrer Ansicht als Imame die Gemeinschaft der Muslime lenken sollten. Das Wort bedeutet Vorsteher, Vorbeter und wird von den Schiiten an Stelle des von den Sunniten verwendeten Titels *Khalifa* («Nachfolger», deutsch Kalif) gebraucht, um den nach Ansicht der Schiiten einzig legitimen Anführer der Gläubigen vom, ihrer Meinung nach illegitimen, *Khalifa* zu unterscheiden.

Weil die Schiiten lange Jahrhunderte hindurch eine von der Macht entfernte Oppositionsbewegung blieben und weil ihre Aufstandsversuche gegen die herrschenden Sunniten immer wieder neue Märtyrer schufen, entwickelte ihr Religionszweig eine besondere Psychologie und Lehre, in deren Mittelpunkt das Martyrium und die Pflicht der schiitischen Gläubigen stand, sich für Ali und seine Nachkommen, die Partei Alis, aufzuopfern. Eine weitere dogmatische Entwicklung kam später dazu, welche die Okkultation *(ghayba)* der späteren Imame behauptete. In die Okkultation eingegangen war, je nach Religionsrichtung, entweder der fünfte (Zaiyd) oder der siebte (Muhammed Ibn Ismail) oder der zwölfte (Muhammed al-Muntazar al-Mahdi) der Nachfahren Muhammeds und Alis. Ihre schiitischen Anhänger glauben, diese «verborgenen» Imame würden am Ende der Zeiten zurückkehren. Den Imamen wurden im Laufe der Zeit halbprophetische Eigenschaften zuerkannt, die sie für ihre Gefolgsleute zu göttlich inspirierten Auslegern des Korans und des Glaubens machten. Während der (heute noch andauernden) Okkultation der Imame übernehmen die Gottesgelehrten kollektiv die geistliche Führung ihrer (schiitischen) Gemeinschaften.

Auf der politischen Seite bildeten die schiitischen «Parteien» ein Gefäss, in das sich alle Oppositionsströme gegen die herrschenden Mächte, zuerst die Omayyaden, später die Abbasiden, ergossen. Die Unzufriedenen besonders in fernen Randprovinzen, in denen die Herrscher keine enge Kontrolle ausüben konnten, schlossen sich oft unter dem Banner der Schia zusammen, weil diese Oppositionsströmung, welche die religiöse und politische Legitimität für sich beanspruchte, geeignet schien, die bestehende sunnitisch-orthodoxe Herrschaft zu stürzen und eine neue Herrschaftsschicht an die Macht zu heben.

### Die abbasidische Revolution

Die Abbasiden, Nachfahren von Abbas, einem Onkel des Propheten, machten von dem durch die Schiiten verbreiteten Oppositionsferment Gebrauch, um gegen die Omayyaden vorzugehen. Ihre Bewegung ging vom fernen Osten des Reiches, von Khorasan in Ost-Persien, aus, und es gelang ihrem Haupt-Propagandisten und Heerführer, Abu Muslim, dort eine Armee zusammenzuziehen. Er stützte sich dabei auf unzufriedene Mawâli (Gefolgsleute), die heimlichen und offenen Anhänger Alis und seiner Nachfahren und auf allerhand weitere ehrgeizige und unzufriedene Gruppen, die der Herrschaft der Omayyaden überdrüssig geworden waren. Der letzte der Omayyaden-Kalifen, Merwan, verlor im Jahr 750 die Entscheidungsschlacht am Grossen Zab, nahe bei seiner Mündung in den Tigris. Er floh, wurde bis nach Ägypten verfolgt und getötet. Die verbleibenden Angehörigen der Omayyadenfamilie wurden danach systematisch ausgerottet. Die Abbasiden luden eine grössere Gruppe von ihnen zu einem vorgetäuschten Versöhnungsmahl ein und ermordeten sie bei dieser Gelegenheit. Nur Abdur-Rahmân Ibn Mu'awiya, der spätere Gründer der omayyadischen Herrschaft im fernen Spanien, entkam dem Gemetzel seines Hauses.

Nach ihrem Sieg entpuppten sich die Abbasiden als höchst orthodoxe Sunniten und trennten sich von den Sympathisanten der Schia, die sie ausgenützt hatten, um an die Macht zu kommen. Deren Hauptagent, der Heerführer Abu Muslim, wurde hingerichtet. Ihr Machtzentrum blieb jedoch in den einst persischen Provinzen vom südlichen Irak bis nach Ostpersien hinüber. Eine neue, vom zweiten abbasidischen Kalifen, al-Mansur (754–775), gegründete Hauptstadt, Bagdad, ganz in der Nähe von Ktesiphon, der alten persischen Winterhauptstadt, wurde nun, nach Damaskus, zur zweiten Hauptstadt des muslimischen Reiches, und der Hof, den die Abbasiden dort aufzogen, stützte sich auf die persisch-sassanidischen Hof- und Verwaltungstraditionen. Nach den syrischen Hof- und Finanzbeamten begannen nun die iranischen Fachleute in den Dienst der Nachfolger des Propheten zu treten.

Die Partei Alis überlebte den Verrat der Abbasiden, indem sie zu einem unterirdischen Katakombendasein zurückkehrte und ihre charakteristischen Lehren vom versteckten, dann vom verschwundenen Imam und von der Verpflichtung seiner Anhänger, sich für ihn aufzuopfern, entwickelte.

# Die Gottesstaaten der Schiiten

D ie ersten Schiiten, denen es gelang, einen Staat zu gründen, waren Parteigänger jener Branche, die man die Siebener oder Ismailiten nennt. Sie anerkannten sieben Imame nach dem Propheten und Ali, von denen die sechs ersten mit jenen übereinstimmen, die von der Hauptgruppe, den Zwölfern, anerkannt werden. Unter dem sechsten Imam jedoch, Ja'far as-Sâdiq, kam es zu einer Spaltung unter den Schiiten. Imam Ja'far, der 765 starb, enterbte seinen älteren Sohn, Ismail, und erklärte seinen zweiten Sohn, Musa al-Kâdhim, zu seinem Nachfolger. Der grösste Teil der Schiiten folgte seiner Regelung und anerkannte Musa als den nächsten Imam, doch eine Minderheit hielt an Ismail fest, den sie als den siebten Imam ansah und von dessen Sohn Muhammed sie erwartete, dass er als der heilbringende Mahdi (Messias) am Ende der Zeiten in Erscheinung trete.

### Das religiöse und kulturelle Ferment der Siebener-Schiiten

Die Siebener-Schiiten sind immer eine Minderheit unter der Minderheit der Schiiten geblieben. Doch sie waren von grossem Gewicht in der islamischen Welt, weil sie eine Art von politischem und geistigem Ferment darstellten, das innerhalb der islamischen Gesellschaften gärte. Die «Rufer» *(dâ'ï)*, welche die Ismailischen Schiiten in die islamische Welt aussandten, wussten sich Gehör zu verschaffen, indem sie von bedeutungsvollen Dingen sprachen. Sie wurden, ausgerüstet mit einer philosophischen und theosophischen Ausbildung, unter ihre potentiellen Gegner geschickt, mit der Aufgabe, sie für den Religionszweig der Siebener zu gewinnen. Sie konnten in der Tat Erfolge verzeichnen und hier und dort im muslimischen Reich, meist in den Rand- und Rückzugsgebieten, Anhänger gewinnen und sie motivieren, für ihre Sache zu kämpfen. Die Methode der «Rufer» scheint gewesen zu sein, dass sie von den intellektuellen Errungenschaften ihrer Zeit Gebrauch machten, um mit ihrer Hilfe zu blenden, zu verführen, aber auch anzuregen und anzuführen. Da das reiche und zentrale Land Ägypten mit seinem gewaltigen kulturellen Erbe im 10. Jahrhundert in ihre Gewalt fiel, konnten die Siebener dort ihr Zentrum einrichten und von Ägypten aus auf die umliegenden Staaten ausstrahlen.

In Basra, einem anderen wichtigen Zentrum des Ismailismus, wurde im 10. Jh. die philosophische «Enzyklopädie» der «lauteren Brüder» *(Ikhwân as-Safâ')* zusammengestellt. Ihr Zweck war, jenen Geistern, die sich mit der blossen Shari'a nicht begnügen konnten, eine weiterleitende Einführung in das theosophische und philosophische Denken der Ismailiten zu verschaffen, die zum Nachdenken und zum Fragen anregen sollte. Die Ismailiten liessen die vier dicken Bände ihrer absichtlich anonym[4] gehaltenen und für Uneingeweihte nicht sofort als ismailisch erkenntlichen Weisheitsschrift in den Moscheen liegen, damit sie Leser finde und erwecke. Der abbasidische Kalif al-Mustanjid befahl im Jahr 1150, dass alle Abschriften dieser Bücher (zusammen mit denen des Philosophen Avicenna!), die damals schon über anderthalb Jahrhunderte alt waren, herausgesucht und verbrannt werden sollten. Doch die Enzyklopädie hat überlebt. Man betrachtet sie heute als eine der Grundlagen der muslimischen Philosophie, gewissermassen als eine erste Stufe, auf der das ganze spätere Gebäude ruht.

Die Bewegung der Ismailiten verebbte erst, als in Kairo deutliche Zerfallserscheinungen eintraten und von dort immer verwirrendere Impulse ausgingen. Ursprünglich wurde im Namen des Mahdi Muhammed Ibn Ismail an verschiedenen Randgebieten des muslimischen Herrschaftsbereiches Propaganda getrieben: in Südirak, in Ismailiya, einer Bergstadt in Nordsyrien, und auch im Nordosten Algeriens. Der dortige Propagandist, ein gewisser Ali Ibn Abdullah ash-Shi'i, der ursprünglich aus dem Irak stammte, war am erfolgreichsten. Er konnte unter dem Berberstamm der Kutama ein Heer anwerben und im Jahre 909 Kairouan, die bisherige Hauptstadt der lokalen Dynastie der Aghlabiden, sowie ganz Tunesien erobern.

Ein anderer Propagandist, der in Syrien wirkte, hatte sich in der Zwischenzeit selbst zum Imam erklärt und gab seinen Sohn, der Muhammed hiess wie der erwartete Erlöser, als den künftigen Mahdi aus, der am Ende

---

4    Nach der ismailitischen Tradition geht das Werk auf den zweiten der drei «verhüllten Imame» zurück, die zwischen Ismail, ihrem siebten Imam, und Ubaidullah, dem Begründer der fatimidischen Dynastie (s. unten) gelebt haben sollen, jedoch namenlos geblieben sind. Vgl. Henri Corbin: Histoire de la philosophie islamique, Paris 1986, S. 197.

der Zeiten das Reich Gottes auf Erden verwirklichen werde. Er hatte im Jahre 903 versucht, in Nordsyrien sein Imamat zu errichten, doch war dies misslungen, und er kam deshalb nach Nordafrika, um aus der Eroberung Kairouans durch seinen Glaubensbruder Gewinn zu ziehen. Er selbst nannte sich Abdullah (Knecht Gottes), und er gab seinem Sohn Muhammed den hochtrabenden Titel «Vollstrecker des göttlichen Befehls» (al-Qâ'im bi-amr Allâh). Seine Gegner nannten Abdullah mit der Diminutivform Ubaidullah (Knechtlein Gottes), und er ist mit diesem Namen in die Geschichte eingegangen.

Im Gegensatz zu den Abbasiden, die sich nur auf einen Onkel des Propheten berufen konnten, nannten die schiitischen Imamatsanwärter in Nordafrika sich Fatimiden, um ihren Anspruch zu unterstreichen, über seine Tochter Fatima, die dann die Gemahlin Alis geworden war, direkt vom Propheten abzustammen. In Tunesien entstand Unruhe, weil Ubaidullah seinem Sohn die Rolle eines «Messias» zuwies, der am Ende der Zeiten erscheinen und den Muslimen das Heil bringen werde. Ubaidullah war offenbar im Begriff, seine eigene Dynastie zu gründen. Er reagierte auf die Bedenken seiner bisherigen Mitstreiter und Wohltäter, indem er seinen Wegbereiter, den ursprünglichen Eroberer von Kairouan, Ali Ibn Abdullah ash-Shi'i, umbringen liess. Dieser Mord bedeutete den Übergang von der religiös-politischen Propaganda zur eigentlich politischen Machtausübung. Die politisch-religiösen Visionäre, heute würden wir sie Ideologen nennen, mussten aus dem Weg geräumt werden, bevor die politische Macht einer neuen Dynastie gefestigt werden konnte. In ähnlicher Weise hatten schon die Abbasiden ihren Wegbereiter, Abu Muslim, beseitigt.

### Die fatimidischen Gegenkalifen

Die fatimidischen Imame, die sich nun auch *Khalifa* nannten, obwohl sie Schiiten waren, regierten ab 921 von der Mahdiya-Halbinsel in Tunesien aus, die wegen der engen Landbrücke, die sie mit dem Festland verbindet, für sie eine gute natürliche Festung abgab. Sie dehnten zeitweise ihre Macht über Nordafrika aus und herrschten auch über Sizilien. Unter ihrem übernächsten Herrscher, al-Mu'izz (953–975), eroberte der aus Sizilien stammende fatimidische Feldherr Jawhar im Jahr 969 Ägypten. Die dort neu gegründete Hauptstadt, Kairo (al-Qâhira, d. h. «die im Zeichen des Mars Stehende»), wurde vier Jahre später der Sitz der fatimidischen Dynastie.

## Die Propaganda der Fatimiden

Die Abbasiden blieben die Hauptfeinde der Fatimiden. Die ismailitische Dynastie hoffte, die abbasidische zu Fall zu bringen. Sie wollte zu diesem Zweck in Ägypten Ruhe haben und zwang daher die ägyptische Bevölkerung nicht, zu ihrer Lehre überzutreten. Der Ismailismus blieb mehr eine Sache der Regierung und des Hofes. Doch in Syrien und in anderen Grenzgebieten, wie der Arabischen Halbinsel und dem Persischen Golf, die zwischen ihrer Machtzone und jener der Abbasiden lagen, bemühten sie sich, durch die gleiche religiöse Propaganda, die sie selbst zum Erfolg geführt hatte, die Stellung ihrer Rivalen zu untergraben. Die Fatimiden liessen in Kairo die (heute sunnitische) Al-Azhar-Moschee bauen; sie diente als Ausbildungszentrum für ihre Missionare und Propagandisten, die man *dâ'i*, Rufer, nannte. Die Fatimiden entwickelten in Ägypten eine brillante Zivilisation. Deren Errungenschaften, etwa die aus der Antike weiter entwickelte Philosophie und Theosophie, vor allem neoplatonischer Art, sowie die von ihnen ebenfalls fortentwickelten naturwissenschaftlichen Kenntnisse der Antike, setzten sie dazu ein, das Ansehen ihrer religiösen Lehre und Politik im arabischen Umfeld zu steigern.

## Al-Hâkim, ein vergöttlichter Fatimide

Der sechste der Fatimiden-Herrscher, al-Hâkim bi Amri-l-Lah («Herrscher auf Befehl Gottes», reg. 996–1021), hat eine besondere und sehr persönliche Art der Theokratie eingeführt. Er kam schon als elfjähriger Knabe zur Macht, weil sein Vater unerwartet starb. Zuerst regierte der Führer des Berberstammes der Kutama, mit deren Hilfe die Fatimiden zur Macht gekommen waren, für ihn. Doch sein Erzieher, der Eunuche und Sklave Barjawân, verband sich mit den Feinden der Kutama und konnte 997 den bisherigen Regenten vertreiben und selbst als Stellvertreter des Herrschers die Macht ergreifen. Doch als der Herrscher sein 15. Altersjahr überschritten hatte, wurde er der Vormundschaft müde und setzte mit der Hilfe eines Sklaven die Ermordung des Regenten ins Werk, während er selbst mit ihm zusammen spazieren ging. Seither, seit dem April des Jahrs 1000, regierte al-Hâkim persönlich und absolut. Er erliess über die Jahre hinweg zahlreiche Edikte, die sich auf eine strikte und oft übermässig genaue Durchführung der muslimischen Vorschriften gegenüber den religiösen Minderheiten bezogen. Solche waren die in Ägypten besonders zahlreichen Christen und Juden, für den Fatimidenherrscher jedoch auch die sunnitischen Muslime, welche damals bereits die Mehrheit der ägyptischen Bevölkerung ausgemacht haben dürften. Er zwang Juden und Christen, besondere Kleidungsstücke zu tragen, damit sie sofort erkennbar seien, wie dies viele der Scharia-Gelehrten forderten. Sogar im Bad, so schrieb er vor, müssten die Christen ein Kreuz um den Hals und die Juden einen Gürtel tragen. Er liess Kirchen zerstören, die in der muslimischen Zeit neu gebaut worden waren, was auch einer der restriktiveren Scharia-Vorschriften entspricht, und er liess viele Esswaren verbieten, darunter auch das Leibgericht der Ägypter, die Mulukhiye. Seine Massnahmen riefen Unruhen und Aufstände hervor, die er blutig niederschlagen liess. Er liess auch viele seiner Minister hinrichten. Er zeigte persönliche Exzentrizitäten, indem er auf lange nächtliche Spaziergänge ging, während deren die Märkte von Kairo hell erleuchtet werden mussten. Er machte Perioden von Selbsterniedrigung und Askese durch. «Als al-Hâkim in Kairo seine urislamische Zeit hatte und die Welt aus der Religion hinauswerfen wollte, um das Jahr 400/1009, schloss er die Hofküche ab, ass nur, was seine Mutter ihm schickte, verbot, sich vor ihm niederzuwerfen, ihm die Hand zu küssen und ihn mit ‹unser Herr› (Mawlânâ) anzureden. Er liess sich das Haar lang wachsen, liess den Schirm, das königliche Abzeichen, weg, schaffte die Titel und alle unkanonischen Abgaben ab, erstattete die von ihm oder seinem Grossvater eingezogenen Güter zurück, liess im Muharram des Jahres 400/1009 alle seine Sklaven männlichen und weiblichen Geschlechtes frei und stattete sie aus, warf seine Favoritinnen in vernagelten und mit Steinen beschwerten Kisten in den Nil – um der Wollust zu entsagen. Sein Kronprinz ritt im vollen königlichen Schmucke einher, der Khalife daneben auf einem Esel mit eisernem Zaumzeug, angetan mit Kleidern zuerst von weisser, dann von schwarzer Wolle, auf dem Kopf ein blaues Handtuch (fûta) und eine schwarze Binde.» (Adam Mez: Die Renaissance des Islams, Heidelberg 1922 S. 299 nach Yahya Ibn Sa'îd fol. 123 ff.)

Al-Hakim hat im Jahr 395/1003–4 auch eine grosse Bibliothek gegründet, die «Haus des Wissens» genannt wurde, indem er alle Schlossbibliotheken der Fatimiden dort zusammenzog und die Bibliothek für jedermann öffnete. Diese Institution hat die ganze Fatimidenzeit hindurch, das heisst über 150 Jahre lang, fortbestanden.

Der ismailitische Herrscher liess viele Gelder und Güter der Christen und Juden konfiszieren sowie Kirchen zerstören, doch soll er sich nie persönlich daran bereichert haben. Er galt als freigebig und schaffte nichtislamische Steuern ab. Er soll auch sein Bestes getan haben, um die Hungersnöte Ägyptens zu lindern.

Der gefährlichste Aufstandsversuch gegen al-Hakim wurde von Abu Rakwa Walîd Ibn Hishâm unternommen, der ein Prinz der andalusischen Omayyaden war und aus seiner Heimat hatte fliehen müssen. Nach Abenteuern in Syrien tauchte er in der Cyrenaika auf und gewann die Unterstützung des Zenâta-Berberstammes sowie der bereits im Aufstand stehenden arabischen Banu Kurra. Er nahm den Kalifentitel an und schlug im Jahr 1005 zwei Armeen, die al-Hakim gegen ihn sandte. Er drang bis Alexandria vor, setzte sich später im Fayyum fest und sandte Razzias bis Guizeh aus, während al-Hakim neue Truppen aus Aleppo und Syrien kommen liess. Schliesslich gewann einer der Generäle des Fatimiden im Jahr 1006 die Entscheidungsschlacht gegen den Aufständischen im Fayyum. Er wurde im März 1007 in Kairo hingerichtet.

Während dieses Aufstandes milderte der Fatimide seine strengen Edikte, die sich auch gegen die Frauen gerichtet hatten. Eine Zeitlang hatte er befohlen, sie dürften ihre Häuser überhaupt nicht verlassen, und er hatte den Schuhmachern verboten, Schuhe für sie herzustellen, damit sie nicht in den Strassen herumliefen. Doch die Massnahmen gegen die Christen wurden weitergeführt. 1009 liess der Herrscher den Patriarchen von Alexandria hinrichten, der selbst ein Onkel mütterlicherseits al-Hakims war. Über das Wunder des Heiligen Feuers, das in der Grabeskirche in Jerusalem jährlich begangen wurde und das er als einen Betrug ansah, soll er so empört gewesen sein, dass er im selben Jahr 1009 die Kirche zerstören liess. Das Jahr 400 der muslimischen Zeitrechnung (1009 a. D.) veranlasste ihn überdies, viele seiner Massnahmen gegen die Muslime wieder zurückzunehmen.

Auch in Palästina kam es im Jahr 1011 zu einem gefährlichen Aufstand, der vom Sohn eines der Minister al-Hakims ausgelöst wurde, welchen der Fatimide hatte hinrichten lassen. Die palästinensischen Aufständischen vom Haus der Jarrahiden veranlassten den Scherifen von Mekka, der die heilige Stadt verwaltete, nach Palästina zu kommen und sich zum Gegenkalifen gegen al-Hakim zu erklären. Doch der Fatimide konnte die Jarrahiden durch Geld dazu bingen, den Scherifen wieder fallen zu lassen. Dieser kehrte nach Mekka zurück, unterwarf sich al-Hakim und erhielt seine Verzeihung.

Die grosse Moschee, die al-Hakim in Kairo errichten liess, befindet sich in der Altstadt unmittelbar innerhalb des ebenfalls fatimidischen Stadttors, Bab an-Nasr. Sie ist kürzlich sehr schön renoviert worden. Dies geschah durch die heutigen Nachfahren der ismailitischen Gemeinschaft, welcher der Aga Khan vorsteht. Man kann die Moschee heute dank den späten Nachfahren al-Hakims wieder in ihrem alten Glanz bewundern.

Es scheint, dass die Missionare, die dazu ausgebildet wurden, den ismailitischen Religionszweig und die mit ihm verbundenen theosophischen Spekulationen nach Syrien zu tragen, eine wichtige Rolle bei dem Versuch gespielt haben, al-Hakim in der Spätphase seiner Regierungszeit zum Auferstandenen Imam und sogar zu einer Inkarnation Gottes zu erklären. Die wichtigsten waren Hamza Ibn Ali und Muhammed Ismail Anushtekin ad-Darazi. Beide sollen im Jahr 1017/8 in Kairo begonnen haben zu predigen, al-Hakim sei Gott oder mindestens gottähnlich, was zu Unruhen in den Strassen von Kairo und zur Ermordung ad-Darazis führte. Al-Hakim soll als Rache dafür Altkairo, Fustat, haben anzünden lassen. Doch vielleicht handelt es sich dabei um eine üble Nachrede, die auf seine Gegner zurückgeht, und die Stadt brannte einfach im Gefolge der Wirren ab (die Historiker und Chronisten, fast alle Sunniten, sind keine Bewunderer al-Hakims). Nach einer der Quellen musste Hamza, der als ein enger Freund und Parteigänger des Fatimiden galt, in die abgelegene Gegend des Hauran (Südsyrien) fliehen, um sein Leben vor den empörten Muslimen Ägyptens zu retten. Man weiss nicht, wie es ihm dort ergangen ist, doch er gilt zusammen mit ad-Darazi (auf dessen Namen die Bezeichnung Drusen zurückgeht) als der Gründer und Inspirator des Religionssystems der Drusen, in dem ein vergöttlichter al-Hakim eine wichtige Rolle spielt.

Al-Hakim verschwand im Februar 1021 auf einem nächtlichen Spaziergang auf dem Mukattam-Berg, der sich hinter Kairo erhebt. Er hatte seinen beiden Begleitern geboten, ihn alleine zu lassen. Als er am Morgen nicht zurückgekehrt war, wurde er fünf Tage lang gesucht. Seine von Dolchstichen durchstossenen Kleider wurden gefunden, jedoch anscheinend nicht seine Leiche. Die Anhänger des vergöttlichten Kalifen glaubten, er sei in die Okkultation eingegangen, doch seine Feinde und Kritiker nahmen an, seine Schwester, Sitt al-Mulk, habe ihn beseitigen lassen, da sie für die Zukunft der Dynastie gefürchtet habe.


## Die Qarmaten


Von 877 an, und auch auf den Thesen der Siebener-Schia beruhend, entstand eine weitere religiöse und politische Opposition gegen die Abbasiden, die später auch in Konflikt mit den Fatimiden treten sollte. Dies war die

Bewegung der Qarmaten (nach ihrem Gründer Hamdan Qarmat), die in Syrien und im Irak begann, dort niedergeschlagen wurde, sich jedoch in al-Hasa (auch Lhasa geschrieben) im Südosten der Arabischen Halbinsel und auf den Inseln von Bahrain geraume Zeit halten konnte. Beide Gebiete sind heute von Zwölfer-Schiiten bewohnt. Die Qarmaten brachen oft und vernichtend aus der Arabischen Halbinsel nach Syrien und nach dem Irak ein. Sie haben 929 sogar Mekka erstürmt, geplündert und den Schwarzen Stein der Kaaba weggeschleppt. Später traten sie in den Dienst der Kalifen von Bagdad und wurden Feinde der Fatimiden, deren syrische Gebiete weiterhin ihren Beutezügen ausgesetzt blieben.

Von ihrem Gründer, Hamdan Qarmat, wird sehr anschaulich erzählt, wie er von einem der Missionare (dâ'i) des Ismailismus bekehrt worden sei. «Der Dâ'i, der Ahwazi hiess, traf den künftigen Qarmatenführer in der Umgebung von Kufa. Er hatte einen Ochsen bei sich, der ihm etwas trug. Sie gingen eine Stunde lang zusammen; da sprach Hamdan zu dem Ahwazi: ‹Ich sehe, du kommst von einem langen Marsch und bist müde, sitz auf meinem Ochsen da!› Doch der Ahwazi antwortete: ‹Dazu habe ich keinen Befehl.› Da sprach Hamdan zu ihm: ‹Es scheint ja, du handelst nur auf Befehl.› Er antwortete: ‹Ja!› Da sprach Hamdan: ‹Wer befiehlt und verbietet dir?› Er sprach: ‹Mein König und dein König, dem diese und jene Welt gehört.› Hamdan staunte und dachte nach, dann sprach er: ‹Darüber ist nur Gott König.› Er sprach: ‹Du hast recht, aber Gott gibt sein Reich, wem er will›, ... und er begann bei ihm zu werben ... Er ging mit ihm in sein Haus und nahm den Leuten die Huldigung für den Mahdi ab, blieb in dem Hause des Hamdan, und es gefiel diesem seine Sache und ihre Wichtigkeit. Der Dâ'i war sehr eifrig im Gottesdienst, fastete tagsüber, wachte des Nachts, und beneidet war, wer ihn eine Nacht in sein Haus nehmen durfte. Er nähte den Leuten Kleider und erhielt sich damit, und sie hatten Segen von seiner Person und von seiner Schneiderei.» (Adam Mez: Die Renaissance des Islams, wie oben, S. 296, nach Maqrizi, Itti'âz ed. Bunz S. 101 f.).

### Die Nizariya in Persien und ihre Sondermethoden

Die Nizari waren ebenfalls ein Ausfluss der Siebener-Schiiten. Sie waren die Gefolgsleute und Gläubigen des Fatimidensprösslings Nizar (1045–1095). Sein Vater, der Fatimidenkalif al-Mustansir (1036–1094), hatte ihn zu seinem Nachfolger bestimmt, doch sein jüngerer Bruder Ahmed, der den Herrschernamen al-Musta'li (1094–1101) annehmen sollte, vertrieb ihn mit Hilfe des Militärbefehlshabers Fadil al-Jamâli, der die wirkliche Macht unter al-Mustansir ausübte. Nizar floh nach Alexandria, leistete von dort aus Widerstand, wurde aber 1095 von den Truppen seines Bruders besiegt, kapitulierte und wurde in Kairo lebendig eingemauert. Die Mehrheit der Ismailiten anerkannte den Sieger als ihren Imam, doch eine Minderheit ausserhalb Ägyptens, vor allem in Persien und in Syrien, hielt an Nizar fest und sah in ihm den verborgenen Imam. Ihre Vertreter, die nun ausserhalb Ägyptens wirkten, wurden als die «Neue Mission» (da'wa jadîda) bezeichnet, im Gegensatz zur «alten», die an der Linie der Fatimiden von Kairo festhielt.

Diese «neue Mission» sollte eine aufregende Geschichte von über 150 Jahren durchmachen, in denen die Propagandisten und die Imame der neuen Richtung, der «Nizariya», versuchten, sich einen Staat zu schaffen, den sie natürlich ebenfalls als einen Gottesstaat sahen. Der wichtigste Führer des Nizari-Zweiges des Ismailismus war Hassan-e Sabbah (starb 1124). Er stammte aus der persischen Stadt Qom aus einer Familie von Zwölfer-Schiiten. Als junger Mann traf er einen der Propagandisten des Ismailismus, und er schildert uns selbst seine Bekehrung (Teile seiner Autobiographie, bewahrt als Zitate in späteren Historikern, sind uns erhalten): «Bis ich 17 Jahre alt war, bemühte ich mich, Wissen zu erwerben und gleichzeitig dem Glauben meiner Vorfahren, die Zwölfer-Schiiten waren, treu zu bleiben. Doch eines Tages begegnete ich einem Gefährten, der Amîra Zarrâb hiess und der von Zeit zu Zeit die Lehre der ägyptischen Kalifen darlegte, wie es schon andere vor ihm getan hatten. Ich dachte damals, dass die Lehren der Ismailiten nichts anderes seien als Philosophie und der Herr Ägyptens auch ein Philosoph. Amîra Zarrâb war eine hervorragende Person. Als er sich das erste Mal mit mir unterhielt, sagte er mir: ‹Die Ismailiten sagen dies und jenes›, und ich antwortete: ‹Mein Freund, rede nicht von ihnen, sie stehen ausserhalb des Gesetzes, und was sie sagen, geht gegen die Religion.› Es kam zu Diskussionen und Streitgesprächen zwischen uns. Er war nicht einverstanden mit mir, und er zerstörte meinen Glauben. Ich gab das ihm gegenüber nicht zu, aber seine Worte machten mir grossen Eindruck. Amîra sagte mir: ‹Wenn du am Abend in deinem Bett darüber nachdenkst, so wirst du erkennen, dass das, was ich dir gesagt habe, dich überzeugt hat› …» Die beiden trennten sich später, und als Hassan-e Sabbah eine schwere Krankheit erlitt, sagte er sich: «Das ist gewiss der wahre Glauben; eine grosse Angst hat mich daran gehindert, es gelten zu lassen. Jetzt ist meine Stunde gekommen, und ich werde sterben, ohne die Wahrheit erlangt zu haben.» Er kam aber doch mit dem Leben davon und suchte sich dann einen neuen ismailitischen Meister, um seine Ausbildung zu vollenden.

Dann entschloss er sich, dem Imam sein Treuegelöbnis abzulegen. Er tat dies vor einem der Missionare, dem das Oberhaupt der ismailitischen Mission in Westpersien und dem Irak, ein gewisser Ibn Attâsh, die Erlaubnis erteilt hatte, den Treueschwur abzunehmen. Später kam Ibn Attâsh persönlich nach Rayy, wo der neue Konvertit lebte, lernte ihn kennen und empfahl ihm, sich an den Hof des ismailitischen Kalifen nach Kairo zu begeben. Nach einer abenteuerlichen Reise durch Aserbaidschan, Mesopotamien, Syrien, bis nach Beirut und von dort zur See nach Ägypten langte er am 30. August 1078 in Kairo an. Er wurde wohl empfangen und hielt sich drei Jahre lang in Kairo und in Alexandria auf. Es ist ungewiss, ob er in Ägypten wirklich mit dem damaligen Militärdiktator Badr al-Jamâli zusammenstiess, wie es die Legende will, weil er Nizar anhing und nicht dessen jüngerem Bruder und Schwiegersohn des Militärmachthabers, dem späteren Kalifen Musta'li. Das Ringen zwischen den beiden Brüdern begann im Ernst erst nach dem Tod ihres Vaters al-Mustansir, im Jahr 1094.

Jedenfalls erreichte der nun als Dâ'i bestätigte Konvertit auf verschlungenen Wegen Isfahan im Jahr 1081. Ursprünglich sollte er nach Nordafrika reisen, gelangte jedoch durch Schiffbruch an die syrische Küste und wanderte dann über Aleppo und Bagdad, gewissermassen durch Feindesgebiet, nach Iran. Von Isfahan aus wirkte er neun Jahre lang als Missionar der Ismailiya in Persien.

In jener Zeit scheinen die persischen Ismaili, die sich in den Städten nicht durchsetzen konnten, ein neues politisches Konzept entwickelt zu haben. Sie versuchten, feste Burgen in Besitz zu nehmen, um von ihnen aus ihre Arbeit der Unterwühlung des Seldschukenreiches und des von den Seldschuken beschützten abbasidischen Kalifates zu organisieren. Als solche «sichere Festungen» kamen in erster Linie Rückzugsgebiete in Betracht, wo eine ländliche Bevölkerung leicht gewonnen werden konnte, da sie fern von der Kontrolle der in den städtischen Residenzen beheimateten Staatsmacht lebte und in vielen Fällen bereit war, sich gegen die Steuereinzieher zu erheben, die als einzige Verbindungsleute des Zentrums bis zu ihr gelangten. Hassan fand schliesslich, was er suchte, im Inneren des Elbrus-Massivs: eine Burg, die Alamut hiess und auf 1800 m Höhe gelegen war, errichtet auf einem gewaltigen Steinmassiv, das seinerseits ein enges, aber fruchtbares Tal dominierte. Hassan bediente sich der nun schon bewährten Methode der Dâ'i, um sich der Burg zu bemächtigen. «Ich sandte aus Qazwin (wo er selbst sich zur Zeit aufhielt) einen anderen Dâ'i aus, der einige der Bewohner des Schlosses bekehrte. Sie versuchten ihrerseits, den Burgherrn, der ein Ali-Abkömmling war, zu bekehren. Dieser tat so, als ob sie ihn überzeugt hätten; doch dann entfernte er sie alle aus der Burg und verschloss ihre Tore, indem er sagte, die Burg gehöre dem Sultan. Nach langen Diskussionen erlaubte er ihnen aber doch, zurückzukehren, und dann weigerten sie sich, die Burg zu verlassen, als er es ihnen (erneut) befahl.» Als er vernahm, dass die Burg sich in der Macht seiner Anhänger befand, kam Hassan selbst, um von ihr Besitz zu nehmen. Dies trug sich im Jahr 1090 zu. Hassan-e Sabbah hat dann fast den ganzen Rest seines Lebens in Alamut zugebracht und von dort aus die Einnahme anderer fester Schlösser organisiert sowie den erfolgreichen Widerstand gegen die Heere des Seldschuken-Sultans, die versuchten, die Ismailiten wieder aus ihren Burgen zu vertreiben.

Der oben erwähnte Chef der Mission in Westpersien und dem Irak, Ibn Attash, hielt seinerseits auch eine feste Burg, in der Nähe von Isfahan, besetzt. Eine ganze Reihe von anderen Burgen in Kuhestan, der Wüstenlandschaft südlich von Khorasan, deren Hauptorte Birjand und Tabas heissen, und in den Gebieten am Kaspischen Meer wurde von weiteren Nizari-Aktivisten überrascht und erbeutet. Die persischen Ismaili erlangten so eine Art Herrschaftsgebiet, das freilich nicht zusammenhängend war und nur Rückzugsgebiete umfasste, fern von den Grosstädten, das aber immerhin voll ihrem Befehl unterstand und auch gegen viele Versuche der seldschukischen Staatsmacht, es zurückzuerobern, lange Zeit erfolgreich Widerstand leistete. Alamut war der Knotenpunkt in diesem Netz der Festungen. Es wurde erst 1256 erobert – von den Mongolen.


## Die «Assassinen»


Zu den politischen Eigenheiten der «neuen Mission» gehörte auch, dass die Herren der Schlösser, auch Hassan-e Sabbah selbst, nicht nur Missionare aussandten, sondern auch fanatisierte Freiwillige, die gelobt hatten, ihnen von der Sekte bezeichnete Opfer zu ermorden. Bei den Opfern handelte es sich um prominente Personen, die sich als besonders schroffe Feinde der Isma'iliya gezeigt hatten. Ein Beispiel ist der Wesir der Seldschuken, Nizam ul-Mulk, der 1092 eines der frühesten und berühmtesten Opfer der ismailitischen Mordgesandten werden sollte.

Je mehr diese Mordfälle zunahmen, desto stärker beschäftigten sie die Phantasie der aussenstehenden und sich bedroht fühlenden Zeitgenossen. Es dürften sie gewesen sein, die die Geschichte vom Haschisch (Hanf) in Umlauf brachten, von dem es hiess, die ismailitischen Chefs gebrauchten ihn, um ihre «Assassinen» in die richtige Gemütsverfassung zu bringen. Diese Geschichte mit schönen Ausschmückungen findet sich zum Beispiel bei Marco Polo und in den Annalen des wichtigsten christlichen Chronisten der Kreuzzüge, des Wilhelm von Tyros. Aber auch viele Quellen der den Ismailiten feindlichen islamischen Richtungen sprechen davon. Hashshâshi (dialektaler Plural: Hashshâshiyîn) hat man denn auch diese politischen Mordgesandten genannt, «Haschischbrüder», und das Wort hat den Begriff «Assassinen» gegeben, der über die romanischen Sprachen (die keinen h-Laut kennen) in alle anderen europäischen wandern sollte.

Wenn solche Legenden wahrscheinlich als Erfindungen zu gelten haben, hat sich ein beinahe ebenso seltsames Ereignis tatsächlich abgespielt, als der dritte Nachfolger des Hassan-e Sabbah, Hassan II. (1162–1166), zur Macht kam. Er liess 1164 ein grosses Fest in Alamut herrichten, versammelte seine Anhänger und verkündete ihnen, die Auferstehung habe stattgefunden. Dies mitzuteilen, so sagte er, habe ihm der (verborgene) Imam befohlen. Die Auferstehung hatte zur Folge, dass das islamische Gottesgesetz, die Scharia, aufgehoben war, denn sie war ja nur für die Menschen vor der Auferstehung bestimmt. Berichte über die Rede Hassans II. sind erhalten, es heisst darin, er sei vor seiner versammelten Gemeinde ganz in weiss gekleidet auf die Kanzel gestiegen und habe begonnen mit den Worten: «Ihr, Bewohner der Welt, Geister, Menschen, Engel, ihr wisst, dass der Herr, der Machthabende über die Auferstehung (sein Name sei geheiligt), Herr ist über alle geschaffenen Dinge. Er ist die absolute Existenz; Er steht über allen Möglichkeiten, Seine Existenz zu verneinen, denn Er befindet sich jenseits dessen, was die Ungläubigen Ihm zugesellen. Er hat heute das Tor Seines Erbarmens geöffnet und hat Alle auferstehen lassen dank Seiner grossmütigen Gnade. So muss Jeder, der Erkenntnis besitzt, Ihm danken, Ihn preisen, obgleich Er unendlich erhaben ist über diese Dinge, denn Er ist der Herr der Zeit und kennt alleine Seine Essenz.» Der Bericht schliesst ab: «Diesen ganzen Tag lang tauschten die Leute Glückwünsche und Festgeschenke aus, Freude herrschte, und das Joch des Gesetzes wurde vom Nacken der Knechte Gottes aufgehoben. Der Herr (Hassan II.) befahl, dass an jenem Tag auch in Mu'minabad und in Kuhestan, und überall sonst, Feste begangen würden.» (A. Bausani, Persia religiosa, Milano 1959 p. 211 f.)

Dazu der Kommentar eines orthodoxen Sunni-Historikers, der den Vorfall schildert und uns die Originalberichte in Auszügen überliefert hat: «Das

Wesentliche an dieser nutzlosen Doktrin ist, zu behaupten, dass, wie die Philosophen es lehren, die Welt von Beginn an existiere, die Zeit kein Ende nehme und dass die Auferstehung eine rein geistige Sache sei. Sie interpretieren das Paradies allegorisch, wie auch die Hölle und was sich darin befindet, und behaupten, diese Ausdrücke müssten rein geistig verstanden werden. Folglich und angesichts dieser Voraussetzungen nehmen sie an, dass die Auferstehung in dem Augenblick stattfinde, in dem die Geschöpfe sich mit Gott vereinigen. Die Mysterien und Wahrheiten, wie es die religiösen Handlungen und frommen Übungen sind, werden (dann von ihnen) unterdrückt, denn in dieser gegenwärtigen Welt sei alles Handlung und keinerlei Rechenschaft. Im anderen Leben jedoch sei alles Rechenschaft, und es gebe keine Handlungen mehr. Dementsprechend seien die Menschen der legalen Pflichten enthoben, weil alle in dieser Zeit der Auferstehung unbedingt ihr Gesicht Gott zukehren und die Regeln, Gesetze und frommen Gebräuche aufgeben müssten, für die zeitliche Grenzen gesetzt sind. Die Auferstehung, die in allen Religionen und Konfessionen erwartet wird, bestehe aus dem, was Hassan offenbart habe. Das Gesetz hatte befohlen, Gott fünfmal im Tag anzubeten und sich Ihm hinzugeben. Das sei eine rein formale Forderung gewesen. In der Phase der Auferstehung müsse man immer im Herzen mit Gott sein und die Seele immer Ihm zukehren, denn das sei die wahre Anbetung.» (Siehe die ausführliche Darstellung von B. Lewis: The Assassins, a Radical Sect in Islam, London 1967, hier nach der französischen Ausgabe, Bruxelles 1984 S. 112. Zwei sunnitische Historiker zitieren in ihren Werken grössere Abschnitte aus den sonst verlorenen ismailitischen Schriften, Juwaini und Rashîd ud-Dîn. Siehe auch das wichtige Werk von M. G. S. Hodgson: The Order of the Assassins, the struggle of the early Nizari Isma'ilis against the Islamic World, The Hague 1955, das sich ausführlicher mit der Lehre der Ismailiten befasst als Lewis).

Die Auferstehung, welche Hassan II. so feiern liess, muss einige seiner Anhänger enttäuscht haben. Begreiflicherweise, weil sie schwerlich das Leben in Alamut zu verändern vermochte. Hassan wurde 1166, zwei Jahre nach der Verkündigung der Auferstehung, ermordet. Doch Alamut blieb in der Hand der Ismailiten, die später sogar wieder zur Scharia zurückkehrten und deren zweitletzter Anführer mit dem Abbasidenkalifen seiner Zeit, an-Nasir (1180–1225), ein Bündnis einging.

## Die Nizari in Syrien

Der andere berühmte Führer der Nizari-Ismailiten war Rashîd ad-Dîn Sinan, der die Sekte in Syrien leitete und den Beinamen «Der Alte vom Berge» erhielt. Auch er stammte aus einer Familie von Zwölfer-Schiiten und hatte sich als junger Mann zum Ismailismus bekehrt. Seine Geburt muss in den Jahren zwischen 1126 und 1135 liegen, er starb um 1193. Er kam nach Alamut und lebte dort als Studiengefährte jenes jungen Hassan II., der später die Auferstehung ankündigte. Hassan sandte ihn nach Syrien, wo er zuerst als Schulmeister im Dorfe Kahf, im Dschebel Bahra, sein Brot verdiente und natürlich als Dâ'i wirkte. Dschebel Bahra ist der alte Namen der Gebirge östlich von Lattakiya, die heute Dschebel Alawi genannt werden. Nach dem Tod des Hauptmissionars für Syrien, der Schaich Abu Muhammed hiess, wurde Sinan sein Nachfolger. Er pendelte dann hin und her zwischen den Orten Kahf, Masyaf, wo die Nizari eine Burg besassen, und Qadmus, wo es ebenfalls eine Feste gab, alle im Dschebel Bahra. Als die Auferstehung in Alamut befohlen wurde, sah er sich gezwungen, eine entsprechende Verkündigung in Syrien zu erlassen. Sie scheint aber in Syrien nicht so grosse Bedeutung gehabt zu haben. Die Politik in Syrien war zu jener Zeit besonders komplex, weil die Kreuzritter in Jerusalem sassen und gelegentlich Damaskus bedrängten, ohne die Stadt je einnehmen zu können. Ausserdem dauerte das herkömmliche Ringen um Syrien fort, das sich zwischen den Fatimiden in Ägypten, den Byzantinern im Norden und den Seldschuken, die vom Osten her einwirkten, abspielte. Neben den einheimischen arabischen Stämmen und den lokalen arabischen Herrschern in den grösseren Städten waren auch türkische Wandervölker, manchmal gefördert von den Seldschuken, in den syrisch-palästinensischen Raum eingedrungen. Rashîd ud-Dîn Sinan betrieb eine Schaukelpolitik zwischen all diesen Mächten, die dazu dienen sollte, das Herrschaftsgebiet der Nizari abzusichern und womöglich auszudehnen. Wenn diese Politik überhaupt eine Konstante besass, bestand sie daraus, dass die Ismailiten stets die Seldschuken als ihre Hauptfeinde ansahen, mit denen sie nicht einmal taktische Bündnisse eingingen.

Auch Raschîd ud-Din Sinan machte intensiv Gebrauch von den Meuchelmördern der Sekte und hat eine ganze Reihe von christlichen Würdenträgern sowie auch von sunnitischen Gegnern der Ismailiten umbringen lassen. Sein wichtigstes Opfer unter den Kreuzrittern war wohl der Markgraf Konrad von Montferrat, der auch König von Jerusalem war, im Jahr 1192. Er soll auch zweimal versucht haben, Saladin töten zu lassen, was jedoch fehlschlug; Saladin wurde durch diese Anschläge so vorsichtig, dass er auf Feldzügen in einem eigens für seine Sicherheit konstruierten Holzturm schlief. Als Saladin sodann 1176 die Festung Masyaf belagerte, in der sich der Alte vom Berge verschanzt hielt, brach er die Belagerung nach kurzer Zeit wieder ab. Die Chroniken der Araber erzählen verschiedene Geschichten, die alle erklären sollen, warum Saladin so gehandelt habe. Alle laufen darauf hinaus, dass Rashîd ud-Dîn Sinan dem Saladin sehr handgreiflich bewiesen habe, dass er stets in Gefahr eines Mordanschlages schwebe, weil auch seine engsten Vertrauten und Diener möglicherweise im Dienste der «Assassinen»-Sekte stünden. Solche Legenden dürften einen Kern von Wahrheit enthalten, denn es kann als wahrscheinlich gelten, dass ein gewisses, vielleicht nur stillschweigendes Einverständnis zwischen Sinan und Saladin in der Tat zustande gekommen war und den Abzug Saladins bewirkte.

### Die Buyiden in Mesopotamien

Die Buyiden, die aus den wilden Bergen von Dailam im nördlichen Persien, auch einem typischen Rückzugsgebiet, stammten und die als Söldnerführer in Bagdad Mitte des 10. Jahrhunderts zur Macht kamen, waren ebenfalls Schiiten. Doch sie gehörten den Zwölfer-Schiiten an, das heisst, sie anerkannten den von den Siebenern abgelehnten Musa al-Kadhim als den Siebten Imam und nach ihm fünf weitere, deren letzter, Muhammed al-Muntazar al-Mahdi, seit 878 als in der Okkultation verschwunden gilt und am Ende der Zeiten zurückkehren soll. Die Buyiden, ursprünglich drei Brüder, konnten grosse Gebiete im westlichen Iran und in Mesopotamien unter ihre Herrschaft bringen. Sie wurden von 945 an, als Ahmed, einer der Brüder, Bagdad eroberte, trotz ihres schiitischen Glaubens Protektoren der abbasidischen Kalifen von Bagdad, erhielten Ehrentitel von den Kalifen und erbauten sich Paläste in Bagdad. Die Abbasiden mussten sich auf sie stützen, weil die radikalen Ismailiten, die Qarmaten und die Fatimiden, alle Schiiten des Siebener-Zweiges, für sie die grössere Bedrohung darstellten. Die Familie der Buyiden herrschte über ein Jahrhundert lang, allerdings meist über verzettelte Einzelgebiete, die bei den Erbteilungen an verschiedene Herrscher gingen. Adûd ad-Daula (949–983) war der mächtigste von ihnen.

Die Buyiden erhoben nicht den Anspruch, Imame zu sein. Sie sahen sich nur als weltliche Herrscher schiitischen Glaubens, die, wie die anderen Zwölfer-Schiiten, das Kommen des künftigen Imams am Ende der Zeiten erwarteten[5]. Sie trennten damit weitgehend wieder, was Muhammed zusammengebracht hatte, die weltliche von der geistlichen Macht. Auf ihrem Modell, das auf die altpersische Idee des Schahs als weltlicher, aber von Gott eingesetzter Autorität zurückgreifen konnte, sollten viele spätere schiitische Staaten beruhen, darunter Persien von 1501 bis zur Islamischen Revolution Khomeinis von 1979, welche die beiden Mächte wieder in einer Hand vereinigen sollte, nämlich in jener des von Khomeini eingeführten «Herrschenden Gottesgelehrten» *(Wali Faqih)*.

## Die Zaiditen im Jemen

Eine weitere schiitische Herrschaft entwickelte sich im Jemen; man könnte sie als jene der Vierer-Schiiten bezeichnen, man nennt sie jedoch die Zaiditen. Der dritte Imam in der Nachfolge Muhammeds hiess Ali wie sein Grossvater und trug den Titel Zain ul-Abidîn Sajjâd (Schmuck der Gottesdiener, der Anbeter). Er starb 713. Nach Ansicht der Schiiten wurde er auf Befehl des Omayyaden Hishâm (724–743) vergiftet, was chronologisch nicht zutreffen kann. Er hinterliess einen legitimen Sohn, Muhammed al-Bâqer (der «Überströmende» [von Weisheit]), sowie den Sohn einer Sklavin, Zaiyd. Dieser erhob sich gegen seinen Halbbruder, indem der die Ali-Anhänger von Kufa mobilisierte. Er wurde 740 im Kampf getötet. Die meisten Schiiten akzeptierten Al-Bâqer als Nachfolger von Zain ul-Abidin; doch einige folgten auch Zaiyd. Sie konnten sich in Tabaristan, einem typischen wilden Rückzugsgebiet von Nordiran, bis zum Jahr 1033 halten.

Aus Tabaristan kam der erste zayditische Imam, al-Hâdi ila-l-Haqq, im 11. Jahrhundert nach Nordjemen, liess sich in der nördlichen Stadt Sa'ada nieder und hat seine Religion, den zaidititischen Schiismus, unter den dortigen Stämmen ausgebreitet. Sie besteht heute noch, obwohl der letzte zaidititische Imam, al-Badr, 1962 durch die republikanische Revolution

---

5    Zur Zeit der Buyiden, als sie das abbasidische Kalifat beherrschten, «wurden die Schiiten gefragt, warum denn ihr Imam in der Okkultation verbleibe, wo ihm doch keine Gefahr mehr drohe. Sie antworteten, die Feinde des Imams seien immer noch da. Daher kam ohne Zweifel die Idee, dass das Ende der Zeiten, wenn der Imam zurückkehre, eine Epoche sei, in der der Schiismus sich über die ganze Welt ausgebreitet habe.» Yann Richard: L'islam chi'ite, Paris 1991, S. 61.

gestürzt worden ist, die von Nasser und von der Sowjetunion gefördert wurde, und heute im Exil in Saudi-Arabien lebt.

Die Zaiyditen, folgerichtig mit ihrer eigenen Entstehungsgeschichte, glauben nicht an die Wirksamkeit der Designation eines Sohnes durch seinen Vater in der Nachfolge des Imamats. Zain ul-Abidin hatte ja seinen legitimen Sohn al-Bâqer als Nachfolger bezeichnet. Ihrer Ansicht nach entscheidet einfach die Tüchtigkeit des Imam-Anwärters, der freilich ein Nachkomme Alis und des Propheten sein muss. Nach ihrer Lehre kann es auch Zeiten geben, in denen kein Imam in Erscheinung tritt; es kommt auch vor, dass ein wegen seiner Tapferkeit oder Gelehrsamkeit anerkannter Führer der zaiditischen Gemeinschaft nicht die notwendigen Qualitäten besitzt, um Imam zu werden (physische Defekte oder unsichere Abstammung von Ali), dann wird er Da'i genannt (Rufer, Missionar) und kann als solcher die Gemeinschaft anführen.

### Persien als ein Staat der Schiiten

Persien als Ganzes wurde erst im 16. Jahrhundert ein schiitischer Staat, der dem Zwölfer-Schiismus folgt, das heisst zwölf Imame (nach dem Propheten) anerkennt. Dies war eine Folge der Eroberung von ganz Persien durch Schah Ismail (lebte 1486–1524), der einer Türkisch sprechenden Familie von schiitischen Sufi-Meistern aus Ardabil am Westufer des Kaspischen Meeres entstammte. Seine Väter führten ihrerseits ihren Ursprung auf den siebten Imam der Zwölfer-Schiiten zurück, Musa al-Kadhim (starb 799). Die mit Ismail beginnende Safawiden-Dynastie (der Name leitet sich von Sufi, Mystiker, ab) hat den Zwölfer-Schiismus in Iran zur Staatsreligion erhoben. Ismail begründete sie, indem er die Länder des Persischen Hochplateaus und Aserbaidschan eroberte; Schah Tahmasp (reg. 1524–1567) hat dann den schiitischen Glauben mit Gewalt durchgesetzt, und unter ihren späteren Herrschern hat in erster Linie Schah Abbas der Grosse (1588–1629) die neue Staatsreligion der Iraner systematisiert und intellektuell und juristisch gefestigt. Er hat sie auch mit den nationalen Gefühlen des Persertums in Verbindung gebracht und sie dadurch endgültig zur persischen Staatsreligion erhoben. Unter ihm wurde der Schiismus der Zwölfer zu einer Art von «Nationalreligion» der Perser.

Hochqualifizierte schiitische Geistliche gab es anfänglich in Persien nur wenige, weshalb die Safawiden angesehene Gelehrte des Zwölfer-Religionszweiges aus Libanon und Südirak kommen liessen, wo der Schiismus lange Zeit vor seiner Ausbreitung in Iran einheimisch gewesen war, jedoch ohne zu herrschen. Der berühmteste dieser Gelehrten war al-Karâki, der aus der libanesischen Bekaa-Ebene stammte, aber seit etwa 1504 in Najaf, am Grab des Ali, gewirkt hatte. Er kam zum ersten Mal unter Schah Ismail nach Iran, liess sich zur Zeit von Tahmasp fest dort nieder und legitimierte die Regierungsmassnahmen durch Fatwas (Rechtsgutachten). Seine theologisch-rechtliche Argumentation zielte darauf ab, das Wirken eines schiitischen Herrschers (der natürlich nicht der Imam sein konnte) als für das Wohl der Religion notwendig zu erklären und mit dieser Notwendigkeit auch zu rechtfertigen, dass er Steuern einziehe.

Das Wirken solcher Gelehrter führte zur Errichtung einer klerikalen Hierarchie, deren Oberhaupt «Sadr» (Brust) genannt wurde und die den Anspruch erhob, die Massnahmen der Regierung zu beurteilen und legitimieren, soweit sich diese ihrer Ansicht nach rechtfertigen liessen. Dies brachte eine Art loser Oberaufsicht der Herrscher durch die Kleriker hervor. Doch – ähnlich wie in anderen Gottesstaaten auch – waren die Herrscher in der Lage, die obersten Kleriker zu ernennen und zu besolden, woraus dann eine Art labilen Gleichgewichtes zwischen den beiden Gewalten zustande kam; die Geistlichen stützten den Herrscher und der Herrscher stützte sich auf sie. Beide Autoritäten waren dadurch auf eine im grossen und ganzen beide befriedigende und für beide nützliche Zusammenarbeit angewiesen.

Diese Zusammenarbeit «zwischen Thron und Altar» (wie man sie in Europa nannte) hat in Persien, natürlich unter vielen Verwicklungen und Wechselfällen, über alle späteren Dynastien und alle Unruheperioden hinweg, über die Zeiten der Zand (1750–1794), die der Qajaren (1794–1925) und die kurze Periode der Pahlawi (1925–1979) fortgedauert bis zur Zeit von Khomeini. Ihm ist es 1979 gelungen, die Herrschaft der Schahs zu beenden und als alleiniger «herrschender Gottesgelehrter» alle Macht über Persien in die eigene Hand zu nehmen.

# Theokratie und Sunnismus

Auch die Mehrheit der Muslime, die am Sunnismus festhielt, lebte in einer Art von Gottesstaat, der jedoch bedeutend weniger kämpferisch war als die vielgestaltigen Gottesstaatenansätze der unterschiedlichen Gruppen von Schiiten. Die Omayyaden (661–750) und mehr noch die Abbasiden (750–1258), die auf Grund einer religiös gefärbten Protestbewegung an die Macht gekommen waren, nahmen für sich in Anspruch, von Gott eingesetzte und in seinem Namen herrschende Machthaber zu sein. Doch solche Ansprüche waren nur glaubwürdig, wenn die Mehrzahl und die angesehensten unter den Gottesgelehrten ihnen zustimmten oder ihnen mindestens nicht widersprachen.

Der Islam kennt keine Geistlichen, die sich auf Grund einer Weihe von den gewöhnlichen Gläubigen unterscheiden. Er besitzt jedoch und besass seit alter Zeit Fachleute der Religion, die es sich zur Aufgabe gemacht hatten, diese genau zu kennen und in jeder Hinsicht zu untersuchen, sie anderen, weltlicheren Mitmuslimen zu erklären und ihnen auch praktisch vorzuleben. Es gibt Überlieferungen von angeblichen Aussagen des Propheten, welche die Rolle der Gelehrten *(Ulemâ')* in Sachen der Religion stark unterstreichen. Berühmt etwa der Prophetenausspruch: «Der Gelehrteste unter euch ist der Beste von euch.» Vielleicht haben die Gelehrten selbst zur Entstehung solcher Traditionen beigetragen. Jedenfalls aber wurden sie von den Muslimen angenommen und als richtig empfunden. Der Koran selbst fordert die Muslime immer wieder auf, ihren Verstand zu gebrauchen, nachzudenken und auf diesem Wege die göttliche Wahrheit der Offenbarung zu begreifen.

In der Praxis entstand ein Gelehrtenstand, und es gab ganze Familien, die sich von Vater zu Sohn dem Studium der religiösen Wissenschaften widmeten. Dieses begann immer damit, dass ein künftiger Gottesgelehrter schon als Knabe den Koran auswendig lernte. Daraufhin konnte er eine theologische und «juristische» Schulung durchmachen, die viele Jahre dauerte und auf dem vorlesenden Unterricht von angesehenen Gelehrten beruhte. Die Theologie und die Jurisprudenz gingen zusammen, weil im Islam ein komplexes Gottesrecht entstand, die *Sharî'a*, das sich vornahm, alle Handlungen der Menschen entsprechend dem Willen Gottes zu regeln. Dieses Gottesrecht wurde das wichtigste Studienobjekt der meisten Gottesgelehrten, weil es als positives Recht angewandt wurde und die Rechtsfachleute in den islamischen Gesellschaften, wie in den christlichen, gut zu verdienen pflegten. Doch konnten Gelehrte natürlich auch andere Fächer zum Hauptgegenstand ihrer Studien wählen: die Auslegung des Korans mit ihrer Hilfswissenschaft, der arabischen Grammatik, die Theologie, die Philosophie, bis hin zu den weltlicheren Naturwissenschaften der antiken, meist alexandrinischen Tradition wie Medizin, Astronomie, Astrologie, Mathematik, Botanik, Physik, Logik, oder auch die rein sprachlichen Kunstfertigkeiten wie Poesie, Kunstprosa und die Fähigkeit, als unterhaltsamer und fein gebildeter Hofmann oder Hofschreiber zu wirken. In der früher erwähnten Al-Azhar-Moschee im fatimidischen Kairo soll es bei der Gründung bereits 32 Lehrstühle für fest angestellte Professoren gegeben haben.

Gerade weil es im Islam keine (geweihte) Priesterschaft gab und bis heute nicht gibt, wurden die Gelehrten sehr wichtig. Sie legten kollektiv fest, was Islam sei und wie er verstanden werden müsse. In ihren Zuständigkeitsbereich fiel auch die Frage des gerechten oder ungerechten Herrschers. Die «Legalität» seiner Massnahmen massen die Gelehrten am Gottesgesetz. Für seine Machtmissbräuche, die als Abweichungen vom Gottesgesetz gesehen wurden, gab es und gibt es bis heute ein Fachwort: *Thulm*, was meistens mit «Tyrannei» übersetzt wird. Genauer bedeutet es das Begehen nach einem oder mehreren nach dem Gottesgesetz nicht zulässigen Übergriffen oder Eingriffen in die Rechte der Muslime (und auch in jene der vom Islam geschützten Mitglieder anderer Religionen). Was nun konkret solche Übergriffe sind und wie schwer sie wiegen, wird kollektiv von den Gottesgelehrten festgestellt. Dem ungebildeten Muslim traut man nicht zu, dass er darüber genau Bescheid wisse. So werden für den jeweiligen Herrscher die Gottesgelehrten – im Arabischen (und daher im gesamten Islam) nennt man sie die «Wissenden» *(Ulemâ')* schlechthin – die eigentlichen Instanzen, die über die Legitimität der Regierung befinden.

Natürlich kann der Machthaber sich über die Gelehrten hinwegsetzen und mit Hilfe von Gewaltmassnahmen an der Macht bleiben. Doch seine Lage ist sicherer, wenn er mit der Zustimmung der Gelehrten regiert. Der Herrscher kann Einfluss auf die Gottesgelehrten nehmen. In einem sunnitischen Land ist es die Regierung, welche die wichtigsten Posten der höheren Geistlichkeit füllt, wozu die Richter gehören sowie die Mufti und Obermufti, welche Gutachten *(Fatwa)* in Fragen des Religionsgesetzes abgeben und auch darüber urteilen, ob ein staatliches Gesetz dem Gottesgesetz widerspricht oder nicht. Auch die Moscheevorsteher und die Prediger in den Hauptmoscheen werden von der Regierung ernannt. Doch die Macht des Herrschers stösst auf Grenzen. Die Gottesgelehrten verlieren ihren Einfluss bei der Bevölkerung, wenn sie sich allzu sichtbar und unbedenklich den Wünschen der Regierung zur Verfügung stellen, und sie wissen es!

Bei den Schiiten geniessen die Geistlichen eine grössere Unabhängigkeit von der Regierung als bei den Sunniten, weil sie gewaltige Stiftungen besitzen, die sie selbst verwalten. Solche Stiftungen bilden die Grundlagen der Ausbildungstätten für Geistliche, und sie werden weiter genährt durch die *Zakat* oder «Almosen» – Steuer, die ein jeder Muslim entrichten sollte und die bei den Schiiten jeder Gläubige direkt an den Geistlichen seines Vertrauens bezahlt. Der Geistliche entscheidet dann darüber, wieviel davon an die Armen geht und wieviel an die religiösen Institutionen und Stiftungen. Im Gegensatz zu diesem schiitischen Brauch werden in den sunnitischen Ländern vom Staat beaufsichtigte Kommissionen gebildet, um die Zakat-Gelder entgegen zu nehmen. Doch hat natürlich auch ein schiitischer Staat zahlreiche Möglichkeiten, um auf die Geistlichen Einfluss zu nehmen.

Es entsteht so ein schwebendes Gleichgewicht zwischen den Gottesgelehrten und den Herrschern. Wie wir dies auch im Falle von Byzanz und der Sassaniden gesehen haben, sind der Herrscher und die Gottesgelehrten darauf angewiesen, sich gegenseitig zu stützen. Selten geschieht, was Khomeini in seiner Islamischen Revolution in Iran erreichte, dass die Gottesgelehrten den Herrscher zu Fall bringen. Doch ein Herrscher kann sich auch selten erlauben, die Meinung seiner Gottesgelehrten völlig in den Wind zu schlagen und Kritik oder Widerspruch durch die Einsetzung bedingungsloser Gefolgsleute zu verhindern.

Das Zusammenspiel von Herrscher und Gottesgelehrten entstand zur Zeit der Abbasiden und es dauert, wenn auch in vielen Einzelheiten verändert, bis zur heutigen Zeit. Die wichtigste Änderung, die in der neuen Zeit, seit dem 19. Jahrhundert, eingetreten ist, betrifft den juristischen Bereich. Heute gibt es in vielen muslimischen Ländern ein staatliches Gesetz mit seinen Kodizes, das neben dem religiösen, der Scharia, existiert und das von Richtern gesprochen wird, die der Staat entlohnt. Dieses weltliche Gesetz hat seine eigenen Fachleute: die an einer modernen juristischen Fakultät europäischen Stils ausgebildeten Juristen, die heute im staatlich-rechtlichen Bereich die Gottesgelehrten weitgehend ersetzen. Allerdings bleibt die

Scharia weiterhin als Religionsgesetz gültig, und die Frommen, die sich an sie halten möchten, ziehen weiterhin die in der Scharia ausgebildeten und spezialisierten Gottesgelehrten zu Rate, um die dem Gottesrecht entsprechenden Lösungen der Fragen zu finden, die sie betreffen.

Bis zur Zeit des Kolonialismus war das gesamte Zivilrecht ausschliesslich Angelegenheit der Gottesgelehrten gewesen. Es gab freilich daneben immer auch ein Herrscherrecht, das die Machthaber von sich aus sprachen. Dies betraf etwa, was wir heute gerne Sicherheitsfragen nennen, also alles, was mit dem militärischen Bereich, mit Ruhe und Ordnung und mit lebensgefährdender Kriminalität zu tun hat, sowie weite Bereiche des administrativen Rechtes. In diesen Belangen pflegte der Herrscher direkt Urteile zu fällen und sie meistens sofort vollstrecken zu lassen. Der Scharfrichter mit seiner Ledermatte, auf der er an Ort und Stelle auf Befehl des Herrschers das Kopf- oder Gliederabschlagen vollzog, gehörte zu den Standardfiguren des abbasidischen Hofes. Der Herrscher konnte auch seine Wesire, die Minister, einkerkern, in Ketten legen und auspeitschen lassen. Manche taten dies, um die grossen Reichtümer, die hohe Beamte ansammelten, wieder aus ihnen herauszupressen. In solchen Fällen mochten angesehene Geistliche, die bei Hof Einfluss besassen, Fürsprache einlegen; doch mussten sie sich dabei in acht nehmen, selbst nicht in Ungnade zu fallen.

In der Praxis galt die Grundmaxime: «Jeder Herrscher ist legitim, unter dessen Regime die Muslime als Muslime leben können.» Unter den Begriff «die Muslime» fielen das einfache Volk, die Händler, die Kaufleute und die städtischen Eliten. Auch die nichtmuslimischen «Leute des Buches», die Dhimmi, konnten als Schutzbefohlene des Islams Anspruch darauf erheben, gemäss ihren Religionsgesetzen zu leben. Die Stadtbevölkerung war in der Praxis eher in der Lage, mit Hilfe der Gelehrten ihre Rechte und Anliegen gegenüber dem Herrscher durchzusetzen, als die Bauern oder die Nomaden. Die Bauern waren weitgehend ihren Grundherren unterstellt und konnten, wenn sie Glück hatten, auf deren Fürsprache oder Verteidigung zählen; die Nomaden lebten nach ihrem Gewohnheitsrecht, ohne dass die Regierung sich gross einmischte, schon weil sie selten die Mittel besass, die freie Wüste der Stämme unter ihre Kontrolle zu bringen. Die hohen Regierungsbeamten jedoch galten als «Knechte und Sklaven» des Herrschers (das arabische Wort 'Abd umfasst beide Begriffe zugleich). Er verfügte von sich aus vollständig über sie.

## Theologische Eingriffe des Kalifen al-Ma'mûn

In der frühen abbasidischen Zeit griffen die Kalifen sehr energisch in die religiösen Belange ein. Die berühmteste und wichtigste Episode ist jene der *Mihna*, Inquisition oder «Prüfung». Der Kalif al-Ma'mûn (813–833), der eine sorgfältige Erziehung genossen hatte und selbst eine Meinung darüber besass, was Islam und was Logik[6] sei, entschloss sich, die Doktrin, nach welcher der Koran von Gott geschaffen sei, zur offiziellen Lehre des Staates zu machen.

Die volkstümliche Meinung war, dass der Koran ungeschaffen sei und «Gottes Rede». Die Position des Kalifen hing zusammen mit der damals (aber auch in späteren Zeiten) einflussreichen Lehre der sogenannten Mu'taziliten, sie war jedoch nicht mit ihr identisch. Die Mu'taziliten stellten eine theologische Richtung dar, die der Ansicht war, der Koran müsse mit Hilfe des Verstandes begriffen und ausgelegt werden. Sie gingen dabei von zwei Grundlagen aus: der Einzigkeit Gottes und Seiner Gerechtigkeit. Koranstellen, die gegen diese Grundlagen zu verstossen schienen, müssten, so glaubten sie, dermassen verstanden werden, dass die scheinbaren Widersprüche aufgelöst würden. So seien zum Beispiel die menschlichen Attribute, die der Koran Gott zuzusprechen scheint, Seine Sprache, Seine Hände, Sein Sitzen auf dem Thron usw. allegorisch zu nehmen. Die Eigenschaften Gottes, mit deren Hilfe er sich selbst im Koran gegenüber den Menschen beschreibt, waren ein besonderer Gegenstand des mu'tazilitischen Nachdenkens über Gott, denn wie kann er ewige Eigenschaften haben, wie Seine Gerechtigkeit, Seine Allmacht usw. ohne dass Seine Einheit in Frage gestellt werden müsste? – Auch die für die Muslime sehr wichtige Frage, ob Gott den Koran geschaffen habe oder ob er ungeschaffen, co-ätern, neben Ihm habe bestehen können, gehört in diesen Fragenkomplex der Eigenschaften Gottes und Seiner Einheit und Einzigkeit.

Der wichtigste Theologe, der den Kalifen al-Ma'mûn beeinflusste, Bishir al-Marisi, gehörte selbst nicht zur Mu'tazila, doch er glaubte wie diese daran,

---

6     Al-Ma'mûn war der wichtigste unter den Kalifen, die sich für Übersetzungen der antiken Wissenschaften ins Arabische einsetzten. Auf ihn ging die Gründung eines «Hauses der Weisheit» zurück, wo viele der antiken Texte der Philosophie und der Naturwissenschaften ihre arabische Gewandung fanden. Ein Observatorium gehörte zu diesem Haus der Weisheit.

dass der Koran geschaffen sei. Als der Kalif sich entschloss, ebenfalls für die Geschaffenheit des Korans einzutreten, erhielten die Theologen der Mu'tazila Oberwasser. Sie begannen die Geschicke des Islams zu kontrollieren.

Der Kalif, der sich damals im Feld auf einem Kriegszug gegen Byzanz befand, entsandte im Jahr 833 ein Schreiben an seinen Stellvertreter in Bagdad, in dem er forderte, die wichtigen Gottesgelehrten und Qadis (Richter, vom Staate ernannt) sollten in der Frage «geprüft» werden, ob der Koran geschaffen oder ungeschaffen sei. In seinem höchst energischen Schreiben erklärte der Herrscher: Gott habe das Recht, dass Seine Religion richtig ausgeübt werde. Die grosse Masse, die kein Wissen besitze, habe unrecht, wenn sie glaube, der Koran sei ewig (*qadîm awwal*, etwa «alt von Beginn an»). Als Beweis zitiert der Kalif den Koranvers: «Wir haben ihn einen arabischen Koran gemacht, damit ihr ihn versteht» (43/3), «denn was Er gemacht hat, das hat Er geschaffen.» Die getadelten Leute der grossen Masse, so der Kalif, halten sich selbst für die Vertreter der Sunna (des korrekten Islams). Sie behaupten, sie seien die Leute der Wahrheit und Einheit Gottes, und jene, die ihnen nicht zustimmen, nennen sie Leute des Unglaubens und Heidentums. Doch in Wirklichkeit seien sie «die schlimmsten der Gemeinschaft» und «die Zunge des Teufels». Man könne ihnen kein Vertrauen schenken. Als Befehlshaber der Gläubigen wolle er sich nicht auf sie verlassen, und die Richter sollten sie nicht als Zeugen zulassen.

Ein weiterer Brief erhielt die Namen von sieben Personen, die zu dem Kalifen gebracht werden sollten. Sie wurden von ihm selbst «geprüft», erklärten, sie glaubten an die Geschaffenheit des Korans, und wurden wieder nach Hause entlassen. Ihre Erklärungen wurden öffentlich bekannt gegeben. In Bagdad wurden weitere 30 Gelehrte «geprüft», man könnte auch von Verhören oder von Inquisition sprechen. Alle ausser zwei anerkannten die Lehre vom geschaffenen Koran. Einige taten es unter Druck. Die beiden Unnachgiebigen wurden in Ketten nach Tarsus gesandt, damit der Kalif, wenn er von seinem Feldzug aus dem byzantinischem Gebiet zurückkehre, sich mit ihnen befasse. Einer der beiden war der berühmte Ahmed Ibn Hanbal (780–855), der Gründer der hanbalitischen Rechtsschule, die sich durch strenges Festhalten am wörtlichen Text der heiligen Schriften und Rechtsgrundlagen auszeichnet. – Der Kalif starb plötzlich. Dies bewirkte, dass die beiden festgenommenen Gelehrten wieder nach Bagdad zurückgesandt wurden. Der eine von ihnen starb auf dem Heimmarsch. Ibn Hanbal wurde in Bagdad eingekerkert und schliesslich gegeisselt. Nach Ansicht seiner Anhänger, der Hanbaliten, habe er trotzdem nicht nachgegeben; doch die Beamten des neuen Kalifen, al-Muʿtasim (833–842), hätten ihn schliesslich frei lassen müssen, weil Unruhe in den Strassen der Hauptstadt ausgebrochen sei. Es gibt allerdings auch andere Berichte, die vielleicht mehr Glauben verdienen; sie behaupten, Ibn Hanbal habe, nach so und so viel Geisselschlägen (die Zahl wird verschieden hoch angegeben) eingeräumt, dass der Koran geschaffen sei …

Die beiden al-Maʾmun nachfolgenden Kalifen, al-Muʿtasim und al-Wâthiq (842–847), setzten die Politik ihres Vorgängers fort, der erste nicht allzu energisch, der zweite jedoch mit allem Nachdruck. Auch in den anderen Zentren des Islams wurden ähnliche Verhöre durchgeführt und die offizielle Doktrin von der Geschaffenheit des Korans unter Druck durchgesetzt. Der nächste Kalif jedoch, al-Mutawakkil (847–861), verbot im Jahr 848 den Muslimen, über den Koran zu streiten, und entliess drei Jahre später die wichtigsten Gelehrten der muʿtazilitischen Richtung, die bei den «Prüfungen» mitgearbeitet hatten, aus ihren Ämtern, im Falle des in der «Prüfung» besonders prominenten Kadi Ibn Abu Daʾud unter Einzug des Vermögens und Verbannung der ganzen Familie. Von da an bis auf den heutigen Tag ist die Lehre vom ungeschaffenen Koran die offiziell gültige, wobei ein frommer Muslim nicht fragen soll, wie und warum das der Fall sei. Die arabische Fomel lautet apodiktisch: *bila kaif,* «ohne Wie!»

Für die abbasidischen Kalifen war die Folge dieser Episode, dass sie sich künftig von der Theologie fern hielten. Die Hanbaliten jedoch wurden besonders in Bagdad, wo sie ganze Stadtteile beherrschten, eine Gruppe von aktivistischen Verteidigern des populären, strengen und engen Islams, der sich gegen alle intellektuelle Verarbeitung, Interpretation und Auslegung der Offenbarung richtete. Sie sind für viele Unruhen und Volksaufläufe in Bagdad verantwortlich gewesen, und sie wurden über den späteren Theologen Ibn Taimiya (starb 1328), der sich auf ihre Lehre berief, zu den Vorläufern und Wegbereitern der Theokratie des heutigen Saudi-Arabien und auch der Doktrinen der gegenwärtigen islamischen Fundamentalisten.

### Die Kalifen als Schiedsrichter

Nach dem Ende der «Inquisition» überliessen die späteren Abbasidenkalifen die Initiative in religiösen Belangen ihren Fachleuten, den Gottesgelehrten. Dadurch wurden zwar heftige religiöse Auseinandersetzungen auch nicht vermieden; doch die Kalifen erhielten den Vorteil, dass sie als Schiedsrichter über ihnen standen und den Gang der Geschehnisse dadurch lenken konnten, dass sie sich einmal der einen, dann der anderen Richtung vorsichtig zuneigten. Es gab also zwei Gleichgewichte, eines unter den kämpfenden Theologen, in dem die Kalifen den darüber stehenden Schiedsrichter spielten, und ein zweites zwischen der religiösen Macht der Gottesgelehrten und der weltlichen der Kalifen. In diesem zweiten Gleichgewichtsspiel konnten die Kalifen das Übergewicht bewahren, gerade weil sie in der Lage waren, zwischen den divergierenden Strömungen der Theologen zu manövrieren und oft zu entscheiden.

### De-facto-Herrscher neben den Kalifen

Eine dritte Machtkomponente kam auch ins Spiel, die rein militärische. Sie wurde zum ersten Mal sichtbar, als die Kalifen sich Heere aus türkischen Sklavensoldaten zulegten, die unter ihren eigenen türkischen Offizieren kämpften und bald in der Lage waren, ihren Soldherren, den Abbasiden-Kalifen der späteren Zeit, ihren eigenen Willen aufzuzwingen. Das Ansehen des Kalifenamtes war jedoch nach wie vor so bedeutend, dass die militärischen De-facto-Machthaber die Kalifen nicht einfach absetzten und beseitigten, sondern es vorzogen, sie auf ihrem Thron zu belassen und in ihrem Namen die Macht auszuüben.

Wir haben schon oben erwähnt, dass die schiitischen Buyiden Bagdad zwischen 945 und 1055 dominierten und die abbasidischen Kalifen ihrer Kontrolle unterstellten. Der Abbaside al-Qâ'im (1031–1075) rief seinerseits den türkischen Stamm der Seldschuken, die von Zentralasien aus in das muslimische Reich eingefallen waren und in Persien herrschten, zu Hilfe, um sich von den Buyiden zu befreien. Die Seldschuken, die bereits in ihrer zentralasiatischen Heimat zum Islam übergetreten waren, waren Sunniten und sahen es als eine Ehre an, dem Kalifen zu dienen. Sie vertrieben die Buyiden aus Mesopotamien und richteten ihren eigenen Hof in der persischen Stadt Isfahan ein. Der Kalif durfte in Bagdad regieren, doch die wahre Macht lag bei dem Herrscher des seldschukischen Grossreiches, das unter Malik Shah (reg. 1072–1092) den Höhepunkt seiner Ausdehnung und Macht erreichte.

## Die Madrase als Stütze des Staates

Malik Shah hatte einen berühmten Grosswesir, Nizam ul-Mulk («Ordnung des Königreiches»), der ein Perser war und die Verwaltung des seldschukischen Grossreiches nach den alten Traditionen des iranischen Königtums einrichtete. Aus dem Buch der Staatskunst, das der Wesir verfasst hat, lässt sich ersehen, wie stark diese Traditionen noch immer nachwirkten. Sein idealer Staat, wie er ihn schildert, kann als eine Wiedergeburt des Staates der Sassaniden unter Einbeziehung der neuen Staatsreligion des Islams geschildert werden. Das Ethos des idealen Herrschers, das in dem Fürstenspiegel des grossen Wesirs zum Ausdruck kommt und sich auch in vielen der darin eingestreuten Geschichten, die oft der persischen mythischen Tradition angehören, widerspiegelt, ist – nur leicht islamisch verbrämt – jenes der Sassaniden.

Nizâmul Mulk hat durch eine Institution, die er ausbaute und förderte, bleibenden Einfluss auf das Geschick des ganzen späteren Islam ausgeübt. Dies war die *Madrasa*, wie er sie als erster in Bagdad aufzog und grosszügig ausstattete. Es gab frühere Schulen dieser Art, besonders in der engeren Heimat des Ministers, Khorasân, doch er hat entscheidend zu ihrer Ausdehnung über die ganze islamische Welt beigetragen.

Madrasa bedeutet «Lehrstätte» und meint eine theologisch-juristische Ausbildungsstätte, die vom Staat beaufsichtigt wird und auf Kosten des Staates oder auf Grund einer herrschaftlichen Stiftung betrieben wird. Die Professoren wurden vom Stifter bestellt, und dieser war meist einer der Würdenträger oder Oberhäupter des Staates. Viele der Studenten erhielten Stipendien, um ihren Studien obliegen zu können. Nach ihrem Studienabschluss standen ihnen staatlich-religiöse Stellen offen im Bereich des Scharia-Rechtswesens und der islamischen Verwaltung sowie gewissermassen halbstaatliche Professorenstellen im Ausbildungswesen für weitere Studenten. Der Stifter, oft ein Grosser des Staates, hatte volle Kontrolle über «seine» Institutition.

Die Ausbreitung der Madrasa, islamweit, hat entscheidend zur Stabilisierung des geistigen und damit auch des politischen Lebens beigetragen. Die Gottesgelehrten wurden geprägt und beaufsichtigt durch die Madrasa-Institution; sie fanden Zugang zum staatlichen Leben sowie Unterhalt bei den Fürsten und Rückhalt, aber auch Kontrolle, bei ihren Kollegen. Das Netzwerk der *Madâris* (Plural von *Madrasa*) hat entscheidend zum Entstehen eines festen Berufsstandes der Gottesgelehrten beigetragen, womit sich auch eine Gruppensolidarität und ein spezifisches Ethos herausbildete. Der Nachteil der Sache war, dass über die Jahrhunderte hinweg die Kreativität der Madrasa-Gelehrten und -Schüler abnahm, weil höherer Wert auf Gedächtnisarbeit gelegt wurde, auf Konformität und respektvolles (nach oben) sowie respektgebietendes (nach unten) Auftreten, höherer Wert als auf eigenständiges Denken und Handeln. So wirkte die Madrasa schliesslich auch lähmend.

Nizam ul-Mulk hat dreissig Jahre lang als Regierungschef für zwei Seldschukenherrscher gewirkt, und das seldschukische Grossreich hat unter ihm geblüht. Doch sein Ende war unheilvoll. Im Alter schien er die Gunst seines zweiten Herrn, Malik Shah (1072–1092), zu verlieren. Der grosse Kanzler ist schliesslich am 14. Oktober 1092 von einem Abgesandten des «Alten vom Berge», des Hassan-e Sabbah, des oben erwähnten Obermeisters der Nizari-Ismailiten, ermordet worden. Doch sein Beitrag zur Staatskunst der gesamten späteren islamischen Welt ist richtungsweisend geblieben. Er setzte in Tat und Theorie den Massstab dafür, was ein islamischer Staat der späteren muslimischen Zeit zu sein habe. Massstäbe werden nicht immer erreicht, aber sie wirken schon durch ihr Vorhandensein. Dazu gehört die Bedeutung der Madrasa, zu deren zentraler Position in Staat und Kultur und zu deren Ausbreitung im ganzen islamischen Raum der grosse Wesir zweifellos Entscheidendes getan hat. Um diese Institution herum hat ein grosser Teil des Geisteslebens der späteren Zeiten, bis hin zum Kolonialismus, seinen Kristallisationspunkt gefunden.

### Sultan und Kalif

Die Art von «Gottesstaat», die Nizamul Mulk leitete, war durch die politischen Realitäten der Zeit bestimmt. Die weltliche Macht lag weitgehend in den Händen der Herrscher. Man nannte sie nun mit Vorliebe *Sultan* (eigentlich ein abstrakter Begriff, der «Herrschaft» bedeutet), weil andere Herrschertitel, *Malik* (König) oder *Shah* (das gleiche auf persisch), einen allzu «heidnischen», unislamischen Beigeschmack trugen. Während der *Khalifa* weiter existierte und von dem Sultan zeremoniell geehrt wurde, war er letztlich darauf angewiesen, dem Befehl des rein weltlichen Machthabers Folge zu leisten.

Es gab also in diesem Augenblick wirklich zwei Gewalten, eine weltliche und eine geistliche. Die geistliche tat, was sie konnte, um ihre weltliche Position, die einst nicht weniger als beinahe weltumspannend gewesen war, nicht ganz zu verlieren. Sie setzte auch ihr geistliches Prestige zu diesem

Zweck ein, wie wir dies aus der europäischen Geschichte von den Päpsten des Mittelalters, der Renaissance und der Neuzeit kennen. – Der Kalif allerdings konnte etwas tun, was dem Papst versagt blieb: er führte eine Heiratspolitik mit der «weltlichen Macht», indem er seine Töchter mit den Seldschukenherrschern verheiratete und umgekehrt deren Töchter ehelichte sowie für weitere Ehebänder zwischen seinen Kindern und jenen des Sultans sorgte.

Die Dualität der Macht führte zu einem nur sehr bedingten Gottesstaat, weil die wahre Macht beim weltlichen Herrscher lag. Dieser zeigte sich aber aus diplomatischen und wohl auch Glaubensgründen dem geistlichen Nachfolger des Propheten nach aussen hin immer höflich und ergeben. Malik Shah wurde zum Beispiel, als er am 25. April 1087 (nach 15 Jahren der Herrschaft) den Kalifen al-Muqtadi in Bagdad besuchen kam, vom Kanzler des Kalifen mit zwei Schwertern umgürtet, und der Kanzler sagte dazu, während der Kalif offenbar schweigend von seinem Thron aus zusah: «Jalalu-din (der persönliche Name des Herrschers), unser Herr, der Befehlshaber der Gläubigen, den Gott zur Würde des Kalifats auserwählt und zur Ehre des Imamats ausgesucht hat, den er berufen hat zum Hirten des Volkes und zu Seinem Stellvertreter (Khalifa) für den Gottesdienst und die (muslimische) Gemeinde: er hat festgelegt, was Dir anvertraut ist, und gewährt Dir den Platz der Gunst. Er hat Dich mit zwei Schwertern umgürtet, damit Du stark seist wider die Feinde Gottes, ihr Land ausforschest und ihren Nacken beugest, auch keine Gelegenheit für die Wohlfahrt der Untertanen vernachlässigest und es hierfür an keiner Sorgfalt fehlen lässt. Dann werden infolge Deines Gehorsams gegen Ihn viele Wohltaten über Dich kommen und Segensströme auf Dich niederfliessen.» – Da erbat der Sultan die Hand des Kalifen, um sie zu küssen. Aber der Kalif liess sie nicht küssen. Dann bat er ihn, seinen Fingerring küssen zu dürfen … (So K. E. Schabinger, S. 94 der Einleitung seiner Übersetzung des Siyasatname s. unten.)

Der *Khalifa* stilisiert sich selbst hier nicht als «Nachfolger des Propheten», was die Bedeutung seines Titels in Wirklichkeit war, sondern als Khalifa Gottes, das heisst Seinen Stellvertreter (denn Seine Nachfolge dürfte nicht in Betracht kommen). Der Sultan gibt sich sehr demütig; doch dies sollte ihn nicht daran hindern, später auf Drängen seiner Gemahlin den Sohn des Kalifen nach Isfahan mitzunehmen und kurz vor seinem Tod dem Kalifen den Befehl zu erteilen, Bagdad zu verlassen. Dieser Verbannungsbefehl dürfte mit einem Plan der Sultanin, Turkan Khatun, verbunden gewesen sein, das Kalifat und das Sultanat unter ihrer Aufsicht zu vereinigen. Der nächste Khalifa, das Kind Ja'far, Sohn ihrer Tochter und al-Muqtadis, befand sich in ihrer Hand in Isfahan. Doch aus dem Fortweisungsbefehl aus Bagdad wurde nichts, weil Malik Shah am 19. November 1092 unerwartet nach seiner Rückkehr von einem Jagdzug starb – nur einen Monat und fünf Tage nach seinem, möglicherweise auf seinen Wunsch hin, ermordeten grossen Wesir (s. Nizam ul-Mulk: Das Buch der Staatskunst, übersetzt und eingeleitet von K. E. Schabiger, Manesse, Zürich 1987; die Einleitung gibt ein ausführliches Bild und zitiert die Quellen, diskutiert auch die Frage der Schuld an dem Mord des Wesirs).

# Ein Islam
## ohne «Beherrscher der Gläubigen»

Wie wir schon in dem vorausgehenden Abschnitt gesehen haben, hat das Kalifat der Sunniten in den vielen Jahrhunderten seiner Existenz bedeutende Entwicklungen durchgemacht. Ursprünglich hatte der «Nachfolger des Propheten» in seiner Eigenschaft als «Befehlshaber der Gläubigen» die Rolle des Propheten im politischen Bereich übernommen. Im religiösen Bereich hatte er sich dabei von den Gottesgelehrten beraten lassen. Doch hatte er es sich vorbehalten, die obersten Würdenträger unter den Geistlichen, zum Beispiel den Oberkadi und den Obermufti, zu ernennen. Dennoch war er in mancher Hinsicht auf diese Gottesgelehrten angewiesen: sie waren es, die der Bevölkerung gegenüber den Herrscher als einen guten «Khalifa», authentischen Nachfolger des Propheten, legitimierten oder ihm diese Legitimation entzogen. Wobei allerdings der Khalifa einzelne, ihm missliebige Gottesgelehrte absetzen, zum Schweigen zwingen oder gar einkerkern und physisch bestrafen konnte. Er war auf die Zustimmung des Gelehrtenstandes als Ganzen angewiesen, doch er hatte dabei viele Möglichkeiten, die Gelehrten seines Gutdünkens zu fördern sowie solche, die ihm nicht passten, auf die Seite zu schieben. Mit der Zeit allerdings verlor der «Khalifa» immer mehr Macht, zuerst an die Oberkommandierenden seiner meist türkischen Söldner; später an Sultane (ein Begriff, den man als «Machthaber» oder «De-facto-Herrscher» zu verstehen hat). Diese waren zuerst Stammesherrscher wie die (schiitischen) Buyiden, die sich Bagdads bemächtigten und die Kalifen unter ihre Protektion nahmen. Den persischen Buyiden folgten in der gleichen Funktion von Protektoren des Kalifats die türkischen (und sunnitischen) Seldschuken, ursprünglich ebenfalls Stammeschefs, jedoch immer mehr Herrscher über ein Weltreich.

Nachdem die Mongolen Bagdad zerstört und den letzten der Abbasiden-Kalifen erschlagen hatten (1258), gab es eine Zeitlang nur noch «Sultane» in der sunnitisch-islamischen Welt. Sie waren allerdings oftmals Herrscher, auf welche Teile des religiösen Nimbus übergingen, den einst der persische Schahinschah besessen hatte. Dieser persische Herrschernimbus hatte sich ursprünglich auf die abbasidischen Kalifen übertragen; doch als es sie nicht mehr gab, fiel ein Teil seines Glanzes auf die De-facto-Machthaber zurück; besonders wenn sie über mächtige Reiche im Osten der islamischen Welt herrschten, wo Persisch als Kultursprache dominierte und das Königsbuch des Firdausi gelesen wurde.

Im westlichen, arabischen Teil der muslimischen Welt war das Amt des *Khalifa* wichtig genug, dass die Mamluken in Kairo ein Schattenkalifat einrichteten und finanziell unterhielten, dem sich die wirklichen, militärischen Machthaber nominell unterstellten. Angebliche Nachfahren der Abbasiden wurden zu diesem Zweck nach Kairo gebracht und dort standesgemäss alimentiert. Sie setzten zeremoniell den jeweiligen Mamlukenherrscher als *«Schaich al-Balad»* (das heisst der Alte, der Vorsteher, des Landes) ein, nachdem er sich die Macht in kriegerischen Auseinandersetzungen gegen seine Mamlukenkollegen erstritten hatte. Doch die «Kalifen von Kairo» besassen keinerlei Macht. Dies dauerte bis zur Eroberung Ägyptens durch die Osmanen (1517), und als die Pforte sich dann auch der Heiligen Städte Arabiens bemächtigte, übernahm der osmanische «Sultan» den Titel der Kalifen und auch ihre eigentliche Funktion als politische Leiter der Geschicke der sunnitischen Muslime. Er titulierte sich: *Khakan* oder *Khan-e Khanan* (Grosskhan oder Khan der Khane, was seiner türkischen Herkunft entsprach), *Sultan al-Bahr wal-Barr* (Herrscher über Meer und Festland), *Padeshah* (All-König, entsprechend dem persischen Schahinschah), vermied es jedoch, sich *Amir al-Muʾminîn* (Befehlshaber der Gläubigen in Nachfolge des Propheten) zu nennen.

Dennoch liess der Sultan sich gerne als *Khalifa* ansprechen. Dies war möglich, weil der Ausdruck Khalifa eine Doppelbedeutung besitzt. Er meint ursprünglich «Nachfolger»; weil jedoch der designierte Nachfolger zu Lebenszeiten seines Vorgängers oft als dessen Vertreter wirkte, nahm das Wort auch die Bedeutung von «Stellvertreter» an. Der Sultan machte Gebrauch von der Tatsache, dass auch schon frühere muslimische Herrscher nach dem Verschwinden des abbasidischen Kalifates sich *Khalifa* hatten titulieren lassen. Darunter waren auch frühere Herrscher des Osmanischen Hauses gewesen. Sie gebrauchten den Ausdruck *«Khalifatu-l-Lah»*[7], was man als

---

7    Das Wort «Khalifa» kommt im Koran vor, wo es sich auf Adam bezieht, der «Stellvertreter auf Erden» genannt wird (2/30), sowie auf David, 38/26, von dem es heisst: «David! Wir haben dich zum Stellvertreter auf Erden gemacht; regiere die Menschen rechtmässig.»

«Vertreter Gottes» (auf Erden) zu übersetzen hat, und sie ergänzten ihn oft mit dem parallelen Ausdruck: «Schatten Gottes über der Erde.» Obgleich also mit der Doppelbedeutung des Wortes gespielt wurde, waren die Osmanenherrscher darauf bedacht, eine angedeutete Kontinuität ihres «Kalifates» mit der Nachfolge Muhammeds zu konstruieren. Angebliche Reliquien, die von Muhammed und seinen ersten Nachfolgern stammten, wurden nach Istanbul gebracht und werden dort bis auf den heutigen Tag hoch verehrt.

Die Zwölfer-Schiiten des benachbarten Persischen Kaiserreiches anerkannten diese Titel natürlich nicht. Doch die sunnitische Welt, auch im fernen Indien und Indonesien, war geneigt, im türkischen Sultan den *Khalifa* (im Sinne eines Nachfolgers des Propheten) zu erblicken, selbst wenn er in ihrem Land nicht regierte. Dies war um so mehr der Fall, als die Kolonialmächte Europas dort die wahre Macht auszuüben begannen. Dass es dennoch einen mächtigen muslimischen Herrscher gab, den sie als den rechtmässigen Nachfolger des Propheten ansehen konnten, war gerade für die kolonialisierten Muslime Indiens ein symbolischer Trost und eine Stütze für ihren Glauben.

## Anpassung an europäische Vorstellungen

In der Spätzeit des Osmanischen Reiches, als die Sultane selbst unter den Druck der europäischen Mächte gerieten, wurde der Titel *Khalifa* gegenüber den Kolonialmächten ausgespielt, um eine Art geistlicher Hoheit der Sultane über die muslimischen Bewohner von Territorien zu fordern, die sie an diese Mächte hatten abtreten müssen. So wurde nun aus diplomatischen Gründen eine Trennung von *Sultan* (Herrscher) und *Khalifa* (im – durchaus unhistorischen – Sinne von «geistlicher» Nachfolger des Propheten) konstruiert, wie sie den Europäern aus ihrer eigenen Geschichte geläufig war. Sie kannten ja seit Jahrhunderten eine geistliche Hoheit des Papstes, die sich von jener der weltlichen Herrscher unterscheiden liess. Im Islam jedoch hatte ein solcher Unterschied nie in gleich scharf umrissener Art existiert.

Da die europäischen Mächte in jener Zeit eine Art Schutzrecht zu Gunsten der christlichen und sogar manchmal auch anderer religiöser Minderheiten[8] unter den Untertanen der Pforte beanspruchten, lag es nahe, dass die

---

8    Die Engländer wirkten zum Beispiel im osmanischen Libanon als Schutzmacht der Drusen, weil die Franzosen sich zur Schutzmacht der Maroniten aufgeworfen hatten.

Osmanen ihrerseits versuchten, kraft des Titels *Khalifa* (so wie ihn die Europäer verstanden!) ihrerseits Gegenrechte in den ihnen entrissenen muslimischen Gebieten zu konstruieren. Die Pforte ist damit freilich nur teilweise durchgedrungen. Doch die auf die europäischen Mächte angelegte und von ihnen mindestens als Theorie akzeptierte Trennung von «Sultan» und «Khalifa» bürgerte sich im 19. Jahrhundert so stark ein, dass am Ende Atatürk im Jahre 1922 das Sultanat abschaffen und das Kalifat fortbestehen lassen konnte: Der Sultan Mehmet VI. wurde abgesetzt und exiliert, während das Kalifat zwei Jahre länger bestehen blieb. Abdel Majid wurde als *Khalifa* von der Grossen Türkischen Nationalversammlung gewählt und aufgefordert, sich nur als Kalif der Muslime anzusehen (nicht mehr als Sultan der Türkei), bis Atatürk im Januar 1924 erklärte, die Idee einer Einzelperson, die als Kalif höchste religiöse Autorität über alle Völker des Islams ausübe, beruhe «auf Erfindung, nicht auf Realität», worauf im Februar des gleichen Jahres die türkische Nationalversammlung auch das Kalifat abschaffte, Abdel Majid, den von ihr selbst ernannten Kalifen, des Landes verwies und sich selbst alle gesetzgeberische Macht über die türkische Republik zusprach.

Dass das Amt des *Khalifa* so lange fortdauerte, obwohl der Beherrscher der Gläubigen in der politischen Praxis von 1258 bis zur Osmanischen Zeit keine Macht mehr besass und sie später nurmehr als *Khalifa* im Sinne von «Stellvertreter Gottes auf Erden» (nicht im engeren, juristischen Sinn von «Nachfolger des Propheten») gewissermassen in Personalunion mit dem Khanat der osmanischen Türken und dem Sultanat über das Osmanische Reich ausübte, geht zweifellos auch auf die Bedeutung zurück, die dem *Khalifa* im sunnitisch-islamischen Gottesrecht zukommt. Er bildet gewissermassen den Schlussstein in dem Gewölbe der Scharia, dem es obliegt, das ganze, komplexe System aufrecht zu erhalten und es in die Praxis umzusetzen, soweit sich das jeweilen durchführen lässt. Deshalb ist er für einen jeden Muslim, dem an der Scharia liegt, eine beinahe unentbehrliche Figur. Die Muslim-Brüder, die in der ersten Hälfte des 20. Jahrhunderts in Ägypten wirkten und von denen noch die Rede sein wird, konnten sich eine streng islamische Welt, wie sie von ihnen erneut angestrebt wurde, nicht ohne die Leitfigur eines Kalifen denken, und sie forderten deshalb, auf lange Frist, seine Wiedereinsetzung, obgleich eine solche Möglichkeit in der unmittelbaren Gegenwart kaum zu bestehen schien. In Indien schlossen sich die Muslime zur Verteidigung des Kalifates zur sogenannten Khilafat-Bewegung zusammen, die von 1919 bis 1924 andauerte und später in die Unabhängigkeitsbewegung Gandhis, des Kongresses und der Muslim-Liga einmündete. Manche der indischen Muslime versuchten damals sogar nach dem Vorbild des Propheten eine Auswanderung, *Hijra*, nach Afghanistan durchzuführen, weil Afghanistan ein von Muslimen beherrschtes Land war.

## Der Sultan und die Gottesgelehrten

Die Normalsituation in den islamischen Ländern nach dem Zerfall des abbasidischen Kalifates war durch Herrscher gegeben, die mit militärischen Mitteln an die Macht gekommen waren oder die Herrschaft von ihren dynastischen Vorläufern erhalten hatten. Die Bevölkerung, die von diesen Machthabern beherrscht wurde, galt als «Untertanen», die um so weniger mitzureden hatten, je weiter sich die städtische muslimische Zivilisation vom alten Stammessystem entfernte, unter dem der Islam einst entstanden war. Der Herrscher regierte durch Wesire, Regierungsfachleute, die er ganz nach eigenem Gutfinden ernannte oder entliess. Er hatte mit der Präsenz der Gottesgelehrten zu rechnen, und er tat gut daran, sich nicht einer gemeinsamen Front derselben entgegenzustellen. Doch er war nicht wirklich von ihnen abhängig, wie wir gesehen haben. Diese Gottesgelehrten waren das wichtigste Bindeglied zwischen dem Herrscher und seinen Untertanen. In der Zeit des zerfallenden Kalifates erlangten, wie wir ebenfalls gesehen haben, die Besitzer der eigentlichen Staatsmacht, die Sultane und ihre Wesire, neben ihrer direkten Kontrolle der Gelehrten, die sie anstellten oder deren Einstellung sie zurückwiesen, einen weiteren wichtigen Halt über die Geistlichen, indem sie die Ausbildung der kommenden Generationen von Gottesgelehrten finanzierten und damit auch kontrollierten. Dies geschah über das immer wachsende Netzwerk der islamischen Hochschulen, der *Madâris* (Singular: Madrasa, vgl. oben). Diese staatlich beaufsichtigten Schulen beruhten auf frommen Stiftungen, die theoretisch inalienabel waren und von den Gottesgelehrten verwaltet wurden. Die Stifter waren oft der Sultan selbst, seine Familie und seine Gefolgsleute. Solche Seminare zu verwalten, in ihnen zu unterrichten, was beides ein Gehalt mit sich brachte, und auch in ihnen kostenlos zu studieren, oftmals sogar unterhalten durch ein bescheidenes Stipendium, waren wichtige Privilegien für die Mitglieder und Aspiranten des Gelehrtenstandes; um ihrer teilhaftig zu werden, entrichteten die meisten ein Eintrittsgeld, das daraus bestand, dass sie das vorherrschende System als «islamisch» anerkannten, legitimierten und es deshalb vor einer jeden «Neuerung» zu schützen bestrebt waren.

Neuerung, *bid'a* auf arabisch, war bis ins 20. Jahrhundert hinein ein durchaus negativ belastetes Wort. Die staatlich unterstützten und beaufsichtigten Schulen halfen mit, ein geistiges Klima zu schaffen, in dem die alten Vorbilder massgebend waren und bleiben sollten, während ein jedes Abweichen von der Nachahmung der Traditionen sowie der bewährten Auslegungen der Heiligen Schriften als subversiv und daher zerstörerisch, ja unfromm gewertet wurde. Der Herrscher thronte als Schutzpatron über diesem sich selbst reproduzierenden, halbstaatlichen Lehrsystem, und er konnte aus ihm seine Staatsbeamten und ihm wohlgeneigte Gottesgelehrte ziehen. Es wurde sogar ein weitverbreiteter Brauch, das Grabmal eines Herrschers architektonisch mit einer solchen theologischen Schule zu verbinden. Die Kuppel, unter welcher der Stifter und Herrscher begraben liegt, schliesst sich an einen Hof an, der mit seiner eigenen Moschee das Zentrum der Lehrstätte bildet. Der Herrscher gewann so nach seinem Tode ähnliche Vorteile, wie er sie zu seinen Lebzeiten aus den von ihm gegründeten Schulen gezogen hatte: wie ihre Gottesgelehrten früher im Staate für ihn gewirkt und gesprochen hatten, sollten sie nach seinem Hinscheiden für ihn bei Gott Fürsprache üben.

Dieses Grundmodell des Herrschaftssystems, das im sunnitischen Islam von der Mongolenzeit bis ins 19. Jahrhundert hinein, also gute sechs Jahrhunderte lang, andauerte, liess wenig Raum für eine Mitsprache der Bevölkerung, die, wie schon gesagt, als «Untertanen» (*ra'âya*, Herde, nannte man sie) betrachtet wurde. Die Macht lag beim Sultan, ihre Kontrolle und Legitimierung, soweit sie überhaupt stattfand, bei den Gottesgelehrten, und diese walteten ihres Amtes um der Religion und des Religionsgesetzes willen, nicht primär zugunsten der Untertanen. Dennoch repräsentierten die Gottesgelehrten bis zu einem gewissen Grade die Bevölkerung gegenüber den Machthabern, weil sie, gewissermassen von Amts wegen, für «die Muslime» und die von ihnen vertretene «gerechte Ordnung des Islams» eintraten. Diese gerechte Ordnung forderte, dass auch die Untertanen, sogar die beschützten «Völker des Buches», ihr muslimisches, christliches, jüdisches, zarathustrisches usw. Leben führen und den dazu notwendigen Pflichten nachkommen sowie ihre damit zusammenhängenden Rechte wahrnehmen konnten. Ein reines Willkür-Regime der Machthaber hätte ihre muslimischen Untertanen daran gehindert, «als Muslime zu leben», weil ein solches «muslimisches» Leben gewisse Minimalrechte, zum Beispiel auf persönliche Sicherheit, Sicherheit der Familie, auf persönlichen Besitz, auf eigene Verantwortlichkeit voraussetzt. Ungerechte Herrscher, so die bei den Gelehrten vorherrschende Staatsmaxime, sollten von ihren muslimischen Untertanen ohne Aufbegehren geduldet werden, weil ein Bürgerkrieg noch schlimmer sei als eine ungerechte Herrschaft. Es gab jedoch Grenzen, die auch ein ungerechter Herrscher nicht überschreiten sollte. Sie lagen dort, wo es den Muslimen unter seiner Herrschaft unmöglich wäre, ein islamisches Leben zu führen. In diesem Falle bestehe, so die Gelehrten, ein Recht, ja eine Pflicht für die Untertanen, sich aufzulehnen.

Solche Allgemeinregeln liessen und lassen sich allerdings nur sehr bedingt auf spezifische politische Situationen anwenden. Sie sagen nicht genau, was ein «muslimisches Leben» sei und wo seine Grenzen liegen. In der Praxis ist auch in dieser Frage die Interpretation der jeweiligen konkreten Lage durch die Gottesgelehrten, die *Ulemâ'*, wörtlich «Wissenden», unentbehrlich und unvermeidlich.

## «*Ijtihad*» nur für die Qualifizierten

Indem die Gottesgelehrten «den Islam» und mit ihm die islamischen Anliegen der Untertanen gegenüber den Machthabern vertreten und – mit aller Vorsicht und Umsicht – verteidigen, werden sie zu Vormunden der Bevölkerung. Sie sprechen verbindlich für die Untertanen; natürlich sorgen sie dann auch dafür, dass diese Untertanen sich nicht selbst äussern; denn dafür seien sie nicht qualifiziert, weil sie den Islam nicht gründlich studiert haben. In ihren Augen geht es aber primär um diesen Islam, den sie gerne durch sein Gottesgesetz definieren und mit ihm gleichsetzen, und um die Verwirklichung seiner Ordung in dieser Welt, jedenfalls soweit dies schwache Menschen bewerkstelligen können. Die Untertanen werden nur insofern berücksichtigt, als auch sie in der Lage sein sollten, ein islamisches Leben zu führen. Wie aber dieses Leben konkret unter den jeweils bestehenden Umständen auszusehen habe, dies zu bestimmen, behalten die Gottesgelehrten sich vor; die Untertanen verstehen zu wenig davon, sie haben sich nicht einem langen und schwierigen Studium des Islams, seiner Regeln und Gesetze gewidmet.

In der Sprache der Gottesgelehrten: der *Ijtihad* kann nur von Personen ausgeübt werden, die dafür qualifiziert sind. *Ijtihad* bedeutet innere Anstrengung, um zu verstehen, was Gott wohlgefällt und was Er verbietet oder missbilligt. – Während vieler Jahrhunderte galt den Gelehrten sogar eine noch strengere Formel, sie waren – überwiegend – der Ansicht, «das Tor des Ijtihad sei geschlossen». Diese Formel bedeutete, dass die wesentlichen Anstrengungen, um den Willen Gottes zu begreifen, bereits von den gelehrten Vorvätern unternommen und abgeschlossen worden seien, so dass es in späteren Zeiten nur noch darum gegangen sei, diese Entscheide der früheren grossen Gelehrten zu verstehen und anzuwenden. Mit anderen Worten, kein neuer *Ijtihad* müsse, ja dürfe mehr geübt werden, weil die verbindlichen Lösungen aller wichtigen Fragen bereits gefunden seien und vorlägen.

Heute ist diese Position vom geschlossenen Tor nicht mehr unumstritten, weil in der Gegenwart den muslimischen Gesellschaften immer neue Fragen von Gewicht gestellt werden, so dass es sogar den Gottesgelehrten ungewiss scheint, ob nicht in diesem oder jenem Bereich ein neuer *Ijtihad* notwenig werde. Doch das Prinzip ihres Monopols der Auslegung der islamischen Wahrheiten besteht weiter, sowohl in den Augen der Gottesgelehrten selbst wie auch in denen des überwiegenden Teils der heutigen Bevölkerungen: wenn sie ungewiss sind, welches die islamische Lösung einer bestimmten Frage ihres täglichen Lebens wäre, fragen sie die Gottesgelehrten. Nur eine kleine Zahl von modernen Intellektuellen, soweit sich diese überhaupt noch um den Islam kümmern, nimmt für sich in Anspruch, derartige Fragen selbst am besten beurteilen und lösen zu können.

### Ein «Konsensus der Gelehrten»?

Dieser ganze Problemkomplex wird natürlich weiter dadurch kompliziert, dass die Gottesgelehrten weder in früheren Zeiten noch heute in allen konkreten Fragen genau die gleichen Ansichten vertraten und vertreten. Es gab und gibt selbstverständlich divergierende Ausrichtungen unter ihnen. Dennoch besteht ein eher locker umschriebener Begriff, den man den «Konsensus der Gelehrten» nennt. Dieser Konsensus ist schwer festzustellen, schon weil unklar bleibt, wer genau die Gelehrten seien, und weil es natürlich auch Widersprüche unter ihnen gibt. Dennoch glauben die Muslime und die Gelehrten selbst so etwas zu erkennen wie eine gewichtige Mehrheitsmeinung in allen umstrittenen Fragen.

Diese gab es wohl tatsächlich in der Vergangenheit, als die muslimischen Gesellschaften weniger harten Zerreissproben ausgesetzt waren denn heute. Gegenwärtig jedoch ist es oft schwer, ja unmöglich, einen echten derartigen Konsensus zu erkennen. Zu viele divergierende Meinungen und Einflüsse, viele davon aus dem nichtmuslimischen Ausland hineingetragen und viele davon beschwingt durch die Flügel moderner Wirtschaftsmethoden, Technologien, Wissenschaften sowie der modernen «Informations-» und Propagandamaschinen, wirken sich heute auf die muslimischen Gesellschaften aus, als dass sie das Erkennen von klaren Mehrheitsströmungen, auch nur unter den Gottesgelehrten, zuliessen.

## Ein Machtmonopol

Für unsere Fagestellung nach den Möglichkeiten der Demokratie im islamischen Raum ist die alte Tradition des gemeinsamen Regierens von Herrschern und Gottesgelehrten (wobei, wie geschildert, die Macht keineswegs gleichmässig verteilt war) insofern bedeutungsvoll, als die beiden Kräfte gemeinsam eine klare Tendenz entwickelten, die Macht für sich zu bewahren. Die Herrscher gaben kleinere Partikeln ihrer Macht an die Gottesgelehrten ab, weil diese dafür den Gesamtrahmen der Herrschaft intakt erhielten. Die Gottesgelehrten ihrerseits beanspruchten ein Monopol des Islamverständnisses, das sie nicht mit den theologisch ungebildeten Untertanen zu teilen gedachten. Zwar übten sie im Namen ihrer Islaminterpretation eine gewisse, eher lockere Kontrolle über die Machthaber aus. Doch indem sie dies taten, bildeten sie auch eine Isolierschicht zwischen den Machthabern und ihren Untertanen, in deren Namen sie als qualifizierte Mit-Muslime sprachen. Die Isolierung war wirksam in doppelter Richtung. Sie schützte die Machthaber vor der direkten Konfrontation mit den Untertanen, und sie hinderte die Untertanen daran, ihre Meinungen gegenüber den Machthabern zu äussern.

Für die Bevölkerung war der Preis für die Fürsprache der Gottesgelehrten ihre eigene Unmündigkeit. An dieser Unmündigkeit hält beispielshalber das Königreich Saudi-Arabien, im Namen seiner «islamischen Regierung», bis heute fest. Als im Mai 1993 islamistische Intellektuelle ein «Komitee zur Verteidigung der legalen[9] Rechte» schufen und die saudische Bevölkerung aufriefen, ihre Klagen und Beschwerden gegenüber der Regierung bekannt zu machen, verurteilte noch im selben Monat der Oberste Rat der Geistlichen, der unter dem Vorsitz von Scheich Abdul Aziz Ben Baz[10] zusammen-

---

9   Für «legal» steht im arabischen Text «shar'i», was man auch als «der Sharia gemäss» wiedergeben kann. Die Zweideutigkeit war bestimmt absichtlich.

10   Ben Baz wurde im darauf folgenden Juli zum Mufti des Königreiches mit Rang eines Ministers ernannt.

getreten war, ihr Vorgehen mit der Begründung, Instanzen, um die Klagen der Bevölkerung anzunehmen, existierten bereits. Neuerungen seien unnötig. Die Gründer des Komitees erhielten Berufsverbot, und ihre wichtigsten wurden verhaftet. In Saudi-Arabien regiert bis heute eine klassische Allianz von Herrscher und Gottesgelehrten, die in diesem konkreten Fall aus der *Âl Sa'ûd* und der *Âl ash-Shaikh* besteht (*âl* = Familie, nicht mit dem Artikel *al-* zu verwechseln), das heisst aus den Nachkommen der Herrscherfamilie der Sa'ûd, die von den Europäern Saud genannt wird, und jenen des Religionsreformators Muhammed Ibn Abdul-Wahhab (1703–1792), welcher der wahhabitischen Religionsrichtung seinen Namen gab. In Su'udi-Arabien sind beide Dynastien, die herrscherliche und die religiöse, über vielfache Ehebande miteinander verknüpft.

# Mystik und Volksislam

In den Jahrhunderten nach der Mongolenzeit fand noch eine weitere wichtige Entwicklung im Islam statt, die auch von Bedeutung für die Frage autokratischer oder demokratischer Herrschaftsformen werden sollte. Dies war der immer wachsende Einfluss, den die muslimischen Mystiker auf ihre Gesellschaften ausübten. Er sollte über die späteren Jahrhunderte des Islams hinweg beständig zunehmen, und er führte dazu, dass neben den Gottesgelehrten die Gottessucher auf dem mystischen Wege das Gesicht des Islams immer deutlicher bestimmten.

Den Mystikern ging es nicht darum, ein gottgefälliges Gemeinwesen mit Hilfe des Gottesgesetzes zu fördern, zu kontrollieren und zu leiten; sie suchten für sich persönlich einen direkten Kontakt mit Gott auf den Wegen der Askese und Meditation. Hinter diesem Anliegen traten die Welt und die Fragen ihrer politischen Organisation weit zurück. Frömmigkeit bedeutete für die Mystiker mehr als blosse Gesetzeserfüllung (obgleich viele von ihnen die Gesetzeserfüllung als eine erste Stufe auf dem Wege zu Gott anerkannten). Ihr Islam suchte Gottesnähe, ja Seine Präsenz. Die Mystik brachte Heilige, Männer und Frauen, hervor, und die Muslime des Volkes wandten sich immer mehr ihnen zu, weil sie ihnen einen lebendigen Islam vorleben und vermitteln konnten, nicht einen Islam des trockenen, juristisch fein ausgearbeiteten und damit hoch technischen Religionsgesetzes, sondern einen Islam, den man weit darüber hinaus in der Gestalt seiner segenbringenden Heiligen fassen und gewissermassen mit den Händen berühren konnte. Dieser Islam ekstatischer Natur schien eine Verbindung über die heiligen Männer mit der Gottheit zu besitzen, und er versprach, einen jeden Frommen und Hingebungsvollen Gott näher zu bringen, nicht durch das jahrelange Studium theologischer Schriften und gottesrechtlicher Abhandlungen, sondern über praktische Frömmigkeitsübungen, wie zum Beispiel den *Dhikr*, das beständige Gottesgedenken mit Hilfe ohne Unterlass wiederholter mantrahafter Formeln und Bewegungen, die bis zu einem heiligen Tanz gehen konnten. Dies geschah auf Wegen, die der Adept unter der Leitung seines mystischen Meisters begann und auf denen er so weit fortschreiten konnte, dass er selbst der Gottesschau teilhaftig wurde.

Es soll hier nicht versucht werden, der Mystik als Gesamterscheinung gerecht zu werden. Über sie gibt es Darstellungen aus berufener Feder.[11] Hier möchten wir nur auf die grosse und über die Jahrhunderte immer weiter anwachsende gesellschaftliche Bedeutung hinweisen, welche der Mystik zukam. Sie drang in alle Gesellschaftsschichten ein: Herrscher, Gelehrte, Händler, Handwerker und Bauern hingen ihr an. In einer rückwärts gewandten Welt, die sich weitgehend in der Nachfolge und Nachahmung der grossen Vorbilder früherer Zeiten erschöpfte, bot sie ein offenes geistiges Abenteuer. Aus einer verarmenden und sich verengenden Welt, die sich bewusst war, dass die Söhne ein weniger volles Leben zu gewärtigen hatten, als es ihre Väter hatten führen können, bot sie einen Ausweg in höhere Sphären. Im 17. und 18. Jahrhundert standen so gut wie alle geistig Interessierten unter den Muslimen in ihrem Dienst und Bann, und auch die einfachen Muslime aus dem Volke schwangen in ihr mit, indem sie die mystischen Heiligen verehrten – die echten und die vermeintlichen – und ihren Kontakt suchten. Auf der oberen Ebene der Gesellschaft verbanden sich Mystik und Philosophie zu einem theosophischen Weltbild, dessen Zentrum die Gottesliebe darstellte und an dessen Peripherie die bildenden und dichtenden Künste sich ansiedelten. Auf der unteren Ebene verband sich die Mystik mit einem Volksislam, in dem die Träume, die Wunder und die Heiligen Gottes als Bestätigung religiöser Wahrheiten und Hoffnungen dienten.

Zwischen dem Aufblühen der irregulären, gesetzesfreien, irrationalen und emotionalen Religiosität der Mystiker und der Konzentration und Monopolisierung der Macht und des guten Lebens in den Händen der Machthaber und ihrer willigen Diener, der Fachleute des Religionsgesetzes, bestand aller Wahrscheinlichkeit nach ein Zusammenhang. Weil die offizielle Religion erstarrte und sich von den Herrschern als Machtinstrument einsetzen liess, suchten die geistig wirklich Interessierten und Lebendigen unter den Muslimen jener späteren Jahrhunderte ihren eigenen Weg zu Gott mit den Methoden, welche die Mystiker schon seit Jahrhunderten ausgebildet hatten, und die einfachen Leute schenkten ihnen mehr Zutrauen und

---

11    Eine sehr gute Einführung ist: Annemarie Schimmel: Die mystische Dimension des Islam, Diederichs 1985 und Insel Taschenbuch 1995; und ein tieferes Eindringen erlaubt: Hellmuth Ritter; Das Meer der Seele, Leiden 1984).

Bewunderung als vielen stolzen Vertretern der Gottesjuristerei, deren Eigennutz und Heuchelei sie kennengelernt hatten. Die Mystiker waren weder an Macht noch an Politik interessiert. Ihnen ging es um die direkte Verbindung zwischen dem Einzelnen und Gott, nicht um den Versuch, eine gottgefällige Gesellschaft zu verwirklichen. Vielen der Mystiker dürfte klar gewesen sein, dass eine solche Gesellschaft weit zurück, in einer fernen Vergangenheit lag (wenn es sie denn je wirklich im Wortsinne gegeben hatte) und sich in ihrer späten Zeit, so viele Jahrhunderte nach dem Propheten, schwerlich noch werde verwirklichen lassen. Umso entschlossener wandten sie sich dem individuellen Heilsweg, der «Reise nach innen» zu. Das politische Feld überliessen sie bewusst den De-facto-Machthabern und jenen angeblichen Gottesgelehrten, die sich als ihre Instrumente gebrauchen liessen.

Doch die Aussichten der Bevölkerung auf irgendeine Form von Mitspracherecht nahmen damit noch weiter ab. Weite Kreise in Volk und Eliten, darunter gerade eine Vielzahl von geistig lebendigen Menschen, hatten «der Welt» und besonders der politischen Welt den Rücken gekehrt; sie lebten nun einer ganz anderen, einer Gotteswelt zugewandt. Dadurch wurde das bestehende System zwar ignoriert, aber nicht in Frage gestellt und schon gar nicht bekämpft. Es galt den Mystikern und ihren Anhängern, wie die anderen Belange dieser Welt, als korrupt und ohnehin irrelevant. In diesem Sinne haben die Mystiker und ihre Bewegungen ihr Teil dazu beigetragen, dass das bestehende Machtsystem nicht hinterfragt wurde und damit unverändert blieb. Ein Text wie der folgende macht deutlicher als alle theoretischen Kommentare, dass die mystische Geisteshaltung einem jeden Streben nach Teilnahme an den politischen Geschicken der Gemeinschaft der Gläubigen zuwiderlief: «Gebet bedeutet das Versinken in das Unbewusstsein der Seele, so dass alle diese Formen draussen bleiben. Zu dieser Zeit ist selbst für Gabriel, der reiner Geist ist, kein Platz mehr. Man könnte sagen, dass der Mensch, der so betet, von allen religiösen Pflichten ausgenommen ist, weil er seines Intellektes entbehrt. Die Seele des Gebetes ist Absorption in der göttlichen Einheit.» (Rumi: *Fihi ma fihi,* übersetzt von Annemarie Schimmel, op. cit. s. 234.)

Die Mystik besass nicht nur ihre individuelle, sondern auch eine soziale Dimension. Die Mystiker waren – und sind bis heute – in «Orden» zusammengeschlossen (arab. *Turuq,* Singular: *Tariqa,* was wörtlich «Weg» bedeutet). Der Ursprung dieser Zusammenschlüsse liegt in dem Umstand, dass kein Schüler der Mystik hoffen kann, auf seinem Weg voranzukommen, wenn er sich nicht der Leitung und Aufsicht eines erfahrenen Meisters unterstellt.

Dieser muss ihn darin unterweisen, für welche Übungen und Tätigkeiten er reif sei und wie er weiter auf sein Ziel der Gottesnähe hin vorankomme. Wenn er aus eigenem Ermessen handelt, läuft der Adept Gefahr, in die Irre zu gehen und allerhand Selbstillusionen anheimzufallen. Weil es nun in der Mystik stets Meister und Schüler gibt, bildeten sich mit der Zeit «Schulen» aus, die man eben als «Wege» anspricht. Ein bedeutender Meister entwickelt seine Methoden und Einsichten, die er an seine Schüler weiterleitet. Diese haben wiederum Schüler und reichen das Wissen ihres Meisters an ihre Schüler weiter. Solche Schulen können sich über Jahrhunderte hinziehen, wobei sich natürlich auch Entwicklungen und Veränderungen innerhalb einer Schule, die Mystiker sprechen auch von «Ketten» im Sinne von Überlieferungsketten, ergeben können.

Die Verbindungen unter den Mystikern, die sich auf einen gemeinsamen ursprünglichen Meister berufen, nehmen oft den Namen dieses ersten Gründers an. Der oben zitierte Rumi, einer der grossen Dichter und Mystiker der Weltliteratur, wird von seinen Schülern «*Mawlana*» (Unser Herr) genannt. Ihr Orden *(Tariqa)* heisst daher «*Mawlawiya*». Er erstreckt sich heute weltweit über alle Länder des Islams und hat viele Tausende von Angehörigen. Sie haben alle eine Schulung durch andere, frühere Mawlawis durchgemacht und können ihre Überlieferungskette letzlich auf den grossen Jelal ad-Din Rumi zurückführen, der im 13. Jahrhundert in Konya gelebt hat und seine Werke auf persisch schrieb. – Dies ist nur ein Beispiel, es gibt Dutzende von anderen Orden, die auch ihre Gründer und ihre eigenen Überlieferketten besitzen. Es gibt gelehrte und feinsinnige, gewissermassen schöngeistige Orden unter den Mystikern wie auch volkstümliche, die auf «Wundertaten» Wert legen, weil sie ihnen als ein «Beweis» der übernatürlichen Fähigkeiten ihrer Mitglieder erscheinen, die, so glauben sie, ihrerseits auf deren Heiligkeit und Nähe zu Gott zurückgehen.

Im 18. und 19. Jahrhundert spielten die Mystikerorden mit ihren echten und vermeintlichen heiligen Männern eine gewaltige Rolle im Leben des Volkes und auch eines guten Teils der Eliten. Ihr Einfluss wirkte sich in vielen Fällen im Sinne einer Depolitisierung der Bevölkerung aus. Politische Belange waren das Letzte, was Gruppen bewegte, denen es um die Ablösung von dieser Welt und die Hinwendung zu einer anderen ging. Allerdings hat es auch Orden und einzelne Ordensführer gegeben, die sich politisch betätigten, vor allem im Kampf gegen die Fremdeinflüsse, die als dem Islam feindlich verstanden wurden. Abdel Qader, der algerische Nationalheld, der gegen die Franzosen kämpfte, war ein Mystiker und stammte aus einer

Mystikerfamilie; der Orden der Senussiya tat sich als der Hauptorganisator und wichtigste Träger des einheimischen Widerstandes gegen den italienischen Kolonialismus in Libyen hervor. Die wichtigsten Widerstandskämpfer gegen die russische Invasion im Kaukasus waren der Mystiker Shamil und seine Brüder des Qaderi-Ordens. – Doch wo muslimische Herrscher das Regiment führten, war im Allgemeinen die Haltung der Mystiker, dass sie möglichst wenig mit der Regierung zu tun haben wollten und keineswegs daran dachten, ihr die Macht über die Muslime in dieser Welt streitig zu machen.

Die Orden haben daher – wenn sie nicht gegen fremde Invasionen den Heiligen Krieg predigten – von der politischen Diskussion und überhaupt allen Fragen der Politik, der Wirtschaft oder der gesellschaftlichen Entwicklung weg gelenkt. Man kann die Behauptung wagen, dass sie in der islamischen Welt zur Zeit der europäischen Aufklärung und industriellen Revolution genau die gegenteiligen geistigen und intellektuellen Tendenzen förderten als jene, die in Europa zu einer weitgehenden Beherrschung und Ausnützung der Natur und zu einer Machtentfaltung sondergleichen durch die sich entwickelnde Wissenschaft und Technologie führten.

# Teil II

## Die unmittelbare Vergangenheit

Natürlich hat es auch im Abendland auf die Religion gestützte absolute Herrschaft gegeben. Die Formel von Thron und Altar, die
sich gegenseitig stützen, stammt aus dem Westen. Doch dies ist im Westen
höchstens vorübergehend und stets nur in einigen Reichen die allgemein
anerkannte Form der Herrschaft gewesen. Widerspruch dagegen hat es
immer gegeben, seit der Zeit, in der Brutus Cäsar ermordete, bis zu jener,
in der Robespierre Ludwig XVI. guillotinieren liess. Die europäische
Geschichte enthielt Keime des Widerstandes gegen absolute Herrschaft, die
sich in ihrem Verlauf immer wieder auswirkten und die mit der Aufklärung
im späten 18. und frühen 19. Jahrhundert zu einem heute endgültig scheinenden Durchbruch kamen.

Zu diesen Keimen hat man gewiss die frühen Ausbildungen der Volksherrschaft, Demokratie, in Griechenland und Rom zu zählen. Wenn diese
Regime auch nicht sehr lange dauerten, haben sie doch ein alternatives
System zum Gottesstaat aufgezeigt, das zwar viele Jahrhunderte lang aus der
praktischen Politik, aber nicht mehr aus dem theoretischen Denken entfernt
werden konnte. Zu den Keimen der demokratischen Ordnung in Europa
gehört auch das römische Recht, das kein Gottesrecht war und das die Möglichkeit, Rechtssysteme auf Grund des Gemeinwohls zu entwerfen, für alle
späteren Jahrhunderte in Europa begründet hat.

Weiter gehöre zu den Keimen des demokratischen Denkens der im
... angelegte Zwiespalt zwischen «eurem Vater im Himmel» und
... Kirche und die Ansicht, dass einem jeden der beiden «seine Rechte
erhalten». Diese Doppelsicht steht in direkter Opposition zur katholischen
... des Islams, für den Gottes Herrschaft über seine Gläubigen mit der
... des Islams und der Gründung der ... mit ... Gläubigen
auf dieser ... ihren Anfang nahm.

# Der europäische Weg in die Neuzeit

Natürlich hat es auch im Abendland auf die Religion gestützte absolute Herrschaft gegeben. Die Formel von Thron und Altar, die sich gegenseitig stützen, stammt aus dem Westen. Doch dies ist im Westen höchstens vorübergehend und stets nur in einigen Reichen die allgemein anerkannte Form der Herrschaft gewesen. Widerspruch dagegen hat es immer gegeben, seit der Zeit, in der Brutus Cäsar ermordete, bis zu jener, in der Robespierre Ludwig XVI. guillotinieren liess. Die europäische Geschichte enthielt Keime des Widerstandes gegen absolute Herrschaft, die sich in ihrem Verlauf immer wieder auswirkten und die mit der Aufklärung im späten 18. und frühen 19. Jahrhundert zu einem heute endgültig scheinenden Durchbruch kamen.

Zu diesen Keimen hat man gewiss die frühen Ausbildungen der Volksherrschaft, Demokratie, in Griechenland und Rom zu zählen. Wenn diese Regime auch nicht sehr lange dauerten, haben sie doch ein alternatives System zum Gottesstaat aufgezeigt, das zwar viele Jahrhunderte lang aus der praktischen Politik, aber nicht mehr aus dem theoretischen Denken entfernt werden konnte. Zu den Keimen der demokratischen Ordnung in Europa gehört auch das römische Recht, das kein Gottesrecht war und das die Möglichkeit, Rechtssysteme auf Grund des Gemeinwohls zu entwerfen, für alle späteren Jahrhunderte in Europa begründet hat.

Weiter gehörte zu den Keimen des demokratischen Denkens der im Christentum angelegte Zwiespalt zwischen «eurem Vater im Himmel» und «dem Kaiser» und die Ansicht, dass einem jeden der beiden «seine Rechte» zukämen. Diese Doppelsicht steht in direkter Opposition zur einheitlichen Sicht des Islams, für den Gottes Herrschaft über seine Gläubigen mit der Offenbarung des Islams und der Gründung der Gemeinschaft der Gläubigen auf dieser Erde ihren Anfang nahm.

Die binäre Konzeption des Christentums hatte mit der Entstehungsgeschichte dieser Religion zu tun. Das Christentum blieb unter seinem Gründer und noch drei Jahrhunderte nach ihm eine machtlose Religion, die sich entweder mit den herrschenden Mächten, in der Praxis primär den römischen Kaisern und ihren lokalen Stellvertretern, verständigen oder ihnen ausweichen und sich vor ihnen verstecken musste oder gar das Martyrium auf sich zu nehmen hatte. Erst unter Konstantin dem Grossen, im Jahr 313, wurde es zur gleichberechtigten und bald darauf zur Staatsreligion. Auf die lange Frühzeit vor Konstantin geht das Nebeneinander der beiden Mächte, Kirche und Staat, zurück, das heute den Europäern so selbstverständlich zu sein scheint, dass die meisten von ihnen glauben, entsprechende Verhältnisse bestünden auch in anderen Zivilisationen oder sollten, wenn sie schon nicht bestünden, doch in ihnen eingeführt werden.

Die europäische Geschichte kennt zwar zahlreiche Machtkämpfe zwischen den beiden Gewalten: vom Gang nach Canossa (1077) bis zu den Versuchen der Unterdrückung der Kirche durch Stalin und Hitler. Das Christentum kennt aber keinen «Befehlshaber der Gläubigen», nur einen Papst, Patriarchen oder andere kirchliche Oberhäupter, denen stets auch ein Kaiser, Zar, König oder sonstiger weltlicher Machthaber gegenüber steht. Es durchlebte lange Epochen und kannte grosse Gebiete, in denen die beiden Mächte mehr oder minder harmonisch zusammenarbeiteten. Die Zeiten und Orte einer klaren Unterordnung der einen unter die andere Macht sind, zumindest in Westeuropa, recht selten. Dies hat gewissermassen von langer Hand die heutige Lösung der «Trennung von Kirche und Staat» vorbereitet; eine genauere Umschreibung dieser modernen Lösung wäre wohl: die «soweit wie möglich angestrebte Trennung von Kirche und Staat», weil sie sich absolut nie vollziehen lässt.

Machthistorisch gesehen bot die frühe Grundspaltung zwischen geistlicher und weltlicher Herrschaft in der europäischen Geschichte einen ersten Ansatz zur Relativierung beider Mächte. Im Schatten ihrer Rivalität konnten sich eigenständige kleinere Machtgebilde formieren, wie zum Beispiel in der Renaissance die italienischen Städte mit kommunaler Selbstverwaltung.

Eine weitere Machtspaltung, die sich im Orient nicht fand, war im Mittelalter durch die relative Schwäche der Kaiser und die relative Stärke ihrer Lehensleute gegeben. Sie erlaubte es den abendländischen Lehensträgern, die Erblichkeit ihrer Lehen durchzusetzen und sich in sieben konkreten Fällen in Deutschland sogar zu Kurfürsten aufzuwerfen, die ihrerseits des Recht der Kaiserwahl beanspruchten. Alle orientalischen Machthaber sind fast immer stark genug geblieben, um ihren «Lehensleuten», genauer «*Iqtâ*»-Inhabern, die Erblichkeit ihrer Lehensgebiete vorzuenthalten. Die Belehnten wurden sogar oft gezwungen, ihre alten Lehen nach einigen Jahren zurückzugeben und neue dafür in Empfang zu nehmen, falls der Oberherr weiter an ihrer Belehnung interessiert war. Eine zentrale Hofbürokratie sorgte dafür, dass die Lehensinhaber ihren Verpflichtungen nachkamen.

Im Schatten der Gegensätze, die sich in Europa zwischen den Oberherren und ihren grossen Adligen entwickelten, erhielten wiederum die Städte den Freiraum, den sie benötigten, um ihre Eigenverwaltung und ihre städtischen Freiheiten (z. B. «Reichsfreiheit» im deutschen Kaiserreich) zu fordern und über die Jahrhunderte hinweg auszubauen und abzusichern. Die europäischen Parlamente waren zuerst städtische Parlamente, reich genug, vor allem in den Handelsstädten, um Könige und Kaiser schwören zu lassen, dass sie ihre Privilegien erhalten und schützen oder gar mehren wollten, bevor sie sich entschlossen, den grossen Herren dringend benötigte Gelder zur Verfügung zu stellen.

Andere frühe Keime von späteren demokratischen Entwicklungen lassen sich in der Entdeckung des Individuums in den Städten der italienischen Renaissance ausmachen. Sie war natürlich verbunden mit der politischen Lage dieser Städte, die ihre inneren (und oft auch ihre äusseren) Angelegenheiten selbst verwalteten.

Die Reformation hat dann die Macht der Kirche weiter reduziert und relativiert, wenn sie gleich wegen der obrigkeitstreuen Haltung Luthers, des wichtigsten der Reformatoren[1], und der neuen politischen Linie der katholischen Kirche in der Gegenreformation, zunächst zu einer Epoche von enger Zusammenarbeit von Kirche und Obrigkeit auf beiden Seiten der neu entstandenen kirchlichen Trennungslinie und damit zum europäischen Absolutismus hinführte. Doch eine der Grundentdeckungen der Reformatoren, das unabhängige persönliche Gewissen, sollte später eine wichtige Voraussetzung für die Ausbreitung der modernen Demokratien werden.

Ein eurozentrisches Geschichtsverständnis sieht alle diese Entwicklungen und andere mehr, die sich in Europa aus ganz bestimmten Gründen ergaben und die für Europa sehr spezifisch sind, als Etappen der Weltgeschichte schlechthin. Gegenüber diesem weit verbreiteten Irrtum muss man sich klar machen, dass in anderen Zivilisationen, gerade auch in der islamisch geprägten, alle die aufgezählten Erscheinungen und ihre Folgen nicht anzu-

---

1     Im Falle Calvins war es anders. Dieser Reformator gründete in Genf einen Gottesstaat, den er selbst beherrschte. Zwingli in Zürich liess die bestehende Obrigkeit regieren, aber beeinflusste sie stark aus dem Hintergrund.

treffen sind. Der Islam kannte keinen politischen Rückblick auf die antiken Demokratien, obgleich er in vielen anderen Bereichen von antikem Wissen zu profitieren verstand; er kannte keinen Gegensatz zwischen Kaiser und Papst und keinen erblichen hohen und niedrigen Adel, der in der Lage war, sich der Zentralmacht der Kalifen und später der De-facto-Macht der Sultane und ihrer sie legitimierenden Gottesgelehrten entgegenzustellen oder sie gar zu brechen. Mithin gab es in ihm auch keine Städte und Bürger, die im toten Winkel der Machtkämpfe zwischen Kaiser und Papst und zwischen König und Adel ihre politische Eigenständigkeit erwerben und behaupten konnten. Die islamische ist eine stark städtische Kultur, doch in den Städten residierte der Herrscher oder sein Statthalter. Er – nicht ein Bürgermeister, wie es ihn in Europa gibt – ernannte (usw.) die Stadtpolizei, die Stadtwache, die Richter, die hauptsächlichen Gottesgelehrten, sogar den Marktaufseher, den man *Muhtasib* nennt und dem die Kontrolle der Basare und der Handwerker untersteht. Es gab zunftähnliche Zusammenschlüsse der Handwerker, doch sie haben fast nie eine über ihre Berufsinteressen hinaus reichende Rolle im politischen Leben der Städte gespielt. Die Macht der Herrscher innerhalb der Städte, wo sie auch stets Militärgarnisonen, meist in den Zitadellen, liegen hatten, war so erdrückend, dass keine Freiräume der Selbstverwaltung entstehen konnten. Die städtischen Bürger wurden, wie wir es oben geschildert haben, durch die Gottesgelehrten vor dem Fürsten vertreten, doch diese Gottesgelehrten wurden ihrerseits weitgehend vom Fürsten kontrolliert und legimierten, wie oben erwähnt, seine Macht. Die Freiheit der Städte Europas ist ursprünglich dadurch zustande gekommen, dass die zentralen Mächte, Könige, Kaiser, souveräne Herrscher schlechthin, zu schwach waren, politisch, finanziell und organisatorisch, um ihre Domination voll auszubauen, so dass sich Freiräume für «Adlige» und auch für «Republiken» ergaben, die sich zuerst durch Privilegien absicherten (und sich diese Privilegien erkaufen konnten), bis sie über die Jahrhunderte hinweg selbst kollektive, jedoch souveräne Machthaber wurden.

# Der Einbruch des Westens
# in den Nahen Osten

Im 19. Jahrhundert begann die zweite Grossoffensive der westlichen Mächte gegen ihren muslimischen Nachbarn. Als die erste hat man die Kreuzzüge anzusehen. Sie waren nur vorübergehend und nie ganz erfolgreich. Die Europa eigene Enwicklung sollte nicht einfach als «Normalentwicklung» mit für andere Zivilisationen allgemein gültigem «Vorbildcharakter» gesehen werden. Die Besetzung kleiner Teile der muslimischen Welt (1098–1291) wurde nach knapp 200 Jahren endgültig von den Muslimen beendet. Dass dies gelang, gründete darin, dass damals beide Gesellschaften mit ähnlichen Waffen kämpften, physisch und geistig. Für beide stand das religiöse Motiv im Vordergrund ihres Bewusstseins, und es galt beiden als die wichtigste Rechtfertigung ihrer Kriegsaktionen. Beide waren ungefähr gleich stark bewaffnet (wenn es auch Unterschiede in den Waffen- und Kampftechniken gab), beide besassen vergleichbare wirtschaftliche Grundlagen, auf denen ihr Krieg beruhte. Auf der muslimischen Seite herrschten Uneinigkeit und Zersplitterung, als die Kreuzzüge begannen, ein wesentlicher Grund, warum diese sich anfänglich als erfolgreich erwiesen. Auf der christlichen Seite nahm die Uneinigkeit zu, als die Kreuzzugsbewegung ihrem Ende zuneigte, während sich die muslimische Front unter Saladin (Salah ad-Din al-Ayyubi, herrschte in Kairo 1171–1193, in Syrien ab 1174) und später den Mamluken (besonders Baibars in Ägypten und Syrien 1260–1277) festigen konnte.

Die neue Offensive des 19. Jahrhunderts war sehr anders geartet. Es bestand nun keinerlei Gleichgewicht mehr, weder im militärischen noch im wirtschaftlichen und organisatorischen Bereich. Die westliche Seite war stark überlegen. Die eigentliche Offensive im Nahen Osten hatte ein höchst bedeutungsvolles Vorspiel in Indien und im Fernen Osten, das in der westlichen Sicht als die Zeit der «Entdeckungen» bezeichnet wird. Es war die Durchsetzung der europäischen Handelsinteressen, zuerst Portugals, dann der Niederlande, schliesslich Grossbritanniens in den Indischen Ozean, die mit der Umsegelung Afrikas und der «Erschliessung» des Seewegs nach

Indien durch Vasco da Gama 1498 begann.[2] Die Kurzschliessung der uralten Handelsrouten, die den Nahen Osten durchzogen, durch den europäischen Überseehandel trug entscheidend zur Verarmung des Nahen Ostens bei, während sie umgekehrt dazu führte, dass die Handelsstädte am Westrand Europas, wo die neuen Überseerouten endeten, Lissabon, dann Amsterdam, Rotterdam, Antwerpen, schliesslich London, zu Weltstädten wurden. Die Verlagerung dieser Handelsrouten erfolgte allmählich, im Verlauf des 16. und 17. Jahrhunderts. Die Endphase der europäischen Handelspenetration bestand aus der gewaltsamen Errichtung von Monopolen der Holländer in Indonesien und Oligopolen der Engländer in Indien. Hand in Hand mit dieser wirtschaftlichen Inbesitznahme ging der Bau von Kriegsflotten, der zur Herrschaft der westlichen Mächte über die Weltmeere führte.

Die Überlegenheit der westlichen Nationen im Nahen Osten des 19. Jahrhunderts war jedoch nicht alleine wirtschaftlicher und weltstrategischer Natur, sie basierte auch auf einer besseren Organisation und Bewaffnung der Kriegsflotten und Landheere, auf überlegenen naturwissenschaftlichen Kenntnissen, auf effizienteren Wirtschafts- und industriellen Methoden, Bildungsinstitutionen, Formen der staatlichen, gesellschaftlichen und rechtlichen Organisation. Schon Ende des 17. und während des ganzen 18. Jahrhunderts war das Osmanische Reich unter den Druck der Österreicher und Russen gekommen, nachdem ein zweiter und letzter Vorstoss der osmanischen Heere nach Wien (1683) fehlgeschlagen war. Ungarn wurde in der Folge von den Türken befreit (bis 1697) und Belgrad fiel 1717 vorübergehend an Österreich. Die Russen führten im Kaukasus und am Schwarzen Meer erfolgreiche Kriege, die mit der Besetzung der Nordufer des Schwarzen Meeres und des Vasallenstaates des Osmanischen Reiches, des Krim-Khanates, endeten.

Doch in den 91 Jahren, die zwischen der Niederlage vor Wien und dem Vertrag von Küçük Kaynarca (1774) lagen, welcher den Einfluss der Russen

---

2 Der Seeweg war längst «erschlossen» gewesen, allerdings nicht für die westlichen Mittelmeermächte. Handel und Schifffahrt über den Indischen Ozean hinweg gab es seit dem Altertum. Er hatte während Jahrhunderten die Durchgangsregion des Nahen Ostens befruchtet und bereichert. Das letzte Stück dieser Handelswege der «Seidenstrasse» lag spätestens seit der abbasidischen Zeit in arabischen Händen. Während des ganzen Hoch- und Spätmittelalters hatten die Venezianer sich darauf spezialisiert, die orientalischen Handelswaren (Gewürze, Seide, Luxusgüter), die auf den arabischen Handelsstrassen bis nach Alexandria gelangten, dort und in den anderen nahöstlichen Mittelmeerhäfen, Antiochien, Beirut, Sidon, Tartus, Konstantinopel-Istanbul usw., abzuholen.

am Schwarzen Meer festschrieb und das Ende des Osmanischen Reiches als Grossmacht bedeutete, hatten die türkischen Heere immer wieder Teilerfolge aufzuweisen, die gewisse der erlittenen Gebietsverluste wieder herstellten: so etwa mit dem Frieden von Belgrad von 1739, durch den Belgrad selbst den Osmanen verblieb und die Österreicher andere kleinere Gebietszugeständnisse einräumen mussten, während die Russen gezwungen wurden, das Krim-Khanat wieder zu verlassen und die seit 1696 (als Peter der Grosse sie einnahm) immer wieder heiss umkämpfte Festung von Asow, am Asowschen Meer, zu schleifen. Dies geschah, nachdem der grösste Feldherr der Österreicher, Prinz Eugen von Savoyen, 1736 gestorben war und nachdem auf der osmanischen Seite der französische Comte de Bonneval, als Ahmed Pascha (er ist auch als Humbaraci Bashi bekannt) zum Islam übergetreten, für das osmanische Heer eine moderne Artillerietruppe aufgestellt hatte.

Schon vorher hatte es Teilerfolge der Osmanen gegeben, wie den Sieg von Pruth von 1711 über die Truppen Peters des Grossen, der zur Rückgewinnung von Asow führte, oder die Rückgewinnung von Serbien und Siebenbürgen im Jahr 1690 durch Köprülü Fâzil Mustafa, nachdem beide Länder nach dem Rückschlag vor Wien an Österreich gefallen waren. – Ein kurzfristiger diplomatisch-militärischer Erfolg war auch im Osten des Reiches eingetreten, als die Osmanen sich mit Peter dem Grossen darüber einigten, den Persern Aserbaidschan wegzunehmen. Die Russen erhielten damals Baku, Teile von Shirwan und Daghestan; die Osmanen nahmen sich Täbris und sogar Hamadan. Doch vier Jahre später trat der grosse Afsharen-Feldherr, Nadir Khan, der spätere Nadir Schah (r. 1736–1747), auf den Plan, der persische Armeen bis nach Indien führen sollte, und nahm den Osmanen ihren Teil der persischen Beute wieder weg. – Ein, allerdings knapper, Abwehrerfolg war auch die Zurückweisung der russischen Flotte, die 1770 vor den Dardanellen auftauchte, durch die dort stationierte türkische Artillerie. Die russischen Schiffe waren vom Finnischen Meerbusen aus durch die Ostsee und die Enge von Gibraltar ins Mittelmeer eingelaufen, hatten dort die osmanische Flotte geschlagen, konnten jedoch nicht ins Marmara-Meer eindringen. Sie wurden schliesslich durch die Kriegsschiffe der nordafrikanischen barbaresken Staaten, die damals weitgehend unabhängige Vasallen der Osmanen waren, zum Rückzug gezwungen.

Trotz der viel bedeutenderen Rückschläge, die das Reich in der gleichen Periode erlitt, in erster Linie durch Eugen von Savoyen, jedoch auch durch Peter den Grossen, gab es gerade genügend Siegesmeldungen, dass eine Erkenntnis der wahren, schon damals verzweifelten Lage des Reiches gegenüber seinen europäischen Feinden nicht voll ins Bewusstsein der Osmanen drang. Einige der politischen und militärischen Verantwortlichen erkannten, dass eine neue Heeresorganisation notwenig sei und dass die alte, die auf der weltberühmten, aber damals veralteten und verwöhnten Truppe der Janitscharen beruhte, der Erneuerung bedürfe. Doch die Gegenthese der konservativen Elemente war immer auch da: sie behaupteten, nur die alte Ordnung, so wie sie zur Zeit Süleymans des Gesetzgebers (1520–1566) bestanden habe, möglichst strikte angewandt und konsequenter als bisher unter das Zeichen des Islams gestellt, würde dem Reich seine alte Macht wiederbringen.

Es gab schon während der sogenannten Tulpenperiode unter dem Grosswesir Nevschehirli Damat Ibrahim Pascha (1718–1730) einen ersten Versuch, mit Hilfe von französischen Offizieren eine moderne Berufsarmee aufzubauen. Frankreich war seit dem 16. Jahrhundert der traditionelle Verbündete des Osmanischen Reiches gegen Österreich. Doch dieser erste Versuch einer Armeereform nach europäischen Vorbildern sollte wegen des Sturzes des Grosswesirs nur eine Episode bleiben. Die Niederlagen wurden von der Bevölkerung und von den Janissaren dem jeweilen regierenden Sultan angelastet. Nach grösseren Rückschlägen und Gebietsverlusten kam es immer wieder zu Unruhen oder Aufständen in Istanbul, die stets mit der Absetzung des herrschenden Sultans und der Thronerhebung eines seiner Brüder oder Vettern endeten. Nicht das Gesamtsystem des Reiches wurde als erneuerungsbedürftig gesehen, sondern vielmehr die Herrschaft des jeweilen regierenden Sultans. So wurde z. B. nach dem Rückschlag vor Wien und dem Verlust Ungarns Mehmet IV., der Jäger (1648–1687), durch seinen Bruder, Süleyman II. (1687–1691), ersetzt.

Im Jahr 1703 nach den verlorenen Kriegen gegen die Österreicher unter Eugen von Savoyen; gegen die Russen unter Peter dem Grossen; und den Gebietsverlusten, die der Friede von Karlowitz (1699) und jener von Moskau (1700) besiegelten, kam es zu einem regelrechten Volksaufstand gegen den regierenden Sultan, Mustafa II. (1695–1703), der von den Militärwaffenschmieden *(Cebeci)* ausging, die ihren Sold nicht erhalten hatten. Die Armen der Stadt, die Studenten, zahlreiche Gottesgelehrte sowie die Eliteeinheit der Janitscharen der Hauptstadt, die «Hundewächter», schlossen sich an. – Der Sultan befand sich in Edirne, und die Aufständischen bemächtigten sich der Hauptstadt. Sie verhielten sich sehr diszipliniert, hielten einen «Volksdiwan» ab, eine Volksversammlung, setzten neue Personen in die wichtigsten Ämter ein und übten strenge Disziplin unter den eignen Truppen und dem Hilfsheer aus Kleinasien, das ihnen alsbald zu Hilfe kam. Sie ernannten den Bruder Mustafas, Ahmet III. (1703–1730), zum neuen Herrscher, und als auch die Soldaten von Edirne zu den Aufständischen übergingen, musste Mustafa abdanken.

Ahmet, der neue Herr, bestätigte zuerst die Aufständischen in ihren Ämtern und Kommandopositionen, doch als er fest im Sattel sass, rechnete er mit ihnen ab und liess ihre Rädelsführer töten. Schon nach drei Monaten war die Ordnung im alten Sinne wiederhergestellt. Der «Vorfall von Edirne», wie er von den osmanischen Geschichtsschreibern genannt wurde, war keine Revolution, er blieb nur ein Palastcoup, letztlich wohl, weil eine starke bürgerliche Schicht, die ein anderes als das Sultan-Regime hätte tragen können, nicht existierte. Den türkischen Adligen, Würdenträgern, Soldaten, Gottesgelehrten und sogar armen Leuten war ein Regime ohne einen Sultan aus der Familie Osmans an der Spitze zu jener Zeit wohl einfach undenkbar. Sogar in Europa war Derartiges damals noch kaum vorstellbar, obgleich dort einige reichsfreie Städte und sogar einige wenige Kleinrepubliken (als ausgesprochene Ausnahmefälle) existierten.

Sultan Ahmet III. sollte 27 Jahre später seinerseits durch einen Aufstand abgesetzt werden, der als Reaktion auf die Niederlagen des Reiches an der persischen Front ausbrach, als dort Nadir Khan die zuvor erfolgreichen Osmanen zurückdrängte. Der Grosswesir Nevschehirli Pascha, den wir oben als den Urheber des ersten Versuches einer «modernen» Armeereform erwähnt haben, musste den Aufständischen ausgeliefert werden (1730) und verlor sein Leben. Doch der Sultan wurde auch abgesetzt und als neuer Herrscher sein Neffe, Mahmut I. (1730–1745), auf den Thron gehoben. Der Chef der Aufständischen, Patrona Halîl, ein ehemaliger Seemann, machte sich durch ein brutales und korruptes Regime bei seinen Anhängern unbeliebt und erlaubte es so dem neuen Sultan, die Aufständischen zu überspielen und auszuschalten. So wurde auch nach dieser Rebellion in wenigen Monaten die alte Ordnung wiederhergestellt.

Erst nach einem weiteren ungünstig verlaufenen Krieg gegen Russland, der den Osmanen Verluste im Kaukasus, an der Moldau, in der Walachei und Bessarabien brachte, und dem Friedensvertrag in Küçük Kaynarca (1774) verlor das Osmanische Reich endgültig seine weltpolitische Stellung als Grossmacht und wurde bald darauf der diplomatische Spielball der europäischen Mächte. Zum Glück der Osmanen konnten sich diese während der nächsten 150 Jahre nicht darüber einigen, wie und zu Gunsten wessen das türkische Reich aufgelöst werden solle, und sie gingen deshalb mehr oder weniger stillschweigend darauf aus, den «Kranken Mann am Bosporus» zunächst nicht umzubringen, sondern ihn in gemeinsamem diplomatischem Zusammenspiel bis auf weiteres schwach, aber am Leben zu erhalten. – Der neue Friedensvertrag erklärte die Krim zu einem unabhängigen Lande (sie sollte jedoch neun Jahre später von Katharina II. dem Zarenreich einverleibt werden), gab aber die Moldau und Walachei an die Pforte zurück, jedoch unter einem Regime von starken Autonomie-Vorrechten. Die Russen annektierten grosse Gebiete im Kaukasus sowie Asow und die Kabardei. Sie erhielten das Recht, eine Handelsflotte im Schwarzen Meer zu unterhalten und auch die Dardanellen mit Handelsschiffen zu durchqueren; sie erwirkten sich die Erlaubnis, Konsulate in allen osmanischen Städten ihrer Wahl zu eröffnen, und wurden als die Schutzmacht aller Orthodoxen im Osmanischen Reich anerkannt. Frankreich hatte sich schon 1740 eine ähnliche Schützenrolle für die Katholiken verbriefen lassen.

Katharina II., die Grosse (1729–1796), eröffnete das diplomatische Ringen um das «Erbe» des Osmanischen Reiches, indem sie einen Liquidationsplan aufstellte, nach welchem ihr Enkel Konstantin Kaiser von Byzanz werden sollte; Österreich hätte Serbien, Bosnien-Herzegowina und Dalmatien erhalten; der Peloponnes, Zypern und Kreta sollten Venedig zugewiesen werden und Frankreich sei mit Ägypten, Syrien und Anatolien «bis hin nach Indien» abzufinden. Den Engländern dürfte dieses Projekt schwerlich eingeleuchtet haben. Es kam nicht zum Tragen. Da Katharina auch die Krim annektierte und eine Kriegsflotte im Schwarzen Meer bauen liess, schritten die Osmanen 1787 zu einem Präventivkrieg gegen die Russen, in dem Österreich der Zarin zu Hilfe kam. Doch Wien brach seinen Feldzug 1791 ab, weil der Krieg unpopulär war und Nachrichten von der Revolution in Frankreich bei der Bevölkerung der österreichischen Hauptstadt ein Echo zu finden drohten. Dies führte 1792 zum Frieden von Jassy, durch den Russland immerhin bis zum Dnjestr vorrückte.

## «Europäisierung» der osmanischen Armee?

Der Sultan Selim III. (1789–1807) hatte eingesehen, dass das Osmanische Reich eine moderne Armee im europäischen Stil brauchte, wenn es den Anstürmen seiner vielen Feinde widerstehen wollte. Er erliess im Jahr 1793 ein Dekret, in dem er seine neue Armee- und Reformpolitik niederlegte. Es war darin vom *Nizâm-i Cedit*, der Neuen Ordnung, die Rede. Die neuen Regeln umfassten auch andere administrative Bereiche, wie die Provinzverwaltung und -besteuerung, den Getreidehandel und Ähnliches, doch die wichtigsten waren die Bestimmungen für eine neue Armee. Ihre Finanzierung sollte durch neue Steuern sichergestellt werden, die auf Alkohol, Tabak und Kaffee erhoben wurden, sowie durch eingezogene oder frei gewordene Lehensgebiete. Der Sultan liess Offiziere aus dem nun revolutionären Frankreich kommen, um die Ausbildung der neuen Truppen in die Hand zu nehmen. Mit der französischen Militärmission gelangte auch eine kleine französische Handbibliothek von 400 Bänden in die neue Militärschule von Istanbul, darin befand sich bezeichnenderweise ein Exemplar der Grande Encyclopédie[3]. Die Invasion Ägyptens durch Napoleon (von der noch die Rede sein wird) unterbrach die militärische Zusammenarbeit der Pforte mit Frankreich in den Jahren 1798 bis 1802, doch sie wurde unmittelbar nach dem Abschluss eines Friedens in Ägypten wieder aufgenommen und erreichte ihren Höhepunkt in den Jahren 1806 und 1807 unter General Sébastiani, der eine bedeutende Militärmission leitete.

Die Reformen waren in der Türkei nicht populär. Nur eine ganz kleine Zahl von Beamten und Intellektuellen stimmte ihnen zu. Die Hauptmasse der hohen Würdenträger, der militärischen Verantwortlichen und sogar der Botschafter, die der Sultan zum ersten Mal auf permanente Missionen in die europäischen Hauptstädte entsandte, sahen eine jede Zusammenarbeit mit den Ungläubigen als verderblich an und lehnten sie ab. Das neue Regime in Frankreich hatte sich zwar von der Kirche losgesagt und sah sich selbst nicht mehr als christlich an. Doch der Atheismus der französischen Revolutionäre wurde von den Botschaftern und hohen Beamten der Pforte, die etwas davon in Erfahrung brachten, als ebenso verderblich angesehen wie die frühere Religion der Ungläubigen. Die Botschafter waren allerdings von jüngeren Botschaftsmitgliedern und Sekretären begleitet, die in die Lage kamen, Fremdsprachen zu lernen und das Leben in den europäischen Hauptstädten zu erproben. Viele von ihnen wurden Befürworter der Reform, und die führenden Reformer der kommenden Generation waren in vielen Fällen Personen, die sich als Attachés und Botschaftssekretäre an den ersten permanenten diplomatischen Vertretungen im Ausland aufgehalten hatten.

Die Botschaften der anderen Mächte, die in Istanbul vertreten waren, taten natürlich, soviel sie konnten, um der Pforte ihre negative Sicht der französischen Revolution, besonders der damals die europäische Welt schockie-

---

3   S. Bernard Lewis: The Emergence of modern Turkey, Oxford Univ. Press 1968, S. 59.

renden Hinrichtung des französischen Königs, deutlich zu machen. Die Hinrichtung von Herrschern war jedoch im Osmanischen Reich keine ungewöhnliche Sache. Allerdings wurden hingerichtete Herrscher stets durch Verwandte aus der osmanischen Dynastie ersetzt. Einen Sultan brauchte das türkische Reich. Die Hinrichtung des französischen Königs scheint mehr den Sultan persönlich als seine Untertanen beeindruckt zu haben.

Doch die wichtigste Opposition gegen die «neue Ordnung» war innenpolitischer Natur. Die Janitscharen, die ihre Berufs- und Standesinteressen gefährdet sahen, machten gemeinsame Sache mit den lokalen und provinziellen Mächtigen und Einflussreichen, den sogenannten *Ayân* (Honoratioren) und den *Derebeyler* («Talherren», das heisst Grossgrundbesitzern und feudalen Machthabern in den Provinzen). Diese Stände waren am Fortdauern der bestehenden Lage interessiert, der sie ihre Privilegien und Machtpositionen verdankten. Auch viele der konservativen Geistlichen stützten die Feinde der Reform. – Es kam 1805 zu einem ersten Zusammenstoss, als Sultan Selim III., der dringend neue Soldaten brauchte, zu einer Zwangsaushebung schritt, zu der nicht nur die Zivilbevölkerung, sondern auch die Janitscharen beitragen sollten. Bisher war die Rekrutierung für die neuen Truppen auf freiwilliger Basis erfolgt. Ein Aufstand der Janitscharen im europäischen Teil des Reiches brach aus, und die Soldaten der Neuen Ordnung, die gegen die Rebellen geschickt wurden, erlitten eine schmähliche Niederlage. Dies erlaubte den Feinden der Reform in der Hauptstadt, die Strassenbevölkerung zu mobilisieren und ein Ende der Reformen zu fordern. Um eine allgemeine Revolte zu vermeiden, gab der Sultan nach: er entliess seine reformfreundlichen Mitarbeiter, rief die «Neuen Truppen» nach Anatolien zurück und betraute den Kommandanten *(Agha)* der Janitscharen mit dem Amt des Grosswesirs.

Doch diese Zugeständnisse konnten die Feinde der Reform nicht bändigen. Im Mai 1807 meuterten Hilfstruppen, die *Yamak* genannt wurden, weil sie Befehl erhalten hatten, Uniformen im europäischen Stil anzuziehen. Ihr Rädelsführer marschierte auf den Hippodrom und nahm Kontakt auf mit dem Stellvertreter des Grosswesirs und mit dem Obermufti, dem Haupt der Gottesgelehrten. Er besass eine Liste der wichtigsten unter den Freunden der Reform und liess sie zum Teil in ihren Häusern ermorden, zum Teil auf den Hippodrom schleppen, wo sie hingeschlachtet wurden. Der Grossmufti erklärte die Absetzung eines Sultans, «der gegen die religiösen Grundsätze, die durch den Koran geheiligt sind», verstossen habe, als zulässig. Daraufhin wurde Selim III. entmachtet und sein Vetter, Mustafa IV., eingesetzt. Die

Neuen Truppen wurden sofort aufgelöst. Die wahre Macht lag in den Händen des erwähnten Stellvertreters des Grosswesirs und des Obermuftis. Doch ein ehemaliger Janitschar, der in der Provinz zu einem der lokalen Landbesitzer, Honoratioren und Truppenkommandanten aufgestiegen war, Mustafa Pascha Bayrakdar («der Standartenträger»), sammelte die überlebenden Freunde der Reform um sich, marschierte im Jahr 1808 von Ruschuk (heute Rusa) nach Edirne, wo er sich mit dem Grosswesir und seinen Truppen verband, und nahm Istanbul ein. Der dortige neue Sultan, Mustafa IV., liess seinen gefangenen Vetter, den abgesetzten Selim III., ermorden, um zu verhindern, dass er wieder eingesetzt werde. Doch wurde er selbst abgesetzt und sein Bruder, Mahmud II., wurde Sultan. Der Bayrakdar wurde nun Grosswesir, aber schon im November des gleichen Jahres durch eine Janitscharenrevolte gestürzt und getötet. Er hatte zuvor eine Versammlung der hohen Würdenträger und der Provinzgewaltigen nach der Hauptstadt einberufen und ihnen ein Reformprogramm vorgelegt, in dem er eine gründliche Neuorganisation der Janitscharen vorschlug, kombiniert mit einer Bestätigung aller Rechte und Privilegien der provinziellen Machthaber, das heisst der *Derebeyler* und der *Ayân*, einschliesslich der Erblichkeit ihrer Lehen und Landgüter (wie sie in Europa bestand!). Seine Absicht dabei war gewiss, die Opposition gegen die Reform, die aus den Janitscharen und den Provinzhonoratioren bestand, zu spalten, indem er versuchte, die Provinzgewaltigen für sich zu gewinnen.

Mahmud II. (r. 1807–1839) blieb Sultan, obgleich bekannt war, dass er Sympathien für die Reform empfand, wahrscheinlich nur, weil er der letzte überlebende Kandidat für das Herrscheramt war. Er hatte den abgesetzten Mustafa IV., der sich in seinem Gewahrsam befand, umbringen lassen, als die Revolte gegen den Bayrakdar ausbrach, um zu vermeiden, dass er erneut als Sultan eingesetzt werde. Doch Mahmud konnte es sich für lange Jahre nicht erlauben, die Reform erneut aufzugreifen. Er hatte zuerst einen neuen Krieg gegen Russland zu führen, der 1806 begonnen hatte und bis 1812 dauerte, das heisst bis kurz vor dem Augenblick[4], in dem Napoleon das Zarenreich überfiel. Dann gab es weitere Kämpfe gegen die aufständischen Serben unter ihrem Guerrillaführer Karadjordje. Diese Auseinandersetzung endete 1815 damit, dass der Rivale von Karadjordje, der reiche Kaufmann Milosch Obrenowitsch, sich mit den Osmanen verständigte und von ihnen als Oberster Regent der Serben anerkannt wurde.

4 Dem 24. Juni 1812.

## Ein zweiter Reformanlauf

Die bitteren Erfahrungen, die sein Vorgänger Selim III. mit den Reformen gemacht hatte[5], dürften Mahmud II. von der Notwendigkeit überzeugt haben, zuerst alle Macht in seinen Händen zu konzentrieren, bevor er zur Wiedereinführung der Reformen überging. Er nutzte die Zeit nach dem Frieden mit Russland, das nun seinerseits mit der napoleonischen Invasion beschäftigt war, um seine Macht in allen Provinzen wieder durchzusetzen, was ihm auch mit der Ausnahme Ägyptens und der Griechen gelang. In Ägypten hatte sich Muhammed Ali zum Alleinherrscher erhoben. Die Griechen begannen ihren Aufstand gegen die Türken im Jahr 1821. Um erfolgreich gegen die griechischen Aufständischen vorgehen zu können, die ihrerseits durch die philhellenische Bewegung aus Europa Unterstützung erhielten, musste der Sultan seinen mächtigen ägyptischen Gefolgsmann, Muhammed Ali, um Hilfe ersuchen. Dessen Sohn und Heerführer, Ibrahim, der über eine modern aufgebaute Armee verfügte, trug denn auch Erfolge gegen die griechischen Aufständischen davon und demonstrierte dadurch einmal mehr, dass das Osmanische Reich modern ausgerüstete und ausgebildete Truppen benötigte.

Mahmud war damals dazu übergegangen, solche «neuen» Truppen neben den Verbänden der Janitscharen aufzustellen und ihnen ausgesprochen traditionelle Namen zu geben. Sie hiessen *Sekban-i Cedit*, «Neue Hundewächter», später Eschkinci, «Kämpfer», und sie wurden ohne die Mithilfe europäischer Militärberater aufgebaut. Als die Janitscharen im Juni 1826 Befehl erhielten, entweder diesen neuen Truppen beizutreten oder ihre Entlassung zu gewärtigen, brach ein neuer Janitscharenaufstand aus. Doch der Sultan war diesmal auf ihn vorbereitet. Er liess sämtliche Janitscharentruppen der Hauptstadt von regierungstreuen Tuppen zusammenschiessen und niedermetzeln. Dann erklärte der Obermufti durch ein Rechtsgutachten, die Janitscharen im ganzen Reich seien endgültig aufgelöst. Auch der Orden der Bektaschi-Derwische, der den Janitscharen stets nahe gestanden hatte und zu den scharfen Gegnern der Reformen gehörte, wurde aufgehoben. – Nun

---

5 Selim und Mahmud befanden sich während des einen Jahres, in dem Mustafa IV. als Sultan regierte (1807/8), gemeinsam in Haft. Im sogenannten «Käfig», der damals, in den späteren Jahren der Dynastie, für die Sultanssöhne, die nicht regierten, bestimmt war, soll Selim seinen Mitgefangenen, Mahmud, besonders stark im Sinne der Reform beeinflusst haben.

endlich war die Machtgrundlage für die Aufstellung einer neuen Armee geschaffen. Doch die Verwirklichung der Reform musste unter dem beständigen Druck der äusseren Feinde des Reiches und seiner inneren Aufständischen durchgeführt werden. Der Vasall der Pforte, Muhammed Ali, der seinerseits in Ägypten seine Armeereform schon 1811 hatte verwirklichen können, besass einen bedeutenden Machtvorsprung vor seinem Oberherrn, dem Sultan.

### Der Einbruch des Westens nach Ägypten

Es war der bereits berühmte Revolutionsgeneral der jungen Französischen Republik, Bonaparte, der unerwartet in die mehr von den Mamluken als vom osmanischen Sultan beherrschte ägyptische Provinz des Osmanischen Reiches einbrach. Die Mamluken (das Wort bedeutet Sklaven, Besitz) hatten lange vor den Osmanen, nämlich seit dem 13. Jahrhundert, Ägypten beherrscht. Das osmanische Reich hatte sie 1517 besiegt und das Niltal erobert. Doch das Regime der Mamluken war so tief eingewurzelt, dass es Ägypten auch nach der türkischen Eroberung dominierte. Die Mamluken waren Waffensklaven, die jung aus Innerasien oder dem Kaukasus nach Ägypten verkauft, dort als Reitersoldaten ausgebildet und dann frei gelassen wurden. Sie bildeten untereinander «Familien», die ihren einflussreichsten Persönlichkeiten unterstanden, und diese Familien kämpften gegeneinander, bis einer ihrer Anführer die Oberhand über die anderen erstritten hatte. Daraufhin erhielt er den Titel Scheich al-Balad (etwa «Meister des Landes») und regierte, solange er seine Macht den anderen Mamlukenfamilien aufzwingen konnte. Einen Teil seines Einkommens verwendete er dazu, sich neue Waffensklaven zu kaufen und mit diesen seine Hausmacht auszubauen.

Zur Zeit des Verfalls des Osmanischen Reiches waren die Mamluken in Ägypten wieder so stark geworden, dass sie zwar einen Pascha, den Istanbul ihnen als Gouverneur sandte, aufnahmen, ihn jedoch, sobald er mit ihnen zusammenstiess, gefangen setzten und von der Pforte einen neuen Pascha anforderten. Bevor dieser kam, vergingen stets Monate, wenn nicht Jahre, während welcher Zeit die Mamluken ohne Pascha regierten. Im Laufe ihrer langen Präsenz in Ägypten hatten sie beinahe alles fruchtbare Land im Niltal in ihren Besitz oder unter ihre Aufsicht gebracht, und es war diese Einwurzelung in Ägypten als Grossgrundbesitzer und lokale Machthaber, die ihnen erlaubte, sogar die osmanische Eroberung als Machtfaktor im Niltal zu überdauern. Die Mamluken sahen sich selbst als die besten Reitersoldaten der Welt an. Sie hatten im Jahr 1260 die Mongolen von Ägypten zurückgeschlagen; kein anderes muslimisches Heer hatte die Mongolen besiegt. Sie hatten kurz darauf die letzten Kreuzritter von der syrischen Küste vertrieben. Sie hatten auch, wie wir oben sahen, bis zur Zeit der osmanischen Eroberung Schattenkalifen aus Bagdad nach Kairo gebracht und sie als Legitimationssymbole ihrer militärischen De-facto-Herrschaft in Kairo beherbergt und unterhalten.

Das strategische Ziel, das Napoleon vorschwebte, war, sich des gesamten Orients zu bemächtigen. Ägypten und Syrien sollten dabei als Basen dienen, um die Engländer in Indien angreifen zu können. Er plante ursprünglich, dem damals in Südindien mit vorübergehendem Erfolg gegen Grossbritannien kämpfenden Herrscher von Mysore, Tippu Sultan[6], zu Hilfe zu kommen und so einen Verbündeten in Indien zu gewinnen. Er liess auch Kontakte mit den Feinden der Engländer in Persien aufnehmen. – Das französische Expeditionskorps landete überraschend bei Alexandria und eroberte die Stadt am 2. Juli 1798; schon 19 Tage später schlug es die Mamluken vor Kairo entscheidend in der Schlacht bei den Pyramiden und besetzte Kairo am 23. Juli. Die Präsenz der Franzosen in der ägyptischen Hauptstadt und im ganzen Niltal, die drei Jahre lang dauern sollte, hatte einen gewaltigen Einfluss auf das Geschick Ägyptens und der Ägypter, während sie für Frankreich eher eine Episode bedeutete, deren wichtigstes Ergebnis schliesslich der Kontakt mit der ägyptischen Kultur, in erster Linie der alten, pharaonischen,

---

6    Tippu Sultan (1753–1799) herrschte über den Staat Mysore im Inneren Südindiens. Er war ein bitterer Feind der Engländer und stand in Verbindung mit den Franzosen von Pondicherry. Nach der Revolution hatte er den Titel eines Citoyen Français angenommen. Schon sein Vater, Haidar Ali Khan Bahadur (1718–1782), war ein Verbündeter der Franzosen in Südindien gewesen und hatte die Engländer vor Madras 1769 zu einem für ihn günstigen Frieden zwingen können. Tippu hatte das Kriegshandwerk von französischen Offizieren gelernt. Er griff 1789 den Raja von Travancore an, der mit den Engländern verbündet war, lief jedoch auf eine von Grossbritannien unterstützte Föderation der Marathen, des Nizams von Haydarabad und des Nawabs der Carnatic auf und verlor ein Drittel seiner Herrschaft im Jahr 1792. Er hoffte auf die Hilfe Bonapartes, und dieser schrieb ihm aus Ägypten. Die Engländer waren darüber informiert. Wellesley griff 1799 Mysore an und belagerte Seringapatam, wo Tippu seinen Tod fand. Seine Härte gegenüber Hindus und Christen, im Gegensatz zur Toleranz seines Vaters, dürfte seine Niederlage beschleunigt haben. Kurz vor der Französischen Revolution hatte der letzte Waffengang im Ringen zwischen den Engländern und den Franzosen um die Vormacht in Südindien stattgefunden.

und – in der nächsten Generation – die Entzifferung der Hieroglyphen durch Champollion (1790–1832) sein sollte.

Der grosse strategische Plan Bonapartes liess sich nicht verwirklichen. Die englische schlug die französische Flotte vor Alexandria (Aboukir am 1. August 1798). Dies bedeutete, dass Grossbritannien die Seeherrschaft an der syrischen Küste besass und sie verwenden konnte, um mit Hilfe der einheimischen syrischen und der osmanischen Truppen den Vorstoss Napoleons nach Syrien zu vereiteln. Bonaparte sah sich gezwungen, die Belagerung von Akka, die drei Monate gedauert hatte, am 21. Mai 1799 aufzugeben und den Rest seiner Truppen nach Ägypten zurückzuführen. Im August des gleichen Jahres segelte er heimlich nach Frankreich zurück, um dort seine politische und militärische Karriere fortzusetzen, während seine Armee in Ägypten verblieb. Die Franzosen hielten sich dort, zuerst unter General Kléber, nach dessen Ermordung (am 14. Juni 1800) unter General Menou, noch zwei weitere Jahre gegen die Truppen der verbündeten Engländer und Osmanen. Dann kehrten sie (am 31. August 1801) auf Grund eines Evakuationsabkommens mit den beiden Feindesmächten auf englischen Schiffen nach Frankreich zurück.

## Die französische Invasion in Ägypten

Der Einbruch der europäischen «Moderne» geschah in Ägypten überraschend als Überfall, Einmarsch und militärische Besetzung der Hauptstadt und fast des gesamten Niltals durch eine damals noch revolutionäre europäische Grossmacht – nicht wie im Osmanischen Reich in der Form eines langandauernden Druckes der verschiedenen rivalisierenden europäischen Mächte auf die Peripherie des Reiches. Im Gegensatz zu den Osmanen, die während Jahrzehnten darüber stritten, diskutierten und kämpften, wie sich ihr Reich gegenüber den mächtigen fremden Heeren und Staaten, die seine Grenzen bedrängten, verhalten solle, waren die Ägypter überraschte, fast benommene und zunächst passive Zuschauer bei dem unerwarteten Schauspiel des Zusammenbruchs der Jahrhunderte alten Macht ihrer mamlukischen Oberherren und der Machtergreifung und -ausübung der fremden, in ihrem eigenen Selbstverständnis «revolutionären», in der Sicht der Ägypter jedoch eher «christlichen» oder einfach «ungläubigen» Invasoren aus Frankreich.

Der ägyptische Chronist al-Jabarti (1745–1829) war ein Augenzeuge der französischen Invasion und beschreibt sie ausführlich. Aus seiner Darstellung sprechen Staunen bei kritischer Grundhaltung; Durchschauen der oberflächlich als «muslimisch» verkleideten Propaganda Napoleons; anfänglicher Willen zur taktischen Zusammenarbeit mit den französischen Machthabern im Interesse der eigenen Bevölkerung und der eigenen Position bei vielen der führenden Geistlichen; verhaltene Bewunderung für die technischen, wissenschaftlichen und organisatorischen Leistungen der Eindringlinge und Kopfschütteln über ihre kindisch anmutende Leichtsinnigkeit und ihre seltsamen Sitten und Gebräuche; all dies gemischt mit energischer Kritik an der mangelnden Umsicht und kriegerischen Vorbereitung der Mamluken, die das Land gegen die Ungläubigen hätten verteidigen sollen; aber auch mit einer gewissen Wehmut über das Untergehen der guten alten Zeit, als «unsere Mamluken noch herrschten»; scharfe Kritik an den Demagogen, die das Volk in den späteren Jahren der Besetzung zu unüberlegten Aufständen trieben und dadurch nur die Katastrophe einer blutigen Repression durch die Franzosen über Ägypten brachten; aber endlich noch schärfere Ablehnung des «rücksichtslosen» und «frevlerischen» Emporkömmlings Muhammed Ali, der durch seine als «verbrecherisch» und «tyrannisch» empfundenen Methoden am Ende die Macht an sich reissen sollte.[7]

Der Chronist gehörte zum Stand der Geistlichen, sein Vater war einer der grossen Scheichs von Kairo gewesen, dessen Ansehen ihm auch Reichtum und den Besitz von Häusern und Sklaven eingebracht hatte. Die Chronik ist vom Standpunkt des Kairoer Gelehrtenstandes aus verfasst und spiegelt die Grundhaltung eines an seiner Umwelt und sogar an Mathematik und Naturwissenschaften interessierten, weltoffenen Gottesgelehrten wider. Seine engere Heimat ist das «geheiligte» Quartier der grossen Azhar-Moschee, wo sich der Lehrbetrieb der wichtigsten theologischen Hochschule Ägyptens seit Jahrhunderten konzentriert hatte, und der Einbruch der Franzosen bei der Niederschlagung der grossen Rebellion des Stadtvolks von Kairo (vom Oktober 1898 nach der Auferlegung neuer Steuern) in diesen Bezirk der Theologie und der Wissenschaften schmerzt ihn besonders. Nicht ohne Bitterkeit stellt der Chronist fest, dass die alte Zeit unwiederbringlich vergangen ist, während er von der kommenden trotz des Abzugs der Franzosen und dann auch der Engländer und der Osmanen nicht viel zu erwarten ver-

7    Ausführlich: Abdurrahman al-Jabarti, Bonaparte in Ägypten, Auswahl und Übersetzung
     von Arnold Hottinger, Bibliothek des Morgenlandes, Artemis-Verlag. Zürich und München 1983.

mag: dem Mann der Zukunft, Muhammed Ali, misstraut er zutiefst; es ist, als vermöchte er alle physischen und moralischen Leiden vorauszusehen, welche der unbändige Machtwille des kommenden Gewaltherrschers und «Erneuerers» des von ihm in Besitz genommenen Niltals dem ägyptischen Volk noch bringen sollte.

### Die Gewaltherrschaft Muhammed Alis in Ägypten

Muhammed Ali wurde 1769 als der Sohn eines osmanischen Polizeioffiziers in Kavala, Mazedonien, geboren. Sein Vater war früh verstorben, und er wuchs im Haus seines Onkels auf, der Gouverneur des Verwaltungskreises war. Als junger Mann hatte er sich in Kämpfen und Zusammenstössen mit Schmuggel- und Räuberbanden hervorgetan, er betrieb auch einen Tabakhandel, und es mag in Verbindung damit gewesen sein, dass er mit dem französischen Generalkonsul, Lion, freundschaftlich verkehrte. Dieser war hauptamtlich ebenfalls als Händler beschäftigt. Der junge Muhammed Ali verstand jedoch kein Französisch, und er sollte auch zeit seines Lebens kein Arabisch lernen. Schreiben und Lesen soll er erst als 47-jähriger gelernt haben, als er schon der mächtigste Mann von Ägypten war.

Der Gouverneur, sein Onkel, hatte eine Truppe von 300 Mann albanischer Soldaten für die Flottenexpedition zu stellen, die neben einem Landheer von der Pforte gegen die Franzosen in Ägypten ausgesandt wurde. Er übergab das Kommando dieser Einheit seinem Sohn und liess diesen von dem älteren und erfahreneren Muhammed Ali als Unterkommandanten begleiten. Alle nach Ägypten eingeschifften albanischen Truppen unterstanden Taher Pasha als Oberkommandanten. Der Offizier Muhammed Ali landete 1799 in Ägypten; das Heer, dem er angehörte, wurde von Napoleon bei Abukir geschlagen. Doch Muhammed Ali mit seinen Truppen überdauerte die französische Präsenz.

Nach dem Abzug der Franzosen und der englischen Verbündeten der Osmanen fand ein komplexes Machtringen statt, an dem viele verschiedene Kräfte beteiligt waren: die beiden wichtigsten Mamlukenchefs; die Pforte mit ihrem aus Istanbul entsandten Gouverneur; die Engländer als Protektoren eines der Mamlukenhäuser; die Bürger der Stadt Kairo und die albanischen Truppeneinheiten sowie andere Unterabteilungen des osmanischen Heeres. Als Taher Pasha ermordet wurde, folgte Muhammed Ali ihm nach und war daher an diesem Machtspiel führend beteiligt. Er vermochte all seine Konkurrenten zu schlagen, indem er zwischen allen manövrierte und gleichzeitig seine eigenen albanischen Truppen so weit unter Disziplin hielt, dass sie am Ende den Bürgern von Kairo als das geringste Übel erschienen. – Der einflussreichste unter den städtischen Würdenträgern, Umar Makram, der Vorsteher der Ashrâf[8], ging schliesslich im Namen der städtischen Honoratioren ein Bündnis mit Muhammed Ali ein und half ihm 1805, sich zum türkischen Gouverneur von Ägypten aufzuschwingen. Die Pforte, die damals unter dem Druck ihrer eigenen Janitscharen stand (die Entmachtung des Sultans Selim III. stand bevor), war gezwungen, die Selbsterhebung ihres albanischen Offiziers zum Pascha von Ägypten zu ratifizieren.

Als 1807 die Engländer erneut in Ägypten landeten, konnte Muhammed Ali sie in seiner Eigenschaft als der neue *Wali* (Gouverneur der Pforte) zusammen mit der anti-englischen Fraktion der Mamluken aus dem Lande schlagen. Er führte sodann seine Kämpfe gegen die Mamluken fort, soweit sie sich ihm nicht unterstellten, und sorgte auch für die Verbannung seines bisherigen Verbündeten, Omar Makram (1809). Die Mamluken vermochte er endgültig zu entmachten, indem er im Jahre 1811 all ihre Oberhäupter zu einem Fest in die Zitadelle von Kairo einlud und sie zwischen den hohen Mauern des Hohlweges, der in sie hinaufführt, von seinen albanischen Truppen zusammenschiessen liess. Mindestens 300 von ihnen sollen so ums Leben gekommen sein. Dies geschah vier Jahre nachdem die Janitscharen den Sultan Selim III. gestürzt hatten, 15 Jahre bevor es Selims Nachfolger, Sultan Mahmut II., gelingen sollte, sich seinerseits ebenso blutig wie sein ägyptischer Vasall von der Hypothek der Soldateska alten Stils zu befreien – und Muhammed Ali hatte offenbar aus dem Janitscharenaufstand von Istanbul seine eigenen Lehren gezogen.

Noch 1811 nahm Muhammed Ali die Aufforderung der Pforte an, gegen die Wahhabiten vorzugehen, die auf der Arabischen Halbinsel, gestützt auf die Herrscher des Hauses Sa'ûd, zur Macht gekommen waren und Razzien bis nach dem Irak führten. Der Pascha entsandte seinen Sohn Toussoun

---

8    Ashrâf, singular Sharîf, nennt man die Familien, die Abstammung vom Propheten für sich in Anspruch nehmen. Sie waren zahlreich und bildeten in vielen muslimischen Städten Gruppen, die ganze Strassenzüge oder Stadtteile bewohnten. Sie waren zu einer Art Körperschaft zusammengeschlossen, hatten daher einen Vorsteher und bildeten unter ihm die vornehmste der städtischen «Zünfte». Als fromme und geehrte Muslime standen sie den Gottesgelehrten nah.

144

mit einem ägyptischen Heer; dies führte zu langen Kämpfen, an denen auch der Pascha selbst und sein zweiter Sohn Ibrahim beteiligt waren. Sie endeten erst 1818 mit der Zerstörung vom Dir'iya im arabischen Najd, dem Hauptsitz der Herrrscher der Wahhabiten, durch die ägyptischen Kanonen. Die Wahhabiten sollten sechs Jahre später in den Najd zurückkehren, doch der Hijâz, wo die Heiligen Städte des Islams gelegen sind, blieb in ägyptischer Hand, und der Pascha von Kairo konnte seinen Einfluss nach dem Süden der Arabischen Halbinsel bis in den Jemen hinab ausdehnen. In der gleichen Periode sandte der Pascha von Kairo auch Heere zur Eroberung von Kreta und nach dem Sudan aus.

Um sein neues Heer und seine Feldzüge zu finanzieren, änderte Muhammed Ali das Steuerwesen und die Verwaltung, ja die gesamte Wirtschaftsstruktur Ägyptens. Er zog alle Landgüter und Steuerpachten der Mamluken ein und machte den Staat, der mit seiner eigenen Person zusammenfiel, zum ersten Landbesitzer Ägyptens. Enge Vertraute und Verwandte erhielten bisher unbebaute oder durch die Kriegshandlungen verwüstete Landstriche zugeteilt, die sie neu bebauen und zu Gunsten des Staats besteuern sollten. Der Pascha erteilte dem Staat, das heisst seiner eigenen Kasse, auch ein Monopol für die wichtigsten Feldfrüchte und übernahm allen Aussenhandel. Er konnte so bestimmen, was in Ägypten angebaut werden sollte, und er tat dies entsprechend der Marktlage auf den Weltmärkten. Er war auch in der Lage, die Feldfrüchte zu einem von ihm selbst angesetzten, niedrigen Preis zu kaufen und alle Zwischenhändler bei ihrem Verkauf und Export auszuschalten. Die ägyptischen Bauern waren ausserdem noch verpflichtet, dem Staat einen Teil ihrer Arbeitsleistung umsonst zur Verfügung zu stellen. Die corvée⁹ diente dazu, neue Bewässerungskanäle anzulegen und zahlreiche staatliche Bauten zu errichten.

Die erste Schule, die der Pascha eröffnete, war eine Ausbildungsstätte für Feldvermesser (1816). Später kamen viele weitere Schulen dazu, die stets praktischen Zwecken dienten und dann aufgebaut wurden, wenn ein dringender Bedarf für Fachleute einer bestimmten Berufsrichtung eintrat: Militärschulen für die Mannschaften und Offiziere der Infanterie, Artillerie, Kavallerie und Marine; eine Schule für Medizin; für Tierärzte; Pharmazeuten; praktische Chemie; Hebammen; eine Landwirtschaftsschule; eine

---

9    «Bis 1848 durchschnittlich 60 Tage pro Jahr; später nur noch 45.» H. A. B. Rivlin, Note 6,
     S. 244.

Schule für Handwerker und Künstler; für Zivilingenieure; Verwaltung; Sprachen und Übersetzungen. Nicht nur in der Hauptstadt, sondern auch in Alexandria und in verschiedenen Provinzstädten wurden solche berufliche Schulen betrieben. Die Lehrmethoden und Lehrgegenstände gingen stets auf europäische Vorbilder zurück. Die meisten Lehrbücher waren aus dem Französischen oder Englischen übersetzt, und oft wirkten auch Europäer als Instruktoren. Die Studenten musste der Pascha zuerst unter den Absolventen der traditionellen islamischen Schulen suchen. Erst später liess er Grund- und Sekundarschulen einrichten, systematisierte das ganze Ausbildungwesen und unterstellte es einem Erziehungsminister.

Als erster muslimischer Herrscher entsandte der Pascha auch grössere Gruppen von Schülern und Studenten ins Ausland. Zwischen 1809 und 1848 waren es nahezu 350 Personen. Die meisten gingen nach Paris[10]. Die Druckerpresse der Industrievorstadt Bulâq (heute ein Teil von Kairo, nahe beim Nil) begann ihre Arbeit im Jahr 1822. Um seine neuen Armeen zu versorgen, liess der Pascha Manufakturen für Pulver und Munition einrichten, dann auch für Uniformen und Stiefel, schliesslich für alle wichtigeren Bedürfnisse des Staates. Grundprinzip dabei war Importsubstitution; nur einige Überschüsse wurden exportiert. In den Textilfabriken, die alle für den Staat arbeiteten, wurde in erster Linie Kinderarbeit verwendet.

Als Soldaten wollte Muhammed Ali zuerst schwarze Kriegsgefangene und Sklaven aus dem Sudan einsetzen. In einer riesigen Kaserne in Assuan wurden sogar Sklavinnen zur Produktion von Kindern interniert. Die Feldzüge, die der Pascha nach dem Sudan unternahm, sollten in erster Linie Gold und Sklaven einbringen. Doch Gold wurde wenig gefunden, und die südsudanesischen Sklaven erwiesen sich als untauglich für die Armee, weil zu viele von ihnen sich einfach sterben liessen.

Es war ein nach Waterloo 1815 aus der Armee entlassener französischer Offizier, Colonel de Sève, der den Auftrag erhielt, die neue reguläre Armee in Assuan auszubilden. Er konnte nach 1820 sieben Bataillone aus Nordafrikanern, Beduinen und anderen Freiwilligen aufstellen. Er trat später zum

---

10  Der junge Geistliche, der die erste Studentenmission im Jahr 1826 nach Paris begleitete, Rifâ'a at-Tahtâwi (1801–1873), verfasste eine berühmte Beschreibung des zeitgenössischen Paris und des französischen Regierungssystems. Tahtâwi wurde später ein unermüdlicher Übersetzer und Förderer der Reform durch Kontakt mit dem Westen. Siehe die französische Übersetzung seines Werkes von Anouar Louca: L'Or de Paris, Paris, Sindbad 1988.

Islam über, nannte sich Sulayman Pascha und wurde Generalstabschef der ägyptischen Armee unter dem Oberkommandierenden Ibrahim, dem zweiten Sohn Muhammed Alis. Doch Muhammed Ali brauchte mehr Soldaten, und er entschloss sich am Ende, die ägyptischen Fellachen mit Gewalt auszuheben. Die Aushebung war äusserst verhasst unter den ägyptischen Bauern. Wer einmal in Ketten als Rekrut abgeführt wurde, kehrte kaum je wieder nach Hause zurück. Väter und Mütter verstümmelten ihre Söhne, oft durch Blendung eines der Augen, um sie für den Dienst untauglich zu machen. Andere schlugen sich selbst die Vorderzähne aus, die benötigt wurden, um die damaligen Patronenhülsen aufzureissen. Oder sie schnitten sich den Zeigefinger der rechten Hand ab. Dies soll so häufig geschehen sein, dass die Ausheber Mühe hatten, gesunde Soldaten zu finden, und sogar Regimenter von Kindern und von Halbblinden aufgestellt wurden[11]. Es kam oft zu Aufständen gegen die gewaltsamen Rekrutierungen, die auch in den Städten die Form von Menschenjagden[12] annahmen. Der Pascha bediente sich der Beduinentruppen, um die Rebellionen der Fellachen niederzuschlagen und um Fellachen zu jagen, die «aus ihren Dörfern oder von der Armee desertierten.»

Sultan Mahmut II. forderte seinen erfolgreichen «Gefolgsmann» in Ägypten auf, ihm bei der Niederschlagung des griechischen Aufstands zu helfen. Als Lohn versprach er dem Pascha von Kairo die Herrschaft über Kreta, Zypern und den Peloponnes. In der Tat konnte Ibrahim Pascha den Peloponnes in Besitz nehmen und sogar 1827 Athen besetzen, ohne freilich allen Widerstand der griechischen Guerrilla zu brechen. Die europäischen Staaten versuchten einen Frieden zwischen der Pforte und den Aufständischen zu erreichen. Dies geschah unter dem Druck des europäischen Philhellenimus. Doch der Sultan wollte die für die Aufständischen günstigen Bedingungen nicht annehmen, was am Ende zur Seeschlacht von Navarino (Oktober 1827) führte, in der die Flotten des Sultans und Muhammed Alis von den Kriegsschiffen der Engländer, Russen und Franzosen weitgehend ver-

11  Helen Anne B. Rivlin: The Agricultural Policy of Muhammad Ali in Egypt, Oxford Univ. Press 1961, zitiert (S. 205) den Text eines Rundschreibens, das Muhammed Ali an alle Provinzverwalter sandte. Er droht darin allen jenen, die sich selbst verstümmelten, sie würden lebenslänglich als Galeerensklaven verwendet, und ausserdem müssten ihre Familien Ersatz für sie stellen. Doch die grosse Zahl der Selbstverstümmelungen scheint dies unpraktizierbar gemacht zu haben. Für Regimenter von «Blinden und Kindern», siehe das gleiche Werk, S. 206.

12  Vgl. das gleiche Werk, S. 203.

nichtet wurden. Eine britische Flotte kreuzte vor Alexandria auf und zwang Muhammed Ali, seinen Sohn aus dem Peloponnes nach Hause zu rufen. Der Pascha von Kairo geriet mit dem Sultan wegen des Verlustes seiner Flotte in Streit, und er sandte im Jahr 1831 Ibrahim mit einer Armee gegen seinen Oberherrn nach Syrien. Akka fiel nach sechs Monaten der Belagerung. Die Ägypter konnten dann nach Siegen über drei osmanische Armeen bei Hims (Homs), bei Alexandretta und Konya bis Kütahiya vorstossen. – In Libanon gewann Ibrahim die Hilfe des lokalen Fürsten der Drusen und Maroniten, Beschirs II. Der Sultan suchte seinerseits Hilfe bei den Russen, schloss einen Defensivpakt mit ihnen und forderte auch russische Hilfstruppen für die Verteidigung von Istanbul an. Dies löste Alarm bei den westlichen Grossmächten aus. Sie sorgten dafür, dass Muhammed Ali seine Truppen aus Kleinasien zurückzog. Doch musste der Sultan ihm Syrien bis nach Adana hin überlassen. Ibrahim wurde zum Statthalter über Syrien ernannt und begann eine «Reformpolitik» nach ägyptischem Vorbild in Syrien und in den libanesischen Bergen. Sein Versuch, die syrischen Völkerschaften zu entwaffnen, schwer zu besteuern und sie zum Dienst in den regulären Heeren Muhammed Alis zu zwingen, rief zuerst Unzufriedenheit hervor, dann bewaffneten Widerstand.

In Ägypten kam es gleichzeitig zu wachsenden Wirtschaftskrisen, weil das Land erschöpft war und die Politik der Monopolisierung aller Produktionszweige in der Hand des Paschas sich als wirtschaftlich unrentabel erwies. Sie hatte freilich auch einen politischen Zweck: die Macht über Ägypten und über die nun angeschlossenen Gebiete von Syrien bis nach Arabien und bis hin zum Sudan in einer Hand zu konzentrieren; dieses Ziel hat sie eher erreicht. Trotz Schwierigkeiten und Unruhen erklärte Muhammed Ali im Jahr 1838 seine Unabhängigkeit vom Osmanischen Reich. Doch Sultan Mahmut II., der nun ein Jahrzehnt Zeit gehabt hatte, seinerseits eine moderne Armee aufzubauen, erklärte den Pascha von Kairo zum Rebellen und setzte eine Armee aus Kleinasien gegen Syrien in Bewegung. Ibrahim konnte sie bei Nisibis (Nizib) am 14. Juni 1839 vernichtend schlagen. Sultan Mahmut II. starb in Istanbul, bevor er noch von der Niederlage seiner neuen Armee erfuhr. Die türkische Flotte ging zu Muhammed Ali über.

Doch die vier europäischen Mächte traten zusammen und beschlossen, den Pascha von Kairo zu zwingen, Syrien zu verlassen. Frankreich, das dem ägyptischen Herrscher am nächsten stand, wurde veranlasst, sich der Mehrheit der Mächte zu fügen. Muhammed Ali lehnte das Ansinnen zunächst ab. Doch ein englischer Admiral nahm Akka, im Rücken Ibrahims, ein, die britische Flotte bombardierte Beirut und die unzufriedenen Völker und Religionsgruppen Syriens und Libanons, von den Briten und sogar von den Franzosen dazu ermutigt, erhoben sich gegen die ägyptische Zwangsherrschaft. – 1840 kam es zu Verhandlungen in Alexandria, und der Pascha musste in den Abzug aus Syrien einwilligen. Als Gegenleistung erreichte er, dass die Pforte ihn und seine Nachfahren als Herren über Ägypten anerkannte. Die Engländer zwangen Muhammed Ali, auf die hohen Schutzzölle zu verzichten, die er bisher angesetzt hatte, um seine einheimischen Manufakturen zu schützen.

Der Pascha regierte noch acht Jahre lang weiter über Ägypten, Kreta und den Sudan. Doch mit seinen Grossmachtplänen verlor er auch das Hauptmotiv für seine frühere Politik der zentralisierten Verwaltung und Wirtschaft. Seine Fabriken standen aus Mangel an Finanzierung, Ersatzteilen und Absatz still. Ohne die nun auf Druck der Mächte abgeschafften hohen Schutzzölle waren die ägyptischen Manufakturen nicht in der Lage, der europäischen Konkurrenz standzuhalten. Die meisten der neuen Schulen wurden auch geschlossen. Muhammed Ali begann Landgebiete an Verwandte und Günstlinge zu verteilen und schuf damit die Grundlage für einen neuen Grossgrundbesitz, der in Ägypten bis zur Landreform Abdel Nassers fortbestand. Erst 1953, nach der Absetzung des letzten Herrschers der Dynastie, die Muhammed Ali begründet hatte, konnte Nasser seine Landreform in Ägypten durchführen. Die Entlassung der grossen ägyptischen Armeen des Paschas schuf ein Subproletariat in den Städten, da die Soldaten nicht alle aufs Land zurückkehren konnten oder wollten. Um Rebellionen der Fellachen zu vermeiden, wurden die Steuern, die Corvée-Tage, der Aushebungsdruck, alle etwas herabgesetzt.

Die erste Welle der gewaltsamen «Europäisierung» und «Modernisierung» Ägyptens verebbte, nachdem sie auf die Klippe des Widerstandes der europäischen Grossmächte aufgelaufen war. Diese wollten ein schwaches Osmanisches Reich, den kranken Mann am Bosporus, erhalten und nicht zulassen, dass dieses Reich von seinem tüchtigen südlichen Vasallen, Muhammed Ali, und von seinem nördlichen Nachbarn, Russland, verschluckt werde. Für Muhammed Ali hatte jedoch die Modernisierung Ägyptens nach europäischen Vorbildern so sehr rein militärischen und imperialen Zwecken gedient, dass der Pascha sein Interesse an dieser Modernisierung verlor, nachdem klar geworden war, dass ihm die militärisch überlegenen Grossmächte nicht erlaubten, seine Eroberungsträume im Nahen Osten zu verwirklichen. Der Tod seiner beiden Söhne, Toussouns und Ibrahims, bedeutete darüber hinaus auch eine persönliche Tragödie für Muhammed Ali, dessen dynastische Pläne durch den Tod der direkten Erben aus den Fugen gerieten.

## Der Preis der Reformen

Istanbul und Kairo haben unterschiedliche, aber doch im Wesentlichen vergleichbare Wege beschritten, um in die Moderne zu gelangen – oder vorsichtiger gesagt, um Heere im zeitgemässen europäischen Stil aufstellen zu können und damit den ersten Schritt auf die Verwestlichung ihrer Länder hin zu tun, dem weitere unvermeidlich nachfolgen sollten. In Istanbul misslang der erste Versuch, jener Selims III. von 1807, so katastrophal, dass der Sultan seine Herrschaft und kurz darauf sein Leben verlor. Muhammed Ali lernte aus dem Debakel des Sultans, was er wohl ohnehin schon wusste, weil es in seinem Charakter lag, dass er entweder seine alten Verbündeten mit Gewalt liquidieren müsse oder dass er Gefahr laufe, selbst liquidiert zu werden. Er schritt 1811 zum Meuchelmord an seinen Mamlukenführern. Man hat anzunehmen, dass seinerseits auch der neue Sultan in Istanbul, Mamut II. (1807–1839), die gleichen Konsequenzen aus dem Debakel seines Vorgängers zog. Jedenfalls fand ihn 18 Jahre später der Aufstand seiner Janitscharen wohl vorbereitet, und er schaltete sie blutig aus.

Muhammed Ali war der erste Machthaber in der islamischen Welt, der eine damals «moderne» Armee tatsächlich aufstellen und einsetzen konnte. Er kam deshalb in die Lage, seine Machtinstinkte, die beträchtlich gewesen sein müssen, stark auszuleben. Das Gebiet, das er auf dem Höhepunkt seiner Macht beherrschte, erstreckte sich vom südlichen Sudan über Ägypten und Arabien, Palästina und Syrien bis ins Innere von Anatolien, nicht mehr sehr weit von Istanbul entfernt. Der Peloponnes und Kreta gehörten zeitweilig auch dazu. Doch dann stiess Muhammed Ali mit den europäischen Mächten zusammen und verlor zuerst seine griechische Kriegsbeute, später auch seine Eroberungen in Anatolien und Syrien. Er war dabei pragmatisch genug, um – nach der Niederlage seiner und der türkischen Flotte von Navarino (1827) – den Europäern keinen ernsthaften Widerstand zu leisten, und diesem Umstand verdankte er seine endliche Bestätigung als Besitzer der Herrschaft über Ägypten.

Die Sultane in Istanbul hatten eine schwierigere Position. Die «Verspätung» Mahmuts II. gegenüber Muhammed Ali bedeutete, dass ihm mit diesem neben den seine Grenzen stets bedrängenden europäischen Mächten auch noch ein militärisch überlegener orientalischer Rivale erwuchs. In dieser Lage konnte er seine Herrschaft nur retten, weil die Mächte Europas nicht bereit waren, zur Auflösung des Osmanischen Reiches überzugehen. Sie wirkten zwar kollektiv auf eine Rettung des griechischen Aufstandes hin (der 1821 begonnen hatte), als der Sultan und Muhammed Ali gemeinsam gegen die Griechen vorgingen. Doch sie wiesen später Muhammed Ali in seine Schranken, als er im Begriff schien, das Osmanische Reich zu zerschlagen. Dies geschah nicht aus Liebe zum Sultan oder aus Feindschaft gegenüber dem ägyptischen Gewaltherrscher. Dieser hatte bis dahin jedenfalls die Unterstützung und Sympathie der Franzosen genossen. Die Mächte zwangen ihn, zurückzuweichen, weil der Sultan und die Russen aus Furcht vor seinen Expansionsbestrebungen zu einem Bündnis zusammengetreten waren, das den Russen mehr Einfluss am Bosporus versprach als den anderen Mächten. Das Übereinkommen von Hünkar Iskelesi, das Mahmut II. damals (1833) mit dem Zaren abgeschlossen hatte, besass eine Geheimklausel, die dem Zaren erlaubte, russische Kriegsflotten durch die Meerengen zu schicken, und den Einbruch der in Odessa basierten russischen Flotte ins Mittelmeer wollten die anderen europäischen Mächte auf keinen Fall zulassen. – Zur Auflösung des Osmanischen Reiches sollten die westeuropäischen Mächte erst in einem viel späteren Zeitpunkt schreiten, nämlich sofort nach dem Ersten Weltkrieg – bezeichnenderweise in einem Augenblick, in dem Russland, wegen seiner eigenen Revolution von 1917, nicht in der Lage war, seinen Anteil an der Liquidation des Osmanischen Reiches zu fordern.

Was die Innenpolitik angeht, so war Muhammed Ali dank seinem Monopol westlicher Militärtechnik und -organisation und der Ausschaltung aller sekundären Machthaber in Ägypten in der Lage, eine totalitäre Herrschaft einzurichten, wie sie die autokratischen Herrscher vor ihm (nicht einmal im Europa des Absolutismus, etwa unter Ludwig XIV.) nie besessen hatten. Er nahm nicht nur das zentrale Machtinstrument der Armee ausschliesslich in seine Faust, ohne untergeordnete Mächte von der geringsten Eigenständigkeit zu dulden. Er bemächtigte sich auch der wirtschaftlichen Machtpositionen, indem er alles Land Ägyptens für sich nahm und die neuen Manufakturen sowie den Handel mit dem Ausland ebenfalls auf eigene Rechnung betrieb. Er schritt auch zur Gleichschaltung der Gottesgelehrten, indem er ihre Einkünfte aus den Waqf-Stiftungen an sich riss. Er verstaatlichte so die Militärs und die Religion und militarisierte die Wirtschaft seiner Länder, mit dem Zweck, diese einzigartige Machtfülle in den Dienst einer expansiven Aussenpolitik der Eroberungen zu stellen.

Doch auch Mahmut II. regierte, nach der Ausschaltung seiner Janitscharen, viel uneingeschränkter über sein Land als seine doch so viel mächtigeren Vorgänger in der klassischen osmanischen Zeit. Er brauchte nicht mehr auf feudale Untergeordnete Rücksicht zu nehmen, er hatte auch die Gottesgelehrten gezähmt, indem er ihre alten Verbündeten im Machtspiel, die Janitscharen, ausschaltete. Er verfügte in zunehmendem Masse über eine Beamtenschicht europäischen Musters, die ganz auf ihn angewiesen war, weil sie keinerlei Rückhalt bei der Bevölkerung besass, und die das Land viel intensiver durchdrang und beaufsichtigte, als es die altherkömmlichen, komplexen und wechselnden Allianzen zwischen Feudalherren, lokalen Würdenträgern, Janitscharen und «Sklaven der Pforte» getan hatten. Zu seiner Zeit begann auch (und wuchs später unkontrollierbar fort) das europäische Finanzspiel mit Banken, Papierwährungen und Anleihen, das dem Reich kurzfristig neue, dringend benötigte Geldmittel verschaffte, es jedoch längerfristig in den Staatsbankrott führte.

Der Polizeistaat war ebenfalls eine europäische Erfindung, und die frühen Stufen der osmanischen Reformpolitik, die auf eine Europäisierungspolitik hinauslief, sollten am Ende mehr polizeiliche Durchdringung («Verpolizeilichung») denn eine Lockerung und Nuancierung (von Demokratisierung gar nicht zu reden) der absoluten Staatsmacht ergeben. Demokratisierung war ja auch unter Mahmut II. ebensowenig wie unter Muhammed Ali beabsichtigt. Die Modernisierung ohne Mitspracherecht der Bevölkerung, das heisst ohne demokratische Ansätze, die Reform genannt wurde, führte im Gegenteil sowohl in Istanbul wie in Kairo zu einer bedeutenden Verstärkung der totalitären Züge der nun europäisierenden Zentralmacht und ihrer nach europäischen Vorbildern aufgebauten zentralen Bürokratie. Im Kairo und Alexandria Muhammed Alis wurde der totalitäre Zentralstaat auf Basis der westlichen Machttechnik sehr früh eingerichtet; er lockerte sich später etwas, als der Herrscher gezwungen wurde, seiner Eroberungspolitik zu entsagen. In Istanbul hatte ein vergleichbar moderner Staat viel grössere Mühe, sich zu formieren, und es sollte bis zum dritten Viertel des 19. Jahrhunderts dauern, bis auch im Osmanischen Reich der «reformierende Polizeistaat» unter Sultan Abdül Hamit II. (1876–1909) seinen Höhepunkt erreichte. In beiden Zentren der frühen Verwestlichung sollte jedoch der sogenannte Reformprozess durch die Einführung europäischer Machtmethoden und -techniken (die ihrerseits erst nach der gewalt-

152

samen Zerstörung der alten, weniger effizienten Machtkörper möglich wurde) zu einer Intensivierung des älteren, relativ eingeschränkten Absolutismus führen, die so einen nahezu schrankenlosen Totalitarismus der Zentralmacht hervorbrachte.

Diese Entwicklung war nur logisch: die von der Spitze hinab nach unten vorgetriebene Modernisierung, Reform, Europäisierung oder Militaro-Bürokratisierung nach europäischen Mustern (wie immer man sie bezeichnen will, denn die Bewegung war alles dies) verstärkte die Spitze, von der sie ausging; sie zerschlug und zermalmte jedoch die früheren Unterstufen der Machtpyramide, indem sie deren entscheidende Formationen, Mamluken und Janitscharen, liquidierte und die anderen, sekundären und lateralen Machthierarchien ihrer Ansätze von Eigenständigkeit beraubte, um alle Machtfaktoren, die formellen und informellen, das heisst die sich als Machtfaktoren bewussten und nicht bewussten Gruppierungen, der «europäisierenden» Zentralmacht unterzuordnen. Dies galt auch von der wirtschaftlichen Macht, deren Strukturen Muhammed Ali bewusst monopolisierte, während die osmanischen Herrscher sie eher durch Kredit- und Währungsmanipulationen zuerst ausbeuteten, dann aushöhlten und am Ende entscheidend untergruben. So wurden mit Hilfe europäischer Methoden und unter dem lauten Beifall der Europäer, der ebenso naiv wie egoistisch war, die Spitzen der beiden Machtpyramiden gewissermassen durch im Ausland geschmiedete und aus ihm eingeführte Stahlmäntel gepanzert. Doch die darunter liegenden Strukturen wurden so weit und so lange geschwächt, bis sie das stählerne Dach der Reform nicht mehr tragen konnten.


## Reform von unten in Libanon

In Libanon kam es zu einer Sonderentwicklung: Die ägyptische Herrschaft unter Muhammed Ali und Ibrahim Pascha setzte das politische Leben der ganzen syrischen Provinz in Bewegung. Das levantinische Gebiet wurde für den Verkehr mit dem europäischen Ausland geöffnet. Ibrahim bevorzugte die Christen und Drusen, die unter dem drusisch-christlichen Fürsten Baschir II. (1788–1840) ein Bündnis mit ihm eingegangen waren. Später allerdings kam es unter den Bewohnern des Libanongebirges zu heftigen antiägyptischen Gefühlen und sogar Aufständen, weil das ägyptische Regime schwere Steuern einführte, den Militärdienst in der ägyptischen Armee als obligatorisch erklärte und die Waffen der Bergbevölkerung beschlagnahmen wollte. Im Laufe der Unruhen hatte Ibrahim auch maronitische Hilfstruppen gegen die aufbegehrenden Drusen verwendet und dadurch einen der Grundsteine für die späteren schlechten Beziehungen zwischen den beiden Gemeinschaften gelegt. Die Maroniten behielten die guten Beziehungen mit Frankreich bei, nachdem die Ägypter das Land verlassen hatten. Sie traten in eine Phase der demographischen und wirtschaftlichen Expansion ein und begannen die Ländereien ihrer Nachbarn, der Drusen, aufzukaufen, die ihrerseits weniger prosperierten. Dies führte zu weiteren Spannungen zwischen den beiden Gemeinschaften, die beide das Zufluchtsgebiet des Libanongebirges bewohnten, die Drusen mehr südlich, die Maroniten in den nördlichen Teilen. – Früher waren die beiden Religionsgemeinschaften Verbündete gewesen, und die Maroniten hatten den eher schwächeren Teil des Bündnisses ausgemacht. Die allmähliche Expansion der Maroniten nach Süden löste jedoch 1860, eine knappe Generation nach dem Abzug der Ägypter, eine Reaktion der Drusen aus, die blutig ausfallen sollte. Das osmanische Regime, das nun wieder die Oberhoheit ausübte, scheint nach dem Ausbrechen der ersten Zusammenstösse auf Entwaffnung der Maroniten bestanden zu haben, während es den Drusen ihre Waffen überliess. Dabei spielte gewiss eine Rolle, dass die osmanischen Statthalter und Behörden in den maronitischen Christen in erster Linie Klienten der Franzosen erblickten, was sie auch weitgehend waren. Die Drusen jedoch wurden als den Muslimen verwandt und als gute osmanische Untertanen eingestuft.

Doch die einseitige Bewaffnung, die durch die Aktion der osmanischen Behörden zustande kam, hatte Folgen. Die Drusen, aufgebracht über die wirtschaftliche Übermacht der Maroniten und ihre Expansion in das bisher ihnen gehörige Land, umzingelten maronitische Dörfer und Städtchen, vor allem im Süden des Landes, wo die Neuankömmlinge in der Minderzahl waren, und massakrierten die Bewohner, die zuvor durch die osmanischen Gendarmen entwaffnet worden waren.

Die Massaker brachten die europäischen Mächte auf den Plan, in erster Linie Frankreich, das sich als die Schutzmacht aller nahöstlichen Katholiken betrachtete, und unter ihnen besonders der Maroniten. Diese hatten schon mit den Kreuzrittern zusammengearbeitet und spätestens seit dem 16. Jahrhundert den Papst anerkannt. Sie bildeten eine eigene katholische Kirche mit ihrem Patriarchen an der Spitze und ihrer arabischen Messe, die sich jedoch als Rom untergeben ansah. Das maronitische Kolleg in Rom, wo maronitische Priester ausgebildet wurden, funktionierte seit 1585.

Frankreich und die anderen Mächte wurden in Istanbul vorstellig, und die Pforte gab Befehl, dass die Massaker aufhören müssten. Sie hatten in der Zwischenzeit sogar auf Damaskus übergegriffen. Nun ergriff die Pforte auch Massnahmen, um die Verantwortlichen zu bestrafen. Dennoch griff Frankreich ein. Ein französisches Expeditionskorps wurde nach Libanon entsandt und zog erst wieder ab, nachdem ein Vertrag mit der Pforte geschlossen war, der eine Autonomie unter internationaler Aufsicht für den Berg Libanon (Beirut und die Küstenebene waren nicht inbegriffen) festlegte. Der Berg Libanon, «Mont-Liban», blieb eine Subprovinz des Osmanischen Reiches[13], die Pforte verpflichtete sich jedoch, ihn einem christlichen Gouverneur zu unterstellen. Maroniten und Drusen waren paritätisch in einer Lokalregierung vertreten, die sich um die lokalen Belange zu kümmern hatte, und die Konsuln Frankreichs und Grossbritanniens erhielten ein Aufsichtsrecht, das ihnen erlaubte, die Ausführung des Vertrags zu überwachen.

Dieses Sonderregime für den Berg Libanon funktionierte zufriedenstellend bis zum Beginn des Ersten Weltkrieges. – Nützlich war es vor allem den Maroniten, die ihre Bande mit Frankreich immer weiter ausbauten. Im Wirtschaftsbereich blühte die Seidenraupenzucht, die den Spinnereien von Lyon libanesischen Seidenfaden lieferte. Die Drusen wurden zu Protégés der Briten, weil die Franzosen mit den Maroniten zusammenarbeiteten und die französisch-britische Rivalität so lebhaft war, dass sie sich beständig auf die Politik des Nahen Ostens auswirkte. Doch die Drusen prosperierten weniger als die Maroniten. Sie waren nie im gleichen Masse geschäftstüchtig, und ihre einst überlegenen militärischen Traditionen konnten sich im Rahmen des Autonomieregimes, das keinerlei kriegerische Auseinandersetzungen zuliess, nicht mehr auswirken. Viele der Drusen wanderten in das nordöstlich gelegene innersyrische Gebiet aus, das heute den Namen Dschebel Drus (Drusenberg) trägt und zum zweiten Wohnort der Drusen wurde. Doch im Mont-Liban lernten beide Gemeinschaften im Rahmen des Autonomieabkommens gemeinsam zu leben und ihre eigenen Angelegenheiten zu verwalten, allerdings unter dem Vorsitz eines christlichen osmanischen Gouverneurs und unter der weiteren Kontrolle der Konsuln von Frankreich und Grossbritannien.

13 Mutasarrafiya genannt, weil ein «Unter-Pascha» Mutasarraf genannt wurde.

155

## Beirut als ein weiteres Reformzentrum

Die internationale Hafenstadt Beirut, in der sich alle Konfessionen der Levante trafen und mischten und wo die europäischen Konsuln im Rahmen der sogenannten Kapitulationen[14] eine bedeutende Rolle spielten, wurde zu einem weiteren Zentrum der Reformideen. Die libanesischen Christen waren schon früh offen für den aus Europa eindringenden Nationalismus, weil sie hoffen konnten, in einer künftigen Nation, die kein Religionsstaat mehr wäre, volle Gleichheit mit den übrigen Mitgliedern des Staatsvolkes zu erlangen, welches im Osmanischen Reich ausschliesslich durch die sunnitischen Muslime gebildet wurde. Den Sunniten hingegen, auch den Arabisch sprechenden unter ihnen, war der Gedanke, eine künftige Souveränität im Rahmen eines arabischen Nationalstaates mit den bisherigen Minderheiten teilen zu müssen, viel weniger willkommen. Dies um so weniger, als die Minderheiten während des ganzen 19. Jahrhunderts durch die Zusammenarbeit mit den mächtigen Europäern ihre wirtschaftliche Position immer weiter verbessern konnten und die grosse Masse der Muslime wirtschaftlich zu überflügeln drohten.

Unter den libanesischen Christen begannen auch europäische Missionare zu wirken, die vor allem Schulen gründeten und führten. Dort herrschten die europäischen Schulprogramme, und der gesamte Unterricht erfolgte meist auf französisch, manchmal auch auf englisch, je nach der Herkunft der Missionare. Für die Absolventen solcher Schulen gab es Stellen und Ämter, die im Zusammenhang mit den europäischen Geschäftsunternehmungen oder sogar den politischen Aktivitäten der Konsuln der Mächte standen.

---

14    Dies waren seit dem 16. Jahrhundert bestehende und seither weiter ausgebaute Konzessionen, welche der osmanische Sultan den befreundeten Mächten, zuvorderst Frankreich, gewährt hatte. Sie erlaubten den Konsuln, unter ihren Landsleuten Recht zu sprechen. Ausweitungen bewirkten dann, dass auch Streitfragen zwischen osmanischen Untertanen und den «Sujets» der Konsuln von den Konsulargerichten behandelt und entschieden wurden, und zu den Ausweitungen gehörte auch, dass reiche Osmanen aus den religiösen Minderheiten gewissermassen als Ehrenbürger unter den Schutz der Konsuln gelangen konnten und damit von der Sondergerichtsbarkeit, die die Konsuln besassen, profitierten. In den Zeiten der Schwäche des Reiches gab diese Ordnung der Kapitulationen Anlass zu vielen Missbräuchen, unter denen die nicht durch Kapitulationen geschützten Untertanen der Pforte zu leiden hatten.

Die Maroniten jener Zeit gewannen aber auch grossen Einfluss auf das arabische Buch-, Zeitschriften- und Zeitungswesen. Das Autonomiestatut des Berges und das entspannte Klima der Hafenstadt Beirut gewährten ihnen Schutz vor der türkischen Zensur. Sie waren als vielsprachige, Europa zugewandte Minderheit arabischer Muttersprache sehr gut qualifiziert, um ihren arabischen Mitosmanen die Entdeckungen und Errungenschaften der Europäer zu erklären und schmackhaft zu machen. Sie wurden so wichtige Träger der *Nahda* oder «arabischen Renaissance», einer in erster Linie sprachlichen Bewegung, die sich bemühte, das klassische Arabisch wieder aufleben zu lassen, aber gleichzeitig auch aus dem Arabischen eine zeitgemässe Sprache zu machen, in der die Konzepte und Ideen der modernen Welt gefasst und abgehandelt werden konnten.

(Alinea) Nâsif al-Yâziji (1800–1871), der in jungen Jahren als der Hofdichter von Beschir II. wirkte, später als Lehrer, Dichter und Schriftsteller in Beirut, sprach keine europäische Sprache und gehörte nicht zu den Propagandisten der Ideen und Errungenschaften Europas, wie viele seiner Zeitgenossen. Er trat hervor durch seine Meisterschaft der klassischen Sprache. Der klassische Dichter al-Mutanabbi (915–955) war wohl sein grösstes Vorbild. Er hat sein Leben lang an einem grossen Kommentar zu den Werken seines Dichterideals gearbeitet, den nach seinem Tode sein Sohn Ibrahim publizierte. Er war auch berühmt für seine *Maqamen* (deutsch: Standpredigten), die ebenfalls den klassischen Werken dieser Art, besonders jenen Hariris (starb 1122), nachempfunden sind.

Der etwas jüngere Butros al-Bustani (1819–1883) hat ein grosses Wörterbuch der klassischen Sprache verfasst, den «Umfassenden Ozean», und zusammen mit seinen Söhnen eine vielbändige arabische Enzyklopädie herausgegeben, in der arabische Äquivalente für viele neue Begriffe geschaffen wurden, für die es bisher nur fremdsprachige Bezeichnungen gegeben hatte. Sulaiman al-Bustani, ein Neffe von Butros, lieferte 1904 die erste Übersetzung der Ilias Homers ins Arabische. Wenn bei derartigen Unternehmen die sakrale Natur der Sprache des Korans, die dem Arabischen bisher seine Weihe verliehen hatte, ein wenig zurückgedrängt wurde, war dies den Maroniten und anderen libanesischen Christen und Juden (Butros Bustani war zum Protestantismus übergetreten), die ihre arabische als eine den europäischen ebenbürtige Kultursprache fördern wollten, nicht unwillkommen.

## Die unvollständige Modernisierung Irans

Die Reform im Iran des 19. Jahrunderts war, verglichen mit den zähen und langandauernden Anstrengungen in Istanbul, die darauf abzielten, mit den Europäern gleichzuziehen, und mit dem energischen und zerstörerischen Wirbelsturm der Modernisierung, den Muhammed Ali in Ägypten auslöste, nicht mehr als eine sporadische Bewegung, die sich in wenigen unvollendeten Ansätzen erschöpfte. Dies hing damit zusammen, dass die seit 1796 in Teheran herrschende Dynastie der Qajaren sich nicht wirklich gefährdet fühlte. Zwar war den Schahs bewusst, dass die beiden Mächte, die ihre Herrschaft bedrohten, Grossbritannien und Russland, überlegene Armeen und Geldmittel besassen, doch sie hatten auch bald in Erfahrung gebracht, dass die beiden einander fürchteten und gegeneinander ausgespielt werden konnten, so dass sie sich in Iran die Waage hielten.

Der weltstrategische Hintergrund, vor dem sich das russisch-britische Machtringen in Iran abspielte, wurde «the Great Game» genannt: London fürchtete, dass die Russen im Verlauf ihrer Expansion in den Kaukasus und nach Zentralasien so weit nach Süden vordringen könnten, dass sie in Indien Einfluss nehmen oder die Verbindungswege zwischen England und Indien abschneiden könnten. Deshalb taten die britischen Diplomaten und Militärs, was sie vermochten, um die lokalen asiatischen Staaten und Fürstentümer im Süden des Zarenreiches so weit zu stärken, dass sie dem russischen Vordringen Widerstand leisten könnten. Doch solche Stärkungsversuche schlugen nur allzu leicht in Unterwerfung unter den übermächtigen Einfluss Grossbritanniens um, weil es für die britischen Diplomaten und Militärs immer einfacher war, ein Land oder Gebiet, das an Russland angrenzte, selbst zu dominieren, als ihm genügend Kraft und Eigenständigkeit zu verschaffen, um Russland widerstehen zu können. Die Russen ihrerseits gingen ungehemmt darauf aus, so viele asiatische Länder und Territorien wie möglich ihrem Grossreich einzuverleiben.

Napoleon griff nur kurzfristig in dieses Zweimächteringen ein, zuerst in Ägypten und etwas später mit diplomatischen Mitteln in Iran, indem er einen Vertrag mit Teheran schloss, nach welchem die Franzosen die iranische Armee ausbilden und verstärken sollten (1807 Vertrag von Finkenstein). Als langfristige politische Ziele schwebte den beiden Vertragspartnern damals vor, dass Iran Georgien von den Russen zurückerobern und die Engländer in Indien angreifen sollte. Doch unmittelbar darauf versöhnten sich die Franzosen mit den Russen (Abkommen von Tilsit 1807) und opferten die Iraner ihren neuen Interessen auf: die französischen Militärexperten wurden aus Iran abgezogen, und die Russen erneuerten ihren Grenzkrieg gegen Iran im Kaukasus, der schon 1804 begonnen hatte. Die Iraner mussten weitere Gebiete abtreten, um einen Frieden zu erhalten (Vertrag von Gulistan 1813), und die Russen liessen sich in Iran die gleichen Rechte und Privilegien garantieren, welche die Engländer besassen. – Die Qajaren mussten sich notgedrungen wieder den Engländern zuwenden, um von diesen Unterstützung und Militärhilfe zu erhalten. Im Vertrag mit Grossbritannien von 1814 versprachen die Iraner, alle Verträge mit europäischen Feinden Grossbritanniens zu annullieren. Die Briten sagten dafür Subsidien und militärische Hilfe zu. Doch als 1825 ein neuer Krieg mit Russland ausbrach, konnten oder wollten die Briten nicht verhindern, dass die Iraner ihn erneut verloren. Der Vertrag von Turkmanchai, der drei Jahre später diesen Krieg beendete, auferlegte Iran weitere bedeutende Gebietsabtretungen im Kaukasus (hauptsächlich Erivan in Armenien) sowie bedeutende Kriegsentschädigungen.

Die Qajaren führten einen höchst verschwenderischen Hof, waren aber immer schlecht bei Kasse. Dies hatte zur Folge, dass in ihrem Reich fast alle öffentlichen Ämter an die Meistbietenden verkauft wurden, natürlich mit der Wirkung, dass diese Amtskäufer ein Maximum aus ihren Untergebenen herauspressten. Sogar die Zollbeamten hatten ihre Positionen durch Ämterkauf inne. Wenn in Kriegszeiten Not am Mann war, sah sich der Schah darüber hinaus gezwungen, aus Staatsland «Lehen» an Grosse des Reiches zu vergeben (persisch: *tuyul*), die sich als Gegenleistung verpflichteten, Heere auszuheben und in den Krieg zu führen. Diese Lehenshalter waren natürlich immer darauf bedacht, ihre Lehen in erblichen Besitz umzuwandeln. – Die regulären Soldaten des Schahs wurden so schlecht und so unregelmässig bezahlt, dass die meisten gezwungen waren, neben ihrem Beruf als Soldaten ein zweites Métier auszuüben oder aber dafür zu sorgen, dass sie ihre soldatische Position dazu verwenden konnten, Geld aus irgendwelchen Protektionen und Erpressungen herauszuschlagen.

Der wichtigste unter den Befürwortern einer Reform im frühen 19. Jahrhundert war der Sohn und Kronprinz des Schahs Fath Ali, der als Abbas Mirza (1789–1833) bekannt war. Er war mit der Statthalterschaft von Aserbaidschan betraut und daher ein enger Nachbar der Russen. Er sandte Perser nach dem Ausland zur Ausbildung und versuchte ein reguläres Heer nach europäischem Vorbild aufzustellen. Doch ein neuer Krieg mit Russland brach aus, als der Prinz erst einige wenige Einheiten seiner Armee ausgebildet hatte. Auslöser dabei waren die fanatischeren unter den Gottesgelehrten

Irans, die in ihren Predigten viel von den Missetaten der Russen im Kaukasus und von den Leiden der Mitmuslime unter russischer Herrschaft redeten, so lange, bis der Schah sich 1826 gezwungen sah, den Jihâd oder Heiligen Krieg gegen das Zarenreich auszurufen. – Die Hofbeamten, die den Schah umgaben, waren Gegner der Reformen des Kronprinzen, weil sie ihre eigenen Privilegien durch sie gefährdet sahen. Abbas wurde von den Russen geschlagen, und er starb fünf Jahre nach dem Ende des russischen Krieges, als er im Begriff war, einen Feldzug gegen Herat vorzubereiten. – Diese Stadt hatte früher zu Persien gehört, war jedoch dann zu Afghanistan geschlagen worden. Grossbritannien war immer dafür, dass Afghanistan als Pufferstaat erhalten bleibe, wenn es nicht selbst, wie es dreimal geschah, von Indien aus gegen Kabul Krieg führte. Und die Frage der Herrschaft über Herat hat zweimal persisch-britische Krisen ausgelöst, die bis an den Rand von Kriegen führten, bevor die persische Seite nachgab.

### Der Aufstand der Bâbi

Die Unzufriedenheit der Perser mit ihrer Lage im Inland und gegenüber den andrängenden Ungläubigen fand ihren Ausdruck in einer neuen religiösen Bewegung[15], deren Folgen bis heute spürbar geblieben sind. Ein junger hochreligiöser Perser, der Kaufmannssohn Sayyid Ali Muhammed, kam auf der Pilgerfahrt nach den schiitischen Heiligtümern in Najaf und Kerbela unter den Einfluss einer den Mystikern (Sufi) nahestehenden religiösen Bewegung innerhalb des schiitischen Islams, die Scheichismus[16] genannt wurde. Ihre Anhänger glaubten, ähnlich wie viele Sufis, dass in jeder Generation ein Heiliger Mann in Erscheinung trete, der mit dem verborgenen Imam in Verbindung stehe und als «Pol» *(Qutb)* bewirke, dass die Verbindung zwischen der jenseitigen und der diesseitigen Welt nicht abbreche. Sayyid Ali Muhammed erklärte sich in Schiras im Jahr 1844 selbst zu diesem Verbindungsmann zum Jenseits und trat unter dem Titel Bâb (d. h. Tor) öffentlich auf. In sei-

---

15 Der Bewegung der Bâbi war ein Aufstandsversuch der persischen Ismailiten (Schiiten des Siebener-Zweigs) vorausgegangen. Sie erhoben sich unter der Führung des Aga Khans Hassan Ali Schah im Jahre 1840 und mussten nach ihrer Niederlage nach Indien auswandern, wo sie später viele neue Anhänger fanden.

16 «Shaikhi» nach ihrem Begründer Shaikh Ahmad Ibn Zain ud-Din al-Ahsa'i (1754–1826).

nen Predigten verurteilte er die Habsucht und Korruption der Geistlichen und der weltlichen Machthaber, sprach gegen die verderblichen Einflüsse der europäischen Mächte und trat für mehr soziale Gleichheit ein, die sich auch auf die Behandlung von Frauen und Kindern erstrecken sollte. Er war für Unverletzlichkeit der privaten Einkommen und Vermögen, gegen jede Behinderung des Handels, forderte geringere und gerechtere Steuern und mildere Strafen seitens der Obrigkeit. Er lehrte auch, dass ihm eine neue Gottesoffenbarung folgen werde, deren Wegbereiter er sei; ihre Ordnung werde an die Stelle der koranischen treten.

Seine neue Lehre fand viele Anhänger unter den Persern. Als Muhammed Schah Qajar 1848 starb, traten die Bâbi in offenen Aufstand, indem sie versuchten, zuerst in einem Dorf in Mazanderan, dann in mehreren Städten des Südens ihre eigene Herrschaft zu gründen. Ihre Erhebung wurde von den Gefolgsleuten des neuen, damals noch jungen Schahs Nasir ad-Din (r. 1848–1896) blutig niedergeschlagen. Viele der gefangenen Bâbis, auch ihre Frauen und Kinder, wurden abgeschlachtet. Der Bâb selbst wurde 1850 hingerichtet. – Zwei Jahre später misslang ein Versuch der Bâbi, den Schah, Nasir ad-Din, zu ermorden. Der Schah liess darauf Massenhinrichtungen und -folterungen der Bâbis durchführen. Zu den Opfern der damaligen Repression gehörte auch die aussergewöhnliche junge Frau Qurrat ul-Ain («Augentrost»), die als Dichterin und Predigerin berühmt geworden war. Alle überlebenden Anhänger des neuen Glaubens wurden gezwungen, entweder abzuschwören oder Iran zu verlassen.

Die Anhänger des hingerichteten Bâb, von denen sich viele zunächst nach Bagdad begaben, spalteten sich in eine Minderheit, die dem ersten Sohn des Bâb nachfolgte, der Subh-e Azal genannt wurde («Morgenröte der Ewigkeit»), und in eine Mehrheit, die dem zweiten Sohn, Bahâ Ullah («Glanz Gottes»), zuneigte. Sie sind bis heute als Azali und Bahâ Ullahi (gekürzt: Bahai) bekannt. Bahâ Ullah sollte sich 1863 zu dem verheissenen Propheten erklären, den sein Vater vorausgesagt hatte. Er hat eine Weltreligion entwickelt, die sich vom Islam weit entfernte und alle Hochreligionen als gleichwertig und gültig ansah. Die Azali haben sich weniger stark vom Islam losgesagt. Unter ihnen sollten sich später viele der Vorkämpfer für eine iranische Verfassung befinden. – Die Bahai werden gegenwärtig in Persien wieder verfolgt, weil sie den islamischen Revolutionären auf der Linie Khomeinis als Abtrünnige vom Islam gelten, was nach dem Gottesrecht der Scharia die Todesstrafe verdient.

Um die Bâbi zu bekämpfen, bediente sich Schah Nasir ad-Din eines tüchtigen Verwalters, der sich selbst aus den einfachsten Kreisen hochgearbeitet hatte. Es war Mirza Taqi Khan, und er ist mit seinem Titel Amîr Kabîr (Wesir 1848–1850) in die Geschichte eingegangen. Amîr Kabîr löste als Grosswesir 1848 die zweite Reformwelle aus, die Persien erlebte. Er kämpfte energisch gegen die Korruption, eröffnete die erste persische Hochschule nichttheologischer Natur, die Dar al-Funûn («Haus der Künste») genannt wurde, liess Truppen im neuen Stil ausrüsten und suchte die Verwaltung neu zu regeln. Solange er für den Kampf gegen die aufständischen Bâbi gebraucht wurde, liess der Schah ihn gewähren, sorgte jedoch dafür, dass seine Reform des Unterrichtswesens auf Teheran beschränkt blieb. Als die Bâbi jedoch unterlegen waren, entliess der Schah den Reformpolitiker, dem er misstraute und dessen Ziele er nicht billigte, im Jahr 1850. Ein Jahr darauf liess er ihn im Bad des Bagh-e Finn, des grossen bewässerten Gartens, der bei Kashan liegt, erdrosseln. Die zweite persische Reformperiode hatte nur zwei Jahre gedauert. Ihr wichtigstes Vermächtnis blieb die neue Hochschule, Dar al-Funûn, die nach der Ermordung ihres Gründers unter einem meist österreichischen Lehrkörper fortwirkte. Viele der «modern» erzogenen Perser sind aus ihr hervorgegangen.

162

# Konstitutionelle Bewegungen

In der zweiten Hälfte des 19. Jahrhunderts waren die europäischen Institutionen in den muslimischen Ländern so weit bekannt geworden, dass die Ursachen der europäischen militärischen und materiellen Überlegenheit nicht mehr einzig im Heereswesen gesehen wurden, sondern eher in der besseren Organisation der europäischen Staaten, die ihnen nicht nur überlegene Heere aufzustellen erlaubte. Als der eigentliche Schlussstein der staatlichen Organisation in Europa erschienen die Verfassungen und verfassungsmässigen Regime mit Parlamenten und Rechtssicherheit für die Bürger. Die Vermutung lag nahe, dass es diese «freiheitlichen» und rechtsstaatlichen Regime sein könnten, welche die eigentliche Sprungfeder der europäischen Überlegenheit abgaben. Solche Vermutungen waren natürlich von der Hoffnung begleitet, dass ein zeitgemässer Verfassungsstaat, der die Übel des Absolutismus hinter sich liesse, den muslimischen Staaten des Nahen Ostens erlauben würde, schrittweise mit den europäischen gleichzuziehen.

Es waren in erster Linie die Intellektuellen, die in Europa gereist waren und eine der dortigen Sprachen sprechen gelernt hatten, welche derartige Hoffnungen hegten und sie in ihren Schriften darlegten. Dabei mussten sie zahlreiche Begriffe, die Voraussetzungen eines parlamentarischen Regimes bildeten, neu einführen, erklären und Äquivalente zu ihnen in den einheimischen Sprachen schaffen. So gab es zum Beispiel den Begriff «Freiheit» im Arabischen und in den anderen islamischen Sprachen – das Wort wurde jedoch in erster Linie in seiner juristischen Bedeutung gebraucht: «frei» bedeutete, nicht ein Sklave zu sein. Man kannte auch «Freiheit» im philosophischen Sinne, als Aktionsfreiheit und Freiheit des Urteils. Freiheit im politischen Sinne war jedoch eigentlich unbekannt, und die Intellektuellen der Zeit mussten in ihren Schriften und Zeitschriften mühsam erklären, dass damit eine Verfassung gemeint sei, ein Parlament, das die Minister kontrolliere und Gesetze entwerfe; Gerichte, die unabhängig von der Exekutive urteilten und ein Gesetz aufrecht erhielten, das für alle gleich und für alle gültig sei. Sie mussten auch versuchen, ihren Mitbürgern und Mitmuslimen glaubhaft zu machen, dass ihr künftiges Wohl von der Einführung derartiger komplizierter und fremdartiger Institutionen abhänge und dass es daher notwendig sei, für sie zu kämpfen, und der Mühe wert, für ihre Durchsetzung Opfer zu bringen.

Dazu kam die Machtfrage. Die herrschenden absoluten Machthaber waren nicht willens, Teile oder sogar die Substanz ihrer Macht an ein Parlament abzutreten, in dem sie in erster Linie eine Art wenig wirksamen Debattierklubs erblickten. Genau wie in den ersten Phasen der auf die militärischen Fragen konzentrierten Reform die Macht der alten Truppen gebrochen werden musste, bevor eine militärische Neuordnung durchgeführt werden konnte, ging es nun um die Macht der absoluten Herrscher. Nur wenn sie gebrochen wurde, gab es eine Möglichkeit, die ausländischen Vorbilder freiheitlicher rechtsstaatlicher Organisation auf die muslimischen Staaten zu übertragen. Es ist aus diesen Gründen verständlich, dass die Frage der konstitutionellen Monarchien erst zwei Generationen nachdem die Reformen begonnen hatten, gewissermassen als ihre Krönung, aufgeworfen wurde. Es ist auch verständlich, dass die Verfassungsrevolutionen in einem jeden der Reformzentren anders verliefen. Weil es sich dabei um eine Machtfrage handelte, spielten die jeweiligen konkreten Machtverhältnisse eine entscheidende Rolle, und sie waren von Reformzentrum zu Reformzentrum unterschiedlich.


### Midhat Pascha und das Ringen um eine osmanische Verfassung

Im Osmanischen Reich gab es einen hervorragenden und berühmten Staatsmann, dessen Name eng mit der osmanischen Verfassung verbunden ist. Dies war Midhat Pascha (1822–1884), der Sohn eines Hilfsrichters, der in Istanbul aufwuchs und schon mit zehn Jahren seinen Koran auswendig konnte. Er trat in die Dienste der zentralen Regierung und erwies sich von Beginn an als so brillant, dass er rasch aufstieg, zum Sekretär verschiedener der neuen Gremien wurde, die die Gesetze und Regeln der Reform ausarbeiteten, und auch als Sonderkommissar in die Provinzen gesandt wurde, wo er, wie wir heute sagen würden, als «trouble shooter» wirkte. Auch dies mit so viel Erfolg, dass er in Istanbul in die Lage kam, einen neuen Plan für die Organisation der Provinzverwaltungen einem der bedeutendsten Grosswesire der Reform, Reshit Pascha (sechsmal Grosswesir zwischen 1839 und 1856), vorzulegen. Er schuf sich allerdings auch Feinde, weil er in seinen Investigationen in der Provinz einige der Grossen der Zeit schonungslos anklagte. 1856/57 musste er sich vor Gericht gegen Anschuldigungen verteidigen, nach denen er zur Ausmietung des Fischmarktes in der Hauptstadt illegal Geld genommen habe; doch er konnte seine Unschuld beweisen. Als er die Gouverneure der Provinzen Silistre und Vidin zu untersuchen hatte und zur Entlassung von hohen Beamten schritt, wurden diese erfolgreich in der Hauptstadt vorstellig und forderten einen neuen Untersuchungskommissar, woraufhin Midhat um Urlaub bat und für sechs Monate Europa bereiste. Er war 1858 in London, Paris, Brüssel und Wien, und er verbesserte sein Französisch. Im folgenden Jahr wurde er zum Sekretär des Regierungsrates ernannt, doch schon zwei Jahre später schob man ihn als Gouverneur von Nish in die europäische Provinz ab. Dort entfaltete er eine gewaltige Tätigkeit: er arbeitete mit den lokalen Würdenträgern aller Religionen zusammen, schuf eine Gendarmerie, um die Sicherheit der Provinz zu verbessern, liess Räuber aburteilen und hinrichten, versuchte auch, den sich entfaltenden Nationalismus der Bulgaren zu mässigen, stundete allzu schwere Steuerlasten, baute Strassen und Brücken, indem er von den Bauern Corvée-Arbeit forderte, errichtete Kasernen und Schulen. Weil Midhat so erfolgreich wirkte, schloss die Pforte die Provinz Prizren jener von Nish an.

Drei Jahre später, 1864, brachte ein neuer Grosswesir mit Reformtendenzen Midhat Pascha nach der Hauptstadt zurück, um seinen Plan für eine neue Verwaltung der Provinzen zu realisieren. Dies war ein Zentralisierungsplan nach französischem Modell. Die drei bisherigen Provinzen von Silistria, Vidin und Nish wurden zu einer zusammengelegt, die Tuna (Donau) genannt wurde und als Pilotprojekt dienen sollte. Midhat übernahm ihre Verwaltung für drei Jahre. Er teilte seine neue Grossprovinz in sieben Unterprovinzen (Sanjak) und 48 Kreise (Kadâ) ein und rief lokale Versammlungen ins Leben, die stets auch einige Nichtmuslime enthielten. Er unterdrückte eine Erhebung der Bulgaren im Jahr 1866, die mit russischen Geldern angezettelt worden war, gründete Modell-Landwirtschaftsbetriebe, für die europäische Maschinen eingeführt wurden, begann Handwerksschulen für die Armen, gründete eine Schifffahrtslinie auf der Donau, errichtete einige Manufakturen und trug selbst lokal gewobenen Stoff, um diesen zu propagieren, und er fand, nicht ohne Schwierigkeiten, neue Heimstätten für die nach den russischen Eroberungen aus ihrer Heimat ausgewanderten muslimischen Tscherkessen und Tataren. Seine landwirtschaftlichen Kreditkooperativen, die den Bauern Anleihen zu geringen Zinsen gewährten, wirken bis heute fort, weil die türkische Ziraat Bankasi von diesen Institutionen abstammt. – Im Jahr 1876 wurde das neue Provinzverwaltungsmodell auf die meisten Provinzen des Reiches ausgedehnt, nachdem Midhat in die Hauptstadt zurückgerufen worden war, um dort die Erfahrungen seiner Pilotprovinz vorzustellen. Er wurde dann Vorsitzender des «Obersten Rates» in Istanbul, der die neuen Gesetzesentwürfe zu diskutieren hatte. In seiner kurzen Zeit in dieser wichtigen Stellung wurden Verordnungen und Gesetze erlassen, die die Einführung des metrischen Systems vorschrieben, Regulierungen für die Nationalitäten, solche für das Bergwerkswesen niederlegten, sowie weitere für eine Kreditbank der Immobilien für kleine Arbeitgeber. Es kam jedoch bald zu Reibungen zwischen Midhat und Ali Pascha (1815–1870), einem anderen der wichtigen Reform-Grosswesire.

Dies führte zu einer neuen Entfernung aus der Hauptstadt; Midhat erhielt 1869 die Provinz Bagdad. Dort entfaltete er eine ähnlich überbordende Aktivität wie zuvor in den Donaugebieten, nur dass die lokalen Umstände schwieriger waren, weil im Süden Bagdads die grosse Stammesföderation der Muntafiq-Araber gewohnt war, unter ihren Stammeschefs ihr eigenes, turbulentes politisches Leben zu führen. Midhat befasste sich viel mit der Legalisierung des Landbesitzes. Die Besitzurkunden endeten allerdings auf dem Weg über die neueingerichteten Kataster meist in den Händen der Stammeschefs. Nach dem Tod Ali Paschas stiess der Gouverneur mit dem neuen Grosswesir, Nedim Pasha, zusammen. Er trat von seinem Amt zurück und begab sich wieder in die Hauptstadt. Er wurde darauf für kurze Zeit Gouverneur von Edirne. Es gelang ihm von dort aus, eine Audienz mit dem Sultan Abdül Aziz (r. 1861–1876) zu erhalten, in der er ihm seine Unstimmigkeiten mit Nedim Pasha darlegte und erreichte, dass der Sultan seinen Grosswesir entliess. Am 31. Juli 1872 wurde Midhat selbst zum Grosswesir ernannt, doch blieb er nur 80 Tage im Amt. Er war von Beginn an mit dem russischen Botschafter, Ignatijew, und mit dem Vizekönig von Ägypten, Ismail, zusammengestossen, weil Ismail das Recht forderte, eigenständig im Ausland Anleihen aufzunehmen. Midhat war dagegen, doch der Sultan erlaubte es, nachdem er Geld aus Ägypten erhalten hatte[1]. Midhat wurde auch mangelnde Ehrfurcht vor dem Herrscher vorgeworfen: einmal sei er zu Pferd in den inneren Hof des Palastes geritten; und seine Neider

---

1   Die Anleihen des Vizekönigs sollten später zum Staatsbankrott Ägyptens führen und zur Handauflage der Mächte über die ägyptische «Schuldenkasse»; Ismail verlor seine Herrschaft. Siehe unten: Ägypten.

machten bekannt, dass er sich mit seinem Aussenminister, Khalil Sherif, über den Plan einer Verfassung und einer föderalen Organisation des Reiches unterhalten habe.

Es folgten vier Jahre, in denen Midhat immer nur für kurze Fristen wichtige Stellen bekleidete. Er war Justizminister, Gouverneur von Saloniki, wiederum Justizminister, doch er trat 1875 zurück und verfasste ein Memorandum an den Sultan, in dem er sich erneut über die Misswirtschaft des altneuen Grosswesirs Nedim Pasha, finanzielle Unordnung, Zahlungsunfähigkeit der Staatsanleihen, den schlecht geführten Krieg in Bosnien-Herzegowina beschwerte. Im Winter des folgenden Jahres hielt er Kontakte mit verschiedenen Personen und Gruppen aufrecht, die eine Veränderung im Staate anstrebten, darunter waren auch Gottesgelehrte. 1876 erschien ein «Manifest der muslimischen Patrioten» (dass «Muslim» und «Patriot» so zusammengingen, war ein Zeichen der fortbestehenden engen Verbindung von Staat und Religion). Dieses Manifest lief in den ausländischen Botschaften um und wurde auch an bestimmte osmanische Einzelpersonen gesandt. Es war entweder von Midhat selbst oder von seinem wichtigsten Berater, Odian Efendi, verfasst. Es forderte eine Beratende Versammlung.

Demonstrationen politischer Unzufriedenheit brachen im Mai des gleichen Jahres aus, und Midhat dürfte seine Hand im Spiel gehabt haben, etwa bei der Aufstachelung der *Softas* («Seminaristen», Schüler der theologischen Schulen), die sich dabei besonders hervortaten. Diese Unruhen führten zur erneuten Entlassung des Grosswesirs Nedim Pasha, des Feindes Midhats. Midhat wurde Minister ohne Portefeuille in der neuen Regierung. Er bewerkstelligte dann, zusammen mit dem Kriegsminister, Hüsseyin Awni Pasha, dem Direktor der Militärakademie, Süleyman Pasha, und mit Zustimmung der gesamten Regierung sowie des Grossmuftis, die unblutige Absetzung des Sultans Abdül Aziz im Juni 1876. Seine Minister warfen dem Sultan Verschwendung und Unbeständigkeit in der Regierung vor. Sie hoben Murad V. (lebte 1840–1904, regierte nur acht Monate im Jahr 1876) auf den Thron, doch er erwies sich als unfähig zu regieren, da er einen Nervenzusammenbruch erlitt. Midhat versuchte den regierenden Staatsrat zu überreden, eine Verfassung einzuführen, doch sein bisheriger Mitverschworener, Hüsseyin Awni Pasha[2], widersetzte sich dem Plan. Awni Pasha und ein wei-

---

2    Awni Pasha war ein Befürworter der absoluten Herrschaft. Er hasste jedoch Adül Aziz, weil dieser ihn 1871 in die Verbannung gesandt hatte.

terer Minister wurden von einem tscherkessischen Offizier ermordet, als sie sich zu einer Beratung im Hause Midhats befanden. Der Krieg in Serbien und Montenegro dehnte sich auf Bulgarien aus.

Unter diesen Umständen kamen die Diskussionen über eine Verfassung nur schwer voran. Murad V. wurde durch seinen jüngeren Bruder Abdül Hamit II. (auch arabisch Abdul Hamid geschrieben, r. 1876–1909) ersetzt, nachdem dieser Midhat versprochen hatte, er werde ohne Verzögerung eine Verfassung einführen. Dennoch musste Midhats Verfassungsentwurf im Sinne grösserer Vollmachten für den Sultan revidiert werden, und er wurde schliesslich von Abdül Hamit unterzeichnet, nachdem der Herrscher noch eine weitere Klausel hatte hinzufügen lassen, die ihm das Recht gab, «für den Staat gefährliche Individuen» zu verbannen. Diese Klausel sollte sich als spezifisch auf Midhat gemünzt erweisen.

Die Promulgation des neuen Verfassungswerkes fand mit grosser Feierlichkeit am 23. Dezember 1876 statt. Midhat war am 19. Dezember zum zweiten Mal Grosswesir geworden. Doch er sollte das hohe Amt diesmal nur 48 Tage lang inne haben. Ein Grund für die Proklamation der Verfassung war, dass die Osmanen hofften, das Verfassungsregime könnte die europäischen Mächte günstig beeinflussen. Diese führten damals in Istanbul eine Konferenz durch, die, unter Kriegsdrohung durch die Russen, Beschlüsse über die künftige Verwaltung der osmanischen Balkangebiete treffen sollte. Midhat hatte sogar seinen Vertrauensmann, Odian Efendi, heimlich nach London geschickt, um Hilfe für die türkischen Konstitutionalisten zu erbitten. Doch die Konferenz der europäischen Mächte liess sich von der neuen Verfassung wenig beeindrucken und stellte Forderungen nach einer drastischen Neuordnung im Balkan auf. – Midhat hatte seinerseits eine erweiterte provisorische Volksversammlung einberufen, da die Wahlen für das Parlament noch nicht abgeschlossen waren, und diese Versammlung lehnte die Ansinnen der europäischen Mächte empört ab, was Russland zu einer Kriegserklärung veranlasste. Dies war der Beginn eines russisch-türkischen Krieges, der knappe zwei Jahre später, 1878, katastrophal mit der Besetzung von Edirne und der Bedrohung Istanbuls durch russische Truppen enden sollte[3].

Von Beginn an befand Midhat sich im Widerspruch zu Abdül Hamit. Er führte Gebote nicht aus, die ihm der Sultan erteilte, und der Sultan wies die Gesuche seines Grosswesirs ab. Der Herrscher forderte von ihm, er solle seine Freunde und Gesinnungsgenossen, den Dichter Namik Kemal und dessen Freund und Anhänger Ziya, aus Istanbul entfernen. Die beiden hatten mit zwei weiteren Freunden eine freiwillige Bürgerwache aufgestellt (offenbar nach dem Vorbild der französischen Garde Nationale), die den Herrscher beunruhigte. Doch Midhat tat nichts dergleichen. Der Sultan dürfte in Midhat vor allem den Mann gefürchtet haben, dem es gelungen war, zwei Sultane abzusetzen. Midhat soll auch der Meinung gewesen sein und sie vor dem Herrscher nicht verborgen haben, der Sultan habe der erste Diener seines Volkes zu sein. Der Sultan schenkte seinerseits vielleicht den Einflüsterungen Glauben, nach denen Midhat in Wirklichkeit ein Republikaner sei.

Midhat wurde am 5. Februar 1878 sehr plötzlich entlassen und auf der Jacht des Sultans nach Brindisi ins Exil verfrachtet. Er reiste dann nach Neapel, Rom, Marseille, Andalusien, Paris, Plombières, London, Wien und nach Schottland. Überall trat er mit Staatsmännern in Verbindung, setzte sich für die Sache der Osmanen ein und sammelte Geld für die muslimischen Flüchtlinge aus dem Balkan. Damals fand der erwähnte osmanisch-russische Krieg von 1877–78 statt. Schliesslich erlaubte der Sultan unter Druck der Engländer seine Heimkehr ins innere Exil nach Kreta, wo Midhat im September 1878 ankam. Etwas später wurde er, wiederum auf britische Fürsprache, zum Gouverneur von Damaskus ernannt. Er blieb zwei Jahre im Amt, baute auch in Syrien Strassen und Schulen, stellte eine stärkere Gendarmerietruppe auf, die auch Christen umfasste, richtete in Damaskus sogar ein Theater und eine öffentliche Bibliothek ein sowie eine Trambahn zwischen Stadt und Hafen in der heute libanesischen Hafenstadt Tripolis. Die Stämme erwiesen sich auch in Syrien als schwierig. Mit den syrischen Drusen kam er zu einem Übereinkommen, indem er für sie, entsprechend der bereits bestehenden Lösung im Mont-Liban, eine Subprovinz unter einem drusischen Stellvertretenden Gouverneur (Qa'im Maqâm) einrichtete. Midhat forderte Vollmachten über die Militärs seiner Provinz, doch der Sultan wies dies ab. Seine Spione meldeten ihm, wohl zu Unrecht, Midhat wolle sich zum Vizekönig von Syrien aufwerfen, entsprechend der Position Ismails in Ägypten. In

3 Das Osmanische Reich musste einen Frieden unterzeichnen (San Stefano 1878), durch den es alle seine europäischen Territorien und die Ostprovinzen Kars und Ardalan verlor. Doch die Schwere der Niederlage brachte Grossbritannien und Österreich auf den Plan, und am Ende war es Bismarck, der eine Konferenz in Berlin einberief, auf der San Stefano revidiert wurde. In Ost-Thrazien konnte die Pforte die Meritza-Grenze bewahren, die bis heute die türkische Grenze geblieben ist. Kars und Ardalan gingen verloren. Bulgarien wurde selbständig, anerkannte jedoch die Oberhoheit der Pforte an, Österreich durfte Bosnien «provisorisch» besetzen.

Wirklichkeit war Midhat gegen allen arabischen Separatismus. Doch mag er die separatistischen Gefahren in Syrien übertrieben haben, um die erhofften Kompetenzerweiterungen vom Sultan zu erlangen.

Abdül Hamit versetze darauf Midhat im Oktober 1780 erneut, nach Izmir, wo er ein Jahr lang als Gouverneur wirkte. Freunde benachrichtigten ihn, dass er Gefahr laufe, wegen angeblichen Mordes an Sultan Abdül Aziz angeklagt zu werden. Der Sultan war kurz nach seiner Absetzung durch Midhat und seine Mitminister mit durchschnittenen Pulsadern aufgefunden worden. Midhat weigerte sich, ins Exil zu fliehen. Doch als in der Nacht vom 17. Mai 1881 Soldaten ihn festnehmen wollten, entwich er durch eine Gartentüre ins Haus des französischen Generalkonsuls. Paris lehnte es ab, ihm Asyl zu gewähren, und Midhat erklärte sich bereit, vor Gericht gestellt zu werden, wenn das Verfahren öffentlich sei. Dies wurde ihm zugesagt. Er wurde zu Schiff nach Istanbul gebracht, unterwegs verhört und im Gelände des Yildiz-Palastes festgehalten.

Das Gerichtsverfahren gegen Midhat und zehn andere Angeklagte dauerte nur zwei Tage, den 27. und 28. Juni 1881; am 29. Juni wurde Midhat mit sieben angeblichen Mittätern zum Tode verurteilt. Die vorgelegten Beweise bestanden aus angeblichen Geständnissen von Personen, die zu belastenden Aussagen gezwungen oder für sie bezahlt worden waren. Einen Monat später wurde die Strafe zu lebenslänglicher Verbannung umgeändert, nachdem Gnadengesuche des Auslands und vieler Osmanen eingereicht worden waren. Midhat wurde auf eine Jacht verbracht und nach dem Rotmeerhafen Jidda transportiert, von dort nach Taif, wo er in der Festung gefangen gehalten wurde. Er verblieb dort unter immer härteren Haftbedingungen, bis er am 8. Mai 1884 von Soldaten erdrosselt wurde, zweifellos auf Befehl Abdül Hamits. Seine Gebeine wurden 1951 in die Türkei zurücktransportiert.

Die osmanische Verfassung, die weitgehend auf Midhat zurückging, blieb bestehen. Doch Abdül Hamit II. machte sie unwirksam, indem er die Abgeordneten während der zweiten Parlamentssitzung, am 14. Februar 1878, entliess und nach Hause schickte. Er gebrauchte die Notlage, die durch die russischen Siege entstanden war, als Vorwand für sein Eingreifen. Doch er hat dann in den 30 Jahren seiner weiteren Herrschaft nie mehr ein Parlament einberufen.

Nach der Verbannung Midhats hatte der Sultan zuerst zugelassen, dass die angekündigten Parlamentswahlen durchgeführt wurden und die Versammlung am 19. März 1877 feierlich zusammentrat. Dies geschah wohl in

170

erster Linie um der europäischen Mächte willen. Das Osmanische Reich befand sich wieder einmal in einer aussenpolitischen Krise, die mit der blutigen Niederschlagung von serbischen und montenegrinischen und sodann bulgarischen Aufstandsversuchen durch irreguläre türkische Einheiten und mit einem Sieg der osmanischen Regulären über die Serben begonnen hatte. Die Repression führte zu einem Aufschrei in Europa, und Russland bereitete sich auf einen neuen Türkenkrieg vor. Dieser begann in der Tat im April 1877 und endete mit einer schweren Niederlage der Pforte und einem Waffenstillstand am 31. Januar des folgenden Jahres. Kurz darauf, am 13. Februar, forderten die Abgeordneten des damals noch tagenden Parlaments, dass drei Minister, gegen die spezifische Anschuldigungen vorlagen, vor der Kammer erscheinen sollten, um sich zu rechtfertigen. Daraufhin löste der Sultan die Kammer auf. Sie hatte anderthalb Sitzungen von total fünf Monaten Dauer durchgeführt. Ihre anfänglich ängstlichen und unerfahrenen Abgeordneten hatten entdeckt, als sie aus allen fernen Provinzen des Reiches in der Hauptstadt zusammentraten, dass überall die gleiche Art von Korruption und Machtmissbräuchen bestand, die ein jeder bisher nur aus seiner eigenen Provinz gekannt hatte. «Die Diskussionen waren eine Offenbarung für die türkische Bevölkerung; sie zeigten, dass die Regierung von einem Ende zum anderen des Landes grundlegende Umgestaltung («radical reform») benötigte»[4].

## Reform ohne Ende

Diese Bemerkung eines englischen Beobachters, der erneut von der Notwendigkeit einer «radical reform» spricht, erfolgte nach nicht weniger als 51 Jahren angestrengter Reformversuche des Osmanischen Reiches, wenn man die Vernichtung der Janitscharen durch Mahmut II. als Ausgangspunkt nimmt, oder sogar nach 86 Jahren, wenn man den Beginn der ersten, freilich misslungenen, Neuformung der Armee durch Selim III. als den Ausgangspunkt wählt. Heute könnte man auch wieder von der Notwendigkeit sprechen, den türkischen Nachfolgestaat des Osmanischen Reiches zu «refor-

---

4   So Sir Edwin Pears, Korrespondent der *Daily News* in Istanbul. Ein längeres Zitat aus seiner sehr anschaulichen Beschreibung des ersten türkischen Parlaments findet sich im hier oft zitierten Werk von Bernard Lewis: *The Emergence of modern Turkey*, Oxford 1968, S. 168 f.

mieren». Die sich immer neu ergebende Notwendigkeit einer Reform besteht natürlich in allen Staaten. Sie springt nur nicht so sehr in die Augen in jenen, die sich beständig in kleinen Schritten verändern, um sich dem Lauf der Zeit anzupassen. Doch gerade dies pflegt nicht zu geschehen, wenn in einem Staat autokratische Regime herrschen. Diese lassen keine öffentliche Meinung zu, die schon früh auf die Notwendigkeit hinweisen kann, diesen oder jenen Missstand zu korrigieren. Die Missstände häufen sich unter solchen Umständen, und Reformen im Sinne von grossen Sprüngen ins Unbekannte werden früher oder später unvermeidlich – je später, desto grösser und gefährlicher die Sprünge und desto kleiner die Wahrscheinlichkeit, dass sie gelingen. Der Begriff «spät» ist in diesem Zusammenhang keine feste Grösse, sondern ein relativer Begriff: je schnelllebiger eine Zeit, desto dringender werden die «aggiornamenti» oder Anpassungen an ihren Lauf.

Dies trifft natürlich auf alle Gesellschaften zu. Der Sonderfall der islamischen Welt beruht einzig darauf, dass es hier seit dem 19. Jahrhundert um zwei verschiedene Kulturwelten geht, von denen die eine sich der anderen aufzwingt und sie überlagert, wobei die zweite, sich überlagernde «westliche» Kulturwelt sich immer rascher verändert, während die erste, zugrunde liegende «östliche» gezwungen ist, Methoden und Denkweisen von der zweiten zu übernehmen, um dem Druck standzuhalten, den sie, die fremde westliche, auf die erste, einheimische ausübt. Die Reformen der ursprünglichen Ausgangskultur sind unter diesen Umständen immer solche, deren Notwendigkeit sich indirekt aus dem raschen Fortschreiten der zweiten, sich der ersten aufdrängenden Fremdkultur ergibt, denn es sind die Bedingungen und Machtapparate, die in der fremden Gesellschaft entstehen und sich weiter entwickeln, an welchen die Effektitvität oder mangelnde Effektivität (das heisst: das Reformbedürfnis) der einheimischen gemessen wird.

### Dreissig Jahre Abdül Hamit

Abdül Hamit II. (r. 1876–1909), der nun dreissig Jahre lang absolut regieren sollte, hat keine gute Presse gehabt. Was nicht unnatürlich ist, hat er doch seinerseits die osmanische Presse einer so strengen Zensur unterworfen, dass die meisten Autoren und Journalisten, die Gelegenheit dazu fanden, im Ausland Zuflucht nahmen; gerade die Besten von ihnen waren am ehesten in der Lage, sich im Exil berufliche Positionen zu schaffen. Auch die liberalen Politiker, sowohl die Freunde Midhats wie auch seine Kritiker «von links» (wir kommen noch auf sie zu sprechen), wurden gezwungen, die osmanischen Gebiete zu verlassen oder irgendwo in den Randprovinzen Jahre der Verbannung zu durchleben. All diese Leute haben getan, was sie vermochten, um ein tiefschwarzes Bild von dem «reaktionären» Sultan zu malen, das er zum Teil verdient haben dürfte, denn er war ein absoluter Herrscher, der im Bedarfsfall zu blutigen Methoden und zum Meuchelmord griff, um seine Widersacher niederzuhalten und einzuschüchtern, der ein engmaschiges Polizeiregime mit zahllosen bezahlten Spitzeln als Regierungsinstrument einsetzte und der in den späteren Jahren seiner Herrschaft auch Züge von Paranoia entwickelte, die ihn dazu brachten, überall Anschläge gegen seine Person zu wittern.

Doch die heutigen Historiker beurteilen Abdül Hamit günstiger als seine Zeitgenossen. Sie unterstreichen, dass erst unter ihm und dank des gewaltigen Arbeitspensums, das er bewältigte, die in den Tanzimât (Reformbewegung) vorgezeichneten Grundlinien der Reform ihre volle Durchführung erreichten. Er war in seiner Art ein Reformer, obgleich er auch ein Autokrat und Reaktionär war, wie dies im Grunde bei allen Herrschern der Reformzeit (Tanzimât) der Fall gewesen ist. Sie führten ihre Reformen von oben her durch. Schon die früheren Reformherrscher bewirkten eine zunehmende Verhärtung und Zentralisierung des Staates, was auf eine weitere Verabsolutierung ihrer Herrschaft hinauslief, weil die traditionellen Gegengewichte und Ausgleiche, die es im alten System gegeben hatte, mit seiner Beseitigung auch verschwanden. Je weiter die Reformen von oben vorangetrieben wurden, desto deutlicher trat diese Verabsolutierung der selbstherrlichen «Erneuerer von oben» hervor, bis der Prozess zu der Figur eines einzigen, in seinem Yildiz-Palast eingeschlossenen und gegenüber dem weiten Reich, das er regierte, zutiefst misstrauischen, autoritären Herrschers führte, der versuchte, mit Polizeimethoden sein absolutes Machtmonopol aufrecht zu erhalten.

## Die Revolution der «Jungen Türkei»

Gegen Abdül Hamit II. entwickelte sich eine Opposition, die notgedrungen eine revolutionär ausgerichtete Untergrundopposition sein musste. Viele der radikalen Oppositionellen konnte er, nach einigen Jahren Exil oder Gefängnis, in sein Staatssystem einbeziehen, weil sie resignierten und sich mit irgendwelchen kleineren Posten befrieden liessen. Doch andere, oft die Ange-

sehensten und Fähigsten, blieben im Ausland und betrieben eine weithin ver-
nehmliche intellektuelle Opposition gegen «den Tyrannen». Unter diesen
Exilpolitikern und Intellektuellen gab es zwei Hauptströmungen, einerseits
die Liberalen, andererseits die radikalen Republikaner und Nationalisten.
Die Liberalen gruppierten sich um den Bruder des ägyptischen Khediven
Ismail, Prinz Fazil Mustafa[5], der in Paris lebte. Namik Kemal, der grösste und
berühmteste türkische Dichter der Zeit, gehörte zu seinen Anhängern und
wurde von ihm, zusammen mit anderen Intellektuellen und Journalisten,
nach Paris eingeladen, als die osmanische Regierung unter Ali Pascha 1867
die Anhänger der intellektuellen Opposition in die anatolischen Provinzen
versetzte und verbannte. Namik Kemal[6] publizierte dann mit Gesinnungsgenossen das Blatt der Gruppe, das unter dem Titel Hürriyet (Freiheit)
erschien und auf vielen Wegen[7] nach dem Osmanischen Reich geschmuggelt
wurde. – Doch der Prinz versöhnte sich mit Abdül Aziz, als der Sultan 1867
einen Staatsbesuch in Frankreich durchführte, und kehrte darauf nach Istanbul zurück, wo er später sogar Minister werden sollte. Er riet seinen Anhängern, sich nach London zu begeben, und hinterliess ihnen Geld für ihr
eigenes Auskommen und für ihre Publikationen. In London gab es Mei-
nungsverschiedenheiten unter den Exilierten, und einige, unter ihnen auch
der Dichter, kehrten nach Istanbul zurück, als Ali Pascha 1871 starb[8]. Zwei
Jahre später wurde Namik Kemal nach Famagusta verbannt, die neue Zeitung, die er in Istanbul begonnen hatte, *Ibret*, geschlossen. Anlass dieser
Massnahme war ein patriotisches Drama[9], das der Dichter verfasst hatte und
das eine gewaltige Sensation in Istanbul hervorrief.

5    Der Prinz war bis 1866 Thronfolger Ismails gewesen. Dann wurde die Nachfolge auf
    Wunsch seines Bruders und mit Zustimmung des Sultans geändert. Ein Brief, den Fazil
    Mustafa an den Sultan Abdül Aziz schickte und der in seiner Zeit weiten Widerhall inner-
    und ausserhalb des Reiches fand, wurde neu publiziert von Marccl Colombe in: Orient V,
    1958 p. 23–38; vgl. B. Lewis, Emergence of Modern Turkey, Oxf. 1968 p. 153. Auf Fazil
    Mustafa geht auch die Bezeichnung «Jeune Turquie» zurück, aus der später die «Jung-
    türken» wurden.

6    Über ihn und die anderen Intellektuellen der Opposition, vor allem Ziya Pasha, Ali Suavi
    u. a., s. Bernard Lewis: The Emergence of Modern Turkey, S. 128–159, «The seeds of Revo-
    lution».

7    Einer dieser Wege waren die eigenständigen Postbüros, über welche die europäischen
    Mächte unter Anrufung der Kapitulationen verfügten.

8    Namik Kemal war schon 1870 in die osmanische Hauptstadt zurückgekehrt.

Die osmanischen Liberalen und Nationalisten kritisierten Midhat, dessen Verfassungsentwurf ihnen nicht weit genug ging. Sie sahen in ihm nicht mehr als einen weiteren autokratischen Reformpolitiker der alten Tanzimât-Schule. Doch mit der Verbannung Midhats und seiner späteren Ausschaltung kam das Ende aller Verfassungsbemühungen und aller liberalen Kritik am Regime des Sultans. Die Liberalen wurden zum Schweigen gebracht. Langfristig war die Folge davon, dass die radikaleren, nationalistischen Umstürzler, die schliesslich eher einer Ideologie des Türkentums huldigen sollten (nicht mehr der «osmanischen» Nationalität) ans Ruder gelangten. Dies geschah auf dem Umweg über die Militärs.

In der ersten Hälfte seiner langen Regierungszeit waren für Abdül Hamit die nichttürkischen Minoritäten die gefährlichsten Gegner. Es gab griechische, serbische, bulgarische, mazedonische, armenische Gruppierungen und Geheimbünde, die alle die Freiheit ihrer Nation anstrebten. Viele dieser Gruppen arbeiteten mit terroristischen Methoden. Die Technik war in der Essenz immer die gleiche: eine Terrorgruppe versuchte durch Bomben oder Mordanschläge an Muslimen den Zorn der muslimischen Bevölkerungsteile hervorzurufen. Wenn dies gelang und die Muslime zu Massakern an unschuldigen Mitgliedern der betroffenen Minderheit schritten, kam es zu einem Aufschrei in den europäischen Staaten, die in erster Linie über die «türkischen Scheusslichkeiten» unterrichtet wurden. Wenn eine derartige antitürkische Propagandakampagne den expansiven Europäern gerade ins Zeug passte, konnte sie auch benützt werden, um vom osmanischen Staat territoriale oder andere Konzessionen politischer oder wirtschaftlicher Natur zu fordern. Der einzige wirkliche Schutz, den der Sultan gegenüber den Europäern besass, bestand darin, dass diese sich gegenseitig eifersüchtig beobachteten und einander einigermassen in Schach hielten.

Der Herrscher verteidigte sich auch, indem er Gegenideologien förderte und verbreiten liess, die den nationalistischen Strömungen unter den Minderheiten entgegenwirken sollten. Im Inneren des Reiches versuchte

9  *Vatan yahut Silistre* (Vaterland oder Silistre), zuerst aufgeführt am 1. April 1873, enthielt die Ideen der «Jungtürken» in dramatischer und leidenschaftlicher Form – in erster Linie, dass die «Osmanen» ihrem Vaterland (d. h. dem damaligen Osmanischen Reich) Loyalität schuldeten, nicht der herrschenden Dynastie. Gegenstand des Dramas war eine Episode bei der Belagerung der Festung von Silistre durch die Türken vom Jahr 1854. Das Stück wird bis heute in den türkischen Schulen gelesen.

man den osmanischen Patriotismus die Rolle eines osmanischen Nationalismus spielen zu lassen. Ergänzend wurde auch die islamische Solidarität als ein Band unter vielen der Völker des Reiches angerufen: nicht nur zwischen den Arabern und den Türken, sondern auch zwischen diesen und den Kurden, den Albanern, den Bosniaken und den von den Zaren aus Asien und aus dem Kaukasus vertriebenen muslimischen Flüchtlingen wie den Tscherkessen und den Tataren. Der Islam in der Form von Panislamisus wirkte auch nach aussen als ein Instrument, das gegen die Engländer und Franzosen in ihren Kolonien eingesetzt werden konnte, besonders in Indien und in Algerien. Schliesslich war der Sultan in Istanbul ja auch der «*Khalifa*», der Nachfolger des Propheten und «Stellvertreter Gottes auf Erden». Zudem wurde auch die neu entstehende Lehre von der türkischen Ur-Nation[10] vom Sultan für seine Propaganda übernommen, weil er mit dem Panturkismus, etwa in Zentralasien, den Russen ähnliche Schwierigkeiten bereiten konnte, wie sie ihm im Balkan mit dem Panslawismus. Diese drei Ideologien überdeckten einander bis zu einem gewissen Grade, weil der Islam sich mit dem Türkentum und dieses sich mit dem osmanischen Staatswesen mehr oder weniger eng vereinbaren liess.

Doch in der zweiten Hälfte der Regierungsjahre Abdül Hamits griffen diese Ideologien auch auf die türkischen Offiziere über, besonders jene, die im Balkan dienten, und unter ihnen in erster Linie auf die Garnison der zweitwichtigsten Stadt des Reiches, Saloniki. Die Offiziere von Saloniki hatten während langer Jahre die nationalistischen Geheimbünde der Balkanvölker bekämpft und dabei Gelegenheit gehabt zu erfahren, wie wirksam solche Geheimbünde sein konnten, sogar wenn sie nur relativ wenige Menschen umfassten. Sie selbst begannen Geheimbünde zu gründen, die sich um eine oder mehrere der drei erwähnten Ideologien und auch um bestimmte Persönlichkeiten sammelten, die als ihre ideologischen und politischen Leiter auftraten. Als der stets wohl informierte Sultan davon hörte, dass seine eigenen und bisher von ihm besonders begünstigten Offiziere sich zu verschwören begannen, traf er scharfe Gegenmassnahmen, indem er einzelne Individuen festnehmen und verhören liess, aber auch indem er die bisher genossenen Privilegien und Vergünstigungen seiner Offiziere reduzierte. Er

---

10  Diese war in Paris von dem französischen Gelehrten und Publizisten Léon Cahun erfunden worden. Siehe sein Buch: *Introduction à l'histoire de l'Asie*, Paris 1896. Sie wurde aus begreiflichen Gründen sehr einflussreich in der Türkei.

bewirkte dadurch jedoch nur, dass die Ressentiments der Offiziere sie noch mehr zur Geheimbündelei trieben. Einer dieser Offiziersbünde nannte sich «Einheit und Fortschritt», eine Bezeichnung, die auch im zivilen Bereich unter den Oppositionspolitikern und Exilierten der «Jungen Türkei» in Gebrauch war. Vorausgegangen war die Gründung eines anderen Militärbundes in Damaskus im Jahr 1906, der sich «Vaterlands- und Freiheitsgesellschaft» nannte und dem Mustafa Kemal, der spätere Atatürk, angehörte.

Im Dritten Armeekorps, das in Mazedonien stationiert war, hatten die Unruhen im Jahr 1908 so stark um sich gegriffen, dass der Sultan militärische Kommissionen aussandte, die untersuchen und bestrafen sollten. Ein junger Stabsoffizier wurde nach Istanbul zitiert, «um die Lage zu erklären und eine Beförderung zu erhalten», doch er traute der Sache nicht und floh in die Berge; sein Name war Enver Bey, später Enver Pascha (1881–1922). Auch Truppenoffiziere flohen in die Berge, samt ihren Mannschaften und Waffen. Ein General, der gekommen war, um für Ordnung zu sorgen, wurde von einem seiner eigenen Offiziere erschossen, als er das Telegraphenamt von Manastir verliess. Dem Offizier geschah nichts. Die Rebellion breitete sich rasch im Dritten Armeekorps aus und begann schon das Zweite zu beeinflussen, das in Edirne stand. Die Aufständischen vieler Garnisonen sandten Telegramme an den Sultan, in denen sie die Wiedereinführung der Verfassung forderten. Manche drohten, den Herrscher abzusetzen, wenn er sich nicht füge. Abdül Hamit gab nach einigem Zögern nach. Er liess am 23. Juli 1908 erklären, dass die Verfassung wieder in Kraft getreten sei.

Die ausländischen Feinde der Osmanen benützten die Gelegenheit, um ihr Haupt zu erheben. Österreich annektierte Bosnien und Herzogewina, die es bereits zuvor militärisch besetzt hatte. Bulgarien, bisher ein eigener Staat, der die Souveränität der Pforte anerkannte, erklärte sich unabhängig. Kreta erklärte den Anschluss an Griechenland.

Die Regierung übernahmen zuerst angesehene Staatsmänner der älteren Generation wie Said Pascha und später Kamil Pascha. Doch die «Gesellschaft für Einheit und Fortschritt[11]» war nun zur Macht hinter der Macht geworden. In einer ersten Phase griff sie aus dem Hintergrund in die Politik ein, ohne selbst öffentlich Verantwortung zu übernehmen. – Aussenpolitisch waren seit der Rückkehr zur verfassungsmässigen Demokratie grosse

---

11   Die europäische Literatur sprach von einem «Komitee», doch das arabisch-türkische Wort, das verwendet wurde, bedeutet «Gesellschaft».

Gebiete verloren gegangen. Innenpolitisch erregten die Leute der «Gesellschaft» Ärger durch ihre Interferenz aus dem Hintergrund, wenn sie ihren Anhängern Regierungsposten verschafften. Dies führte 1909 in Istanbul zu einem Umsturzversuch der unzufriedenen traditionellen und islamischen Kräfte. Sie konnten in der Hauptstadt zuerst die Macht übernehmen, das Parlament schliessen, die absolute Macht des Sultans wiederherstellen. Doch eine Feldarmee setzte sich aus Saloniki in Bewegung und marschierte nach Istanbul. Abdül Hamit II. wurde abgesetzt und verbannt. Sein Nachfolger Mehmet V. Reshâd (1909–1918) stand gänzlich unter der Kontrolle der Gesellschaft, deren führende Mitglieder nun die Regierung übernahmen: Enver Pascha[12] wurde Kriegsminister; Tal'at Pascha (1872–1921) Innenminister; Mehmet Jâwîd (1875–1926) Finanzminister.

Das Parlament trat wieder zusammen. Doch begann nun eine Epoche der inneren Wirren. Vor der Revolution der Jungtürken hatten die verschiedenen religiösen und ethnischen Minderheiten mit den oppositionellen türkischen Offizieren und Beamten zusammengearbeitet, um den verhassten «Tyrannen» zu Fall zu bringen. Doch als dieses Ziel erreicht war, gingen die Bestrebungen der beiden bisherigen Partner auseinander: die türkischen Offiziere und Beamten forderten ein modernes, zentral gesteuertes Osmanisches Reich, das sie nun selbst zu beherrschen gedachten; die Minderheiten wollten Dezentralisierung, so dass ihren Völkern möglichst weitgehende

---

12  Enver, der starke Mann der «Gesellschaft für Einheit und Fortschritt», blieb immer Militär. Er wurde im Verlauf der Balkankriege und des Weltkrieges General und Marschall. Doch er war ein Mann der Generalstäbe. Er hat nur ein einziges Mal Truppen direkt kommandiert, und das war ein Desaster. Im Dezember 1914 befahl er den Rücktritt von Gen. Izzet Pasha, weil dieser sich unwillig zeigte, ein geplantes Umzingelungsmanöver der Russen an der armenischen Front durchzuführen. Enver selbst kommandierte dann das Manöver, das die klimatischen und die Schwierigkeiten des Geländes nicht genügend berücksichtigte. Die ca. 90 000 Mann, die es durchführen sollten, kamen weitgehend in Schnee und Eis um, bevor sie in die Nähe der Russen gelangten. Die Verluste wurden so hoch wie 80 000 geschätzt. Enver kehrte im Januar 1915 nach Istanbul zurück, seine Popularität scheint nicht wesentlich unter diesem Desaster gelitten zu haben. Dagegen wird die Leistung Envers als Modernisierer der türkischen Armee nach dem deutschen Vorbild und mit deutscher Hilfe als hervorragend eingestuft. Die türkische Armee war im Ersten Weltkrieg immerhin in der Lage, den Engländern bei Kut (im südlichen Mesopotamien) eine schwere Niederlage zu bereiten und – noch entscheidender – das Landungsmanöver bei Gallipoli, das die Briten und die Australier durchführten, in schweren Kämpfen zurückzuschlagen (April 1915 bis Januar 1916).

Unabhängigkeit zuteil werde. Die liberale Tendenz unter den türkischen Politikern und Beamten, die auch für Dezentralisierung eintrat, war geschwächt, weil sich Teile der Liberalen an dem missglückten Gegenputsch der Rechten beteiligt hatten. Die wirkliche Macht lag nun, noch mehr als zuvor, bei den Offizieren der «Gesellschaft». Die aussenpolitischen und kriegerischen Herausforderungen mit dem Angriff der Italiener in Tripolitanien von 1911 und den beiden Balkankriegen von 1912 und 1913 (deren erster mit einer Katastrophe für die Türken endete, während der zweite mit der Rückgewinnung von Edirne die Lage wieder etwas verbessern sollte) bewirkten sodann, dass die Offiziere und anderen Mitglieder der «Gesellschaft» sich selbst diktatorische Vollmachten erteilten und das Parlament nur noch als Scheinparlament fortbestand.

### Khair ad-Din in Tunesien

Tunis stand über den Mittelmeerhandel in enger Verbindung mit der gesamten Mittelmeerpolitik. Das macht verständlich, dass die Tunesier schon früh den Gedanken einer Verfassung aufgriffen. Der Bei sträubte sich allerdings dagegen, bis 1857 ein ernster Zwischenfall, die Ermordung eines Juden in einem Streit mit Muslimen, in dem der Jude angeblich gegen den Islam gelästert habe, die Konsuln der Mächte auf den Plan brachte und der Bei sich gezwungen sah, etwas zu unternehmen, um die ausländischen Händler zu beschwichtigen. Sie wirkten mit ihren Konsuln als Speerspitze, hinter der sich die bedrohlichen Expansionsgelüste der europäischen Mächte abzeichneten. Der Bei liess einen «Sicherheitspakt» formulieren, der sich stark an eine vorausgegangene Erklärung der Pforte im gleichen Sinne anlehnte, an den sogenannten Gülkhane-Erlass vom November 1839, und der entsprechend dem türkischen Vorbild allen Bewohnern Tunesiens Rechtssicherheit und die gleichen Rechte zusagte.

Gleichzeitig versprach der Bei auch eine Verfassung. Die Ausarbeitung dieser Verfassung wurde daraufhin begonnen. Der französische Konsul in Tunis, Léon Roches, half dabei mit. Ein fertiger Text konnte 1860 Napoleon III. vorgelegt werden. Dass dies geschah, zeigt die Absicht, durch die Verfassung «gute Noten» bei den Mächten zu gewinnen und der immer drohenden Gefahr einer Invasion ihrerseits vorzubauen. In Algerien waren die Franzosen schon 1830 gelandet und hatten sich das Land angeeignet. Die neue Verfassung wurde 1861 gültig; sie sah einen Grossen Rat von 60 Personen vor, die zum grössten Teil ernannt, zum kleineren indirekt, über die Gemeinderäte, gewählt wurden. Der Rat erhielt echte Befugnisse: Kontrolle der Ausgaben, Erlass der Gesetze oder (wenn die Regierung sie formulierte) Zustimmung des Rates, bevor sie in Gültigkeit treten konnten. Der Bei wurde «Oberhaupt des Staates und der Religion»; seine Kasse und jene des Staates wurden getrennt; er und seine Minister waren gegenüber dem Grossen Rat verantwortlich.

Zu den Befürwortern und Ausarbeitern der neuen Verfassung gehörte der berühmteste der tunesischen Reformer, Khair ad-Din Pascha (1822 od. 1823–1890). Er war ein Mamluk des Beis, das heisst ein ursprünglicher Sklave, der, in seinem Fall als Kind in Abkhazien, in türkische Gefangenschaft gelangt und an grosse Herren, zuerst in Istanbul, später nach Tunis an den Bei verschenkt worden war. Der Bei liess ihn ausbilden und an seinem Hofe erziehen. Er stieg dann in der tunesischen Armee rasch auf zum Kavallerieoffizier und zum Oberbefehlshaber der Reitertruppen. Die Mamluken galten als besonders vertrauenswürdige Diener ihrer Herren, weil sie keine eigene Familie besassen, in deren Interesse sie hätten wirken können. Besonders verdienstvolle Mamluken heirateten oft in die Herrscherfamilie ein, indem sie eine der Töchter oder Nichten des Herrschers zur Gemahlin erhielten. Die Aufnahme in die Herrscherfamilie, die durch den Kauf und die Erziehung bei Hofe begonnen hatte, wurde durch solche Heiraten vollendet. In Tunis hatte der Begründer der Reformpolitik unter den hassanidischen Beis von Tunis, Hamuda Bei (1782–1814), im Jahre 1811 (im gleichen Jahr, in dem Muhammed Ali die ägyptischen Mamluken umbringen liess) seine Janitscharen ausgeschaltet und sie durch gekaufte Mamluken ersetzt.

Khair ad-Din wurde von seinem Herrn unter anderem im diplomatischen Dienst verwendet. Er kam von 1853 bis 1856 nach Paris, um dort einem delikaten Prozess zu folgen, bei dem es um angebliche Staatsgelder ging, die ein aus Tunis geflohener Generalsteuereinnehmer nach Frankreich verschleppt haben sollte. Nach seiner Heimkehr war er Minister für die Marine geworden. Nach dem Inkrafttreten der Verfassung wurde er auch Präsident des Grand Conseil. Doch er stiess mit einem anderen Mamluken zusammen, der mächtiger war als er selbst. Dies war Mustafa Khaznadar (1817–1878), ursprünglich ein Grieche, der sich so gut mit den Beis zu stellen wusste, dass er während dreier Bei-Generationen total 36 Jahre lang als Ministerpräsident amtierte. Er galt viele Jahre lang als der wahre Machthaber in Tunis, der die Beis mit dem Luxusleben ihres Hofes beschäftigte. Khaznadar war ein grosser Liebhaber des Geldes und scheute sich nicht, auf seine eigene Bereicherung hinzuarbeiten. Khair ad-Din sprach vergeblich gegen zwei grosse Auslandsanleihen, die der Ministerpräsident zur angeblichen Konsolidierung der bereits bestehenden Staatsschulden aufnehmen wollte. Er musste im November 1862 von den wichtigsten seiner Posten zurücktreten und verwendete seine erzwungene Musse, um ein Buch über die europäischen Staaten zu schreiben[13], das ein ausführliches Vorwort enthält, in dem er die Notwendigkeit darlegt, von den Europäern zu lernen und erklärt, dass die Übernahme europäischen Wissens und europäischer Institutionen keineswegs gegen den Islam und die Scharia sei, sondern vielmehr geradezu Gebot eines richtig verstandenen Islams.

1864 kam es zu einem Stammes- und Bauernaufstand in Tunesien, da der Ministerpräsident Khaznadar, getrieben von den immer wachsenden Staatsschulden, die Steuerschrauben unerträglich eng angespannt hatte. Die Verfassung wurde im Zeichen des Notstandes aufgehoben und der Aufstand niedergeschlagen. Doch das Land und die Staatskasse wurden nur ärmer davon. Khair ad-Din befand sich in dieser Zeit in Istanbul auf diplomatischer Mission. Er sollte versuchen, den Sultan Abdül Aziz zu veranlassen, die Oberhoheit der Pforte über Tunesien zu bestätigen und zu bestärken, weil der Bei hoffte, auf diesem Wege der sich abzeichnenden Gefahr einer französischen Eroberung von Tunesien vorzubeugen. Khair ad-Din musste dreimal nach Istanbul reisen, um schliesslich die erhoffte Erklärung des Sultans zu erlangen. Bei den beiden vorausgehenden Versuchen hatten sich die Franzosen dem von Tunesien gewünschten Schritt erfolgreich widersetzt.

In Tunesien kam es in der Zwischenzeit zu dem von Khair ad-Din befürchteten Staatsbankrott. Eine internationale Finanzkommission wurde eingesetzt, in der Frankreich, Grossbritannien und Italien vertreten waren, und Khair ad-Din erhielt den Vorsitz dieser Schuldenkommission von 1869 bis 1874. Er entfaltete damals zuerst als Sonderminister, dann, nachdem er 1873 Khaznadar hatte zu Fall bringen können, als Ministerpräsident eine segensreiche Tätigkeit in der Verwaltung und im Steuerwesen Tunesiens, die ihm erlaubte, den Schuldendienst, der zu Beginn seines Wirkens die Hälfte des Staatseinkommens verschlang, aufrecht zu erhalten, ohne die Bevölke-

---

13 Französische Fassung (von Khair ad-Din selbst): *Essai sur les réformes nécessaires aux états musulmans*, ed. Magali Morsi, Aix-en-Provence 1987; der arabische Titel: *Akwâm al-masâlik fi ma'rifat ahwâl al-mamâlik*. Tunis 1868, viele spätere Auflagen, engl. und franz. Übersetzungen.

rung über die Massen zu bedrücken. Er regelte die Verpflichtungen und Rechte der Landwirte, einschliesslich ihrer untersten Schicht, der sogenannten Khammâs, d. h. der Pächter, die Teile ihrer Ernten an die Grundbesitzer abtreten mussten. Er versuchte die Exporte zu steigern, indem er die Exportsteuern verringerte und die Importsteuern erhöhte. Sein wichtigster Mitarbeiter, Bayram al-Khâmis, reorganisierte die frommen Stiftungen und vermochte die Einkünfte aus ihnen zu steigern. Die Gelder, die von Khaznadar konfisziert worden waren, gebrauchte Khair ad-Din, um die wichtigste «moderne» (d. h. nicht primär religiöse) Schule von Tunis zu errichten, aus der viele der späteren tunesischen Eliten hervorgehen sollten: «al-madrasa as-Sâdikiya», so genannt zu Ehren des Herrschers, Muhammed Sâdik Bei (r. 1859–1881), der in der Literatur seiner Zeit auch als Sadok Bei bekannt ist. 1877 versuchte Khair ad-Din das Parlament wiederzubeleben, doch stiess er dabei auf Widerstand durch den Bei, und im Juli desselben Jahres wurde er durch einen neuen Günstling des Beis ersetzt und fiel in Ungnade. Unter dem neuen Machthaber fing die finanzielle Misswirtschaft wieder an.

Khair ad-Din wurde 1878 von Abdül Hamit II. nach Istanbul gerufen und vorübergehend dort Grosswesir. Der Sultan entliess ihn allerdings wieder im folgenden Jahr, wie es scheint, weil er sich allzu deutlich für die Wiedereinführung der suspendierten osmanischen Verfassung einsetzte. Khair ad-Din lebte dann bis zu seinem Tod im Jahr 1890 als Privatmann in Istanbul. Tunesien jedoch wurde 1881 von Frankreich angegriffen und besetzt. Den Vorwand für diese Aggression lieferten Unruhen an der algerisch-tunesischen Grenze. Sadok Bei (= Muhammed as-Sâdik) wurde abgesetzt und sein Nachfolger, Ali Bei, unterzeichnete 1883 einen Protektionsvertrag mit Frankreich.

Die Verfassung von 1861 hat später eine wichtige Rolle gespielt: Die tunesischen Nationalisten beriefen sich auf sie, als sie begannen, ihrerseits eine Verfassung von der Protektionsmacht Frankreich zu fordern. Die Partei der tunesischen Nationalisten hiess deshalb zuerst seit 1920 Destour (dustûr arab. Verfassung) und später, nach einer Spaltung, seit 1934 und bis heute: Néo-Destour.

# Die iranische Verfassungsrevolution

In der zweiten Hälfte des 19. Jahrhunderts traten die Reibungen zwischen Persien und den beiden in Iran um Einfluss rivalisierenden europäischen Mächten in ein neues Stadium. Die Russen und die Briten wetteiferten miteinander, um sich von Schah Nasir ad-Din, der bis zum Ende des Jahrhunderts am Ruder blieb, gegen Zahlungen, die an den Hof gingen, Konzessionen gewähren zu lassen, die jeweilen das alleinige Recht auf bestimmte wirtschaftliche Aktivitäten in ganz Iran enthielten. Grossbritannien liess sich 1860 das Recht geben, eine Telegraphenlinie von Bagdad durch ganz Persien hindurch bis nach Indien zu bauen. Der Baron Julius de Reuter, der ein britischer Staatsangehöriger holländischer Herkunft war, liess sich 1872 eine besonders umfangreiche Konzession zusprechen, die ihm die alleinigen Rechte gewährte, nach aller Art Bodenschätzen in Persien zu forschen und diese auszubeuten, Bergwerke zu betreiben, Eisenbahnen und Strassenbahnen zu bauen und vielerlei Bewässerungsanlagen sowie industrielle und landwirtschaftliche Betriebe einzurichten. Für all dies zahlte der geschäftstüchtige Baron eine relativ geringe Summe und versprach dem Hof eine kleine Gewinnbeteiligung. Allerdings musste er auch grosse Bestechungssummen für die Minister und Grosswesire der Zeit aufwenden.

Auf Protest der iranischen Bevölkerung unter Führung der Geistlichkeit annullierte der Schah diese Konzession wieder, nachdem er auf seinen Europareisen festgestellt hatte, dass weder die russische noch die britische Regierung grossen Wert auf die Reuterschen Konzessionen legten. In Teheran war dem Schah die Sache offenbar anders dargestellt worden, nämlich dass die Konzessionen an Reuter ihm die Gunst der Briten verschaffen würden. Die einseitige Auflösung der Konzessionen hatte jedoch komplexe legale Folgen; Reuter forderte Kompensationen für sie, und die Engländer benützten das Monopolversprechen, das dem Baron gegeben worden war, um jahrelang zu verhindern, dass eine Eisenbahn durch Persien gebaut werde, die den Persischen Golf mit Teheran, Täbris und Russland verbunden hätte. Eine solche Bahn wäre den Engländern als eine zweite Bagdadbahn erschienen, die den russischen Einfluss (wie die Bagdadbahn den deutschen) in die Nähe von Indien gebracht hätte – nur noch gefährlicher, weil sie weiter östlich gebaut worden wäre und weil die Russen von den indischen Kolonialbehörden ohnehin als die Hauptgefahr für «ihr» indisches Reich angesehen wurden. Die englische Politik gegenüber Persien wurde im Wesentlichen von den indischen Kolonialbehörden formuliert und ausgeführt, jene gegenüber

Istanbul und Kairo vom Aussenministerium. Dies hatte zur Folge, dass die Perser von den Engländern oft mit der tiefen Verachtung behandelt wurden, die viele von ihnen ihren indischen Untertanen, den «Eingeborenen», entgegenbrachten. Die Folgen davon sind in Persien bis heute in der Form eines emotional belasteten Verhältnisses zu allem Englischen spürbar.

Auch den Russen gelang es, wichtige Konzessionen zu erlangen, so vor allem für die Fischerei im Kaspischen Meer im Jahr 1879 (erneuert 1888). Die Engländer bewirkten, dass der Karun-Fluss (der einzig schiffbare in Persien, der ins Shatt al-Arab eimündet) für die internationale Schifffahrt geöffnet wurde, die in der Praxis fast nur die englische war. Aus dem Streit um die Reuter-Konzession ging eine neue Konzession an die Engländer für die Errichtung einer persischen Nationalbank hervor, der englisch geleiteten Imperial Bank of Persia. Die Russen liessen sich daraufhin ebenfalls Konzessionen für Banken erteilen. Eine von russischen Offizieren ausgebildete und kommandierte Kosakenbrigade, die 1879 gegründet wurde, gab dem Schah eine kleine, aber verlässliche Streitmacht, verstärkte jedoch auch den Einfluss der Russen. All diese Konzessionen wurden von der persischen Bevölkerung ungern gesehen, da sie Teile der iranischen Selbständigkeit aufgaben. Die Geistlichen predigten gegen sie, weil sie den Einfluss der fremden, christlichen Mächte vergrösserten. Die Geistlichen bildeten nach wie vor die weitaus wichtigste Gruppe der Intellektuellen[14]; sie besassen grossen Einfluss bei der Bevölkerung und eine recht grosse Unabhängigkeit vom Hofe, da sie mit den frommen Stiftungen und mit den Zakat[15]-Geldern ihre eigenen Einkommensquellen besassen. Sie waren zwar den Reformen westlicher Art nicht wohl gesinnt, doch sie lehnten auch die Konzessionspolitik des Schahs

---

14  Ein Intellektueller im modernen Sinn war der Armenier Mirza Malkam Khan (1833–1909), der in Paris erzogen worden war, einer der ersten Lehrer am Dar al-Funûn von Teheran wurde, dort eine Art Freimaurerloge gründete, der viele führende Persönlichkeiten beitraten. Der Schah misstraute der Sache, verbannte Malkam Khan nach Istanbul. Doch dieser wurde zum Freund und Ratgeber des iranischen Botschafters in der türkischen Hauptstadt, des Mirza Husain Khan. Als dieser Hauptminister wurde, ernannte er Malkam zum Botschafter in London. Malkam musste später im Zusammenhang mit einem Skandal, bei dem es um Einrichtung einer Lotterie ging, von diesem Posten zurücktreten. Doch er blieb in London und veröffentlichte dort von 1890 an eine persische Zeitung, *Qanûn (Gesetz)*, die dem Schah kritisch gegenüberstand und Reformen forderte. Sie war in Persien verboten, wurde jedoch eingeschmuggelt und übte Einfluss auf die gebildeten Schichten aus.

gegenüber den Mächten ab. Sie besassen von jeher Einfluss im Basar, weil viele von ihnen aus Basari-Familien stammten. Die Basari wiederum fühlten sich durch die westlichen Geschäftsunternehmen und Konzessionen wirtschaftlich bedroht.

Die wachsenden Spannungen entluden sich 1890 anlässlich der Erteilung einer neuen Konzession, die der Schah einem britischen Staatsbürger namens Talbot für den Anbau und Verkauf allen Tabaks gewährte. Proteste dagegen erfolgten von Seiten der Tabakbauern und -händler, aber auch von Seiten der Gottesgelehrten, und einer von ihnen, ein bitterer Feind der Engländer und begabter politischer Agitator, der auch in der Geschichte der arabischen Welt eine wichtige Rolle spielen sollte, Jalal ad-Din al-Afghani (1839–1897), tat sich so sehr in der Abfassung von Flugschriften gegen den Schah hervor, dass dieser ihn 1891 aus Persien verbannte. Was nicht ohne einen längeren und Aufsehen errregenden Streit abging, weil al-Afghani das traditionelle Asyl («bast») in Anspuch nahm, das bestimmte heilige Orte besassen. Der Schah liess es verletzen, um Afghani loszuwerden. Doch dieser richtete an das im Irak lebende Oberhaupt der schiitischen Geistlichen, Hajji Mirza Muhammad Hasan Shirasi, einen Brief, in dem er ihn aufforderte, öffentlich gegen den Ausverkauf Irans an die Europäer aufzutreten. Shirasi tat es und erklärte in einer Fatwa (Rechtsgutachten auf Grund der Scharia): alle Raucher des an den englischen Konzessionär verpfändeten Tabaks seien «Feinde der Religion und des Zwölften Imams».

Die Fatwa wirkte gewaltig. Der Tabak wurde unverkäuflich. Sogar die Frauen des Schahs verzichteten auf die bei ihnen beliebte Wasserpfeife. Es kam zu Demonstrationen in Teheran, bei denen in die Menge geschossen wurde, wodurch die Proteste der Bevölkerung noch heftiger wurden. Schliesslich musste der Schah die Konzession aufheben und der Tabakgesellschaft Talbots die hohe Entschädigung von einer halben Million Pfund bezahlen. Da das Geld dazu fehlte, ging Iran bei dieser Gelegenheit seine

---

15  Zakat, Almosensteuer, muss ein jeder Muslim entrichten. Bei den Sunniten wird sie oft von staatlich gebildeten Kommissionen in Empfang genommen. Bei den Schiiten jedoch muss ein jeder Gläubige seine Zakat an den Geistlichen seines Vertrauens bezahlen. Dieser verwendet dann die Gelder teils für die Armen, teils für Belange der Religion. Darunter sind auch die Stipendien, die Studenten der Theologie von ihren Lehrern erhalten. Ein Geistlicher, der über viele Gelder verfügt, weil ihm viele Muslime ihr Vertrauen schenken und der daher auch viele Schüler unterhalten kann, wird *Ayatollah* genannt.

ersten Auslandschulden ein. Das Prestige des Schahs sank durch die erfolglose Konfrontation, und das Ansehen der patriotischen Geistlichen, die sich mit den Befürwortern einer konstitutionellen Reform verbündet hatten, stieg an. – Die Tabakaffäre trug auch dazu bei, dass die Russen, die für die protestierende Bevölkerung Partei ergriffen hatten, an Einfluss gewannen, während der britische sank.

Nasir ad-Din Schah wurde vier Jahre später, 1895, von einem Schüler Afghanis, der kurz zuvor seinen Lehrer in Istanbul besucht hatte, ermordet. Der Mörder wurde gehenkt. Die Briten und die Russen traten dafür ein, dass der eher schwache Kronprinz Muzaffar ad-Din (1895–1907) zum Schah ernannt werde, und sein Onkel, der lange Zeit in Isfahan erfolgreich regiert hatte, fügte sich ihrem Gebot, obwohl er in Iran als der stärkere Kandidat galt. Der neue Schah unternahm mehrere Auslandreisen mit einem grossen Hofgefolge, die viel Geld kosteten. Er veröffentlichte darüber selbst verfasste Reiseberichte. Doch der Schah befand sich in beständiger Geldnot und nahm zwei Anleihen in Russland auf, die er nur erhalten konnte, indem er den Russen zusagte, er wolle seine englischen Schulden tilgen, keine weiteren Schulden ohne russische Zustimmung machen und indem er sich bereit erklärte, ein Zollsystem einzuführen, das die Russen begünstigte. Der Zoll wurde damals in belgische Hände gelegt, und der Direktor der belgischen Zöllner, Naus, wurde bald zum eigentlichen Finanzminister. All dies löste neue Unzufriedenheitswellen aus. Die führenden Gottesgelehrten, einige Hofbeamte und die relativ wenigen weltlichen Freunde des Fortschritts taten sich zusammen und forderten die Entlassung des Regierungschefs Amin ad-Daula, dem sie vorwarfen, er verkaufe Iran an Russland. Geheimgesellschaften für politische Agitation wurden gegründet, und ihre Mitglieder setzten im Ausland verfasste Literatur gegen den Schah und die Zustände in Iran in Umlauf. Neben der persischen Zeitung in London, die Malkam Khan[16] erscheinen liess, gab es nun gleich zwei Exilzeitungen in Kairo und eine in Kalkutta. Wie in allen asiatischen Ländern machte der erfolgreiche Krieg der Japaner gegen die Russen von 1904/05 grossen Eindruck in Persien. In diesem Krieg hatte die einzige asiatische Macht, die ein Verfassungsregime besass, die einzige europäische, die kein solches hatte, besiegt. Dies beflügelte die Hoffnungen, welche die Fortschrittsfreunde auf eine Verfassung setzten;

16   Vgl. Anm. 14.

vielleicht würde sie es Iran ermöglichen, seinen Feinden und Bedrängern erfolgreich entgegenzutreten!

Der Schah wurde mit unblutigen Mitteln zur Annahme eines Verfassungsentwurfes gezwungen: viele angesehene Iraner, darunter auch viele Geistliche an verschiedenen Orten, nahmen *bast*, das heisst ein politisches Asyl, das ihnen nach dem Gewohnheitsrecht so lange gewährt wurde, als sie die Orte ihres Asyls, meist waren es heilige Stätten, nicht verliessen. Der Schah wurde durch solche Bast-Versammlungen zuerst 1905 bewogen, ein «Haus der Gerechtigkeit» zuzulassen, womit eine beratende Versammlung gemeint war; der Shah versprach es, hielt aber sein Versprechen nicht. Es kam daraufhin zu neuen, grösseren Bast-Demonstrationen in Qom. Die Geistlichen verliessen en bloc Teheran und zogen in die Heilige Stadt. Es gab eine weitere grosse Bast-Versammlung im Park der britischen Botschaft; etwa 14 000 Menschen lagerten dort, während alle Läden von Teheran schlossen[17]. Diesmal forderten die Versammelten eine volle Verfassung. Der Schah gab nach, eine Verfassungsversammlung wurde gewählt und entwarf 1906 eine Verfassung, die der Schah, der im Sterben lag, lange Zeit nicht unterzeichnen wollte, aber dann doch unterschrieb.

Nachfolger Nasir ad-Din Schahs wurde der reaktionäre Mohammed Ali Schah (1907–1909), der zwar einen Eid auf die neue Verfassung ablegte, aber im Jahr 1908 einen Staatsstreich von oben durchführte. Er liess das Parlament durch seine Kosakenbrigade bombardieren, löste die Versammlung auf und liess etwa 30 der volkstümlichsten Nationalisten hinrichten. Das Land unterwarf sich der Gewalt, nur die Stadt Täbris leistete Widerstand. Viele der neuen politischen Ideen waren über Russland und Aserbaidschan nach Persien gelangt, und Täbris war zum Zentrum der Konstitutionsbewegung geworden. Die Stadt verteidigte sich monatelang gegen die Truppen des Schahs, öffnete sich jedoch schliesslich einem russischen Kontingent, das ausgesandt worden war, um die europäischen Bewohner der Stadt zu evakuieren. Viele der Konstitutionalisten flohen in die Nachbarprovinz Gilan, wo sich ein revolutionäres Heer gesammelt hatte, das dann nach Teheran zu marschieren begann. Im Süden sammelte sich ein anderes Heer, das von den Stammesführern der Bakhtiaren-Stämme angeführt wurde, es nahm Isfahan ein und zog seinerseits gegen den Schah nach Teheran. Beide Heere verei-

17   Die britischen Diplomaten waren abwesend. Sie verbrachten den Sommer im kühlen Shemiran, oberhalb Teherans.

nigten sich im Norden der Hauptstadt im Juli 1909, und der Schah floh nach Russland. Er wurde als abgesetzt erklärt und sein junger Sohn, Ahmed Schah, der letzte der Qajaren (1909–1925), auf den Thron gehoben. Für ihn übernahm zunächst der älteste Qajarenprinz, Azud al-Mulk, die Regentschaft. Der abgesetzte Muhammed Ali Schah versuchte im Juli 1911 mit geheimer russischer Unterstützung seinen Thron zurückzugewinnen, doch die Bakhtiyari-Stammesführer schlugen und erschossen einen seiner Brüder, der mit einem Heer bis Varamin, nahe bei Teheran, vorgerückt war, und der Ex-Schah zog es daraufhin vor, nach Russland zurück zu fliehen.

### «Einflusssphären» der Grossmächte

Während diese Verfassungskämpfe vor sich gingen, waren die Russen und die Engländer übereingekommen, Iran in Einflusszonen aufzuteilen. Der Ursprung dieses Abkommens war in der europäischen Politik zu suchen. Das Hochkommen Deutschlands und seine enge Zusammenarbeit mit Österreich-Ungarn liessen den kommenden Weltkrieg vorausahnen, und Russland bewegte sich auf die deutschfeindlichen Mächte hin, zu einer Allianz mit Frankreich und Grossbritannien. Im Interesse ihrer neuen Zusammenarbeit versuchten Grossbritannien und das Zarenreich die sekundären Streitpunkte zu reduzieren, die zwischen ihnen bestanden. Für Asien wurde so eine Teilung in Einflusssphären in Iran, in Afghanistan und im Tibet vereinbart. Die Teilung bedeutete, dass in Zukunft keine der beiden Mächte im Landesteil der anderen Konzessionen suchen und betreiben werde. – In Persien wurden drei Zonen bestimmt, eine russische, die über Teheran hinaus bis Isfahan reichte; eine britische, die im Südosten Irans lag, von der afghanischen Grenze über Kirman nach Bandar Abbas; und eine neutrale, südwestliche mit Schiras und den Golfhäfen, in der beide Seiten gleichzeitig wirken durften. Der Teilungsvertrag wurde am 31. August 1907 abgeschlossen. Die Perser wurden zunächst nicht über ihn unterrichtet.

Die Finanzen waren in Teheran weiterhin einer der Schwachpunkte des nun konstitutionellen Regimes. Um sie in den Griff zu bekommen, zog die Regierung im Jahr 1911 einen amerikanischen Experten zu, William Morgan Shuster. Dieser schlug vor, dass eine besondere Finanzgendarmerie unter dem Befehl eines britischen Offiziers gebildet werde, um die Steuern ohne Korruptionsverluste einzubringen. Doch die Russen widersetzten sich diesem Plan mit der Begründung, die Teilung in Einflusszonen erlaube ihnen, alle fremden Beamten in ihrem Einflussgebiet zu ernennen. Die Russen forderten ultimativ die Entlassung Shusters und eine Anerkennung durch die persische Regierung, dass in der Tat ausländische Beamte nur mit Zustimmung der Russen und Engländer eingestellt werden könnten. Die Russen sandten Truppen in ihre Einflusszone und forderten in ihrem Ultimatum sogar, dass Iran die Kosten dieser Kriegsaktion bestreite.

Die Briten akzeptierten die russische Auslegung des Teilungsvertrages. Das persische Parlament jedoch lehnte die russischen Forderungen ab und wurde schliesslich, Ende 1911, von der Regierung, in der die Bakhtiyaren aus dem englandfreundlichen Stammesgebiet dominierten, mit Gewalt aufgelöst. Shuster wurde entlassen. Bis zum Krieg von 1914 wurde kein neues Parlament mehr gewählt, und seine Auflösung bedeutete praktisch das Ende der revolutionären Epoche; die Zensur wurde wieder eingeführt, und die politischen Vereine und Gesellschaften *(anjomân)*, die während der Verfassungsrevolution geblüht hatten, wurden verboten.

### Die Rolle der Geistlichen in der Verfassungsrevolution

Im Gegensatz zur Türkei und zu Ägypten spielten in Iran die Geistlichen eine wichtige Rolle bei der Verfassungsrevolution. Dies hing mit der besonderen Stellung zusammen, welche die schiitischen Geistlichen einnehmen. Ihre Gesamtheit, nicht etwa der Schah und sein Hof, besitzt in den Augen der Gläubigen nicht nur religiöse, sondern auch politische Legitimität, weil sie, nicht etwa der Schah, kollektiv die Stelle des verborgenen Zwölften Imams einnimmt – bis zur Zeit seiner Wiederkehr. Es gibt keinen *Khalifa* im Schiismus, das heisst keinen rechtmässigen Nachfolger des Propheten in seiner Funktion als Befehlshaber der Gläubigen, ausser eben dem verborgenen Imam und seinen Vertretern oder Ersatzleuten, den Geistlichen. Weil der *Khalifa* oft ein sehr weltlicher De-facto-Herrscher gewesen ist, färbt im Sunnismus etwas von der Weihe seines Amtes auf alle De-facto-Herrscher ab. Ähnlich wie in der Lehre Luthers sind sie «die Obrigkeit», denen die Gläubigen Gehorsam schulden. Doch im Schiismus ist dies nicht der Fall. Die «Obrigkeit» für die Schiiten, soweit sie eine religiös-politische Legitimität besitzt, sind einzig die Geistlichen. Deshalb sendet ein jeder gewissenhafte Gläubige seine Almosensteuer (Zakat) nicht etwa, wie bei den Sunniten, an den Staat oder eine staatliche Kommission, sondern direkt an den Geistlichen seines Vertrauens. Die grossen Geistlichen sind jene, denen viele Gläubige Vertrauen schenken und deren Vorbild sie nachleben. Man nennt sie *Ayatollah* oder auch *Marjaye-Taqlid* (Vorbilder der Nachahmung). Als Vorbilder sind die schiitischen Geistlichen Führer und Anführer ihrer Gläubigen. Diese Rolle wollen und dürfen sie nicht an den Schah abtreten. In der Zeit der Verfassungskämpfe waren keineswegs alle Geistlichen Befürworter einer Verfassung; aber viele der bedeutendsten waren es, und sie haben die Bevölkerung aufgerufen, gegen den Schah und für die Verfassung zu streiten. Frucht der intensiven Beteiligung der Geistlichen am Ringen um die Verfassung war der Verfassungszusatz von 1907, der sehr ausführlich festlegte, dass der Zwölfer-Schiismus die Staatreligion Irans sei und dass es keine Gesetze in Iran geben könne, die der *Sharia* (dem Gottesgesetz, natürlich in seiner schiitischen Ausprägung) widersprächen. Der Verfassungszusatz legt nieder, dass eine Kommission von fünf Geistlichen höchsten Ranges *(Mujtahid)* zu bilden sei und die Aufgabe erhalte, dafür zu sorgen, dass die Gesetzgebung des Parlamentes dem Religionsgesetz nicht widerspreche. Die Kommission der fünf Mujtahid habe alle nicht mit der Sharia übereinstimmenden Gesetze als ungültig zu erklären.

Als später die «Pahlawi»-Dynastie herrschte, d. h. Reza Schah und sein Sohn, Mohammed Schah Reza (beide zusammen 1924–1980), wurde dieser Verfassungszusatz ignoriert, er ist jedoch nie formell aufgehoben worden; ohne Zweifel, weil seine offizielle Aufhebung die Empörung aller Frommen ausgelöst hätte. Sie wäre für sie einem ausdrücklich erklärten Abfall vom Zwölften Imam und von allen heiligen Werten des Schiismus gleichgekommen.

### Ein ägyptisches Parlament?

Ägypten machte einen zweiten Modernisierungs- oder Verwestlichungsschub unter Ismail Pascha (1863–1879), dem Enkel Muhammed Alis, durch. Er wird auch als der Khedive Ismail angesprochen, mit einem Fürstentitel, der besonders für ihn und seine Nachkommen geschaffen wurde. Ismail war schon mit 14 Jahren in Wien gewesen, weil er dort seine Augen behandeln lassen musste. Als 16-Jähriger gelangte er nach Paris, als Mitglied einer der Studentenmissionen, die seit Muhammed Alis Zeiten immer wieder die französische Hauptstadt besuchten. Er studierte Französisch, Naturwissenschaften und etwas Ingenieurwesen. Kaum war er 1848 nach Kairo zurückgekehrt, wanderte er mit mehreren anderen Mitgliedern seiner Familie nach

Istanbul aus, weil der herrschende Nachfolger Muhammed Alis, Abbas Hilmi I. (r. 1848–1863), seinen Verwandten, mit denen er sich um das Erbe Muhammed Alis stritt, nicht sehr wohlgesinnt war. In Istanbul wurde der junge Ismail von Sultan Abdul Majid zum Mitglied des Obersten Staatsrates ernannt, dem es oblag, die Gesetze für das Osmanische Reich zu formulieren.

Als Said Pascha (r. 1854–1863) den ägyptischen Thron übernahm, rief er seinen Neffen Ismail aus Istanbul zurück und machte ihn zum Vorsitzenden des ägyptischen Staatsrates, der sich ebenfalls mit der Formulierung der Gesetze befasste. Er sandte ihn auch auf diplomatische Missionen, so im Jahr 1855 zu Napoleon III., später zum Vatikan, und erhob ihn schliesslich zum obersten Kommandanten der ägyptischen Armee im Jahr 1861, in einer Epoche, in der Aufstände im Sudan die Armee vor neue Herausforderungen stellten. Als er 1863 die Herrschaft über Ägypten übernahm, war Ismail ein noch junger, aber bereits erfahrener Staatsmann, der Europa und die Maschinerie des sich reformierenden osmanischen Staates aus eigener Anschauung kannte.

Für sein Land Ägypten strebte Ismail ein dreifaches Ziel an: er wollte es als Erbland seiner Dynastie absichern, das heisst möglichst volle Unabhängigkeit von der Pforte erringen; er wollte es zu einem «modernen» Staat entwickeln, nicht nur hinsichtlich seiner Armee, sondern auch in seiner Wirtschaft und Verwaltung; drittens strebte er ein eigenes Kolonialgebiet im Sudan an.

Ismail hat sein Land in allen drei Richtungen weit vorwärts gebracht. Ägypten wurde reicher in seiner Zeit, unter anderem, weil der amerikanische Bürgerkrieg die Baumwollpreise in die Höhe trieb und Ägypten erlaubte, die durch den Ausfall der Lieferungen aus den Südstaaten entstandene Marktlücke auszufüllen. Reicher aber auch, weil Ismail neue Kanäle und Bewässerungswerke anlegen liess, Strassen, Telegraphenlinien und sogar Eisenbahnen und Häfen baute, den Exporthandel förderte, neue Städte anlegte, wie das nach ihm benannte Ismailiya am Suezkanal, oder in den alten Städten neue Quartiere im europäischen Stil bauen liess. Ismail hat auch eine Post in Kairo eingeführt und Gas und Wasser in die Neustadt gebracht. Im Erziehungssektor war er ebenfalls sehr aktiv; bei seinem Regierungsantritt gab es nur 185 staatliche Schulen in Ägypten, in seiner Regierungszeit schnellte ihre Zahl auf 4817. Er eröffnete auch Schulen für Mädchen, ein Polytechnikum für Offiziere und eine medizinische Lehranstalt.

Die Einführung solcher westlicher Errungenschaften ging allerdings nicht ohne Hilfe der europäischen Fachleute, Vermittler und Zwischenhändler vonstatten, die aus dem ganzen Mittelmeerraum kamen und Alexandria zur Haupthandelsstadt des Niltals machten. Es waren diese zugewanderten, meist landesfremden Mittlerschichten, die viel von dem neuen Reichtum abschöpften. – Die Abhängigkeit von der Pforte konnte reduziert werden, allerdings immer nur, indem der Khedive die Geldnöte der Sultane ausnützte und ihnen jeden seiner Schritte auf mehr Unabhängigkeit hin bezahlte. Um eine Zustimmung des Sultans für eine künftige dynastische Erbfolge in der Linie seiner eigenen Nachfahren[18] sicherzustellen, verdoppelte er den Tribut, den Ägypten jährlich an die Pforte entrichtete.

Im Sudan wurde die ägyptische Herrschaft gefestigt und so weit ausgedehnt, bis dies zu einem verlustreichen Zusammenstoss mit Äthiopien führte. Der Sklavenhandel wurde verboten und aktiv bekämpft. Die ägyptische Expansion wurde allerdings oft mit derart brutalen Methoden durchgeführt, dass diese später zum Aufstand des Mahdi (er und sein Nachfolger herrschten in Khartum von 1881 bis 1898) gegen das turko-ägyptische Regime führen sollten und, nach der Niederschlagung des Nachfolgers des Mahdi durch die Engländer, zur Handauflage Grossbritanniens auf den Sudan. – Der Suezkanal, dessen Baubeginn (1859) auf den Vizekönig Said Pascha zurückging, konnte zehn Jahre später von Ismail eröffnet werden, und dies gab Gelegenheit zu sensationellen, aber auch teuren Feierlichkeiten, denen manche der gekrönten Häupter Europas beiwohnten. Doch Ismail sah sich schon 1876 aus Geldnot gezwungen, seinen, das heisst den ägyptischen Teil der Suez-Aktien zu einem Schleuderpreis an Grossbritannien abzutreten.

Die drei politischen Hauptziele kosteten alle drei Geld und brachten kurzfristig nichts, mittelfristig nur wenig ein. Der Khedive war kein Mann der kleinlichen Rechnungen, er gab aus und verschenkte, solange nicht nur seine Barschaft, sondern auch sein Kredit ausreichten. Dabei dürfte er die Übersicht über seine Schulden verloren haben. Ein schönes Buch von David Landes, das «Bankers and Pashas» betitelt ist (London 1958), zeigt auf Grund der erhaltenen Korrespondenz der europäischen Bankiers in Alexandria mit den Finanzzentren von Paris und London sehr konkret auf, wie die lokalen Bankleute, die ihrerseits als Korrespondenten der viel respektableren europäischen Grossbanken dienten, die Geldwünsche und Nöte des Khediven rücksichtslos ausnützten, um ihm immer weitere Anleihen zu immer höhe-

---

18  Muhammed Ali war mit der Pforte übereingekommen, dass jeweilen die ältesten seiner direkten Nachfahren den Thron übernehmen sollten.

ren Wucherzinsen anzudrehen und dabei oft Methoden benützten, die schon damals in Europa, wo es eine beginnende Reglementierung der Banken gab, illegal oder mindestens inkorrekt gewesen wären. Manche dieser Bankleute waren nur nach Ägypten gekommen, weil sie in Europa so viel auf dem Kerbholz hatten, dass sie dort nicht mehr arbeiten konnten. Wenn es zu gerichtlichen Streitigkeiten zwischen ihnen und ihren ägyptischen Opfern kam, entschieden unter dem Regime der «Kapitulationen» die Freunde und Landsleute der Bankiers, die Konsuln, so gut wie immer zu ihren Gunsten. Ismail ist später die Kapitulationen los geworden, jedoch nur zum Preis von siebenjährigen Verhandlungen mit den Mächten und der Einführung der sogenannten gemischten Gerichte *(tribunaux mixtes)* im Jahr 1875, in denen vom ägyptischen Staat besoldete europäische Richter neben den einheimischen sassen.

Die Ausgabefreudigkeit und finanzielle Unbekümmertheit des Khediven, die von den ausländischen Geldgebern und Lieferanten ausgenützt wurde, solange es etwas auszunützen gab, führte ab 1875 zu einer schweren finanziellen Krise. Weder der erwähnte Notverkauf der Suez-Aktien an den britischen Staat noch die Einführung einer «caisse de la dette» (Schuldenkasse) im gleichen Jahr, die von Vertretern der Mächte beaufsichtigt wurde und das ägyptische Staatseinkommen, z. B. die Zölle, an der Quelle anzapfte, bevor der Staat darüber verfügen konnte, befriedigten die Gläubigermächte voll. Sie erzwangen, dass ihre Vertreter direkt im Ministerrat eines «internationalen Ministeriums» sassen, und drängten schliesslich beim Sultan in Istanbul auf die Entlassung Ismails, nachdem dieser die ausländischen Minister aus seinem Kabinett entfernt hatte. Der Sultan setzte in der Tat 1879 seinen Gefolgsmann ab, und dessen Sohn, Muhammed Tawfik (r. 1879–1892), folgte ihm auf Wunsch der Engländer nach.

Eng mit der Krise der letzten Jahre Ismails ist die sogenannte Urabi-Rebellion verbunden. Ismail hatte schon 1866 eine Beratende Versammlung eingeführt, die teilweise gewählt wurde, aber keinerlei eigene Entscheidungsbefugnisse besass. Während der Regierung Ismails waren auch einige ägyptische Offiziere zu höheren Positionen in der Armee aufgerückt. Doch sie stiessen sich an der Vormacht und dem Standesdünkel der türkisch-tscherkessischen Schicht von Verwandten und Landsleuten der albanisch-türkischen Dynastie, welche weitaus die meisten der hohen Offiziersposten besetzt hielten. Urabi war einer der Offiziere aus ägyptischem Haus, der im Namen seiner Kameraden gegen Übergriffe protestierte, die sich die türkisch-tscherkessische Offiziersschicht gegen ihre ägyptischen Mitoffiziere

erlaubte. Da schriftliche Klagen ohne Antwort blieben, kam es zu Protest-
demonstrationen der ägyptischen Offiziere vor dem Abidin-Palast, dem Sitz
des Khediven. Die Sache der Offiziere stiess auf ein lebhaftes Echo bei den
ägyptischen Mittelschichten und auch in der Beratenden Versammlung.
Urabi wurde ein Volksheld, als es ihm gelang, sich gegen die landesfremden
turkophonen «adligen» Offiziere durchzusetzen.

Ismail, der sich in Gefahr sah, seine Macht an die Engländer und Franzosen zu verlieren, versuchte seine Position zurückzugewinnen, indem er
sich auf die ägyptische Militärbewegung stützte und der Beratenden Versammlung, die mit ihr sympathisierte, den Weg freiräumte, ihr eigenes
Wachstum zu einem Parlament mit echten politischen Vollmachten zu
betreiben. Ismail erhoffte sich von einer parlamentarischen Entwicklung in
Ägypten und von der mit ihr verbündeten Offiziersbewegung Rettung vor
der Handauflage der Europäer[19]. Ismails Rechnung sollte jedoch nicht auf-
gehen; er wurde, wie schon erwähnt, abgesetzt. Sein Nachfolger Tawfik war
jedoch weiterhin mit den Kräften konfrontiert, die in den letzten Monaten
vor dem Sturz des Khediven freigesetzt worden waren. Die ägyptischen Offiziere waren sich ihrer Stärke bewusst geworden. Solange sie zusammenhiel-
ten, konnten sie ihre Wünsche dem Khediven aufzwingen. Unter ihre Forderungen nahmen die Offiziere nun ein echtes Parlament mit wirklicher
politischer Macht auf. Tawfik gab diesen Forderungen nach, weil er keine
andere Wahl hatte, hoffte jedoch auf Intervention zu seinen Gunsten von
Seiten der Pforte. Als diese ausblieb, vermochten Urabi und seine Anhänger
eine Regierung zu bilden, welche die Billigung des Parlamentes und die mehr
oder weniger erzwungene Zustimmung des Khediven erlangte. Urabi wurde
Kriegsminister und Pascha. – Doch die europäischen Mächte wollten nicht
zulassen, dass die Herrschaft über Ägypten den schwachen Händen Tawfiks
entwunden werde. Eine wirklich parlamentarische Regierung, wie sie sich
nun konstituierte, hätte für sie die Gefährdung ihrer Schuldenpolitik und
einen Suezkanal in von Grossbritannien unabhängigen Händen bedeutet.

Die Mächte erklärten, Urabi habe gegen seinen Oberherrn rebelliert; in
Wirklichkeit hatte er nur Druck auf ihn ausgeübt, und der Khedive hatte dem
Druck nachgegeben und ihn durch seine Zustimmung legalisiert. Doch die

---

19   Dies nach der wohldokumentierten, ausführlichen Darstellung von *Alexander Schölch:*
     «Ägypten den Ägyptern! Die politische und gesellschaftliche Krise der Jahre 1878–1882 in
     Ägypten.» Zürich und Freiburg i. B., ohne Jahr (nach 1972).

Mächte wollten Tawfik «zu Hilfe kommen». Frankreich und England schritten zu einer Flottendemonstration vor Alexandria (20. Mai 1882). Dies erhöhte die Spannungen in Ägypten so weit, dass ein Strassenstreit in der Hafenstadt zu blutigen Unruhen führte, in denen 140 Ägypter und 57 Europäer ihr Leben verloren. Eine Panik entstand unter den Europäern von Alexandria. Die Interventionsdrohungen der Mächte präzisierten sich, und Urabi als Kriegsminister schritt zur Verstärkung der ägyptischen Befestigungen. Dagegen protestierten die beiden Mächte, stellten dann ein Ultimatum und schritten am 11. Juli mit ihren Kriegsschiffen zu einer Bombardierung der Hafenstadt. Die ägyptischen Truppen verliessen Alexandria, um eine Linie weiter im Landesinneren zu halten. Die Stadt fiel in die Hände von Plünderern. Der Khedive begab sich unter britischen Schutz. Urabi organisierte den Widerstand gegen die Mächte. Er sah sich nun als den einzigen legitimen Vertreter des ägyptischen Volkes und des Sultans von Istanbul an. Den Khediven schalt er einen Verräter. Dieser jedoch erklärte ihn im August als abgesetzt und der Sultan in Istanbul desgleichen. Am 13. September 1882 wurde Urabi von britischen Truppen geschlagen, die im August in Ägypten gelandet waren. Die Franzosen hatten im letzten Moment beschlossen, an den Kriegshandlungen nicht teilzunehmen. Urabi floh nach Kairo, wurde aber zwei Tage später von den Engländern gefangen genommen, vor Gericht gestellt und zum Tode verurteilt, jedoch dann zu Exil nach Ceylon begnadigt. Viele seiner politischen Anhänger wurden auch exiliert oder eingekerkert.

Neun Jahre später erhielt Urabi Erlaubnis, zurückzukehren. Doch die englische Armee blieb für 70 Jahre in Ägypten. Das Parlament, das sich am 7. Februar 1882 eine Verfassung gegeben hatte, die ihm tatsächliche Vollmachten gewährte, wurde aufgelöst und die Verfassung aufgehoben. Ein Jahr später erliess Tawfik mit Zustimmung der Briten ein Organisches Gesetz, das einen Provinzrat und einen Legislativrat vorsah, die jedoch ohne Zustimmung der Regierung keine Gesetze erlassen oder verbindliche Beschlüsse fassen konnten. Dieses Organische Gesetz sollte, mit Änderungen in Einzelheiten, bis 1922 in Kraft bleiben. Die wahre Macht über Ägypten übte der berühmte englische Generalkonsul Lord Cromer aus. Er hiess ursprünglich Evelyn Baring und wirkte in Indien 1880–83, in Ägypten 1883–1907. Er richtete nach indischem Vorbild eine indirekte Herrschaft Grossbritanniens über Ägypten ein. Sie beruhte darauf, dass alle Ministerien englische Berater erhielten, an deren Ratschlag sich die Minister zu halten hatten. Letzte Garantie der britischen De-facto-Macht waren die in Ägypten stehende britische Armee und die von britischen Offizieren kommandierte ägyptische Polizei. Das ägyptische Parlament von 1882 hatte nur wenige Monate lang existiert: vom 7. Februar bis zum 13. September.

## Kurze Lebensdauer für «orientalische» Parlamente

Die frühen Parlamente in den wichtigsten islamischen Staaten, in deren Hauptstädten sich die Brennpunkte der «Modernisierung» oder Überlagerung durch Europa befanden, haben alle eines gemeinsam: sie überlebten nur eine ganz kurze Zeit. Das osmanische konnte eine Lebensdauer von anderthalb Jahren aufweisen, in denen es allerdings nur fünf Monate lang tagte. Dreissig Jahre später wurde es wieder belebt, versank jedoch in den Wirren der Balkankriege und des Ersten Weltkrieges erneut. Das tunesische dauerte drei Jahre lang, 1861 bis 1864. Das persische wurde nach einem Jahr und einem Monat im Februar 1908 bombardiert und aufgelöst; es ist 1909 wiedererstanden, dauerte dann bis Ende 1911. 1914 trat es wiederum zusammen, löste sich aber im November 1915 selbst auf, weil die Russen bis nach Qazvin vorstiessen. Und das ägyptische Parlament wurde schon im ersten Jahr seines Bestehens, 1882, durch die Waffen der Engländer aufgelöst.

Im Falle der Osmanen war es, wie oben beschrieben, Abdül Hamit II., der 1878 zur Stilllegung seines Parlaments schritt, wobei ihm die Kriegslage mit Russland als Vorwand diente. In Tunis lieferte eine Rebellion auf dem Lande dem Bei den Vorwand der Schliessung; er eröffnete das Parlament nicht wieder, bis die Franzosen landeten. Im Falle der Perser schloss Muhammed Ali Schah 1908 sein Parlament mit Hilfe der von Kosaken bedienten Kanonen. Er sollte jedoch den durch die Parlamentsauflösung entstandenen Bürgerkrieg verlieren, was dem Parlament im folgenden Jahre eine kurze Gnadenfrist gab, bis es durch ein Ultimatum der Russen, denen die Engländer nicht entgegentraten, weil sie sich mit der Regierung des Zaren über Persien verständigt hatten, 1911 noch einmal aufgehoben wurde. – Im Falle Ägyptens waren es England und Frankreich, die beide einen schwachen, von den Europäern abhängigen Einzelherrscher im Niltal einem parlamentarischen Regime unter einem Volkshelden wie Urabi vorzogen. Dabei gingen die Briten 1882 bis zur militärischen Invasion und Besetzung des Landes.

Das osmanische Parlament war im Zuge von «Reformen von oben» zustande gekommen; Mitglieder der herrschenden Bürokratie, allen voran

Midhat Pascha, hatten sich für es eingesetzt. In Tunesien war die Initiative ebenfalls von führenden Männern des Staates ausgegangen, doch war dabei wohl das Bestreben des Beis und seiner Berater massgebend gewesen, die europäischen Mächte günstig zu stimmen. In Iran waren es zuerst Strassen- und *Bast*-Agitation, bei der auch ein bedeutender Teil der Geistlichkeit mitwirkte, die vorübergehend den Qajaren ein Parlament aufzwang; später die Feldzüge von Irregulären aus dem Norden und Stammestruppen aus dem Süden des Landes. In Ägypten kam die kurze Stunde parlamentarischer Macht durch ein komplexes Zusammenspiel des unter den Druck der Mächte geratenen Khediven Ismail mit den gegen die fremde türkisch-tscherkessische Offizierskaste protestierenden ägyptischen Offizieren und der mit «ihren» Offizieren sympathisierenden, ursprünglich beratenden, dann jedoch parlamentarischen Versammlung ägyptischer Würdenträger.

Die Kombination von absoluten Herrschern und Druck der Europäer erstickte überall die neuen Parlamente gewissermassen in der Wiege. Die Europäer übten Druck auf die Parlamente aus, weil sie absolute Potentaten, die auf ihre Stützung (mit Waffen, militärischer Ausbildung und Anleihen) angewiesen waren, leichter kontrollieren und aus dem Hintergrund steuern konnten als «chaotische» Parlamente und parlamentarische Regierungen, die ihrerseits in Einklang mit der Volksstimmung hätten regieren müssen. Die Zeitgenossen in Europa, weit über die Regierungskreise hinaus und mit sehr wenigen Ausnahmen[20], liessen sich einreden und redeten sich selbst ein, dass diese Parlamente, wegen der besonderen Traditionen oder gar der angeblichen «Natur» der «Orientalen», ohnehin nicht funktionieren könnten.

Dieses Argument war insofern zutreffend, als die islamische Tradition und die ihr zugrunde liegenden früheren Kulturen des Alten Orients in der Tat keine Parlamente kannten – höchstens «Beratung» des mehr oder weniger absoluten Herrschers. Doch was die Zeitgenossen nicht sehen wollten oder konnten, war der Umstand der «Verwestlichung»: sehr viele Elemente westlichen Lebens waren in der zweiten Hälfte des 19. Jahrhunderts in den Orient gedrungen und hatten sich dort, so gut es ging, eingewurzelt. Angesichts der Verwestlichung, der die orientalischen Gesellschaften unterzogen worden waren, wurde auch die westliche Errungenschaft parlamentarischer Kontrolle der Machthaber eine Notwendigkeit für ein fruchtbares politi-

20  Für Ägypten war W. S. Blunt eine solche Ausnahme, s. seine «Secret History of the English Occupation of Egypt», zuerst London 1907, und andere Veröffentlichungen.

sches Leben der islamischen Staaten; allerdings eine Notwendigkeit, die sie nicht zu erlangen vermochten. Die Aussenstehenden sahen das Glas der Verwestlichung als halb leer; für die Einsichtigsten unter den Innenstehenden war es halb voll und benötigte einen konsequenten Weiter- und Überbau, auch gerade im politischen Führungsbereich. Doch der noch fehlende Schlussstein des Prozesses der Verwestlichung, ein Regime, dass die Freiheiten der Bürger gewährleistet hätte, wurde durch das Zusammenwirken der reaktionären Herrscher mit den westlichen Kolonialisten, kaum war er gesetzt worden, wieder weggesprengt.

# Die Zwischenkriegszeit
# in der Türkei und in Persien

Der Erste Weltkrieg hat in praktisch allen islamischen Staaten dafür gesorgt, dass die parlamentarisch-demokratischen Ansätze, die schon vor dem Krieg auf Klippen aufgelaufen waren, keinerlei weitere Fortschritte mehr machten. Die Türkei, Irak und Iran wurden Kriegsschauplätze, Ägypten Etappe für die Kämpfe, die sich in Palästina und Syrien abspielten, sowie für den Guerrillakrieg unter der Leitung des späteren Kriegshelden T. E. Lawrence «of Arabia» auf der Arabischen Halbinsel. Andere muslimische Staaten von Indien bis nach Algerien und Senegal mussten «Freiwillige» stellen, die auf den Schlachtfeldern Europas im Dienste der Kolonialherren zu Tausenden starben.

Das Ende des Ersten Weltkrieges brachte die Kolonisierung nun fast der gesamten islamischen Welt durch England, Frankreich und Italien. Dies geschah teilweise in der neuen Form von «Mandaten» des Völkerbundes, die theoretisch, jedoch ohne Zeitziel, der Vorbereitung für die künftige Unabhängigkeit der Mandatsterritorien dienen sollten. Während des Krieges, im Jahr 1917, war auch die recht unbestimmt formulierte, aber folgenreiche Balfour-Erklärung abgegeben worden, in der Grossbritannien sich verpflichtete, in Palästina eine «Heimstätte» für die Juden einzurichten, ohne dass dadurch Nachteile für die einheimische Bevölkerung entstehen sollten. Dies führte in den späteren Jahrzehnten zu schwerwiegenden Folgen nicht nur für Palästina, sondern auch für die gesamte arabische Welt.

Für die Anatolische Halbinsel gingen die Pläne der Siegermächte im Weltkrieg nicht in Erfüllung, obgleich diese Pläne, die auf eine Einengung der türkischen Herrschaft auf kleine Teile Inneranatoliens hinausliefen, im Friedensvertrag von Sèvres (1920) bereits niedergelegt worden waren. Nach dem Vertrag von Sèvres hätten die Griechen, die Italiener, die Franzosen, die Armenier und möglicherweise die Kurden Teile des heutigen Territoriums der Türkei erhalten. Doch die Erhebung Atatürks (damals hiess er noch Mustafa Kemal) gegen die Regierung des besiegten Sultans und gegen die Waffenstillstandskommission der Sieger, die den Sultan in Istanbul beaufsichtigte, verhinderte, dass die Pläne von Sèvres verwirklicht wurden[21]. Nur die Griechen waren bereit, für sie zu Felde zu ziehen, doch sie wurden von den Truppen Atatürks 1921 und 1922 besiegt. Im Jahr 1923 konnte der neue Machthaber der Türkei mit dem Vertrag von Lausanne die Grenzen seines neuentstandenen Nationalstaates im wesentlichen so, wie sie seither bestehen[22], aushandeln und festlegen. – Die neue Türkei entging so dem Geschick der meisten anderen muslimischen Staaten, die entweder bereits vor dem Krieg Kolonien geworden waren oder nach dem Krieg, bei der Auflösung des Osmanischen Reiches, Mandatsgebiete wurden, die sich nicht wirklich von Kolonien unterschieden. Nur die Staaten der Arabischen Halbinsel, Nordjemen und Saudi-Arabien, sowie Persien und Afghanistan blieben wie die Türkei selbständig.

Alle Staaten der islamischen Welt traten in eine weitere Periode der «Verwestlichung» ein: in den kolonial verwalteten geschah dies unter Regie der neu errichteten französischen oder englischen Verwaltungen, in den nicht kolonialen jedoch unter eigenen Einmannregimen, die einen grossen Teil ihrer Legitimität aus ihrem entschlossenen Aufbau von «modern» orientierten Nationalstaaten zogen. Traditionelle Regime blieben nur in den ausgesprochenen Randzonen: Nordjemen und der Staat der saudischen Wahhabiten, die sich 1924 unter Abdul Aziz Ibn Saud der gesamten nördlichen Hälfte der Arabischen Halbinsel mit den Pilgerstädten Mekka und Medina bemächtigen sollten. Afghanistan unter seinen damaligen Königen aus dem Haus der Durrani liess sich je nach Betrachtungsweise als ein traditionelles oder auch als ein «modernisierendes» Land klassifizieren[23].

21  Die Zusagen, die den Kurden in Sèvres gemacht wurden, waren durch mehrere Voraussetzungen eingeschränkt: der Wille der Kurden, in einem eigenen Staat zusammenzuleben, musste glaubwürdig bewiesen werden, der eventuelle Staat musste auch seine wirtschaftliche Lebensfähigkeit erweisen, die Siegermächte mussten überzeugt sein, dass ein kurdischer Staat reale Chancen zu existieren hätte.

22  Die Zugehörigkeit von Mosul blieb in dem Vertrag offen; 1926 wurde die Region Mosul zum Irak geschlagen. Auch die Frage von Antiochien und dem Golf von Alexandretta, die erst 1938 gelöst wurde, diesmal zu Gunsten der Türkei, blieb damals noch offen.

## Modernisierung in der Türkei und in Persien

Atatürk machte als einziger Machthaber aller islamischen Staaten das Prinzip des «Laizismus» zu einem Grundsatz seiner Politik. Darunter verstand er das Ausscheiden des Islams aus dem politischen und möglichst weitgehend aus allem öffentlichen Leben. Aus der Geschichte des Osmanischen Reiches zog er den radikalen Schluss, dass es ohne eine Zurückdrängung des Islams aus der Öffentlichkeit keine «Zivilisation» in der neuen Türkei geben werde. Unter «Zivilisation» verstand er das moderne und zeitgemässe Leben, so wie es sich in Europa entwickelt hatte. Sein Zivilisationsbegriff forderte deshalb auch einen Verzicht auf die traditionelle islamische Kleidung, die arabische Schrift, das Gottesgesetz der Scharia sogar im Bereich des Familienlebens, ebenso ein Ende des «mittelalterlichen» Lehrbetriebes in den theologischen Hochschulen. – Die alte Hauptstadt Istanbul wurde zu Gunsten der neuen, inmitten von Anatolien gelegenen Kapitale Ankara aufgegeben. Ein scharfer Nationalismus, wie er damals ja auch in Europa zur Tagesideologie gehörte, füllte die Leerräume aus, die durch die Ausgrenzung des Islams aus dem

23 Ein «modernisierender» König, Amanullah, erlangte die volle Unabhängigkeit von Grossbritannien im Jahr 1919, traf 1924 Massnahmen zur Förderung des Bildungswesens und der Frauen und stützte sich auf die Franzosen und Deutschen, um das Land zu reformieren. Die Grossgrundbesitzer und Aristokraten waren für die Reformen, die Geistlichen dagegen. Die Königin war eine Feministin und die Tochter des ersten Zeitungsherausgebers von Kabul. Amanullah erliess 1926 eine neue Verfassung und reiste ausführlich im Ausland. Er erklärte den Militärdienst für obligatorisch und liess die Steuern erhöhen. Doch wurde er 1928 durch eine Volkserhebung, an der die Stämme führend beteiligt waren, gestürzt und floh nach Indien. Neun Monate herrschte der Räuberchef «Bachaye Saqao», «Sohn des Wasserträgers», als Habibullah II. Doch dann konnte ein entfernter Vetter des gestürzten Königs und ehemaliger Botschafter in Paris, Nader Schah, die Stämme um sich scharen und die Macht an sich reissen. Er erliess 1931 eine neue Verfassung, in der die zentrale Macht primär dem König und seinem Ministerpräsidenten zugeteilt wurde, und begann eine vorsichtige Modernisierung, wobei die Stämme, die durch den Sturz Amanullahs ihre Macht erwiesen hatten, weitreichende Autonomie erhielten. Dies führte zu einer gewissen Modernisierung der Städte und der Regierung von Kabul, während in den Stammesgebieten, die den grössten Teil des Berglandes ausmachten, das traditionelle Regime erhalten blieb. Nader Schah wurde 1933 durch den Sohn eines wegen Verratsverdachts hingerichteten Generals bei einer Preisverteilung im französischen Lycée ermordet, und sein 19-jähriger Sohn, Zaher Schah, übernahm den Thron, zunächst unter der Regentschaft seiner Onkel.

öffentlichen Leben entstanden. Das Türkentum wurde nun gross geschrieben und als Heilsgarantie gefeiert. Dazu kam der Kult des grossen Mannes Atatürk.

In Persien war der Starke Mann der Stunde durch das Vorbild Atatürks beeinflusst. Reza Khan war zum Kommandanten der persischen Kosakenbrigade aufgestiegen, als die Russen keine Offiziere mehr für sie stellten, weil die Russische Revolution ausbrach. Er wurde Verteidigungsminister, führte einen Staatsstreich gegen den letzten Qajaren durch und übernahm im Dezember 1925 als Reza Schah den Thron. Er versuchte seinerseits, den Islam aus dem öffentlichen Leben zurückzudrängen, freilich nicht ganz so entschlossen wie Atatürk. In Persien gab es eine Kleiderreform, moderne Rechtskodizes und Gerichte, aber keine Reform des Alphabets; moderne Schulen und Universitäten, jedoch kein Verbot für die Seminare der Geistlichen. – Der Schah stiess persönlich mit einigen der Gottesgelehrten zusammen, die ihn und seine Gemahlin von der Kanzel aus angegriffen hatten, und soll dabei zu seiner Reitpeitsche gegriffen haben. Doch die grossen Zentren geistlicher Schulung und Macht in Qom und Meshhed blieben bestehen und konnten auch ihren Grundbesitz erhalten. Die Pilgerfahrten der Perser nach Najaf und Kerbela (in Irak) und nach Meshhed dauerten an. Die Verfassungsklausel, nach der ein Komitee von fünf Mujtahids (d. h. Geistlichen höchsten Ranges) darüber zu wachen und zu entscheiden habe, ob die Gesetze des Staates den Geboten des Zwölfer-Schiismus entsprächen, geriet in Vergessenheit, wurde aber nicht abgeschafft. – Wie Atatürk war auch Reza Khan ein Offizier, der Staatschef wurde; doch er besass nicht das Prestige des siegreichen Kämpfers im Befreiungskrieg, über welches Atatürk verfügte. Er wurde wohl mehr gefürchtet als bewundert, und er hätte deshalb schwerlich gleich scharf gegen die Geistlichen vorgehen können wie sein türkisches Vorbild, sogar wenn er es gewollt hätte. Die Geistlichen hatten ihrerseits in Iran den Kampf um Emanzipation, sowohl vom Absolutismus der Qajaren wie auch von der Bevormundung durch die Briten und Russen, weitgehend angeführt. Sie besassen dadurch wahrscheinlich mehr patriotischen Kredit als Reza Khan, der aus einer Truppe stammte, die von Russen kommandiert worden war und den Qajaren-Schahs als Machtinstrument gedient hatte. – Die schiitischen Geistlichen sind auch stets unabhängiger von der Regierung geblieben als die sunnitischen, dies seit der Zeit, in der sie den Anspruch des Hauses des Propheten und Alis auf Leitung des Gemeinwesens der Gläubigen unterstützten. Die Imame, nicht die Herrscher, waren und sind im Schiismus legitim. Solange der Zwölfte Imam nicht wiederkehrt, sind es die

202

Geistlichen, die ihn vertreten. Die Herrscher sind daher streng genommen reine Usurpatoren oder Tyrannen, die einen Rang einnehmen, der ihnen nicht wirklich gebührt. All dies musste Reza Schah berücksichtigen, wenn er sich mit den Geistlichen anlegte.

Atatürk eröffnete in Ankara eine Grosse Türkische Nationalversammlung, und Reza Khan behielt des Parlament Persiens bei. Doch diese Versammlungen waren ganz den beiden Machthabern unterstellt. Atatürk bestimmte, wer in die Nationalversammlung gewählt wurde, und ernannte die Regierungen. Reza Schah war von «seinen» Abgeordneten so sehr gefürchtet, dass sie beflissen waren, zu tun und zu lassen, was er begehrte. Derartige gezähmte Parlamente in der Hand von diktatorisch herrrschenden Einzelherrschern gab es natürlich auch im damaligen Europa. Vor dem Zweiten Weltkrieg war keineswegs klar, dass den klassischen Demokratien mit echten Kontrollbefugnissen gegenüber den totalitären Inhabern der Regierungsmacht die Zukunft gehören würde. Alle Art Diktatoren waren bemüht, sich selbst als die Zukunft und die «bürgerlichen» Demokratien als etwas Vergangenes und Überlebtes darzustellen.

### Atatürk experimentiert mit einer Opposition

Atatürk hat wahrscheinlich nie daran gezweifelt, dass am Ende die europäischen Demokratien über die damals modernen Diktatoren obsiegen würden. Ein Beleg dafür ist der Umstand, dass er selbst zweimal versuchte, Oppositionsparteien in der Türkei ins Leben zu rufen. 1924 liess er zu, dass einige der Anhänger der ersten Stunde seiner Erhebung zusammenkamen und eine «Progressive Republikanische Partei» bildeten (die offizielle Staatspartei war immer die «Republikanische Volkspartei» Atatürks). Er entliess im November 1924 den Ministerpräsidenten der Volkspartei, Esmet Inönü, und ernannte seinen alten Freund, Fethi Okyar, der als ein liberaler Atatürk-Anhänger galt, zu seinem Nachfolger. Doch kurz darauf, im Februar des folgenden Jahres, brach der kurdische Aufstand unter Scheich Said von Palu aus, und im März wurde Fethi entlassen; Inönü kehrte zur Macht zurück, und ein drakonisches «Gesetz zur Aufrechterhaltung der Ordnung» wurde vom Parlament verabschiedet[24]. Seine Gültigkeit wurde 1927 verlängert und

---

24   Auf Grund dieses Gesetzes wurden in den ersten zwei Jahren seiner Gültigkeit 600 Personen hingerichtet (vgl. M. Buhbe: Türkei. Politik und Zeitgeschichte, Opladen 1996, S. 41).

es blieb bis 1929 in Kraft. Besondere militärische «Unabhängigkeitsgerichte» wurden in Ankara und in den östlichen (d. h. kurdischen) Provinzen gebildet. Ihre Spezialität war, Todesurteile gegen die aufständischen Kurden zu verhängen und sie am Tag nach dem Urteilsspruch vollziehen zu lassen. Fethi Okyar wurde im gleichen März noch zum Botschafter in Paris ernannt.

Der zweite Versuch mit einer legalen Opposition wurde ebenfalls abgebrochen. Doch was genau den Abbruch bewirkte, ist nie ganz klar geworden. Im Jahr 1930, nachdem die Periode des Sondergesetzes zur Aufrechterhaltung der Ordnung abgelaufen und Fethi Okyar aus Paris heimgekehrt war, richtete dieser einen Brief an Atatürk, in dem er vor den Gefahren einer oppositionslosen Regierung warnte und auf die Fragwürdigkeit der damaligen Wirtschaftspolitik hinwies. Die 1929 ausgebrochene Weltwirtschaftskrise hatte gerade begonnen, sich auf die Türkei auszuwirken. Atatürk antwortete, auch er sei für Meinungsvielfalt und Diskussion. Beide Briefe wurden veröffentlicht, und Fethi Okyar liess im August 1930, zweifellos mit Zustimmung Atatürks, eine Partei registrieren, die er die «Freie Republikanische Partei» nannte. Ihr Programm sah mehr Freiheiten vor, weniger und bessere Regierung, weniger Steuern. Inönü, immer noch Regierungschef, und Okyar als Oppositionsführer unterhielten höfliche Beziehungen zueinander. Doch auf der Strasse kam es zu explosionsartigen Entladungen allerhand aufgestauter Ressentiments, die manchmal zu Unruhen nach den Reden Okyars führten und auch zu neuer Bewegung in den kurdischen Ostgebieten[25]. Offenbar sahen Atatürk und seine Getreuen solche Erscheinungen als allzu gefährlich an. Im November des gleichen Jahres erklärte Fethi Okyar, seine Partei habe sich selbst aufgelöst, «weil es unmöglich sei, gegen den Ghazi (ein Titel Atatürks) zu streiten». Zwei kleinere Parteien, die inzwischen ebenfalls entstanden waren, wurden von Amts wegen verboten.

25   1930 brach der zweite grosse Kurdenaufstand in der Region des Ararat-Gebirges aus. Er stand unter der Führung des früheren Offiziers Ihsan Nuri und dauerte anderthalb Jahre lang. Er wurde schliesslich mit Hilfe der Luftwaffe niedergeschlagen.

## Der Wendepunkt des kurdischen Aufstands

Der Kurdenaufstand von 1925 wird von der offiziellen Geschichtsschreibung der Türkei stets als ein «reaktionärer» Aufstand dargestellt, bei dem es nur um Wiedereinführung des alten Regimes und des Islams gegangen sei. Doch in Wirklichkeit waren neben «islamischen» Kräften, wie sie der hoch angesehene Nakshbandi[26]-Scheich Said von Palu verkörperte, auch kurdisch-nationalistische Kräfte am Werk, deren Vorhandensein in der Türkei bis heute verschwiegen wird. Eine Geheimorganisation Azadi (Freiheit) hatte den Aufstand ursprünglich geplant. Daran waren kurdische Armeeoffiziere führend beteiligt. Einer von ihnen, Khalid Beg, hatte eine Tochter von Scheich Said geheiratet. Die Offiziere und städtischen Notabeln von Azadi realisierten, dass sie alleine die kurdische Bevölkerung nicht mobilisieren konnten, und wandten sich daher an die Scheichs, die unter den Stämmen grossen Einfluss besassen, sowie an die Stammesführer. Die Rädelsführer der nationalistischen Seite wurden der Polizei bekannt, einige wurden im Herbst 1924 gefangen genommen, andere konnten nach Mosul fliehen. Anfang des Jahres 1925 hielt die Azadi einen Kongress in Can ab, um über die neue Lage zu beraten. Viele der Verschworenen wollten auf den geplanten Aufstand verzichten, doch Scheich Said war der Ansicht, es sei zu spät, ihn abzublasen, und übernahm die weiteren Vorbereitungen. Die Erhebung war auf den Mai 1925 geplant, doch ihre Auslösung kam früher, weil türkische Gendarmen zwei der Gefolgsleute des Scheichs gefangen nehmen wollten, ein Gendarm wurde dabei erschossen. Da dieser Vorfall nicht geheim gehalten werden konnte, beschloss Scheich Said, den Aufstand vorzeitig, am 11. Februar, auszulösen[27]. Der Umstand, dass es Armeeoffiziere waren, die die Erhebung ursprünglich geplant hatten, wurde in den offiziellen Darstellungen verschwiegen, weil die Person des Nakshbandi-Scheichs dazu dienen konnte, die gesamte Erhebung als durch den «reaktionären Islam ausgelöst» darzu-

---

26 Die Nakshbandi, auch Nakshibandi genannt, sind ein mystischer Orden streng islamischer Ausrichtung, der in den kurdischen Gebieten und auch in Zentralasien besonders stark vertreten war und es bis heute bleibt.

27 Vgl. die ausführlicheren, dokumentierten Darstellungen von Martin van Bruinessen, in: Islam und Politik in der Türkei, Berlin 1989, S. 109–167, und derselbe: Popular Islam. Nationalism and Rural Revolt, in: Bak, J. M., and Benecke, G. (Hg.): Religion and Rural Revolt, Manchester 1984, S. 281–295.

stellen²⁸. – Nach der blutigen Niederwerfung des Kurdenaufstandes verschärfte das Regime seine totalitäre Linie: Verbote für alle Zeitungen, die nicht der Regierung nahe standen, ergingen, bis nur noch eine offizielle und eine offiziöse Zeitung übrig blieben. Die Allianz aller nationalistischen Kräfte, die bisher das Regime getragen hatte, wurde durch die Alleinherrschaft der Staatspartei (Republikanische Volkspartei) ersetzt, und eine rasche Folge von radikalen Reformen begann. Es ist rückblickend leicht zu erkennen, dass der erste Kurdenaufstand einen Einschnitt im Regime Atatürks darstellte; vor ihm war es im wesentlichen eine Befreiungsbewegung; nach ihm wurde es rasch eine «Modernisierungsdiktatur».

Es machte damit einen ähnlichen Wechsel durch wie die Bewegung der Jungtürken. Die Gefährdung ihrer Herrschaft führte in beiden Fällen dazu, dass die vorübergehend gefährdeten Machthaber ihre Macht entschlossener absicherten und damit auch ihre Bewegung gegen kritische Einflüsse von aussen und Meinungsdivergenzen im Inneren verriegelten. Der geradezu epische Charakter der Modernisierungsmassnahmen, die Atatürk nun sturzbachartig in Angriff nahm, hat den erzwungenen Charakter dieser Massnahmen einerseits verschleiert und andrerseits gerechtfertigt. Ohne Zwang, so erkannten auch die Bewunderer Atatürks, waren so viele, derartig umwälzende Massnahmen in einer so kurzen Zeit nicht zu verwirklichen. Dass der Zwang, unter dem diese Massnahmen durchgeführt wurden, noch nach Jahrzehnten zu Reaktionen, Unruhe, Ambivalenzen und den dadurch mitbedingten Staatsstreichen der Militärs von 1960, 1971 und 1980 führen sollte, ist erst später sichtbar geworden. (Die Zeit der Staatsstreiche durch die Generäle ist in der Türkei nun möglicherweise vorbei, doch die Eingriffe der Militärs in den Kulissen der Politik, wie sie meinen zur Aufrechterhaltung des Erbes Atatürks, dauert heute noch an. Die hohen Militärs haben einfach gelernt einzugreifen, bevor noch ein voller Staatstreich notwendig wird, und sie haben sich auch mit dem nach dem Staatstreich von 1980 gebildeten Nationalen Sicherheitsrat ein Instrument geschaffen, das sie für solche nun

---

28    Es wird auch selten erwähnt, dass die Franzosen Ankara damals erlaubten, Truppen mit der Bagdadbahn nach dem Südosten zu transportieren, obwohl diese auf der syrischen Seite der Grenze verlief. Ohne diese Hilfe wären die Kurden möglicherweise in der Lage gewesen, die von ihnen belagerte Stadt Diarbakir einzunehmen und ihren Aufstand weiter auszubreiten. Nur ein Teil der türkischen Kurden war beteiligt, im wesentlichen Zaza-sprechende Gruppen.

206

legalisiserte, aber doch «überkonstitutionelle» Eingriffe verwenden können. Der Sicherheitsrat, in dem die hohen Offiziere die Mehrheit besitzen, funktioniert in kritischen Augenblicken als eine Art Überregierung, der sich die Regierungen wohl oder übel zu fügen haben. Mehr darüber wird noch zu berichten sein.)

## Der Gewaltmarsch Reza Schahs in die Moderne

Iran unter Reza Schah (r. 1925–1941) hat eine ähnliche Politik der diktierten Modernisierung des Landes und seiner Bewohner erfahren, die jedoch weniger streng und systematisch ausfiel als jene Atatürks in der Türkei. Reza Schah musste von Grund auf beginnen. Die Vorarbeit, die in der Türkei durch ein Jahrhundert der Tanzimat-Reformen geleistet worden war, gab es in Persien nur in geringem Masse. Als Reza Khan noch Verteidigungsminister und Ministerpräsident war, widmete er sich ganz dem Aufbau einer nationalen Armee. Vor ihm hatte Persien verschiedene Streitkräfte und Milizen besessen, jedoch keine im ganzen Lande für die Sicherheit zuständige und einheitlich kommandierte, uniformierte Armee. Es gab die Kosakenbrigade, deren Offizier und später Kommandant Reza Khan selbst gewesen war. Ihr Gegenstück waren die von englischen Offizieren aufgestellten und kommandierten South Persian Rifles, die von den Engländern unter den südlichen Stämmen rekrutiert worden waren. Es gab weiter die von den Schweden organisierte Gendarmerie; dazu kamen die zahlreichen Bewaffneten der Stämme unter dem Kommando der verschiedenen Stammeschefs, am wichtigsten die der Bakhtiaren, und die lokalen Milizen, die Grosse des Reiches in ihren Provinzen aushoben und kommandierten.

Reza Khan bildete eine nationale Armee, indem er ein professionelles Offizierskorps ausbilden liess, in erster Linie mit Hilfe der Franzosen, und gleich im Jahr 1925 die allgemeine Wehrpflicht einführte. Die Italiener übernahmen den Aufbau einer kleinen Kriegsflotte im Persischen Golf. Die neue Armee erhielt Waffen, die aus Europa importiert wurden, und sie wurde bald gegen die Stämme und ihre Bewaffneten eingesetzt. Maschinengewehre erwiesen sich als eine wirksame Waffe gegen Stammesreiterei. Reza Schah brach die Macht der Stämme, die bis dahin eine entscheidende Rolle in der persischen Geschichte gespielt hatten, weil sie immer wieder in kritischen Zeitpunkten mit ihren Reiterheeren eingegriffen und das Geschick des ganzen Landes bestimmt hatten. – Scheich Khazal von Muhammera (etwa

1860–1936) beherrschte nach dem Weltkrieg ganz Khusistan, sein politisches Gewicht war damals mit jenem des Scheichs von Kuwait vergleichbar, und die Anglo-Persische (später Anglo-Iranische) Ölgesellschaft war darauf angewiesen, mit ihm zu verhandeln, um die Sicherheit ihrer Ölinstallationen zu gewährleisten. Reza Khan besiegte ihn im Winter 1924 und brachte ihn nach Teheran, wo er bis zu seinem Lebensende unter Hausarrest verblieb. Grossbritannien hatte den Scheich während des Ersten Weltkriegs unterstützt, doch dann beschlossen, dass ein stabiles Regime in Teheran für London zweckmässiger sei als ein lokaler Freund im iranischen Erdölbereich. Der Umstand, dass die Sowjetunion im Falle fortgesetzter Instabilität in Teheran gute Chancen gehabt hätte, dort einzugreifen, dürfte für diesen Entschluss entscheidend gewesen sein. – Auch die Macht der grossen Stämme im Inneren Persiens, der Qashgai und der Bakhtiaren, wurde gebrochen. Die Stämme wurden gezwungen, ihre Wanderungen aufzugeben und sesshaft zu werden. Dies führte zu einem grossen Tier- und Menschensterben. Später wurden die Wanderungen stillschweigend wieder geduldet, weil nur sie erlaubten, die grossen Herden der transhumanten – sich im Sommer auf den Hochweiden, im Winter dagegen sich in den tiefer liegenden Ebenen aufhaltenden – Hirtenbevölkerung in ihrer vollen Stärke zu unterhalten.

Nachdem er den Thron bestiegen hatte, führte der neue Schah eine Verwaltung nach europäischem Muster ein, mit Beamten verschiedener Rangstufen und einer gesetzlich geregelten Tätigkeit. Auch das hatte es vor ihm in Persien nicht gegeben. Das Finanzwesen wurde einem amerikanischen Fachmann, Dr. Millspaugh, anvertraut, nachdem der britische Finanzberater entlassen worden war. Eine persische Nationalbank wurde gegründet. Sie trat an die Stelle der von britischen Interessen dominierten «Imperial Bank of Persia». Der amerikanische Finanzfachmann empfahl Staatsmonopole als Einnahmequelle, da andere Quellen spärlich flossen und die Zölle wegen der bestehenden Tarifverträge erst erhöht werden konnten, wenn diese Verträge mit den ausländischen Mächten abliefen. Die Gewinne aus den Monopolen wurden zur Förderung bestimmter industrieller Projekte eingesetzt. Die Transiranische Eisenbahn, eines der grössten Unternehmen Reza Schahs, wurde aus den Einkünften des Tee- und des Salzmonopols finanziert. Der Staat übernahm auch den Export der wichtigsten Landwirtschaftsprodukte wie Tabak und Tee. Der Schah versuchte dabei, die traditionellen Märkte Irans in Russland zu Gunsten von neuen, vor allem in Deutschland gelegenen abzubauen. – Die gesamte Modernisierungspolitik Reza Schahs vermied, die Briten und die Russen als Helfer beizuziehen. Sie hatten in der Vergangenheit Persien weitgehend kolonisiert, und Persien sollte nun voll unabhängig werden. «Entwicklungshelfer» suchte der Schah in allen anderen Nationen, wobei den Deutschen das grösste Gewicht zukam.

Reza Schah baute auch ein nationales und regelmässiges Schulsystem für das ganze Land auf. Vor ihm waren die Missionsschulen die einzigen Grundschulen im westlichen Stil. Die meisten Perser kannten nur religiöse Grundschulen, in denen der Koran auswendig gelernt wurde; auf ihnen aufbauend folgte die traditionelle Madrasse, in der islamische Theologie und andere Islamwissenschaften (Koranauslegung, arabische Grammatik, das Gottesgesetz in all seinen Feinheiten und Verzweigungen) den Hauptlehrstoff abgaben. Die Aristokratie hatte sich Hauslehrer gehalten. Als ausgesprochene Ausnahme gab es seit der Zeit von Amir Kabir das oben erwähnte Dar al-Funûn (Haus der Künste) in der Hauptstadt. Nun wurde nach französischem Vorbild ein Volksschulsystem mit einheitlichen Lehrplänen und -büchern für das ganze Land eingerichtet. Die Lehrer wurden auf staatlichen Seminaren ausgebildet. Mittelschulen folgten. Die Universität von Teheran kam 1935 als Krönung des ganzen Systems hinzu. Erste Grundlagen für ein staatliches Gesundheitswesen wurden mit dem Institut Pasteur in Teheran gelegt.

Um die Kapitulationen loszuwerden, sah sich der neue Schah gezwungen, ein nationales Rechtswesen aufzubauen, von dem die Europäer eine ihrem Standard gemässe Rechtssicherheit erwarten konnten, und das geschah auch. Es gab staatliche Gerichte, neue Kodizes nach europäischem Vorbild; Juristen und Richter, die im Rechtswesen europäischen Stils ausgebildet waren. Die Kapitulationen konnten 1927 abgeschafft werden. Den Gottesgelehrten wurde durch die neue Art der Rechtsprechung ein wesentlicher, Prestige und Geld bringender Bereich ihrer bisherigen Tätigkeit entrissen.

### Das Erdöl als Hauptstütze der persischen Reformen

Grosse Teile der Gelder, die für all diese Neuerungen benötigt wurden, kamen schon damals aus der Ölindustrie. Die Anglo-Persische Ölgesellschaft hatte 1901 ihre erste Konzession erhalten. Sie galt für ganz Persien ausser den fünf nördlichen Provinzen. 1908 wurde in Takht-e Sulaiman Erdöl gefunden, ironischerweise in der neutralen Zone, die weder englisches noch russisches Einflussgebiet war. Kurz vor dem Ersten Weltkrieg war die grosse Raffinerie von Abadan am Kopf des Persischen Golfes in Betrieb genommen worden, und die britische Kriegsmarine hatte unter dem damaligen Staatssekretär für die Marine, Winston Churchill, von Kohlen- auf Ölfeuerung umgestellt. Später war durch Kauf einer russischen Konzession, die für den Norden galt, die britische Konzession auf ganz Persien ausgedehnt worden.

Auf Grund seiner ersten Verträge erhielt der persische Staat 16 Prozent der Reingewinne der Anglo-Persischen Ölgesellschaft. Dies hatte 1930 rund 2,25 Millionen Pfund bei einer Produktion von 5 ½ Mio t ausgemacht. Doch im Jahr 1932 warnte die Gesellschaft den Staat, dass infolge der Depression und der fallenden Gewinne sein Anteil für 1931 nur noch etwas mehr als 300 000 Pfund betragen werde. Reza Schah nahm dies zum Anlass, die Konzession zu kündigen. Verhandlungen über neue Bedingungen führten unter Einschaltung des Völkerbundes 1933 zu einem neuen Vertrag, durch den die Konzessionsgebiete stark reduziert wurden, was bedeutete, dass Iran neue Konzessionen für grosse Teile des Landes ausschreiben konnte. Die Gesellschaft verpflichtete sich, 4 Shilling Gebühr pro Tonne Produktion zu entrichten und dazu 20 Prozent der jährlichen Gewinnausschüttung an die Aktionäre, insofern diese 671 000 Pfund übersteige. Ein Minimum von Gebühr plus Produktionsgewinn wurde festgelegt, das 750 000 Pfund betrug. Die Dauer des neuen Vertrages wurde für 60 Jahre bestimmt. Er sollte also im Jahr 1992 auslaufen. Auf Grund des neuen Vertrages wurde der Anteil Persiens für 1931 rückwirkend auf etwas mehr als 1,5 Mio Pfund angesetzt (statt der ursprünglich angekündigten gut 300 000 Pfund).

## Die Qualität der persischen Reformen

Die Geschwindigkeit und der Druck von oben, unter dem alle diese Reformen, immer im militärischen Stil, angeordnet und durchgeführt wurden, trugen wesentlich dazu bei, dass die Qualität der neuen Institutionen litt. Im Schulwesen wurden die Lehrbücher auswendig gelernt und abgefragt. In der Bürokratie herrschte ein ängstlicher Formalismus, indem ein jeder Vorgesetzer sich nach oben hin abschirmte und alle praktischen Aufgaben nach unten hin delegierte. Staatliche Industrien wurden unter grossen Opfern aufgebaut. Doch konnten sie nur für den Inlandbedarf produzieren, und auch dies nur, solange sie Schutzzölle genossen. Alle Schüler mussten Uniformen aus den kratzigen, grauen persischen Stoffen tragen, die auf den Auslandsmärkten nicht verkauft werden konnten. Die Haare mussten sie sich kurz scheren lassen.

Der schwerst wiegende Mangel der Politik Reza Schahs war auf dem Lande. Der Schah tat nichts, um dem überkommenen System des Grossgrundbesitzes entgegenzuwirken, in dem die Bauern völlig von den Gross-grundbesitzern abhängig waren und nach Kräften ausgebeutet wurden. Viele Grossgrundbesitzer waren Herren über Dutzende von Dörfern. Die meisten lebten in den Städten und überliessen es ihren Verwaltern, aus ihren Gütern soviel Geld wie möglich herauszuschlagen. Das System erlaubte den Bauern nicht, ihre Produktion zu verbessern oder zu erhöhen. Sie lebten in solcher Armut, dass sie kaum genug zu essen hatten. Reza Schah selbst wurde einer der grössten Grundbesitzer Persiens, weil er sich gerne allerhand Landgüter, die sein Wohlgefallen fanden, schenken liess. Ein solches Gut nicht abzutre-ten, wenn der Herrscher auch nur andeutete, dass er es gerne geschenkt haben wollte, galt als so gefährlich, dass es kaum jemand wagte. Die stag-nierende oder zerfallende Landwirtschaft, von der die grösste Zahl der Per-ser in den Dörfern lebte, und die neuen Mittelschichten der Städte, die als Staatsbedienstete sehr bescheiden verdienten, lebten sich weiter auseinander, als dies in der traditionellen Gesellschaft der Fall gewesen war. Die Lebens-sphäre der Bauern in den Dörfern verengte sich durch die wachsende Armut, während die Städter in eine gewisse Moderne eintraten, die sie mit der Aussenwelt ausserhalb Persiens in Kontakt brachte und Lebensformen anstreben liess, die mit den überkommenen Gebräuchen immer weniger gemeinsam hatten, jedoch gleichzeitig für viele in unerreichbarer Ferne lagen.

Wie Atatürk behielt Reza Schah das Parlament bei. Er änderte nicht ein-mal die Verfassung. Doch er sorgte dafür, dass im Parlament nur seine Geschöpfe und Anhänger sassen, indem er den Gouverneuren in den Pro-vinzen die Namen der Personen angab, die in das Parlament «gewählt» wer-den mussten.

Der Rücktritt oder die Absetzung des Schahs kam zustande, als einmal mehr die Interessen Grossbritanniens und Russlands konvergierten und Iran die Konsequenzen erlitt. Dies geschah, als Hitler im Juni 1941 Stalin angriff und daher die Sowjetunion dringend der Waffenlieferungen aus dem Westen bedurfte. Es gab nur zwei Wege, um westliche Munition und Waffen nach Russland zu bringen, entweder über den Atlantik nach Murmansk oder vom Persischen Golf oder aus dem Nahen Osten durch Persien hindurch. Der nördliche Weg war schwierig, da deutsche See- und Luftstreitkräfte ihn vom 1940 besetzten Norwegen aus bedrohten. Der südliche Weg war dadurch gefährdet, dass das Deutsche Reich bedeutenden Einfluss in Persien besass und in der Lage war, in Teheran darauf zu dringen, dass Iran seine erklärte Neutralität strikte einhalte, also keine Waffen- und Munitionstransporte durch Persien zulasse. Die Engländer forderten den Schah auf, sich von den Deutschen zu distanzieren und seine deutschen Fachleute und Spezialisten, unter denen sich natürlich auch Agenten befanden, auszuweisen. Als er zögerte, das zu tun, wurde ihm am 25. August 1941 erklärt, Grossbritannien und Russland würden gemeinsam sein Land besetzen, um eine Nachschubzone nach Russland einzurichten. Er gab seiner Armee Befehl, Widerstand zu leisten. Doch dieser dauerte nur drei Tage lang. Die Briten marschierten vom Irak[29] her ein, die Russen aus dem Norden über das Kaspische Meer. Beide erklärten, die militärische Besetzung Irans werde nur für die Dauer des Krieges anhalten. Teheran und Zentralpersien wurden als neutrales Gebiet zwischen den beiden Besatzungszonen ausgespart. Der Schah trat zu Gunsten seines damals 22-jährigen Sohnes zurück und wurde von den Engländern zuerst nach Mauritius, dann nach Südafrika ins Exil gebracht. Die für Russland lebenswichtigen Militärtransporte konnten beginnen.

29   Im Irak hatte kurz zuvor, im Mai 1941, ein prodeutscher Militärputsch stattgefunden. Das Putschregime unter Ali al-Gilani rechnete mit deutscher Hilfe, doch diese war stillschweigend nach Russland umdirigiert worden. Ein kurzer Feldzug der Engländer und Freien Franzosen aus Palästina, Transjordanien und Syrien brachte den Irak wieder in probritische Hände. Die britische Botschaft in Bagdad war während der Herrschaft der Putschisten belagert worden, jedoch nicht in feindliche Hände gefallen.

# Parlamente unter kolonialen Regimen der Zwischenkriegszeit

Die islamischen Staaten, die nach dem Ersten Weltkrieg unter Kolonialherrschaft standen oder unter sie gelangten, kamen unter völkerrechtlich unterschiedliche Regime, je nachdem, ob es sich um volle Kolonien handelte (Algerien, Aden, Libyen), um Protektorate (Ägypten von 1914 bis 1922, Marokko, Tunesien, das «Aden Protectorate»), um Völkerbundsmandate (Syrien, Libanon, Irak, Transjordanien, Palästina) oder um Staaten, die ein Bündnis mit Grossbritannien eingegangen waren, das im Innern ihre Herrschaft garantierte, jedoch die Aussenbeziehungen unter britische Aufsicht stellte (dies war der Fall der Kleinstaaten am Golf: Kuwait, Bahrain, Qatar, Trucial Coast, Oman und des Hinterlands von Aden). Es gab sogar das anglo-ägyptische Kondominium im Sudan als eine weitere Variante.

Diese völkerrechtlichen Unterschiede waren nicht ganz bedeutungslos. Sie wirkten sich beispielsweise auf die politische Strategie der jeweiligen Unabhängigkeitskämpfer aus. Doch die Machtverhältnisse waren zunächst die gleichen, ob es sich um Kolonien, Mandatsgebiete oder Protektorate handelte. Immer stand eine fremde Armee im Lande und sorgte dafür, dass die Anordnungen der Kolonialmacht befolgt wurden. In den Protektoraten liessen die Kolonialmächte das bisherige Regime bestehen, entmachteten es jedoch mehr oder weniger vollständig. Das gleiche geschah im Falle der Kolonien der Engländer, die unter «indirect rule», indirekte Herrschaft, gestellt wurden, was für Ägypten galt. In den Mandatsgebieten bestand eine Verpflichtung des Mandatärs, die ihm anvertrauten Völker zu einem «modernen Staat» zu entwickeln und ihn, wenn dies erreicht sei, in die Unabhängigkeit zu entlassen. Die Mandatäre hatten dem Völkerbund über die Fortschritte, die sie dabei machten, Bericht zu erstatten. Dies bedeutete, dass in den Mandatsgebieten Parlamente eingerichtet wurden, während sie in Protektoraten, die nicht schon Volksvertretungen oder Gesetzgebende Versammlungen anderer Art besassen, nicht unbedingt ins Leben gerufen werden mussten. Sogar wo sie schon früher bestanden, konnten sie von der Schutzmacht vorübergehend aufgehoben werden.

Ein weiterer wichtiger Unterschied, nicht so sehr rechtlicher als vielmehr praktischer Natur, war die Frage der Siedler («colons»). In Algerien, in Libyen, in Palästina sowie in Tunesien und in Marokko erlaubte die Kolonialmacht weissen Siedlern, sich im Lande niederzulassen. In den nordafrikanischen Kolonien der Franzosen und Italiener waren es Siedler aus dem jeweiligen Mutterland, manchmal ergänzt durch andere Mittelmeeranrainer wie Spanier[30] oder Malteser, welche die Hauptmasse abgaben. In Palästina bestand der Sonderfall des Zionismus: Grossbritannien hatte 1917 in der Balfour-Erklärung «den Juden» zugesagt, es werde ihnen erlauben, in Palästina eine Heimstätte (homestead) zu gründen[31].

Ausserhalb Palästinas waren die Siedler stets Bauern und Grossbauern, die Stücke Land erhielten; oft waren es die besten Ländereien. Die Enteignung oder Abdrängung der ursprünglichen Besitzer und Nutzer des Landes wurde mit Hilfe der Kolonialbehörden durchgeführt. Die Siedler betrieben eine «moderne», meist exportorientierte Landwirtschaft, und sie erhielten dabei in der Regel Vorzugsbedingungen, die ihnen erlaubten, ihre Produkte günstig nach ihren Herkunftsgebieten, der «Metropole», zu exportieren. Für die Zionisten, die keine eigene «Metropole» besassen, waren die Verhältnisse schwieriger.

In Algerien waren die Siedler schon bald nach der Eroberung, die 1830 begann, in verschiedenen Wellen ins Land gekommen. Ihre Nachfahren fühlten sich deshalb beinahe als Einheimische, jedoch gleichzeitig als grundverschieden und weit überlegen gegenüber «den Arabern» (zu denen sie auch die Berber rechneten, während die algerischen Juden schon früh legal – aber nicht notwendigerweise sozial – den Franzosen gleichgestellt wurden[32]). Die Italiener in Libyen wurden zur Zeit des Faschismus (es hatte in Tripolitanien schon frühere Siedlerwellen gegeben) in grossen staatlichen Aktionen angesiedelt, die zum Ziel hatten, jenseits des Mittelmeers (das Mussolini als «mare nostro» propagierte) die arabischen Stämme soweit wie möglich durch italienische Bauern zu ersetzen.

---

30    Spanien besass sein eigenes Protektorat in den nördlichen Teilen Marokkos und eine Kolonie in der «spanischen» Sahara, die offiziell «Rio de Oro y Saquiet el-Hamra» hiess. Die endgültige Bestimmung dieses Gebietes ist bis auf den heutigen Tag nicht gelöst.

31    Ein kleiner Nukleus von Zionisten war schon vor der Balfour-Erklärung nach Palästina gekommen. Es dürften unter 150 000 gewesen sein. Schon 1908/09 war es zu den ersten Zusammenstössen zwischen Zionisten und Arabern gekommen.

32    Décret Crémieux von 1870 in Algerien.

Neben den Siedlern gab es natürlich in allen kolonialen Ländern eine mehr städtische und mehr bewegliche Schicht von Kolonialbeamten, Militärs, Unternehmern, Händlern, Technikern und Fachleuten aller Art, bis hinab zu den europäischen Handwerkern und Arbeitern, die sich in den Kolonien betätigten und niederliessen. Die neuen kolonialen Oberschichten konnten recht international zusammengesetzt sein. In Ägypten sprachen sie eher französisch als englisch; das Englische war für die Verwaltung («civil service») reserviert. In Alexandria entstanden bedeutende «Kolonien» von Italienern und Griechen.

Unter solchen sehr verschiedenen Bedingungen musste sich das politische Spiel ebenfalls sehr vielfältig entwickeln. Doch gab es gewisse gemeinsame Nenner, die auf die Politik in London und in Paris zurückgingen.

## Der «Wafd» in Ägypten

Grossbritannien war unmittelbar nach dem Ersten Weltkrieg mit Rebellionen sowohl in Ägypten wie im Irak und mit Unruhen in Palästina konfrontiert. Dies geschah ausgerechnet in dem Moment, in dem die Streitkräfte demobilisiert und reduziert werden sollten, weil der Krieg ja vorüber war.

In Ägypten kam es 1919 zur Auflehnung der Bevölkerung, weil die Engländer sich weigerten, eine ägyptische Delegation (arabisch *Wafd*) bei der Friedenskonferenz von Versailles zuzulassen. Die Ägypter hatten im Krieg, erzwungenerweise, schwere Opfer gebracht, und ihre politischen Führer, allen voran der Rechtsanwalt und Schüler Afghanis und Abduhs, Saad Zaghlûl (etwa 1857–1927), waren der Ansicht, ihr Land habe ein Recht darauf, unter den Siegermächten zu sitzen und damit auch seinen Anspruch auf eine unabhängige politische Existenz zu dokumentieren. Der Ruf nach der «Delegation» wurde zum Schlachtruf der ägyptischen Nationalisten und fand einen gewaltigen Widerhall im Volke. Die Wafd-Partei, die damals ihren Anfang nahm, blieb die grosse Partei der ägyptischen Nationalisten bis 1952. Sie wurde nach dem Umsturz Nassers aufgelöst. Sie ist später, unter Präsident Mubarak, wieder zugelassen worden, doch ist sie nun nicht mehr die grösste Partei des Landes.

Grossbritannien wollte dem Ruf nach einer Delegation nicht stattgeben, schlug den Aufstand mit Gewalt nieder und verbannte Zaghlûl mit drei Gefährten im März 1919 nach Malta. Dies verstärkte die Proteste der Ägypter. London gab schliesslich nach, erlaubte Zaghlûl zurückzukehren und mit einer Delegation von 15 Personen nach Paris zu reisen. Erst diese Konzession beendigte den Aufstand. Die ägyptische Delegation blieb in Europa bis im März 1921. Doch die Konferenz von Versailles erkannte ein britisches Protektorat über Ägypten schon im Juni 1919 an; die ägyptische Delegation konnte dies nicht rückgängig machen. Die Briten schlugen Ägypten einen Staatsvertrag vor, der dem Land nominell die Unabhängigkeit gewähren würde, in dem sie sich jedoch wichtige Kompetenzen vorbehielten: die Verteidigung, die imperialen Kommunikationen, die Verwaltung des Suezkanals, die Oberhoheit über den Sudan und die Vertretung der Interessen der in Ägypten wohnhaften Ausländer. Der Hof und einige der ihm nahestehenden Politiker wollten diese Bedingungen annehmen. Sie wussten jedoch, dass dies ohne Mitwirkung Zaghlûls nicht möglich war, wollte man nicht neue Aufstände riskieren. Sie riefen Zaghlûl nach Ägypten zurück. Er kam, verhandelte jedoch nicht mit den Engländern, sondern begann eine laute Kampagne für die volle Unabhängigkeit Ägyptens. Er wurde mehrfach von den britischen Behörden gewarnt, doch liess er sich nicht einschüchtern und wurde schliesslich am 23. Dezember 1921 erneut festgenommen und zusammen mit fünf anderen Führungsmitgliedern der Wafd-Partei deportiert.

Im März 1922 erklärten die Briten einseitig, das heisst, ohne einen Vertrag mit den Ägyptern abgeschlossen zu haben, die «Unabhängigkeit» des Landes mit den erwähnten Vorbehalten. Zaghlûl durfte im September 1923 nach Ägypten zurückkehren, wo er mit Jubel empfangen wurde. Im Januar 1924 fanden neue Wahlen für das Parlament statt. Zaghlûl erlangte eine Mehrheit von nicht weniger als 90 Prozent und bildete als Ministerpräsident eine «Regierung des Volkes». Sie dauerte jedoch nur bis zum 19. November 1924. An jenem Tag wurde der Oberkommandierende der britischen Armee im Sudan, Sirdar Sir Lee Stack, der auf der Durchreise war, in Kairo ermordet. Die englischen Behörden benützten den Vorfall, um den Sudan für die Ägypter zu schliessen und das Land unter die ausschliessliche Oberhoheit Grossbritanniens zu stellen. Der Sudan war seit seiner Wiedereroberung durch Kitchener (1850–1916) und die von ihm befehligte ägyptische Armee im Jahr 1898 ägyptisch-britisches Kondominium gewesen. Gleichzeitig bewerkstelligten die Briten mit Hilfe des Königs, der die wachsende Macht Zaghlûls fürchtete, den Rücktritt des Wafd-Chefs und seiner Regierung.

Die Ermordung Stacks war ein typisches Beispiel dafür, wie die Extremisten der einen Seite, in diesem Fall die extremen Nationalisten, jenen der

216

Gegenseite, hier den kompromisslosen Verteidigern des British Empire, in die Hände arbeiteten. Diese politische Figur wiederholt sich bis heute immer wieder im Nahen Osten und besonders in Palästina. Ohne diesen Zwischenfall wäre Zaghlûl vielleicht der Kemal Atatürk oder der Reza Schah Ägyptens geworden, auch wenn er keine Armee hinter sich hatte wie die beiden anderen Machthaber, sondern nur seine ungeheure Volkstümlichkeit.

Bis zu seinem Tod im Jahr 1927 spielte Zaghlûl weiter eine wichtige Rolle im Parlament als Oppositionschef. Doch seine Nachfolger als Oberhäupter der Wafd-Partei liessen sich in das kleine politische Intrigenspiel hineinziehen, das als Dreiecks- oder Vierecksspiel mit den Briten im Hintergrund (und mit der von ihnen kommandierten Armee und Polizei in den entscheidenden Machtpositionen) drei Jahrzehnte lang fortdauern sollte, bis ihm Nasser ein endgültiges Ende bereitete. Das Spiel bestand daraus, dass sich der Hof und alle Feinde des Wafd zusammentaten, um mehr oder weniger stabile Regierungen zu bilden. Der Wafd unter Führung des zweiten Mannes und Nachfolgers Zaghlûls, Mustafa Nahhas Pascha (1879–1965), gewann regelmässig alle Wahlen, die nicht oder nur wenig gefälscht waren. Doch einzelne Wafd-Politiker oder ganze Gruppen von ihnen liessen sich immer wieder mit dem Hof und den Rivalen des Wafd zusammenspannen, wenn sie dafür Ministerposten erhielten. – Eine Sonderkonstellation in diesem Machtspiel kam 1936 zustande, als der Wafd die Regierung übernahm und mit den Briten einen neuen Staatsvertrag aushandelte, durch den Ägypten die Souveränität über die in Ägypten lebenden Ausländer erhielt und als dessen Folge im Jahr darauf die Kapitulationen abgeschafft werden konnten. Die Briten zogen ihre Armee aus dem Niltal ab, behielten jedoch ein Besatzungskontingent am Suezkanal und bestanden weiter auf alleiniger Herrschaft über den Sudan.

Mitten im Zweiten Weltkrieg kam der Wafd unter Nahhas Pascha erneut zur Macht. Weil der Hof und die mit ihm zusammenarbeitenden Parteien sich im Februar 1942, als Rommel vor den Toren Ägyptens stand, etwas zu sehr der Achse zuwandten, organisierten die Briten einen unblutigen Putsch. Tanks fuhren vor dem Palast des Königs auf und zwangen ihn, «seine» Regierung zu entlassen und eine Wafd-Regierung einzusetzen. Der britische Botschafter, der mitwirkte, hatte ein Abdankungsschreiben für König Faruk in der Tasche; doch der König fügte sich und durfte daher auf dem Thron bleiben, bis Nasser ihn absetzen sollte. – Der Wafd hat dann 1942 bis 1944 eine klar prodemokratisch eingestellte Regierung gelenkt, die eindeutig auf der Seite der Alliierten stand. – Doch grosse Teile der Bevölkerung und auch viele Armeeoffiziere verstanden diese Haltung nicht. Sie urteilten, die bisherigen Feinde der Engländer seien nun plötzlich zu ihren Speichelleckern geworden, weil sie dafür die Regierungsmacht erhalten hätten. Unter den Offizieren, die damals zurücktraten, weil sie das Nachgeben des Königs vor den britischen Tanks als eine Schande für Ägypten ansahen, befand sich auch Muhammed Neguib, der nach dem Staatsstreich Nassers von 1952 für kurze Zeit Staatschef werden sollte. Der Leutnant Anwar as-Sadat sass seinerseits im Gefängnis, weil er Verbindung mit der deutschen Armee aufgenommen hatte. Der Verteidigungsplan für die Westliche Wüste, den die Engländer entworfen hatten, wurde nach der Niederlage der deutsch-italienischen Afrika-Armee bei el-Alamein Anfang November 1942 im italienischen Hauptquartier aufgefunden. Er war anscheinend vom Generalstabschef der ägyptischen Armee, Aziz al-Misri, den Italienern zugespielt worden.

Nach dem Krieg begab sich der Wafd in Opposition und agitierte erneut leidenschaftlich gegen die Engländer, deren Abzug aus dem Sudan und aus der Kanalzone er erreichen wollte. Die Partei wurde 1950, nach der Niederlage der ägyptischen Armee in Palästina 1948, wieder gewählt und versuchte mit den Engländern einen neuen Staatsvertrag auszuhandeln, der ihren Abzug aus der Kanalzone sowie eine Lösung der Sudan-Frage erwirken sollte. Die Kanalzone stellte damals die grösste Militärbasis dar, die es im ganzen Nahen Osten gab. Als er keine Fortschritte in den Verhandlungen machte, erklärte Nahhas Pascha den Vertrag von 1936 einseitig als ungültig und liess den Notstand ausrufen. Dies führte zu einer Welle der Agitation um die Kanalzone, Spannungen mit Grossbritannien und zum «Schwarzen Samstag» vom 26. Januar 1952, an dem Kairo brannte. – Nahhas Pascha wurde daraufhin vom König aus der Regierung entlassen. Aus dieser Agitationswelle und vor dem Hintergrund des verlorenen Kriegs gegen Israel 1948 sollte dann die ägyptische Revolution unter Nasser hervorgehen. Sie bedeutete das Ende der politischen Karriere von Nahhas Pascha.

### Das ägyptische Parlament unter Beeinflussung

Von 1922 bis 1952 gab es also in Ägypten ziemlich regelmässige Wahlen und ein Parlament, das eine zentrale politische Rolle spielte. Doch die beiden nichtparlamentarischen Kräfte, der Hof und die Engländer, wirkten ebenfalls entscheidend mit. Grossbritannien war nicht gewillt, seine Kontrolle des Suezkanals aufzugeben und seine Armee aus Ägypten vollständig abzuziehen.

Die Sudan-Frage blieb auch unlösbar. Um ihre Machtbasis zu bewahren, jonglierten die Engländer jahrzehntelang zwischen dem Hof und den verschiedenen politischen Rivalen und abgespaltenen Gruppen des Wafd, die sich dazu hergaben, eine dem König gehorsame Regierung zu bilden. Dabei besass der König starken Einfluss in der ägyptischen Armee, weil deren wichtigste Offiziere, die er ernannte, überwiegend aus der alten türkisch-albanischen Herrenschicht aus der Zeit Muhammed Alis ausgewählt wurden. Das Königshaus selbst gehörte der gleichen Oberschicht an. – Die Briten besassen ihrerseits ihre eigene Armee, die bis 1936 im Niltal, danach nur in der Kanalzone, jedoch während des Zweiten Weltkrieges erneut in ganz Ägypten stand. Der Ablauf der Ereignisse zeigt deutlich, dass die Frage der trotz aller Staatsverträge stets fortbestehenden Herrschaft der Briten das politische Leben der Ägypter dominierte. Mit dem Ruf nach dem Abzug der Briten gewann man die Wahlen. Kompromisse mit Grossbritannien waren, sogar in den Kriegsjahren, unbeliebt und für die Karriere eines jeden parlamentarischen Politikers gefährlich. – Doch gerade weil die Urnen mit Sicherheit den Wafd zur Macht brachten, gab es zahlreiche ehrgeizige, auf Beförderung oder Bereicherung ausgehende Politiker, die sich dem Spiel der Anti-Wafd-Kräfte verschrieben, das daraus bestand, die Entscheide der Urnen zu umgehen, wenn nicht einfach zu fälschen. Hauptinszenatoren in diesem Spiel waren die britischen Behörden mit ihrer Armee und der König mit seinen Hofberatern und den ihm zugeneigten Armeeoffizieren.

## Grossbritannien und die irakischen Nationalisten

Im Irak kam es unmittelbar nach dem Ersten Weltkrieg, im Jahr 1920, ebenfalls zu einem Aufstand gegen die Briten. Er scheint im Wesentlichen darauf zurückgegangen zu sein, dass die britischen Militärs und Verwalter, die von Indien aus nach dem Irak gelangt waren und dem «India Office», nicht der Regierung von London unterstanden, ihre indisch-kolonialen Regierungsmethoden gegenüber den Irakern anwandten, während die britische Propaganda den Arabern Unabhängigkeit nach dem Krieg verheissen hatte. Auch der irakische Aufstand wurde verlustreich niedergeschlagen, wobei die Bomben der Royal Air Force eine brutale Rolle spielten. Doch der Irak war strategisch weniger wichtig als Ägypten. Es gab Stimmen in London, die für eine sofortige Aufgabe des im Weltkrieg eroberten Landes sprachen. Auf einer Konferenz in Kairo über die Zukunft der Mandatsgebiete, an der Churchill als Staatssekretär für die Kolonien führend beteiligt war, wurde beschlossen, Amir Faisal zum König des Iraks zu erheben. Faisal war der Sohn des Scherifen von Mekka, Hussein, der sich im Weltkrieg mit britischer Ermutigung gegen die Türken erhoben hatte. T. E. Lawrence, der an diesem Aufstand als Verbindungsoffizier der Briten beteiligt war, hatte ihn als den wichtigsten Anführer für den arabischen Guerillakrieg ausgesucht. Faisal hatte am Ende des Krieges, im Oktober 1918, an der Spitze seiner Beduinenkämpfer knapp vor der Ankunft der regulären britischen Truppen Damaskus einnehmen und besetzen können. Doch die Franzosen, die auf Syrien als ihr Mandat Anspruch erhoben, hatten ihn im Juli 1920 mit Gewalt aus Damaskus vertrieben. Und die Engländer, die während des Krieges den Franzosen und dem Scherifen widersprüchliche Versprechen[33] gemacht hatten, stimmten in Versailles einem französischen Mandat über Syrien zu.

Faisal hatte 14 Monate lang an der Spitze seiner Mitoffiziere Damaskus verwaltet, und es war natürlich, dass er seine engsten Mitarbeiter, arabische Nationalisten, von denen manche vor dem Aufstand des Scherifen in der osmanischen Armee gedient hatten, mit nach Bagdad brachte. – Um ihn auf den irakischen Thron zu heben, hatten die Engländer seinen wichtigsten einheimischen Konkurrenten, Sayyid Talib aus Basra, in die Verbannung geschickt[34]. – Das Prestige, das ein König besitzt, darf nicht ausser Acht gelassen werden, wenn es um die Stabilität seiner Herrschaft geht. Die Herrschaft Faisals und seiner Nachfolger litt von vornherein unter einem Geburtsfehler. Das Königshaus war von der Kolonialmacht gegen den Willen des grössten Teils der einheimischen Bevölkerung eingesetzt und zudem mit seinem eigenen Anhang von anderswoher ins Land gekommen. Der Anhang der irakischen Dynastie waren die Leute des arabischen Aufstandes «in der Wüste», die dann mit Faisal kurz in Syrien geherrscht hatten und von ihm nach dem Irak mitgebracht wurden, um dort den Grundstock der königlichen Mitarbeiter zu bilden. Nuri as-Said, der zum wichtigsten Politiker im Irak bis

33  Das «Sykes-Picot-Agreement» einerseits, das den Nahen Osten in britische und französische Einflusszonen aufteilte, und die «McMahon-Korrespondenz» andrerseits, in der der ägyptische Hochkommissar dem Scherifen von Mekka ein «arabisches Reich» für den Fall versprach, dass er sich gegen die Türken erhebe.

34  Er hatte den Fehler begangen, auf einem Empfang, an dem der französische und der persische Konsul sowie ein Korrespondent des Daily Telegraph anwesend waren, unverhohlen für den Fall mit Gewalt zu drohen, dass er nicht zum König gewählt werde.

1958 werden sollte, und sein Schwager, Ja'far al-Askari, gehörten zu ihnen. – Faisal wurde im August 1921 König des Iraks. Um das Wort Mandat zu umgehen, wurde 1922 ein Staatsvertrag ausgehandelt, in dem die Briten sich Militärbasen, die Oberaufsicht über die Aussenpolitik und die Innenpolitik des Landes sowie die Ausbildung der Armee vorbehielten. Die irakische Opposition dagegen war so stark, dass dieser Vertrag erst zwei Jahre später vom Parlament in Bagdad ratifiziert werden konnte. – Ein neuer Vertrag wurde 1930 ausgearbeitet. Die Engländer gaben ihr Aufsichtsrecht auf, das unter dem Namen von «dual control» gegangen war, behielten jedoch ihre Basen bei, eine bei Basra, eine bei Bagdad, und reservierten sich militärische Wiedereinmarsch- und Durchgangsrechte für den Kriegsfall. Die Iraker versprachen, ihre Beamten und Militärs soweit möglich zur Ausbildung nach Grossbritannien zu schicken und der britischen Diplomatie den Vorrang vor den Vertretern aller anderen Staaten zu gewähren. Auf diesen Staatsvertrag hin konnte der Irak schon 1932 auf Grund englischer Empfehlung Mitglied des Völkerbundes werden und damit den Rang eines souveränen Staates erlangen.

Die zwischen der Türkei und Irak umstrittene Provinz Mosul war 1925 durch den Völkerbund dem Irak zugesprochen worden. Die irakischen Kurden hatten sich 1922 unter Scheich Barzinji, der sich selbst zum König von Kurdistan ausgerufen hatte, gegen die Briten erhoben, waren aber wieder mit Bomben der RAF zur Kapitulation gezwungen worden. 1930, also kurz vor der nominellen Unabhängigkeit des Landes, kam es zu einer neuen kurdischen Erhebung und zur Bombardierung der Stadt Sulaimanyie durch die RAF, die der irakischen Armee Hilfe leistete. 1932 vernichtete die junge irakische Armee die ehemaligen assyrischen Hilfstruppen der Briten, wobei nicht nur die waffenfähigen Männer der christlichen Minderheit der Assyrer, sondern auch gleich Frauen und Kinder in etwa 20 assyrischen Dörfern niedergemacht wurden.


### Die Rolle der irakischen Grossgrundbesitzer


Das Gerüst, das den neuen Staat Irak zusammenhielt, war der Grossgrundbesitz. Die Engländer hielten die widerspenstigen Stämme im Schach, indem sie zuliessen, dass ihre Anhänger unter den Stammesnotablen das unregistrierte Land der Stämme in ihrem eigenen Namen registrierten, wodurch es natürlich zu ihrem Privatbesitz wurde. Die probritischen Notabeln wurden so probritische Grossgrundbesitzer. Viele konnten ihre Güter noch weiter ausdehnen, indem sie bisher trockene Gebiete mit den neuen motorgetriebenen Pumpen bewässerten und sie durch «ihre Bauern» bestellen liessen. Die Bauern wurden in Ernteanteilen entlöhnt und waren in vielen Fällen verschuldet. Verschuldete Bauern durften die von ihnen bebauten Landstücke nicht verlassen, bevor sie ihre Schulden (mit den dazugehörigen Wucherzinsen) abbezahlt hatten. Die mittlere Lebensdauer der irakischen Bauern lag zwischen 35 und 39 Jahren, weil sie schutzlos vielen Krankheiten ausgesetzt waren. Die schlechten Lebensbedingungen auf dem Lande führten zu einer reissenden Abwanderung in die Städte, besonders nach Bagdad, mit Bildung von gewaltigen Hüttenvororten aus Schilfmatten und Palmenzweigen (Sarifa) sowie zu Unterbeschäftigung und Ausbeutung der Arbeiter in den Städten[35].

Die Grossgrundbesitzer sassen im Parlament und verhinderten von dort aus alle Reformbestrebungen. Wenn König Faisal zu Gunsten von Reformen einschreiten wollte, wurde ihm bedeutet, dass seine eigene Herrschaft erschüttert werde, wenn er gegen die Interessen der Grundbesitzer handle. Nuri as-Said, der wichtigste Politiker des Iraks bis zu seinem Tode in der Revolution von 1958, war ursprünglich ein osmanischer Offizier arabischer Herkunft gewesen; er war dann zu dem arabischen Aufstand übergelaufen und Oberkommandant der Streitkräfte Faisals im arabischen Guerillakrieg gegen die Türken geworden. Im Irak wurde er selbst Grossgrundbesitzer. Er galt als probritisch und war 14 Mal Ministerpräsident in der Zeit zwischen 1922 und 1958. – In den 14 Jahren zwischen 1922 und 1936 hatte der Irak nicht weniger als 36 Regierungen, 21 davon allein in den vier Jahren zwischen 1932 und 1936. Doch all diese Regierungen waren immer wieder aus dem gleichen Personal zusammengesetzt. Die Grossgrundbesitzer und anderen Würdenträger lösten einander ab. Die Parlamentswahlen wurden von der Regierung aus gelenkt. Sie bestimmte, welche Personen in welcher Provinz auf die Wahllisten kamen, um dann als Volksvertreter gewählt zu werden[36].

König Faisal starb 1933, ein Jahr nach der offiziellen Unabhängigkeit seines Landes. Nach ihm degenerierte das System rasch. König Ghazi, der Sohn Faisals, war beim Volk beliebt, aber mehr ein Rennfahrer als ein Staats-

---

35    Nach Peter Sluglett und Marion Farouk Sluglett: Irak since 1958, from Revolution to Dictatorship, London 1987, 1990; s. auch die Einleitungskapitel von: Hanna Batatu: The Old Social Classes and the Revolutionary Movements of Iraq, Princeton 1978.

mann. Er sollte denn auch 1939 bei einem Autounfall umkommen[37]. – Baker as-Sidki, der General, der durch das Gemetzel an den Assyrern volkstümlich geworden war, marschierte 1936 nach Bagdad und forderte eine Regierung von «aufrechten Bürgern». Er liess die Stadt bombardieren, um der Regierung Angst einzujagen, und liess Ja'far al-Askari, den hochangesehenen einstigen Stabschef Faisals zur Zeit der Arabischen Rebellion, der damals als Verteidigungsminister amtierte und mit dem aufständischen General unterhandeln wollte, ermorden. Dann ernannte Sidki sich zum Militärdiktator. Er selbst wurde 1937 durch einen Unteroffizier ermordet, hinter dem eine rivalisierende Offiziersgruppe stand, und das verfassungsmässige Regime wurde oberflächlich wiederhergestellt. Die Offiziere hatten von der Macht gekostet, und sie begannen aus dem Hintergrund zu regieren. Die Obersten vom sogenannten «Goldenen Viereck» übten Druck auf den König aus, um Regierungen ihrer Zustimmung zu erhalten. Sie waren es, die Raschid Ali al-Gilani zweimal zur Macht verhalfen. Dieser Politiker war ein arabischer Nationalist und Freund des Mufti von Jerusalem, Haj Amin al-Hussaini, den die Engländer in Palästina wegen allzu radikaler Zionistenfeindschaft abgesetzt hatten und der dann Verbindung mit den «Achsenmächten», Deutschland und Italien, aufgenommen hatte. – Der Mufti suchte 1939 in Bagdad Zuflucht (die Franzosen hatten ihn aus Syrien und Libanon ausgewiesen), und er entfaltete dort eine grosse Aktivität, indem er die Engländer als Förderer des Zionismus in Palästina anklagte und ihre Feinde, die Italiener und Deutschen, als die künftigen Befreier der Araber vom Zionismus darstellte.

Im Jahr 1940, als al-Gilani zum ersten Mal als Regierungschef amtete, weigerte er sich, mit den Italienern zu brechen, obgleich diese Grossbritan-

---

36 «Nominationen für die Wahlen werden so arrangiert, dass sie die Namen von allen früheren Ministerpräsidenten einschliessen, die aller Minister, die mehr als zweimal im Amte waren, wichtige Regierungsbeamte, die Regierungspensionen erhalten, hervorragende Chefs von Gemeinschaften und Vertreter der freien Berufe, Stammeschefs usw. Sie machen zusammen fast 60 Prozent der Kammer aus. Die übrigen hängen grösstenteils vom Willen der an der Macht befindlichen Regierung ab, obgleich Iraker, die sich zur Kandidatur stellen wollen, frei sind, dies zu tun», so Nuri as-Said in einem Interview mit einer ägptischen Zeitung. Zitiert nach ME Times (Jerusalem), 28. Februar 1946, in: George E. Kirk, A Short History of the Middle East, New York 1959, S. 175.

37 Das irakische Volk glaubte jahrelang fest an das Gerücht, nach dem die Engländer seinen Tod arrangiert hätten.

nien den Krieg erklärt hatten. Vorübergehend übernahm dann ein anderer Nationalist, al-Hashimi, die Regierung. Doch als die Deutschen 1941 Kreta einnahmen, hielten die Obersten des «Goldenen Vierecks» die Zeit für gekommen, einem prodeutschen Regime im Irak zur Macht zu verhelfen. Sie führten am 1. April 1941 einen Staatsstreich durch, erklärten den Regenten Abdulillahi (der an Stelle des minderjährigen Faisal II., des Sohns al-Ghazis, regierte) als abgesetzt und machten al-Gilani erneut zum Regierungschef. Der Regent floh mit britischer Hilfe und zusammen mit Nuri as-Said ins Ausland. Die Briten landeten indische Truppen in Basra und setzten zugleich eine militärische Kolonne aus Transjordanien nach Bagdad in Bewegung. Dort wurde die britische Botschaft von den irakischen Revolutionären vergeblich belagert. Al-Gilani scheint Hilfe aus Deutschland erwartet zu haben. Doch sie blieb bis auf wenige Flugzeuge aus, weil die Nationalsozialisten damals ihren Überfall auf die Sowjetunion vorbereiteten. Obgleich eine der eingesetzten transjordanischen Einheiten meuterte, konnte die britische Kolonne in 30 Tagen die Lage umkehren: Al-Gilani und seine Offiziersfreunde flohen nach Teheran[38]; der Regent und Nuri kehrten zurück und Nuri übernahm die Regierung, die nun entschlossen auf die Seite der Alliierten trat. Der irakischen Expedition schloss sich ein Feldzug der Engländer, Freien Franzosen und jüdischer Freiwilliger aus Palästina gegen die Vichy-Herrschaft[39] in Syrien und Libanon an, der nach kurzen Kämpfen auch dort zu einem Regimewechsel führte. – Die Beobachter stimmten darin überein, dass die achsenfreundliche Politik al-Gilanis, solange sie dauerte, bei der irakischen Bevölkerung sehr beliebt war. Der Hass auf England als die Kontroll- und Besetzungsmacht hatte sich mit dem Hass auf die Zionisten, die Feinde der Araber in Palästina, verbunden[40].

38  Die vier Offiziere des Goldenen Vierecks wurden später aus Iran ausgeliefert, und Nuri as-Said liess sie hinrichten.

39  Die Vertreter des Vichy-Regimes in Syrien hatten deutschen Kriegsflugzeugen, die nach Bagdad unterwegs waren, erlaubt, in Syrien zwischenzulanden.

40  Sogar Nuri, der unverrückbare Freund der Engländer, hat London und Washington zeit seines Lebens immer wieder darauf hingewiesen, dass alle arabische Politik der westlichen Mächte gefährdet sei und bleibe, solange in Palästina kein gerechter Frieden geschaffen werde.

## Die Franzosen in Syrien und Libanon

Als Frankreich nach dem Zweiten Weltkrieg die Mandate über Syrien und Libanon zugesprochen erhielt, besass es schon seit 90 Jahren eine arabische Kolonie, nämlich Algerien. 1881 war Tunesien hinzugekommen und, gerade erst vor dem Ersten Weltkrieg erobert, «befriedet» hiess es offiziell, Marokko. Im Nahen Osten gab es eine lange Tradition der Franzosen als «Schutzmacht der Katholiken» und anderer Christen sowie eine ebenfalls alte Beteiligung an den Bestrebungen der Verwestlichung der muslimischen Staaten mit Schwerpunkten in Istanbul, Kairo, Teheran, aber auch Beirut und Jerusalem. – Weltweit bestand eine Rivalität zwischen den Engländern und den Franzosen als kolonisierenden Völkern, bei der die Engländer im grossen und ganzen das Übergewicht besassen, Frankreich jedoch die zweite grosse Kolonialmacht in Ostasien und in Afrika geblieben war. Frankreich besass nicht die gleiche Tradition der «indirekten Herrschaft» wie Grossbritannien, was neben der alten zentralistischen Tradition französischer Staatspraxis mit dem universalen Anspruch der französischen politischen Kultur seit der Französischen Revolution zusammenhing. Die Menschenrechte waren in Paris «erfunden» worden, und die französischen Kolonialherren sahen nicht ein, warum es «unaufgeklärte» einheimische Herrscher und nicht sie selbst sein sollten, welche diesen universalen französischen Werten in den fernen Weltgegenden, die sie kolonisierten, Geltung verschafften – auch dann, wenn diese Menschenrechte nicht sofort, sondern erst später und schrittweise für die Eingeborenen voll verwirklicht werden konnten. In der Praxis freilich wurden sie in Algerien nie verwirklicht, weil es dort eine französische Siedlerschicht gab, die tat, was sie vermochte, um «Freiheit, Gleichheit und Brüderlichkeit» für die «Eingeborenen» und besonders die eingeborenen Muslime zu verhindern. Die Siedler waren in Paris als Franzosen politisch präsent; sie bildeten auch in Algerien ein gesondertes Wahlkolleg, dessen Gewählte die Interessen der Siedler gegenüber den von Paris ernannten Gouverneuren vertreten konnten, während die Mehrheit der muslimischen Einheimischen (das Verhältnis zwischen Siedlern und «Arabern» betrug in der Zwischenkriegszeit ungefähr eins zu zehn) in Paris lange Zeit keine Vertreter und später nur die wenigen «Beni Oui-Oui» besassen, deren Wahl von den Machthabern in Algerien erlaubt oder gefördert worden war. In den Protektoraten Tunesien und Marokko gab es keine französische Siedlerschicht und also französischen Wahlen, nur französische Generalgouverneure.

Die Mandate in Syrien und Libanon, die aus der Aufteilung der arabischen Staaten zwischen Frankreich und England hervorgingen und die dann Paris 1922 offiziell vom Völkerbund zugesprochen wurden, sahen vor, dass beide Staaten für die Unabhängigkeit vorbereitet würden. Paris sah sich daher veranlasst, in beiden Ländern Parlamente einzurichten und Regierungen zu ernennen, die unter Oberaufsicht der französischen Behörden lernen sollten, sich selbst zu regieren. Doch Paris hatte keinerlei Sympathie für den damals noch jungen arabischen Nationalismus, schon darum nicht, weil die Gefahr bestand, dass er sich auf Algerien und ganz Nordafrika auswirken könnte, wenn er im Nahen Osten erfolgreich wäre.

## Das Mosaik der libanesischen Gemeinschaften

Die Trennung zwischen Libanon und Syrien wurde von Frankreich selbst vorgenommen. Zuvor (seit 1860) hatte es nur den Berg Libanon gegeben, der ein autonomer Distrikt des Osmanischen Reiches war und sehr viel kleiner als der nun entstehende Staat Libanon. Der «Mont-Liban» wurde zum «Grand-Liban» ausgeweitet[41]. Dies geschah in Absprachen zwischen dem französischen Ministerpräsidenten Clemenceau und dem maronitischen Patriarchen, Msgr. Hayek. Die Grenzen wurden so gezogen, dass der geplante Grand-Liban aus 51 Prozent Christen und 49 Prozent Muslimen bestand; denn Frankreich wollte aus Libanon den «einzigen christlichen Staat des Nahen Ostens» machen. Die beiden Grossgruppierungen unterteilten sich weiter: bei den Christen in einen Hauptblock von Maroniten und kleinere Gemeinschaften von Griechisch-Orthodoxen, Unierten Griechen (Grecs catholiques) und zahlreichen anderen Kirchen; bei den Muslimen in Sunniten, Schiiten und Drusen. Um die vorgegebenen Proportionen (51 zu 49%) zu erreichen, mussten zu den maronitisch-drusischen Kerngebieten in den Bergen die Städte und Dörfer der Küstenebene einschliesslich Beirut und Tripolis, die mehrheitlich sunnitisch waren, und die in erster Linie schiitischen Hügel des südlichen Libanons sowie die sunnitisch-schiitisch-

---

41    Ein etwas grösserer Libanon als der «Mont-Liban» besass allerdings historische Vorläufer in den libanesischen Fürstentümern der drusischen und maronitisch-drusischen Emire des 17., 18. und frühen 19. Jahrhunderts. Sie pflegten den Berg zu beherrschen und je nach Machtlage Häfen wie Saida und Beirut.

christlich gemischten Gebiete der Bekaa-Ebene mit dem Flecken Baalbek hinzugefügt werden. Diese Gebiete hatten bisher zu Syrien gehört, und ihre Eingliederung in den Libanon verursachte Unzufriedenheit sowohl in den sunnitischen Ortschaften selbst wie auch unter den Syrern, die Teile ihres Landes verloren.

Die Franzosen wussten, dass die Maroniten, mit denen alte Verbindungen politischer, religiöser, sprachlicher, kultureller und wirtschaftlicher Art bestanden, einen französisch beherrschten Staat als Erlösung vom osmanisch-islamischen Joch empfinden würden. Während des Ersten Weltkrieges hatte in Libanon eine schwere Hungersnot gewütet, und die Paschas des Osmanischen Reiches hatten junge Araber aus guter Familie hinrichten lassen, die kurz vor dem Krieg in Paris einen Kongress durchgeführt hatten, um die Unabhängigkeit der Araber von den Türken zu fordern. Dies sind «Les Martyrs», nach denen offiziell der zentrale Platz von Beirut benannt ist, der im Volksmund jedoch immer noch «Burj» heisst, nach dem «Turm» oder der Festung, die dort einmal stand. Die nichtchristlichen Aussengebiete freilich wurden zu den Kerngebieten des Berges geschlagen, obwohl dort keine grosse Sympathie für Frankreich bestand, damit der von den Franzosen gewünschte «christliche» Staat lebensfähig werde. Wenn dabei das mehrheitlich sunnitische Syrien Gebiete und Bevölkerungsteile verlor, war das für die Kolonialmacht auch insofern wünschenswert, als sie wusste, dass Syrien zu beherrschen für sie wesentlich schwieriger werden würde als Libanon.

In der Tat wurde das französische Mandat von einem harten Kern von Maroniten willkommen geheissen. Die Opposition gegen die französische Kolonialherrschaft kam zunächst primär aus Tripolis, der zweiten Stadt Libanons, die stets zu Syrien gehört hatte und mehrheitlich von Sunniten bewohnt war.

### Der Proporz der Religionsgemeinschaften

Das Grundprinzip, auf dem Libanon als Staat beruhte, wurde der Proporz unter den Religionsgemeinschaften. Die Libanesen haben bis heute nach der in einem vieljährigen Entwicklungsprozess ausgearbeiteten endgültigen Verfassungs- und Wahlordnung in einem jeden Wahlbezirk Listen einer feststehenden Zahl von Vertretern zu wählen, je nach der Zusammensetzung des Bezirkes: x Maroniten + y Griechisch-Orthodoxe + z Sunniten + w Drusen usw. Da die Listen als Ganze konkurrieren, müssen sich in einem jeden Wahlkreis die Vertreter der verschiedenen Gemeinschaften zu mehreren solchen vielfarbigen Listen zusammenfinden. Das bedeutet, dass eher die Kompromissbereiten als die einseitig Radikalen in der Lage sind, derartige Listen aufzustellen. – Alle Gewählten zusammen bilden das Parlament, eine Versammlung, in deren Rahmen sie ihre Gegensätze untereinander aushandeln und ausgleichen sollen. Auch die hohen Ämter wurden nach konfessionellem Raster festgelegt: der Staatschef musste, und muss bis heute, ein Maronite sein, der Oberkommandierende der Armee desgleichen; Regierungschef ein Sunnite; der Vorsitzende des Parlamentes ein Schiite. Ähnlich wurden auch die Ministerposten, kleineren Staatsämter und Angestelltenposten entsprechend dem Religionsproporz verteilt. Dieser wurde auf Grund einer Volkszählung von 1922, die 1932 wiederholt wurde, ein für allemal festgelegt. Später gab es keine Volkszählung mehr, weil sie die nun sakrosankt gewordenen Proportionen hätte verschieben können! Der Proporz beruht auf der Zahl elf und deren Vielfachen, damit stets 6 Christen 5 Muslimen gegenüberstehen. Die christlichen und die muslimischen Posten wurden weiter unterteilt in 3 Maroniten, 2 Griechisch-Orthodoxe und einen Vertreter der übrigen christlichen Konfessionen, gegenüber 2 Sunniten, 2 Schiiten und einem Drusen. Dieses komplexe System wurde von den Franzosen und Libanesen durch «trial and error» gewissermassen experimentell entwickelt. Es ging aus von der Verfassung von 1926, wurde dann jedoch weiter verändert durch Verfassungsgesetze in den Jahren 1927, 1929, 1943, nochmals 1943 (dem Jahr der Unabhängigkeit) und 1947. Die Verfassung wurde verschiedentlich durch den Hochkommissar aufgehoben und später wieder in Kraft gesetzt. Bis 1943 enthielt sie eine Klausel, die der Mandatsmacht über die Verfassung hinausgehende Sondervollmachten zusprach.

Bis zur Unabhängigkeit standen Syrien und Libanon unter der Oberaufsicht eines französischen Hochkommissars; die französischen Truppen sowie lokal rekrutierte Hilfstruppen waren ihm unterstellt. In Libanon war das Parlament, das als Ausgleichs- und Diskussionskammer der verschiedenen Religionsgemeinschaften diente, von vorneherein eine Notwendigkeit, ohne die das Regime nicht funktionieren konnte. Nach der Unabhängigkeit übernahm der libanesische Präsident, der vom Parlament gewählt wurde, bedeutende Teile der Machtbefugnisse des Hochkommissars. Er erhielt die Befugnis, die Regierungen zu ernennen, die dann das Vertrauen der Kammer erlangen müssen. Und es steht auch in seiner Macht, die Kammer aufzulösen und Neuwahlen auszuschreiben, wenn sie mit ihm zusammenstösst.

228

Ohne Krisen lief die Ausarbeitung dieser komplexen institutionellen Ordnung nicht ab. Im Jahr 1932 ergab sich eine Konstellation, in der sich zwei maronitische Christen um das Präsidentenamt bewarben: Emile Eddé und Bschara al-Khoury; die Muslime stellten jedoch einen eigenen Kandidaten auf: Muhammed al-Jisr aus Tripolis, und einige der christlichen Abgeordneten waren bereit, ihn zu unterstützen. Die Wahl des Sunniten schien gesichert zu sein. Doch dem französischen Hochkommissar erschien dies undenkbar. Er löste das Parlament auf und ernannte aus eigener Machtvollkommenheit Charles Debbas, einen orthodoxen Christen, der schon früher als Präsident gewirkt hatte. Debbas trat 1934 zurück, weil ihm vorgeworfen wurde, er regiere wie ein Diktator. Ihm folgte ein ebenfalls ernannter Präsident, Habib as-Saad. Er erhielt von der Mandatsmacht eine Kammer von 18 gewählten und 7 ernannten Abgeordneten zugeordnet. Diese Kammer erhielt 1937 das Recht, den nächsten Staatschef zu wählen. Die Wahl fiel auf Emile Eddé, einen Mann der engen Zusammenarbeit mit Frankreich. Im gleichen Jahr 1937 versuchte der Hochkommissar auf Weisung der Volksfrontregierung von Paris, mit Libanon und mit Syrien einen Staatsvertrag – nach englischem Muster – auszuhandeln, der die Macht Frankreichs zwar gelockert, aber auch auf längere Zeit festgeschrieben hätte. Die muslimischen Landesteile Libanons waren, wie die Syrer, scharf gegen dieses Projekt. Sie erblickten darin zu Recht einen Versuch, die Präsenz der Franzosen auf lange Zeit hinaus zu zementieren. Es gab Strassenunruhen und Demonstrationen. Die Muslime äusserten in zahlreichen Petitionen ihren Wunsch, zu Syrien zurückzukehren. Doch der Vertrag wurde ausgearbeitet und vom damaligen Kleinparlament, das 7 von Eddé ernannte Mitglieder und 18 gewählte Abgeordnete enthielt, angenommen. Er trat jedoch nie in Kraft, weil in der Zwischenzeit die Volksfrontregierung in Frankreich gefallen war und das französische Parlament beide Verträge, den syrischen und den libanesischen, zurückwies. Im Januar 1937 war die Verfassung von 1929 wieder in Kraft gesetzt worden. Doch das neu gewählte Parlament wurde im Juli des gleichen Jahres wieder aufgelöst, weil es keine auf klaren Mehrheitsverhältnissen beruhende Regierung zuliess. Ein neues, vergrössertes Parlament wurde gewählt, das aus 63 Abgeordneten bestand, von denen jedoch 21, also ein Drittel, vom Präsidenten, Emile Eddé, ernannt wurden. Dieser Zustand blieb bis zum Kriegsausbruch bestehen, dann wurde das Parlament suspendiert. Eddé jedoch blieb im Amt. Er wurde 1941 durch Alfred Naccache ersetzt, der ebenfalls ohne Parlament regierte.

## Die beiden Bevölkerungen Libanons

All diese Turbulenzen gingen letztlich darauf zurück, dass es zwei fast gleich grosse Bevölkerungsteile im Lande gab, deren einer, der christliche unter Führung der Maroniten, mit den Franzosen zusammenarbeitete, weil er der Ansicht war, ein enges Band mit Frankreich sei notwendig, um ihn vor der muslimischen Welt, diesseits und jenseits der libanesischen Grenzen, zu schützen. Die andere, etwas kleinere und weniger europäisierte Landeshälfte jedoch strebte den Anschluss an Syrien an und sympathisierte mit den palästinensischen Arabern, die unter dem Druck des englischen Mandates und des Zionismus standen. Diese Hälfte der Libanesen wurde von den Sunniten in Beirut, in Saida und in Tripolis angeführt. Der Umstand, dass es in beiden Lagern radikale Verfechter der vorherrschenden Meinung und eher kompromissbereite Gruppen gab, komplizierte die Lage weiter. Auch diese Nuancen innerhalb der beiden Lager hatten oft ihre religionsgemeinschaftliche Färbung: so standen etwa die Orthodoxen und anderen «orientalischen» Christen Syrien weniger feindlich gegenüber als die Maroniten, weil sie kulturell Syrien näher standen als diese; und die Schiiten waren weniger erpicht auf einen Wiederanschluss an Syrien als die Sunniten. Sie fürchteten einen allzu fest gefügten sunnitischen Staat.

## Zusammenstoss mit den Franzosen

Nachdem die Engländer mit den Freien Franzosen de Gaulles 1941 die Herrschaft der Vichy-Behörden in Syrien und in Libanon beendet hatten, proklamierte der freifranzösische General Catroux im Auftrag de Gaulles die Unabhängigkeit beider Staaten. De Gaulle schloss auch ein Abkommen mit den Briten, nach dem diese für die Dauer des Krieges beide Staaten für ihre Armeen frei benützen durften. Im folgenden Jahr wurde eine provisorische libanesische Regierung zur Vorbereitung von Wahlen ernannt. Diese brachten ein Parlament hervor, in dem die auf Beibehaltung des Bandes mit Frankreich ausgehenden Maroniten («Bloc national» von Emile Eddé) in der Minderheit gegenüber den eine volle Unabhängigkeit fordernden maronitischen Kräften («Bloc constitutionnel») standen. Deren Führer Bschara al-Khoury wurde zum Präsidenten gewählt. Doch er stiess im Jahr 1943 mit dem Hochkommissar Jean Helleu zusammen. Die Franzosen suchten erneut einen Staatsvertrag mit Libanon abzuschliessen, bevor sie ihre Souveränität völlig aufgeben wollten. Das neue Parlament jedoch beschloss einstimmig fünf Verfassungsänderungen, die darauf ausgingen, die Franzosen ihrer verbleibenden Vollmachten zu entkleiden. Der Hochkommissar liess darauf in der Nacht des 11. November 1943 den Präsidenten der Republik, den Ministerpräsidenten und die meisten Minister festnehmen und in der Festung von Rachaya, an der Südgrenze Libanons, internieren. Das Parlament wurde aufgelöst und Eddé erneut zum Präsidenten ernannt. Dies löste Strassenproteste im ganzen Land aus. Eine provisorische Regierung trat gegen die Franzosen im Bergdorf Souk al-Gharb zusammen. Grossbritannien und die USA anerkannten diese Gegenregierung sofort. Das Wirtschaftsleben stand still. Die Engländer schritten ein und forderten, dass die Franzosen ihr Unabhängigkeitsversprechen für Libanon einhielten. Sie waren daran interessiert, dass die Materiallieferungen an die Sowjetunion, die in den libanesischen Häfen ausgeladen und dann über Land bis nach Persien transportiert wurden, reibungslos weiterliefen. Helleu wurde nach Paris heimberufen; General Catroux kehrte zurück, die gefangenen Politiker wurden befreit und das Parlament wiederhergestellt.

Von da an regierte Bschara al-Khoury als erster unabhängiger Präsident Libanons. Die Franzosen versuchten ein letztes Mal, einen Staatsvertrag mit Syrien und Libanon auszuhandeln, als es 1946 um den Abzug der französischen Truppen und die Verwendung der bisher unter französischem Befehl stehenden einheimischen Hilfstruppen ging. Bschara al-Khoury war nicht bereit gewesen, vor Kriegsende 1945 in irgendeinen Vertrag einzutreten. Erneut setzten sich die Engländer für den Abzug der französischen Truppen ein, und Libanon erhob im Dezember 1946 Klage bei der Uno, um die Abreise der letzten französischen Offiziere zu bewirken, die schliesslich am letzten Tage des Jahres 1946 das Land verliessen. Die einheimischen Hilfstruppen wurden den Behörden ihrer Länder unterstellt.

### Der nationale Pakt

Im Verlauf der Diskussionen des Jahres 1943 kam es zu einer mündlichen Übereinkunft zwischen dem maronitischen Präsidenten al-Khoury und dem sunnitischen Ministerpräsidenten Riad as-Sulh. Sie lief darauf hinaus, dass sich beide gegenseitig versprachen, die Maroniten würden sich in Zukunft nicht mehr auf fremde Mächte (lies die Franzosen) abstützen, um ihre politischen Konzeptionen zu verwirklichen, und die Muslime würden das auch nicht tun (wobei jetzt in erster Linie das syrische oder allgemein arabische Ausland gemeint war). Damit räumten beide Seiten ein, dass sie in Zukunft ihre Politik im Rahmen Libanons führen wollten, obwohl Gegensätze der kulturellen Ausrichtung und daher auch der politischen Ziele und Auffassungen weiter bestanden. Dieses Versprechen, nicht mehr gegen die eigenen Mitlibanesen auf fremde Staaten zurückzugreifen zu wollen, begründete erst den libanesischen Staat. Beide Seiten räumten damit ihrem Staat Priorität vor ihren religionsgemeinschaftlichen Anliegen und vor ihren religionsgemeinschaftlichen und kulturellen Bindungen an andere Staaten ihrer eigenen Religion ein. Die beiderseitige Zusage wurde daher der nationale Pakt genannt. Es ist aber bezeichnend, dass kein geschriebener Text dieses Paktes existiert. Man kennt lediglich seinen Inhalt. Er ist nur mündlich abgesprochen und nie schriftlich fixiert worden, weil die Sache zu heikel war. Die religiösen und kulturellen Bindungen beider Seiten waren und blieben so stark und das Misstrauen gegenüber der anderen so heftig, dass eine schriftliche Fixierung grossen Teilen der Gemeinschaften beider Politiker als Verrat an der eigenen hätte ausgelegt werden können. – In der Tat hat sich die ganze spätere Geschichte Libanons mit all ihren blutigen und chaotischen Kapiteln immer wieder darum gedreht, ob und unter welchen Bedingungen eine oder mehrere der Gemeinschaften von dem nationalen Pakt abwichen und sich dennoch auf ausländische Staaten und Kräfte stützten, was dann regelmässig zur Folge hatte, dass die Gegengemeinschaften ihrerseits ebenfalls ausländische Kräfte zu Hilfe riefen. Libanon lief in solchen Fällen immer Gefahr, zum Schauplatz von Stellvertreterkriegen anderer, grösserer Mächte zu werden. Dies waren dann Kriege, die auf dem libanesischen Territorium mit dem Blut seiner Bürger und mit dem Geld und den Waffen der ausländischen Sponsoren geführt wurden.

## Syrien im Dauerkampf gegen Frankreich

Syrien wurde in der Tat für Frankreich schwer zu regieren. Zuerst mussten die französischen Truppen 1920 das arabische Regime Faisals mit Waffengewalt aus Damaskus vertreiben. Dann machten sie sich daran, das Land aufzuteilen, indem sie die verschiedenen in Syrien existierenden Religionsgemeinschaften und Religionsvölker zum Vorwand nahmen, um die altverwurzelte syrische Provinz des Osmanischen Reiches in verschiedene Bestandteile zu zerlegen, die sie Staaten nannten. Man muss einräumen, dass das Mandatsgebiet, das die Franzosen erhielten, von vorneherein nicht mit dem historischen Syrien übereinstimmte. Dieses umfasste Libanon und Palästina mit dem heutigen Jordanien sowie im Norden Antiochien, das heute als Hatay zur Türkei gehört. Das historische Syrien reichte jedoch weniger weit in den Osten als der heutige Staat, der den Euphrat überquert und seine Grenzen im obersten Nordosten bis an den Tigris vorschiebt. Was jenseits des Euphrats lag, gehörte in der Vergangenheit eher zu Mosul als zu Damaskus.

Die französische Mandatsmacht zerlegte den von ihr übernommenen Restbestand des historischen Syriens in einen Staat Damaskus, einen Staat Aleppo, einen Staat der Alawiten und einen Staat der Drusen, dazu kamen noch die autonomen Gebiete von Deir az-Zor (am Mittleren Euphrat) und Alexandretta (d. h. Antiochien bzw. Hatay). Aleppo und Damaskus wurden später wieder zusammengelegt, doch die Staaten der Drusen und der Alawiten sollten offiziell von 1922 bis 1936 dauern. Frankreich tat damit in Syrien das Gegenteil von dem, was es in Libanon tat. In Libanon schuf Paris den «Grand-Liban», der bedeutend grösser wurde als der historische «Mont-Liban». In Syrien wurde die historische Einheit des *«Bilad ash-Sham»* (Land von Damaskus), wie es arabisch heisst, in Zwergstaaten aufgelöst, die meist konfessionell umschrieben waren. – Die Drusen und Alawiten kamen unter direkte französische Verwaltung; in Aleppo und Damaskus wurden Parlamente eingerichtet, die der Beaufsichtigung durch die Mandatsmacht unterstanden. – Es gab natürlich echte religiöse und soziale Unterschiede zwischen diesen verschiedenen Gebieten. Doch den Syrern und vor allem den in jener Zeit tonangebenden arabischen Nationalisten, die ein grosses arabisches Reich anstrebten, wollte scheinen, dass die Franzosen bemüht waren, die bestehenden Trennungslinien nach dem Motto: *divide et impera* zu vertiefen, um das Land besser in den Griff zu bekommen! Dagegen erhob sich ein lauter Protest.

Nach kleineren bewaffneten Befriedungs- und Strafaktionen, die 1920 gegen die Alawiten, 1921 gegen die Beduinen von Deir az-Zor, 1922 gegen den Drusenfürsten Sultan al-Atrache durchgeführt wurden, kam es 1925 zu einem grossen Drusenaufstand, der sich bis nach Damaskus hin ausdehnte und auf das Hermongebirge sowie auf die nun Libanon zugeschlagene Bekaa-Ebene übergriff. Die Franzosen wurden durch den Aufstand überrascht und mussten Truppenverstärkungen nach Syrien bringen. Sie mobilisierten auch Hilfstruppen im Lande selbst. Diese wurden unter den ethnischen und religiösen Minderheiten rekrutiert: Kurden, Tscherkessen, Armenier, Alawiten, Bewohner der christlichen Bergdörfer wurden bevorzugt eingestellt, weil auf die Mehrheit der arabischen Sunniten und auf die Minderheit der Drusen in den Augen der Franzosen kein Verlass war. Durch diese Verwendung der Minderheiten wurde natürlich der Graben zwischen ihnen und der sunnitischen Mehrheit weiter vertieft. Erst im Sommer des folgenden Jahres wurden die drusischen Hauptflecken, Souweida und Salkhad, von den Franzosen zurückerobert, und die Befriedungsaktionen rund um Damaskus dauerten bis zum Sommer 1927 an. – Die Franzosen waren der Ansicht, ihre jordanischen Nachbarn hätten den Krieg «mit Hilfe der Engländer» über die Grenze hinweg unterhalten.

Kaum waren die Kämpfe mit den Waffen beendet, begannen die politischen Auseinandersetzungen. Die Verfassungsversammlung in Damaskus arbeitete eine Verfassung aus, die der Hochkommissar zurückwies, weil sie die abgetrennten Teile Syriens, die zu Libanon geschlagen worden waren, zurückforderte und die volle Einheit des aufgeteilten Landes festschreiben wollte. 1930 löste der Hochkommissar die Verfassungsversammlung auf. Neue Wahlen im Jahr 1932 konnten die Syrer und die Franzosen auch nicht zusammenführen, und 1934 wurde das Parlament endgültig aufgehoben. – Die Volksfrontregierung in Paris von 1936 nahm die Frage der syrischen Unabhängigkeit wieder auf. Ein Vertrag mit Damaskus wurde ausgearbeitet, der die Unabhängigkeit Syriens in drei Jahren vorsah, und das nächste syrische Parlament bejahte ihn einstimmig. Doch diesmal war es das französische Parlament, das ihn zurückwies, nachdem die konservativen Kräfte in Frankreich eine Kampagne dagegen ausgelöst hatten.

Mit den Türken kam es zu einem langen Ringen um das Gebiet von Antiochien, das auch als der Sanjak von Alexandretta bekannt ist. Dort gab es eine türkische Minderheit, von der die Türken erklärten, sie sei eine Mehrheit. Nach langen Diskussionen, Volkszählungen und Kritik an deren Resultaten beschloss Frankreich, Alexandretta und Antiochien an die Türkei abzugeben. Dies war im wesentlichen ein Schritt der politischen Opportunität. Der Zweite Weltkrieg zeichnete sich ab, und Paris fürchtete, dass möglicherweise die Türken die Partei der Achse ergreifen könnten, wenn Antiochien ihnen verweigert würde. Die Syrer sind bis heute der Ansicht, ein Stück ihres Landes sei damals von den Franzosen aus eigennützigen Gründen an die Türken vergeben worden. Bis heute hat Syrien die Zugehörigkeit des Sanjaks, heute heisst die Provinz türkisch Hatay, zur Türkei nicht anerkannt.

Wie wir schon sahen, wurde in Syrien das Vichy-Regime nach einem kurzen britisch-französischen Feldzug durch die Freien Franzosen abgelöst, und der Vertreter de Gaulles im Nahen Osten, General Catroux, erklärte am 27. September 1941 das französische Mandat als beendet. Doch dies schloss ein fünfjähriges Ringen um den endültigen Abzug der Franzosen nicht aus. Eine neue Verfassungsversammlung mit einer Mehrheit von Nationalisten erwählte 1943 Shukri al-Kuwatli zum Präsidenten Syriens. Bevor sie ihre Armee zurücknahmen, wollten die Franzosen jedoch eine Regelung darüber treffen, was mit den von ihnen ausgehobenen einheimischen Hilfstruppen geschehe, die «forces spéciales» genannt wurden und als Instrumente der kolonialen Repression gedient hatten. Sie sollten, so wurde schliesslich festgelegt, den Kern der künftigen Armeen Syriens und Libanons bilden. Die Franzosen forderten auch einen Staatsvertrag mit ihren beiden bisherigen Mandatsstaaten, der ihre Position als die erste Partnermacht Syriens und Libanons festschreiben sollte. Doch dies wurde von den Syrern abgelehnt, und die neu gegründete Arabische Liga («eine englische Erfindung», glaubten viele Franzosen, «die natürlich gegen uns gerichtet ist»), der beide Staaten beigetreten waren, bestärkte die Syrer in ihrer Haltung. Die Spannungen mit den Franzosen führten zu schweren Unruhen in Damaskus und anderen syrischen Städten. Die britischen Truppen, die im Lande standen, schritten ein, um eine allzu brutale Reaktion der Franzosen zu vermeiden. Trotzdem wurde Damaskus damals zweimal bombardiert, und etwa 500 Todesopfer waren zu beklagen. Schliesslich zog die französische Armee im April 1946 auf britischen Druck hin endgültig aus Syrien ab, acht Monate vor ihrem Rückzug aus Libanon.

## Die Sonderposition des Mandats Palästina

Unter allen bisher besprochenen Ländern – der osmanischen und der nationalen Türkei, Persien, Ägypten, Irak, Libanon, Syrien – war Palästina das einzige, das kein Parlament erhielt, nicht einmal ein experimentelles «Lernparlament». Der Grund dafür war, dass die Zionisten nichts von einem Parlament wissen wollten, solange sie die Minderheit darstellten. In der Tat hätte gewiss jede arabische Mehrheit sofort für die Einstellung der jüdischen Immigration gestimmt. Im britischen sogenannten «Churchill White Paper» von 1922 wurde der Vorschlag eines Legislativrates gemacht, den die Araber zurückwiesen. Er sollte aus zehn gewählten Mitgliedern der arabischen Seite bestehen (Christen und Muslime) mit zehn ernannten Mitgliedern aus der britischen Verwaltung und zwei gewählten Mitgliedern der Zionisten. Diese machten zu jenem Zeitpunkt erst elf Prozent der gesamten Bevölkerung Palästinas aus. Die Araber begründeten ihre Zurückweisung damit, dass sie das britische Mandat grundsätzlich nicht anerkennen wollten. Der Umstand, dass die zwei zionistischen und die 10 britischen Mitglieder der Versammlung, wenn sie gemeinsam stimmten, die Araber hätten überstimmen können, dürfte aber auch eine gewichtige Rolle gespielt haben. Rückblickend hätten die Palästinenser wohl besser daran getan, das damalige Angebot anzunehmen, das ihnen immerhin eine politische Basis für ihren Widerstand gegen den Zionismus geboten hätte.

Das «Churchill White Paper» wurde nach den ersten Unruhen formuliert, die in dem Mandat ausgebrochen waren. Es machte einen Versuch, klarzustellen, dass die Balfour-Erklärung eine doppelte Verpflichtung der Briten enthalte, sowohl den Arabern wie den Zionisten gegenüber, und dass daher beide Seiten ihren Willen nicht voll durchsetzen könnten. – Nach neuen, viel schwereren Unruhen im Jahr 1929 kam auch eine neue Untersuchungskommission ins Land. Auf ihren Empfehlungen beruhte das «Passfield White Paper», das betonte, auch die Rechte der Araber seien zu berücksichtigen. Es wollte die Landkäufe in Palästina (sie waren neben der Frage der Einwanderung das heisseste politische Eisen) von einem noch zu schaffenden Amt für Entwicklung abhängig machen und erklärte auch, Staatsland, das frei werde, sei für die Niederlassung von landlosen Arabern zu reservieren. Doch dagegen erhob sich ein solcher Sturm in Grossbritannien und in Amerika (Dr. Weizmann trat von seinem Vorsitz der «Jewish Agency» zurück, und in London sprachen gewichtige Politiker der konservativen Opposition gegen den Plan), dass Ramsay McDonald, der britische Ministerpräsident, einen Brief an Weizmann richtete, in dem er erklärte, die Regierung wolle die Landkäufe durch die Zionisten nicht unterbinden und auch nicht die Einwanderung … Die Kontrolle der Landverkäufe wurde nie Realität, weil der Druck auf die Juden in Europa zunahm. Hitler kam zur Macht, die Polen und die Rumänen versuchten, ihre Juden zu vertreiben. Die Einwanderung nach Palästina nahm sprungartig zu: von 9000 jährlich bis 1932 auf 30 000 im Jahr 1933 und auf 62 000 im folgenden Jahr. 1935 machte der jüdische Bevölkerungsanteil ein Viertel der Bevölkerung Palästinas aus.

Im November 1935 legten alle fünf arabischen Parteien Palästinas dem britischen Hochkommissar ihre drei wichtigsten Forderungen vor: eine demokratische Regierung; Verbot der Landverkäufe von Arabern an Juden; sofortiges Ende der Einwanderung. Der Hochkommissar schlug dagegen erneut einen Legislativrat vor, in dem die Juden und die Christen proportional etwas besser gestellt waren als die Mehrheit der sunnitischen Araber. Die arabischen Politiker wiesen den Vorschlag nicht völlig zurück, doch die Zionisten erklärten, er sei gegen den Geist des Mandats. Beide Häuser des britischen Parlaments sprachen sich auch gegen den Plan eines Legislativrates aus, so dass der Vorschlag am Ende fallen gelassen wurde. Die arabische Seite schloss daraus, dass mit politischen Mitteln nichts zu erreichen sei. Unruhen begannen 1936. Als sie noch in den Anfängen steckten, rief ein Hohes Arabisches Komitee, das alle arabischen Parteien umfasste, den Generalstreik aus, der erst enden solle, wenn die drei oben erwähnten Bedingungen der Araber angenommen seien. Viel jüdischer Besitz wurde beschädigt oder zerstört. Die britische Regierung kündigte eine neue Untersuchungskommission an. Die arabische Gewalttätigkeit nahm zu. Die Briten entsandten Verstärkungen nach Palästina, und sie erlaubten 3000 Juden, als Hilfspolizisten mit den Waffen zu dienen. Auf der arabischen Seite tauchten bewaffnete Banden in den Hügeln auf, unter denen sich auch freiwillige Guerrilleros von ausserhalb Palästinas befanden. Doch im Oktober lief der Streik aus und die bewaffneten Gruppen lösten sich auf. Die Zahl der Opfer betrug 80 Juden, 28 Engländer und geschätzte 800 Araber.

Eine neue «Royal Commission» untersuchte die Lage und veröffentlichte im Juli 1937 ihren Bericht. Er sah zum ersten Mal eine Teilung Palästinas vor. Die Zionisten erklärten sich bereit, den Plan für einen «vorgeschlagenen jüdischen Staat» zu diskutieren. Doch die Araber weigerten sich, darauf einzugehen. Sie waren der Ansicht, ganz Palästina gehöre ihnen. Sie bestanden auf ihren drei Forderungen. Die arabischen Gewaltakte begannen von neuem. Der höchste englische Beamte in Galiläa wurde mit seiner Polizeieskorte von arabischen Bewaffneten ermordet. Die Briten entfernten den Mufti, den schon oben erwähnten Haj Amin al-Hussaini, aus seiner Stellung als Vorsitzender des Obersten Muslimischen Rates. Die arabischen nationalen Komitees wurden aufgelöst. Fünf wichtige Anführer der arabischen Nationalisten wurden deportiert. Haj Amin und Jamal al-Hussaini flohen nach Libanon und nach Syrien. Doch die arabischen Überfälle nahmen zu. Die arabischen Bewaffneten beherrschten die Dörfer und zerstörten alle Telefon- und Telegrafenlinien. In Jerusalem waren sie eine Zeitlang sehr mächtig, und der Süden des Landes entglitt der Regierungskontrolle. Im Jahr 1937 gab es 5700 grössere Terrorakte, unter den Toten befanden sich 69 Engländer, 92 Juden, 486 arabische Zivilisten und 1138 arabische Aufständische. An die 100 Araber wurden von britischen Militärgerichten verurteilt und gehängt. – Die Kommission, welche die Details der vorgeschlagenen Teilung ausarbeiten sollte, berichtete, dass es unmöglich sei, den Juden ein zusammenhängendes Gebiet zuzusprechen, ohne dass es eine übermässig hohe Zahl Araber enthielt, und auch die meisten der Arabern gehörenden Orangenpflanzungen befänden sich in dem jüdischen Gebiet. Die Kommission schlug daher eine Art wirtschaftlicher Föderation vor, in der die Mandatsmacht die Steuern festlegte, aber die verschiedenen Kleingebiete sonst autonom wären. Diesen Vorschlag lehnten beide Seiten ab.

Dann trat Anfang 1939 eine «Konferenz am Runden Tisch» in London zusammen, zu der auch Vertreter der aussenstehenden arabischen Staaten eingeladen wurden. Beide Seiten lehnten weitere britische Vorschläge ab. Schliesslich entschloss sich die britische Regierung, ihrerseits eine Politik für das Mandat festzulegen. Sie wurde in dem «White Paper» von 1939 niedergelegt. Darin stand zu lesen, in Zehnjahresfrist werde ein unabhängiges Palästina geschaffen, das in einem Vertragsverhältnis mit Grossbritannien stehen werde. Während der nächsten fünf Jahre würden jährlich 75 000 Juden zugelassen, später nur noch Einwanderer unter Zustimmung der Araber. Der Hochkommissar werde Vollmachten erhalten, um die Landkäufe zu reglementieren. In dem «White Paper» stand auch, es sei nicht die Absicht der britischen Regierung, dass Palästina ein jüdischer Staat werde, denn dies würde im Widerspruch zu den britischen Verpflichtungen gegenüber den Arabern stehen. Die Zionisten fanden das «White Paper» skandalös. Es war in der Tat unter Berücksichtigung des arabischen Standpunktes verfasst, weil die britische Regierung glaubte, im bevorstehenden Krieg mit dem Deutschen Reich, der sich damals schon deutlich abzeichnete, des Wohlwollens der Araber und der Muslime zu bedürfen. Tatsächlich legte sich die arabische Rebellion in Palästina während der Kriegsjahre, und die Briten bekamen den Rücken frei, um den Krieg gegen die Achse zu führen.

Die ganze Entwicklung während der Zwischenkriegszeit machte sehr deutlich, dass Palästina seit dem Beginn des britischen Mandates so gut wie ausschliesslich im Zeichen des Ringens um den jüdischen Staat stand, den die Zionisten mit allen ihnen zur Verfügung stehenden Mitteln anstrebten. Der Aufbau eines stabilen politischen Systems war unter diesen Umständen nicht möglich. Die Balfour-Erklärung verhiess zwei sich widersprechende Dinge: «eine Heimstatt für die Juden» und «keine Schädigung der arabischen Interessen», schon in der Formulierung der Erklärung sind diese beiden Versprechen kontradiktorisch. Sie werden es aber noch viel mehr, wenn man berücksichtigt, wie die beiden Protagonisten die Zusagen, die ihnen gemacht worden waren, verstanden und auslegten. Für die Zionisten bedeutete «Heimstatt» von vorneherein einen eigenen Staat. Dies geht aus ihrer Ideologie, aber auch aus dem ersten Entwurf hervor, den sie der britischen Regierung vorlegten, als die spätere Balfour-Erklärung zwischen ihnen und der Regierung diskutiert wurde. Dieser Entwurf sprach von der «Anerkennung Palästinas als des nationalen Heims der Juden» mit interner Autonomie, freier Einwanderung und der Einrichtung einer Jüdischen Nationalen Kolonisierungs-Korporation[42], um das Land «wiederzubesiedeln». Es besteht wenig Zweifel, dass die Zionisten die später von Seiten des britischen Aussenministeriums viel vorsichtiger und viel unbestimmter formulierte Balfour-Erklärung im Lichte ihres ursprünglichen Entwurfes und ihrer politischen Aspirationen lasen. Die Araber umgekehrt legten ihr Recht auf Palästina so absolut aus, wie ein jeder Nationalist sein Verhältnis zu seinem Heimatland versteht. Die unterschiedlichen Selbstverständnisse, die beide Seiten hatten, lassen erst die ganze Dimension des in der Balfour-Erklärung verbal übertünchten Widerspruches ermessen.

Das Unheil, welches der Zionismus über die Araber in Palästina brachte, machte nicht an den Grenzen von Palästina halt. Die jahrelangen, bitteren Kämpfe zwischen den Arabern und den Zionisten belasteten auch in bedeutendem Masse die umliegenden arabischen Staaten. Dies hat in allen von ihnen: Ägypten, Transjordanien, Libanon, Syrien, Irak, stets die ungeduldigen, die misstrauischen, manchmal paranoiden, radikalen und den europäischen Mächten schroff ablehnend gegenüberstehenden Kräfte gefördert und die Position der umsichtigeren und kühleren Köpfe geschwächt. In all diesen Ländern haben sich der Zorn und die Enttäuschung über die gebrochenen Zusagen und das den Arabern in Palästina angetane Unrecht negativ auf den politischen Wachstums- und Bildungsprozess ausgewirkt, den die Mandate eigentlich beabsichtigt hatten. Zorn und Enttäuschung waren stets Wind in den Segeln der radikalen Nein-Sager zu allen Kompromiss- und Vernunftlösungen. Weil praktische Politik immer aus Kompromissen besteht, da sie die «Kunst des Möglichen» darstellt, kann man sagen, dass die Palästinafrage wie ein Drahtverhau im Wege aller konstruktiven politischen Pläne und Lösungsversuche stand, die in der gesamten arabischen Welt in der Zwischenkriegszeit erdacht und in die

---

42   Nevill Barbour, Nisi Dominus, A survey of the Palestine controversy, London 1946, S. 64 f. and 74 f.

Wege geleitet wurden. Diese Abwürgung konstruktiver Politik hat dann überall zur Förderung der Demagogie und des *«jusqu'à boutisme»* geführt, eine Geisteshaltung, für welche man viele Belege in der arabischen Welt der Zwischenkriegszeit und in der nach ihr beginnenden Epoche der Unabhängigkeit finden kann.

# Demokratie nach der Unabhängigkeit

## Gemeinsame Züge der muslimischen Staaten

Trotz all der Vielfalt und der gewaltigen Unterschiede zwischen den muslimischen Staaten kann man versuchen, gewisse gemeinsame Züge bei ihnen herauszuheben. Was *allen* muslimischen Staaten und Ländern der Gegenwart gemeinsam ist, kann man die Handauflegung des Westens nennen, das heisst die Domination der industriellen Welt, die sich selbst als die Welt der Moderne und der Zukunft ansieht, durch ihre militärische, aber auch ihre wirtschaftliche, technologische, wissenschaftliche, organisatorische Überlegenheit. Alle muslimischen Staaten sind heute eingebunden in eine Welt, deren Gedeih und Verderb nur in geringem Masse von ihnen mitbestimmt werden, mit der sie sich aber beständig auseinandersetzen müssen, schon um ihres wirtschaftlichen und politischen Überlebens willen. Es gibt keine autarken Staaten mehr, und der Weltmarkt wie auch die Weltkultur werden von den Industriestaaten dominiert. Diese Domination gilt bis hin zu mehr äusserlichen Erscheinungen wie der Mode oder der modernen Urbanistik und Architektur. Die industrielle Welt könnte fast ohne die muslimischen Staaten auskommen; höchstens deren Erdöl ist ihr wirklich lebenswichtig (und dessen Produktion dominiert sie ohnehin weitgehend durch ihre Technologie, den Markt und ihre Verteilernetze). Die islamischen Staaten jedoch, so wie sie heute konstituiert sind und funktionieren, finden sich alle weitgehend der industriellen Welt ausgeliefert. Denn eine mehr oder minder tiefgreifende, aber überall spürbare und unumgängliche Abhängigkeit von den Weltmärkten, der weltweiten Technologie und den Weltmächten, die sie besitzen und immer weiter ausbauen, ist eine Realität für alle von ihnen. Manche erkennen dies klar. Andere halten es sich selbst verborgen. Die Sache jedoch trifft zu, gleichgültig, ob die betroffene Gesellschaft sich in einem relativ vorgerückten Stadium der «Verwestlichung» befindet oder in einem archaischeren Zustand.

## Waffen aus den Industriestaaten

Der sichtbarste und daher am leichtesten zu beschreibende Aspekt dieser Abhängigkeit ist jener der Waffen. Wie wir gesehen haben: mit den Waffen und den Militärtechniken begann die Verwestlichung überhaupt. Aber auch heute, nach Jahrzehnten, in manchen Staaten nach zwei Jahrhunderten der Verwestlichung, müssen die Waffen immer noch aus dem «Westen» (das Wort steht hier abkürzend für: aus der industriellen Welt, die auch Russland sein kann oder Japan oder schon China) importiert werden. Die Militärs haben nie Hemmungen, das Fremde zu übernehmen, wenn es sich als das wirksamere Tötungsmittel erweist, und dies mit gutem Grund: Wenn sie nicht bessere Waffen haben und über bessere strategische und taktische Konzepte verfügen, ihre Armeen nicht wirksamer organisiert haben als die anderen, verlieren sie Kriege. Kriege zu gewinnen, nicht sie zu verlieren, ist die Hauptaufgabe aller Militärs. Alle Hemmungen gegenüber dem Fremden treten hinter dem Zwang zurück, zu überleben und zu siegen, und diesem Zwang müssen die Militärs alle anderen Rücksichten unterordnen; täten sie es nicht, wären sie keine tüchtigen Militärs.

Doch der gleiche Zwang gilt auch für die Politiker. Gerade in den jungen Ländern der Dritten Welt, die Drohungen aller Art ausgesetzt und oft nicht in der Lage oder nicht willens sind, solchen Drohungen durch andere als kriegerische Mittel zu begegnen, stehen die Politiker stets unter Druck durch ihr Militär, ihm die Mittel zu verschaffen, durch die es zu siegen vermag: in erster Linie Waffen, die jenen des Feindes auf keinen Fall unterlegen, am besten jedoch überlegen sein sollten. Wenn es zu militärischen Rückschlägen kommt, geschieht es nicht selten, dass die Militärs ihre zivilen Politiker dafür verantwortlich machen: «Sie haben uns, ihre Armee, vernachlässigt und uns die Waffen vorenthalten, ohne die wir nicht siegen konnten.» In solchen Fällen pflegen die Militärs Ankläger und Richter zu sein, oft gleich auch noch Scharfrichter, die das von ihnen gesprochene Urteil gegen ihre Regierungen vollziehen. Den Regierungen fällt es schwer, sich gegen derartige Anschuldigungen zu verteidigen. Die erlittene Niederlage ist unbestreitbar; wenn eine Regierung erklärt, diese gehe darauf zurück, dass die Armee den Krieg schlecht geführt habe, ist ein Coup durch empörte und in ihrer vermeintlichen Ehre getroffene Berufsoffiziere noch wahrscheinlicher, als wenn die Regierung eingesteht, dass die Ausrüstung der Armee nicht optimal gewesen sei.

Das Neuste und Beste in der Waffentechnik ist immer in der Industriewelt zu finden. Dort werden Waffen nicht nur fabriziert, sondern auch entwickelt. Ein Krieg unter Drittweltstaaten hat daher stets neben dem Geschehen auf dem Schlachtfeld einen zweiten Kriegsschauplatz, nämlich die Hauptstädte der Industriestaaten, wo sich gewiegte Geschäftsleute mit wohlversehenen Portefeuilles tummeln und gegeneinander um die Waffenlieferungen ringen, die ihren Streitkräften zu Hause, so hoffen sie, erlauben werden, den Krieg zu gewinnen. Es geht dabei natürlich nicht bloss um fertige Waffen, sondern auch um Ersatzteile und die riesige Vielzahl von Materialien und Einzelteilen, die es erlauben, einige der Waffensysteme selbst nachzubauen, sie umzubauen und zu verbessern, oder sie mit Bestandteilen und Materialien, die aus anderen Ländern beschafft werden, zu einem möglichst tödlichen Waffensystem zu kombinieren. Es geht auch nicht nur um konventionelle Waffen, sondern auch um Giftgas und andere chemische sowie um biologische Kampfstoffe; oft auch um ein Atombombenprogramm, auf welches heutzutage weniger und weniger der Mächte zweiten und dritten Ranges glauben verzichten zu können.

### Erfolg auf Grund der Importprodukte

Doch Waffen sind nur ein besonders drastisches Beispiel des Zwangs, unter dem die islamischen wie die anderen Staaten der Dritten Welt stehen, um im Konkurrenzkampf der Nationen zu überleben; zu diesem Zweck übernehmen sie schneller und schneller mehr und mehr an Methoden, Technologie, Techniken, Organisations- und Denkformen von der «erfolgreichen» Ersten Welt. Der Erfolg wird in Effizienz bemessen, und effizient wiederum ist jener, der den anderen im Konkurrenzkampf übertrifft, überwindet, überspielt und dadurch zurückstösst ins zweite und dritte Glied.

Dieser Überlebenskampf spielt sich nicht nur unter Nationen ab, sondern auch innerhalb derselben. Auch unter den Individuen besitzt stets jener Einzelne, der über die engsten Verbindungen zu den europäischen oder amerikanischen Quellen der Technizität und Effizienz verfügt, die weitaus besten Chancen, sich innerhalb seiner Gesellschaft durchzusetzen. Wissen wird so zum wichtigsten Importprodukt. Aus diesem Grunde schicken die besitzenden und einflussreichen Familien ihre Kinder mit Vorliebe auf ausländische Schulen. Diese sind fast immer besser geführt als die einheimischen, gerade den staatlichen sind sie regelmässig überlegen, und sie liefern auch gewissermassen nebenher die wichtige Erfolgsbasis, die daraus besteht, dass die zukünftigen Eliten schon von jung auf die Fremdsprachen beherrschen, die sie einmal brauchen werden, um die Kontakte zu knüpfen, die ihren besten Erfolgsweg abgeben werden. Mit und neben der Sprache lernen die Kinder auch gleich noch die Menschen mit ihren Eigenheiten und Sonderlichkeiten kennen und womöglich manipulieren, so dass sie sich auf ihre künftige Aufgabe vorbereitet finden, die daraus bestehen wird, von jenen anderen Neues und Fremdes zu übernehmen und dies als die Grundlage ihres künftigen erhofften Erfolges in die eigene Gesellschaft einzuführen. Dies alles ist natürlich der gesamten Dritten Welt eigen, nicht bloss der islamischen. Nur dass die Muslime den europäischen Teilen der Industriewelt geographisch am nächsten stehen und dieser Nachbarschaft halber dem Druck der Erfolgreichen besonders stark ausgesetzt waren und bleiben, also entsprechend rasch und entschlossen auf ihn reagieren und zur Selbsthilfe greifen müssen.

## Grundbesitz als Folge der Verwestlichung

Abgesehen von dieser allgemeinen Abhängigkeit lassen sich Strukturen erkennen, die unter vielen Staaten der islamischen Welt verbreitet sind und vergleichbare Wirkungen hervorbringen. Zum Beispiel sind viele von ihnen in die Unabhängigkeit mit einer Agrarstruktur eingetreten, die aus ihrer präkolonialen Vergangenheit stammt, jedoch in den Jahrzehnten der Auseinandersetzung mit dem Westen und der Übernahme seiner Methoden und Strukturen nicht etwa aufgelöst, sondern deutlich verstärkt worden ist. Dies ist der oft als «feudal» angesprochene Grossgrundbesitz.

Das Wort «feudal» suggeriert allerdings eine falsche Analogie zu den Verhältnissen des europäischen Mittelalters. In der klassischen muslimischen Welt gab es keinen erblichen Feudalbesitz. In späteren Jahrhunderten, als die Geldwirtschaft der klassischen Zeit zum Erliegen kam, haben die muslimischen Herrscher allerdings «Lehen» vergeben, der arabische Fachausdruck ist *«Iqtâ'»*, die wie die europäischen Lehen militärische Dienstverpflichtungen mit sich brachten, jedoch im Gegensatz zu den europäischen Landverleihungen nicht erblich waren. Ausserdem gab es Stammesgebiete und Stammesführerschaften, die in ihren Wanderzyklen bestimmte traditionell festgelegte Weidegründe durchstreiften und dadurch einen gewohnheitsrechtlichen Anspruch auf Nutzung durch ihren Stamm erwarben.

«Feudalbesitz», genauer erblicher und verkäuflicher Grossgrundbesitz, ist erst zur Zeit der Tanzimat (Reformen) und der späteren Kolonialherrschaften entstanden, als die Stammeschefs und andere einflussreiche Notablen, die über gute Beziehungen zu den neuen Machthabern verfügten, die Ländereien ihrer Stämme auf ihren Namen registrieren liessen und dann weitere Dörfer mit ihren Äckern dazu erwarben. Der Begriff des grundbuchlich registrierten Indiviualbesitzes wurde erst zur Zeit der europäischen Vorherrschaft zum Nutzen einiger weniger eingeführt, die sich politisch zu positionieren verstanden. So entstand eine neue Schicht von Grossgrundbesitzern durch Übernahme des europäischen Begriffs vom privaten Landeigentum. Die grosse Mehrzahl der vielen einst freien Stammesmitglieder wurde dadurch zu Pächtern und Teilpächtern, oft mit untilgbaren Schulden belastet, hinabgestuft.

In Ägypten war es primär die landesfremde Klasse der Verwandten Muhammed Alis und ihrer Nachkommen, die zu Grossgrundbesitzern wurden, als die Verstaatlichung des Bodens, mit der Muhammed Ali anfänglich experimentiert hatte, gegen Ende seiner Herrschaft wieder aufgegeben wurde – eben zu Gunsten der Verwandten des Machthabers, und später auch anderer gewandter und einflussreicher Geschäftsleute, Financiers und Politiker, die oft aus dem Ausland kamen. – In Syrien waren die wichtigsten Grossgrundbesitzer lokale Machthaber aus der Zeit der Osmanen oder Stammeschefs, die zu Besitzern der einstigen Weidegründe ihrer Stammesleute wurden. – Im Irak, wie wir gesehen haben, sorgten die Engländer für das Entstehen von Grossgrundbesitz, weil die Klasse der Grundbesitzer ein Interesse am kolonialen Status quo hatte und daher ein Polster zwischen den Mandatsbehörden und ihren aufsässigen Untergebenen bildete. Diesem Polster konnten die kolonialen Machthaber auch das Parlament anvertrauen, ohne schlimme Folgen für ihre Machtposition befürchten zu müssen. – In Iran und in Afghanistan gab es die Klasse der *Arbab* oder Grundherren, die sich damit begnügten, ihren Besitz zu beherrschen und auszubeuten, ohne sich gross um den Rest des Landes zu kümmern. Höher als sie, jedoch gefährlicher lebten die grossen Diener des Staates, die sich ebenfalls durch Landbesitz Einkünfte und Prestige verschafften, aber mit ihrem Dienst bei Hofe einem Glücksspiel frönten, das ihnen kurzfristig unermessliche Gewinne einbringen, jedoch auch leicht damit enden konnte, dass sie alles erneut an den Monarchen verloren und nicht selten ihr Leben dazu.

Der Kolonialismus und die westliche Zivilisation, die Zivilisation schlechthin, wie Atatürk sie nannte, sorgten dafür, dass diese Risiken der Reichen abnahmen. Leute aus der oberen Gesellschaft wurden nun seltener geköpft oder erwürgt, während ihre Gewinnchancen blieben oder gar wuchsen, weil es nun mindestens in Ansätzen eine Rechtsordnung und eine

Rechtssicherheit gab, die den Reichen zugute kam, sie jedoch kaum daran hinderte, die Armen, die mehr als je in ihre Hand gegeben waren, meisterhaft auszuquetschen. Die Verwestlichung brachte nicht nur, wie wir gesehen haben, Zentralisierung und Verabsolutisierung der Staatsmacht, sondern auch Absicherung der Privilegien der Privilegierten, die früher mindestens ebensosehr wie der gemeine Mann den Schlägen eines blinden Schicksals in der Form der Launen ihres absoluten Herrn und Gebieters ausgesetzt waren.

### Feudale Parlamentsmehrheiten

Die neu registrierten alten oder neu aufgerückten Grundherren kamen in die Parlamente und stellten dort die Mehrheiten. Einerseits konnten sie sich von «ihren» Bauern wählen lassen. Diesen kam nicht in den Sinn, ihren Herren ihre Stimmen nicht zu gewähren. Daran auch nur zu denken, wäre gefährlich gewesen; gar darüber zu reden, hätte das Ende von Pacht und gepachtetem Land und damit nicht nur den Hunger, sondern nur zu leicht das Verhungern schlechthin bedeutet. Viele stimmten mit halb gespielter, halb echter Begeisterung für ihre Patrone; der Tag der Stimmabgabe war der einzige in vier oder sechs Jahren, an dem der Knecht seinem Herrn eine Wohltat erweisen konnte, und der Knecht wusste, dass es gut war, eine Gunst des Grundherrn vorrätig zu haben. Was dann in den Parlamenten zu ihrem Nachteil geschah, verstanden die Bauern möglicherweise nicht ganz; oder wenn sie es ahnten, sagten sie sich, eine andere Wahl als ihren Grundherrn hätten sie ohnehin nicht gehabt. Wenn sie nicht für ihn stimmten, würden genügend andere es jedenfalls tun und die dadurch erreichbaren Vorteile für sich in Anspruch nehmen.

Andrerseits waren die Grossgrundbesitzer aber auch den kolonialen Oberherren als «Vertreter ihres Volkes» bequem und genehm. Die kolonialen Behörden halfen deshalb mit, für die nötige Ruhe und Ordnung zu sorgen, in deren Schatten die Wahl ordnungsgemäss und mit den vorgeschriebenen Resultaten abgewickelt werden konnte. Als Volksvertreter waren die Grossgrundbesitzer normalerweise konservativ und unbeweglich. Ihre Privilegstellung war ihr Leben, und sie hüteten sich, an den Dingen zu rütteln: jeder Einsturz drohte auch, den Zusammenbruch ihrer eigenen Position mit zu verursachen.

## Der Sturz der «Feudalparlamente»

Doch die Immobilität der Mehrheit der Parlamentarier in einer schnelllebigen Zeit der Umstürze und Neuentwicklungen muss notgedrungen ein Parlament diskreditieren. Die städtischen Eliten und Intellektuellen äusserten den Verdacht, die parlamentarischen Grundherren seien in Wirklichkeit «Diener des Auslandes», und blockierten deshalb im Interesse der Kolonialisten eine jede «moderne» und «zeitgemässe» Entwicklung «der Nation». Grossen Teilen der Stadtbevölkerung leuchteten solche Thesen ein. Wie eine jede Ideologie wirkten sie umso mehr, je schlechter den Leuten ihre Lage erschien und je mehr Grund zur Unzufriedenheit sie zu haben glaubten.

Die materiellen Nöte lösten wohl nur einen beschränkten Grad von Unzufriedenheit aus, solche Not hatte es immer gegeben. Unlust und Bitterkeit brachte vor allem die schlechte, «unwürdige» Lage des eigenen Staates. Im Falle der Araber verlor er Kriege um Kriege gegenüber dem Aussenseiter Israel. – Im Falle Pakistans zerfiel der Staat in seine zwei Hälften (1970/71), während die alte Wunde von Kaschmir (1948 bis heute) noch immer schwärt und die Kriege mit Indien (1964, 1965, 1971) nur Niederlagen hervorbrachten. In beiden und in vielen anderen Fällen waren Offiziersherrschaften die Folge (Nasser, Sadat, Mubarak in Ägypten; die langen Reihen der syrischen und der irakischen Militärdiktatoren; in Pakistan: Ayub Khan, Yahya Khan, Zia ul-Haq, neuerdings Parvez Musharraf), und immer vermochten sie kurzfristig Hoffnung zu bringen, aber schon mittelfristig verursachten sie eher Überdruss, neue Niederlagen und Enttäuschung.

Vom Immobilismus geschlagene Parlamente, die redeten, ohne etwas zu tun, wurden so abgelöst durch Offiziere, die ihrerseits versprachen, nun endlich wirklich etwas zu tun. Das war in vielen Fällen zunächst populär: Abdel Nasser (r. 1952–70) war der berühmteste Fall; doch Ayub Khan in Pakistan (an der Macht 1958–69) war ebenfalls typisch. Vergleichbar waren Libyen mit Oberst Ghaddafi (seit 1969); der Sudan zuerst mit General Abboud (1958–64), später Kommandant Numairi (1969–85) und nach ihm, seit dem 30. Juni 1989, Kombination von Militär- und islamistischer Herrschaft durch das Tandem General Bashir mit dem einstigen Muslimbruder Hassan at-Turabi. – Im Irak, wo die politische Rolle der Armee schon vor dem Zweiten Weltkrieg begann mit General Bakr as-Sidki und den Obersten des Goldenen Vierecks, kam nach dem Krieg eine parlamentarische Epoche unter dem Einfluss von Nuri as-Said. Doch die Militärherrschaften gingen 1958 weiter mit General Abdul Karim Kassem, wild umjubelt, als er begann, ver-

hasst, als er 1963 ermordet wurde; Oberst Abdel Salam Aref (1963–66); dessen Bruder Oberst Aburrahman Aref (1966–68); schliesslich mit den Baathisten, gestützt auf ihre Offiziere unter General Hassan al-Bakr; am Ende
der (allerdings zivilistische) «Sicherheitsfachmann» und Geheimdienstchef
der Baath-Partei unter Hassan al-Bakr[43] bis zu dessen (provoziertem?) Rücktritt von 1979; nun: Saddam Hussein. – Die vielen Putschoffiziere in Syrien
waren immer wieder Hoffnungsträger, denen zuerst zugejubelt wurde: beginnend mit Oberst Husni Zaim 1949, nach ihm im gleichen Jahr Oberst
Hennawi, dann, Ende des gleichen Jahres, Oberst Shishakli; dann folgte,
Anfang 1954, eine Rückkehr zum Parlament unter dem zivilen Politiker
Shukri al-Kuwatli und 1958 die Vereinigung mit Nasser auf Wunsch der syrischen Offiziere und der Baath-Politiker; dann die Lostrennung von Ägypten
durch einen kühnen Putsch, den der Rechtsoffizier Oberst al-Kuzbari 1961
führte. Es fand erneut ein kurzes parlamentarisches Zwischenspiel statt. Darauf kam die Zeit der baathistischen Offiziere: Oberst Amin al-Hafez regierte
1963 bis 1966 mit Hilfe der alten Garde der Baath-Partei und konnte 1963
einen Pro-Nasser-Coup niederschlagen. Doch ihn stürzten in einem blutigen
Coup die Offiziere des sogenannten Linksbaath, Oberst Salah Jedid und
seine Mitstreiter, die drei Doktoren Atassi, Zouayen und Makhos, am
23. Februar 1966. Ihr eher doktrinäres Links-Regime wurde im September 1970 «korrigiert» durch das, was der Luftwaffengeneral und Verteidigungsminister der Zeit, Hafez al-Asad, seine Korrekturrevolution nannte.
Diese letzte sollte wider alles Erwarten bis zum Tode des Alleinherrschers am
10. Juni 2000 dauern.

## Marokko als Ausnahme

Die Ausnahmen zu dieser gewissermassen regulären Entwicklung von innerlich blockierten Parlamenten zum politischen Aktivismus der Obersten und
Generäle sind so selten, dass man sie erwähnen und erklären muss: die wichtigsten sind Marokko und Saudi-Arabien. Man kann auch Jordanien zu ihnen

---

43  Während des Aufstieges Saddam Husseins war dieser mit der Kontrolle der Zivilisten
    betraut, während General Hassan al-Bakr für das Wohlverhalten der Militärs zuständig war.
    Je besser Saddam seine Kontrollen ausbaute, desto weniger war er auf die Zusammenarbeit
    mit dem General angewiesen.

rechnen. In Marokko konnte sich König Hassan II. (r. von 1961 bis 1999) halten, obwohl er zwei Putschversuchen ausgesetzt war, die beinahe gelungen wären (beide Male scheint sein engster Vertrauter, General Oufkir, dahinter gestanden zu sein, doch beim ersten Mal blieb er unsichtbar in den Kulissen).

Der König, «unser Herr», wie man ihn nennt, besitzt in Marokko eine alte, weihevolle Position, die in den religiösen Funktionen eines Anführers im Glaubenskrieg gegen die Ungläubigen verwurzelt ist. Die Ursprünge der beiden letzten Dynastien Marokkos, die der Saadi (1511–1666) und der Alawi-Sultane (1666 bis heute), liegen beide in der Führerschaft im Heiligen Krieg gegen die andringenden Spanier und Portugiesen, die rund um Marokko ihre Hafenfestungen angelegt hatten. Als Führer im Heiligen Krieg konnte der Sultan «Befehlshaber der Gläubigen» werden, und er ist dies bis heute für alle ländlichen und traditionsbewussten Marokkaner geblieben. Den Titel, den einst der Kalif trug, trägt er bis heute.

Es dürfte dieser religiös-weltliche Nimbus gewesen sein, der die seltsame Unentschlossenheit der Putschsoldaten 1971 bewirkte. Sie besetzten am 10. Juli das Lustschloss des Herrschers in Skhirat, wo er und geladene Gäste mit einem Golfturnier seinen Geburtstag feierten, und sie töteten viele seiner Gratulanten mit Salven aus ihren Maschinenpistolen. Doch der König war in einen geheimen Nebenraum geflüchtet, und die Soldaten suchten ihn nicht. Vielleicht wussten sie nicht einmal, dass der König das Ziel ihres Überfalls war. Möglicherweise stimmt die Version, nach der ihre Kommandanten ihnen erklärt hatten, sie müssten den König in Skhirat «retten». Oberst Medbuh, der Chef des königlichen Militärhaushaltes, der einer der politischen Anführer war und der alleine wusste, wo der König sich in Shkirat verbarg, weil er begonnen hatte, mit ihm über seinen Rücktritt zu verhandeln, kam in einer Konfrontation mit dem militärischen Chef des Aufstandes um. Dieser war Oberst Ababu, der Kommandant der Unteroffiziersschule von Ahermamu, welche die Truppen für das Unternehmen gestellt hatte. Ababu selbst wurde etwas später in einer Diskussion im Generalstabsgebäude in Rabat, wo er mit seinen Mitverschworenen verhandelte, zusammen mit einem anderen General, der vermitteln wollte, auch erschossen. Seine Unteroffiziere, nun führerlos, besetzten das Radio und das Innenministerium in Rabat und wurden dort nach Tagen der Kämpfe eliminiert. Dem König in Skhirat jedoch, als er schliesslich in seinem Versteck gefunden wurde, küssten die rebellischen Soldaten die Hand und huldigten ihm. Die mitverschworenen Generäle der marokkanischen Streitkräfte wurden auch erschossen, unter der Aufsicht von General Oufkir, der wahrscheinlich seinerseits das ganze

Unternehmen geleitet hatte, jedoch nachher Verteidigungsminister wurde, weil er seine Teilnahme geheim zu halten verstand … Nach diesem ersten Putsch sagte man in Marokko: «Der König herrscht, aber Oufkir regiert.»

Das zweite Mal war es die Geistesgegenwart Hassans selbst, die ihn rettete: Sein Flugzeug, das mit der königlichen Entourage und ihm selbst aus Frankreich heimflog, wurde am 16. August 1972 über Tetouan von sechs Kampfflugzeugen der marokkanischen Luftwaffe angegriffen und zweimal beschossen. Beim zweiten Angriff versuchte einer der Kampfpiloten, Kommandant Kuera, mit seinem Flugzeug die Maschine des Königs zu rammen, während er selbst im Fallschirm absprang. Offenbar war ihm die Munition ausgegangen. Es gab Verwundete in der Königsmaschine, und ein Schwerverwundeter starb kurz darauf. Hassan begab sich persönlich zum Piloten und befahl ihm, übers Radio mitzuteilen, der König sei schwer verwundet, sein Kopilot tot und er versuche eine Notlandung in Rabat-Salé. Dies glückte. Der König fand seine Minister und das diplomatische Korps am Flughafen vor. Hassan grüsste die Minister und Diplomaten und schloss sich mit seinem Informationsminister Benhima im Salon des Flughafens ein, um ein Communiqué zu diktieren, das am Radio und Fernsehen verlesen werden sollte. Sein Flugzeugführer Kabbaj drang energisch darauf, dass Hassan den Flughafen verlasse. Man brachte ihn in ein benachbartes Wäldchen. Kaum war er dort, tauchten die Kampfflugzeuge erneut auf und beschossen die Flughalle sowie alle Automobile und alle Personen, die sie zu Gesicht bekamen. Oufkir war unter dem Empfangskomitee gewesen, doch nun war er plötzlich verschwunden. Um sechs Uhr abends überflogen sechs Kampfflugzeuge Rabat und bombardierten den königlichen Palast. Der König jedoch hatte sich nach Skhirat begeben, nicht in seine Stadtresidenz.

Die Minister fanden Oufkir im Generalstabsgebäude. Auf ihr Drängen hin erteilte er dem General Abdessalam Ben Amar den Befehl, seine Tanks zu nehmen und die Luftwaffenbasis von Kenitra, von wo aus der Angriff erfolgt war, zu besetzen. «Niemand darf am Leben bleiben», soll er seinen Befehl geschlossen haben. – Die Soldaten und Offiziere der Luftwaffe ergaben sich kampflos. Doch die beiden Hauptverantwortlichen fehlten: Oberstleutnant Amukran und der Kommandant Kuera. Kuera hatte den Angriff kommandiert. Er wurde wenige Stunden später gefangen. Amukran hatte den Überfall vom Kontrollturm aus geleitet. Er hatte sich in einem Helikopter gerettet und gelangte nach Gibraltar, nachdem er die benachbarten Länder vergeblich um Exil gebeten hatte. Die Engländer verhörten ihn und gaben ihn dann an die Marokkaner zurück. Der König persönlich verhörte

Kuera. Er soll dabei kühl und kontrolliert vorgegangen sein; Kuera soll behauptet haben, die Art des Verhörs habe bei ihm «Reue» über seine Tat ausgelöst. Die Geständnisse der beiden Offiziere sollen keinen Zweifel daran gelassen haben, dass Oufkir das ganze Unternehmen geplant hatte.

Der König hielt später eine Pressekonferenz ab. Darin erklärte er, Oufkir habe noch am gleichen Tag Selbstmord begangen, nachdem er, der König, ihn in den Palast gerufen habe. Eine andere Version, die sich auf das Aussehen des Leichnams und sein von hinten durchlöchertes Hemd beruft, nimmt an, der General sei im Palast erschossen worden. Oufkir war früher, im Jahr 1965, der Hauptverantwortliche für die Entführung und Ermordung in Paris von Mehdi Ben Barka gewesen, einem der wichtigsten und begabtesten Linkspolitiker Marokkos und Gegner des Königs. Oberst Dlimi, der nach Oufkir der militärische und sicherheitspolitische Vertrauensmann Hassans wurde, war damals Oufkirs Gehilfe gewesen. Dieses politische Verbrechen war sehr wahrscheinlich auf Befehl König Hassans duchgeführt worden.

Der Umstand, dass ein Luftüberfall geplant werden musste, um den zweiten Coup zu bewerkstelligen, geht natürlich darauf zurück, dass grössere Truppeneinheiten der Armee nicht für den Putsch zu gewinnen gewesen waren. Einen Monat nach dem Drama tagte ein Kriegsgericht in Kenitra. 220 Angehörige der Luftwaffe waren angeklagt; elf von ihnen wurden im Januar 1973 hingerichtet. Doch dem König scheinen die anderen Strafen zu gering gewesen zu sein. Am 7. August 1973 wurden die Angeklagten, die nur Gefängnisstrafen erhalten hatten, und auch jene des früheren Putsches von Skhirat aus ihren Militärgefängnissen in das Sondergefängnis Tazmamart im Hohen Atlas verlegt. Sie wurden dort in permanentem Halbdunkel in Einzelzellen aus Beton eingekerkert, die sie nie verliessen, es sei denn als Tote. Die Leichname wurden im Hof des Gefängnisses begraben[44]. Für die Überlebenden dauerte die Tortur gegen 25 Jahre, obwohl manche nur zu einigen Jahren Haft verurteilt worden waren. Erst 1998 wurde das Gefängnis aufgehoben und die letzten der Überlebenden begnadigt. Alle waren gesundheitlich schwer geschädigt.

Nach den Erschütterungen, die durch die beiden Anschläge entstanden waren, fand der König einen neuen Weg, um seine Volkstümlichkeit zurückzugewinnen. Dies war der sogenannte Grüne Marsch der Marokkaner vom Jahr 1975, der in die bis zu jener Zeit Spanische Sahara im tiefen Süden

---

44   Mehr Einzelheiten bei: Gilles Perrault, Notre ami le Roi, Paris 1990, S. 265–278.

Marokkos führte[45]. Zehntausende von Marokkanern marschierten dort ein, um die Zugehörigkeit der spanischen Kolonie zu Marokko zu erhärten. Franco lag damals im Sterben. Marokko konnte die wichtigsten Teile der spanischen Kolonie de facto in Besitz nehmen und besitzt sie noch heute. Völkerrechtlich ist die Saharafrage allerdings bis heute nicht gelöst[46]. Eine Welle des Patriotismus durchzog Marokko, und der König erschien als der Erste der Patrioten. Er hat in der Folgezeit jahrelang sein Prestige erfolgreich auf Grund der Saharafrage aufgebaut und gemehrt. Die Welle des Islamismus in Algerien nach 1988 hat Hassan II. eine weitere gute Gelegenheit verschafft, um in den Augen der Mehrzahl der Marokkaner als ein unentbehrlicher Schutzdamm gegen die neuste, islamistische Gefahr in Erscheinung zu treten.

## Der Sonderfall Saudi-Arabien

Saudi-Arabien ist das andere wichtige islamische Land, in dem ein traditionelles, der heutigen Zeit bis zu einem gewissen Grad angepasstes, sich selbst jedoch als der Tradition verhaftet empfindendes Regime bis heute hat überleben können. In Saudi-Arabien ist der religiöse Machtpfeiler sicher der wichtigste; der des Erdölgeldes kam ergänzend dazu und gewann mit den Jahren und Jahrzehnten an Wichtigkeit. – Saudi-Arabien wurde von dem bedeutenden Herrscher Abdul Aziz Ibn Saud (1880–1953) auf Grund des alten politisch-religiösen Bündnisses neu gegründet, das die Saud-Familie mit der Lehre und den physischen Nachfahren des Religionsreformators Muhammed Ibn Abdul Wahhab (1703–1792) verbindet. Im Namen des «Wahhabismus»

---

45 Die Idee und den Namen des Grünen Marsches hatte ursprünglich Ghaddafi gefunden, als er 1973 seine Libyer in Massen Richtung Ägypten marschieren liess, um die Vereinigung mit Ägypten zu forcieren.

46 Die sogenannte Polisario (Abkürzung für: People's Organisation for the Liberation of the Sahara and Rio de Oro) bildete eine Guerilla an der marokkanisch-algerischen Grenze und machte Einfälle in das Sahara-Gebiet, dessen Unabhängigkeit sie fordert. Algerien unterstützte und unterstützt heute wieder die Guerilla. Der Kampf um die Sahara-Provinz wurde die Hauptaufgabe der marokkanischen Armee unter Dlimi. Die UNO versucht die Frage zu regeln, doch bisher ohne Erfolg. Dass ein Plebiszit durchgeführt werden sollte, gestehen heute beide Seiten zu. Doch ein zäher diplomatischer Streit dreht sich darum, wer in dem Plebiszit stimmberechtigt ist.

(die Wahhabiten selbst sprechen von «Einheitslehre») hatte Abdul Aziz Ibn Saud mit wenigen Gefährten 1902 Riad, die Hauptstadt seiner Vorfahren, von Kuwait aus (wo sein Vater als Exilierter lebte) von den Osmanen zurück-erobert. Er hatte die Beduinen von Ostarabien (Najd genannt) zu einem reli-giösen und politischen Bündnis zusammengeschlossen, das auch ihre Sess-haftmachung in Militärkolonien unter religiösen Vorzeichen bedingte, und hatte sie als Truppe benützt, um sich zuerst der Oasengruppe von Hail, dann (1924) der heiligen Städte Mekka und Medina zu bemächtigen. – Bis heute besteht das Bündnis zwischen den beiden Familien, jener des Herrschers und der des Religionsreformators, fort; sie sind durch Heiratsbande vielfach miteinander verflochten, man nennt sie die *Âl Sa'ud* und die *Âl ash-Shaikh*, d. h. die Saud- und die Shaikh-Familie. Der Shaikh schlechthin ist der Reli-gionsreformator Muhammad Ibn Abdul Wahhab. – Das Erdöl und sein Reichtum haben vieles in Saudi-Arabien geändert, doch die Grundlagen des Staates sind bis heute die alten geblieben. «Unsere Verfassung ist der Koran», pflegte König Faisal (r. 1964–75) zu sagen, der wohl der bedeutendste Herr-scher der Dynastie nach Abdul Aziz gewesen ist. Es handelt sich natürlich um den Koran, so wie die Wahhabiten ihn lesen und auslegen, nämlich so wört-lich es immer geht.

Das politisch-religiöse Regime der Saud hat einige gefährliche Erschüt-terungen überstanden. Die aussenpolitischen Gefährdungen kamen von den Republikanern in der islamischen Welt. Abdel Nasser war nach der Suezkrise in der Lage, einige der saudischen Prinzen nach Kairo zu locken, als er eine grosse Propagandakampagne gegen den damaligen König, Saud Ibn Abdul-Aziz (r. 1953–64), entfesselte, und seine Verbalangriffe sowie seine Sub-versionsversuche waren bedeutend genug, um Alarmstimmung im Saudi-schen Familienrat auszulösen und so (am 2. Nov. 1964) die Ersetzung des eher korrupten Königs Saud durch seinen viel fähigeren jüngeren Buder Faisal zu bewirken. – Dies war in der Zeit, in der das noch traditionellere und viel ärmere Imam-Regime in Nordjemen durch eine Nasser zuneigende Revolution gestürzt wurde (1962; Oberst Sallal war der Haupttäter und der erste Präsident der Republik Jemen). Nasser stellte sich voll hinter die jeme-nitische Revolution und liess keinen Zweifel daran, dass er auch eine Revo-lution in Saudi-Arabien erhoffte. Faisal vermochte die Auseinandersetzung mit Nasser nach Jemen zu verlagern, indem er sich hinter die Imam-treuen Stämme des jemenitischen Nordens stellte, sie mit Waffen versorgte und ihren Kleinkrieg gegen Sallal und seine Republikaner, die in der Hauptstadt Sanaa regierten, weitgehend finanzierte. Die Ägypter schickten Truppen nach

Jemen, um Sallal zu stützen, und der Stellvertreterkrieg zwischen Republikanern und Imamanhängern sollte in Nordjemen von 1962 bis 1968 dauern. Erst die Niederlage Nassers im Sechstagekrieg gegen Israel beendete die ägyptische Intervention auf der Arabischen Halbinsel.

Faisal setzte die finanzielle Macht seines nun zum grossen Erdölproduzenten aufgestiegenen Landes auch ein, um den saudischen Bürgern und Untertanen ein bequemes Leben zu verschaffen. Sein Vorgänger Saud hatte immer nur an seine eigenen Paläste gedacht. Jeder saudische Familienvater durfte sich nun mit zinsfreien Staatsanleihen eine Villa bauen, die nach meist langjähriger Bauzeit sein Privatbesitz und in dem Boom-Klima des Landes bald zu einem wertvollen Gut wurde. So bekam jeder Familienvater ein Interesse an der Stabilität des Regimes. Viel Erdölgeld wurde auf diesem und ähnlichen Wegen nach dem Giesskannenprinzip ausgeschüttet und brachte grosse Früchte an Loyalität hervor.

Der andere Republikaner, der es vorübergehend auf Saudi-Arabien abgesehen hatte, war Khomeini. Als er nach 1979 seine Islamische Revolution in Iran durchgesetzt hatte, träumte er vom Export der Revolution in den Rest der islamischen Welt. Saudi-Arabien erschien ihm als ein lohnendes Ziel. Er mochte Könige nicht und hielt sie alle für korrupte Feinde des wahren Islams. Er wollte die Pilgerfahrt nach Mekka dazu benützen, um in Saudi-Arabien und in der ganzen islamischen Welt, die sich ja jährlich in Mekka trifft, Propaganda für seine Art Islam und für sein islamisches Staats- und Revolutionsverständnis zu machen. Daher ermunterte er die Iraner, in möglichst grossen Mengen nach Mekka zu pilgern, dort geschlossen aufzutreten und eine ähnliche Propagandakampagne zu entfesseln, wie sie in Iran im Jahr 1978 über die Bühne gegangen war und zum Sturz des Schahs geführt hatte. Doch die Saudis trafen wirksame Gegenmassnahmen. Im Jahr 1983 kam es zu einem grösseren Zusammenstoss zwischen der saudischen Polizei und demonstrierenden iranischen Pilgern. Der Anführer der iranischen Pilger, Koeiniha, wurde mit 69 anderen Iranern aus Saudi-Arabien ausgewiesen. Später trafen die saudischen Behörden und die Iraner Übereinkommen, nach denen die Iraner mit Beschränkungen demonstrieren durften, einerseits nur in ihren eigenen Lagern, andrerseits zwar gegen die USA, aber nicht gegen andere muslimische Staaten. Dieser Kompromiss brach im Jahr 1987 zusammen, ohne dass klar geworden wäre, warum. Es kam zu dem blutigsten aller Zusammenstösse zwischen der saudischen Polizei und iranischen Pilgern am 31. Juli. Nach saudischen Angaben gab es dabei 400 Todesopfer, die meisten seien Iraner gewesen. Iran brach die diplomatischen Beziehungen zu Saudi-Arabien ab, und die Polemik zwischen den beiden Regimen erreichte neue Höhepunkte. Iran forderte, dass den Saudis die Aufsicht über die Pilgerfahrt entzogen werde. Ein islamisches Komitee solle diese Aufgabe übernehmen. Doch der Vorschlag wurde nur von Präsident Ghaddafi von Libyen unterstützt.

Die Beziehungen wurden erst 1991 nach dem Kuwait-Krieg wieder aufgenommen. Damals kamen auch wieder die ersten iranischen Pilger zurück. Seither scheint sich ein Modus vivendi eingespielt zu haben. Die wichtigste Folge dieser Episode dürfte sich gegen Iran ausgewirkt haben: Saudi-Arabien unterstützte mit viel Geld den Feind der Iraner, Saddam Hussein, während des ganzen Krieges, den er gegen Iran führte (Erster Golfkrieg, 1980–88). Etwas später jedoch, als 1990/91 der Kuwaitkrieg (Zweiter Golfkrieg) ausbrach, unterstützte Saudi-Arabien die Amerikaner gegen Saddam Hussein mit noch viel grösseren Summen, die offiziell für den Kauf amerikanischer Waffen ausgelegt wurden.

Es waren jedoch innenpolitische Ereignisse, welche die saudische Herrschaft am schwersten erschütterten: Zuerst die Besetzung der grossen Pilgermoschee von Mekka durch islamische Extremisten, die vom 20. November bis zum 5. Dezember 1979 dauerte. Sie wurde von einer Gruppe von Bewaffneten durchgeführt, die in ihren Lehren von dem ursprünglichen «Wahhabismus», auf den sich Saudi-Arabien beruft, nicht sehr weit entfernt waren. Sie riefen von den Moscheelautsprechern zu einem wirklich islamischen Regime auf und verkündeten, der Mahdi (eine Art Messias, der am Ende der Zeiten vor dem Jüngsten Gericht erwartet wird) sei unter ihnen. Sie schossen auf Pilger, Wächter und saudische Soldaten, die sie sogar mit Helikoptern angriffen. Später verschanzten sie sich in den Kellern der grossen Pilgermoschee und hielten sich dort zwei Wochen lang gegen alle Anstürme der Streitkräfte. Am Ende wurden sie von französischen Spezialisten mit Hilfe von Gas, das man in die Keller pumpte, zur Übergabe gezwungen. 61 von ihnen waren in den Kämpfen gefallen, 170 überlebten. 63 von diesen wurden später, nach einer Gerichtsverhandlung, zur Abschreckung in verschiedenen Städten des Königreiches enthauptet. Unter den Hingerichteten waren 41 Saudis, 10 Ägypter, 6 Jemeniten aus dem Süden, 3 Kuwaiter, ein Jemenite aus dem Norden und ein Iraker (= 62!).

Eine andere für das Königreich gefährliche innenpolitische Entwicklung kam nach dem Zweiten Golfkrieg zustande, in dessen Verlauf Tausende von amerikanischen Soldaten im Königreich stationiert waren. Es war eine fundamentalistische Herausforderung, die von Professoren der Universität

Riad und von mit ihnen sympathisierenden Gottesgelehrten ausging. Ein Professor der Physik, al-Mas'ari, zusammen mit drei anderen Professoren, zwei Rechtsanwälten und einem höheren Staatsangestellten, gründete einen «Rat für die Verteidigung der legitimen Rechte» (das Wort für «legitim» auf arabisch war «shar'i», was natürlich auch «der Scharia entsprechend» bedeuten kann). Der Rat rief alle Saudis, die glaubten, Unrecht erlitten zu haben, dazu auf, ihm ihre Klagen vorzulegen. Doch der «Höchste Rat der Gottesgelehrten» unter dem Vorsitz des greisen Scheich Ibn al-Baz, trat kurz darauf, am 12. Mai 1993, zusammen und verurteilte die Initiative mit der Begründung, in Saudi-Arabien gebe es genügend Instanzen, denen Bürger ihre Klagen vorlegen könnten. Vier Tage darauf ging eine Bittschrift um, die 30 Professoren unterzeichnet hatten und in der die Autoritäten gebeten wurden, die Verurteilung des Rates rückgängig zu machen. Daraufhin wurden die Hauptveranstalter verhaftet. Der Verhaftung folgte eine neue Bittschrift mit 10 000 Unterschriften, die um Freilassung bat. Dies führte jedoch nur zu 400 weiteren Festnahmen und Verhören der wichtigsten Initianten des Schreibens. Im Oktober des nächsten Jahres (1994) wurden weitere Verhaftungen in der Oase Burayda vorgenommen, weil einer der dortigen Gottesgelehrten seine Predigten zu Gunsten des Rates, die in Riad verboten worden waren, in Burayda, dem Ort seiner Herkunft, fortsetzte. Er wurde mit seinen Anhängern nach Diskussionen mit dem lokalen Gouverneur festgenommen. Die meisten der Verhafteten wurden am 4. Januar des nächsten Jahres (1995) frei gelassen, nachdem sie Selbstkritik geübt hatten. Al-Mas'ari, der ursprüngliche Hauptinitiant des «Rates für die Verteidigung der legitimen Rechte», tauchte in London auf, wo er politisches Asyl erhielt. In Burayada jedoch hat es 1995 grosse Demonstrationen wegen Arbeitslosigkeit gegeben. Die Episode zeigte, dass auch in den 90er Jahren die innere Opposition in Saudi-Arabien von Kreisen ausgeht, die mehr und vor allem aufrichtigeren Islam fordern, als ihn die saudische Regierung offiziell propagiert; nicht etwa weniger, wie die meisten Europäer zu denken scheinen.

Die Bomben, die islamistische Kleingruppen von ehemaligen Afghanistan-Kämpfern gegen amerikanische Ziele gelegt haben, sprechen eine ähnliche Sprache. Sie wurden anscheinend finanziert und geplant durch den Millionär und fanatischen Fundamentalisten Usama Bin Laden. Bin Laden hält sich in Afghanistan auf, und die dortigen Taleban haben sich geweigert, ihn an Amerika auszuliefern, obgleich er von den Amerikanern auch der grossen Bombenanschläge auf die amerikanischen Botschaften in Dar es-Salam und Nairobi verdächtigt wird. Seine Millionen stammen von seinem

Vater, der aus Hadhramaut nach Saudi-Arabien eingewandert war und sich dort im Strassenbau hervortat. Die Saudis haben Bin Laden seine saudische Nationalität entzogen. Hier scheint es sich mehr um einen politisierten Islam internationaler Orientierung zu handeln, der sich vor allem gegen die Amerikaner richtet.

## «Unbesiegte» Armeen als Garanten innerer Stabilität

Beide Staaten, Marokko und Saudi-Arabien, haben Armeen, für die grosse Teile des nationalen Einkommens ausgegeben werden. Jene der Saudis, die auf ein gewaltiges Nationaleinkommen zurückgreifen können, legt auch riesige Summen für Waffensysteme aus, die sie aus den USA importiert, gleich mit den Technikern und Instruktoren, deren sie bedürfen. Diese Waffenkäufe sind allerdings keine rein militärischen Einkäufe; sie finden auch statt, um die Amerikaner finanziell für die Sicherheit zu kompensieren, die sie dem saudischen Staat und seiner Erdölindustrie verschaffen, besonders seit dem Kuwaitkrieg von 1991. – Marokko und Saudi-Arabien haben es jedoch vermieden, ihre Armeen in Kriege zu schicken, die sie hätten verlieren können, wie die Ägypter, die Syrer, die Pakistani es taten. In den drei genannten Staaten haben die Militärregierungen, die solchen Kriegen folgten, gewiss mit den Niederlagen zu tun. Die Offiziere machten die zivilen Politiker verantwortlich und setzten sie ab. Sie konnten dabei auf die anfängliche Zustimmung der Bevölkerung zählen.

Marokko hat seine Armee für den Kampf gegen die Polisario-Guerilla verwendet, der in den Jahren nach 1975 eine schwere Aufgabe war, jedoch nicht ein Feldzug der Art, dass er in einer klaren und aller Welt sichtbaren Niederlage hätte enden können. Marokko hat auch 1963 einen kurzen Grenzkrieg mit der algerischen Armee geführt. Doch in diesem Fall wurde rasch ein Kompromissfrieden auf der Grundlage des Status quo geschlossen und dann als ein Sieg gefeiert. – Saudi-Arabien hat seit der Zeit der Eroberungen des saudischen Reiches (mit der Ausnahme eines kurzen Eroberungskriegs gegen Nordjemen vom Jahr 1934) nie mehr Krieg geführt; gegen Nasser konnte es einen indirekten Krieg im Jemen aufziehen, in dem es seine Armee nicht einsetzen musste, und gegen Saddam Hussein war es eher ein amerikanischer Krieg als ein saudischer.

Den Armeen wurde so kein Grund zu politischen Klagen gegen ihre Regierungen wegen angeblicher Vernachlässigung gegeben, die sie des Sieges beraubt habe; und auch die Bevölkerung, auf deren Stimmung die Soldaten stets schauen, bevor sie das Wagnis eines Coups auf sich nehmen, hatte keinen Anlass, über Leistungen oder Fehlleistungen der Armee oder der Regierung zu befinden.

## Jordanien: Sonderfall nah an der Normalität

Jordanien kann man als einen Sonderfall einstufen, der in seiner Bevölkerungsstruktur Ländern wie Syrien und dem Irak nahe steht, der aber doch eine strategische Sonderbedeutung besitzt, die bis heute bewirkt hat, dass das Land eine andere Entwicklung durchgemacht hat als seine von militärischen Machthabern dominierten Nachbarstaaten.

Jordanien wurde «erfunden» (von Winston Churchill im Jahr 1922), um als Pufferstaat gegen Palästina und später Israel zu dienen. Deren Grenze mit der arabischen Welt wurde der Obhut eines Kleinstaates anvertraut, der für sich alleine keine Möglichkeit hatte, gegen die Engländer in Palästina und später gegen die Israeli vorzugehen. Der Pufferstaat stand anfänglich unter britischer Oberaufsicht und erhielt britische Subsidien, hatte bis 1956 einen britischen Oberbefehlshaber der damals aus Beduinen rekrutierten Armee, Glubb Pascha, und britische Berater sowie, seit 1952, einen in Sandhurst erzogenen König, Hussein. Amerikanische haben später die britischen Subsidien abgelöst und wurden noch später durch saudische Hilfsgelder ersetzt. Stets haben jene Staaten bezahlt, denen die Erhaltung des Waffenstillstands mit Israel von Wichtigkeit war. – Jordanien ist allerdings heute weniger und weniger von Beduinen und nomadisierenden Stammesleuten bewohnt, dafür mehr und mehr von einer für den Nahen Osten «normalen» Stadt- und Dorfbevölkerung, welche die politischen Ansichten und Ideale der Araber in ihren Nachbarstaaten teilt. In diesem Sinn verliert Jordanien jedes Jahr mehr von seiner Ausnahmeerscheinung – es wird mehr und mehr zu einem «typischen» Staat der Region.

So wurde die jordanische Bevölkerung zur Zeit Nassers von der grossen Welle der Begeisterung für den Panarabismus nasseristischer Färbung genauso ergriffen wie die Syrer und die Iraker oder die sunnitischen Libanesen. Dies scheint der Grund gewesen zu sein, weshalb sich König Hussein (r. 1952–1999) unmittelbar vor dem Sechstagekrieg 1967 fatalerweise dazu entschloss, auf Seiten der Ägypter und der Syrer in den Krieg einzutreten. Der König hat später erklärt, er habe die daraus entstandene Niederlage vorausgesehen, aber sich an dem Krieg beteiligen müssen, um eine Revolte seines Volks zu vermeiden. – Schon 10 Jahre zuvor, kurz nach der Suezkrise, war König Hussein einer nationalistischen Revolution seiner Untertanen nur knapp entkommen, indem er seinen damaligen nationalistischen Minister-präsidenten, an-Nabulsi, entliess und dessen Gesinnungsgenossen, den Generalstabschef Ali Abu Nuwar, absetzte. Er begab sich am 13. April 1957 persönlich in das Heerlager von Zerka, sprach dort die beduinischen Truppen der jordanischen Armee direkt an und setzte mit ihrer Hilfe seine Autorität durch.

Das Königreich wurde noch einmal in seinen Grundfesten erschüttert, als die Guerilla der Palästinenser es zum Ausgangspunkt ihrer Aktionen gegen Israel machte, dieses darauf mit maximaler Energie und Brutalität zurückschlug und die ganze Jordansenke, eines der wichtigsten Landwirtschaftsgebiete Jordaniens, restlos verwüstete. Damals, in den Jahren zwischen 1968 und 1970, glaubten die radikalen Palästinensergruppen, dass Amman das «Hanoi der palästinensischen Revolution» werden könne, von dem aus, nach dem Modell der vietnamesischen Guerilla, Jerusalem so wie Saigon «befreit» werden könne. Die linksgerichteten palästinensischen Kampfgruppen wollten zuerst Amman «befreien», um dann von einem in ihrem Besitz befindlichen Jordanien aus den Guerillakrieg gegen Israel zu führen. Der König sah diesem Spiel geraume Zeit zu. Doch im September 1970, nachdem fünf grosse Verkehrsflugzeuge auf den Wüstenflughafen von Zerka entführt und dort von palästinensischen Bewaffneten umstellt, ausgeräumt und drei sogar gesprengt worden waren, beschloss der König, seiner Armee die Zügel schiessen zu lassen. Nach zweiwöchigen Kämpfen, die im folgenden Sommer bei Ajlun in der Jordansenke noch einmal auflebten, wurden alle bewaffneten Palästinenser aus Jordanien vertrieben. Sie zogen mit ihren Waffen nach Libanon und versuchten dort, einen palästinesischen Staat im Staate zu errichten, bis es – teilweise wegen ihrer Präsenz – zum libanesischen Bürgerkrieg kam …

Die Kämpfe wären wohl weniger günstig für den König verlaufen, wenn die Syrer, die von ihrer Grenze aus mit Tanks in Jordanien einfielen und beinahe die Stadt Irbid im Norden erreicht hätten, nicht plötzlich nach Syrien zurückgewichen wären. Dies scheint geschehen zu sein, weil die Amerikaner Damaskus warnten, sie würden bei den Israeli nicht dagegen wirken, wenn diese mit ihren Flugzeugen die syrischen Tanks in Jordanien angriffen. Gleichzeitig bewegte sich ein amerikanischer Flugzeugträger auf das östliche Mittelmeerufer zu. Die Grossmächte waren eben immer daran interessiert, dass der Pufferstaat Jordanien überlebe.

## Charismatische Gründerfiguren als Anker der Stabilität

Pakistan, eines der typischen Militärputschländer, kann in diesem Zusammenhang als guter Kontrast zu Tunesien, wo keine typischen Militärputsche stattfanden, dienen. Die Stelle des Königs nahm in beiden Staaten die charismatische Gründerfigur aus der Zeit der Unabhängigkeitskämpfe ein. Ali Jinna (1876–1948) starb jedoch, noch bevor Pakistan seine Unabhängigkeit hatte voll konsolidieren können. Nach ihm setzte sofort die Diskussion darüber ein, was denn nun den «Islamischen Staat Pakistan» eigentlich islamisch mache. Weil die Politiker sich zehn Jahre lang darüber nicht einigen konnten und ein jeder versuchte, das Tischtuch nach seiner Seite zu ziehen, kam 1958 General Ayub Khan ans Ruder, und später sollte es beinahe Gewohnheit werden, dass Offiziere als oberste Kriegsrechtsverwalter, die sich anschliessend gerne selbst zu Präsidenten beförderten, die Politik beherrschten.

In Tunesien hingegen war die Figur des Gründervaters, Habib Bourguiba, nach der Unabhängigkeit nicht weniger als 30 Jahre lang überragend präsent. Seine Ablösung gestaltete sich dann freilich politisch schwierig, weil er in seinen letzten Jahren zwar noch herrschte, jedoch geistig stark reduziert war. Es war dann sein langjähriger früherer Geheimdienstchef, späterer Innenminister und Ministerpräsident (seit dem 2. Oktober 1987) General Zain ed-Din Ben Ali, der die Initiative zu einem unblutigen[47] Coup ergriff, durch den der hoch verdiente, aber senil gewordene Präsident auf Lebenszeit abgesetzt wurde. Seither beherrscht der Ex-Geheimdienstoffizier Ben Ali als Präsident Tunesien.

## Die Normalentwicklung:
### Vom blockierten Parlament zum Offiziersregime

Wenn man von den Ausnahmen verschiedener Art absieht, kann man behaupten, die normale Entwicklung nach dem Beginn der Unabhängigkeit sei von handlungsunfähigen und handlungsunwilligen Parlamenten zu Militärdiktaturen hin verlaufen. Die Parlamente stellten weder die Bevölkerung

---

47   Es gab immerhin mindestens acht Verhaftungen von einflussreichen Personen aus der nächsten Umgebung Bourguibas.

noch die Offiziere zufrieden. Deshalb waren Umstürze gegen sie fast immer volkstümlich. Ihre negativen Seiten zeigten die Militärregime erst später, wenn klar wurde, dass auch auf Befehl der Offiziere kein besser funktionierendes Wirtschaftssystem, keine wirklich bessere Verwaltung, kein die Bevölkerung befriedigendes politisches System aus dem Boden gestampft werden konnte. Kriege, die mehr oder weniger bewusst zu dem Zweck provoziert wurden, die innenpolitischen Misserfolge zu überspielen, waren dann oft der gefährliche Ausweg, den die Offiziersregime als letzte Chance suchten, bevor sie endgültig zusammenbrachen.

## Volkserhebungen?

Volksaufstände gegen unliebsame Regime kamen viel seltener vor als Militärputsche. In Khartum ist 1964 der Militärdiktator General Abboud durch eine echte Volkserhebung zu Fall gebracht worden. Das gleiche kann man von der späteren Erhebung der Iraner gegen den Schah sagen, obgleich sie in Khomeini einen klar erkennbaren Anführer und Inspirator besass. Volkserhebungen waren auch alle Aufstände gegen die Kolonialbehörden und alle Unabhängigkeitskämpfe. Dies ist erklärlich, weil Fremdherrschaft leicht ein von ihr bedrücktes Volk eint. Es mag zwar nur eine Minderheit bereit sein, mit den Waffen und dem Einsatz ihres Lebens zu kämpfen, doch gibt die grosse Masse in der Regel deutlich zu erkennen, dass sie mit den Aufständischen sympathisiert. Nicht immer sind solche Erhebungen gegen Fremdherrschaften erfolgreich gewesen. Man kann die ägyptische Volkserhebung von 1919, die irakische vom Jahr darauf, den Aufstand der Palästinenser gegen die Engländer und Zionisten von 1936 bis 1939 oder in jüngster Zeit die Intifada der Palästinenser der Besetzten Gebiete (begann im Dezember 1987) als Volkserhebungen anführen, die ihre Ziele nicht erreicht haben. Doch sogar wenn sie am Ende erfolglos bleiben, bewirken derartige Volksaufstände meistens doch etwas: Bewegung bei den (fremden) Machthabern, schon weil diese in Zukunft ähnliche Rebellionen vermeiden möchten, die hohe finanzielle und politische Kosten verursachen.

## Verzweiflungsaufstände der Minderheiten

Als Aufstände gegen eine spezielle Art von Fremdherrschaft muss man auch jene qualifizieren, bei denen sich eine ethnische und/oder religiöse Minderheit gegen ein Staatsvolk erhebt, von dem sie sich ungerecht behandelt fühlt. Dies ist natürlich der Fall der Kurden in allen drei Staaten, in denen grössere kurdische Minderheiten leben: Iran, Irak und der Türkei. – Auch die Berber in Algerien zeigen periodisch ihre Unzufriedenheit mit ihrer Lage, obgleich sie bisher nicht zu vollen bewaffneten Aufständen schritten. Die zahlenmässig grössere Gemeinschaft der Berber in Marokko scheint besser integriert zu sein. Die südlichen Sudanesen, Afrikaner, nicht Araber, Christen oder Animisten, nicht Muslime, befinden sich seit 1956 in einem fast permanenten Aufstand. Ihre Tragödie allerdings, wie auch jene der Kurden und der Berber, liegt darin, dass sie selten längere Zeit gemeinsam zu handeln vermögen. Streit bricht nur allzuleicht unter diesen Minderheiten selbst aus, meistens auf Grund der Stammesunterschiede, die es unter ihnen selbst gibt, wobei natürlich die herrschende Mehrheit das Ihre tut, um solche Streitigkeiten zu fördern oder gar zu provozieren.

Doch die aufgezählten Fälle sollten nicht verbergen, dass Volksaufstände selten sind. Es besteht zweifellos eine durch die Geschichte bedingte Einstellung unter den islamischen Völkern, die bewirkt, dass die Bevölkerung zunächst einmal eine abwartende Haltung einnimmt, wenn ein ungerechter Machthaber sie schikaniert. Vielleicht geht das auf die klassische islamische Lehrmeinung zurück, nach der auch ein ungerechter Fürst erduldet werden soll, solange er der Bevölkerung erlaubt, als Muslime zu leben, weil, wie die Gelehrten betonen, ein Bürgerkrieg unter Muslimen, die *Fitna*, das Allerschlimmste sei, das alle Gläubigen wenn irgend möglich vermeiden sollten, sogar wenn sie dafür einen Unrechtsherrscher ertragen müssten. – Doch möglicherweise spiegelt umgekehrt diese Regel der klassischen Gottesgelehrten die Grundtendenz der Bevölkerung wider, die schon vorislamisch sein könnte und die darauf ausgeht, die Politik und den Krieg den «*Umarâ*'», Emiren, das heisst den «Befehlshabern» im doppelten Sinne, als Kriegsherren und als Landesfürsten, zu überlassen. Die Bürger wollen und sollen nicht mehr tun, als sich im Notfalle zu verteidigen, etwa wenn ihre Stadt angegriffen wird, und sie gehen nur zu Aufständen über, wenn ihnen das Leben durch einen Tyrannen schlechterdings unerträglich gemacht wird. Dieses «unerträglich» übersetzt die klassische muslimische Lehre in ein «nicht mehr als Muslime leben können».

262

## Unpolitische Bürger

Die Bürger, die in der «Zivilisation», d. h. in den Städten leben, so lehrt Ibn Khaldun (starb 1406), besitzen – im Gegensatz zu den Beduinen – keine *Asabiya*, d. h. Klan-Solidarität, weil sie sich dem Wohlleben und der Verweichlichung hingeben. Die *Asabiya* jedoch ist eine wesentliche Voraussetzung für erfolgreiche Kriegführung und Herrschaft. Erst die Verwestlichung brachte neue Formen der Solidarität in den Islam, darunter die vaterländische, deren Skala vom Patriotismus zum Nationalismus fortschreitet. Doch gerade sie, die aus Europa übernommene nationalistische Ideologie und Verhaltensweise, gibt auch leicht einen neuen Beweggrund dafür ab, sich der bestehenden Herrschaft unterzuordnen: diese braucht nur eine aussenpolitische Feindschaft zu eröffnen, um von den eigenen Missetaten abzulenken.

# Die grossen Stammesgebiete

Ganz anders steht es mit den Stämmen. Wie schon Ibn Khaldun zum Ausdruck bringt, sind sie – im Gegensatz zu den sesshaften Städtern der «Zivilisation» – hochpolitische Organismen. Jeder einzelne Stammesmann lebt in der Politik, schon weil seine Sicherheit von ihr abhängt: seine Unversehrtheit beruht einzig auf dem Abschreckungseffekt, welchen die Solidarität seiner Stammesbrüder auf potentielle Räuber und Mörder ausübt. Die Stammesgefährten sind zur Rache verpflichtet, wenn er umkommt oder verletzt oder beraubt wird. Der Einzelne jedoch muss sich dieser Solidarität als würdig erweisen; er muss sie beständig wirksam erhalten, indem er sich selbst seinen Stammesbrüdern gegenüber solidarisch verhält und indem er vermeidet, als Aussenseiter von ihnen ausgestossen und geächtet zu werden. Dies sind eminent politische Aufgaben, von deren Bewältigung nicht weniger als sein Überleben abhängt. Das Verhältnis des Angeführten zum Anführer ist in diese Solidaritätsbande miteinbezogen. Der Stammesmann verhält sich bedingungslos loyal zu seinem Stammesführer, weil es dieser ist, der im Notfall die Solidaritätsaktion leitet, auf deren Abschreckungseffekt jeder Einzelne für sein Überleben und Wohlbefinden angewiesen ist.

Diese Klan-Solidarität, im Gegensatz zur Solidarität gegenüber dem Staate, ist auch in den Städten lebendig geblieben. Sie wirkt sich im Klientelwesen aus und begründet zum Beispiel die Stellung der Zu'amâ' (Singular: Za'îm), jener Gruppenchefs, die ihre Gemeinschaft gegenüber allen Aussenseitern, auch und besonders gegenüber dem Staate, vertreten und verteidigen. Die Städte und Bauerndörfer jedoch kennen über den Klientelgruppen und ihren Anführern einen Staat mit seinem Fürsten und seinem Gesetz, den es in der Wüste nicht gibt, genauer, nicht gab, bis das Automobil, das Maschinengewehr und das Bombenflugzeug dort eingeführt wurden.

## Die tragische Lage der Stammesgebiete

Bis heute kennt der Nahe Osten noch einige ausgesprochene Stammes-gebiete, nämlich jene, in denen der Staat für das Leben des Einzelnen weni-ger zählt als der Stamm. Sie liegen nicht mehr primär in der Wüste wie frü-her, eben weil dort der Staat dank dem Motor und dem Maschinengewehr nur zu leicht eingreifen kann und sich dies keineswegs vorenthält. Sie liegen vielmehr in entlegenen, schwer zugänglichen Berggebieten, in denen bis heute die Stämme transhumieren, d. h. im Sommer auf die Hochweiden zie-hen, während sie den Winter, manchmal Hunderte von Kilometern ent-fernt, in den Talgründen und auf den tiefer liegenden Ebenen zubringen. Gegen die Wanderstämme der Berggebiete und einiger weniger Steppen hat sich der Staat bisher noch immer nur teilweise durchsetzen können, trotz sei-ner Bombenflugzeuge und im Falle des Iraks der Verwendung von Giftgas. Die wichtigsten Stammesgebiete heute sind Kurdistan; Pashtunistan; Somalia; Belutschistan; Nordjemen (die südpersischen der Qashgai und Bakhtiaren gehören zur Zeit nur noch am Rande dazu). Man muss sie nur aufzählen, um sofort zu erkennen: es handelt sich um ausgesproche Unglücks-, ja oftmals Katastrophengebiete. Die menschgemachten Katastrophen, welche heute die letzten Stammesgemeinschaften heimsuchen, lassen sich darauf zurückfüh-ren, dass die Stämme und ihre Ordnung noch viel schwerer mit den Erfor-dernissen und Gegebenheiten und Dogmen der Moderne in Übereinklang zu bringen sind als die Städte und Dörfer der Sesshaften.

## Grenzüberschreitende Stämme

Die Kurden bieten das zahlenmässig grösste und gleichzeitig tragischste die-ser Schauspiele. Ihr Gebiet, wie das der meisten anderen Stammesleute, ist unter mehrere verschiedene Staaten aufgeteilt. Im Falle der Kurden sind es drei, wenn man die grössten Gebiete zählt, und noch drei mehr, wenn man auch kleinere kurdische Gruppen in Rechnung stellt: Iran, Irak und die Tür-kei plus Syrien, Armenien und Aserbaidschan.

Die Pashtunen finden sich aufgeteilt zwischen Pakistan und Afghanistan; die Belutschen zwischen Iran, Afghanistan und Pakistan. Die nordjemeni-tischen Stämme haben 1934 zwei von Jemeniten bewohnte Provinzen an Saudi-Arabien abtreten müssen, Najran und Abha. Die Somali-Klans bevöl-kern auch eine Hälfte von Djibouti, Teile von Äthiopien und von Kenya.

266

Die Qashgai und Bakhtiaren sind gerade deshalb weitgehend unter die Kontrolle des persischen Staates gelangt, weil sie nur auf persischem Staatsgebiet siedeln und wandern.

Die grenzüberschreitende Lage dieser alten Stammesgebiete kommt daher, dass sie schon vor den neuen Nationalstaaten da waren. Gerade weil die neuen Zentralen der entstehenden Nationalstaaten im 19. und frühen 20. Jahrhundert keine oder nur beschränkte Macht in diesen Stammesgebieten ausübten, wurden diese zu Grenzgebieten, durch welche mitten hindurch zuerst die nahöstlichen Grossreiche wie das Osmanische und das Safawidische, später die Kolonialstaaten und noch später ihre Nachfolger, die Nationalstaaten, ihre Grenzen zogen. So kämpften zum Beispiel die Safawiden Irans und die osmanischen Türken mit Vorliebe im kurdischen Niemandsland, das zwischen den beiden lag, und wenn sie dann Frieden schlossen, legten sie ihre Grenze in der Mitte dieses kurdischen Niemandslandes fest. Das gleiche taten der indische Raj und der persische Schah in Belutschistan; der indische Raj und der Emir von Kabul in Pashtunistan; die Kolonialherren in Somalia, wo die Kerngebiete mit Mogadiscio an Italien gingen, jedoch Randgebiete an Äthiopien, Britisch-Kenya, Französisch-Djibouti und Britisch-Somaliland.

Im Fall von Pashtunistan heisst die Grenze, die das Gebiet der Pashtunen, Pathanen oder Pakhtunen (die drei Namen besagen das gleiche) in der Mitte durchschneidet, bis heute nicht «Grenze», sondern Durand-Linie nach Sir Mortimer Durand, der sie mit dem afghanischen König Abdur-Rahman 1893 ausgehandelt hat. Sie unterscheidet sich von einer Grenze dadurch, dass die Stämme auf der pakistanischen Seite bis heute Autonomie geniessen und ihre inneren Angelegenheiten nach dem pashtunischen Stammesgesetz, dem Pashtunwali, regeln dürfen. «Voll-Pakistan», das unter dem pakistanisch modifizierten «Indo-Anglian Law» verwaltet wird, beginnt erst ein paar Autostunden südlich der «Linie» in den Aussenbezirken von Peshawar.

## Opfer der Nationalstaaten

Die Tragödie dieser – einst glücklichen – Stammesländer setzte ein, als sich in den Hauptstädten der Staaten, zu denen sie – meistens nur stückweise – geschlagen wurden, der Nationalismus auszubreiten begann. Die Kurden z. B. wurden nun Minoritäten in den drei bzw. sechs Nationalstaaten, in denen sie leben. Die Somali erhielten einen eigenen Staat, der jedoch somalische Irredenta in allen Nachbarländern aufwies. Die Pashtunen wurden Staatsvolk in Afghanistan, aber hatten ihre Irredenta in Pakistan. Der Nationalismus machte vor den Stämmen nicht halt. Ihre politischen Eliten begannen ein Nationalgefühl zu entwickeln, das wie immer in solchen Fällen zu bedeutenden Teilen in Reaktion auf den Nationalismus der anderen, in diesem Falle der Staatsvölker, zustande kam. – Dies ist ein ganz natürlicher Prozess: Wenn ein Araber oder Türke einen Kurden diskriminiert (und dieses war und bleibt eher die Regel als die Ausnahme), weil dieser seiner Ansicht nach nicht oder nicht voll zum Staatsvolk gehört, ist es durchaus natürlich, dass der Diskriminierte darauf reagiert, indem er für sich selbst einen eigenen Nationalstaat fordert, in dem er voll dazugehört und nicht als Aussenseiter, als minderwertig eingestuft und behandelt wird.

Dieser Vorgang war schon zur Zeit der Jungtürken bei den Arabern zu beobachten. Ein arabischer Nationalismus entstand in dem Augenblick, in dem die Jungtürken einem türkischen, nicht mehr bloss einem «osmanischen» Nationalismus huldigten und dadurch die Araber ausschlossen, obwohl sie zur osmanischen Zeit Mitträger des Reiches gewesen waren[48]. Ein kurdischer Nationalismus entstand dementsprechend, sobald die Türken – die im Befreiungskampf gegen die Griechen von 1921 die Mitarbeit der Kurden gerne angenommen und gefördert hatten –, nach dem Sieg beschlossen, in ihrem Land dürfe nur noch türkisch geschrieben und unterrichtet werden. In diesem Augenblick empfanden die Kurden: «Offenbar gehören wir nicht mehr dazu.» Das gleiche sagten sie sich im arabischen und im persischen Raum, als dort die Hauptstädte das irakische oder syrische Arabertum oder das Persertum zentralisierten und die Sprache der Mehrheit als alleinige Schul- und Verwaltungssprache bis an ihre Landesgrenzen ausdehnen wollten.

Doch die typischen Stammesgebiete haben Schwächen, wie sie die Länder der Sesshaften viel weniger kennen: die Loyalitäten sind auf den Stamm ausgerichtet oder gar den Unterstamm, den Klan, nicht auf ein ganzes «Volk». Dieses kann in der Tat von Stamm zu Stamm bedeutende sprachliche und kulturelle Unterschiede aufweisen, ganz abgesehen von den politischen und wirtschaftlichen Rivalitäten, die oft zwischen Nachbarstämmen bestehen. – Der Rahmen, in dem die Stammesleute seit Jahrhunderten ihre kol-

---

48  Siehe *Zeine N. Zeine:* Arab-Turkish Relations and the Emergence of Arab Nationalism, Beirut 1958.

268

lektive, recht eigentlich «politische» Existenz geführt haben, ist eben der Rahmen der Stämme gewesen, nicht jener von Staaten, was natürlich nicht ausschliesst, dass gelegentlich Stämme oder Stammesföderationen Reiche erobert und gegründet haben. Die Stammesloyalitäten sind bis heute primär. Soweit es ein «nationales» Ideal geben mag, ist dieses eher sekundär; auch noch nie Wirklichkeit gewesen, sondern eben im besten Fall Ideal. Der Stamm hingegen ist Kampfverband, wirtschaftlicher Verband, Loyalitäts- fokus, Existenz- und Sicherheitsgrundlage, wie oben beschrieben. Die Stam- mesgesellschaften teilen sich daher leicht in Stämme oder Stammesbünde auf, die nicht selten gegeneinander kämpfen. Die Kurden des Iraks mit den Kämpfen zwischen den Anhängern Barzanis und jenen Talabanis (August bis Oktober 1995)[49] haben gezeigt, dass solche Kämpfe sogar dann ausbrechen können, wenn ein äusserer Feind an den Grenzen des Stammesgebietes steht und Miene macht, das ganze Stammesvolk zu vernichten.

## Stets «Bündnisse mit dem Teufel»

Die Mehrheitsstaaten, die Stammesgebiete umfassen, oder die Nachbarstaa- ten, die an Stammesstaaten (Somalia z. B.) angrenzen, kennen natürlich die Schwächen der Stämme und nützen sie seit Menschengedenken aus. Sie schliessen Bündnisse mit einem Stamm, bewaffnen ihn, finanzieren ihn und wählen ihren Bundesgenossen natürlich so aus, dass er, sobald er die Waffen und die Geldmittel dazu erhält, gegen einen anderen Stamm, seinen Erzfeind und Erzrivalen, zu Felde zieht. Wenn der mit dem Mehrheitsstaat verbündete Stamm – die Bündnisse schliessen in der Praxis immer die Stammesführer ein, die ihre Stammesmitglieder dominieren und lenken – allzu stark werden sollte, kann der Staat immer noch entweder seine Unterstützung einstellen oder die Allianzen wechseln. Dieses schon uralte Spiel ist jedoch heute nicht mehr das gleiche wie früher; seine Dimensionen haben sich verändert dank der Wirksamkeit der modernen Waffen. Was früher relativ harmlose Schar- mützel waren, wird heute dank der mörderischen Bewaffnung, welche die Mehrheitsstaaten entweder selbst einsetzen oder ihren Verbündeten zuhalten, ein permanenter Genozid, der nicht nur auf der Erde, sondern auch aus der

---

49  Für Details s. *Arnold Hottinger:* A Lasting Evil: Irak since the End of the Kuwait War, PSIS, Geneva 1997, S. 28 ff.

Luft geführt wird, und nicht nur mit Bomben, sondern auch mit Kampf-
helikoptern, die gegen ein Volk ohne Luftwaffe und ohne Abwehrraketen viel
verheerender wirken als Kampfflugzeuge; die Helikopter hängen beliebig
lange Zeit über den bewohnten Flecken in der Luft und schiessen auf alles,
was sich bewegt. Oder in dem sogar Giftgas – gegen Leute ohne Gasmasken
natürlich – zur Anwendung kommt. – In früheren Zeiten hatte ihr unwirt-
liches Gelände, Berge oder Wüsten, den Stämmen einen gewissen Freiraum
geschaffen, in dem sie relativ ungestört von den jeweiligen Zentralmächten
und ihren Armeen leben konnten. Sie konnten oft sogar «Transitgebühren»
von den durchreisenden Karawanen einziehen. Doch damit ist es heute vorbei. Die «verwestlichten» Nationalstaaten wollen unbedingt alle Ecken und
Enden «ihres» Territoriums genau kontrollieren, und es ist ihnen meistens
gleichgültig, manchmal sogar willkommen, wenn diese aussenliegenden Territorien nur noch von Leichen bewohnt werden.

Wirtschaftlich ist diese Haltung natürlich kontraproduktiv. Die
Stämme mit ihrer Wanderökomonie sind die einzigen, die aus ihren marginalen Gebieten ein Auskommen ziehen und in ihm eine wirtschaftliche
Produktivität entfalten können. Wenn man sie entweder umbringt oder
umsiedelt, oder beides tut, liegen ihre Stammesgebiete brach und bleiben
unproduktiv. Doch den Regierungszentralen erscheint dies als das kleinere
Übel; das grössere ist für sie, Freiräume zuzulassen, in denen von ihnen nicht
restlos kontrollierte Menschen nach ihren eigenen Gebräuchen und Vorstellungen leben und wirken. Zur Entschuldigung der Regierungen kann man
höchstens anführen, dass oftmals in der Vergangenheit ihre Feinde die
Stämme dazu benützen konnten, um gegen sie zu intrigieren und sich in ihre
Belange einzumischen. Sie stehen nun einmal allzu leicht Kräften aller Art
zur Verfügung, die sie mit Waffen und Geldern versorgen. Einem solchen
«Wohltäter» gegenüber fühlen sie sich zur Loyalität verpflichtet, nicht gegenüber der städtischen Zentralmacht, der «nationalen» Regierung, die seit
Menschengedenken nichts anderes für sie getan hat, als Strafexpeditionen
gegen sie auszusenden.

## Verschobene Gleichgewichte

Es gibt einen alten Antagonismus zwischen den städtischen Regierungen
und den Stadtbewohnern überhaupt und den Stämmen. Während Jahrhunderten bestand zwischen ihnen ein Zustand labilen Gleichgewichts, bei dem

keiner der beiden Rivalen dem anderen völlig den Garaus zu machen vermochte (wenngleich die grossen Nomadeneinbrüche, vor allem jener der Mongolen im 12. und 13. Jahrhundert, nicht sehr weit davon entfernt waren). Heute jedoch hat sich das Machtgleichgewicht entscheidend verschoben. Die Stämme konnten sich, weil sie Stämme sind, noch weniger an die Notwendigkeiten der heutigen Zeit anpassen als die Sesshaften. Im materiellen Bereich hat es auch bei ihnen Anpassungen gegeben; sie sind heute weitgehend motorisiert und verfügen zum mindesten über Motorräder, wenn nicht gar über Traktoren und Lastwagen. Es gab jedoch wenig Anpassung in organisatorischer Hinsicht, sie sind nach wie vor als Stämme organisiert, mit allem, was dies an archaischen Zügen mit sich bringt. Die Hauptschwäche dabei ist die erwähnte Aufteilbarkeit, die auf den inneren Rivalitäten der Stämme gegeneinander beruht und die es den aussenstehenden Mächten ermöglicht, die Stammesgebiete zu spalten und sie in Gebiete eines permanenten Bürgerkrieges aller gegen alle zu verwandeln. Wenn dabei zwei rivalisierende Zentralmächte gegeneinander wirken, können sie die Stammesgebiete sehr leicht in Arenen für Stellvertreterkriege umwandeln, auf denen sie gegeneinander kämpfen – wenn es sein muss, bis zum letzten Überlebenden der von ihnen instrumentalisierten Stammeskräfte.

## Die somalische Tragödie

Manchmal bedürfen die Stammesleute solcher Interventionen des Auslandes nicht einmal, um einen permanenten Bürgerkrieg gegeneinander zu unterhalten. Somalia ist ein tragisches Beispiel dafür. In den 60er Jahren war Somalia eines der wenigen afrikanischen Länder, die sich gegen die damals vorherrschende Lehre auflehnten, nach welcher die kolonialen Grenzen nicht revidiert werden sollten, um panafrikanische Kriege um diese Grenzen zu vermeiden. Die Somali jedoch wollten ihre Irredenta in Ogaden, das zu Äthiopien gehört, und überhaupt in allen von somalischen Völkern bewohnten Gebieten «befreien». Es gelang ihnen, nach der Unabhängigkeit von 1960 das britische Protektorat im Norden, «Somaliland», mit dem italienischen Protektorat im Süden, «Somalia», zusammenzuschliessen. Doch der Ogaden, das heisst der Teil von Äthiopien, in dem Somali leben, blieb äthiopisch; Djibouti, dessen südliche Hälfte von Somalis bewohnt wird, blieb französisch und wurde dann unabhängig; Nordkenya, wo ebenfalls Somali leben, blieb zu Kenya gehörig.

Weil die Somali alle diese Gebiete beanspruchten, unterhielten sie zu all ihren Nachbarn schlechte Beziehungen. Mit Äthiopien wurde sogar ein Guerillakrieg im Ogaden geführt. 1964 schlugen die Äthiopier mit ihrer Luftwaffe so kräftig zu, dass die Somali auf eine Vermittlung der Organisation für afrikanische Einheit (OAE) eingehen und einen Kompromissfrieden mit Äthiopien abschliessen mussten, in dem sie die bestehende Grenze bestätigten. Beide Seiten versprachen, sie würden Elemente, welche die Grenze nicht respektierten, auf ihrer Seite der Grenze verfolgen und bestrafen. – Im Jahr 1969, fünf Jahre später, übernahm der Oberkommandierende der Armee, General Ziad Barré, mit einem Putsch die Macht über Somalia. Damals bestand Unzufriedenheit unter der Bevölkerung über die Korruption und die Ineffizienz der Regierung; ausserdem passte es vielen Somalis nicht, dass die Beziehungen mit Äthiopien und Kenya, den beiden Nachbarn, die «somalische Erde besetzt hielten», sich langsam verbesserten.

Ziad Barré zog ein prokommunistisches Regime und eine staatliche Wirtschaft auf, die das Land über die Jahre immer mehr zugrunde richtete, weil die Sowjetunion und China die einzigen Mächte blieben, die ihn unterstützten. Das Äthiopische Kaiserreich war damals ein wichtiger Verbündeter der USA. Doch als das Kaiserreich 1974/75 zusammenfiel und Äthiopien dadurch sehr geschwächt wurde, beschloss der Militärdiktator von Mogadiscio, Rache für 1964 zu nehmen. Er liess im Sommer 1977 die somalische Armee in den Ogaden einmarschieren und erreichte beinahe Harare. Doch die Sowjetunion machte eine plötzliche Kehrtwendung. Das revolutionäre neue Äthiopien war für sie nun ein interessanterer Klient als das bitter arme und kleine Stammesland Somalia. Die somalische Armee wurde darauf von den Äthiopiern, die nun sowjetische Hilfe erhielten, in die Flucht geschlagen, Ogaden wurde wieder äthiopisch; viele der dortigen Somalis flohen nach Somalia, und die Slums in den Städten wuchsen an, umso mehr, als gleichzeitig auch langanhaltende Dürre viele Stammesleute, Viehzüchter wie Bauern, in die Städte trieb.

Die Amerikaner weigerten sich, die Stelle der Russen in Somalia einzunehmen. Dies wurde der Hintergrund zu einer langen Periode wachsender Unsicherheit, während welcher Ziad Barré immer mehr Aufstandsversuchen ausgesetzt war, während er gleichzeitig immer weniger in der Lage war, seine Polizisten und Sicherheitstruppen zu entlöhnen. 1988 hat er unter italienischer Vermittlung Frieden mit Äthiopien geschlossen. Später, doch offenbar viel zu spät, versuchte er sich zu retten, indem er wieder ein Mehrparteiensystem zulassen wollte. Doch die Widerstandsgruppe, die sich SNM (für

Somali National Movement) nannte und die vor allem in Nordsomalia Einfluss besass und seit 1982 gegen Ziad Barré kämpfte, ging immer energischer gegen ihn vor, und es waren am Ende, im Januar 1991, zwei weitere Widerstandsgruppen aus dem Stamm der Hawiye, die rund um Mogadiscio siedeln, die Ziad Barré aus der Hauptstadt vertrieben und ihn zu Fall brachten. – Die beiden Chefs dieser Gruppen, die zwar zum gleichen Stamm gehörten, aber zu verschiedenen Klans, Ali Mahdi Muhammad und Muhammad Farah Aydid, begannen schon im Dezember des selben Jahres gegeneinander zu kämpfen, weil beide Anspruch auf die Präsidentschaft Somalias erhoben. Gleichzeitig brach eine schwere Hungersnot aus. Die Somali des Nordens kündeten unter dem Einfluss des SNM einseitig den Einheitsvertrag mit dem Süden aus dem Jahr 1960 und kehrten zu einem eigenen Staat, Somaliland, zurück. Die Uno kam 1992 ins Land, um der hungernden Bevölkerung zu helfen und um den inneren Streit unter den somalischen Stammesfaktionen zu schlichten. Doch sie zog zwei Jahre später unverrichteter Sache und unter demütigenden Umständen wieder ab. Seither dauert der selbstzerstörerische Streit unter den vielen verschiedenen somalischen Stammes- und Streitparteien immer noch an.

Solange die Somali eine Hoffnung auf «Gross-Somalia» hegten und glaubten, sie könnten alle Somali sprechenden Völker über die afrikanischen Grenzen hinweg vereinen, gab es einen die Stammesgegensätze überwindenden somalischen Nationalismus. Dieser schlug zuerst in eine Diktatur um, nachdem Mogadiscio Rückschläge gegenüber Äthiopien hatte hinnehmen müssen. Als der Diktator mit seiner Wirtschaftspolitik der Kollektivierung jedoch immer mehr Elend verursachte, als er zu immer strengeren Unterdrückungsmassnahmen gegen jegliche Opposition schritt und als er seinen Krieg gegen Äthiopien verlor, weil seine Bundesgenossen, die Russen, ihn im Stich liessen, als er daraufhin schliesslich Schritte unternahm, um die pansomalische Politik zu mässigen und ein besseres Verhältnis mit den Aussenstaaten zu erreichen, wuchs der innere Widerstand gegen ihn an. An die Stelle des unrealisierbaren Ideals eines Gross-Somalia traten die harten Realitäten der engen Stammes- und Faktionspolitik; jede Gruppierung versuchte, für sich und ihre Stammesbrüder oder gar Klan-Genossen zu kämpfen. Die umliegenden Staaten, die in den Somalis Feinde erblickten, taten, was sie konnten, um das entstehende Chaos mit Geldern und Waffen zu nähren; Dürre, Hungersnot und die Folgen der prokommunistischen Wirtschaftspolitik mit der durch sie bedingten Abwanderung der Land- und Stammesbevölkerung in die Hüttenvorstädte von Mogadiscio verstärkten die Stammeskämpfe, weil viele arbeitslose junge Männer keine andere Beschäftigung fanden, als ihren Klans und deren politischen Führern als Leibwachen und Kämpfer zu dienen. Prosperität schien einzig erreichbar auf dem Weg der politischen Mitarbeit und der Kampfunterstützung, die der Einzelne seinem Waffen- und Klan-Chef zukommen liess, in der Hoffnung, mit ihm zusammen zum Rang der den Staat beherrschenden Gemeinschaft aufzusteigen und sich so eine politisch-wirtschaftliche Position zu erkämpfen.

## Der Beginn des afghanischen Elends

Eine in den grossen Zügen vergleichbare Entwicklung hat Afghanistan genommen. Die Pakhtunen, Pathanen oder Pashtunen sind die grösste Stammesgemeinschaft; sie pflegten Afghanistan zu beherrschen. Das Königshaus gehörte zum vornehmsten Stamm der Pashtunen, den Durrani. Doch unter den Pashtunen gab es ebenfalls ein grosspathanisches Ideal. Die Durand-Linie trennt seit der britischen Zeit (1893) gute fünf Millionen Pathanen, die lose zu Pakistan gehören, von ihren Brüdern in Afghanistan ab. Daoud Khan, der Vetter des afghanischen Königs Zaher Schah, der zweimal mit diktatorischen Vollmachten über Afghanistan herrschte, 1953–1963 und 1973–1978, war ein Enthusiast der grosspathanischen Idee. Als er zum ersten Mal an der Macht war, forderte er von Pakistan die pathanischen Grenzgebiete für sein Land und begann einen Kleinkrieg gegen den Nachbarn. Stämme, um solche Kriege zu führen, fehlen nie; man muss ihnen nur die Waffen und die Kriegsgelder verschaffen. Pakistan sperrte darauf die Durchgangsstrasse nach Kabul, die berühmte Khyber-Passage. Diese Strasse mit ihrer Fortsetzung durch Pakistan bildete die einzige Verbindung zum Meer, über die Kabul verfügte. Daoud Khan sah sich durch die pakistanische Sperre und allgemein durch die schlechten Beziehungen mit dem südlichen Nachbarland dazu veranlasst, seine Verbindungen mit der Sowjetunion zu verstärken. Die Russen nahmen die grössten Teile der afghanischen Erdöl- und Erdgasproduktion ab, dafür leisteten sie entwicklungstechnische und militärische Hilfe und Ausbildung. Damals bauten die Russen die strategische Strasse über und (mit einem Strassentunnel) durch den bisher unwegsamen Hindukusch. Sie verband den Norden Afghanistans, der an die Sowjetunion angrenzte, mit dem afghanischen Süden, der im Vorfeld des indischen Subkontinentes liegt, zum ersten Mal durch eine Bergstrasse, die für schwere Militärfahrzeuge befahrbar war. Früher hatte es nur Saumpfade gegeben.

Nach einem Experiment mit konstitutioneller Demokratie, das der König nach dem ersten Sturz von Daoud Khan ab 1963 durchführte, ergriff Daoud Khan ein zweites Mal 1973 durch einen Putsch die Macht, erklärte Afghanistan zur Republik und zeigte sich gewillt, mit seiner grosspathanischen Politik zum Schaden von Pakistan fortzufahren. – Als Gegengewicht zu seinen Spannungen mit Pakistan unterhielt Afghanistan immer gute Beziehungen zu Delhi. Dies gab den pakistanischen Militärs das Gefühl, sie würden von dem grossen indischen Staat in ihrem Osten und von dem kleineren Verbündeten Indiens im Norden «eingekreist». Es gab eine strategische Theorie in Islamabad, nach welcher Pakistan mehr «strategische Tiefe» gegenüber Indien benötige und deshalb darauf ausgehen müsse, in Kabul Einfluss zu gewinnen und Afghanistan womöglich von Indien weg auf die pakistanische Seite zu ziehen.

Es waren jedoch nicht die Pakistani, sondern die prosowjetischen innerafghanischen Kräfte, die Daoud Khan 1978 zum zweiten Mal zu Fall brachten. Sein Sturz war das Werk von zwei kleinen prokommunistischen Gruppen in Kabul, die dabei entscheidende Unterstützung durch in der Sowjetunion ausgebildete afghanische Offiziere, vor allem der Luftwaffe, erhielten. Daoud Khan kam um; der König hatte das Land schon früher, zur Zeit des Putsches von 1973, verlassen. Die Kommunisten übernahmen die Regierung, wobei ihre beiden Faktionen Parcham und Khalq auf Grund von ethnischen Unterschieden und divergierenden politischen Vorstellungen gegeneinander agierten. Parcham («die Flagge») war eine Gruppe von tajikischen, städtischen Kommunisten, die etwas mehr politisches Fingerspitzengefühl besassen als ihre pashtunischen, ländlichen, das heisst der Stammeswelt zugehörigen, Kollegen und Rivalen von der Khalq («Volks-») Faktion. – «Khalq» ergriff zunächst die Regierung. Die «Stammeskommunisten» gingen doktrinär und brutal vor, um ihre Ideen sofort zu verwirklichen. Ihre Erziehungspolitik, die auf obligatorischem Unterricht und gemeinsamer Schulung von Buben und Mädchen bestand, stiess in den Dörfern und unter den Stämmen auf bedeutenden Widerstand. Mitglieder der fundamentalistisch-islamistischen Strömung, die über die Muslimbrüder von Kairo an die theologische Fakultät von Kabul gelangt war, machten sich den Zorn der Landbevölkerung über die Missachtung ihrer Sitten zu Nutzen und begannen den bewaffneten «islamischen» Widerstand gegen die Kommunisten.

Zwischen den beiden kommunistischen Klans brach ein wilder Streit aus; zuerst siegten die Khalq-Leute und gingen mit brutaler Gewalt gegen jene von Parcham vor, während gleichzeitig der muslimische Widerstand gegen die Kommunisten zunahm. Die Sowjetunion erachtete die Lage in Afghanistan für ihre kommunistischen Freunde als kritisch, und russische Luftlandetruppen besetzten Kabul am Weihnachtstag 1979. Die sowjetischen Truppen schritten zur physischen Liquidierung des ersten Mannes der «Khalq», Hafez Amin, der damals regierte. Der erste Mann der Parcham, Babrak Karmal, zu jenem Zeitpunkt ein Flüchtling in der Sowjetunion, wurde als neuer Ministerpräsident eingesetzt. Doch in den Ministerien von Kabul regierten in Wahrheit die russischen Berater, was nicht verhinderte, ja eher bewirkte, dass ganze Einheiten der afghanischen Armee zu den muslimischen Freiheitskämpfern übergingen. Auch die Russen konnten sich nicht auf ihre tajikischen Soldaten und andere Truppen aus Zentralasien verlassen, weil manche von ihnen ebenfalls bereit schienen, zu den muslimischen Widerstandskämpfern überzulaufen.

Es folgte ein achtjähriger, grausamer Guerillakrieg gegen die Rote Armee, den die Afghanen durchstehen konnten, weil sie aus den USA über Pakistan Waffen und Gelder erhielten, mit deren Hilfe sie den Russen in dem weiten und zerklüfteten Land stets irgendwo Widerstand leisten konnten, sogar wenn die Städte in den Händen der Russen verblieben. Ein Flüchtlingsstrom von über anderthalb Millionen Afghanen ergoss sich nach Pakistan, um dort Zuflucht zu suchen, und eine weitere Million Afghanen flohen nach Iran. Doch die Sowjetunion sass in Afghanistan in einer ähnlichen Falle, wie sie zuvor den Vereinigten Staaten in Vietnam bereitet worden war. In beiden Fällen hatte allerdings die Zivilbevölkerung eine schwere Rechnung zu begleichen.

Als eine der wirksamsten sowjetischen Waffen erwiesen sich die Kampfhelikopter. Da sie gepanzert waren, konnten die Guerillas ihnen mit ihren leichten Infanteriewaffen nicht beikommen. Sie waren für sie weit gefährlicher als die schnellen Kampfflugzeuge, die in den zerklüfteten Bergen immer wieder über ihre Ziele hinausflogen, wenn sie sie überhaupt ausmachen konnten. Bodentruppen konnten leicht in Hinterhalte geraten, und schwere Tanks waren nur begrenzt wirksam in einem Bergland, dem die Strassen fehlten. Die Helikopter hingegen konnten ungehindert stundenlang über einem Rebellenversteck oder einem Dorf schweben, so lange, bis sie Gelegenheit erhielten, ihre Raketen und Maschinengewehre todbringend einzusetzen.

Aus diesem Grund bewirkten die «Stinger»-Raketen, die ein Mann tragen kann und die in der Lage sind, gepanzerte Helikopter abzuschiessen, eine Wende im Krieg, als sie im Jahr 1986 aus Amerika eingeführt wurden. Die

Russen zeigten sich bereit zu verhandeln; ihre Verluste waren zu empfindlich geworden. Die Verhandlungen wurden unter Vorsitz der Uno in Genf zwischen dem russischen Aussenminister und jenem Pakistans geführt. Sie ergaben schliesslich eine Zusage der Sowjetunion, dass sie ihre Truppen bis zum 15. Februar 1989 abziehen werde. Die russischen Truppen wurden tatsächlich vertragsgemäss abgezogen. Doch Moskau verständigte sich mit dem neuen kommunistischen Präsidenten in Kabul, zu welchem der ehemalige Geheimdienstchef der prosowjetischen Regierung, Dr. Najibullah, erhoben wurde. Die Sowjetunion versprach ihm militärische und finanzielle Hilfe, um ihn in die Lage zu versetzen, trotz des Abzugs der russischen Truppen Kabul und die anderen Städte Afghanistans zu halten.

Dies gelang Najibullah bis zum Jahr 1992. Doch Kabul wurde oft von den Bergen aus von den Rebellen beschossen. Ein bedeutender Teil der afghanischen Bevölkerung hatte in der Regierungsstadt, die bisher weniger Kämpfen ausgesetzt war als das entferntere Bergland, Zuflucht gesucht. Diese Bevölkerung wurde nun Opfer des Dauerbeschusses. Schliesslich gelang es Ahmed Schah Mas'ud, dem legendären Helden des Widerstands gegen die Russen, der sich im nah bei Kabul gelegenen Panjshir-Tal hielt, den wichtigsten Truppenführer Najibullahs, den Usbeken-General Rashid Dostom, mit seinen usbekischen Truppen von Najibullah zu entfernen und zum Überwechseln auf die Seite der Feinde der Sowjetunion zu bewegen. Gemeinsam mit Dostom konnte Mas'ud Kabul einnehmen, während ein anderer Führer des afghanischen Widerstandes, der als finster entschlossener Fundamentalist und kalter Mörder seiner politischen Gegner bekannt war, Gulubuddin Hikmatyar, das Nachsehen hatte.

Hikmatyar wurde vom pakistanischen Geheimdienst begünstigt. Dieser, ISI (für Interservice Intelligence) benannt, spielte eine wichtige Rolle in dem gesamten Ringen, weil die pakistanische Regierung sich von den Amerikanern ausbedungen hatte, dass sie – über ihren Geheimdienst – die Waffen verteilen durfte, die aus den Vereinigten Staaten über die pakistanischen Flugplätze und Häfen an den afghanischen Widerstand geliefert wurden. Dies bedeutete, dass die Pakistani unter den sechs verschiedenen Widerstandsgruppen, die in Afghanistan kämpften und die alle in der pakistanischen Stadt Peshawar, nicht weit von der afghanischen Grenze, ihre Büros besassen, jene auswählen und begünstigen konnten, die ihnen gerade am besten in ihre politischen Pläne passten. Dies war die Gruppe Hikmatyars, weil der pakistanische Staatschef jener Zeit, General Zia ul-Haq, selbst den Fundamentalisten nahe stand und – wichtiger noch – weil die pakistanischen Dienste rechneten, dass Hikmatyar mit seiner engen fundamentalistischen Ideologie und seiner geringen Popularität bei den afghanischen Stämmen später einmal, nach dem erhofften Abzug der Russen, am meisten auf Unterstützung aus Pakistan angewiesen sein dürfte, wenn es darum gehe, welche unter den sieben Gruppen die Macht oder die meisten Machtpositionen im Lande für sich gewinne. – Die pakistanischen Geheimdienste suchten stets, entsprechend ihrer Theorie von der strategischen Tiefe, die sie gegenüber Indien benötigten, Kräfte in Afghanistan, die sich auf sie stützen mussten und die daher darauf angewiesen und gezwungen sein sollten, der pakistanischen Politik in Bezug auf Indien enge Gefolgschaft zu leisten. Islamisten schienen für diese Rolle besser geeignet als afghanische Nationalisten, die stets geneigt sein würden, die Interessen Afghanistans jenen Pakistans voranzustellen.

Der zu erwartende Machtkampf unter den verschiedenen Widerstandsgruppen brach denn auch aus, sobald Najibullah und das kommunistische Regime ausgeschaltet waren. Dies geschah erst 1992, vier Jahre nach dem Abzug der Russen, weil die Sowjetunion, solange sie selbst fortbestand, alles tat, was sie vermochte, um ihren Klienten Najibullah zu stützen. – Dostom, der am Ende das Ringen dadurch entschied, dass er mit seinen Truppen zum Widerstand überwechselte, wurde zu einer wichtigen Kraft im Kampf um die Macht, der dem Sturz der Regierung Najibullah folgte. Er besass eine gut ausgerüstete und kampfgeübte Miliz aus in Afghanistan lebenden Usbeken, die er persönlich anführte. Nun schuf er sich seinen eigenen Machtbereich in der Stadt Mazar-e Sherif, nah der usbekisch-afghanischen Grenze. Er konnte sich der Gunst seines usbekischen Landsmanns und Nachbarn, Islam Karimow, erfreuen, der seit der Auflösung der Sowjetunion in Taschkent regierte. – Karimow und die anderen Staatschefs in den nun unabhängigen, ehemaligen zentralasiatischen Gliedstaaten der Sowjetunion fürchteten vor allem den Einfluss der Islamisten auf ihre Staaten. In Tajikistan hatte sich ein grausamer Bürgerkrieg zwischen profundamentalistischen Kräften aus der Region von Garm und ihren Feinden, der prokommunistischen Bevölkerung von Kulyiab, entwickelt. Dostom war alles andere als ein Fundamentalist, er war aus seiner prokommunistischen Epoche als ein Haudegen, grosser Trinker und Feind der Geistlichen bekannt. Solange er an der Grenze nach Usbekistan stand, brauchte Karimow keine Infiltration der Islamisten nach Usbekistan zu befürchten.

Ahmed Schah Mas'ud, dessen Machtzentrum ebenfalls auf der Nordseite des Hindukusch, aber etwas weiter im Osten Afghanistans lag, war ein ganz anderer Fall. Er galt als ein strenger und gläubiger Muslim, dem zuzu-

278

trauen war, dass er, wenn er zur Macht käme, ein «islamisches» Regime einführen werde. Seine Kämpfer und Administratoren gewährten den islamistischen Kräften Zuflucht, die aus Tajikistan fliehen mussten.

Es gab natürlich Dutzende anderer «war lords» im Lande; in Afghanistan nannten sie sich «Kommandanten». Sie alle versuchten, Kabul zu erreichen und von dort aus ihre Herrschaft über das ganze Land zu errichten. Wenn sie dazu jedoch nicht in der Lage waren, bemühten sie sich, lokale Kleinreiche und Machtzentren aufzubauen, von denen aus sie vielleicht in der Zukunft auf den Eroberungszug Richtung Kabul aufbrechen könnten. Das Land wurde so unter die «Kommandanten» aufgesplittert, deren jeder über eine kleinere oder grössere Truppe verfügte, welche ihm meist auf der Grundlage ethnischer und Stammeszugehörigkeit Gefolgschaft leistete. Viele der Kommandanten gingen so weit, dass sie Durchgangszölle durch ihr Machtgebiet für die Waren forderten, die auf «ihren» Strassen oder Saumpfaden transportiert wurden. Diese Praxis verteuerte dann natürlich das Angebot von Esswaren und anderen Gütern auf den Basaren der Städte wie Kabul, Kandahar, Herat, Mazar-e Sherif usw. Der Bevölkerung war dies klar, und die «Kommandanten» waren aus diesem Grunde recht wenig beliebt, ausser natürlich bei ihren direkten Parteigängern, mit denen sie die Beute ihrer Wegelagerei teilten.


## Der Einmarsch der Taleban


In diese politisch und militärisch zersplitterte Landschaft Afghanistans brach überraschend eine neue Kraft ein, sie nannte sich Taleban, was «Studenten» der Theologie bedeutet. Es hiess, sie stammten alle aus den Theologieschulen (*Madaris*, singular *Madrasa*) der pashtunischen Grenzgebiete, diesseits und jenseits der Durand-Linie. Sie kämpften angeblich unter ihren «Theologieprofessoren». Solche Behauptungen, die weitgehend Verschleierungen der wahren Sachlage zu sein schienen, kamen in erster Linie aus Pakistan, wie die Taleban selbst auch. Wenn es sich wirklich um Theologiestudenten handelte, blieb offen, wo diese Studenten ihre Waffen und ihre militärische Ausbildung erhalten hatten. Wer solche nicht immer bequeme Fragen den pakistanischen Sprechern stellte, erhielt mehr oder weniger vage Andeutungen zur Antwort, «die Amerikaner» müssten doch wohl hinter den Taleban stecken. Sie hätten so viel Waffen ins Land gebracht und liessen nun zu, dass die «Studenten» mit ihnen ausgerüstet würden. – Wer sich freilich überlegte, wem die Aktion der Taleban nütze und wie sie in das bisherige Gesamtbild der Afghanistan-Wirren hineinpassten, kam zu dem Schluss, dass es die Pakistani, genauer gesagt ihre Geheimdienste, sein mussten, die für die Ausbildung, Ausrüstung und den Einsatz der Taleban sorgten, sogar wenn diese eigene politische Oberhäupter besassen, die – wie ihre Kämpfer selbst – dem islamistischen Credo anhingen. Diese Vermutung wurde bestärkt durch Behauptungen der Gegner der Taleban, nach denen sie pakistanische Offiziere, die den Einsatz der Taleban geleitet hätten, entweder gefangen genommen oder als Gefallene auf den Schlachtfeldern gefunden hätten[50]. Doch Pakistan hat solche Nachrichten immer dementiert.

Jedenfalls waren die Taleban über Erwarten erfolgreich. Die angeblichen Studenten waren in der Lage, Flugzeuge und Tanks zu steuern, sie vermochten schon kurz nach ihrem ersten Erscheinen im Jahr 1994 die südliche Stadt Kandahar einzunehmen und drangen von dort aus bis in die Nähe von Kabul vor, wo sie freilich 1995 eine erste Niederlage erlitten, weil sie durch die Truppen von Mas'ud in erbitterten Kämpfen blutig zurückgeschlagen wurden. Die Taleban wandten sich darauf westlich nach Herat und vertrieben den dortigen lokalen «Kommandanten» Ismail Khan, der zuvor umsichtig über die schwer beschädigte Stadt geherrscht hatte. Bei der Eroberung von Herat sollen gewaltige Gelder ausgegeben worden sein, um Teile der Truppen Ismail Khans zu kaufen. Dies gab zu Spekulationen Anlass, dass die Taleban auch die finanzielle Unterstützung der Saudis genössen.

Ein zweiter Vorstoss der Taleban gegen Kabul war im September 1996 erfolgreich, und der Hindukusch mit seinen Pässen und dem Salang-Tunnel wurde eine Zeitlang die Grenze zwischen dem Machtbereich der Taleban und

---

50  *Ahmed Schah Mas'ud* über die Pakistani: «Ils sont au cœur de cette guerre. Ils la financent. Ils la fomentent. Ils ont un intérêt vital à faire de l'Afghanistan une sorte de protectorat qui multiplierait par deux, en cas d'affrontation avec l'Inde, leur profondeur de champ stratégique. Et c'est pour cette raison qu'ils ont inventé les talibans … C'est la réalité. Il y a des instructeurs pakistanais à Kaboul. Des officiers pakistanais sur le terrain. Nous avons même, à Mazar-i-Sharif, capté par radio, à la veille de la reddition, des conversations en Urdu. Et le million de dollars donné au commandant de la ville en échange de cette reddition, d'où croyez-vous qu'il venait sinon, encore une fois, des services secrets pakistanais – peut-être asssociés, il est vrai, aux services spéciaux saoudiens?» (Le Monde, 13. 10. 98, «Portrait» par Bernard-Henri Lévy.) Zur ganzen Frage liegt nun das neue, massgebende Buch von Ahmed Rashid vor: Taliban, Islam, Oil and the New Great Game in Central Asia. Tauris, London 2000. Dort findet man viele Einzelheiten über die pakistanische Hilfe.

jenem der sogenannten «Nördlichen Allianz» unter Ahmed Schah Mas'ud. Dann stiessen die Taleban von Herat aus nach Mazar-e Sherif vor. Sie konnten die Stadt im Mai 1997 leicht einnehmen, weil dort ein Streit zwischen Dostom und seinem zweiten Mann, Malik, ausgebrochen war, in dessen Verlauf Maliks Truppen die Taleban gegen Dostom zu Hilfe riefen. Als die Taleban jedoch Dostom nach Usbekistan abgedrängt hatten, wollten sie sich der Stadt bemächtigen und ihre strikten islamistischen Regeln durchsetzen. Dies war nicht die Idee der Anhänger Maliks gewesen. Sie erhoben sich plötzlich, massakrierten die Taleban, die sich in der Stadt befanden, und behielten Mazar-e Sherif für sich.

Die Taleban brauchten ein Jahr, um einen neuen Vorstoss nach Mazar zu organisieren; doch dann kamen sie mit Macht im August 1998 und schlugen die Usbeken Dostoms und Maliks aus der Stadt. Ihr Sieg wurde dadurch erleichtert, dass ein Truppenkommandant der Armee Dostums zu den Taleban überlief, die Hazara (eine schiitische Minorität), welche die Hauptgarnison bildeten, überfiel und sie aus der Stadt verjagte. Die Taleban nahmen dann ihrerseits mit Massakern vor allem an den Hazaras, die sich noch in der Stadt befanden, und an den Usbeken Rache. – Die Taleban hatten mehrere iranische Diplomaten im iranischen Konsulat von Herat gefangen genommen und umgebracht sowie auch eine Reihe von iranischen Lastwagenführern ermordet. Dies liess die Spannungen zwischen Iran und den Taleban, die schon früher bestanden hatten[51], weiter anwachsen. Die iranische Armee führte grosse Manöver an der afghanischen Grenze durch. Doch es kam nicht zu Zwischenfällen, und die Taleban liessen schliesslich den letzten überlebenden Diplomaten und einige der Lastwagenführer frei. Sie besetzten aber Bamiyan im Zentrum des Hindukusch am 13. September 1998 und die dortigen Hochtäler der schiitischen Hazara-Minorität. – Die Hazara waren seit der Zeit des Widerstandes gegen die Russen von den iranischen Revolutionswächtern (Pasdaran) bewaffnet und ausgebildet worden. Die gegen sie verübten Massaker belasteten die Beziehungen zwischen Teheran und den Taleban weiter. Die Taleban sind sogar für die Fundamentalisten Khomeinys zu fundamentalistisch. Teheran kritisiert sie, weil sie die

---

51  Iran warf den Taleban vor, sie gäben durch ihre allzu bornierte Politik gegenüber den Frauen dem Islam einen schlechten Namen. Die Taleban hatten auch einen Hazara-Anführer, der eng mit den Iranern zusammengearbeitet hatte, zu Gesprächen eingeladen und dann ermordet.

Erziehung der Mädchen verbieten und die Studentinnen aus den Universitäten entfernen, keine Frauen als Ärztinnen in Männerspitälern oder Beamtinnen dulden wollen und mit den Minoritäten ihres Landes, darunter eben auch die schiitischen Hazaras, sehr grausam umgehen. Teheran meint, dieses sture Verhalten der Taleban bringe den Islam in ein schlechtes Licht.

Nach der Einnahme von Bamyan beherrschten die Taleban etwa vier Fünftel des Landes. Sie hatten Ahmed Schah Mas'ud in die nordöstlichen Regionen Afghanistans abgedrängt, mit Zentren in Taleghan und dem Panjshir-Tal, seiner Heimat, wo er seine Hausmacht besitzt. Im März und erneut im Juli 1999 gab es Berichte, nach denen unter Uno-Vermittlung Verhandlungen zwischen den Taleban und Mas'ud in Ashkabad, der Hauptstadt von Turkestan, und später in Taschkent, geführt wurden. Ziel der Verhandlungen sollte eine weit gefasste Koalitionsregierung aus den Politikern beider Seiten sein. Doch gleichzeitig dauerten die Gefechte an. Mas'ud erhielt nun russische und usbekische Unterstüzung gegen die (ihrerseits von Pakistan unterstützten) Taleban, weil die Russen und die Usbeken die Präsenz der Taleban an ihren Grenzen fürchten. Es gab auch Berichte über Waffentransporte aus Iran an Ahmed Schah Mas'ud.


## Auflösung des afghanischen Staates

Die zweite Phase der afghanischen Kriege, als nach dem Abzug der Russen die verschiedenen Kommandanten und ihre Truppen um die Herrrschaft im Lande kämpften, soll nach den Beobachtungen der wenigen Berichterstatter, die sich im Lande aufhalten konnten, noch zerstörerischer gewesen sein als die erste. Es wurde oft an verschiedenen Fronten innerhalb des einen Landes gekämpft, und die Racheakte, besonders der Taleban, wenn es um nicht-sunnitische Glaubensgemeinschaften ging, sollen nicht nur Männer, sondern auch Frauen und Kinder betroffen haben, ein Vorgehen, das nach den Stammesgewohnheiten der Afghanen unvorstellbar wäre. Dennoch scheinen die Taleban mindestens in den sunnitischen Landesteilen eine gewisse Zustimmung der Bevölkerung erlangt zu haben, vor allem weil sie die Wegzölle beendeten, die zuvor jedem kleinen Kommandanten entrichtet werden mussten, und weil sie durch ihre Eroberung grosser Teile des Landes die Aussicht auf ein Ende der Kriege und eine heiss ersehnte Friedensepoche zu eröffnen schienen. Die einfache Bevölkerung, vor allem jene der Dörfer, nahm dafür hin, dass sie von nun an gezwungen sein sollte, Bärte zu tragen bzw. ihre Frauen tief zu verhüllen, wenn diese sich auf die Strasse begaben. In den Dörfern war es ja im Grunde nie anders gewesen, höchstens dass nun Regierungszwang an die Stelle der bisher für alle Mitglieder der Dorfgemeinschaft verpflichtenden Sitten und Gebräuche getreten war.

Bei den Afghanen wie bei den Somali waren verwandte Erscheinungen zu beobachten. Es gab nationale und nationalistische Ziele, Grosssomalia bei den einen, Grosspashtunistan bei den anderen, später bei den Afghanen den Kampf zur Vertreibung der russischen Invasoren. Doch als diese Ziele entweder erreicht waren (im Falle der Russen) oder als unerreichbar aufgegeben werden mussten (die Grossprojekte der Afghanen und der Somali), bewirkten die im Lande angesammelten Waffen zusammen mit der akkumulierten Feindschaft der Nachbarstaaten und deren Ambitionen und Expansionsträumen, dass der Staatsapparat weitgehend zusammenbrach und die darunter liegende Struktur der Ethnien, Stämme und Klans gewissermassen unverhüllt und uneingeschränkt zutage trat. Afghanistan als ein Vielsprachen- und Vielvölkerstaat ist in dieser Hinsicht anders, komplexer als Somalia. Doch sogar dort hat sich Nordsomalien, einst britisch verwaltet, von Südsomalien, der ehemaligen italienischen Kolonie, wieder losgetrennt. Die bewaffneten Gruppen und Gemeinschaften traten in beiden Ländern in einen wilden Machtkampf ein, der entscheiden sollte, welche der Gruppen den Staat übernehme. Die Aussenmächte, Pakistan, Iran, Usbekistan und Russland, waren in dem strategisch wichtigen Land Afghanistan mehr interessiert, Einfluss zu nehmen und den Machtkampf in ihrem Sinne zu steuern, als in Somalia, wo sich einzig die Uno aus humanitären Gründen für eine kurze Frist einschaltete – bis die Verluste der Uno-Truppen für die Regierungen, die Kontingente dafür abgestellt hatten, besonders die Amerikaner, zu hoch wurden, um die Aktion in Somalia fortzusetzen.


## «Les malheurs kurdes»

Die Sache der Kurden ist noch einmal verwandt, jedoch insofern sehr anders, als die Kurden keinen eigenen Staat besitzen, sondern nur Stammesgebiete, die sich hauptsächlich über drei Staaten, die Türkei, den Irak und Iran, hinziehen. Folglich sind für die Kurden alle drei grösseren Staaten, denen sie angehören, potentielle Feinde, die sich periodisch in wirkliche Feinde verwandeln. Der kurdische Nationalismus wird zwar im Denken der Intellektuellen gross geschrieben, die den Traum eines kurdischen Staates für die kur-

dische Nation nicht aufgeben wollen, doch die politische und gesellschaftliche Realität ist nicht durch diesen erhofften Staat bestimmt, sondern fast
einzig durch die Stämme, die Stammesführer mit ihren Milizen und – nur
zu oft – die Rivalitäten, Gegensätze und Kämpfe, die sich unter diesen
Stämmen entwickeln. – Da es in Kurdistan auch bedeutende Städte gibt,
Sulaimaniya im Irak, Diarbakir in der Türkei sind wohl die wichtigsten,
besteht neben dem ländlich-tribalen auch ein städtisches Kurdentum (auch
Bagdad besitzt seine eigenen lang ansässigen Kurden, die man *Fayli* nennt).
Durch die Stadtbewohner kommen Ideologien unter die kurdischen Kämpfer, Nationalismus, Sozialismus, Kommunismus. Doch militärisch entscheidend sind bis heute (im Irak und Iran etwas mehr als in der Türkei) die Stam-
mesverbände unter ihren Guerillaführern.

Die Erfahrung von Somalia und Pashtunistan trifft auch für die Kurden
zu: solange sie einen äusseren Feind haben, gegen den ihr Befreiungskampf
sich richtet, gibt es Koordination unter ihnen. Da diese äusseren Feinde
ihren Sitz in den Hauptstädten der Staaten haben, zu denen die Kurden
selbst gehören, sind sie stärker präsent als im Falle der Somali und in dem –
wieder etwas anders gelagerten und dem kurdischen etwas näher stehenden –
der Afghanen. Deshalb ist die Zusammenarbeit unter Kurden eher besser, als
sie es unter den Afghanen und den Somalis war, wenn einmal der äussere
Feind wegfällt oder zurückweicht. Doch auch bei den irakischen Kurden hat
es – zum immensen Schaden der kurdischen Sache – innere Kämpfe gegeben, sobald die westlichen Mächte durch das Flugverbot für die Irakis über
Kurdistan einen provisorischen Freiraum für die irakischen Kurden schufen
und ihn gegen Bagdad absicherten. Das kurdische Parlament, das fast gleich
und gleich zwischen den Anhängern Barzanis und Talabanis geteilt war,
brach unter dem Streit der beiden Faktionen zusammen. Dies geschah
bezeichnenderweise in dem Augenblick, in dem Bagdad die kurdischen
Regionen einem wirtschaftlichen Boykott unterzog, daher das Geld und die
Waren knapp wurden und die Anhänger Talabanis jenen Barzanis vorwarfen,
sie, welche die Nordgrenze zur Türkei beherrschten, würden durch Wegzölle
fett, die sie auf der einzigen Strasse nach dem Ausland (das heisst nach der
Türkei) kassierten, die den irakischen Kurden offen stand. Der Streit um die
Zölle eskalierte bis zu einem Kleinkrieg, den die Amerikaner zu schlichten
suchten, der aber immer wieder neu aufflammte, und nicht einmal die Präsenz einer weiteren Kampfpartei, nämlich der türkisch-kurdischen Kampfverbände (PKK) auf irakischem Boden und die häufigen Einfälle, die sich
die türkischen Streitkräfte aus diesem Grunde nach Irakisch-Kurdistan

erlaubten, konnten die rivalisierenden Gruppen der irakischen Kurden zu einer dauerhaften Zusammenarbeit bewegen.

Natürlich taten sowohl die Iraner wie auch die Türken und die Iraker alles, was in ihrer Macht lag, um diesen innerkurdischen Streit anzufachen. Die Iraner schickten zeitweise sogar eine «kurdisch-islamistische» Gruppe nach Irakisch-Kurdistan, die sich einmal mit Barzani, dann wieder mit Talabani verbündete. Und Barzani ging in dem Streit, als die Leute Talabanis die Überhand zu gewinnen drohten, so weit, dass er den Erzfeind Bagdad um Hilfe anging, der dann in der Tat die Stadt Erbil von den Anhängern Talabanis eroberte.

### Verrat an der Nation?

All diese Ähnlichkeiten, auch im Fall der Jemeniten könnte man sie finden, beruhen auf der schon mehrfach hervorgehobenen grundsätzlichen Tatsache, dass in einer Stammesgesellschaft die Stämme wichtiger sind als der Staat. Sie haben für die Hauptmasse der Bevölkerung mehr Realität als die Regeln, Gewohnheiten und Machtmittel der fernen Hauptstadt und des fremden – oft ebenso unverständlichen wie verständnislosen – Staatsvolkes oder Nachbarvolkes mit seiner noch unverständlicheren Bürokratie. Die Stammesgesetze, nach denen die Stammesbevölkerung immer noch weitgehend lebt, gebieten Gefolgstreue primär gegenüber dem Stamm oder gar dem Klan, weshalb es für die Stammesführer leicht ist, immer wechselnde Allianzen einzugehen. Die Stammesleute werden ihnen bei allen Umkehrungen der Allianzen Folge leisten, denn für sie sind taktische Wechsel der Allianzen keine Vergehen gegen die Loyalitätspflicht, also alles andere als der Hochverrat, als welchen die nationalen und nationalistischen Führer und Militärs das ewige Schwanken der Stammesbündnisse, auch über die nationalen Grenzen hinweg, verurteilen.

Das Verhalten der Stämme liegt in ihrer Natur; es ist uralt, so alt wie das Stammeswesen selbst und damit viel älter als jeder Staat. Doch die Strafen, welche die Staaten den Stämmen für ihr in ihren Augen «unloyales» Verhalten erteilen, sind in den letzten zwei Jahrhunderten immer brutaler und totaler geworden, sie reichen immer tiefer in die Stammesgebiete hinein wegen der (importierten) Waffentechnologie, über welche die Staaten weitgehend alleine verfügen und die sie rücksichtslos einsetzen. Darum sind die Stammesgebiete, die heute noch überleben, lauter Unglücksgebiete geworden.

## Vorwand und Grund zur Blockierung der Demokratie

Was unsere Frage nach der Demokratie angeht, so hat die Stammesproblematik einen doppelten Einfluss auf ihre Geschicke. Einmal helfen die «Feldzüge» der Militärs gegen die Stämme den Offizieren zu leichtem Ruhm und zur Selbstüberschätzung, weil sie sich für siegreich halten, wenn sie ein paar Zelte oder Hütten zerstört und eine grössere Zahl von Kindern niedergemetzelt und Frauen vergewaltigt haben. Im Irak gingen die ersten Militärmachthaber der dreissiger Jahre aus «Siegen» dieser Art hervor, die sie gegen die Assyrer gewonnen hatten. Die Militärs werden dann leicht «siegreiche» Hüter des Vaterlandes, die der Parlamente nicht mehr bedürfen oder sie sogar als «Verrätervereine» und Hindernisse auf dem Weg der von ihnen «viel besser gelenkten» Nation betrachten.

Im Inneren der Stammesländer gibt es die sogenannte Stammesdemokratie; leider hat sie nicht viel mit der «Westminster-Demokratie» zu tun. Stammesberatungen und Zusammenkünfte sind mehr ein Instrument des Ausgleiches und der möglichen Zusammenarbeit unter den Stämmen, als dass sie irgendetwas mit den Rechten der Individuen zu tun hätten. Ihr Subjekt und ihr Objekt sind nicht die Personen, sondern die Stämme und ihre Lage. Mit den Stämmen zerfällt automatisch auch die Stammesdemokratie. Versuche, sie in eine staatliche Verfassungsdemokratie mit Gewaltenteilung, Religions-, Meinungsfreiheit und Habeas Corpus umzuformen, sind bis heute nicht gelungen und werden schwerlich erfolgreich sein, solange die Stämme eine Realität bleiben. Sind sie es nicht mehr, haben wir auch nicht mehr mit Stammesgebieten zu tun.


## Libanon: Die Religionsgemeinschaften als urbane Stammesgesellschaft

Libanon kann man als eine Art von urbaner Stammesgesellschaft ansehen. Die Stelle der Stämme wird dort von den Religionsgemeinschaften eingenommen. Arabisch nennt man sie *Taifa* (Plural: *Tawâ'if*), was man mit «egozentrischen oder introvertierten Kleingruppen» übersetzten kann. Ein eher abschätziges Wort, das die Anhänger des Staates im negativen Sinne gebrauchen, weil die Religionsgruppen sich oft als wichtiger als den Staat ansehen und vielen der Bürger auch als wichtiger gelten. Die Religionsgemeinschaften sind auch im Staat institutionalisiert. In der politischen Praxis finden sich viele Libanesen durch ihre Religionsgemeinschaft im Staat vertreten und am Staat beteiligt.

Die «Taifa» bildet den Fokus ihrer primären Loyalität, man ist offiziell Libanese und Maronite oder Libanese und Schiite usw. Doch im täglichen Leben sind viele der Bürger Libanons Maroniten, Schiiten, Drusen usw. zuerst und vor allem; Libanesen nur in zweiter Hinsicht, insofern ihre verschiedenen Religionsgemeinschaften alle zusammen ein eher provisorisches Gebilde abgeben, das sich Libanon nennt und sich aus ihnen zusammensetzt.

Von Zeit zu Zeit – und bisher mit immer wachsender Brutalität und Gewalt seit den Jahren der Unabhängigkeit – gibt es Auseinandersetzungen unter den Taifas[52]. Weil man weiss, dass das immer passieren kann, bewaffnet ein jeder Klan sich und seine Anhänger. Und wenn sie alle bewaffnet sind, passiert es natürlich umso leichter. Bei den innerlibanesischen Auseinandersetzungen geht es fast immer um die Machtverteilung im Staat, die natürlich auch wirtschaftliche Folgen aufweist. Doch die inneren Kämpfe saugen auch leicht die Konflikte der angrenzenden Staaten nach Libanon hinein; die Stellvertreterkriege, die so entstehen, können die innerlibanesischen Konflikte verschärfen und vor allem verlängern, weil die äusseren Mächte immer mehr Mittel und Waffen in das Land hineinpumpen, um der stellvertretend für sie kämpfenden Taifa oder Gruppierung von Taifas zu Hilfe zu kommen. Das Land und seine Wirtschaft laufen dabei Gefahr, weitgehend oder gar gänzlich zerstört zu werden.

Libanon ist die einzige seit geraumer Zeit funktionierende Demokratie unter den Staaten des Nahen Ostens (wenn man einmal von Israel absieht, das sich noch nicht sehr lang in der Gegend befindet). Dies kommt daher, dass ein Parlament zum Ausgleich und Kompromiss unter den verschiedenen Taifas unentbehrlich ist. Doch die parlamentarische Ausgleichsfunktion kann zusammenbrechen, weil eine oder mehrere der Taifas sich allzu benachteiligt oder allzu gefährdet glauben und statt zu Worten und Regeln des Rechts zu den Waffen greifen. Die Libanesen unter sich würden wahrscheinlich relativ rasch zu einem friedlichen Ausgleichsverfahren zurückfinden, weil die Waffengänge allzu offensichtlich ihre Lebensqualität zerstören. Doch es gibt die Aussenmächte, und der letzte libanesische Bürgerkrieg hat von 1975 bis 1991 gedauert, weil alle Aussenmächte sich einmischten, am brutalsten von allen die Israeli, die zuerst 1976–82 die maronitischen Kampfverbände unterstützten, dann 1982–84 zu einer Invasion des Landes

---

52  1860, lange bevor es einen Staat Libanon gab; nach der Unabhängigkeit 1952; 1958; 1975.

schritten und ausserdem Landesteile Libanons bis zum Frühjahr 2000 unrechtmässig besetzt hielten. Die Israeli versuchten, letztlich vergeblich, über die ihnen zuneigenden Kampfparteien Einfluss im Land und in der gesamten Levante zu gewinnen[53].

Ähnlich wie die Stammesstaaten ist der Taifa-Staat Libanon der Einmischungsgefahr dadurch ausgesetzt, dass die einmischungswilligen Mächte in ihm nur allzuleicht Partner finden, Leute, die immer bereit sind, sich mit dem Teufel gegen Beelzebub zu verbinden. Kommt es zu solchen Instrumentalisierungen der einzelnen sogenannten Religionsgemeinschaften von aussen (Religionsgemeinschaften, die auch als soziale und politische Existenz- und Interessenverbände funktionieren), bricht das innere «parlamentarische» Ausgleichsystem zusammen. Oder aber die Entwicklung verläuft umgekehrt: das innere Gleichgewicht gerät durcheinander, die Gemeinschaften greifen zu den Waffen, und wenn sie einmal zu kämpfen begonnen haben, verbünden sie sich «mit dem Teufel», um ihren Kampf siegreich zu beenden oder mindestens unbesiegt fortzuführen – nur, dass die andere Seite auch immer ihren «Teufel» findet, mit dessen Hilfe sie auf Gedeih und Verderb ihre libanesische Rivalenpartei zu bekämpfen gedenkt.

### Kriegsfronten innerhalb der Kampfgemeinschaften

Libanon zeigte auch, dass in den Gemeinschaftskriegen die einzelnen Gemeinschaften oder die ursprünglich föderierten Gemeinschaftsgruppen sich immer weiter aufspalten und einander bekämpfen[54]. Dies geschieht, weil

---

53  Dies ist ausführlich belegt in dem Werk: *Israel's Lebanon War* von Ze'ev Schiff und Ehud Ya'ariy, updated edition, Unwin paperbacks, Counterpoint, London 1986.

54  Einige Titel aus dem grossen Übersichtswerk über den libanesischen Bürgerkrieg von Theodor Hanf *(s. Anmerkung 55)* in Kapitel IV, *Ein Krieg mit vielen Gesichtern,* lauten: Syrische Intervention gegen Palästinenser und nationale Bewegung; Bürgerkrieg zwischen Christen; Schiitisch-palästinensischer Krieg; Innerpalästinensischer Bürgerkrieg im Libanon; Aufstand bei den Forces Libanaises und Bürgerkrieg im Hinterland von Saida; Der «Lagerkrieg»: Amal gegen Palästinenser; Krieg zwischen Amal und Drusenmiliz; Bürgerkrieg um Zahlé und Tripolis; Krieg um Westbeirut zwischen Amal und der Linken; Innerschiitischer Bügerkrieg: Amal gegen Hisbullah; Interpalästinensischer Bürgerkrieg; Kalter Krieg um den libanesischen Staat; Kleinkrieg um die Sicherheitszone. Hier sind nur jene Kämpfe erwähnt, die sich zwischen ursprünglich verbündeten Gruppen oder innerhalb einzelner Gruppen abspielten.

die Ressourcen knapp werden: Gelder, Waffen, Kämpfer, zivile Bevölke-
rungsgruppen, die als Rekrutierungspotenzial für die verschiedenen Kampf-
milizen dienen können. Dann schreiten die Gruppen zu inneren Kämpfen,
um die dahinschmelzenden Ressourcen für sich selbst zu monopolisieren
und sie den ehemaligen Verbündeten, die nun zu Rivalen geworden sind, zu
entziehen. Ihr Ziel ist meistens, ihre ganze Gemeinschaft oder eine ganze
geographische Zone zu monopolisieren, so dass sie als ihre alleinigen Vorkämpfer (und damit auch Ausbeuter) wirken können. Als diese Lage einmal
eingetreten war, wurden die Libanesen «ein Volk von Geiseln», und zwar von
Geiseln ihrer eigenen bewaffneten Milizen und ihrer offiziellen Armee, wie
Theodor Hanf[55] es treffend formulierte. Dass eine dieser bewaffneten Kräfte
alle anderen oder auch nur ihre Hauptrivalen endgültig schlagen und elimi-
nieren könnte, wurde immer unwahrscheinlicher, weil die Kräfte sich immer
weiter zersplitterten, und auch weil Syrien offensichtlich kein Interesse daran
hatte, dass eine andere Kraft als es selbst Libanon dominiere.

### Syrien als der unvermeidliche Retter aus dem Bürgerkrieg

Die Herrschaft eines anderen konnten die Syrer immer leicht verhindern,
indem sie den Gegnern auf beiden Seiten der jeweiligen Kämpfe so viel
Unterstützung gewährten, dass keiner von ihnen gänzlich zusammenbrach
oder endgültig nachgeben musste. In dieser Lage gab es keinen Ausweg mehr
aus dem Bürgerkrieg ausser der Intervention einer äusseren Kraft, die der
Macht der Bewaffneten ein Ende setzen konnte. Diese äussere Kraft konnte
nur entweder Syrien selbst sein oder eine Grossmacht, die auch den Syrern
ihr Diktat auferlegen konnte, in der Praxis nur die Vereinigten Staaten. – Mit
anderen Worten, die Syrer mussten, wenn sie vorsichtig handeln wollten, mit
ihrer Regelung der Libanonfrage zuwarten, bis ihnen die Amerikaner «grü-
nes Licht» dazu erteilten. Griffen sie vorher ein, konnten sie nicht mit
Gewissheit voraussagen, dass die Amerikaner (oder durch sie ermuntert die
Israeli) nicht ihrerseits gegen sie durchgriffen. Doch sie konnten jedenfalls
eine Lösung in Libanon, die nicht die ihrige war, verhindern. – Präsident
Hafez al-Asad war ein vorsichtiger Mann. Deshalb wartete er zu. Seine
Stunde kam, nachdem Syrien sich im Kuwaitkrieg von 1990/91 mit Ägyp-

---

55    Theodor Hanf: Koexistenz im Krieg; Staatszerfall und Entstehen einer Nation im Libanon,
      Baden-Baden 1990.

ten, den Amerikanern und den europäischen Mächten der grossen Koalition von 14 Staaten angeschlossen hatte, die den Irakern den Krieg erklärten, weil sie den Überfall Kuwaits durch Saddam Hussein nicht hinnehmen wollten. Noch während die diplomatische Phase des Ringens um die Befreiung Kuwaits andauerte (die kriegerische sollte am 17. Januar 1991 beginnen), schritten im Oktober 1990 die Syrer und jener Teil der libanesischen Politiker, der an die Notwendigkeit glaubte, eine Lösung der libanesischen Frage mit Hilfe der Syrer herbeizuführen, zur Ausschaltung von General Michel Aoun und der ihm zuneigenden Einheiten der libanesischen Armee, die sich in einem kleinen Reduit nördlich der Hauptstadt hielten[56].

Ein geheimer Beschluss des libanesischen Kabinetts bat die Syrer um Hilfe zur Wiederherstellung der Legalität. Die syrische Luftwaffe bombardierte am 13. Oktober 1990 den Sitz Aouns in Baabda. Der General nahm Zuflucht in der französischen Botschaft und forderte seine Soldaten auf, sich dem Oberkommando der libanesischen Armee seines Rivalen, General Emile Lahoud, zu unterstellen. Es kam dennoch zu Kämpfen, in denen etwa 200 Menschen ihr Leben verloren. Später, am 22. Mai 1991, wurde ein Staatsvertrag zwischen Syrien und Libanon unterzeichnet, der eine «enge Zusammenarbeit» auf allen Gebieten vorschreibt, besonders in Fragen der Sicherheit, der Aussenpolitik und der arabischen Politik, und der auch die Präsenz der syrischen Truppen in Libanon festlegte und regelte. Seither ist Libanon darauf angewiesen, in allen wichtigen Entscheiden die Zustimmung Syriens einzuholen. Die libanesische Demokratie wurde gerettet. Doch ihre Bewegungsfreiheit ist enger geworden. Die Präsenz eines syrischen Geheimdienstchefs für Libanon macht dies deutlich. Er heisst Ghassan Kanaan und wird von allen libanesischen Politikern und Parlamentariern eifrig konsultiert, bevor sie irgendwelche politischen Schritte unternehmen. Das Parlament wird dadurch noch mehr als bisher eine Ausgleichskammer, in der alle Gruppierungen ihre Interessen vorlegen und dann aufeinander abstimmen können. Neuinitiativen hingegen bedürfen der Zustimmung von Syrien, bevor sie im libanesischen Parlament lanciert werden können.

---

56  General Aoun sah sich seit dem 22. September 1988, als keine Wahl eines neuen Präsidenten zustande kam und der zurücktretende Präsident, Amin Gemayel, ihn in letzter Stunde zum Ministerpräsidenten ernannte, als die einzig legale Autorität im Lande an. Doch der bisherige sunnitische Ministerpräsident al-Hoss betrachtete sich als den legalen Regierungschef. Das Parlament hatte unter syrischer Aufsicht im November 1989 den Maroniten *Elias Hraoui* zum Präsidenten gewählt und dieser hatte al-Hoss in seinem Amt bestätigt.

# Die neue Ideologie des Islamismus

Die islamischen Staaten der von uns als «Normalfall» angesprochenen Entwicklung vom innerlich blockierten Parlament zur Militärherrschaft, sowie die vielen und vielfach gelagerten Sonderfälle, die wir ebenfalls versucht haben aufzuzählen und zu erklären, die königlichen Staaten Marokko, Saudi-Arabien und Jordanien, die Stammesgebiete und Stammes-Staaten mit ihren spezifischen Gesetzen, in deren Nähe wir auch Libanon als Staat der Religionsgemeinschaften rückten: sie kommen nun alle seit dem Ende der 80er Jahre unter den Einfluss einer neuen Ideologie, welche die bestehenden politischen Tendenzen nicht eliminiert, sondern eher überlagert: der Ideologie, die als Islamismus bezeichnet wird.

## Die Muslim-Brüder, Speerspitze des Islamismus

Die ersten ausgesprochenen Islamisten traten schon in den späten 20er und in den 30er Jahren des 20. Jahrhunderts in Ägypten auf. Sie nannten sich die Muslim-Brüder. Ihr Gründer, Hassan al-Banna (1906–1949), war ein Lehrer aus Ismailiya[57]. Als seine eigene Lehre verbreitete er persönlich und durch Propagandisten (*dâ'i*, «Rufer», genannt), die durch das ganze Land wanderten, dass die ägyptische Gesellschaft wieder streng islamisch werden müsse, wenn sie eine erfolgreiche oder eine wieder erfolgreiche Gesellschaft werden wolle. Was genau islamisch sei, war für al-Banna klar gegeben: es gab das muslimische Religionsgesetz, die Scharia, ihr musste man folgen, um ein guter Muslim zu sein. Neu an seiner Lehre war die Erfolgsverheissung. Der Islam, so lautete seine Überzeugung, hatte den Arabern einst eine blühende

---

57 Sein Vater, Ahmed, war Uhrmacher und gleichzeitig ein eifriger Student der traditionellen islamischen Wissenschaften. Er hatte eine Ausgabe des *Musnad* von Ibn Hanbal publiziert (J. M. B. Jones in ECI 2).

Zivilisation und einen weltweiten Erfolg gebracht, so wie viele Stellen im Koran das vorausgesagt hatten. Dies werde zweifellos wieder geschehen, wenn die muslimischen Gesellschaften zum Islam zurückkehrten, ihn ganz ernst nähmen und ihn zum eigentlichen Inhalt ihres individuellen und kollektiven Lebens machten. – Hassan al-Banna und seine Kampfgefährten konnten ihre Überzeugung auch begründen. Der Islam, so wie ihn Gott befohlen, der Prophet offenbart und auch vorgelebt habe, sei die bestmögliche aller Lebensarten für die Menschen, so glaubten die Brüder, jene, für die Gott die Menschheit recht eigentlich bestimmt habe. Das bestmögliche Leben müsse auch die bestmöglichen Resultate hervorbringen.

Die Lehre Hassan al-Bannas war in Ägypten ausserordentlich erfolgreich. Der Grund ist angesichts der politischen und sozialen Zustände der Epoche leicht zu verstehen. Der englische Kolonialismus stand damals in Ägypten auf dem Höhepunkt seiner Macht. Die ägyptischen Muslime zählten wenig im eigenen Lande. Über sie regierten die Paschas auf Weisung ihrer englischen Berater. Wirtschaftlich dominierten die vielen Kolonien von Fremden, beginnend mit den britischen und französischen Geschäftsleuten, über die Belgier, dann folgten die Griechen und Italiener, die in der Regel kleinere Geschäfte machten, aber grosse Gemeinschaften in Ägypten bildeten; die Armenier; die Turko-Ägypter, die die Klasse der Paschas abgaben; die Malteser; die Kopten und die anderen arabophonen Christen; die Juden Ägyptens; die tunesischen Juden, die anderen Juden des Nahen Ostens und eine Vielzahl von weiteren Fremdgruppen. Die letzten von allen, die ärmsten und die schutzlosesten, der Ausbeutung durch alle anderen ausgesetzt, waren die eigentlichen Landeskinder, die sunnitischen Fellachen, die sogar von ihren eigenen Landsleuten, den Ägyptern der besseren Stände, voller Verachtung angeschaut und ebenso behandelt wurden.

«Ägypten den Ägyptern» war der Slogan der ägyptischen Revolutionäre von 1919 gewesen; doch er war ein Wunsch geblieben. Die Fremden aller Schattierungen regierten und dominierten; sie waren die Erfolgreichen. Eine Ideologie, die den Erfolglosen auf Grund ihrer innersten Eigenheit, ihrer islamischen Religion, Erfolg zusicherte, musste in dem Masse wirken, in dem eigene Erfolge zur Selbstachtung der Niedergedrückten unbedingt erforderlich waren. Hassan al-Banna war ein begabter Organisator. Er hat zuerst in der Kanalzone, als er in Ismailiya unterrichtete, und später von Kairo aus, als er dorthin versetzt wurde, unermüdlich in ganz Ägypten gewirkt, um Gruppen von Brüdern ins Leben zu rufen, die sich dem echten muslimischen Leben hingeben wollten. Das Netz der Bruderschaft umfasste bald auch wirtschaftliche Unternehmen. Die Politisierung der Brüder nahm zu, als sie 1936 begannen, für die Palästinenser einzutreten und ihnen als gefährdeten Brüdern im Islam Hilfe zu bringen. – Auswärtige Zweige der Bruderschaft entstanden in allen arabischen Ländern des Nahen Ostens. Es gab ein reges Schrifttum, das die Ideen der Brüder ausmalte und verbreitete. In Ägypten wurden sie bald so mächtig, dass sie den herkömmlichen Parteien als eine gefährliche Konkurrenz erschienen. Die Unterscheidung zwischen Politik und Religion, auf der die aus Europa «importierten» politischen Parteien beruhten (natürlich das Resultat einer langen, oft blutigen europäischen Entwicklung), war und blieb den Brüdern fremd; Islam, so sahen sie es, sollte beides sein, Religion und Sozialordnung. Politik und Religion seien, jedenfalls im Islam, nicht zu trennen. «Islam ist Dogma und Kult; Religion und Staat; Vaterland und Nationalität; Spiritualität und Aktion; Koran und Schwert», erklärte Hassan al-Banna.

Dass sie selbst sich als die allumfassende «Partei des Islams» gaben und bezeichneten, brachte den Brüdern natürlich einen gewaltigen Vorteil gegenüber den herkömmlichen Parteien, die bloss für ein politisches Programm warben. Doch der Rückgriff auf den Islam (in der Praxis wurde dieser stets als der Scharia-Islam verstanden) brachte auch gewisse Probleme: Was etwa war mit den Kopten zu tun? – Für die Nationalisten und die Linke waren sie Vollbürger Ägyptens. Doch für die engeren unter den Brüdern mussten sie, nach Massgabe der Scharia, eigentlich wieder *«Dhimmi»* werden; eine zwar geschützte, aber den Muslimen unterstellte Gemeinschaft ... Oder wie sollte die ideale Gemeinschaft der Muslime politisch konstituiert sein? – Manche der Brüder dachten, dass sie wieder von einem *Khalifa*, von einem rechtmässigen Nachfolger des Propheten, geleitet werden müsse. Den Muslimen lag auch ob, so die Brüder, *Jihâd* zu führen, einen Heiligen Krieg, entweder zur Selbstverteidigung oder – wenn es einen rechtmässigen *Khalifa* gab (und nur unter dieser Vorbedingung) – auch zur Ausbreitung des Islams. Die Bruderschaft legte sich eine Geheime Organisation zu, die aus Leuten bestand, welche gelobten, auf ihren Befehl Gewaltakte durchzuführen. Sie sollen einen Eid auf einem Koran und einem Revolver abgelegt haben.

In den Jahren nach dem Zweiten Weltkrieg kam es zu einer scharfen Konkurrenz zwischen den Brüdern und den Linkskräften, besonders an den Universitäten. Die prokommunistische Linke warf den Brüdern vor, sie kämpften mehr gegen die Linke als gegen die Kolonialisten und Imperialisten. Die Brüder griffen die Kommunisten an, weil diese bereit waren, auf den Uno-Vorschlag einer Teilung Palästinas einzugehen, was alle arabischen Nationalisten und Islamisten weit von sich wiesen. Die Brüder konnten sich nicht mit der Linken verständigen, weil der Islam im Zentrum ihres Gesellschaftsprojektes stand und die Linke eine Politik der sozialen Gerechtigkeit «frei von aller Religion» führen wollte. Beide Formationen rekrutierten in ähnlichen sozialen Schichten: Schüler, Studenten, kleiner Mittelstand, Arbeiter, und beide sahen sich selbst als Vorkämpfer des ägyptischen Volks gegen die Kolonialherrschaft an. – Am Ringen um Palästina nahmen die Brüder mit Freiwilligen teil, und nach der arabischen Niederlage von 1948 bildeten sie in Ägypten eine Gruppierung, die über Waffen und opferwillige Kämpfer verfügte und gleichzeitig eine grosse Popularität besass. Das Regime begann sich vor ihnen zu fürchten.

Die Regierung von Noukrashi Pasha liess sie verbieten, all ihren Besitz beschlagnahmen und viele ihrer führenden Personen einkerkern. Daraufhin wurde der Ministerpräsident von einem Mitglied der Bruderschaft am 28. Dezember 1948 ermordet. Am 12. Februar 1949 wurde Hassan al-Banna selbst ermordet, sehr wahrscheinlich, wie die Brüder glauben, durch einen der Geheimpolizisten König Faruks. Die Bruderschaft existierte im Untergrund weiter. Sie konnte 1951, nachdem ein neues Gesetz über Vereine erschienen war, wieder legal auftreten; allerdings mit der Auflage, keine geheimen Aktionen durchzuführen und keine militärischen Aktivitäten zu entfalten. Dies hinderte sie jedoch nicht daran, sich dem Guerillakrieg anzuschliessen, der 1952 gegen die britischen Truppen am Suezkanal ausgerufen wurde. Neben den Brüdern war ein linksgerichteter «Nationaler Rat der Studenten und Arbeiter» führend an jenen Aktionen beteiligt, jede Organisation mit ihren eigenen Milizen. Manche Armeeoffiziere, die sich wenig später als Angehörige der Freien Offiziere Nassers entpuppen sollten, gaben den Freiwilligen der Linken und der Brüder eine improvisierte Waffen- und Guerilla-Ausbildung.

Ob und auf welcher Ebene, führend oder mehr mitlaufend, die Brüder am Brand von Kairo vom 26. Januar 1952 beteiligt waren, ist bis heute umstritten. Der Umstand, dass die Alkohol ausschenkenden Luxushotels und Gaststätten eines der Hauptziele waren, spricht eher für eine führende Rolle der Brüder. Sicher ist, dass der König damals die Armee von der Strasse hielt, bis die Unruhen ein überwältigendes Ausmass angenommen hatten. Der Zweck scheint gewesen zu sein, einen Vorwand zu schaffen, um die Volksagitation gegen die britischen Basen zu brechen und das Kriegsrecht ausrufen zu können. Dies geschah, und die Mitglieder der Guerilla gegen die britischen Basen, Brüder sowie Aktivisten der Linksorganisationen, fanden sich bald zusammen in den Gefängnissen.

Die Revolution Nassers vom 23. Juli 1952 verbot alle politischen Parteien; doch die Bruderschaft wurde als «religiöse Vereinigung» eingestuft und blieb zunächst bestehen. Manche der Offiziere der neuen Junta standen ihr nahe. Doch der Traum des damaligen Leiters der Bruderschaft, al-Hudaybi, als eine Art geistlicher Vater der Revolutionsoffiziere wirken zu können, erfüllte sich nicht. Bald begannen die Brüder die freien Offiziere zu kritisieren, weil sie den Islam nicht genügend ins Zentrum ihrer Politik rückten. Die Bruderschaft wurde darauf im Januar 1954 von den Offizieren aufgelöst. Doch im Verlauf des Machtkampfes zwischen General Muhammed *Neguib* und Nasser, der sich im gleichen Jahr abspielte, wurde die Bruderschaft wieder legalisiert. Sie ergriff Partei für Neguib, weil dieser baldige Wahlen versprach und die Brüder sich ausrechneten, dass sie dabei, nach dem Zusammenbruch der grossen Parteien Ägyptens, besonders gute Gewinnchancen hätten.

Nachdem Nasser jedoch das Ringen mit Neguib gewonnen hatte, griffen die Brüder den Vertrag mit den Briten an, den Nasser nach zähen Verhandlungen, die er selbst geführt hatte, am 19. Oktober 1954 unterzeichnete. Nasser erreichte darin zwar die Räumung der Kanalzone, musste jedoch in Bezug auf den Sudan nachgeben und einem künftigen Plebiszit im anglo-ägyptischen Sudan über den Anschluss des Sudans an Ägypten oder seine Unabhängigkeit zustimmen. Die Brüder waren der Ansicht, jede Verhandlung sei nutzlos, man müsse nicht mit den Engländern reden, sondern gegen sie kämpfen. – Am 26. Oktober 1954 wurde bei einer politischen Zusammenkunft in Alexandria auf Nasser geschossen. Ein Muslim-Bruder wurde dafür verantwortlich erklärt. Die Brüder selbst sagen bis heute, es habe sich um eine Polizeiprovokation gehandelt. Eine schwere Repressionswelle brach über der Bruderschaft herein: sechs ihrer Leiter wurden gehenkt, ihr oberster Führer, al-Hudaybi, erhielt lebenslängliches Zuchthaus; Tausende ihrer Mitglieder wanderten in Gefängnisse und Lager. Dort sollten sie einmal mehr ihren alten Rivalen, den prokommunistischen Linksaktivisten Ägyptens, begegnen. Trotz dieser Repression lebte die Bruderschaft im Untergrund weiter.

### Die zweite Welle der Muslim-Brüder

Nachdem sich Syrien 1961 aus der Vereinigten Arabischen Republik, als Union mit Ägypten, wieder zuückgezogen hatte, begann, verstärkt durch die Verluste der ägyptischen Armee im Jemenkrieg seit 1962, das Prestige

Nassers zu sinken. Seine Geheimdienste deckten 1965 eine angebliche Verschwörung der Brüder gegen das Regime auf. Eine lange Untersuchung, die bis ins nächste Jahr dauerte, führte zu vielen Zuchthaus- und Gefängnisstrafen und zu drei Hinrichtungen im August 1966. Unter den Hingerichteten befand sich der wichtigste Theoretiker der neuen Generation der Brüder: Sayyid Qutb (1906–1966). Qutb hatte unter dem Druck der Nasserschen Verfolgung die Lehre der Brüder verschärft. Seiner Ansicht nach waren die Muslime verpflichtet, gegen eine Regierung von Ungläubigen zu kämpfen. Als Ungläubige sah er die gegenwärtigen Herren des Landes. Dies ist die Doktrin des *Takfîr*, «als ungläubig erklären», die unter den Muslim-Brüdern selbst umstritten ist und in der Praxis ihren radikalen und «revolutionär» ausgerichteten Flügel von den Gemässigten scheidet. – Für die Gemässigten ist es nicht Sache der Muslime, andere Individuen ihrer Gemeinschaft als Ungläubige zu erklären. Dies bleibt Gott am Jüngsten Gericht vorbehalten. Doch die Radikalen entgegnen, es sei alte und wohletablierte Lehre, dass eine Regierung, unter der die Muslime nicht als Muslime leben könnten, abzulehnen sei und gestürzt werden müsse. Die bewaffneten Gruppen von muslimischen Revolutionären in Ägypten, die durch viele Mordanschläge, darunter jener erfolgreiche gegen Präsident Sadat vom 6. Oktober 1981, bekannt wurden, folgen dieser Lehre, ohne jedoch wirklich Mitglieder der Bruderschaft zu sein. Sie stellen eher radikale Kleingruppen dar, welche die Lehre von der «Pflicht zum Jihâd» vereinfacht und vergröbert haben, um sich selbst als «islamische Revolutionäre» einstufen zu können[58].

## Maududis Lehre von der Gottesherrschaft

Neben dieser ägyptischen Entwicklung gab es Seitenströme, die in anderen islamischen Ländern begannen, aber schliesslich alle in die islamistische Bewegung einmünden sollten. Einer der wichtigsten war die Lehre des indopakistanischen Intellektuellen Abu'l-A'lâ al-Maudûdi (1903–1979). Maududi, oft auch englisch Mawdoodi geschrieben, war in Hyderabad aufge-

---

58  Eine gute Übersicht über die Motivationen und Aktionen dieser Extremisten gibt das Buch von Gilles Kepel: *Le Prophète et Pharaon. Les mouvements islamistes dans l'Egypte contemporaine*, Paris 1984, dort S. 23–29 auch eine ausführliche Chronologie der Ereignisse bis 1981.

wachsen und stand als junger Mann der sogenannten Khilafat-Bewegung nahe, die in Indien unter dem Eindruck der Auflösung des Khalifates durch Atatürk entstanden war. Aus ihr sollte später die Muslim-Liga herauswachsen, die alle indischen Muslime zusammenfasste und zu vertreten suchte. Sein erstes wichtiges Buch widmete Maududi dem Begriff des Jihâd oder «Heiligen Krieges», den er genau zu studieren begann, nachdem nach einem politischen Mord ein Hindu in einer öffentlichen Polemik den Muslimen vorgeworfen hatte, sie breiteten ihre Religion durch Gewalt aus. – Der islamische Staat rückte dadurch ins Zentrum des Denkens Maududis, und als sein Hauptcharakteristikum setzte er, dass dieser Staat unter der Herrschaft Gottes zu stehen habe. Diese Gottesherrschaft, *hakimiyat-ullah*, wurde zum Kernbegriff, um den herum Maududi eine systematische Ideologie des Islams aufbaute. Er lehrte, dass die Gottesherrschaft eine Demokratie nicht ausschliesse, weil die Muslime sich alle und jeder individuell bemühen müssten, Gottes Willen entsprechend zu leben, und dieses Bemühen aller habe den Staat zu lenken. Er fordert daher eine «Theo-Demokratie».

Ursprünglich war Maududi kein Anhänger der Idee eines pakistanischen Nationalstaates. Doch sah er sich veranlasst, nach Pakistan zu ziehen; er begann dann in seiner neuen Heimat dafür zu kämpfen, dass sie ein islamischer Staat nach seinen Vorstellungen werde, nämlich unter der erwähnten Herrschaft Gottes stehend. Seine Schriften und Reden haben einen grossen Einfluss auf die lange Verfassungsdiskussion Pakistans ausgeübt und mitgeholfen, Pakistan nicht als einen «Staat für die indischen Muslime» zu definieren, wie ihn Staatsgründer Ali Jinna verstanden hatte, sondern als einen «islamischen Staat», der den Gesetzen Gottes unterstellt werden müsse. – Maududi gründete eine sehr elitäre Partei, die «Islamische Gesellschaft» *(Jamiyat-e Islami)*. Wegen ihrer geringen Mitgliederzahl vermochte sie keine Wahlen zu gewinnen, konnte aber in den Debatten über die Grundlagen des Staates Druck im Sinne eines Scharia-Staates ausüben, weil der Begriff «islamischer Staat» tief in den Vorstellungen von Volk und Eliten verwurzelt war und am leichtesten zu definieren war, wenn man seine Unterstellung unter die Scharia als Kriterium wählte.

Wie heftig die Debatten über die islamische Natur des pakistanischen Staates werden konnten, lässt sich daraus ablesen, dass Maududi zweimal eingekerkert (1948–50 und 1950–53) war und 1953 sogar von einem Militärgericht zum Tode verurteilt wurde. Das Gericht hielt ihn für die Agitation mitverantwortlich, die sich gegen die Sekte der Ahmadiya richtete und zu Massakern von Ahmedis geführt hatte. Bei dem Putsch des Generals Zia ul-

Haq von 1977, der zur Absetzung und später zum Tod Ministerpräsident Bhuttos führte, scheint Maududi im Hintergrund beteiligt gewesen zu sein. Doch seine Wirkung beruht in erster Linie auf seinen zahlreichen Schriften, die alle die Ideologie vom idealen islamischen Staat propagieren, der direkt unter Gottes Herrschaft gestellt werden müsse und den die Muslime zu verwirklichen hätten. Maududi pflegte in Urdu zu schreiben; seine Schriften erschienen stets auch in arabischer und in englischer Übersetzung. Viele liegen auch türkisch vor. In der arabischen Welt sorgten die Muslim-Brüder für ihre Verteilung. – Hassan al-Banna, der Gründer der Muslim-Brüder, war mehr ein Organisator und feuriger Redner, Maududi hingegen war eher ein Theologe und Denker, der eine lückenlos zusammenhängende islamistische Ideologie entwarf und durch sie weit über Pakistan hinaus auf die islamische Welt einwirkte.

## Der Erfolg der Islamischen Revolution in Iran

Ayatollah Khomeini hatte zweifellos Maududi gelesen. Da er Schiite war, lag ihm der Gedanke an einen Gott unterstellten Staat ohnehin nahe. Die Schiiten hatten sich jahrhundertelang aufgeopfert, um eine Herrschaft im Namen Gottes über diese Welt zu erstreiten, eine Herrschaft, die durch die Nachfahren des Propheten in der Linie Alis und Fatimas, ausgeübt werden sollte. Da der zwölfte Imam verschwunden war und erst vor dem Jüngsten Gericht wieder erscheinen sollte, hatten die Schiiten die Regel aufgestellt, dass während seiner Abwesenheit die Gottesgelehrten kollektiv die Stelle des Imams zu vertreten hätten. Die Praxis dabei war allerdings immer gewesen, dass die Gelehrten als Berater und Warner der eigentlichen Machthaber und Herrscher gedient hatten.

Neben der schiitischen hatte es in Persien immer auch die kaiserliche Tradition gegeben. Sie war sogar viel älter als jene der Schiiten. Einen Grossherrn, Schahinschah, gab es in Persien seit den Achämeniden, d.h. dem 6. Jahrhundert vor Chr., eine schiitische Staatsreligion hingegen erst seit der Safawiden-Dynastie vom 16. Jahrhundert nach Chr. Die sunnitischen und die schiitischen Gottesgelehrten hatten ihre Rolle während Jahrhunderten darin erblickt, den Herrschern zur Seite zu stehen und sie an die Scharia (natürlich jeweilen in ihrer sunnitischen oder schiitischen Version) zu erinnern. Doch Khomeini war eisern entschlossen, mit dem Schah ein Ende zu machen. Nicht nur der gegenwärtig herrschende, sondern auch sein Vater,

Reza Schah, galt Khomeini sowohl als ein Feind Gottes wie auch als sein eigener. Sogar über die Pahlawi-Dynastie hinaus griff die junge iranische Revolution alle Schahs an. Der grosse Schah-Platz in Isfahan, der auf den Safawiden Abbas den Grossen (r. 1587–1628) zurückgeht, wurde offiziell in Khomeini-Platz umgetauft. – Die «Herrschaft Gottes», so wie sie Maududi predigte, sollte nun in Iran verwirklicht werden. Und es lag nahe, dass Khomeini auf den Gedanken kam, die Gottesgelehrten sollten die Herrschaft, gewissermassen im Namen Gottes, selbst ausüben, da Machthaber ja gebraucht wurden.

Dies war eine in der gesamten islamischen Tradition neue Idee. Sie wurde der eigentliche Beitrag Khomeinis zur islamistischen Ideologie. Unter den Gottesgelehrten wollte Khomeini den zur Herrschaft fähigsten auswählen und ihm die Oberaufsicht über den islamischen Staat anvertrauen. Dieser Staat sollte eine Republik werden, schon um die Monarchie endgültig zu beenden, und aus diesem Grunde wurde die persische Verfassungstradition, die seit dem Beginn des Jahrhunderts bestand, beibehalten und erneuert; es gab weiter einen Präsidenten, ein Parlament, eine Regierung mit einem Ministerpräsidenten[59]; über allen aber thronte und alles beaufsichtigte der herrschende Gottesgelehrte, der mit wichtigen Vollmachten ausgestattet war. Dies war keine Regression ins Mittelalter, wie manche Kritiker der Islamischen Revolution meinten, es war vielmehr etwas noch nie Dagewesenes: eine theokratisch geleitete parlamentarische Republik. Dass ihr erstes Oberhaupt Khomeini selbst wurde, war wie selbstverständlich.

Ob dieser Zwitter von Staat auf die Dauer Bestand haben würde, war eine andere Frage. Wie die konstitutionelle Monarchie zwei widersprüchliche Regierungsprinzipien zusammenschliesst, das monarchische und das parlamentarische, so vereinigte die Islamische Republik zwei Herrschaftsprinzipien, das des herrschenden Gottesgelehrten und jenes des parlamentarisch regierten Staates. Der Widerspruch wurde, als Khomeini noch lebte, ganz zu Gunsten des herrschenden Gottesgelehrten aufgelöst. Es gab keine Parteien

---

59  Erst nach dem Tode Khomeinis, als die Nachfolgefrage gelöst werden musste, realisierten die Perser, dass dabei mindestens eine Instanz zu viel war. Der Präsident (unter dem herrschenden Gottesgelehrten, aber über dem Ministerpräsidenten) und der Ministerpräsident hatten beide vergleichbare Aufgaben und Kompetenzen, weshalb sie sich leicht in die Haare gerieten. Das Amt des Ministerpräsidenten wurde abgeschafft und seine Funktionen vom Präsidenten, zuerst war es Rafsanjani, übernommen.

ausser der «Partei Gottes» (Hizbollah), deren Knüppel tragende Schläger-typen eingesetzt wurden, um Dissidenten zum Schweigen zu bringen; die Parlamentskandidaten wurden von den Behörden, die letzlich vom herr-schenden Gottesgelehrten abhingen, auf Wahllisten gesetzt, für die dann die Stimmbürger stimmen durften. Die Oberkommandierenden der Streitkräfte und der Revolutionsgarden sowie die obersten Rechtsbehörden werden nach der Verfassung direkt vom herrschenden Gottesgelehrten ernannt. Das Par-lament war deshalb mehr ein Debattierklub, als dass es wirkliche Macht aus-üben konnte. Khomeini entschied. Doch die Parlamentarier waren da, sie hatten Ansichten und wollten diese zur Sprache bringen. Von Beginn an gab es eine lebhafte, manchmal heftige parlamentarische Diskussion darüber, wie genau die Islamische Republik funktionieren sollte.

Nach dem Tod des ersten, höchst charismatischen herrschenden Gottes-gelehrten (1988) begannen die Institutionen sich langsam einzuspielen. Heute, getragen und gestossen durch den gewaltigen Bevölkerungszuwachs, der bewirkt, dass mehr als die Hälfte aller Iraner unter 15 Jahre alt sind, befinden sich alle Institutionen der Islamischen Republik in einer inneren Auseinandersetzung, die fast auf einen Machtkampf hinausläuft. Die Theo-Demokratie, von der Maududi sprach, existiert, doch ihre beiden Bestand-teile ringen gegeneinander. Nicht, dass irgendjemand den Islam in Frage stellen wollte: das Prinzip des herrschenden Gottesgelehrten wird in Frage gestellt, wenn auch vorläufig nur leise. Offiziell gehört es zu den Grundlagen des Staates, die man nicht antasten darf. – Doch wie soll der herrschende Gottesgelehrte die Macht ausüben? Mit anderen Worten, wie weit reichen seine auf dem Islam basierenden Entscheidungsbefugnisse? Ist alles, was in seinem Namen geschieht, islamisch? Will er überhaupt alles, was unter Beru-fung auf ihn getan wird? Werden dabei nicht auch Fehler gemacht oder zum Vorteil gewisser Begünstigter wirkende Massnahmen getroffen? – Derartige Fragen werden immer mehr und immer lauter gestellt, zweifellos, weil die konkrete Politik der Islamischen Republik objektiv feststellbare Mängel und Fehler aufweist und weil eine stetig wachsende Schicht von jungen Iranern darauf drängt, eine gute Ausbildungsmöglichkeit zu erhalten und dann eine lohnende Arbeit, die erlauben sollte, ein bescheidenes, aber menschenwür-diges Dasein zu fristen – und weil sie doch auch, so wird oft in den Diskus-sionen hinzugefügt, ein Fernsehprogramm anschauen möchte, auf dem nicht nur Predigten zu sehen und zu hören sind.

## Die Vorbildfunktion der Islamischen Revolution

Doch bevor noch die Islamische Republik, die nun schon 20 Jahre alt ist, in das Stadium der inneren Auseinandersetzungen eintrat, das heute besteht, übte sie eine grosse Wirkung auf das islamische Ausland aus. Den Islamisten war sie der Beweis, dass ihr Ideal eines islamischen Staates realisierbar sei. Der mächtige Schah, Herr über eine eigene Erdölindustrie und die mächtigste Armee im Nahen Osten, von den Amerikanern, deren Rückendeckung er genoss, zum «Gendarmen des Nahen Ostens» bestellt, war durch die islamistische Agitation Khomeinis zu Fall gekommen! – Das könnte auch in ihrem eigenen Land geschehen, sagten sich viele Islamisten und ihre Anhänger. Delegationen wurden nach Teheran gesandt, um mit eigenen Augen zu sehen und zu lernen, wie eine islamische Revolution ausgelöst und geführt werden müsse (oft gleich mit der Hoffnung verbunden, von dem ölreichen Bruder im Islam ein wenig Geld zu erhalten).

Für die Geistlichen war die iranische Erfahrung besonders wichtig. Weder al-Banna noch Maududi und ihre Anhänger waren traditonelle Geistliche gewesen, noch hatten sie viel für die Geistlichen übrig gehabt. Sie schienen den Geistlichen zwar gute Muslime zu sein, jedoch nicht in der Lage, dem Islam seine ihm gebührende Stellung in der Gegenwart zu verschaffen. Die Geistlichen lebten, so urteilten sie, in einer vergangenen, traditionellen Welt und trugen dazu bei, dass der Geist des Islams in dieser alten Welt gefangen blieb und daher der modernen Zeit wenig zu sagen hatte. Die Geistlichen ihrerseits schauten in vielen Fällen mit Misstrauen auf die aktivistischen, politisierenden Islamisten, die meinten, den Islam und seine Bedeutung besser zu kennen und wirksamer anwenden zu können als sie. Sogar in Iran übten manche hochangesehene Geistliche Kritik an Khomeini, weil sie sahen, dass die Politisierung des Islams, die er anstrebte, auf längere Frist die Gefahr eines Prestigeverlustes der Religion mit sich brächte. Sie würde dann für alle schmutzigen Aspekte des immer etwas schmutzigen Geschäftes der Politik verantwortlich gemacht werden, wandten sie ein. Doch diese Kritiker wurden zum Schweigen gezwungen, wenn es nicht anders ging, durch Hausarrest. An ihre Stelle traten die Hunderte und Tausende von Mullahs (das iranische Wort für «Geistliche», das dem arabischen *Shaikh* entspricht), welche dem herrschenden Gottesgelehrten jubelnd zustimmten, versprach sein Regiment doch, der seit Mitte des 19. Jahrhunderts immer fortschreitenden Abwertung der Geistlichen und ihrer Rolle ein Ende zu bereiten und die bisherige Entwicklung umzukehren. Die Geistlichen würden wieder in

ihre natürliche Rolle als Leiter und Lenker der muslimischen Völker zurückkehren, ins Zentrum ihrer Gesellschaften rücken und mit dem Islam auch
selbst wieder Ansehen und Ehren geniessen, so hofften sie. In Iran gingen
diese Hoffnungen weitgehend in Erfüllung, und manche Geistliche ausserhalb Irans sagten sich, dass auch bei ihnen zu Hause eine solche Entwicklung
nicht nur wünschenswert, sondern möglich wäre, mit den Methoden der Islamischen Revolution.

Dies galt in erster Linie für Schiiten. Für sie war es leicht, fast natur-
gegeben, dem iranischen Vorbild zu folgen, denn Iran war das schiitische
Land par excellence. So war es wie natürlich, dass die Länder mit grösseren
schiitischen Minderheiten im Nahen Osten dem iranischen Vorbild folgten.
Khomeini-Bilder tauchten in Libanon unter den dortigen Schiiten auf, im
Irak, in Saudi-Arabien, in Bahrain, in Pakistan, unter den Hazara von Afghanistan. Überall dort, wo die lokalen Machthaber nicht dafür sorgten, dass sie
rasch wieder verschwanden, folgten den Bildern alle anderen Erscheinungen
und Techniken, die für die iranische Revolution bezeichnend waren. Dies
wurde am deutlichsten in Libanon, wo Bürgerkrieg herrschte und die Regierung in den schiitischen Gebieten des Südens und der Bekaa-Ebene sowie in
den südlichen Vorstädten von Beirut nichts zu sagen hatte. Baalbek, der
Hauptort der Bekaa, wurde zu einem revolutionären Klein-Teheran von
geradezu mimetischer Ähnlichkeit. Sogar iranische Revolutionswächter
kamen ins Land, um ihre Techniken dort anzuwenden. – Die sunnitischen
Herrschaften von Saudi-Arabien und Bahrain sorgten dafür, dass diese Entwicklung, nachdem sie auch in ihren Ländern ausgebrochen war, niedergehalten wurde. Saddam Hussein ging im Irak mit zielbewusster Grausamkeit
gegen seine Schiiten und ihre Anführer vor, wodurch er allerdings auch
Märtyrer schuf.

## Die sunnitischen Geistlichen und die Islamische Revolution

Für die Sunniten konnte es keine einfache Imitation der Revolution im Iran
geben, war sie doch in ihrem ganzen Stil und Gehabe zu sehr auf die spezifischen Gegebenheiten des schiitischen Glaubens abgestimmt. Doch der
Erfolg der iranischen Geistlichkeit mit Khomeini an ihrer Spitze gab auch
den sunnitischen Gottesgelehrten Anlass zum Nachdenken. Sie konnten aus
der iranischen Revolution lernen, dass es einen Weg zurück ins Zentrum
ihrer eigenen Gesellschaft auch für sie geben könnte oder, umgekehrt aus-

gedrückt, dass die zunehmende Marginalisierung, welcher ihr Stand in den modernen sunnitischen Staaten ausgesetzt war, nicht immer so fortgehen müsse.

Den Geistlichen im Sunnismus wie im Schiismus waren im Zuge der Modernisierung und Europäisierung ihrer Staaten wichtige Funktionen entzogen worden: das Schulwesen war an die Staaten gegangen und das Rechtswesen ebenfalls. Für beide gab es ein neues, an staatlichen Hochschulen (europäisch-westlichen Stils) nach dem Vorbild des Westens für den Staatsdienst ausgebildetes Personal. Den Geistlichen waren nur die Moscheen als Wirkungsstätten geblieben, daneben noch die Rückzugsposition der Scharia-Gerichte, die sich im wesentlichen auf das Familienrecht beschränkten. – Für viele sunnitische Geistliche wurde der Erfolg ihrer schiitischen Kollegen in Iran ein Ansporn, ihrerseits zu versuchen, «den Staat zurückzuerobern», nachdem er ihnen weitgehend entglitten war. Dabei waren für sie die islamistischen Gruppen und Aktivisten natürliche, jedoch gefährliche Verbündete, weil sie durch Gewalt- und Terroraktionen die islamistischen Bewegungen und Tendenzen leicht in Verruf und in die Schusslinie der Regierungen brachten.

Es kam gewissermassen im Windschatten der gewalttätigen radikalen Gruppen zu einer «Re-Islamisierung» der Staaten. «Mehr Islam», so konnten die auf «Wiedereroberung» des Staates ausgehenden Geistlichen zu Recht betonen, würde den radikalen Islamisten den Wind aus den Segeln nehmen. Die Anklage der Islamisten, dass die Staaten in ihrem gegenwärtigen Zustand samt ihren Politikern heidnisch und nicht genügend islamisch seien, wäre umso weniger glaubwürdig, je mehr der Staat seinen ursprünglichen islamischen Charakter zurückerlange, erklärten sie. Wenn jemand fragte: «Wer oder was eigentlich macht einen Staat islamisch?», so hatten die Gottesgelehrten eine einstimmige Antwort: «Wir, die Gottesgelehrten, und die Shari'a!» – In der Tat wurden die Staaten zunächst deutlich islamischer. In Ägypten etwa kam dies symbolisch zum Ausdruck durch die Neuformulierung der Verfassung, in deren Präambel bisher gestanden hatte: «Die Gesetze beruhen in erster Linie auf der Shari'a». Dies musste auf Drängen des Parlaments nun geändert werden in: «Die Gesetze beruhen aussschliesslich auf der Shari'a.»

Auf der volkstümlichen Ebene machte sich die neue islamische Welle in den verschiedensten Erscheinungen bemerkbar – durch das Anzeigen der Gebetsstunde im Fernsehen wie überhaupt durch eine starke Islamisierung der Radio- und Fernsehprogramme. Wer in Kairo die Kioske besucht, findet heute lauter islamische und islamistische Titel an Stelle der früheren Dutzenden von nationalistischen Schriften und Broschüren. Das Familienrecht wurde wieder islamisiert oder, wo seine islamischen Aspekte noch in den Gesetzen standen, aber in Vergessenheit geraten waren, wieder strikter angewendet. Die «islamisch» verhüllten Frauen auf allen Strassen auch der Hauptstädte, nicht nur der Dörfer, riefen in Erinnerung, dass viele Frauen entweder aus eigener Überzeugung oder ihrem Mann zu Gefallen oder schliesslich, um nicht auf der Strasse oder im Autobus belästigt zu werden (all diese Gründe gab es), bei der islamistischen Bewegung mitmachten. Die «islamische Verhüllung» *(hijâb)* wurde fast eine Modeerscheinung. In reichen Ländern, wie in Kuwait entstanden «islamische Modegeschäfte», «Boutiquen» genannt, wo es islamisch verhüllende, aber doch elegante Kleidung zu kaufen gab.

Doch die offizielle Islamisierung und die Islamisierung der «guten Gesellschaft» sind auf Grenzen gestossen, weil die radikal-islamistischen Kreise die allgemeine proislamische Stimmung benützten, um ihre eigene Sache zu fördern. Es lässt sich nachweisen, dass die meisten der Gottesgelehrten einen Scharia-Staat als wünschenswert, ja als von Gott gewollt ansehen[60]. Sie missbilligen allerdings die gewalttätigen und terroristischen Methoden, mit denen die radikalen Islamisten ihn zu verwirklichen suchen. – Die Regierungen, die ägyptische zum Beispiel, rechnen damit, dass die Gottesgelehrten zustimmend und mit Wohlgefallen auf das politische Ziel der Extremisten blicken, und sie sehen sie daher als potentielle Förderer oder mindestens Ermutiger der Extremisten, besonders wenn sie sich weigern, deren Gewaltaktionen scharf zu verurteilen. Oft nämlich fällt deren Verurteilung durch die Geistlichen milder aus, als den Regierungen lieb ist. Sie sagen etwa: Gewiss verurteilen wir die Gewaltmethoden der Extremisten, jedoch müsse man auch Verständnis für diese irregeleiteten jungen Menschen haben, deren Untaten oft auf Empörung über wirkliche gesellschaftliche Missstände und tatsächlich unislamische Zustände zurückgehe.

Das Argument: je islamischer ein Staat sich gebärdet, desto weniger Angriffspunkte bietet er den Islamisten und ihrer Argumentation, trifft zu. Doch ist auch wahr: je islamischer die Gesamtatmosphäre, in der ein Land badet, desto mächtiger und einflussreicher werden die Kreise, die «noch mehr Islam» fordern. Da es sich dabei um ein ideales Ziel handelt, dem der

---

60  Siehe Malika Zeghal: *Gardiens de l'Islam, les oulémas d'al-Azhar dans l'Egypte contemporaine.* Paris 1996.

Staat sich ständig mehr nähern kann, ohne es doch je ganz zu erreichen, wird diese Forderung nie restlos zu befriedigen sein, ganz abgesehen davon, dass gewiss manche, die solche Ansprüche erheben, der Ansicht sind, noch mehr Islam bedeute vor allem, dass sie selbst in führende Stellen aufrücken müssten. Nachdem der ägyptische wie der algerische Staat zunächst taktische Zugeständnisse an die Befürworter «des Islams» gemacht hatten, haben sie die Erfahrung gemacht, dass der Ruf nach noch mehr und noch strengerem Islam stets weiter zunahm. In Algerien griff am Ende (Januar 1992) die Armee ein und löste damit bürgerkriegsähnliche Zustände aus. In Ägypten suchte der Staat mit Gesetzen die zeitweise höchst erfolgreiche Übernahme der Berufsorganisationen durch Islamisten und später die drohende Hochflut der sogenannten *Hisba*-Prozesse einzudämmen.

Für die Berufsorganisationen wurden Mindestgrössen der Wahlbeteiligung festgelegt, bei deren Unterschreitung die Wahlen nicht gültig sind, woraufhin die Regierung die Leitung der Verbände bestimmen kann. Dies geschah, weil die Islamisten erfahrungsgemäss fleissiger die Wahlveranstaltungen besuchten oder sie durch Diskussionen so lange hinhielten, bis nur noch sie in den Versammlungen ausharrten, um dann erst zu Wahlen zu schreiten, die sie so natürlich gewannen.

In den Hisba[61]-Prozessen konnte ein jeder beliebige Muslim einen anderen der Unfrömmigkeit anklagen und versuchen, ihn als Abfälligen vom Islam einstufen zu lassen, wie es dem Professor und guten Muslim Nasr Hamid Abu Zayd geschah[62], weil er sich kritisch mit dem Text des Korans

---

61    Die «Rechenschaftsprozesse» beruhen darauf, dass jeder Muslim verpflichtet ist, das «Gute zu fördern und das Schlechte zu verhindern». Als das Gute wird das Gute im islamischen Sinn verstanden und umgekehrt. Ein Muslim kann daher, nach der Scharia, beim Richter auf Bestrafung eines anderen Muslims dringen, wenn er nachweisen kann, dass jener sich gegen die Religion vergehe.

62    Diese Affäre, die viel Aufsehen erregte, begann 1992 an der Universität Kairo, welcher Abu Zayd eine Schrift über den «Koran als Text» vorlegte. Sie griff auf die Presse über und wurde dann 1993 eine Gerichtsaffäre durch Hisba-Klage, die der Advokat Muhammed Samida Abu Samada gegen Abu Zayd anstrengte. Er forderte, dass dieser von seiner Gemahlin geschieden werde, weil vom Islam abgefallen sei. Da man in Ägypten einen Muslim nicht der Apostasie anklagen kann, wurde dies als ein Weg gesehen, um die angebliche Apostasie des Professors gerichtlich festzustellen. Der Fall ging durch alle Gerichte, und die Zwangsscheidung wurde am Ende vom Obersten Gerichtshof bestätigt. Abu Zayd wanderte nach Holland aus. Siehe Navid Kermani: Die Affäre Abu Zayd, Eine Kritik am religiösen Diskurs und ihre Folgen, in Orient, 1/94, S. 35–49.

auseinandergesetzt hatte. Ein neues ägyptisches Gesetz vom 29. Januar 1996 sieht dagegen vor, dass solche Hisba-Prozesse nur noch vom Staatsanwalt angestrengt werden können. Dadurch wurde zwar theoretisch eine solche Religionsanklage beibehalten (sie ist in der Scharia begründet), doch die praktische Möglichkeit, sie anzustrengen, wurde ausschliesslich dem Staat belassen. Kritiker der Islamisten und der Regierung waren mit dieser Lösung nicht einverstanden, weil sie das Prinzip einer Anschuldigung auf Grund der religiösen Vorstellungen und Meinungen des Angeklagten aufrecht erhielt.

Das andere Mittel des Staates, um gegen die Islamisten vorzugehen, bestand aus der polizeilich-gerichtlichen Verfolgung. Diese wurde immer wieder, wie das in Ägypten allgemein nicht selten vorkommt, so handfest gehandhabt, dass in vielen Fällen die ägyptischen Menschenrechtsorganisationen wegen Folter protestierten – ein Vorgehen des Staates, das natürlich geeignet ist, aus den Islamisten Märtyrer zu machen und ihre Sache dadurch zu fördern.

### Der Kampf Asads gegen die Islamisten

In Syrien entwickelte sich unmittelbar nach der Machtübernahme durch General Hafez al-Asad vom Jahr 1970 ein Untergrundkrieg zwischen den Islamisten, in erster Linie der syrischen Branche der Muslim-Brüder, und der neuen Regierung. Er nahm eine besonders heftige Natur an, weil Präsident Asad aus der religiösen Minderheit der syrischen Alawiten stammte (der wissenschaftliche Name ist Nusairi[63], nach Muhammed Ibn Nusair, dem Gründer der Sekte, der im 9. Jahrhundert in Bagdad lebte. Die Sekte gehört zur schiitisch-gnostischen Richtung). Die Brüder und wohl auch die grosse Mehrheit der traditionellen Gottesgelehrten sahen die Nusairi als Abtrünnige vom Islam an; sie waren der Ansicht, nur ein sunnitischer Muslim könne in Syrien als Staatschef amtieren. – Seit der Lostrennung Syriens von Ägypten vom Jahr 1961 hatten die Brüder versucht, eine politische Rolle in Syrien zu spielen. In Ägypten waren sie damals verboten und wurden von der Geheimpolizei verfolgt. Während der parlamentarischen Zwischenspiele zwischen

---

63    Eine umfassende Darstellung der Nusairi und ihrer Religion gibt Heinz Halm: *Die islamische Gnosis*, Bibliothek des Morgenlandes, Zürich 1982, S. 295–355.

den verschiedenen syrischen Militärregimen hatten sie in der Tat eine Vertretung im Parlament besessen. Ihr wichtigster Politiker war Asam al-Attar gewesen, der später in Deutschland politisches Asyl erhielt. Die Brüder wollten weder eine liberale Demokratie noch einen nasseristischen noch einen baathistischen, geschweige denn einen kommunistischen Staat. Sie führten deshalb eine Pendelpolitik, dazu bestimmt, die jeweilen allzu nah an die Macht herankommende Kraft zu untergraben. Als schliesslich 1966 die sogenannten Links-Baathisten die Macht erlangten, versuchten die Brüder, sie ihnen wieder zu entreissen oder mindestens sie zu schwächen.

Dies führte zu Streiks in Damaskus und Aleppo gegen die laizistische linke politische Linie der damals herrschenden Baath-Partei; und als Asad 1970 die Macht ergriff, war seine alawitische Herkunft ein willkommener Vorwand, um die Sunniten in den Basaren von Damaskus und Aleppo gegen das «alawitische Regime» zu mobilisieren. Der Höhepunkt der Konfrontation kam aber erst in der zweiten Hälfte der 70er Jahre, als Syrien sich aussenpolitisch isoliert fand. Ägypten hatte sich 1977 Israel angenähert und sollte 1979 einen Separatfrieden schliessen. Im teilweise von den Israeli besetzten Libanon tobte der Bürgerkrieg, dessen maronitische Seite von den Israeli unterstützt wurde. Die Beziehungen Syriens zu Jordanien waren ausgesprochen schlecht, und der Irak wurde von einer mit der syrischen verfeindeten Faktion der Baath-Partei beherrscht, der sogenannten «nationalen», die zuerst in Damaskus regiert hatte, aber 1966 von Asad und seinen damaligen Freunden der «linken» Parteifaktion gestürzt worden war. – Das Regime in Damaskus schien kaum Freunde zu haben. Erst später, in den 80er Jahren, sollte Asad einen Verbündeten in Khomeini finden. Doch bevor diese Allianz sich bildete, versuchten die Muslim-Brüder, die Herrschaft Asads um jeden Preis zu stürzen. Morde an alawitischen Offizieren, aber auch an bekannten alawitischen zivilen Persönlichkeiten waren zahlreich. Sie fanden einen ersten Höhepunkt am 16. Juni 1979 in einem Massaker in der Artillerieschule von Aleppo, als Attentäter mit Maschinenpistolen, die ein Hauptmann der Schule eingeschleust hatte, im Versammlungssaal der Schule 32 alawitische Offiziersanwärter töteten und 54 weitere verwundeten.

Der Untergrundkrieg der Brüder und die brutalen Gegenmassnahmen der Regierung griffen über die syrischen Grenzen hinaus. Jordanien unterstützte die Brüder, wie 1985 König Hussein selbst in einem offenen Brief einräumte, den er an seinen damaligen Ministerpräsidenten, Zaid ar-Rifa'i, richtete. Asad hatte dieses Eingeständnis als Preis einer Wiederversöhnung mit Jordanien gefordert. Andere militante Gruppen der Brüder erhielten Hilfe und Asyl bei den maronitischen Christenmilizen in Libanon (die ihrerseits wiederum mit den Israeli zusammenarbeiteten). Der Irak, bitter mit Syrien verfeindet, lieferte ebenfalls Waffen, und Gelder[64]. – Die syrischen Geheimdienste versuchten ihrerseits, eine Mannschaft von Terroristen nach Amman zu entsenden, wo diese den Ministerpräsidenten und ehemaligen Geheimdienstchef, Mudar Badran, ermorden sollten, doch wurden die Täter an der Grenze verhaftet, was dafür sprach, dass die syrischen von den jordanischen Geheimdiensten infiltriert worden waren. In Paris wurde am 21. Juli 1980 der Mitbegründer der Baath-Partei (Nationaler Flügel), Salah Bitar, ermordet. Er hatte dort eine Zeitschrift geleitet, die scharf gegen das Regime Asads polemisierte, weshalb die Vermutung nahe lag, die syrischen Dienste steckten hinter der Untat. Auch andere Syrien missliebige Journalisten wurden ermordet. In Aleppo töteten umgekehrt die Islamisten zwischen 1979 und 1981 gegen 300 Personen. Die meisten der Opfer waren Baathisten und Alawiten. In der gleichen Zeit töteten die syrischen Sicherheitskräfte gegen 2000 ihrer muslimischen Feinde, und Tausende mehr wurden eingekerkert. Der siebte Regionale (d. h. Syrische) Kongress der Baath-Partei, der vom 23. Dezember 1979 bis zum 6. Januar 1980 dauerte, beschloss, die Parteimitglieder zu bewaffnen. Er gab auch dem Bruder Asads, Rif'at, der als ein brutaler Draufgänger bekannt war, freie Hand, um die Islamisten mit allen Mitteln niederzuschlagen. Die Armee begann schwere Waffen auch im Inneren der Altstädte einzusetzen, wo die Islamisten ihre Schlupfwinkel hatten. Die Zivilbevölkerung hatte natürlich darunter zu leiden. – Im März 1980 wurden die Altstadtquartiere von Aleppo von 10 000 Mann und 250 Panzerwagen durchkämmt; im April wurden ganze Quartiere der Stadt umzingelt und isoliert. Der Divisionskommandeur erklärte vom Turm seines Panzers aus, er sei bereit, 1000 Personen täglich zu töten, um das «Ungeziefer» der Islamisten auszurotten. Seine Division blieb ein volles Jahr in Aleppo. Ein Tank stand in fast jeder Strasse. Die Bewaffneten der Partei und die Sondertruppen Rif'at al-Asads unterstützten die Armee. Die Bevölkerung wurde der zunehmenden Gewalt müde, sie begann mit der Regierung zusammenzuarbeiten und sie über die Islamisten zu informieren.

Am 26. Juni 1980 entkam Asad selbst knapp einem Anschlag: Zwei Handgranaten wurden auf ihn geworfen und eine Salve aus einem

---

64    Der erwähnte Brief wurde veröffentlicht in: The Times, London, 12. Nov. 1985.

Maschinengewehr abgefeuert, als er am Tor des staatlichen Gästehauses darauf wartete, einen afrikanischen Besucher zu begrüssen. Er selbst schlug eine Granate mit dem Fuss aus dem Weg, ein Wächter warf sich auf die andere und wurde sofort getötet. Die Alawi-Anhänger des Präsidenten sahen rot. Rif'at al-Asad mobilisierte in der Nacht nach dem Anschlag zwei Kompanien der ihm unterstellten sogenannten «Verteidigungsbrigaden», liess sie nach Palmyra transportieren und ihnen Befehl geben, in das dortige Zuchthaus einzudringen und alle 500 dort befindlichen Gefangenen, die meisten, wenn nicht alle, waren Muslim-Brüder, zu töten. Dies geschah mit Maschinenpistolen und Handgranaten[65].

Doch die endgültige Krise trat erst anderthalb Jahre später mit dem Aufstand der Brüder in Hama vom 2. Februar 1982 ein. Die Stadt Hama war, zusammen mit der Altstadt von Aleppo, eine Hochburg des konservativen Islams und in seinem Kielwasser der Islamisten. Sie war geprägt durch das konservativ-aristokratische Ethos der ehemaligen Grossgrundbesitzer, denen die bewässerten Felder und Gärten am Orontes gehört hatten. Die Landreform, die von der Baath-Partei durchgeführt worden war, hatte sie des grössten Teils ihrer Einnahmequellen beraubt. Doch die historische Kleinstadt mit ihren winkligen und manchmal tunnelartigen Gassen war weiterhin eine Hochburg der islamischen Traditionen geblieben. In diesem Milieu, ohnehin verbittert gegen die Baath-Partei, fanden die Muslim-Brüder reichen Wurzelgrund für ihre Lehre. – Ähnlich wie Aleppo war Hama mehrmals durchkämmt und den brutalen Eingriffen der Armee ausgesetzt worden. Eine Armeepatrouille stiess am 2. Februar 1982 mit einer Reihe von Untergrundkämpfern zusammen; innerhalb der Altstadt entwickelte sich ein Gefecht, und die dort kommandierenden Muslim-Brüder gewannen den Eindruck, ihre Verstecke seien aufgedeckt und der Endkampf habe begonnen. Sie besassen Kommunikationsnetze über die ganze Stadt hinweg und liessen den Ruf nach dem Heiligen Krieg von den Lautsprechern der Moscheen verbreiten. Dies führte zu einer Erhebung in der ganzen Stadt. Anfänglich waren die Muslim-Brüder überlegen; sie gingen zum Angriff vor. Sie töteten in der Nacht etwa 70 Baath-Funktionäre und belagerten den

---

65    Siehe Patrik Seale: *Asad, The Struggle for the Middle East*, London 1988, S. 332–334, unter Bezugnahme auf Amnesty International: *Report to the Government of the Syrian Arab Republic*, London 1983, S. 35–36.

Gouverneur der Stadt in seinem Haus. Er verteidigte sich mit Hilfe von vier Leibwächtern und einigen Parteifreunden fünf Stunden lang, bis syrische Sicherheitskräfte sich zu ihm durchkämpfen konnten. – Die Regierung entsandte schleunigst helikoptergestützte Eingreiftruppen und später Artillerie und Tanks gegen die Stadt. Sie wurde von ungefähr 12 000 Mann eingeschlossen. Die Kämpfe um Hama dauerten drei Wochen lang. Bis die Aussenwelt mehr als Gerüchte davon zu hören bekam, dauerte es wegen der syrischen Nachrichtensperre gute 10 Tage. Die Truppen beschossen und bombardierten die Altstadt während mehrerer Tage von aussen. Als sie sich dann entschlossen, in sie einzudringen, mussten sie tagelang gegen Heckenschützen kämpfen, die von vorbereiteten getarnten und befestigten Stellungen aus versuchten, sich so lange wie möglich zu halten.

Dies geschah alles, während die Zivilbevölkerung sich in ihren Häusern befand; die unter Lebensgefahr angreifenden Soldaten machten oft wenig Unterschied zwischen den Hausbewohnern und den dort versteckten kämpfenden Islamisten; sie wurden niedergeschossen und viele ihrer Häuser durch Tank- und Kanonenfeuer zerstört. Etwa ein Drittel der Altstadt von Hama wurde dem Erdboden gleich gemacht. Es kam zu Plünderungen und Racheakten, auch nachdem die Herrschaft der Regierung wieder sichergestellt war. – Über die Todesopfer weiss niemand genau Bescheid. Die offizielle Zahl der Regierung war 2000; die Feinde des Regimes sprachen von 20 000, manche von 30 000. Unter den Opfern sollen auch 1200 christliche Bewohner der weitgehend sunnitischen Stadt gewesen sein. Die Stadt wurde später mit staatlichen Geldern wieder aufgebaut. Heute ist kaum mehr etwas von den damaligen Ruinen zu sehen.

Die israelische Invasion Libanons vom 2. Juni 1982 hat Asad insofern einen wichtigen Dienst geleistet, als sie ihm erlaubte, von den bürgerkriegsähnlichen inneren Kämpfen (viele Beobachter hatten eine Serie von Racheakten für Hama vorausgesagt) auf die unmittelbare aussenpolitische Gefahr hin abzulenken, die dem Lande nun drohte. Israel schickte sich gerade an, zum ersten Mal in der Geschichte des Nahen Ostens eine arabische Hauptstadt, Beirut, zu erobern und zu besetzen.

Das Blutbad von Hama sollte den Schlusspunkt unter den Krieg der Islamisten gegen Asad setzen. Der Kampf war jedoch so hart gewesen, dass er Folgen für das Regime zeitigte. Die Geheimdienste und Sondertruppen hatten bedeutend an Gewicht zugenommen, der Rechtsstaat hatte mehr als je zuvor einem Staat des Belagerungszustandes und der Gewalt weichen müssen. Es war vor allem der Bruder Asads, Rif'at, der sich an der Spitze seiner

Sondereinheiten, der sogenannten «Verteidigungsbrigaden», eine Machtstellung zu verschaffen vermochte, die einem Staat im Staate gleichkam. Die Brigaden begannen sich selbst zu finanzieren, indem sie allerhand Schmuggeloperationen meistens aus Libanon (wo im Zeichen des Bürgerkriegs syrische Truppen standen) organisierten. Einen Teil ihrer Gewinne dabei zogen sie aus dem Handel mit Haschisch. Diese recht eigentlich mafiosen Strukturen mussten von Asad wieder aufgelöst werden, was mehrere Jahre lang dauerte und einen Zusammenstoss der beiden Brüder am 30. März 1984 in Damaskus mit sich brachte, nachdem die Truppen der beiden sich bereits einen Monat lang gegenüber gestanden hatten und ein Bürgerkrieg im Zentrum der syrischen Hauptstadt unmittelbar bevorzustehen schien. In einer persönlichen Konfrontation zwischen den beiden gab der jüngere Bruder dem älteren nach und willigte ein, seine Truppen zurückzuziehen.

Rif'at agierte auch politisch. Zur Zeit seiner Prosperität versuchte er, eine Parallelgruppierung zur Baath-Partei aufzuziehen, die er «Liga der Universitätsabsolventen» nannte. Am 17. April 1984, nachdem die militärische Entscheidung schon gefallen war, versammelte er Mitglieder dieser Vereinigung im Sheraton-Hotel von Damaskus und hielt ihnen eine lange Rede, in der er offen gegen die politische Linie seines Bruders polemisierte. Präsident Asad scheint geglaubt zu haben, dass Rif'at von Amerika aus über saudische und marokkanische Transmissionsriemen (er war eng mit Kronprinz Abdullah von Saudi-Arabien und mit König Hassan von Marokko verbunden) beeinflusst sei. Am 28. Mai 1984 entfernte Asad seinen Bruder mit einer List aus Syrien. Gegen 70 hohe Offiziere, unter ihnen Rif'at, wurden in ein russisches Flugzeug gesetzt, angeblich, um Waffenkäufe in Moskau zu tätigen. Als das Flugzeug in der Luft war, verlas Oberst Muhammed al-Khuli, der Geheimdienstchef der Luftwaffe und ein enger Vertrauter Präsident Asads, einen Befehl, nach dem sich die verschiedenen Generäle in verschiedene Exile in den Ostblockstaaten zu begeben hätten und sie alle ihrer Kommandos in Syrien enthoben seien. Die anderen wurden später wieder eingesetzt, nicht jedoch Rif'at. Er reiste mit einem grossen Gefolge nach Genf und später nach Frankreich. Im November 1984 wurde er noch einmal nach Damaskus zurückgerufen und offiziell zum Vizepräsidenten Syriens und Chef aller syrischen Geheimdienste ernannt; doch sein Bruder traute ihm nicht mehr: als Oberchef der konkurrierenden Geheimdienste hatte er keine konkreten Befugnisse, und mit seinen früheren Sondertruppen Kontakt aufzunehmen, wurde ihm verwehrt. Er kehrte später nach Frankreich zurück, von wo aus er nach dem Tod Asads im Juni 2000 Ansprüche auf das Präsidenten-

amt gegen den designierten Nachfolger Asads, dessen Sohn Baschar, anmel-
dete; mit welchem Erfolg, war bei Abschluss dieses Buches offen. Der sozu-
sagen dynastische Zwist, der sich in dem Verhältnis Asad – Rif'at – Baschar
zeigt, ist in einem Lande, das Republik und keine Monarchie ist, für den
ersten Augenschein des Europäers erstaunlich, doch kann man in der Auseinandersetzung auch das Fortleben altarabischer Traditionen erblicken.

Asad hat in den Jahren nach Hama eine eigene Islampolitik geführt, die
sich als sehr erfolgreich erweisen sollte. Sie hat zwei Arme. Der eine besteht
aus genauer staatlicher Kontrolle der Moscheen, der Prediger, die sich in
ihnen vernehmen lassen, und der Karrieren der Geistlichen, die von der
staatlichen Religionsverwaltung bestellt werden. Doch diesem kontrollie-
renden und disziplinierenden defensiven Arm steht ein zweiter, offensiver
gegenüber. Asad hat ihn dem aus Kurdistan stammenden, aber seit je in
Damaskus wirkenden angesehenen Gottesgelehrten und Mystiker Ahmed
Kaftaro[66] anvertraut. Kaftaro wirkte seit geraumer Zeit in den Volksquartie-
ren von Damaskus als Vorsteher eines privaten Wohltätigkeitsvereins, der
sich vor allem für Schulen für Unbemittelte einsetzte. Er gehört zu dem
mystischen Orden der Naqshbandi. Diese sind dafür bekannt, dass sie viele
Zweig- oder Unterorden bilden, und in diesem Sinne gibt es bereits eine Kaftariya, das heisst einen von Kaftaro geleiteten Unterorden der Naqshbandiya,
die ihre eigenen Lehrmethoden und Lehrmeinungen entwickelt. – Kaftaro
sagt, er kenne Asad schon seit den 50er Jahren; schon damals habe der junge
Offizier und gläubige Muslim ihn besucht, und der heute hochbetagte
Gelehrte, obgleich selbst kurdischer Herkunft, steht sehr positiv zum syrischen Staat, auch zum Arabertum, weil der Prophet ein Araber war.

Mit diskreter staatlicher Unterstützung, aber durchaus in eigener Regie
hat die Kaftariya in Damaskus ein gewaltiges religiöses Zentrum aufgebaut,
die Abu'n-Nur-Moschee mit angeschlossenen Schulen, Internaten, Sozial-
zentren und Vortragsräumen. Von ihr aus führen Seitenverbindungen in alle
syrischen Städte, wo es untergeordnete Zentren gibt, und bis nach Libanon
hinüber. Kaftaro predigt Toleranz und Flexibilität. Nach einer bei vielen
Mystikern und besonders bei den Naqshbandi verbreiteten Vorstellung muss

---

66  Eine ausführliche Darstellung aus erster Hand findet man bei Annabelle Böttcher: *Syrische
Religionspolitik unter Asad,* Freiburger Beiträge zu Entwicklung und Politik Nr. 25, Frei-
burg i. Br. 1998.

die Religion regelmässig «erneuert» werden; alle Jahrhunderte treten Erneuerer[67] hervor, die in der Lage sind, die Religion für ihre Zeit sowohl neu relevant zu machen wie sie auch erneut tief ins Bewusstsein der Menschen einzuwurzeln. Für seine Anhänger und Anhängerinnen (Frauen spielen unter der Gemahlin von Scheich Ahmed eine separate, aber bedeutende Rolle in der Kaftariya) ist Kaftaro, der 1964, nach der Machtübernahme der Baath-Partei, auch zum Grossmufti Syriens bestellt wurde, ein solcher Erneuerer.

### «Keine Zeit» für Demokratie!

Der tödliche Kampf mit den Muslim-Brüdern in den ersten zehn Jahren seiner Herrschaft war keineswegs die einzige Sorge Asads. Mindestens ebensoviel Zeit und Anstrengung nahm der Libanonkrieg in Anspruch, und noch mehr Sorge dürfte ihn sein primäres aussenpolitisches Ziel gekostet haben, nämlich Syrien zu einem Faktor zu machen, der im nahöstlichen Kräftespiel von niemandem ignoriert werden konnte, vor allem nicht, wenn es um einen Frieden mit Israel ging. Für Syriens Beteiligung am Friedensprozess hatte Asad einen klaren Preis: er wollte die im Sechs-Tage-Krieg 1967 verlorene Provinz Kuneitra, in der Sprache der Israeli die Golanhöhen, für Syrien zurückerlangen. In stundenlangen Gesprächen mit den Grossen dieser Welt, die amerikanischen Präsidenten, Vizepräsidenten und Aussenminister mit einbezogen, versuchte Asad persönlich, seine Perspektive der Nahostfragen deutlich zu machen. Diese hatten ihrerseits meist nur die israelische Linie wirklich zur Kenntnis genommen.

Wenn man all diese Belastungen zusammenzählt: den Kampf gegen die radikalen Islamisten im Inneren, die Libanonfrage, verbunden mit der arabischen und der israelischen Politik, die Weltpolitik, insoweit sie sich um den Nahen Osten dreht, die für Syrien permanent kritische Wirtschaftslage und die Führungskämpfe innerhalb der eigenen Partei und der eigenen Familie, ahnt man etwas von der Arbeitsbelastung, die Asad sich zumutete und die sich offenbar auch auf seine Gesundheit auswirkte. Betrachtet man diese Lage, wird auch klar, dass die Einrichtung einer echten Demokratie, nicht die

---

67 Arabisch: Mujaddid; s. ECI 2 unter Mudjaddid und den dort zitierten Artikel über die Naqshbandi von Hamid Algar: *The Naqshbandi Order, a Preliminary Survey of it's History and Significance,* in: Studia Islamica 1967, Nr. 44, S. 123–51.

einer gelenkten Scheindemokratie, Kräfte erfordert hätte, die einfach nicht da waren und, wichtiger noch, Gefahren und Risiken mit sich gebracht hätte, die ein von allen Seiten belagertes Regime wie jenes Asads nicht auf sich zu nehmen vermochte. Rein von Zeit und politischer Opportunität her gab es immer viel dringendere Anliegen als die Frage einer echten Demokratisierung des Landes.

«Keine Zeit» für Demokratie galt auch in einem zweiten Sinn: die Zeiten waren so gefährlich, so kritisch und so ungewiss, dass sie der syrischen Führung schwerlich erlaubten, das schwer zu errichtende und in den Anfängen stets instabile Gebäude einer echten Demokratie aufzubauen. Syrien lebte im Sturm, und Asad als Kapitän brauchte seine Segel, sein Steuer, seinen Motor und den unbedingten Gehorsam seiner Mannschaften jede Stunde. Sein Schiff konnte nicht während des Sturms umgebaut werden.

Syrien mit Asad macht diese Lage des beständigen Lebens im Notstand besonders deutlich. Doch bei näherem Zusehen gilt sie mehr oder weniger ausgeprägt für alle islamischen Staaten. Sogar die behäbigsten Erdölstaaten, wie es Kuwait – bis 1990 – war, weisen mehr oder weniger versteckte Existenzprobleme auf. Geld ist da, und das macht das Leben, auch das politische, immer bequemer, als wenn es fehlt. Eine Grundunruhe jedoch besteht weiter: die Ölstaaten sind verlockende, fast unverteidigte potentielle Leckerbissen für den einen oder anderen Nachbarn; und ihre Herrscher werden so reich, dass mit der Zeit sogar ihre eigene Bevölkerung fragt, ob nicht ein Missverhältnis zwischen dem, was solche Herrscher «verdienen», und den Leistungen, die sie ihrem Staate erbringen, bestehe. – In anderen Ländern, die gar wenig oder kein Erdöl besitzen, wird der «Notstand», der «Belagerungszustand» offen sichtbar – nicht nur durch drohende oder gerade verloren gegangene Kriege, sondern mehr noch durch die Spannungen im Inneren – zwischen sehr arm und sehr reich, zwischen übermächtig und machtlos, aber auch zwischen «einheimisch» und «fremdhörig» auch im weitesten Sinne, wobei die Spannungen zwischen reich und arm, mächtig und ohnmächtig in zunehmendem Masse mit denen zwischen «fremdbestimmt» und «einheimisch» zusammenfallen, wie hier mehrmals dargelegt wurde.

Der jeweilige Notstand oder Belagerungszustand hat ohne Zweifel viel mit der ungelösten Grundspannung zu tun, die nach wie vor, wahrscheinlich sogar in noch wachsendem Masse, besteht und die durch ihre beiden Pole «Eigenkultur, Authentizität, Echtheit» gegenüber «Fremdbestimmung, Imitation, Alienation und kultureller Selbstaufgabe» gekennzeichnet werden kann. Der erstgenannte Pol ist paradoxerweise mit Armut, Lähmung und

Unfähigkeit verbunden, der zweite mit (scheinbarer und relativer) Effizienz und mit (offensichtlichem) Wohlleben (der verwestlichten Klassen). Auch diese Grundspannung bewirkt, solange sie dauert und je mehr sie sich auswirkt, dass die gegenwärtige Zeit «keine Zeit für Demokratie» sein dürfte und die Regime denn auch «keine Zeit für Demokratie» haben.

### Priorität für den Nationalismus

Die islamische Welt kannte eine Zeit, in welcher der Kampf gegen den Kolonialismus über allem anderen stand. Es herrschte sogar die Illusion, die auch in Afrika weit verbreitet war, dass, wenn die Kolonialherren nur einmal entfernt seien, «alles gut» werde. Gerade weil jedoch auch dann nicht alles gut wurde, folgte eine Epoche des Kampfes gegen die «Überbleibsel des Kolonialismus und des Imperialismus». Diesen Mächten des Bösen stellte man nun den eigenen Nationalismus entgegen. Dieser war oft durch einzelne Vorbildfiguren geprägt und wurde dann zum «Nasserismus» oder «Bourguibismus». Dies war zugleich auch die Periode der militärischen Herrscher, weil die bürgerlichen und grossbürgerlichen Regime, die ihre Wurzeln in der Kolonialzeit hatten, die Erwartungen nicht erfüllen konnten, die sie in der Zeit vor der Entkolonisierung selbst geweckt hatten. Solche Erwartungen waren oft unrealistischer, manchmal direkt chiliastischer Natur, aber es gab sie, und sie wurden – unvermeidlicherweise – enttäuscht.

Dieses Vakuum enttäuschter Hoffnungen füllten häufig neue Machthaber, Militärherrscher, die neue, eigene Prioritäten setzten: wenn schon Demokratie, dann eine Kommandovariante derselben, mit Parlamenten, die taten, was die Machthaber von ihnen verlangten. Macht, ihre Durchsetzung, ihre Absicherung oder gar ihre Ausdehnung auf Nachbargebiete wurde zur wichtigsten Frage, hinter welcher die Belange der Demokratie zurückgestellt wurden. Die Bevölkerungen gingen zunächst enthusiastisch mit. Sie waren anfällig für die Propagandaslogans einer nationalistischen Ideologie, weil sie ungeduldig geworden waren. Ihre Ungeduld hatte damit zu tun, dass alle Hoffnungen auf ein besseres Leben, alle Verheissungen, dass das eigene Volk bald «wieder» mit den überlegenen Fremden aus der europäischen Welt werde gleichziehen können, über Generationen hin immer aufs neue lanciert worden und immer aufs neue fehlgeschlagen waren. Immer neu war genau das Gegenteil eingetreten: die Macht der anderen war noch mehr angewachsen und die der eigenen Seite noch mehr zerfallen. – Umso wirksamer wurden nun die Verheissungen der nationalistischen Politiker, Offiziere und Ideologen, dass sie einen Umschwung bewerkstelligen könnten, man brauche nur im Gleichschritt ihrer Führung zu folgen.

Wer solche Behauptungen glaubwürdig fand (oft, weil er sie so gerne glauben wollte, da ihre Erfüllung doch so dringend notwendig war), hatte auch keine Zeit für Demokratie. Die Offiziersherrschaften führten dann meistens zu inneren Unruhen und weiteren Umstürzen oder zu äusseren Kriegen. Die Militärregime gingen auch dazu über, ihre Herrschaft durch Geheimdienste und Sonderpolizeien abzusichern, wobei oft auch der Notstand zu dem einzigen Zweck ausgerufen wurde, die rechtliche Lage aller Kritiker des Regimes zu schwächen, während im Informationsbereich mit den verschiedensten Mitteln ein Monopol der herrschenden Kräfte angestrebt wurde. Dies alles geschah umso mehr, je deutlicher es den Machthabern selbst wurde, dass die Zeiten der Begeisterung ihrer Untertanen allmählich vergangen waren. Meist waren es dann aussenpolitische Misserfolge oder gar Kriegsniederlagen, die den Bevölkerungen deutlich machten, dass ihre unter Begeisterungsstürmen begrüssten Militärmachthaber die von ihnen gemachten Verheissungen keineswegs hatten erfüllen können. Die Enttäuschung und Ernüchterung, die dann erst recht einsetzte, schuf einen neuen ideologischen Sog, den die Islamisten ausnützen konnten, um ihre eigene neue Ideologie zu lancieren.


## Islamismus als Nachfolger des Nationalismus

Die islamistische Ideologie hatte den Vorteil, dass der Islam (so wie ihn die Islamisten verstanden und verstanden haben wollten) ins Zentrum des ideologischen Diskurses gerückt wurde. Dies sprach all jene an, die sich in der stark verwestlichten Gesellschaft ihrer Länder vereinsamt, isoliert und entfremdet fühlten und die ein Zurück zu den eigenen Wurzeln als eine Erleichterung ihrer Lage empfanden. Wenn diesen Leuten gleich auch noch glaubwürdig versichert wurde, dass dieses Zurück zu den eigenen Wurzeln nicht nur Geborgenheit in der eigenen Tradition, Kultur und Religion vermittle, sondern gleichzeitig der beste Weg sein werde, den lang erstrebten und immer wieder verfehlten Erfolg für die eigene Person sowie für die ganze eigene Gesellschaft zu erreichen, dann lässt sich ermessen, wie belebend, hoffnungsfreudig und aussichtsreich, beinahe wie eine Erlösung vom Albtraum der Vergangenheit, die Verheissungen des Islamismus auf manche Personen und Gruppen wirkten.

316

Doch das islamistische Versprechen beflügelte selten alle Volksschichten gleich stark. Nur in Iran um Khomeini gab es während des Jahres der Revolution (1978/79) eine volle (oder doch sehr weit gehende) Einhelligkeit der Bevölkerung, in der sogar die verwestlichten Intellektuellen, die marxistischen Linkskräfte und die materialistischen Söhne der Bourgeoisie mitschwangen. Dies gelang zum Teil deswegen, weil Khomeini seine Gefolgsleute *gegen* etwas anführte, nämlich gegen den Schah und gegen alles, meist Negative, was der bisherige Machthaber für die sehr unterschiedlichen Volksschichten bedeutete, die Khomeinis Ruf folgten: die alten *Mousaddegh*-Anhänger, die Demokraten, die Kommunisten der Tudeh-Partei, die Linksintellektuellen und die Linksguerilleros, von denen es prokommunistische und proislamische gab, die Gewerkschaftsführer der Erdölindustrie, die Kurden, die Araber Khusistans, die iranischen Turkmenen und Belutschen – sie alle folgten ihm, neben seiner eigentlichen inneren Gefolgschaft von Geistlichen und Theologiestudenten, Basarhändlern und traditionellen Unterschichten, die gewohnt waren, auf ihre Ayatollahs zu hören und ihren Weisungen Folge zu leisten. Wie Khomeini beweisen sollte: der Schah hatte praktisch selbst die einmütige Ablehnung seines Regimes durch die Bevölkerung zustande gebracht. Viele Intellektuelle aller Schattierungen, die seit Jahren, ja seit Jahrzehnten gegen den Schah gestritten (und in nicht wenigen Fällen schon längst resigniert) hatten, und viele Vertreter der verschiedensten Sonderinteressen waren der Ansicht, Khomeini habe das Volk erfolgreich zu mobilisieren vermocht (was ihnen selbst nie in auch nur entfernt vergleichbarem Masse gelungen war) und deshalb müsse man mit ihm gehen. Früher oder später werde es dann gelingen, die Revolution, als deren Auslöser sie Khomeini sahen, in die Bahnen zu lenken, die ihnen als die eigentlichen Ziele «ihrer» Revolution vorschwebten. Dies war der Fall der Kommunisten und der Demokraten, der Anhänger Moussadeghs und der Minoritäten, der verschiedensten nichtkommunistischen Linksgruppen und -grüppchen. Sie alle sahen ihre eigenen Anliegen als «die Revolution» schlechthin, oder doch mindestens als die «eigentliche Aufgabe der Revolution», und nicht wenige glaubten, der Augenblick werde kommen, in dem sie die Revolution, die Khomeini losgetreten hatte, übernehmen könnten. Später, ab August 1979, als Khomeini sein Machtmonopol aufrichtete und zu blutigen Mitteln griff, um es durchzusetzen, hiess es in all jenen Kreisen, die er überspielte und ausschaltete: «Khomeini hat unsere Revolution verraten!»

Doch die iranische war eine Ausnahmeentwicklung, die aus den langen Jahrzehnten der immer absolutistischeren Herrschaft des Schahs hervorging.

Der Islamismus, der fast immer nach dem Gesetz «je schlechter, desto besser!» operierte (das heisst, je schlechter es ihnen ging, desto positiver reagierten die Bevölkerungen auf das islamistische Heilsversprechen), hat im Normalfall zwar breite Schichten angesprochen, doch ist er stets auch auf Widerstände gestossen. Diese konnten von den verwestlichten Kreisen kommen, die man als «nicht mehr» islamisch bezeichnen kann. Sie wollten und konnten nicht an die verkündete, mit Gewissheit und einzig alles verändernde Kraft des Islams in seiner islamistischen Ausprägung glauben, weil sie andere Kräfte kannten, die am Werke waren und sich, wie sie annahmen, nicht vom Islam und schon gar nicht vom Islamismus beeinflussen liessen. Widerstand kam jedoch gleichzeitig auch aus muslimischen Kreisen, denen der Islam zu heilig und zu wichtig war, als dass sie ihn als politisches Machtinstrument und Aushängeschild hätten benutzen, ja missbrauchen lassen wollen. Diese Kreise waren dieselben, die sich traditionell der Politik verweigerten. Ihnen lag daran, den Islam so, wie sie ihn verstanden, «ihren Islam», von der Politik fern zu halten, damit er seine Reinheit bewahre. Sie konnten nicht im Namen des Quietismus, dem sie angehörten, eine politische Gegenkampagne gegen den politisierten Islam auslösen. Sie schwiegen, wie sie zu jeder Regierung seit Menschengedenken zu schweigen pflegten.

Natürlich gab es aber auch Widerstand von Seiten der Machthaber, die wussten, dass ihr Sturz das politische Ziel der Islamisten war, und die alle staatlichen Mittel besassen, um sich gegen sie zur Wehr zu setzen. Wir haben diese Art Widerstand – mit der Hilfe von Polizei, Geheimpolizei und Armee – im Falle von Hafiz al-Asad in Syrien ausführlich geschildert. In anderen Ländern war die Konfrontation nicht ganz so hart. Doch alle Regierungen, einschliesslich jener von Israel und selbst die der Vereinigten Staaten, fühlten sich herausgefordert durch das, was sie gerne «den Terrorismus» nannten – einen zunehmend militanten und radikalen Islamismus. In einer früheren Epoche waren die sogenannten «Terroristen» in erster Linie radikale und durch ihre Vertreibung erbitterte palästinensische Nationalisten gewesen.

## Die Neuentwicklung der «Selbstmordanschläge»

Es waren ursprünglich die iranischen Islamisten gewesen, die dazu übergegangen waren, nicht nur einfach Bomben zu legen, sondern «Selbstmordbomben» zu benutzen, das heisst solche, mit denen der Attentäter selbst auch in die Luft geht. Diesen Selbstmordbomben ist viel schwieriger zu entgehen als einfach irgendwo niedergelegten oder auf ein Opfer geschleuderten Sprengsätzen. Kombiniert mit Lastautos, die der Selbstmordbomber in sein Ziel steuert, um dann mit dem Gefährt selbst in die Luft zu gehen, liess sich dieses neue Vorgehen mit verheerenden Folgen anwenden, wie die grossen Anschläge der Hizbollah-Schiiten Libanons in Beirut auf die französische Botschaft und eine amerikanische Truppenunterkunft beim Flughafen vom 23. Oktober 1983 (es gab dabei 59 und 219 Tote) grausam demonstrierten. Seither hat die Selbstmordmethode ihrer Wirksamkeit wegen so sehr Schule gemacht, dass heute die grosse Mehrzahl aller Anschläge mit ihr durchgeführt wird. Menschen, die bereit sind, sich selbst zu opfern, lassen sich in dem überheizten Klima des Nahen Ostens und in der ganzen muslimischen Welt offenbar ohne grosse Schwierigkeiten finden und motivieren, obgleich im Islam ein überaus strenges Verbot des Selbstmords gilt.

## Notwehr der angegriffenen Staaten

Die Abwehr dieser Art Angriffe beruht zunächst auf der Absperrung aller gefährdeten Ziele, so dass sich Automobile nicht nähern können. Doch immer wieder kommen Lücken in den Abwehrmassnahmen vor, welche die Täter ausnützen. Im Kampf gegen die gewalttätigen Islamisten haben die Regime vieler muslimischer Staaten ihre Abwehrmassnahmen daher auf die Geheimdienste konzentriert, deren Aufgabe nun auch wurde, die Islamisten zu infiltrieren. Eine teilweise Stilllegung des Rechtsstaates und der Rechtsgarantien, die ein solcher den Angeklagten gewähren sollte, solange ihre Vergehen nicht erwiesen sind, gehörte auch zu den Mitteln, welche die Staaten gegen die Islamisten einsetzten. Die Geheimdienstleute griffen auch zur Folter gegenüber gefangenen Islamisten, um Informationen zu erlangen. Gegen die Menschenrechte angeschuldigter, aber nicht überführter Islamisten vergingen sich in erster Linie Staaten wie Ägypten und Tunesien, am schwersten jedoch wohl Algerien und, unter umgekehrtem Vorzeichen, zur Erhaltung des sich islamisch nennenden Regimes, der islamistisch regierte Sudan. Vorwürfe schwerer Folterungen, oft mit tödlichem Ausgang, sind aber auch zu verschiedenen Epochen gegen Marokko, gegen Syrien, gegen Jordanien, gegen das palästinensische Regime Arafats, gegen den Irak, die Türkei und Iran (und gegen Israel) erhoben worden. In Afghanistan waren Grausamkeiten häufig, und in Pakistan kommen sie ebenfalls vor.

Ein besonderes Dilemma besteht für die angegriffenen Staaten im Falle der gewaltlosen Islamisten. Es gibt nämlich nicht wenige unter den Gottesgelehrten und frommen Muslimen, die mit den Zielen der Islamisten sympathisieren. Sie sind der Ansicht, der Islam fordere einen islamischen Staat und es sei Pflicht der Muslime, auf einen solchen Staat hinzuarbeiten. (Die Frage, was genau einen muslimischen Staat ausmache, wird auch von ihnen meist mit dem Hinweis auf die Scharia beantwortet; auch sie fordern einen Scharia-Staat). Sie missbilligen jedoch Gewaltmethoden. Zweifellos gibt es manche unter diesen Gelehrten und Frommen, die solche Gewaltakte aufrichtig ablehnen; wahrscheinlich gibt es jedoch auch andere, die Lippenerklärungen abgeben, jedoch im Herzen die Aktivisten und ihre Blutaktionen bewundern oder mindestens «verstehen» und rechtfertigen.

In Ägypten haben die unter dem Druck der Attentate der extremen Islamisten stehenden Geheimdienst- und Sicherheitskräfte Präsident Mubarak dazu veranlasst, nicht nur die eigentlichen Täter als gefährliche Verbrecher einzustufen, sondern auch jene, von denen die Dienste behaupten, sie stünden hinter den Tätern: nämlich eben alle die Gelehrten und Frommen, die den Islamisten auf dem ideologisch-intellektuellen Plan nahe stehen, ohne notwendigerweise an den Untaten der Extremisten beteiligt zu sein oder sie zu befürworten. Nach Ansicht der Sicherheitsleute bestätigen sie die «Terroristen» in ihrem Tun, weil sie ihren Zielen Respektabilität verleihen und eine Ideologie ausarbeiten und verbreiten, die den Gewalttätigen dient. Die ägyptische Regierung gab im Jahr 1998 ihre Zustimmung dazu, dass auch die islamistischen Intellektuellen als Täter eingestuft und vor die sogenannten Sicherheitsgerichte gezogen werden könnten, auch wenn ihnen keine Gewalttaten oder Aufstachelung zu Gewalttaten vorgeworfen werden können. In der Praxis der wenig transparenten Sondergerichte für Sicherheit, in denen Polizei- und Armeeoffiziere als Richter sitzen, bedeutet dies, dass auch die Mitglieder der gemässigten Branche der Muslim-Brüder, die gegen Gewalttätigkeit sprechen, als verdächtig eingestuft werden können, den Gewalttätigen heimlich zu helfen oder sie moralisch zu unterstüzen. Eine derartige Kriminalisierung der Meinungen kann natürlich leicht in Hexenjagd umschlagen, und die Gefahr ist gross, dass durch sie «Märtyrer der Sache des Islams» geschaffen werden, weil der Bevölkerung ziemlich klar sein dürfte, dass es unter den Brüdern fromme und lautere Muslime gibt, auch wenn nicht alle anderen Gelehrten und Islam-Fachleute mit ihrer engen wortwörtlichen Auslegung des Korans und der anderen Religionsquellen übereinstimmen. Gleichzeitig weiss die Bevölkerung auch, dass es unter den

Sicherheitsleuten brutale Folterer gibt, denen man die Qualität von frommen Muslimen nicht zusprechen kann. Also, so muss die Bevölkerung fragen: «Werden bei uns nicht tatsächlich ‹die Muslime› von den ‹Anti-Muslimen› verfolgt, nur weil sie gute Muslime sind und ihre Verfolger ‹Heiden›, wie die Islamisten es ja seit Jahr und Tag behaupten?»

# Teil III

# Das gegenwärtige Ringen

# Türkei, Schritte hin zur Demokratie

Alle muslimischen Länder mit ganz wenigen Ausnahmen, wie etwa Saudi-Arabien, haben heute Parlamente. Doch deshalb kann man sie nicht als Länder ansehen, die einen ersten Schritt auf eine demokratische Ordnung hin getan haben und später vielleicht weitere tun könnten. Bei den meisten muslimischen Ländern handelt es sich nicht um mehr als um Scheindemokratien, die behaupten, eine demokratische Ordnung existiere. In Wirklichkeit jedoch kennen diese Länder keine Parteien- und keine Informationsfreiheit, so dass keine Möglichkeit für ihre Bürger besteht, zwischen verschiedenen demokratischen Angeboten zu wählen und divergierende politische Programme zur Kenntnis zu nehmen, welche einer solchen Wahl erst einen Sinn gäben. Die meisten Parlamente bestehen aus Vertretern der Regierungspartei, manchmal mit kleinen Minderheiten von Oppositionsgrüppchen, die mehr als Vorzeigeopposition dienen, als dass sie je einen Machtwechsel bewirken könnten.

Dass jedoch solche Scheinparlamente und Alibi-Demokratien eingerichtet werden, spricht für das Prestige der demokratischen Einrichtungen; auch autoritäre Regime, welche die Macht in den Händen einer charismatischen Führerfigur konzentrieren, empfinden die Notwendigkeit, parlamentarische Kulissen aufzurichten und vor ihnen ein Theater von Volksvertretung zum besten zu geben. Dabei sind es meistens nur die Statisten, die in dem Schauspiel mitwirken, welche sich einigermassen ernst nehmen; weder die Bevölkerung noch die Machthaber halten das ihnen vorgeführte Schaustück für tatsächlich relevant. Höchstens, dass es den wirklichen Machthabern als ein Instrument dienen kann, um Anhänger unterzubringen und ihnen eine Plattform zu bieten, von der aus sie die Machthaber gebührlich loben und beklatschen können.

Es gibt jedoch einige Ausahmefälle, in denen sich möglicherweise der Beginn einer tatsächlichen demokratischen Ordnung abzeichnen könnte. Dies sind Fälle, in denen ein Machtwechsel auf Grund von Wahlen denkbar ist, ja vielleicht sogar schon einmal stattgefunden hat – allerdings oft unter der Voraussetzung, dass gleichzeitig über dem Staat ein Präsident oder König wacht, der dafür sorgt, dass der Staat auf den Schienen bleibt, die er als der letztlich zuständige und verantwortliche Machthaber für ihn vorgezeichnet hat. An Stelle des einen konstitutionell definierten Präsidenten oder Königs kann in bestimmten Staaten auch ein Kollektiv treten, das fast immer aus Armeeoffizieren besteht, die es aus verschiedenen Gründen vermeiden wollen, direkt und sichtbar zu regieren, und es vorziehen, ihre bindenden Weisungen in den Kulissen des parlamentarischen Schaustücks zu erteilen. Bindend sind diese Vorschriften einfach deshalb, weil eine Auflehnung gegen sie das direkte Eingreifen der Offiziere mit ihren Gewehren und Truppen zur Folge hätte. Dies ist unter anderen der Fall der Türkei. Einige konkrete Beispiele sollen aufzeigen, wie derartige «Teildemokratien» funktionieren, und abschliessend soll auch gefragt werden, ob Voraussetzungen erkennbar sind, die erfüllt werden müssen, wenn man hoffen will, dass «Teildemokratien» schrittweise Volldemokratien werden.

## Der Aufbau der Demokratie in der Türkei

Die Türkei ist von allen muslimischen Staaten der demokratischste. Wir bezeichnen hier die Türkei als einen muslimischen Staat in dem Sinne, dass die Mehrheit ihrer Bürger Muslime sind, viele von ihnen gläubige Muslime. Man darf die Türkei aber nicht einen islamischen Staat nennen. Ganz wörtlich, das wäre verboten und könnte – in der Türkei – gerichtlich bestraft werden. Davon mehr weiter unten.

Vor etwa zehn Jahren waren sich die meisten Beobachter darüber einig, dass die Türkei ein voll demokratisches Land sei. Heute scheint das nicht mehr ganz so gewiss. Die Türkei hat seit dem Ende des Zweiten Weltkriegs drei militärische Eingriffe durchgemacht, in denen die Offiziere einschritten, um Auswüchse des demokratischen Regimes zu korrigieren: 1961, 1972 und 1980. Seit dem dritten Eingriff sind die Offiziere nie mehr ganz von der Macht abgerückt. Der damalige Kriegsrechtsverwalter, General Kenan Evren, der dann auch Staatschef wurde, liess eine neue demokratische Verfassung formulieren, in der jedoch eine politische Rolle für die Spitzenoffiziere festgeschrieben ist: in dem Sinne, dass es einen «Sicherheitsrat» gibt, dessen Mitglieder die Oberbefehlshaber der drei Armeeteile sind: Heer, Marine und Luftwaffe. Weiter gehören dazu der Generalstabschef und der Oberkommandant der Gendarmerie sowie der Staatspräsident, der Ministerpräsident, der Verteidigungsminister und der Innenminister. Formal stehen also fünf Militärs vier Zivilisten gegenüber, wobei zu bedenken ist, dass der Verteidigungsminister auch ein General sein kann, auf jeden Fall aber dem Militär sehr nahe steht. Im Gegensatz zu den USA, in denen der Nationale Sicherheitsrat für die aussenpolitische Sicherheit zuständig ist, hat sich der türkische Sicherheitsrat bis heute eher mit der inneren Sicherheit befasst. Er institutionalisiert auf höchster Ebene des Staates ein Mitsprache- oder Einspracherecht der Streitkräfte. Er macht von diesem Recht sparsamen Gebrauch, denn die Türken sind stolz auf ihre Demokratie und wissen, dass diese für ihr internationales Prestige sehr wichtig ist. Der überwältigenden Mehrheit der Türken dürfte ausserdem, wenn sie darüber nachdenken, dieses verbriefte Mitspracherecht der Armee als eine gute und natürliche Sache erscheinen. Denn das Prestige der Armee und ihrer Offiziere ist gewaltig, nicht nur bei den Politikern und Gebildeten, sondern vor allem im Volk. Dort hat es sehr tiefe Wurzeln. Die Türken sind ein Soldatenvolk, immer gewesen, seitdem sie aus Zentralasien aufbrachen, um in die persische und später die anatolisch-byzantinische Welt einzubrechen. Sie waren es sogar schon vorher, als ihre Söldner- und Sklaventruppen das spätere Abbasidische Reich dominierten und manchmal die Kalifen ihrer Macht unterwarfen. Das war im 9. Jahrhundert nach Christus.

Das spätere Osmanische Reich war ein Militärreich mit dem Sultan an der Spitze seiner Armee, der in den Epochen der Expansion persönlich die Feldzüge kommandierte. Die Armee hat auch in der Übergangsperiode vom Osmanischen Reich zur modernen Türkei die entscheidende Rolle gespielt. Sie hat sogar die Institution des osmanischen Sultanats und Kalifats überdauert. Atatürk und fast alle seiner engsten Mitarbeiter waren Armeeoffiziere. Sie haben Schlachten gewonnen – gegen die Griechen –, bevor sie zur Gründung ihres modernen Staates schreiten konnten. Ismet Inönü, der zweite Mann Atatürks, hat seinen Namen von einer Schlacht genommen, die er 1921 erfolgreich gegen die Griechen geschlagen hat. Die Entscheidungsschlacht aber, am Sakariya-Fluss, hat Atatürk, auch 1921, selbst kommandiert und gewonnen.

Atatürk ist der grosse Name, der im ganzen Lande, aber noch viel mehr in der Armee verehrt wird. Seinen Weisungen will man auch heute nachleben. Er ist auch die Rechtfertigung, auf die sich die Offiziere berufen, wenn sie in die Politik eingreifen. Atatürk hat der Türkei ein neues Parlament gegeben, die Grosse Türkische Nationalversammlung. Er hat alle Macht im Staate besessen, aber er wollte nicht als Militär regieren. Als Staatspräsident trug er nie mehr Armeeuniform, sondern bei offiziellen Anlässen Zylinder und Frack und kleidete sich ansonsten ganz nach eleganter westlicher Mode. Er legte dem Parlament in ausführlichen Reden darüber Rechenschaft ab, was seine Regierungen bisher vollbracht hatten. Allerdings bestimmte er auch, wer in das Parlament gewählt wurde. Er hatte Fachleute dafür, die Wahlen so zu organisieren, dass sich das gewünschte Resultat ergab. Natürlich ernannte er auch direkt oder indirekt die kommandierenden Armeeoffiziere und die hohen Beamten.

Nach Atatürks frühem Tod (1938) hat Inönü die Türkei in seinem Sinne weitergeführt und sie als neutralen Staat durch den Zweiten Weltkrieg hindurchgebracht, was nicht ohne Härten abging. Nach dem Krieg wollte die Türkei nach dem Vorbild der westlichen Siegermächte eine Volldemokratie werden. Inönü selbst sagte in seinen alten Jahren oft, er wolle als der Mann in die Geschichte eingehen, der die Demokratie in der Türkei etabliert habe. Er hat dann in der Tat eine Oppositionspartei zugelassen, und diese, die Demokratische Partei unter Celal Bayar und Adnan Menderes, gewann 1950 die ersten voll demokratischen Wahlen. Dieses Resultat kam zustande, nachdem Inönü persönlich die Verwaltung angewiesen hatte, die Opposition gleich zu behandeln wie die Regierungspartei.


## Menderes: Vom Populismus zur Demagogie

Adnan Menderes, Ministerpräsident von 1950 bis 1960, hat seine Macht im eigenen Interesse missbraucht und versucht, die Opposition, womöglich für immer, mit allen Mitteln von der Macht fern zu halten. Die alte Staatspartei Atatürks und Inönüs, die Republikanische Volkspartei, war nun zur Oppositionspartei geworden. Menderes nützte seine persönliche Macht und die Mehrheit seiner Partei in den Parlamenten von 1950, 1954 und – nach vorgezogenen Wahlen, 1956 – aus, um eine Vielzahl von Gesetzen und Vorschriften zu erlassen, die dazu bestimmt waren, ihn und seine Partei an der Herrschaft zu halten. Zensur der Presse und finanzielle Spiele um die Zeitungsverlage waren nur ein Aspekt; das Radio war ohnehin Staatsradio. Zu den Manövern zur Machterhaltung gehörte auch, dass Menderes seinem Wahlvolk, den Bauern Anatoliens, Vergünstigungen zukommen liess, etwa Traktoren mit staatlicher Hilfe, welche die Bauern gewiss verdienten, die aber etwas zu offensichtlich dazu dienten, seine Machtbasis auszubauen[1], was dann auch eine Wirtschaftskrise und Abwertung des türkischen Pfundes mit sich brachte.

Es gab einen Personenkult um Menderes, der besonders intensiv wurde, nachdem er, wie die einfachen Leute glaubten, «durch ein Wunder» einem schweren Flugzeugunglück entkommen war. In seine letzten Regierungsjahre fiel der Beginn der ersten Zypernkrise. Vom 6. bis zum 9. September 1955 kam es zu regelrechten Pogromen gegen die Griechen in Istanbul und anderen Städten sowie zu Plünderungen der Handelsquartiere. Sie brachen aus, nachdem eine Bombe vor dem Geburtshaus Atatürks in der griechischen Stadt Thessalonika hochgegangen war. Erst später wurde bekannt, dass die türkischen Geheimdienste die Bombe gelegt hatten, um Angriffe gegen die Griechen zu provozieren und dadurch von der damals bereits bestehenden wirtschaftlichen und innenpolitischen Krise abzulenken.

An den Universitäten hatte es seit 1956 Widerstand gegen das einigermassen diktatorische Verhalten von Menderes gegeben. Die Regierung hatte zahlreiche Studenten durch Relegierung von den Universitäten bestraft. In der Armee waren die Freunde der Demokratischen Partei befördert worden; die Sympathisanten der Republikanischen Volkspartei fühlten sich zurückgesetzt. Im Oktober 1958 gründete Menderes eine «Patriotische Front» und erklärte den Oppositionsparteien «den Krieg». Die Revolution in Bagdad unter Abdul Karim Kassem vom Sommer 1958 löste bei den herrschenden «Demokraten» Angst vor Staatsstreichen aus, und sie suchten sich immer enger abzusichern, indem sie die Opposition immer weiter knebelten. Akte von Einschüchterung waren häufig. Die Polizei stand unter dem Einfluss der Regierungspartei und glaubte den Auftrag zu haben, immer gegen die Republikanische Volkspartei einzuschreiten, die «Demokraten» jedoch schalten und walten zu lassen.

Im Mai 1959 wurde Inönü, der heroische Alte Mann der Atatürk-Zeit, nun Chef der Opposition, tätlich angegriffen. Die Studenten demonstrierten erneut in Istanbul und Ankara. Neue Zeitungsverbote wurden gegen die Blätter der Opposition ausgesprochen. General Gürsel, der Oberbefehlshaber der Landstreitkräfte, gab eine öffentliche Warnung an die Regierung ab.

---

1 Nach der Internationalen Bank für Wiederaufbau und Entwicklung wären 8000 Traktoren damals die wirtschaftlich optimale Zahl für die Türkei gewesen, doch im Jahr 1960 gab es mehr als 42 000; viele davon waren mit Anleihen der (staatlichen) Landwirtschaftsbank gekauft worden; und diese waren noch nicht zurückbezahlt. So Nuri Eren in: Turkey Today and Tomorrow, Pall Mall Press, London 1963, S. 113.

# Der 27. Mai 1960

Am 27. Mai 1960 löste Oberst Alparslan Türkesch mit einer Reihe von anderen Offizieren aus den mittleren Rängen der Streitkäfte einen Staatsstreich aus. Die Generäle, die Parteigänger der Demokraten waren, wurden abgesetzt, die Politiker der Regierungspartei verhaftet. Ein Komitee der Nationalen Union wurde gebildet, das aus den Putschoffizieren bestand, und diese beriefen General Gürsel zum Vorsitzenden. Die Berufung zeigte, dass die Putschoffiziere die militärische Hierarchie als solche zu respektieren gedachten. Anfänglich wollte ihre Mehrheit wohl nur die Parteigänger der Demokratischen Partei ausschalten. Die «Nationale Union» freilich war nur ein frommer Wunsch. Von Beginn an gab es mindestens zwei, nicht in allen Fällen klar unterscheidbare Tendenzen unter den 38 Offizieren der Junta. Die «Radikalen», die unter Führung von Türkesch den Putsch ausgelöst hatten, wollten die Macht bis auf weiteres behalten und sie benützen, um grundlegende Reformen des sozialen und politischen Systems durchzuführen; man nannte sie damals die «Nasseristen». Ihnen gegenüber standen die «Gemässigten» unter der Führung von Gürsel. Sie waren der Ansicht, die Militärs sollten so schnell wie möglich zu einem konstitutionellen System zurückkehren.

Die Radikalen hatten im Anfang genug Macht, um grosse Säuberungen durchzuführen. Von 260 Generälen und Admirälen, die es in den Streitkräften gab, wurden nicht weniger als 235 am 3. August pensioniert; 5000 Oberste folgten drei Tage später. Im Oktober wurden 147 Universitätsprofessoren entlassen, wie die Junta erklärte: wegen Inkompetenz, mangelnder Präsenz bei den Vorlesungen, Homosexualität und kommunistischer Sympathien.

Auch die Richter und die Staatsangestellten sollten an die Reihe kommen. Doch vorher gelang es Gürsel, den Radikalen ein Bein zu stellen. Die Radikalen hatten ein Dekret verabschieden wollen, das ihre Macht auf fünf Jahre festgeschrieben hätte. Dies wurde mit 18 gegen 19 Stimmen zurückgewiesen (ein General, Bastug, der auch zu den 38 gehört hatte, war kurz vorher tödlich verunglückt). Die Radikalen starteten darauf eine neue Offensive, sie wollten eine «Nationale Union der Ideale und der Kultur» gründen (man kann hinter einer solchen Formulierung den Stil des Obersten Türkesch erkennen). Das Erziehungsministerium hätte in diese Organisation einbezogen werden sollen, und sie sollte einen nicht absetzbaren Chef bekommen. Gürsel fürchtete, dass die Mehrheit der Junta für den Vorschlag stimmen werde. Deshalb verkündete er im Radio, einen Tag bevor die Junta zur Abstimmung schritt, er habe die Junta aufgelöst, «weil ihre Art zu arbeiten das Land in Gefahr bringt». Er habe ein neues Komitee von 23 Mitgliedern, die alle aus der alten Junta stammten, ernannt[2]. Die 14 entlassenen Junta-Mitglieder wurden als Militärattachés ohne spezifische Aufgaben über alle türkischen Botschaften der Welt verteilt. Der wichtigste der Entlassenen war Oberst Türkesch, welcher Nationalist und Sozialist war, aber bestritt, ein National-Sozialist zu sein. Jedenfalls stand er der panturanischen Bewegung nahe, die von einem Grossturkestan träumt, das sich vom Mittelmeer bis nach Zentralasien erstrecken soll. – Wahrscheinlich hat General Gürsel damals die Türkei vor einem Rückfall in eine ideologische Diktatur mit einigermassen faschistischen Zügen bewahrt.

Im Oktober 1960 begann der Prozess gegen die ehemaligen Führer der Demokratischen Partei. Er fand auf der Insel Yassy Ada vor einem Sondergericht statt, das aus neun Richtern bestand. Die wichtigsten Anklagepunkte waren Vergehen gegen die Verfassungsartikel 6, 7 und 8. Diese legten fest, dass das Parlament die Gesetze erlässt; dass es die Exekutive kontrolliert und sie entlassen kann; dass die richterliche Autorität unabhängig ist und durch unabhängige Gerichte entscheidet. Weniger grundsätzliche und manchmal pittoreske Anklagepunkte kamen dazu, die in den Presseberichten eine grosse Rolle spielten: die Verantwortung der abgesetzten Regierung für die antigriechischen Pogrome von 1955, verschiedene Korruptionsaffären usw. – Natürlich hatten auch die Putschoffiziere die Verfassung umgeworfen. Doch für den Menderes-Prozess zählte dies nicht; sie waren nicht die Angeklagten.

Es gab weiterhin eine grosse Volksmasse, vor allem unter den Bauern und in den konservativen Kleinstädten, die Menderes anhing. Ihnen war es vielleicht seit Jahrhunderten nie so gut gegangen wie in den frühen Jahren der Menderes-Regierung. Sie konnten jedoch nicht wissen, dass die ihnen

---

2    Dies lief natürlich auf die Entlassung von 14 Mitgliedern hinaus. Doch Gürsel musste diesen komplizierten Weg einschlagen, weil die Junta in der von ihr erlassenen vorläufigen Verfassung von 12. Juni 1960 dafür gesorgt hatte, dass es fast unmöglich war, eines der Junta-Mitglieder zu entlassen. Vorbedingung für eine Entlassung war, dass ein Gericht entschied, der Betreffende habe den Schwur, die Macht sobald wie möglich abzutreten, gebrochen. Doch damit er vor Gericht gestellt werden konnte, musste eine Zusammenkunft von mindestens sechs Siebteln der Junta-Mitglieder mit einer Vierfünftelmehrheit ihre Zustimmung erteilen.

erwiesenen Wohltaten auf brüchigem Boden standen: die Regierung hatte für sie mehr ausgegeben, als der Staatshaushalt sich leisten konnte. Einer der Belege für die fortdauernde Popularität von Menderes war eine Geschichte, die sich unter dem Volk verbreitete (verbreitet wurde?): ihr zufolge verliess Menderes jede Nacht auf einem weissen geflügelten Pferd sein Gefängnis, um in seiner Lieblingsmoschee, der von Eyüp (arab. Ayyub), am hintersten Ende des Goldenen Horns, zu beten. Viele der Betenden hatten ihn angeblich dort mit eigenen Augen gesehen.

Ein realer Beleg hingegen war das Referendum über die neue Verfassung vom 9. Juli 1961, das nur knapp angenommen wurde: 6,3 Mio Stimmen dafür, 3,9 Millionen dagegen, aber auch 2,4 Mio Enthaltungen. Die Enthaltungen und die «Nein»-Stimmen zusammen machten etwas mehr als die «Ja»-Stimmen aus. Auch während der letzten Jahre seiner Herrschaft, in denen seine Volkstümlichkeit in den Grossstädten stark sank, hatte Menderes immer einen Block von rund 4 Mio Stimmen bewahren können[3].

Das Urteil des Gerichtshofes von Yassy Ada wurde am 15. September 1961 gesprochen. Es lautete auf 15 Todesurteile, 31 lebenslängliche Haftstrafen, 418 geringere Gefängnisstrafen und Bussen und 123 Freisprüche. Von den 15 zum Tode Verurteilten wurden elf von der Junta zu geringeren Strafen begnadigt, doch die Urteile gegen vier Hauptangeklagte wurden bestätigt: gegen Menderes, gegen Aussenminister Zorlu und Finanzminister Polatkan sowie gegen den Präsidenten der Demokratischen Partei, Bayar (dessen Hinrichtung wegen seines hohen Alters allerdings für unvollziehbar erklärt wurde). Die allgemeine Ansicht war, dass auch die drei Verbliebenen nicht hingerichtet würden. Doch sie wurden erhängt; Zorlu und Polatkan am Tag nach dem Urteilsspruch, Menderes einen weiteren Tag später.

Inönü, der Chef der Republikanischen Volkspartei, die Regierungen Grossbritanniens, Frankreichs und der Vereinigten Staaten und sogar der

---

3   Eine der Erklärungen für die hohe Zahl der «Nein»-Stimmen war, dass die Anhänger der Demokraten unter den Bauern, Gutsbesitzern und anderen Freunden des Ministerpräsidenten die Meinung verbreiteten, wenn das Referendum erfolgreich verlaufe, würden die Offiziere die abgesetzten Politiker hinrichten. Dies ist nicht belegbar, doch derartige Vermutungen schienen nicht aus der Luft gegriffen. In Wirklichkeit verlief die Sache aber vermutlich genau umgekehrt; es dürfte die grosse Zahl der Enthaltungen und der Nein-Stimmen gewesen sein, die den Offizieren der Junta Angst einflösste und sie zu einer raschen Hinrichtung der Verurteilten bewog.

Papst hatten um Gnade gebeten. Warum es dennoch zur Hinrichtung kam, ist immer noch nicht einwandfrei belegt. Eine der verschiedenen Versionen, die umgingen, lautete, dass eine Gruppe von Offizieren die Junta vor die Alternative gestellt habe, entweder die drei hinzurichten, oder sie würden die Insel von Yassy Ada mit dem gesamten Gefängnis bombardieren. Die Junta wusste, dass die Betreffenden die Mittel besassen, um ihre Drohung wahr zu machen, und sie glaubte auch, dass sie brutal genug seien, um es nicht bei der blossen Drohung zu belassen.

Am 15. Oktober 1961 fanden die ersten Parlamentswahlen unter der neuen Verfassung statt. Die Parteien waren ab 13. Januar wieder zugelassen worden, während die Demokratische Partei verboten blieb. Elf neue Parteien waren gegründet worden, von denen mindestens drei hofften, die früheren Wähler der Demokraten für sich zu gewinnen. Die wichtigste der Neugründungen war die Gerechtigskeitpartei, die ein entlassener General, Gümüschpala, in der Absicht organisiert hatte, «Gerechtigkeit» für die von der Junta abgesetzten Offiziere und hohen Beamten zu erlangen. Die neue Verfassung und das Wahlgesetz sahen erstmalig Schranken für die Parteien vor: sie mussten in mindestens 15 der 67 Provinzen der Türkei Provinzorganisationen besitzen, um zugelassen zu werden.

Nur vier Parteien nahmen schliesslich an den Wahlen teil. Die Republikanische Volkspartei Atatürks, die neue Gerechtigkeitspartei, die Nationale Republikanische Bauernpartei und die extrem nationalistisch ausgerichtete Partei der Neuen Türkei. Sie erhielten 36,7 bzw. 34,7, 13,9 und 13,7 Prozent der Stimmen. Ohne die beiden kleineren Parteien, die wie die Gerechtigkeitspartei die Nachfolge der ehemaligen Demokraten antreten wollten und daher aus demselben Wählerpotential schöpften, hätte die Gerechtigkeitspartei wahrscheinlich den Wahlsieg errungen.

Die Koalitionsverhandlungen, die folgten, waren aufschlussreich. Die Gerechtigkeitspartei erklärte, sie sei nur bereit, mit der Volkspartei zu koalieren, wenn Inönü als Chef der Partei zurücktrete und alle eingekerkerten Mitglieder der verbotenen Demokratischen Partei amnestiert würden. Dies konnte die Republikanische Volkspartei nicht zugeben. Als die Verhandlungen sich hinzogen, wurde die Armee ungeduldig. Es entwickelte sich ein lebhafter Kontakt zwischen der Gruppe der von der Junta ernannten Senatoren im Gebäude der Nationalversammlung und dem Hauptquartier des Generalstabs. Daraufhin kam es zu dem, was Zeitungen einen «Triumph für die Herren Sten und Thomson» (eine Anspielung auf die von der türkischen Armee benutzten Typen von Maschinenpistolen und -gewehren) nannten: die

Gerechtigkeitspartei erklärte sich bereit, eine Koalitionsregierung von 11 zu 11 Ministern unter dem Vorsitz von Inönü zu bilden.

Die neue Regierung begann am 20. November ihre Tätigkeit. Doch sie tat zunächst nicht viel mehr, als über die Amnestie-Forderung zu streiten und die Gehälter aller Abgeordneten zu erhöhen. Die Zeitungen der Gerechtigkeitspartei und jene der Volkspartei (die doch zusammen regieren sollten) hetzten heftig gegeneinander. Viele der Politiker und Journalisten der Gerechtigkeitspartei schienen zu glauben, die Wähler hätten ihnen den Auftrag erteilt, für Menderes Rache zu nehmen.

Am 22. Februar des nächsten Jahres (1962) erhob sich der Kommandant der Kriegsschule von Ankara, Oberst Talat Aydemir, und versuchte mit den Tanks und Kadetten seiner Schule die Regierung zu stürzen. Der Coup misslang, hauptsächlich weil die Luftwaffe zugunsten der Regierung eingriff. Ministerpräsident Inönü nahm eine recht milde Haltung gegen die Putschisten ein. Aydemir und zwei weitere Obersten wurden pensioniert; andere Offiziere aus Ankara wegversetzt. Inönü hielt Radioansprachen, in denen er der Nation die Gründe für die Frustration der Offiziere zu erklären suchte.

Am 8. März trat ein neues Gesetz in Kraft, das jedermann, der öffentlich zum Ausdruck brachte, die Gerechtigkeitsparti sei eine Fortsetzung der verbotenen Demokratischen Partei, mit Zuchthaus bis zu 8 Jahren bestrafte, während jedermann, der die Rechtlichkeit des Urteils von Yassi Ada oder die Berechtigung und Legalität der Militärrevolution von 1961 in Frage stellte, mit bis zu 5 Jahren Zuchthaus bedroht wurde. Dies beschwichtigte die Polemiken ein wenig. Doch die Nationalversammlung verbrauchte weiterhin ihre meiste Zeit mit bitteren Diskussionen über die von der Gerechtigkeitspartei geforderte Amnestie. Im Mai 1962 versuchte Inönü die Lage zu beruhigen, indem er Strafreduktionen für die ehemaligen Demokraten vorschlug. Doch dies war der Gerechtigkeitspartei nicht genug, und Inönü legte sein Amt nieder.

General Gürsel, inzwischen Staatschef geworden, beauftragte ihn, eine neue Koalition zu bilden. Sie bestand jetzt aus der Volkspartei und den beiden kleineren im Parlament vertretenen Parteien. Die neue Regierung erklärte eine Amnestie, durch welche die Grosszahl der Gefangenen, soweit sie Strafen von unter sechs Jahren erhalten hatten, sofort frei kam. Jene mit längeren Strafen erhielten eine Strafreduktion von vier Jahren. Doch ein weiterer Gnadenschritt, den Inönü am 22. März 1963 zuliess, schlug fehl. Der greise Bayar, vormals Staatschef und Vorsitzender der Demokratischen Partei, wurde aus gesundheitlichen Gründen für sechs Monate aus dem Gefängnis entlassen. Seine Anhänger feierten ihn dermassen, als er nach Ankara heimkehrte, dass die Armee Massnahmen forderte. Es kam zu Demonstrationen und Gegendemonstrationen, in denen das Hauptquartier der Gerechtigkeitspartei in Ankara zerstört und die Sitze ihrer Zeitungen angegriffen wurden. Die Armee musste in Istanbul 30 000 gegen Bayar demonstrierende Studenten und 5000 Gerechtigkeitspartei-Aktivisten auseinander halten. Schliesslich musste Bayar ins Gefängnis zurückkehren.

Knapp zwei Monate nach diesen Ereignissen, in der Nacht des 20. Mai 1963, versuchte Oberst Aydemir seinen zweiten Staatsstreich, wiederum mit Hilfe der Militärkadetten. Seine Kadetten besetzten zweimal den Sender Ankara und erklärten von dort aus, die Militärs hätten die Macht übernommen. Zwei der Kadetten und fünf Soldaten der Regierung verloren ihr Leben; 26 Personen wurden verletzt. Aydemir wurde gefangen, zum Tode verurteilt und im Juli 1963 erschossen.

In den Lokalwahlen vom 1. November 1964 gewann die Gerechtigkeitspartei ein höheres Stimmentotal als die Volkspartei (4,2 gegen 3,4 Millionen Stimmen). Die Koalition Inönüs brach zusammen, aber Gümüschpala, der Chef der Gerechtigkeitspartei, war auch nicht imstande, eine Regierung zu bilden. Schliesslich bastelte Inönü eine weitere Koalitionsregierung zusammen, die bis zum 13. Februar 1965 dauerte. Ihr folgte eine weitere Koalition unter dem unabhängigen Abgeordneten Ürgüplü, die zum ersten Mal seit 1962 Mitglieder der Gerechtigkeitspartei in die Regierung brachte.

Die allgemeinen Wahlen vom 10. Oktober 1965 brachten einen klaren Wahlsieg der Gerechtigkeitspartei. Sie erhielt 52,3 Prozent der Stimmen, die Volkspartei nur noch 28,65 Prozent. Der neue Chef der Gerechtigkeitspartei, der teilweise in den USA ausgebildete Ingenieur Süleyman Demirel, der nach dem Tod des Parteigründers Gümüschpala im November 1964 gewählt worden war, wurde nun Ministerpräsident. Man konnte dies als eine Rückkehr zur politischen Normalität nach den Wirren der «Revolution von 1961», wie man sie damals nannte, ansehen. Doch eine neue Stabilität kam nicht zustande.


## Vom Liberalismus zur «Anarchie»


Ein wichtiges Ergebnis des militärischen Eingriffs von 1961 war die Verfassung aus dem selben Jahr, die der liberale Staatsrechtler Mumtaz Soysal auf Wunsch der Offiziere geschrieben hatte. Sie sollte unmöglich machen, was unter Menderes beinahe geschehen war, nämlich dass die Regierungsmacht ihre Position ausnütze, um sich selbst an der Macht zu verewigen. Die Verfassung von 1961 wurde die liberalste Verfassung, welche die Türkei je gekannt hatte. Sie garantierte die Menschenrechte und die Parteienfreiheit ohne Einschränkungen, das Streikrecht, die Meinungs- und Pressefreiheit, die akademischen Freiheiten und sogar die Neutralität des staatlichen Radios, und sie forderte von den Parteien, dass sie öffentlich zugängliche Kongresse durchführten, um in inneren Wahlen ihre Führungspersonen zu bestimmen.

Doch im Schutz dieser Verfassung konnten sich allerhand politische Rand- und Kleingruppen bilden, die leicht in die Hände von Extremisten gerieten. Der ehemalige Putschoffizier Alparslan Türkesch war aus der Verbannung heimgekehrt; es gelang ihm, die Führung einer der kleineren Parteien zu übernehmen, die aus der Auflösung der Demokraten hervorgegangen waren, der Partei der Neuen Türkei. Er gab ihr einen neuen Namen, Partei der Nationalen Bewegung, und machte aus ihr ein faschistisches Machtinstrument mit eigenen Schläger- und Mördergruppen, den sogenannten «Grauen Wölfen». Die extremen Nationalisten der Türkesch-Partei infiltrierten erfolgreich die staatlichen Sicherheitsorgane, besonders die Geheimpolizei. Türkesch selbst amtierte 1977 und 1978 zweimal als Stellvertretender Ministerpräsident und nützte seine Stellung aus, um die Infiltration seiner Parteigänger in die staatlichen Sicherheitsorgane zu fördern. Die meisten türkischen Polizisten waren der Ansicht, sie hätten die Linke zu bekämpfen. Die Schläger und Mörder der «Grauen Wölfe» sahen sie als Verbündete an, die ihnen bei dieser ihrer Hauptaufgabe zur Hand gingen.

Den Rechtsextremisten, aber auch dem Staat gegenüber bildeten sich «maoistische» Extremistengruppen, besonders im studentischen Milieu. Die Kommunisten wurden zum ersten Mal in der Türkei offizielll zugelassen, unter dem Namen einer Türkischen Arbeiterpartei (TIP). In den Wahlen, bei denen sie mitwirkten, blieb ihr Stimmenanteil unter 4 Prozent. Eine radikale Gewerkschaftszentrale, die DISK (Kürzel für Revolutionäre Arbeiterzentrale) trat neben die seit langem bestehende, halboffizielle Gewerkschaft Türk Isch. Weil eine bedeutende Arbeitslosigkeit bestand (über 2 Mio Arbeitslose), konnten die radikalen Gewerkschafter nur versuchen, durch spektakuläre Aktionen, wie Besetzungen der Arbeitslokale und Aufruhr im allgemeinen, einen gewissen Druck auf die Arbeitgeber auszuüben; blosse Streiks führten nur zu Entlassungen. (Das Ende der 60er Jahre war auch in Europa eine Stunde der ultralinken Kleingruppen, die auf den Universitäten besonders viel Gewicht besassen; man muss nur an den Mai 1968 von Paris erinnern.)

In der offiziellen Politik führte Demirel, der neue Chef der Gerechtigkeitspartei, mit immer knapperen Koalitionsregierungen dreimal hintereinander den Staat. Die Zypernfrage beherrschte die türkische Aussenpolitik und erregte das ganze Land. Gleichzeitig jedoch lieferten die extreme Rechte und die extreme Linke einander wahre Schlachten. Auf den Universitäten ging es oft darum, welche Seite die Studentenheime beherrschte. Wo immer sie es vermochte, trieb die eine Faktion die andere mit Gewalt aus. In den Fabriken sorgte die DISK für Aufsehen und Unruhe. Es gab Stadtguerilla von links und von rechts, politisch motivierte Banküberfälle und Menschenraub. – Die Militärs forderten die Nationalversammlung auf, zwei neue Gesetze zu erlassen, eines, das Sondergerichte für Sicherheit schaffen sollte, ein zweites, um die Position der Sicherheitskräfte zu stärken. Demirel versuchte dies auch. Doch die Mehrheitsverhältnisse im Parlament waren derart, dass er die neuen Gesetze nicht durchbrachte. Die Gerechtigkeitspartei spaltete sich in einen rechten Flügel, der vor allem die alten Parteiziele, wie volle Amnestie für die Politiker der Demokratischen Partei, anstrebte, und in die «moderne» Mehrheit unter Demirel, die einen Weg zum Aufbau einer modernen kapitalistischen Wirtschaft nach amerikanischem Vorbild suchte. Die Volkspartei in der Opposition wollte den Sicherheitsgesetzen nicht zustimmen, weil sie fürchtete, sie würden die individuellen Freiheiten einengen.

## Der 12. März 1971

Schliesslich führten die Streitkräfte am 12. März 1971 einen «Staatsstreich durch Memorandum» durch. Sie erklärten, die Regierung sei abgesetzt, eine neue, endlich aktionsfähige müsse gebildet werden. Sie riefen den Ausnahmezustand im ganzen Land aus, verboten die extremeren unter den Parteien und begannen sofort mit Verhaftungen von Personen und Gruppen, die sie direkt oder indirekt für die «Anarchie», die in den letzten Monaten geherrscht hatte, verantwortlich machten. Die Verhaftungen überstiegen bald 30 000; in erster Linie Linksaktivisten und Linksintellektuelle bis hinauf zu Universitätsprofessoren fielen ihnen zum Opfer. Eine Regierung von Technokraten, meist ausserparlamentarischer Herkunft, wurde eingesetzt. Das Parlament wurde nicht geschlossen.

Unter den führenden Generälen liessen sich drei Tendenzen unterscheiden: Eine erste unter der Führung von Luftwaffenchef Batur forderte

Strukturveränderungen im türkischen Staat: Landreform, Verwaltungs-reform, wirtschaftliche Reformen, Wirtschaftsplanung; erst danach Wieder-aufnahme der Demokratie. Eine zweite wollte das demokratische Experi-ment überhaupt beenden und ein autoritäres Regime errichten. Die dritte Gruppe bildete die Mehrheit, sie wollte für Ruhe und Ordnung sorgen und dann möglichst schnell zur Demokratie zurückkehren. Diese Konstellation innerhalb der Führungsspitze der Streitkräfte führte dazu, dass zuerst einmal viele schöne Pläne von Reformen und Neubeginn formuliert wurden, dass später jedoch die Repression der Linken die Haupttätigkeit des Regimes wurde. Denn darin stimmten alle hohen Offiziere überein: die «Anarchie» musste aufhören. Die Verfassung wurde abgeändert, indem jene Teile, von denen angenommen wurde, sie hätten «der Anarchie» Vorschub geleistet, vor allem die Garantien der individuellen und kollektiven Freiheitsrechte, gestri-chen oder abgeändert wurden.

Im Jahr 1973 wurden Wahlen durchgeführt, in denen die Gerechtig-keitspartei nur 29,8 Prozent der Stimmen erhielt, die Republikanische Volks-partei erhielt 33,3 Prozent. Die neu gegründete Nationale Heilspartei unter ihrem Führer Necmettin Erbakan kam mit 11,5 Prozent ins Parlament. Diese Partei trat für «mehr Islam» ein. Hätte sie offen einen «islamischen Staat» angestrebt, hätte sie gegen die Gesetze verstossen. Doch genau diesen Staat, für ihre Extremisten falls nötig mit Gewalt, für die Mehrheit ihrer Gemässigten ohne Gewalt zu verwirklichen, dürfte ihr heimliches, lang-fristiges Ziel gewesen sein. Nach zähen Verhandlungen bildete Bülent Ecevit, nun Führer der Republikanischen Volkspartei, eine Regierung, absurder-weise in Koalition mit der Partei des Islamisten Erbakan. Während der Zypern-Intervention der Türkei (1974) entstand vorübergehend eine Atmo-sphäre der nationalen Einheit. Ecevit, der den militärischen Eingriff zu Gun-sten der zypriotischen Türken im Nordteil der Insel ausgelöst hatte, wurde über Nacht zum Volkshelden. Der grösste Teil der Gefangenen von 1971 wurde amnestiert. Ecevit trat zurück, weil er hoffte, anschliessend nach Neu-wahlen alleine regieren zu können. Doch die Gerechtigkeitspartei konnte zunächst mehrmals prekäre Koalitionen zusammenbringen, in denen die kleinen Parteien, jene von Türkesch und die von Erbakan, als Zünglein an der Waage eine unverhältnismässig starke Rolle spielten.

Die Wahlen von 1977 gewann Ecevit auf Grund seiner Rolle im Zypernkonflikt mit 41,3 Prozent der Stimmen, doch die Gerechtigkeits-partei kam gleich hinterher mit 36,9 Prozent. Ecevit konnte 22 Monate lang in Koalition mit der ideologisch rechts orientierten Demokratischen Partei regieren. Dies war eine Partei, die sich von der Gerechtigkeitspartei abgespalten hatte, weil diese unter Demirel den Dissidenten zu «modern» geworden war. Ecevit seinerseits hatte die Volkspartei in eine sozialdemokratische Formation umgewandelt. – Die «Anarchie» brach neu aus, doch diesmal waren die politisch-ideologischen Fronten nicht mehr klar zu scheiden. Sie nahm die in Form eines unübersichtlichen Terrorismus alle gegen alle an. Immer mehr politische Prominente wurden ermordet. Bomben gingen hoch. Der Terror kam sowohl von der extremen Rechten wie Linken. Doch seine politischen Ziele waren nicht evident. – Gleichzeitig geriet die Türkei in eine schwere Wirtschaftskrise, die Inflation überstieg 100 Prozent. Das Erdöl wurde so knapp, dass die Bauern ihre Traktoren nicht einsetzen konnten, was sich wiederum auf die Ernten auswirkte. Die türkische Lira wurde mehrmals abgewertet. Die Mordaktionen auf der Strasse aber dauerten fort und steigerten sich sogar weiter. Am 24. Dezember 1978 kam es in der südöstlichen Stadt Kahraman Marasch zu einem Kleinbürgerkrieg der eher linksorientierten schiitischen Aleviten und der sunnitischen extrem türkisch-nationalistischen Türkesch-Anhänger. Er verursachte 117 Tote und über tausend Verwundete. Zwei Tage später wurde in 13 Provinzen des Ostens das Kriegsrecht ausgerufen. Am 1. Februar 1979 wurde Abdi Ipekçi, einer der bekanntesten Journalisten des Landes, erschossen. Der Täter, Mehmed Ali Agca, konnte mit Hilfe seiner Gesinnungsgenossen aus dem Gefängnis fliehen. Er verübte später in Rom ein Pistolenattentat auf den Papst. Er kam von der Rechten, doch seine Motive blieben unklar. Es gab Hunderte von Terroropfern. Die israelische Botschaft wurde von den «Adlern Palästinas» gestürmt und der Botschafter als Geisel genommen. Prominente aller Art und jedermann, der mit Politik zu tun hatte, bangten um ihr Leben. Allein am 1. August 1979 wurden 25 Personen im ganzen Lande ermordet.

Angesichts der katastrophalen wirtschaftlichen Entwicklung und der wachsenden Unsicherheit war es nicht verwunderlich, dass Ecevit die Teilwahlen vom 14. Oktober 1979 spektakulär verlor und die Gerechtigkeitspartei wieder obsiegte. Demirel bildete eine Regierung, die von aussen durch die Parteien, von Erbakan und von Türkesch gestützt wurde. Die Militärs forderten eine Grosse Koalition der Gerechtigkeits- und der Volkspartei, doch Demirel und Ecevit waren so verfeindet, dass dies ein Ding der Unmöglichkeit war. Die Terrorakte dauerten weiter an; es gab Angriffe auf amerikanische Soldaten. Armenische und kurdische Terroristen griffen auch ein. Die Gesamtzahl der in den Jahren 1979 und 1980 Ermordeten soll 5000 Personen überstiegen haben.

## Der 12. September 1980

Am 12. September 1980 übernahm der Generalstabschef, General Kenan Evren, zusammen mit den Oberbefehlshabern von Heer, Luftwaffe, Marine und Gendarmerie die Macht. Evren macht sich selbst zum Präsidenten. Die Generäle bildeten einen Nationalen Sicherheitsrat, der die Funktionen des Parlaments und der Regierung übernahm. Regierungschef wurde der pensionierte Admiral Bülent Ulusu. Als Lenker der Wirtschaftspolitik bestimmten die Generäle Turgut Özal, einen hochbegabten Elektroingenieur und Volkswirtschafter, der unter anderem die türkische Planungsbehörde geleitet hatte. Özal stellte ein Austeritätsprogramm zusammen, und es gelang ihm, die Inflation von fast 100 Prozent auf 36 zu drosseln. Später sollte er seine Stellung benützen, um eine umfassende Reform der staatlichen Unternehmen im Sinne einer Liberalisierung in die Wege zu leiten.

Alle Parteien wurden aufgelöst und Neubildungen verboten. Alle Abgeordneten der beiden letztamtierenden Parlamente erhielten für fünf Jahre Politikverbot, die Parteivorsitzenden, auch Ecevit und Demirel, gleich für zehn. Evren lehnte es ab, eine Frist für die Rückkehr zur Demokratie zu setzen. Er machte vielmehr deutlich, dass es ihm primär darum ging, die Sicherheit wiederherzustellen. Der Terrorismus innerhalb des Landes flaute ziemlich rasch ab; im Ausland versuchten armenische Terroristen, die gegen türkische Diplomaten vorgingen, ihn fortzusetzen. Doch auch ihre Aktionen nahmen allmählich ab.

Die Gerichte fuhren fort, die verschiedenen Linksgruppen abzuurteilen, die sich vor dem Umsturz durch Terroraktionen ausgezeichnet hatten. Auch nicht gewalttätige Gruppen, besonders der Linken, wurden gerichtlich verfolgt; die Anklagepunkte lauteten meist auf «Anstachelung zum Klassenkampf und Ausbreitung separatistischer (= kurdischer) Propaganda.» Bis zum September 1981 hatten total 167 Massenprozesse begonnen. Einige richteten sich gegen gewaltsame Gruppen, wie die «Revolutionäre Linke» (Devrimci Sol) oder die PKK (Kurdische Arbeiterpartei); doch andere kriminalisierten bisher legale und durchaus friedfertige Gruppen wie den Friedensverein der Türkei (Barish Dernegi) und die Genossenschaftsbewegung Köy-Koop.

Bülent Ecevit wurde zu Gefängnis verurteilt, weil er sich gegen das über ihn und die anderen ehemaligen Politiker verhängte Verbot, sich politisch zu betätigen, ja nur zu äussern, hinweggesetzt hatte. Er musste drei Monate einer Viermonatshaft abbüssen. Später erhielt er noch andere Strafen für vergleichbare Vergehen.

Die Regierungssprecher und General Evren selbst stritten stets ab, dass Folterungen an Verhafteten vorkämen. Doch die zahlreichen Personen, die in den Gefängissen starben, und andere, die sie mit bleibenden Schäden verliessen, deuteten auf das Gegenteil hin.

Ein spezieller Universitätsrat wurde geschaffen, um die Universitäten zu beaufsichtigen (Abkürzung Yök für: Yüksek Ögretim Kurulu, Rat für höheren Unterricht); er schränkte die akademischen Freiheiten stark ein und war für die Einstellung sämtlicher Dekane und Rektoren zuständig. Die Rektoren mussten vom Staatschef persönlich bestätigt werden. Die Universitätsbehörden wurden für das Verhalten ihrer Studenten verantwortlich erklärt. Die Professoren mussten, wie andere Staatsbeamte und Offiziere, sich ihre Sporen in der Provinz abverdienen, bevor sie an eine der zentralen Hochschulen in Ankara oder Istanbul berufen werden konnten; Hunderte wurden entlassen und verloren ihre Pensionsansprüche. Hunderte mehr verliessen die Universitäten aus Solidarität mit den Entlassenen oder wegen der Einschränkung der akademischen Freiheiten freiwillig.

### Die Präsidialverfassung von 1982

Am 23. Oktober 1981 hatte eine (ernannte) Verfassunggebende Versammlung die Arbeiten aufgenommen. Am 7. November 1982 fand ein Referendum über die neue Verfassung statt. Es war gekoppelt mit der Festlegung des Präsidentenmandates für Evren auf die kommenden sieben Jahre, und es wurde unter Abstimmungszwang von 91,3 Prozent des Elektorates angenommen.

Die neue Verfassung brachte eine starke Vormachtstellung für den Präsidenten mit sich. Er kann zum Beispiel den Not- oder Ausnahmezustand erklären und dann Gesetze und Vorschriften erlassen, die vor dem Verfassungsgerichtshof nicht anfechtbar sind. Die Verfassung schränkte die bisherigen Freiheitsrechte stark ein, besonders im Bereich der Gewerkschaften. Staatsangestellten wurde verboten, Gewerkschaften beizutreten oder sich politischen Parteien anzuschliessen. In «strategischen Wirtschaftsbereichen» wurde das Streiken verboten.

Der regierende Sicherheitsrat wurde in erweiterter Form in die Verfassung eingebaut. Er bestand in dieser neuen und permanenten Version aus dem Präsidenten, den Chefs der vier Arme der bewaffneten Macht (einschliesslich der Gendarmerie), dem Generalstabschef, dem Ministerpräsidenten, dem Innenminister und dem Verteidigungsminister. Solange der Präsident ein Militär war, hatten die Offiziere eine automatische Mehrheit gegenüber den Zivilisten. Doch war ohnehin klar, dass das Gewicht der Militärs auf jeden Fall bedeutend grösser sein würde als jenes der zivilen Mitglieder. Der Sicherheitsrat hat dem Ministerrat Entschlüsse und Massnahmen zu empfehlen, die mit der Formulierung und Durchsetzung der nationalen Sicherheit zusammenhängen. Die Verfassung erklärt ausdrücklich, der Ministerrat habe den Massnahmen Vorrang zu geben, die der Rat für die Bewahrung der Unabhängigkeit des Staates, der Integrität und Unteilbarkeit des Landes und des Friedens und der Sicherheit der Gesellschaft als notwendig erachte. Der Staatspräsident legt die jeweilige Agenda des Rates fest, wobei er die Vorschläge des Generalstabschefs und des Ministerpräsidenten zu berücksichtigen hat. Wie die spätere politische Praxis zeigen sollte, wurde dieser Sicherheitsrat zu nicht weniger als einer Über-Regierung, deren Weisungen die Minister zu folgen haben, wenn sie in der Regierung bleiben wollen. Die Einführung dieses Rates als eines der konstitutionell sanktionierten Organe des Staates war zweifellos die wichtigste Neuerung der Verfassung von 1982.

## Spätere Infragestellung der Verfassung

Im September 1999 hat der Vorsitzende des höchsten Gerichtes der Türkei, Sami Selçuk, in einer Aufsehen erregenden Rede erklärt, die Legitimität der Verfassung von 1982 sei «gleich Null». Zu den Zuhörern gehörten mehrere Generäle, der Staatschef Demirel und Ministerpräsident Ecevit. Durch diese Verfassung, so sagte Selçuk, werde der Staat vor dem Bürger geschützt, nicht der Bürger vor möglichen Übergriffen des Staates, wie es in einer demokratischen Verfassung sein sollte. Vor allem, so betonte der Vorsitzende des obersten Berufungsgerichtes, dürfte in einer Demokratie die freie Meinungsäusserung nicht als ein Verbrechen eingestuft werden. Drei Tage zuvor hatte der Oberbefehlshaber des Heeres, General Kivrikoglu, seinerseits schärfere Gesetze gegen die «Reaktionäre» gefordert. Damit sind in der Sprache der Armee die Islamisten gemeint. Die Zeitungen kommentierten die Gegensätze zwischen der Haltung des Vorsitzenden des obersten Berufungsgerichtes und jener des Oberkommandierenden der Landstreitkräfte. Doch Regierungschef Ecevit äusserte nur, er billige beide Reden. Er versprach den Militärs, dass die geforderten Gesetze gegen die «Reaktionäre» in der kommenden Parlamentssitzung verabschiedet werden sollten, erwähnte aber auch, nach Presseberichten, die Notwendigkeit von Verfassungsänderungen, welche die Unabhängigkeit der Gerichte garantierten.

Der Umstand, dass die Militärs und auf ihren Druck hin die Regierung zur Aburteilung der politisch missliebigen Islamisten und Kurden Sondergerichte verwenden, in denen Militärrichter sitzen, denen die Verurteilung der Angeklagten im Rahmen der militärischen Disziplin zur Pflicht gemacht wird, dürfte ein Grund neben anderen dafür sein, dass die türkischen Richter für die Unabhängigkeit der Gerichte fürchten. Meinungsäusserungen durch hochgestellte Richter wie Selçuk verändern das legale System natürlich nicht, doch sie geben immerhin Denkanstösse in Richtung auf eine mögliche Veränderung. Dies ist in der Türkei umso bedeutungsvoller, als weniger hervorragende Bürger nur allzuleicht als «Feinde des Staates» eingestuft und bestraft werden, wenn sie sich erlauben, über die schwachen Seiten der geltenden, nach den Wünschen des Militärs geschneiderten Verfassung «laut nachzudenken».

### Eine neue Parteienlandschaft?

Nachdem die neue Verfassung von 1982 unter Dach war, beschlossen die Militärs, nun auch wieder Parteien zuzulassen. Doch sie wollten unbedingt vermeiden, dass die alten Parteien neu wiedererstanden, auch nicht – wie es bisher üblich war – unter neuen Namen. Ein Parteiengesetz wurde erlassen, das das Parteiwesen minuziös regelte. Es sah vor, dass eine Partei, um sich als solche registrieren zu können, eine Liste von 30 Gründungsmitgliedern vorzulegen hatte, die aus verschiedenen Provinzen der Türkei stammen mussten. Diese Listen konnte Präsident Evren entweder billigen oder zurückweisen. Nur wenn er ihnen zustimmte, konnte das Innenministerium zur Registrierung der neuen Parteien schreiten. Die Spitzenpolitiker der vorherigen Zeit hatten weiter Politikverbot, konnten also nicht mitwirken. Es war auch verboten, die alten Parteinamen wieder zu gebrauchen. Auch Namen, die für alle Türken geltende Bezeichnungen enthielten, wie «national» oder «türkisch», wurden untersagt.

Darüber hinaus versuchten die Generäle des Sicherheitsrates, ihre eigene Parteienlandschaft zu entwerfen. Sie förderten eine Partei, die sie einem General im Ruhestand, Turgut Sunalp, unterstellten und die «Nationalistische Demokratiepartei» genannt wurde. Die öffentlichen Empfehlungen des

343

Sicherheitsrates, für sie zu stimmen, machten klar, dass die Generäle ihr die Regierung zugedacht hatten. Als «loyale Opposition» förderten die Offiziere eine mehr linksgerichtete Gruppe, die unter dem Namen «Populistische Partei» Necdet Calp zum Generalsekretär erhielt, einen ehemaligen Privatsekretär Ismet Inönüs und später General Gürsels.

Andere Gesuche um Parteigründung wurden zurückgewiesen, indem die Gründungsmitglieder als nicht genehm bezeichnet wurden. Darunter waren eine «Sozialdemokratische Partei» unter Professor Erdal Inönü, dem Sohn Ismets, und eine «Grosse Türkei-Partei», hinter der sich der Schatten Demirels abzeichnete, obwohl ihr offizieller Gründer auch ein General im Ruhestand war, Ali Fethi Esener. Um die alten Politiker am Mitwirken aus dem Hintergrund zu hindern, liess die Junta Demirel, seinen zweiten Mann, Cindoruk, und sieben Politiker der ehemaligen Republikanischen Volkspartei in einem Militärlager in Canakkale internieren. Demirel versuchte im letzten Moment, eine weitere Partei ins Leben zu rufen, die «Partei des Rechten Weges» genannt werden sollte. Doch auch sie scheiterte an der Barriere der 30 Gründungsmitglieder.

Es gab jedoch eine Partei, die sich etablieren konnte, obwohl sie nicht von der Junta begünstigt wurde. Dies war – nach mehreren vergeblichen Anläufen – die «Mutterlandspartei» des «Wirtschaftszaren» Turgut Özal. In seinen Memoiren schrieb General Evren später, «leider» habe er sie nicht auch blockiert.

Die türkischen Wähler erkannten leicht, dass es zwei offiziöse Parteien gab, für die sie nach den Wünschen des Sicherheitsrates stimmen sollten. Also stimmten sie am 6. November 1983 mehrheitlich für die dritte, nicht offiziöse, die Mutterlandspartei Özals. Die Demokratiepartei erhielt 23,3 Prozent der Stimmen, die «loyale Opposition» der Populistischen Partei 30,5 Prozent und die Mutterlandspartei Özals 45,2 Prozent.

Özal bildete ein erstes Kabinett, es enthielt neben ihm neun weitere Ingenieure. Es sah als seine wichtigste Aufgabe an, die bevorstehenden lokalen Wahlen vozubereiten, die auf den März 1984 angesetzt waren. General Evren liess nun weitere Parteien zu, wohl weil er damit rechnete, dass diese neuen Parteien jener von Özal Konkurrenz machen würden. Unter ihnen war die oben erwähnte «Sozialdemokratische Volkspartei» unter Erdal Inönü, welcher sich bald die «Populistische Partei» von Calp anschloss. Eine Partei der «Demokratischen Linken» wurde von der Gemahlin Ecevits gegründet, weil Ecevit selbst immer noch unter Politikverbot stand. Nun gelang es auch den Klienten Demirels, die «Partei des Rechten Weges» doch noch ins Leben zu rufen, die zwar nicht offiziell, aber tatsächlich eine Nachfolgepartei der Gerechtigkeitspartei war.

In Nachwahlen vom 28. September 1986 zu den Parlamentswahlen erhielt die Mutterlandspartei Özals nur noch 32 Prozent der Stimmen, jene des Rechten Weges 23,7 Prozent, die vereinigte Linke unter Erdal Inönü 22,7 Prozent und die Demokratische Linke der Frau Ecevit 8,5 Prozent. Es war deutlich, dass die Neuauflagen der alten, verbotenen Parteien den neu entstandenen der Nachputschgeneration Stimmen zu entziehen begannen. Özal reagierte darauf, indem er ein Plebiszit über die Frage der Rehabilitation der alten Politiker organisierte. Wahrscheinlich hoffte er, dass das «Nein» siege, was ihn von der neuen Konkurrenz der wiedererstandenen alten Parteien befreit hätte. Doch das «Ja» siegte knapp, und die Alt-Politiker wurden wieder zur Politik zugelassen, woraufhin Özal sofort vorgezogene Wahlen auf Ende November 1987 ansetzte. Er hoffte nun, dass die neuen alten Parteien einander Stimmen wegnehmen und so vielleicht seiner Mutterlandspartei doch ein relatives Mehr überlassen könnten. Die Rechnung ging auf: Özal erhielt 36,6 Prozent der Stimmen, was ihm dank neuem Wahlgesetz, das eine Zehn-Prozent-Klausel enthielt, nicht weniger als 65 Prozent der 450 Abgeordnetensitze einbrachte. An diesen Wahlen hatte auch die Nachfolgepartei der proislamischen Heilspartei Erbakans unter dem neuen Namen «Wohlfahrtspartei» mitgewirkt, ebenso die neue Version der Partei Türkeschs als «Nationale Kampfpartei». Doch beide fielen der Zehn-Prozent-Hürde zum Opfer. Demirel erhielt 19,2 Prozent; auf der Linken erlangte Erdal Inönü 24,8 Prozent, während die Partei der Frau Ecevit nur auf 8,5 Prozent kam und damit auch der Zehn-Prozent-Klausel zum Opfer fiel.

Die Mutterlandspartei Özals bildete die nächste Regierung. Doch die Partei, ursprünglich als einzige nichtoffiziöse Partei das Sammelbecken für die verschiedenen politischen Oppositionsströmungen unter Politikverbot, nutzte sich ab. Sobald die alten Parteien unter neuen Namen ihr politisches Spiel wieder aufnehmen konnten, kehrte ein Teil der Mutterlandwähler zu der neuen Version ihrer ursprünglichen Partei zurück. Ausserdem bewirkten die Unterschiede der ursprünglichen politischen Herkunft der Parteimitglieder und Führungspersonen, dass die Mutterlandspartei in verschiedene Strömungen auseinanderfiel. Die wichtigste war, was man als die «osmanisch-islamische Synthese» bezeichnete, die Richtung, die den Segen Özals besass. Ihr gegenüber trat die «heilige Allianz», die aus Konservativen und dem Islamismus zuneigenden Parteimitgliedern bestand. Die osmanisch-islamische Synthese erblickte im Türkentum und im Islam die beiden

Wurzeln und Identitätsmerkmale des türkischen Staates. Die «heilige Allianz» wollte die islamischen Kräfte für konservative Ziele einsetzen.

Die Ergebnissse der Lokalwahlen von 1989 wurden, wie fast immer in der Türkei, als ein Hinweis darauf gelesen, wie die politische Lage sich entwickle. Der Hinweis fiel recht deutlich aus: die Anhänger Erdal Inönüs von der Sozialdemokratischen Partei erlangten die Mehrheit und kamen in die Lage, die Bürgermeister von Ankara und Istanbul zu stellen. Sie erhielten 28,7 Prozent der Gesamtstimmen; ihnen folgte die Partei des Rechten Weges unter Demirel mit 25,6 Prozent, dann erst die Mutterlandspartei mit blossen 21,9 Prozent. Özal erkannte, dass er in den nächsten Wahlen zum nationalen Parlament schwerlich eine Mehrheit erringen würde. Er ergriff daher die Gelegenheit, sich vom Parlament (wo er noch die Mehrheit besass) zum Staatspräsidenten wählen zu lassen, als das Mandat General Evrens im Jahr 1989 zu Ende ging. Die Leitung seiner Partei überliess er dem nicht besonders profilierten Politiker Akbulut, vielleicht in der Absicht, über dessen Kopf hinweg weiter ein Wort in der Partei mitsprechen zu können.

Im Kuwait-Krieg des Jahres 1990/91 schlug Özal einen ausgesprochen proamerikanischen Kurs ein. Er sorgte dafür, dass die Amerikaner Flugbasen in der Türkei für ihre Kriegshandlungen benützen konnten. Dies war angesichts der Tradition Atatürks, der in früheren Kriegen auf einer neutralen Haltung der Türkei bestanden hatte, nicht ganz selbstverständlich, und einige der höchsten Offiziere waren dagegen. Özal begründete seine Haltung damit, dass er annahm, nach dem Krieg würden die Grenzen im Nahen Osten neu gezogen werden, und in diesem Falle müsse die Türkei mitreden können[4].

Das Ende des Zweiten Golfkrieges brachte allerdings keine neuen Grenzziehungen. Es bewirkte jedoch, dass die Kurdenfrage, in der Türkei seit 1971 ein wichtiges Politikum, plötzlich eine Frage von weltpolitischer Bedeutung wurde. Dies geschah durch die Flucht von Hunderttausenden irakischer Kurden an die türkische und an die iranische Berggrenze, nachdem

---

4    Interessanterweise wurde damals die alte Streitfrage aus der Zeit nach dem Ersten Weltkrieg wieder aufgeworfen, nämlich: Gehört Mosul zur Türkei oder zum Irak? Mosul war und blieb für die Türkei verlockend, weil es reiche Erdölvorkommen besitzt. Die Türkei ist ein erdölarmes Land. Die Rückkehr zu der alten Streitfrage widersprach jedoch der Politik Atatürks, der im Vertrag von Lausanne niedergelegt hatte, dass die Türkei niemals mehr Gebietsansprüche über ihre bestehenden Grenzen hinaus erheben werde.

Saddam Hussein am Ende des Krieges (Februar 1991) «seine» kurdischen Städte und Siedlungen mit Helikoptern angegriffen hatte[5]. Özal, der selbst kurdische Verwandte in seiner aus Malatya stammenden Familie besass, versuchte eine realistische Kurdenpolitik zu führen. Er erklärte, Kurdisch sei eine Sprache, die in der Türkei gesprochen werde und zu sprechen erlaubt sei (allerdings nicht zu schreiben und nicht zu drucken). Dies war gegenüber der bisherigen offiziellen Kurdenpolitik, die darauf bestand, das Kurdische sei ein türkischer Bergdialekt (was keineswegs zutrifft), gewissermassen eine Ketzerei. Doch Özal starb früh an Herzversagen, bevor seine Kurdenpolitik noch Früchte tragen konnte[6].

## Islamisten und Kurden

Die Kurdenfrage und jene des Islamismus wurden die beiden Hauptprobleme der türkischen Politik in den 90er Jahren. Die beiden Schwierigkeiten waren indirekt miteinander verbunden, weil eine der wichtigsten Ursachen der gewaltigen Inflation, die jahrelang stetig zunahm, von 75 auf über 100 Prozent im Jahr, der Krieg gegen die Kurden war. Der Krieg wurde weitgehend über die Notenpresse finanziert. Die Inflation wiederum, mit ihren verheerenden Folgen für Gehaltsempfänger und Rentner, Kleinverdiener und Sparer, wurde ihrerseits zu einem der Hauptgründe für die Unzufriedenheit weiter Bevölkerungskreise mit den verschiedenen Regierungen der Epoche. Als Wähler reagierten die Türken wie die Wähler andernorts auch: sie wählten die jeweiligen Oppositionsparteien, wenn sie Gelegenheit dazu erhielten. Zuerst wandten sie sich den linken Parteien zu, doch nachdem es auch die nicht vermocht hatten, der steigenden Lebenskosten und des fallenden Lebensstandards Herr zu werden, wie sie es natürlich vor den Wahlen versprochen hatten, wandten sich mehr und mehr Wähler jener Oppo-

---

5    Dies war die zweite Fluchtbewegung der irakischen Kurden. Die erste hatte 1988 nach dem Ende des irakisch-iranischen Krieges stattgefunden, als Saddam «seine» Kurden mit Giftgas bombardierte.

6    Kurdische Intellektuelle, und nicht die Geringsten unter ihnen, weisen darauf hin, dass nach dem Tod Özals keine Autopsie vorgenommen wurde. Sie wollen damit andeuten, dass er vielleicht wegen seiner Haltung in der Kurdenfrage vergiftet worden sei. Dies ist unwahrscheinlich, aber bezeichnend für das herrschende Misstrauen.

sition zu, die noch nie regiert hatte und die deshalb nicht mit den bestehenden finanziellen und politischen Missständen in Verbindung gebracht wurde. Dies war die islamische und gemässigt islamistische Partei Erbakans, die neuerdings unter dem Namen Refah Partisi, d. h. «Wohlfahrtspartei», ging.

Ein Teil der Stimmen für Erbakan waren also ohne Zweifel Proteststimmen. Es gab allerdings noch andere Gründe, die für die Konjunktur der Islamisten verantwortlich waren. Dies waren die gleichen, die auch in anderen nahöstlichen Staaten wirkten und wirken, sowohl in der arabischen Welt wie auch in Iran und weiter östlich in Pakistan und Bangladesh. Ohne alle erschöpfend aufzählen zu wollen, muss man dabei an das Phänomen der Verstädterung erinnern. Massen von traditionell erzogenen und ausgerichteten Bewohnern der Dörfer und Kleinstädte wandern seit Jahrzehnten in zunehmendem Masse in die Vorstädte und Aussensiedlungen der Grossstädte zu. In der Türkei nennt man diese Slums *«gece kondu»*, «über Nacht aufgerichtet». Dort finden sich die Neuzuwanderer in einer ihnen bisher unbekannten, harten, schwer zu begreifenden, oft ungerechten und jedenfalls verwirrenden neuen Welt, in der sie die Ärmsten der Armen und die am meisten Vernachlässigten aller Vernachlässigten sind. In ihrer Orientierungslosigkeit suchen viele der Zuwanderer Anlehnung bei der Religion des Islams, die für sie etwas Vertrautes und Sicheres war und einen positiven Begriff darstellte.

Die türkischen Islamisten gingen geschickt und energisch auf die Islamnachfrage in den Hüttenvorstädten ein. Sie sandten Besucherinnen in sie aus, die mit den einzelnen Familien, besonders den Frauen, um die sich noch weniger Leute kümmerten als um die Männer, Kontakt aufnahmen und taten, was sie vermochten, um sie zu ermutigen, in ihrem Islam zu bestärken und ihnen praktische Hilfe zu verschaffen, besonders etwa mit Kliniken und Schulen, die die Islamisten einrichteten. Der Staat tat nichts dergleichen für die Zuwanderer. Die Partei Erbakans besass Computer, in denen alle sie interessierenden Vorstadtfamilien aufgelistet waren. Der Staat besass solche Listen nicht und hätte auch nichts damit anzufangen gewusst (ausser vielleicht Steuern einzuziehen).

### Ringen um die islamischen Schulen

Ein spezifisch türkischer Faktor, der auch zum Wachstum der Erbakan-Partei beitrug, ging überraschenderweise auf den Staatsstreich General Evrens von 1980 zurück. Angesichts der «Anarchie» und des Einflusses marxistischleninistischer Ideen auf die Jugend hatte der General beschlossen, der Religionsunterricht solle wieder in den Schulen eingeführt werden. Dazu wurden Islam-Lehrer benötigt, und die logische Ausbildungsstätte für solche (der Staat besass nichts Vergleichbares) waren die Schulen, welche die Muslim-Aktivisten und Islamisten der Erbakan-Partei seit langem schon aufgebaut hatten.

Man muss stets daran erinnern, dass die Wähler Erbakans sowohl aus frommen Muslimen wie auch aus Islamisten bestanden, das heisst im zweiten Fall aus Personen, die einer Ideologie zuneigten, welche das Heil für sich persönlich und für ihre Nation von einer islamischen, nicht einer laizistischen Türkei erwarteten. Im Gegensatz zu den Islamisten strebten die Muslime keinen islamischen Staat, sondern einfach «mehr Islam» in der Türkei an. Europäern gegenüber war ein oft gehörtes Argument von Leuten der islamischen, nicht ideogisch-islamistischen Strömung: Ihr habt doch auch christlich-demokratische Parteien in euren Ländern, warum sollen den Türken muslimisch-demokratische Parteien verboten sein?

Die Schulen der Islamisten waren systematisch über die 70er und 80er Jahre aufgebaut worden. Sie waren oft den staatlichen Mittelschulen überlegen, weil ihre Lehrer besser motiviert waren als die beständig unterbezahlten, unter der Inflation leidenden und oft auch noch als Linke verdächtigten Schulmeister der Regierung. Die islamischen Schulen waren sogar in der Lage, für begabte Schüler Stipendien auszugeben, weil sie auf Wohltäter im In- und Ausland (z. B. Saudi-Arabien) zählen konnten. Zu Beginn hatten die islamischen Mittelschulen nur der Ausbildung von Moscheepredigern und -leitern sowie von Beamten der staatlichen Religionsverwaltung gedient, doch sie erkämpften sich über die Jahre die Anerkennung ihrer Examina für die Zulassung an die Universitäten, und von da an sorgten die Islamisten dafür, dass ihre begabtesten Leute entweder in die Universitäten gelangten oder Anstellungen in den Ministerien erhielten – am liebsten im Innenministerium!

Die türkischen Islamisten konnten natürlich auch von der Hochkonjunktur profitieren, welche die islamistische Ideologie im ganzen muslimischen Raum erlebte. Plötzlich erschien «der Islam» nicht mehr wie früher als etwas Altmodisches, Ländlich-Bäuerliches, «Überholtes», laut Atatürk «Unzivilisiertes», sondern im Gegenteil als der Beginn einer neuen und besseren Welt und als die Welle der Zukunft.

In den Wahlresultaten kam diese Entwicklung zum Ausdruck: die Partei Erbakans lag in den vorgezogenen Wahlen von 1995 zum ersten Mal an erster Stelle[7]; sie erlangte 21,32 Prozent der Stimmen. Ihr folgte die Mutter-landspartei – unter ihrem neuen Parteichef Mesut Yilmaz – mit 19,66 und als dritte die Partei des Rechten Weges mit 19,22 Prozent. Auch die Partei des Rechten Weges hatte eine neue Leitung erhalten, eine Frau: die Profes-sorin an der englischsprachigen (d. h. amerikanischen) Bosporus-Universität, Tansu Ciller. Sie wurde Generalsekretärin, nachdem Demirel im Mai 1993 dem verstorbenen Özal als Staatspräsident nachgefolgt war. – Mutterlands-partei und Partei des Rechten Weges waren beide Rechtsparteien mit nur geringen Programmunterschieden. Was sie getrennt hielt, war hauptsächlich der Ehrgeiz ihrer Parteichefs und Abgeordneten: jede Seite wollte die Regie-rung bilden. An der Regierung zu sein, brachte nicht nur Macht, sondern auch viel Gelegenheit, sich zu bereichern. Frau Ciller (und ihr Gemahl) gal-ten als besonders begabt in dieser Hinsicht.

Mit Ermunterung der Offiziere des Sicherheitsrates entschlossen sich die beiden Rechtsparteien dazu, eine Koalitionsregierung zu bilden, um der islamistisch-islamischen Wohlfahrtspartei den Weg zur Macht abzuschnei-den. Bezeichnenderweise kamen sie überein, dass ihre Generalsekretäre als Ministerpräsidenten einander abwechseln sollten. Yilmaz begann die erste Runde am 6. März 1995 mit Tansu Ciller als Vizeministerpräsidentin. Doch Ciller sagte Anfang Juni 1996 die Koalition auf – die beiden Koalitions-oberhäupter konnten einander nicht ausstehen und polemisierten auf sehr persönliche Art gegeneinander, mit Hilfe der Zeitungen, welche der einen oder der anderen Seite gehörten oder zuneigten. Vor allem warfen sie ein-ander – schwerlich ganz ohne Grund in beiden Fällen – Korruption vor.

Präsident Demirel sah sich schiesslich gezwungen, Erbakan am 7. Juni 1996 zur Bildung einer Regierung aufzufordern. Dieser ging eine Koalition mit Frau Ciller ein, welche seine Aussenministerin wurde. Die erste Regierung Erbakan dauerte ein Jahr lang. Während dieser Zeit erhöhte sich der Druck der Militärs auf die Regierung kontinuierlich. Die Offiziere als Verteidiger des Erbes Atatürks hassten die Islamisten. Der Sicherheits-rat trat mehrmals zusammen. Eine entscheidende Sitzung fand am 31. März 1997 statt. Die Presse hatte vorausgesagt, der Ministerpräsident und die Offiziere des Sicherheitsrates würden gewiss aufeinanderprallen.

---

7   Vorausgegangen war in den Wahlen von 1991 eine relative Mehrheit der Partei des Rech-ten Weges, und Demirel hatte eine Koalitionsregierung mit den Sozialdemokraten Erdal Inönüs gebildet.

Dies geschah nicht, wohl einfach, weil Erbakan die Taktik verfolgte, den Wünschen der Offiziere zuzustimmen, dann aber ihre Ausführung zu verschleppen.

Die Offiziere hatten ganz bestimmte Wünsche. Sie forderten, dass die Regierung die Schulzeit in den staatlichen Grundschulen um drei Jahre auf acht Jahre verlängere. Dafür sollte die Ausbildungszeit auf der Sekundarstufe von acht auf fünf Jahre reduziert werden. Der springende Punkt dabei war, dass die Schulen der Muslime und (vermuteten) Islamisten der Sekundarstufe angehörten. Indem die Schuljahre der staatlichen Primarschulen verlängert wurden, wurden die Jahre der islamistischen Sekundarschulen verkürzt. Die Zahl der islamischen Schulen (sie heissen in der Türkei Imamhatip-Schulen = Imam- und Prediger-Schulen, doch sie bilden längst nicht mehr nur Moscheefunktionäre aus) betrug damals 474 im ganzen Land, nach anderen Quellen sogar an die 600, und sie wurden von fast einer halben Million Schülern besucht. Jährlich verliessen 53 000 Hochschulanwärter sie. Die Islamisten hatten seit Jahrzehnten viel Geld, Energie und Enthusiasmus in diese Schulen investiert. Sie waren ihr sichtbarstes, bestes und beliebtestes Werk. Die Offiziere forderten nun von Erbakan, dass er als Regierungschef die Schulen, die er und seine Partei so fleissig aufgebaut hatten, zurückstufe. Das hätte nicht nur das Schulwesen der Islamisten getroffen, sondern Erbakan hätte seine eigene Partei ins Bein schneiden müssen. Er reagierte, indem er zustimmte, jedoch unter anderem aus Geldmangel die notwendigen Gesetze und Bestimmungen zu dieser weitreichenden Änderung des Erziehungssystems zunächst einmal auf die lange Bank schob.

Doch die Offiziere des Rates verstanden das nicht so. Geld, sagten sie, müsse einfach gefunden werden, wenn es um Gedeih und Verderb der Türkei gehe, und darum gehe es. Um den Druck auf Erbakan zu erhöhen, zwangen sie ihn, über hundert Armeeoffiziere, die als Freunde der Islamisten galten, zu entlassen. Weiter publizierten sie eine Liste von Firmen, die fast alle mit der Wohlfahrtspartei verbunden waren und welche sie boykottiert sehen wollten. Sie warfen der Regierung vor, dass sie der Armee das Geld verweigere, welches sie zum Kampf gegen die Kurden so dringend benötige. Dies bot den Oppositionsparteien Gelegenheit, die Regierung des Hochverrats zu beschuldigen.

Im Juni 1997 war es so weit, dass wieder einmal Gerüchte über einen bevorstehenden militärischen Eingriff umgingen. Die Zeitungen schrieben recht offen darüber, und die Amerikaner beunruhigten sich und warnten die

Generäle, was die Lage vorübergehend entspannt zu haben scheint[8]. Schliesslich war es Erbakans Koalitionspartnerin, Ciller, welche die Regierung unter kräftigem Zureden der Militärs am 18. Juni 1997 zu Fall brachte, indem sie ihre Partei aus der Koalition zurückzog. Erbakan sagte, er hoffe auf baldige Wahlen. Er schien zu erwarten, dass er diesmal eine absolute Mehrheit erringen würde. Präsident Demirel forderte jedoch nicht, wie sie es erhofft hatte, Frau Ciller (Partei des Rechten Weges), sondern Mesut Yilmaz (Mutterlandspartei) zur Bildung der nächsten Regierung auf, und nach schwierigen Verhandlungen kam es wirklich zu einer knappen Koalition der Mutterlandspartei mit der Partei Ecevits (Linksdemokratische Partei), der Partei Cindoruks (National-Demokratische Partei, eine Abspaltung von der Partei des Rechten Weges), mit der Hilfe von 12 Überläufern aus der Partei der Frau Ciller und dem Versprechen der Stützung von aussen durch die Formationen von Deniz Baykal (Republikanische Volkstümliche Partei, Mitte-Links ausgerichtet) und der Ultrarechten des im Jahr 1996 verstorbenen früheren Putschisten Alparslan Türkesch (früher: Nationale Bewegungspartei, nun Nationale Kampfpartei).

Yilmaz begann damit, dass er der Armee weitere 130 Billionen türkische Pfund (1 Mio t£ war damals 2 Dollar) für die Fortsetzung des Kurdenkrieges bewilligte; dann machte er sich sofort daran, dem Wunsch der Offiziere auf Umbau des Schulsystems nachzukommen. Im August bereits lag das neue Schulgesetz vor. Die Anhänger Erbakans protestierten laut, zuerst im Parlament, dann auch auf den Strassen von Ankara, Izmir und Istanbul. Manche wurden verhaftet. Doch die Offiziere hielten eine weitere bittere Pille für die Wohlfahrtspartei in Bereitschaft. Sie veranlassten den Staats-

---

8    Dass in der Tat Putschvorbereitungen im Gange gewesen sein dürften, wurde später klar, als am 4. August 1997 nach viertägigen Diskussionen im Obersten Militärrat der Türkei die Neubesetzungen der Spitzenpositionen in den Streitkräften bekannt gegeben wurden. Generalstabschef *Karadayi* blieb auf ein weiteres Jahr, und General *Cevik Bir* wurde sein Stellvertreter. Bir war in den Monaten zuvor immer wieder als der Sprecher der Militärs aufgetreten. Überraschend wurden jedoch die vier Oberbefehlshaber der Armeeteile (inkl. Gendarmerie) pensioniert. Unter ihnen galten der Chef der Marine, Admiral *Güven Erkaya,* und jener der Gendarmerie, *Koman,* als ausgesprochene Falken. Die türkische Presse wollte wissen, Erkaya habe im Februar 1997 eine bewaffnete Demonstration mit Tanks gesteuert, die in der Hochburg der Islamisten, dem Ort *Sincan,* bei Ankara, durchgeführt worden war. Hinter ihm seien jüngere Offiziere der mittleren Ränge gestanden. Nach der Umbesetzung schrieb die Presse, die Armee sei nun in die Kasernen zurückgekehrt.

anwalt, wegen Bruch der Verfassungsbestimmungen, die die Türkei zum laizistischen Staat erklären, gegen die Partei Klage zu führen. In der Tat wurde die Wohlfahrtspartei am 16. Januar 1998 vom Verfassungsgericht verurteilt und aufgelöst.

Ministerpräsident Yilmaz stand unter beständigem Druck der Offiziere, immer neue Massnahmen gegen die Freunde des Islams und die Islamisten zu treffen. Doch eine Zeitlang, bis zum März 1998, leistete er einen gewissen Widerstand. Dies ging auf den Umstand zuück, dass die Wähler seiner Mutterlandspartei in den meisten Fällen konservative und oft fromme Muslime sind. Wenn gegen den Islam eingeschritten wurde, nicht bloss gegen den Islamismus (und die beiden Begriffe überdecken sich teilweise), nahmen sie das der Regierung übel. Yilmaz wagte sogar zu erklären, die Militärs sollten sich auf die militärischen Belange beschränken. Dies führte am 21. März 1998 zu einer fünfstündigen Sitzung des Obersten Militärrates, nach welcher die Generäle bekannt gaben, die Armee sei eine «autonome politische Institution». Zu ihren Aufgaben gehöre der Kampf gegen den politischen Islam, und sie gedenke ihn zu führen.

Dies genügte, um die Regierung zu einer Kehrtwendung zu veranlassen; sie verabschiedete umgehend ein Paket von scharfen anti-islamistischen Massnahmen. Darunter war ein Kopftuchverbot in allen öffentlichen Räumen, was auch Tausende von Studentinnen betraf[9]. Mitglieder der Sicherheitsbehörden, die den Islamisten nahe standen, sollten entlassen werden; Stiftungen und Vereine, Moscheen und Korankurse, Internate, Radiostationen und Fernsehanstalten sollten strenger überwacht, die Finanzquellen der Islamisten im Ausland aufgedeckt werden. Alle islamistische Propaganda war zu bestrafen. Die Presse erinnerte daran, dass die Generäle derartige Massnahmen schon seit einem Jahr gefordert hätten. Die armeekritischen Erklärungen des Ministerpräsidenten in den vorausgehenden Wochen wurden als tendenziöse Erfindungen jener Journalisten abgetan, die darüber geschrieben hatten. Die Armee verbot drei angesehenen Journalisten, darunter war Ali Birand, einer der bekanntesten Kommentatoren der Türkei, in Zukunft ihre Kasernen zu betreten.

Die Kehrtwendung schadete dem Ansehen des Ministerpräsidenten. Einer der Kommentatoren schrieb bündig, Yilmaz sei ein «Eunuche». Yilmaz kam schliesslich durch ein Misstrauensvotum am 25. November 1998 zu

---

9  Die betroffenen Studentinnen begannen später, Perücken statt Kopftücher zu tragen.

Fall. Es ging dabei um die Korruptionsvorwürfe, die gegen ihn und gegen seine Rivalin Ciller laut geworden waren. Statt eine parlamentarische Untersuchung zuzulassen, waren Yilmaz und Ciller, obgleich sie seit Jahren bitter verfeindet waren, übereingekommen, ihre Parteien zu veranlassen, im Parlament gegen eine Untersuchung zu stimmen. Gemeinsam besassen sie eine Mehrheit, und es gab keine Untersuchung. Doch die eigenen Abgeordneten rächten sich, indem sie einem Misstrauensantrag gegen Yilmaz zustimmten.

Die nächste Regierung war schwer zu bilden. Die Abgeordneten der verbotenen Erbakan-Partei sassen immer noch im Parlament und bildeten dort die relative Mehrheit. Sie machten Anstrengungen, um eine neue Partei zu bilden, die sie Tugend-Partei nennen wollten. Doch die Offiziere machten klar, dass die Erbakan-Anhänger auf keinen Fall die Regierung bilden dürften. Ecevit erhielt einen ersten Regierungsauftrag, konnte aber zunächst keine Mehrheit finden. Schliesslich brachte Ecevit am 11. Januar eine Übergangsregierung zustande, die nur bis zum 18. April 1999 regieren sollte; für diesen Zeitpunkt wurden Wahlen geplant. Unter diesen Bedingungen waren die Partei des Rechten Weges (Ciller) und die Mutterlandspartei (Yilmaz) bereit, Ecevit von ausserhalb der Regierung zu stützen. Ecevit, dessen Partei immer noch Linke Demokratische Partei hiess, war in den letzten Jahren sichtlich vom linken Flügel ins Zentrum gerückt. Er war in der Kurden- und auch in der Nordzypernfrage ein scharfer Nationalist und gab sich nun mehr als Patriot denn als Sozialdemokrat. So wurde er wieder Ministerpräsident nach einer Pause von 20 Jahren, die er teilweise unter dem Verbot des Militärs, sich politisch überhaupt noch zu betätigen, verbracht hatte. Kurz nach Regierungsantritt veröffentlichte er einen Plan für die Rehabilitation der «südöstlichen» (d. h. kurdischen) Landesteile, der Auslagen von 90 Mio Dollar und die Heimkehr von Hunderttausenden aus ihren Dörfern vertriebener «Bergtürken» (d. h. Kurden) vorsah. Die Dörfer waren von der Armee im Zuge ihrer Anti-Guerilla-Kriegsführung teilweise verbrannt worden[10].

10    Die Zahl der verbrannten Dörfer soll 3428 sein, drei Millionen Kurden sollen dabei vertrieben worden sein. Dies nach den offiziellen Zahlen der «Kommission für Migration» des türkischen Parlamentes, zitiert in *Turkish Probe* vom 7. Juni 1998. Vgl. Kendal Nezan, wie Anm. 15.

# Jagd auf Abdullah Öcalan

Während der letzten Hälfte der Yilmaz-Regierung, am 1. Oktober 1998, hatte der damalige Aussenminister Ismail Cem, offensichtlich auf Druck der Armee, eine Grossaktion begonnen, die darauf abzielte, Abdullah Öcalans, des Chefs und Hauptideologen der PKK (die seit 1984 einen Guerillakrieg gegen die türkische Armee führte) habhaft zu werden.

Öcalan hielt sich seit Jahren in Syrien auf. Dessen Präsident Hafez al-Asad gewährte ihm Unterschlupf und Ausbildungsbasen für seine Guerilleros, wahrscheinlich, weil er ihn als ein Gegengewicht gegen die türkische Politik ansah, die auf Syrien lastete. Es gab mindestens drei Konfliktpunkte zwischen den beiden Staaten. Der auf Dauer wohl wichtigste war (und ist) der Streit um das Wasser des Euphratstroms. Die Türkei hatte in Südostanatolien ein riesiges Staudammprojekt am Oberlauf des Euphrat (und des Tigris) begonnen, ohne mit den dadurch betroffenen Nachbarn Syrien und Irak, die auf das Wasser dieser Ströme angewiesen sind, darüber Absprachen zu treffen. Das aufgestaute Wasser sollte der Elektrizitätsgewinnung und der Bewässerung dienen, und Asad fürchtete, die Türkei werde nur noch eine ungenügende Menge von Wasser, vielleicht sogar reduzierter Qualität (weil salzhaltig), für Syrien übrig lassen. Dazu kam noch der alte Streit über Antiochien (Antakya, Provinz Hatay in der Türkei), das die Franzosen im Jahr 1938 von Syrien abgetrennt und der Türkei zugesprochen hatten. Syrien hat diese Gebietsabtretung bis heute nicht anerkannt. Ein weiterer Spannungsgrund war 1996 dazu gekommen, als die türkischen Militärs (anscheinend von sich aus, ohne die zivile Regierung zu fragen) ein Abkommen zur militärischen Kooperation mit Israel trafen. Es sah unter anderem vor, dass die Israeli Trainingsflüge über dem weiten Gebiet der Türkei durchführen konnten, weil Israel nicht genug Raum für die schnellen Kampfflugzeuge seiner Luftwaffe bot. Syrien fühlte sich dadurch in die Zange genommen[11].

Die türkische Armee zog unter lautstarken Drohungen, die Türkei werde in Syrien eingreifen, wenn die Syrer Öcalan nicht auslieferten, im Herbst 1998 Truppen an der syrischen Grenze zusammen. Ägypten schaltete

---

11 Schon 1993 war eine Summe von 70 Millionen Dollar, die aus dem Geheimfonds des Ministerpräsidenten stammte, abgezweigt worden. Sie diente im wesentlichen dem Kauf von Antiguerillamaterial in Israel. So der Savas-Bericht nach Kendal Nezan, s. unten, Anm. 15 und 17.

sich als Vermittler ein. Aussenminister Cem besuchte Damaskus, und ein Vertrag zwischen Syrien und der Türkei wurde ausgehandelt, nach welchem die PKK nicht mehr in Syrien operieren dürfe und Syrien die PKK-Leute der Türkei ausliefern sollte. Öcalan jedoch verliess Syrien, kurz bevor dieser Vertrag in Gültigkeit trat, und die anderen PKK-Führer und -Aktivisten «verschwanden». Die türkische Diplomatie wurde dann weltweit eingesetzt, um die Auslieferung des PKK-Chefs aus den Ländern zu fordern, in denen er nacheinander Zuflucht suchte. Zuerst war es Moskau; als er Russland verlassen musste, weil die Türken allzu grossen Druck ausübten, flog er verschiedene europäische Länder an und endete schliesslich in Rom. Die Italiener weigerten sich, ihn auszuliefern[12], und in der Türkei begann eine gewaltige Hetz- und Propagandakampagne gegen Italien, untermalt durch Boykottdrohungen. Schliesslich baten die Italiener Öcalan abzureisen, und er begab sich nach Kenya, wo er offenbar in der griechischen Botschaft Unterschlupf fand. Die Griechen und die Kurden kannten, als bittere Feinde der Türken, seit langer Zeit eine gewisse Zusammenarbeit. Doch die CIA hatte schon zwei Tage nach der Ankunft Öcalans in Nairobi, am 2. Februar 1999, in Erfahrung gebracht, wo er sich befinde, und half dem türkischen Geheimdienst, ihm eine Falle zu stellen. Unter Druck, der auf Nairobi ausgeübt und von Nairobi auf die griechische Botschaft weitergegeben wurde, wurde Öcalan überzeugt, wieder abzureisen. Man versprach ihm, ein Flugzeug werde ihn nach Amsterdam bringen. Statt dessen jedoch wurde sein Wagen, der ihn zum Flughafen bringen sollte, Ende Februar 1999 von türkischen Geheimdienstleuten abgefangen. Der Kurdenführer wurde gefesselt, geknebelt und in ein Flugzeug gebracht, das ihn in die Türkei entführte. – Die ganze aufregende Sache ging unter grosser Publizität vor sich, weil die Türken auch in der Öffentlichkeit maximalen Druck auf die verschiedenen Zufluchtsstaaten ausüben wollten. Die vielen Kurden jedoch, die als türkische Fremdarbeiter (sie haben türkische Pässe) in West-, Mittel- und Nordeuropa arbeiten und leben, taten, was sie vermochten, um Öcalan, der vielen als ein charismatischer Führer galt, propagandistisch zu unterstützen. Die patriotischen Gefühle auf der kurdischen und der türkischen Seite wurden so bis zur Weissglut erhitzt.

12    Dies war konstitutionell unmöglich, weil Italien durch seine Verfassung verpflichtet ist, keine Angeklagten an Länder auszuliefern, in denen sie zum Tode verurteilt werden könnten.

Ein Teil des Triumphes, den die Ereignisse in den Augen der grossen Masse der patriotischen Türken darstellten, fielen Ecevit als dem gerade amtierenden Ministerpräsidenten zu. Dies wirkte sich auf die Wahlen vom April 1999 aus: Die Partei Ecevits, die bisher zu den kleineren Parteien gezählt hatte, wurde mit 21,1 Prozent der Stimmen und 136 Parlamentssitzen (früher hatte sie 76) zur ersten Partei des Landes. Die Abgeordneten der Mutterlandspartei gingen von 132 auf 88 zurück. Ihre Rivalin, die Partei des Rechten Weges, erhielt 86 Abgeordnete (gegen 135 zuvor). Die ehemalige Partei Erbakans, die nun des Verbotes wegen unter dem Namen «Tugendpartei» zu Felde zog, ging von 158 Abgeordneten auf 110 zurück.

Doch die grösste Sensation der Wahlen war der grosse Erfolg der Nationalen Kampfpartei, die einst Türkesch als Nationale Bewegungspartei gegründet hatte. Sein Nachfolger war Devlet Bahceli geworden, ein Professor der Ökonomie. Er hatte sich bemüht, das angeschlagene Bild der Partei dadurch zu korrigieren, dass er sie, so gut es ging, von ihren gewalttätigen und mafiosen Mitgliedern zu reinigen suchte. Doch vor allem konnte seine extrem nationalistische Partei von der Welle des Nationalismus profitieren, die durch die Öcalan-Affäre ausgelöst worden war. Wahrscheinlich waren der Tugendpartei auch viele Stimmen der 1998 aufgelösten Wohlfahrtspartei Erbakans zugefallen und auch solche der Wähler, die mit den als korrupt geltenden Politikern der Partei des Rechten Weges und der Mutterlandspartei unzufrieden waren. Die Nationale Kampfpartei kam von null auf 130 Abgeordnete (in den früheren Wahlen hatte sie die Zehn-Prozent-Hürde nicht zu nehmen vermocht), sie erhielt 18,2 Prozent der Gesamtstimmen und wurde die zweite Partei der Türkei. Ecevit beschloss eine Koalition mit ihr einzugehen und wurde so Ministerpräsident einer regulären, nicht mehr zeitlich begrenzten Koalitionsregierung, die allerdings seltsam zusammengesetzt war, da sie die Linkspartei Ecevits mit der extremen Rechtspartei, die einst jene Türkeschs gewesen war, zu einer Koalition verband. Ihr gemeinsamer Nenner war vor allem die schroff ablehnende Haltung beider Partner gegenüber dem kurdischen Separatismus, wie sie ihn nannten.

## Die Kurdenfrage lastet auf der Türkei

Wir mussten zunächst auf die Hetzjagd, die im Frühling 1999 gegen Öcalan durchgeführt wurde, eingehen, weil ohne sie der Umschwung in den Wahlen von April 1999 nicht zu erklären wäre. Doch müssen wir nun der

Kurdenfrage in ihren weiteren Zusammenhängen Aufmerksamkeit schenken, weil sie die türkische Politik und Wirtschaft der 80er und 90er Jahre in immer wachsendem Ausmass bestimmte. In vorausgegangenen Kapiteln haben wir gesehen, dass die Kurdenfrage seit den frühen Jahren Atatürks gestellt war und schon damals (ab 1925, erneut 1927, 1930 und 1936–38) zu blutigen Auseinandersetzungen zwischen dem jungen türkischen National-staat und Teilen der kurdischen Minderheit führte. Kurdische Unzufrieden-heit mit dem türkischen Nationalstaat, der die Kurden nicht als ein eigenes Volk anerkennen wollte, dauerte an und entlud sich periodisch in Auf-standsversuchen, von mehr oder minder brutalen Unterdrückungsmass-nahmen von Seiten des Staates in einer unheilvollen Kette begleitet.

Der kurdische Autonomiewille wurde auch dadurch bekräftigt, dass in den angrenzenden Kurdengebieten Irans und des Iraks ebenfalls kurdische «Nationalbewegungen» existierten, die sich gegen Teheran und die persische Domination sowie gegen Bagdad und die arabische richteten. Die Kurden hielten über die Grenzen hinweg Kontakt miteinander und suchten ihre Landsleute zu unterstützen, wenn sie sich in einer Aufstands- oder Protest-phase gegen die sie beherrschenden Staaten und deren Mehrheitsvölker befan-den. Die kurdischen Intellektuellen huldigten einem nationalen Ideal, das einen Staat «Kurdistan» aus allen kurdischen Gebieten forderte. Besonders der Freiheitskampf der irakischen Kurden, der 1958 nach der irakischen Revolu-tion und der Heimkehr Mullah Mustafa Barzanis aus dem Exil in der Sowjet-union neu einsetzte, übte Einfluss auf die türkischen Kurden aus. (Im Falle Barzanis ist das Wort Mullah ein Eigenname, nicht eine Standesbezeichnung.)

In den 60er Jahren machte das kurdisch-türkische Verhältnis eine rela-tiv entspannte Phase durch; dies geschah im Zeichen der Verfassung von 1961, welche die individuellen Freiheiten und die Menschenrechte in hohem Mass garantierte. Die türkischen Kurden konnten damals kulturelle Vereini-gungen bilden, verschiedene Diskussionsklubs und sogar Parteien gründen. Es gab Jahre, in denen sie sogar kleinere kurdische Zeitschriften herausgeben konnten. Dies alles war freilich mehr geduldet als völlig legal, denn es war nur durch das Papier der Verfassung, nicht aber durch die – schon vor der Verfassung von 1961 vorliegende – konkrete Gesetzgebung abgesichert. Gesetze aus der Atatürk-Zeit bestanden fort, nach denen in der Türkei nur eine einzige Sprache, das Türkische, gedruckt und geschrieben werden und als Unterrichtssprache dienen sollte. – Die Militärintervention von 1971 brachte jedoch eine schroffe Umkehr dieser Verhältnisse, weil die Militärs «die Kurden» als «Terroristen» einstuften, zusammen mit den Linksextremen der damaligen Zeit. Sie gingen gegen alle bisher tolerierten (aber nicht voll legalen) kurdischen Gruppierungen scharf vor. Die eher gemässigten Kurden, die zum Beispiel für kulturelle Autonomie, nicht für volle Unabhängigkeit kämpften, waren offen und daher leicht zu verfolgen, während die extremen Gruppen im Untergrund operierten. Dieser Umstand bewirkte, dass die ersten Kurden, die in die Gefängnisse wanderten und dort in vielen Fällen gefoltert wurden, nicht die Radikalen waren, deren man nicht so leicht habhaft werden konnte, sondern vielmehr die Gemässigten, die auf praktisch durchführbare Kompromisse mit dem türkischen Staat ausgingen[13].

Man kann sagen, dass das harte Zupacken der Offiziere und Sicherheitsleute nach 1971 in erster Linie bewirkte, dass die gemässigten und versöhnlich gestimmten Kurden, die es damals gab, von der Bildfläche verschwanden. Sie erlitten entweder in den Gefängnissen schwere Misshandlungen oder es gelang ihnen, sich irgendwo zu verstecken. Natürlich nahm dadurch ihr Wille, einen Modus vivendi mit der Türkei zu finden, gewaltig ab. Die Offiziere wollten dies allerdings nicht einsehen. Sie erklärten sich überzeugt davon, dass die Kurden, wenn man ihnen den kleinen Finger biete, sofort die ganze Hand oder den ganzen Arm an sich rissen.

Der Militäreingriff von 1980 brachte erneut schwere Kurdenverfolgungen. Damals waren bereits im Rahmen der gesamtpolitischen Anarchie kurdische Revolutionsgruppen entstanden, die als «Marxisten-Leninisten» ihren kurdischen Radikalismus mit einem utopischen Linksdrall nach dem Vorbild der Vietnamesen zu kombinieren suchten. Eine der damaligen Kampfgruppen nannte sich «Befreiungsarmee der türkischen Völker», wobei der Plural «Völker» für die Offiziere, die nur ein einziges türkisches Volk anerkennen, ein besonderes rotes Tuch abgab. – Diesmal ergriff die Verfolgungswelle die extremen kurdischen Guerilla-Kämpfer. Die mehr gemässigten kurdischen Nationalisten und Autonomisten sassen ja bereits in den Gefängnissen. Es war dann in den frühen 80er Jahren, dass der damalige Student der politischen Wissenschaften Abdullah Öcalan seine PKK gründete; die Abkürzung steht für «Kurdische Arbeiterpartei» (auf kurdisch). Öcalan sah seine Partei

---

13  Eine Ausnahme in Bezug auf die Unterrichtssprache bildeten nur die christlichen Minderheiten wie Griechen, Armenier, Assyrer, deren Existenz und sprachliche Eigenständigkeit im Vertrag von Lausanne (1923) garantiert war, auf welchem die Unabhängigkeit der modernen Türkei beruhte.

als marxistisch-leninistisch an. Sie sollte nicht nur für die kurdische Unabhängigkeit kämpfen sondern gleichzeitig einen Klassenkampf gegen die kurdischen Agas führen. Dies sind die mächtigen Landbesitzer und Stammesoberhäupter, die oft die Rolle von Grundherren spielen und unter Umständen die einfachen Kurden, die ihre Pächter und Hirten sind, schwer ausbeuten. Ausserdem pflegen sie sich, so gut es geht, mit den türkischen Behörden zu verständigen, weil sie ja bedeutenden materiellen Besitz zu verteidigen haben, den ihnen die türkischen Machthaber wegnehmen könnten, wenn sie als Rebellen eingestuft werden. Manche der Agas sitzen im türkischen Parlament. Der Kampf gegen sie und das Ringen um kurdische Unabhängigkeit gingen aus diesem Grunde in der Sicht Öcalans zusammen. Der geradezu maoistische Stil ist heute noch sichtbar, wenn man einem Auftritt der PKK im Ausland beiwohnt (im Inland sind diese nicht so leicht in Szene zu setzen). Wehende Fahnen, erhobene Arme und Köpfe, Mut machende Lieder, junge Männer und Frauen gemischt gehören zu einem solchen Auftritt, manchmal scheint die Choreographie direkt auf das «revolutionäre Pathos» der offiziellen Gemälde der Volksbefreiungsarmee zurückzugreifen.

Der «bewaffnete Kampf» begann 1984 mit Überfällen auf Gendarmerieposten in kurdischen Dörfern des türkischen Südostens, meist unweit der syrischen Grenze. Von Beginn an konnte die PKK auf Unterstützung durch Syrien zählen. Die Syrer erlaubten den Kurden, Lager in der Bekaa-Ebene des östlichen Libanon zu unterhalten, die sie während des libanesischen Bürgerkriegs militärisch dominierten. So konnten sie behaupten, die PKK-Leute befänden sich nicht in Syrien. Die Finanzen der PKK kamen im wesentlichen aus den Geldern, welche die im Ausland arbeitenden Kurden, die als «Türken» nach Europa gelangt waren, unter mehr oder minder gelindem Druck der PKK abgaben. Kurden, die als Fremdarbeiter in Europa ankamen, standen vor der Wahl, entweder bei der PKK mitzumachen und dadurch in den Genuss des Sicherheits- und Freundschaftsnetzes der Kollegen in Europa zu gelangen – oder aber, wenn sie sich weigerten, ihre «Beiträge» zu entrichten, ein Ausgestossenendasein in den ohnehin fremden Ländern Europas zu führen. Sie konnten sogar physisch bedroht und angegriffen werden.

Von Beginn an fielen die Angriffe, die die PKK in Südanatolien führte, sehr blutig aus. Eines ihrer Ziele war immer, die kurdische Bevölkerung in zwei klare Lager zu spalten: jene, «die mit uns sind», und die «Verräter», die beim türkischen Staat und den Agas mitmachten. Die «Verräter» und ihre gesamten Familien wurden «hingerichtet», wenn die PKK in ein Dorf einbrach und dort vorübergehend die Macht ausübte. Der türkische Staat

suchte seinerseits sogenannte Dorfwächter[14] zu bewaffnen, weil seine Soldaten, obgleich zeitweise bis zu 150 000 Mann der türkischen Armee in Kurdistan standen, unmöglich alle Dörfer verteidigen konnten.

Diese Dorfwächter, auch Dorfschützer genannnt, erhielten vom Staat
Waffen und Taggelder, die für kurdische Begriffe ein beachtenswertes Einkommen ausmachten. Oft waren es Personen, die dem lokalen Aga bereits
als Wächter oder Aufseher gedient hatten; andere waren die sogenannten
«Reuigen», gefangene PKK-Leute, welche der Geheimdienst «umgedreht»
hatte. Die Familien dieser Leute wurden auch niedergemetzelt, wenn die
PKK dazu Gelegenheit fand, gewiss mit dem Ziel, Schrecken zu verbreiten
und die Polarisierung zwischen «uns» und «den Verrätern» auf die Spitze zu
treiben. Dies funktionierte auch insofern, als die Dorfwächter ihrerseits
begannen, die – ihnen feindlich und gefährlich scheinende – Bevölkerung
(man wusste ja nie, wer die PKK informierte und unterstützte) zu drang-
salieren und auszubeuten. Ihre Funktion als «Wächter des Staates» sicherte
ihnen weitgehende Straffreiheit zu.

Die schlimmsten Übergriffe erlaubten sich jedoch die türkischen Gendarmen, wenn sie in ein Dorf oder Städtchen einzogen, um den Kurden den
Meister zu zeigen. Sie gingen dann darauf aus, die gesamte Bevölkerung zu
demütigen, besonders durch Beleidigung und Schändung ihrer Frauen.
Geschichten über das Betragen dieser Leute gingen um, die an die Zustände
im 30-jährigen Krieg in Deutschland erinnern.

### «Susurluk»

Der türkische Geheimdienst MIT und die anderen türkischen Sicherheitsbehörden arbeiteten ausserdem mit Berufsverbrechern und Drogenschmugg-
lern zusammen, um bestimmte Kurden, meist Industrielle, Journalisten,
Intellektuelle, Künstler, die verdächtigt wurden, der PKK Geld zu geben,
und andere innerhalb ihrer gesellschaftlichen Gruppen leitende kurdische
Persönlichkeiten (die keineswegs immer Bewunderer der PKK waren) ermorden zu lassen. Es soll in Kurdistan und in der übrigen Türkei zwischen 1991

---

14  Über diese und die militärischen Belange siehe die gute Dokumentation von *Andreas
    Berger, Rudi Friedrich und Kathrin Schneider:* Der Krieg in Türkei-Kurdistan, Lamuv-Ver-
    lag 1998.

und 1998 gegen 4500 solcher «Verschwundenen», auch «Ermordete durch unbekannte Täter» genannt, gegeben haben[15].

Dass dabei tatsächlich der türkische Geheimdienst die Hand im Spiel hatte, kam durch einen Zufall ans Tageslicht. Am 3. November 1996 kam es bei Susurluk in der westlichen Türkei, auf der Strasse zwischen Istanbul und Izmir, zu einem Autounfall, in dem ein hoher Polizeioffizier, der Vizedirektor der Istanbuler Sicherheitspolizei, Kocadag, ebenso sein Leben verlor wie ein seit acht Jahren international gesuchter Heroinschmuggler namens Abdullah Catli, der als Mörder von sieben links orientierten jungen Leuten galt. Weiter befanden sich in dem Auto die Schönheitskönigin Gonca Uns, die bekannt war für ihre Beziehungen zur Unterwelt, und als einziger, der schwerverletzt überlebte, der Besitzer des Wagens, der kurdische Aga und Abgeordnete der Mutterlandspartei, Sedat Bucak, der in Kurdistan mit Zustimmung des Staates eine Privatarmee von 12 000 Mann unterhielt. Der Gangster Catli war im Besitz von Waffen, Heroin und Pässen auf verschiedene Namen, die ein Offizier des Geheimdienstes ausgestellt hatte.

Die Presse erhielt Wind von der Sache, und die Journalisten stellten Nachforschungen an, die auf ein hochexplosives Gemisch von Polizeioffizieren, Berufsverbrechern, die als Drogenschmuggler und Mörder arbeiteten und dabei Diplomatenpässe verwendeten, und einer sogenannten «Kontraguerilla» hinwiesen. Diese wurde von den staatlichen Sicherheitsleuten für den Kurdenkrieg, aber auch zur Bekämpfung der armenischen Terrororganisation Asala eingesetzt und arbeitete mit terroristischen Methoden, die als «Kontraterror» bezeichnet wurden.

Indizien, dass diese Mafia von «höchster Stelle» nicht nur geduldet, sondern sogar eingesetzt worden war, fehlten nicht. Frau Ciller hatte als Ministerpräsidentin übel beleumdete Polizeikräfte, die als das sogenannte Istanbul-Team bekannt waren, in hohe politische Positionen gesteuert. Die drei

---

15    Frau Ciller erklärte am 4. Oktober 1993: «Wir kennen die Liste der Geschäftsleute und Künstler, die sich von der PKK erpressen lassen; wir werden von ihnen Rechenschaft fordern.» Beginnnd am 14. Januar 1994 wurden ungefähr hundert dieser Leute einer nach dem anderen durch Kommandos entführt, die Uniformen trugen und Polizeiautos benützten. Sie wurden dann irgendwo auf der Strasse zwischen Istanbul und Ankara niedergeschossen. – So *Kendal Nezan* in seinem aufschlussreichen und dokumentierten Bericht *«La Turquie, plaque tournante du trafic de drogue»* in: *Le Monde Diplomatique*, Juillet 1998 p. 13. Vgl. auch: *«Les liaisons dangereuses de la police turque»*, *Le Monde Diplomatique*, mars 1997.

bekanntesten waren Mehmet Agar, Ünal Erkan und Hayri Kozakcioglu. Alle drei wurden mit Hilfe von Frau Ciller als «Abgeordnete» ins Parlament gewählt. Der erste wurde unter Frau Ciller Polizeichef und dann Innenminister, die beiden anderen amtierten als Kriegsrechtsverwalter und Sondergouverneure in den kurdischen Notstandsgebieten. Unter ihrer Leitung wurden die berüchtigten Sondereinheiten der «Kontraguerilla» aus Mafiosi und rechtsextremen Verbrechern und Halbverbrechern gebildet (viele waren ehemalige Mitglieder der «Grauen Wölfe» von Türkesch). Sie führten Krieg mit den «dreckigen» Methoden, von denen die Regierung behauptete, die Kurden würden sie ja auch anwenden. In der Praxis mordeten sie unkontrolliert und gebrauchten ihre Macht für Erpressungen und kriminelle Akte aller Art.

Der Innenminister Mehmet Agar war in der Lage, eine schützende Hand über jene Personen zu halten, die ausnahmsweise durch einen mutigen Zeugen blossgestellt und vor Gericht gezogen wurden. Er sorgte dann für ihre «Versetzung», und es kam vor, dass der mutige Zeuge umgelegt wurde. All dies war wesentlich mit dem Drogenhandel verknüpft. Türkische Gangsterorganisationen «exportierten» Heroin, das in der Türkei als Opium angebaut und dann in eigenen Labors zu Heroin raffiniert wurde, in bedeutenden Mengen nach Europa. 70 Prozent, nach anderen Behauptungen 80 Prozent des in Europa verbrauchten Rauschgiftes soll aus der Türkei kommen[16]. Damit wurden Milliarden gemacht[17]. Ein Teil dieser Gelder ging an den Staat, um den Kurdenkrieg zu finanzieren, als Gegenleistung erhielten die Drogenschmuggler freie Hand, in den kurdischen Gebieten und teilweise auch in Istanbul und anderswo zu tun und zu lassen, was sie wollten. Sie erhielten auch Pässe, Polizeiausweise und ähnliche Vergünstigungen, um ihnen den «Export» der Drogen und den «Import» der Devisen zu erleichtern. Das Waschen des Drogengeldes war auch ihre Aufgabe, sie wurde über Spielkasinos und den Schwarzmarkt in den Balkanländern besorgt, aber auch das Bauwesen und der Tourismus dienten dazu. Die Türkei weigerte sich

16 So Tom Sackville, Stellvertretender Innenminister Grossbritanniens, in einer Erklärung gegenüber der Sunday Times; vgl. Kendal Nezan, wie Anm. 15 und 17.
17 Zahlen bei Kendal Nezan, wie Anm. 15: Der Kurdenkrieg habe nach Aussagen des Innenministers das türkische Budget jährlich mit 12,5 Milliarden Dollar belastet. Nach der Zeitung *Hürriet*, die den Geheimdiensten nahe steht (vom 26. Dez. 1996 und dem 5. Juni 1997), habe der «Drogenhandel» 1995 25 Milliarden Dollar, im nächsten Jahr 37,5 Milliarden eingebracht.

lange Zeit, Gesetze gegen Geldwäscherei einzuführen, als diese in Amerika und Europa schon lange bestanden, und als sie sie endlich erliess, setzten sie sich nicht durch[18].

Eine parlamentarische Kommission wurde eingesetzt, die all diese Machenschaften untersuchen sollte. Die Aufhebung der Immunität der «Abgeordneten» Agar und Bucak wurde gefordert; doch war im Parlament lange Zeit keine Mehrheit für diese Massnahme zu erreichen. Im September 1997 liess das Sondergericht, das die Susurluk-Affäre zu beurteilen hatte, überraschend sämtliche Angeklagten frei.

Als Mesut Yilmaz Ministerpräsident wurde, beauftragte er den Chefinspektor der Regierung, Kutlu Savas, mit einer Untersuchung. Sein Bericht, der 120 Seiten umfasste, erschien am 28. Januar 1997. Der Inspektor beschreibt darin, wie im «Niemandsland» des Südostens die Sondereinheiten der Kontraguerilla nicht nur töteten, wen sie wollten, sondern auch zu Erpressungen aller Art, Vergewaltigungen und Drogengeschäften übergegangen seien. Der Bericht wurde am 4. und 5. Februar in allen türkischen Zeitungen veröffentlicht, aber nur in Auszügen, weil die Regierung, wie Yilmaz erklärte, «den Staat nicht schädigen wollte». Niemand weiss, was das vollständige Dokument enthielt. Immerhin genügten die Auszüge, um Empörung in der Türkei auszulösen. Schon unmittelbar nach dem Susurluk-Skandal hatten Millionen von Bürgern im Winter 1996/97 versucht, ihrem Protest dadurch Ausdruck zu verleihen, dass sie jeden Abend um neun Uhr[19] das Licht aus- und einschalteten. Dies war die grösste Massenprotestaktion, die es in der Türkei je gegeben hatte. Doch die Sache verlief weitgehend im Sande. Die Türken erhielten das Gefühl, dass die Kontraguerilla «unantastbar» sei (weil von allzu mächtigen staatlichen Stellen beschützt), und sie verloren allmählich die Hoffnung, dass eine Reinigung ihrer Gesellschaft möglich sein könnte. Umfragen wurden durchgeführt, die ergaben, dass 80 Prozent der Befragten glaubten, dass zwischen dem Staat und der Unterwelt enge Verbindungen bestünden; 75 Prozent waren der Meinung, dass die wahren Verantwortlichen nie zur Rechenschaft gezogen würden.

---

18    Kendal Nezan, wie Note 15, Warnung von Seiten Fernando Carpentieris, des Direktors der «Financial Task Force» der OECD am 17. Juni 1997: «Die Türkei ist das einzige Mitglied der OECD, das die Massnahmen nicht anwendet, die von der Organisation (d. h. OECD) beschlossen wurden, um das Waschen von schmutzigem Geld zu verhindern.»
19    Siehe NZZ 30. Sept. 1997, 24./25. Jan. 1998 und 30. August 1998; sowie IHT vom 27. 1. 1998. Le Monde 25. Sept. 1998 und ausführlich 1. Okt. 1998.

Die Susurluk-Affäre geriet neu in Erinnerung, als ein anderer der «Paten», Alaattin Cakici, im August 1998 in Nizza verhaftet wurde. Cakici gilt als ein Schwerverbrecher, dem Morde, Erpressungen, Urkundenfälschungen, Drogenhandel vorgeworfen werden. Er trug, als er verhaftet wurde, einen Diplomatenpass mit sich, den Yavuz Atac, ein hoher Mitarbeiter des Geheimdienstes MIT, ausgestellt hatte. Atac und Cakici sollen sich seit 1991 gekannt haben. Damals war Atac Trauzeuge bei der Heirat der Schwester des Gangsters. Atac befasste sich in jener Periode mit der Bekämpfung des armenischen Terrors der Asala. Offenbar gebrauchte er die Unterwelt, um sich dabei von ihr helfen zu lassen. Nach der Susurluk-Affäre war Atac an die Botschaft in Peking abgeschoben worden. Dort hatte ihn Cakici besucht, um seinen Diplomatenpass abzuholen. Die Verzweigungen gingen aber noch weiter.

### Eine türkische «Partei Gottes»?

Am 17. Januar 2000 kam eine neue Affäre zum Ausbruch. In Istanbul ereignete sich eine Schiesserei zwischen der Polizei und Kämpfern der türkischen Hizbollah (die nichts mit der libanesischen oder der iranischen zu tun haben scheint). Der Chef der Gruppe, Hussein Velioglu, wurde erschossen. Die Festnahme von zweien seiner Mitkämpfer führte zur Entdeckung eines ersten Massengrabes und dann auch von Kassetten, auf denen «Verhöre» und erzwungene «Geständnisse» sowie «Hinrichtungen» von Opfern der Bande aufgezeichnet waren. Seither kamen immer neue Massengräber in den verschiedensten Provinzen der Türkei ans Licht. Die Opfer waren fast immer gefoltert worden. Es handelt sich um Kurden und Türken, von denen bekannt war, dass sie sich dem Islamismus energisch widersetzten, oder die zur Hizbollah gehört hatten, aber sich dann von ihr losgesagt hatten.

Die beständigen Entdeckungen beunruhigen natürlich die Bevölkerung. Sie fragt sich, wie es möglich gewesen sein könne, dass in den 90er Jahren Dutzende wenn nicht Hunderte von grausamen Morden vorkamen, ohne dass die Polizei wenigstens von einem davon etwas vernommen hätte. Die Journalisten hoben anlässlich dieser Diskussionen hervor, dass in den 90er Jahren zwischen 1500 und 3000 Menschen «verschwunden» seien. Damals, so sagen sie, habe es Gerüchte gegeben, nach denen die Hizbollah der Türkei mit den Sicherheitskräften zusammenarbeite, um gegen missliebige Kurden vorzugehen, aber auch gleichzeitig ihre eigenen Feinde zu liquidieren. Die Journalisten erinnern sich auch an den immer noch unaufgeklärten Mord aus dem Jahr 1994 an ihrem Kollegen Ugur Mumcu, der, kurz bevor er ermordet wurde, über die türkische Hizbollah geschrieben hatte und auch der Meinung war, die «Gottespartei» werde von gewissen staatlichen Stellen protegiert, um ihnen im schmutzigen Krieg gegen die PKK zu dienen. «Solange solche Mordangriffe andauern und die Morde nicht aufgeklärt werden», schrieb Mumcu, «wird der Staat immer angeklagt werden, dass er dahinter stecken könnte, ob dies nun zutrifft oder nicht.»

In dieser Affäre der Hizbollah-Morde ist bisher kein Zufall wie Susurluk eingetreten, der die Beteiligung von staatlichen Stellen nachweisbar gemacht hätte. Staatschef Demirel hat sich dazu geäussert, indem er erklärte, «der Staat» begehe in der Türkei keine Morde, doch sei nicht undenkbar, dass gewisse Kräfte, die mit dem Staat verbunden seien, ihre Macht missbraucht und verbrecherisch gehandelt hätten. Die Militärs sagen nur, die Entdeckungen zeigten, wie nötig es sei, «den politisierten Islam» zu bekämpfen.

## Eigenheiten der türkischen Demokratie

Die türkische ist insofern eine echte Demokratie, als Wahlen einen Machtwechsel bewirken können und bewirkt haben. Die Türkei ist bisher jedoch eine eingeschränkte Demokratie geblieben, weil es neben den durch Wahlen hervorgerufenen politischen Wechseln auch solche gibt, die durch die Einwirkung anderer, nicht demokratischer Kräfte entstehen. Die anderen Kräfte sind jene der Militärs. Die Streitkräfte können von sich aus, aus eigener Machtfülle, Regierungen absetzen und neue einstellen. Sie haben es auch wiederholt getan. Bei diesen Militäreingriffen ist eine gewisse Entwicklung sichtbar. Der erste von 1960 trug alle Züge eines revolutionären Eingriffes, man sprach damals auch von einer Revolution. Mit anderen Worten, es war eine Intervention, die die bisher bestehenden Machtverhältnisse und die geltende Verfassungsordnung bewusst umstürzte.

Bei dem Coup durch ein Manifest 1971 war die Lage schon weniger klar. Teile der bestehenden Ordnung wurden abgeändert, doch Teile blieben bestehen. Das Parlament tagte fort, die Parteien jedoch wurden verboten. Die Verfassung blieb in Kraft, sie wurde jedoch modifiziert. – Die Militärintervention von 1980 war ähnlich, diesmal wurden die Parteien aufgehoben und die Verfassung ausser Kraft gesetzt. Dann wurde eine neue Verfassung geschrieben und der Versuch unternommen, eine neue Parteienordnung einzuführen. Dies missriet insofern, als die alten Parteien unter neuen Namen wiedererstanden und nur eine einzige wirklich neue Parteiformation, die Mutterlandspartei, entstand. Doch die neue Verfassung sorgte dafür, dass die Macht der Armee in das Verfassungssystem integriert wurde. Dies geschah durch die Institution des Sicherheitsrates. Folge dieses Schrittes war, dass der nächste Eingriff der Armee, als sie 1997 die islamistische Partei Erbakans von der Macht entfernte, innerhalb des Verfassungssystems erfolgen konnte. Es brauchte weder einen Putsch noch ein Manifest: die Beschlüsse des Sicherheitsrates im Rahmen der Verfassung genügten, um die Regierung zu zwingen, entweder den Willen der Offiziere zu tun oder zurückzutreten und einer neuen Regierung Platz zu machen. Mit anderen Worten: Seit der Verfassung von 1982 ist die Rolle der Armee als politische Macht in die Verfassung integriert und damit formalrechtlich legitimiert. Man muss fragen, wieweit eine solche Verfassung unter diesen Umständen noch als «demokratisch» bezeichnet werden kann. Teildemokratisch wäre vielleicht das richtige Wort.

Die meisten Türken würden gegenüber solchen Betrachtungen betonen, dass die türkische Demokratie eben eine sehr quecksilbrige Sache sei. (Was niemand, der der vorausgehenden Übersicht gefolgt ist, bestreiten dürfte.) Diese übertrieben bewegliche, zur Demagogie und zum Opportunismus neigende Demokratie, so werden die meisten einsichtigen Türken hinzufügen, benötige einen festen Rahmen, der sie auf geregelten und sicheren Bahnen halte. Daher sei es eine gute Sache, wenn die Verfassung selbst Schranken einbaue, die wirksam werden könnten, wenn die Gefahr einer Entgleisung der Demokratie entstehe. Dies ist in der Tat stets die letzte Rechtfertigung der Militärinterventionen gewesen.

Dennoch gilt: Die Stärke der Demokratie, die sie den anderen Staatsformen überlegen macht, liegt darin, dass nicht ein Einzelner, sondern eine Vielheit entscheidet und dass die Entscheide der Mehrheit eine Diskussion und Konsensusfindung voraussetzen, bevor sie zustande kommen. Sie sind daher weniger arbiträr als jene, die von Einzelnen oder von beschränkten Gremien getroffen werden. Einzelne oder Kleingruppen können in Extremfällen dem Cäsarenwahn erliegen; ihre Entscheidungen werden dann entsprechend gefährlich. Auch ganze Völker allerdings können Wahnvorstellungen anheimfallen. Doch die Erfahrung zeigt, dass dies (immer?) nur dann geschieht, wenn zuvor die Informations- und Meinungsfreiheit aufgehoben oder eingeschränkt wurde. Meinungsfreiheit ist bekanntlich eine notwendige Voraussetzung zur Bildung eines legitimen Konsensus.

Umgekehrt liegt die Schwäche der nichtdemokratischen Regime, Diktatur, Monarchie, Oligarchien verschiedener Färbung, darin, dass die von ihnen gefassten Beschlüsse notwendigerweise nur die Einsicht (oder mangelnde Einsicht) der Beschlussfassenden widerspiegeln. Im Fall der Türkei: die Kurdenpolitik wird von den Militärs formuliert. Sie halten sie für richtig und für das Wohl der Türkei notwendig. Wahrscheinlich trifft zu, dass die Kurdenpolitik von der grossen Masse der Türken mitgetragen wird; sie wird jedoch mitgetragen, weil diese grosse Masse einseitig informiert und indoktriniert wird. In der Kurdenfrage gibt es keine Meinungsfreiheit: alle abweichenden Ansichten werden als Verbrechen eingestuft, sogar wenn es sich um blosse Meinungsäusserungen handelt, und als «separatistische Propaganda» schwer bestraft, sobald sie laut werden. Es sind die Militärs, die für die Kurdenpolitik und damit für den Krieg und die wirtschaftlichen, sozialen, innenpolitischen und sogar aussenpolitischen Folgen dieses Krieges recht eigentlich verantwortlich sind.

Die Grenzen der türkischen Demokratie werden hier überdeutlich: In dieser – heute zentral wichtigen – Frage hat die türkische Bevölkerung nichts zu sagen, sie muss gehorchen und die Linie der Militärs mittragen, unter Umständen unter Einsatz des eigenen Lebens. Wenn man nun annimmt, dass die türkische Kurdenpolitik eine falsche, weil unheilbringende und verderbliche Politik sei, muss man auch erkennen, dass diese Politik nicht auf dem informierten Willen der türkischen Bevölkerung beruht, sondern auf den Entscheidungen (und den diesen zugrunde liegenden Vorurteilen) einer militärischen «Elite». Die Schwächen solcher Entscheidungsvorgänge werden damit offenbar. Die türkische Demokratie muss also als eine Demokratie bezeichnet werden, die nicht alle Vorteile ausnützen kann, welche eine «Normaldemokratie» sicherstellt, aber die viele der Nachteile in Kauf nehmen muss, die nichtdemokratischen Regimen anhaften.

# Libanon, Demokratie unter Aufsicht des Nachbarn

L ibanon besass seit der Unabhängigkeit des Landes eine Demokratie. Wir haben oben festgestellt, dass das Parlament als das Forum dient, in dem die verschiedenen Gemeinschaften des Libanons ihre unterschiedlichen und oft widersprüchlichen Interessen untereinander ausgleichen können. Dieser Ausgleich muss öffentlich geschehen, damit keine der rivalisierenden Gemeinschaften unter den Eindruck gelangt, nur sie sei gezwungen, Konzessionen zu machen, während andere alle Vorteile an sich zögen. Nur Transparenz kann auf diesem Gebiet die Entstehung von Gerüchten und Verdächtigungen wenigstens in erträglichen Grenzen halten. Alle Seiten müssen sehen, dass alle anderen Seiten auch Konzessionen eingehen und dass Lasten und Vorteile einigermassen gleichgewichtig verteilt werden.

Doch Libanon hatte auch immer seinen «starken Mann», der weitgehend die Macht ausübte und dem in der Praxis die politische Initiative zufiel: seinen Präsidenten, der auch den Oberbefehlshaber der Armee ernannte. Dass dieser Präsident und sein General (und mit ihm die Mehrheit der Armeeoffiziere) stets Maroniten waren, besiegelte die Vorrangposition der maronitischen Gemeinschaft im Staate; sie bildete das Staatsvolk.

Verglichen mit dem Gewicht des Präsidenten und des Oberbefehlshabers der Armee, waren die Position des Ministerpräsidenten, der stets ein Sunnite sein sollte, und jene des Parlamentsvorsitzenden, der ein Schiite zu sein hatte, eher Trostpreise als wirkliche Machtstellungen. Und für die Drusen gab es nicht einmal einen Trostpreis. – Wie zentral die Stellung des Präsidenten war, lässt sich daraus ermessen, dass seine Ablösung, im Gegensatz zu der von Ministerpräsidenten oder Parlamentsvorsitzenden, Libanon wiederholt in eine – mehr oder weniger tiefgreifende – politische Krise stürzte. Der erste Präsident des unabhängigen Libanon, Bschara al-Khoury (r. 1943–52), musste aus der Macht vertrieben werden. Er hatte 1947 für eine massive Fälschung der Parlamentswahlen gesorgt, und die so gebildete Kammer hatte im Mai 1948 ein Sondergesetz erlassen, das ihm erlaubte, sich ausnahmsweise noch einmal zum Präsidenten küren zu lassen. Doch die

Niederlage im Israelkrieg von 1948/49, in dem Libanon auch mitgekämpft hatte, die Ermordung des Ministerpräsidenten Riad as-Solh in Amman vom Jahr 1951, die Inflation, Korruption und Unzufriedenheit im Volke bewirkten alle zusammen, dass eine parlamentarische Opposition gegen den Präsidenten unter der Führung des Drusenfürsten und Sozialisten Kamal Jumblat zustande kam. Sie wurde von einer ganzen Reihe von Maroniten unterstützt, die als Präsidialkandidaten in Betracht kamen: Camille Chamoun, Sulaiman Frangié, Emile und Raymond Eddé. Diese weit gefächerte Oppositionsfront erreichte, dass die Mehrheit der Abgeordneten sich von Präsident al-Khuri abkehrte und eine Revision der Wahlgesetze forderte. Der Präsident wurde schliesslich im September 1952 durch einen Generalstreik gezwungen, seinen Rücktritt zu nehmen, nachdem die Armee erklärt hatte, sie wolle nicht für ihn kämpfen.

Nachfolger wurde Camille Chamoun (r. 1952–58). Auch er wurde gegen Ende seines Mandates verdächtigt, er wolle sich durch das Parlament, in dem er eine absolute Mehrheit zu besitzen schien, seine Amtszeit verlängern lassen. Auch er geriet in eine Krise, die in erster Linie durch die Aussenpolitik bedingt war. Nasser hatte 1958 unter dem Jubel der Bevölkerung Syriens und Ägyptens die beiden Staaten zur Vereinigten Arabischen Republik zusammengeschlossen, und die Sunniten Libanons neigten der neuen VAR leidenschaftlich zu, während die Maroniten sie fürchteten. Sie stützten sich auf die Amerikaner, um sich gegen Nasser und seine Aktivisten abzuschirmen. Das Land spaltete sich im März 1958 in eine Pro- und eine Anti-Nasser-Front. Es kam zu Kämpfen. Die meisten Sunniten und Schiiten neigten Syrien und Ägypten zu. Präsident Chamoun, gestützt auf viele der Maroniten und andere christliche Gruppierungen und aussenpolitisch den Amerikanern und dem Westen zugewandt, führte den Widerstand gegen Nasser an. Die Frage der Verlängerung des Mandates des Präsidenten geriet in diesen aussenpolitischen Strudel. Chamoun beklagte sich bei der Uno über bewaffnete Infiltratoren aus Syrien, und die Uno unter Dag Hammarskjöld schickte Weisshelme, die zwar keine Infiltrationen feststellen konnten, weil sie, wie ihre Sprecher einräumten, des Nachts nicht arbeiteten; später jedoch, als die Krise vorüber war, bestätigten sie das Einsickern von solchen Bewaffneten.

Es gab Gebiete, die von der einen oder von der anderen Bürgerkriegsfront gehalten wurden, von sogenannten Milizen, das heisst, meistens wenig ausgebildeten Angehörigen von Parteien und Gruppen, die sich als Kämpfer zur Verfügung stellten (und dafür bezahlt wurden). Beirut war gemischt je nach Quartieren, was dazu führte, dass Präsident Chamoun sich gelegentlich mit seinem Jagdgewehr aus dem Fenster des Präsidentenpalastes gegen anstürmende «Revolutionäre» verteidigen musste. – Die Armee unter General Fuad Chéhab (der ein Maronite war, aber kein Parteigänger Chamouns[20]) entschied, dass sie sich neutral verhalten und keiner der beiden Streitparteien das Übergewicht gegen die andere verschaffen wolle[21]. Dies hatte zur Folge, dass die Armee nur gegen Bewaffnete vorging, die ihre eigenen Wohnquartiere verliessen, um solche einer anderen Gemeinschaft oder von beiden Seiten benützte Stadtzentren anzugreifen. Die Gemeinschaften leben in Libanon so weit zusammen, dass die Grenzen zwischen einem «christlichen» und einem «sunnitischen», einem «drusischen» oder auch einem «schiitischen» Stadtteil z. B. in Beirut allen bekannt sind. Ausserhalb der Städte gibt es ebenfalls Wohngebiete der einen oder der anderen Religionsgemeinschaft. Es gibt aber auch mehr oder weniger gemischte Quartiere in den Städten, und bestimmte Regionen haben ebenfalls gemischte Bevölkerungen. Oft waren es diese, in denen sich die grausamsten Kämpfe abspielten, weil alle Seiten sie dominieren und die Gegenseite vertreiben wollten.

Der Bürgerkrieg wogte unentschieden hin und her. Die Zahl der Toten wird auf 2000 bis 4000 geschätzt. Am 14. Juli 1958 landeten die Amerikaner 15 000 Marinesoldaten in Beirut. Weitere 40 000 Mann kreuzten vor den Küsten. Dies geschah offenbar nicht primär wegen des Bürgerkrieges (obwohl Chamoun und seine Regierung schon zuvor eine amerikanische Intervention gefordert hatten), sondern weil an jenem Tag im Irak die Revolution des Generals Abdel Karim Kassem ausbrach. Sie hatte das Ende des probritischen Regimes von Nuri as-Said zur Folge. Es war klar, dass damit der gegen die Sowjetunion gebildete Bagdad-Pakt in seiner bisherigen Form (Irak, Iran, Türkei, Pakistan und Grossbritannien und die USA) zerbrechen würde, und Washington beschloss, seine strategische Präsenz im Nahen Osten für den Notfall abzusichern, indem es Truppen im Libanon stationierte.

---

20  Der maronitische Patriarch, *Kardinal Méouchi,* gehörte ebenfalls zu den scharfen Gegnern des Präsidenten Chamoun.

21  Chéhab war der Ansicht, die libanesische Armee, deren Mannschaften aus allen Religionsgemeinschaften stammten, während die Offiziere überwiegend Maroniten waren, würde sich spalten, wenn sie auf der Seite der einen oder der anderen eingesetzt werde. In der Tat geschah genau dies im Bürgerkrieg von 1975–90.

Mit der übermächtigen Präsenz der Amerikaner im Lande kamen die innerlibanesischen Spannungen allmählich zum Abklingen. Chamoun verkündete, dass er am Ende seines Mandates, im November 1958, zurücktreten werde, die nasseristischen Milizen zogen sich nach Syrien zurück, und die Bürgerkriegsparteien einigten sich unter amerikanischer Vermittlung darauf, dass der nächste Präsident General Chéhab werde. Die Amerikaner zogen wieder ab, und Chéhab wurde zum Präsidenten gewählt. Sein Mandat, so versicherte er von Beginn an, werde nur sechs Jahre lang, von 1958 bis 1964, dauern.

Präsident Chéhab unternahm eine neue Politik, die in Libanon als «Chehabismus» bekannt wurde. Er versuchte, einen Sozialstaat mit einer Verwaltung aufzubauen, die für alle Religionsgemeinschaften gleichermassen verantwortlich sein sollte, und er unternahm energische Massnahmen, um die Infrastruktur des Landes in allen Landesteilen, nicht nur in den von Maroniten bewohnten, zu verbessern. Seine politischen Gegner warfen ihm vor, er regiere weitgehend mit dem Instrument der militärischen Geheimdienste. Er erlag in der Tat oft dieser Versuchung, weil die zivile Verwaltung schlecht funktionierte. Der «Chehabismus» wurde auch unter dem Nachfolger Chéhabs, Präsident Helou (Präsident 1964–70) fortgesetzt. Helou, ein ehemaliger Journalist, besass keine eigene Hausmacht und musste sich daher umso mehr auf die Geheimdienste der Armee abstützen, die schon unter Chéhab eine der Normalverwaltung überlagerte zweite gebildet hatten. – Die immer weiter greifenden Kompetenzen und Vollmachten dieser Kreise führten zu einer Reaktion durch die traditionellen grossen Familien, welche nach wie vor über die Loyalität ihrer Klienten und Anhänger verfügten. Sie bewirkten 1970, dass einer der Ihren, der grosse Patron der Maroniten des Nordens, Sulaiman Frangié, zum Präsidenten gewählt wurde. Mit ihm siegten die gegen den Chehabismus gerichteten Kräfte des «laissez-faire» in Politik und Wirtschaft.

### Die wachsende Präsenz der Palästinenser

Noch unter Helou war Libanon zum Zentrum der palästinensischen Aktionen gegen Israel geworden. Weil Jordanien im «Schwarzen September» 1970 alle bewaffneten Palästinenser vertrieb und weil Syrien die Aktionen der palästinensischen Guerilla von seinem Gebiet aus genau kontrollierte und oft gänzlich unterband, wurde die libanesisch-israelische Grenze zum Hauptschauplatz der Infiltrationen und des Guerillakriegs, den die Palästinenser führten, und der immer energischeren und blutigeren Gegenschläge der Israeli. Diese Gegenaktionen waren absichtlich breit und zerstörerisch angelegt, um nicht nur den Palästinensern Schaden zuzufügen, sondern auch dem libanesischen Staat und den Bewohnern der Regionen, von denen aus die Palästinenser kämpften. Die Zerstörungstaktik, die in Jordanien erfolgreich verlaufen war (dort hatten die Israeli, wie erwähnt, die ganze Jordansenke in ein verwüstetes Niemandsland verwandelt), sollte nun auch auf Libanon angewandt werden.

Zwischen der libanesischen Armee und der wachsenden Zahl von palästinensischen Fedayin kam es wiederholt zu Zusammenstössen. Es gab mehr bewaffnete palästinensische Freischärler in Libanon als Armeeangehörige. Durch Vermittlung Nassers wurde 1969 ein Vertrag zwischen der Palästinensischen Befreiungsfront (PLO) und dem Oberbefehlshaber der libanesischen Armee, Bustani, abgeschlossen, der den Freischärlern bestimmte Gebiete an der israelischen Grenze als eine Art Staat im Staate, von dem aus sie ihre Aktionen aufziehen konnten, zur Verfügung stellte. – Die Region Arkoub an der Südostgrenze Libanons wurde so zum «Fatah-Land» der Palästinenser. Der Druck der PLO-Kämpfer auf Israel sowie der Gegendruck Israels auf ganz Libanon wuchsen beständig. Da in jener Region, wie überall in Südlibanon, Schiiten leben, war es die schiitische Gemeinschaft, die in erster Linie unter den israelischen Gegenschlägen zu leiden hatte. Viele der Schiiten des Südens, mehrere hunderttausend von ihnen, wurden ihrerseits Flüchtlinge und wanderten vorübergehend oder permanent in die südlichen Vororte von Beirut, wo sie in improvisierten Elendsquartieren lebten.

## Die Wurzeln des Bürgerkrieges 1975–1990

Der grosse libanesische Bürgerkrieg, der 1975 unter Präsident Sulaiman Frangié (amtierte 1970–1976) ausbrechen sollte, hatte eine dreifache Wurzel. Zum ersten hatten sich die Fundamente, auf denen das ganze libanesische System ruhte, mit den Jahren verschoben; 1975 überschritt die Zahl der Schiiten wahrscheinlich die der Maroniten, und vielleicht hatten mittlerweile auch die Sunniten die Maroniten überholt. Doch diese weigerten sich genau deshalb, eine neue Volkszählung durchzuführen, damit ihre Privilegstellung nicht in Frage gestellt werde. Zum zweiten hatten sich die sozialen Gegensätze verschärft. In Beirut gab es riesigen Reichtum neben gewaltigen Elendsquartieren. Auch die Unterschiede zwischen dem unterentwickelten, meist schiitischen Süden und den reichen Gebieten der Maroniten im Zentrum und im Norden waren angewachsen. Diese sozialen Differenzen wurden dadurch verstärkt, dass die Zerstörungen durch die israelischen Gegenschläge vor allem die sozial ohnehin schwächeren Schiiten trafen. (In den Jahren zwischen Juni 1968 und Juni 1974[22] verletzten die Israeli die Grenze im Süden mehr als 30 000 Mal.) Drittens veränderte die Präsenz der bewaffneten Palästinenser in Libanon das Machtgleichgewicht. Die Sunniten, die keine eigene Miliz von Bedeutung besassen, begannen die mit ihnen verbündeten palästinensischen Guerilleros als «ihre» Miliz anzusehen. Sie unterstützten die Palästinakämpfer politisch, so dass sie ihre Aktionen von Libanon aus durchführen konnten; doch sie zählten dafür auf Hilfe der bewaffneten Palästinenser gegen die Milizen der christlichen Gemeinschaften. Die grösste christliche Miliz war die Phalange (arabisch *Kata'eb*); aber auch die «Tiger» von Chamoun waren nicht ohne Bedeutung.

Auch die Schiiten bauten ihre eigene Miliz auf, die sie *Amal* (Hoffnung) nannten; sie sollte in erster Linie dazu dienen, den bewaffneten Palästinensern im Süden eigene Bewaffnete gegenüberzustellen. Mehrere Kleinkampfgruppen der Linksparteien entstanden ebenfalls, weil eine jede politische Kraft nun auch ihre Miliz besitzen zu müssen glaubte. Die Drusen hatten ihre Kämpfer, die Kamal Jumblat als ihr Oberhaupt ansahen, schon seit langer Zeit. In der frühen 70er Jahren nahm so die Bewaffnung der Libanesen auf allen Seiten bedeutend zu. Die Milizen rüsteten sich nicht nur mit Gewehren und Maschinenpistolen, sondern auch mit Raketenwerfern und anderen schweren Waffen aus.

Dies waren die Grundlagen des Bürgerkrieges, der am 13. April 1975 offiziell seinen Anfang nahm, als die Phalange einen Autobus mit unbewaffneten Palästinensern, aber mit fliegenden palästinensischen Fahnen, der ein von ihr beherrschtes Gebiet passierte, zusammenschoss und dabei 26 Palästinenser tötete. Unmittelbar zuvor waren zwei Phalangisten aus einem fahrenden Auto heraus erschossen worden. Doch dass der so begonnene Krieg 15 Jahre dauern sollte, war im wesentlichen auf den Umstand zurückzuführen, dass sämtliche benachbarten Mächte in ihn eingriffen und ihre jeweiligen libanesischen Verbündeten unterstützten. Ohne dies hätte sich der

---

22   Zählung der libanesischen Armee, vgl. *Elizabeth Picard:* Liban, état de discorde, Paris 1988, S. 137.

Konflikt wahrscheinlich sehr viel eher erschöpft. Die Syrer intervenierten zuerst auf Seiten der christlich-konservativen Kräfte, weil die palästinensisch-linksmuslimische Seite den Krieg zu gewinnen drohte. Damaskus fürchtete, ein von den Palästinensern und ihren linksgerichteten libanesischen Freunden unter Führung von Kamal Jumblat dominierter Libanon könnte einen Konflikt mit Israel auslösen, für den Syrien nicht vorbereitet war. Deshalb stellte es sich zunächst auf die Seite der Feinde seiner im Grunde doch «natürlichen Verbündeten».

Später sattelten die Syrer um und unterstützten ihre «natürlichen Verbündeten», die linksgerichteten und propalästinensischen Muslime. Dies kam schrittweise zustande, als die Syrer bemerkten, dass die libanesischen Christen sich auch von Israel unterstützen liessen, und als Damaskus sich durch die ersten Friedensschritte Sadats gegenüber Israel von seinem bisherigen Verbündeten Ägypten im Stich gelassen fühlte. Die libanesischen Christen wurden in diesem Moment potenzielle Feinde der Syrer, weil Damaskus erkannte, dass sie sich, wie es dann auch geschah, mit Israel gegen Syrien verbinden könnten. Ohne den ägyptischen Friedensschluss mit Israel wäre ihnen das zu gefährlich gewesen.

Schliesslich wandten die Syrer sich Amal zu und lieferten der schiitischen Miliz Instruktoren und Waffen. Damit schufen sie sich ein Instrument, das weitgehend von ihnen abhängig und deshalb darauf angewiesen war, den syrischen Wünschen nachzukommen. Als die Syrer sich von den Christen abwandten, begannen die Iraker, die Maroniten zu unterstützen, einfach weil sie damals mit Damaskus bitter verfeindet waren. Die Iraner entsandten ihrerseits ihre Revolutionswächter mit Waffen und Geldern nach Libanon, um dort unter den Schiiten eine revolutionäre islamistische Bewegung aufzuziehen, der sie als Fernziel die «Befreiung Jerusalems» vorgaben.

Die Israeli begnügten sich nicht damit, den Christen mit Geld und Waffen zu Hilfe zu kommen und dadurch den Krieg in Libanon zu verlängern. Sie griffen 1982 direkt ein und marschierten bis nach Beirut. Dies rief die Amerikaner, Franzosen, Italiener und andere europäische Truppen als bewaffnete Friedensstifter nach Libanon. Sie zogen jedoch am Ende ohne Frieden wieder ab, nachdem sie die Evakuation der Palästinenser zuerst aus Beirut, dann auch aus Tripolis organisiert hatten. Die Israeli blieben zwei Jahre im Land und zogen sich dann schrittweise auf die sogenannte Sicherheitszone in Südlibanon zurück. Diese hielten sie mit Hilfe einer von ihnen aufgezogenen Miliz, die sie Südlibanesische Armee (SLA) getauft haben, bis zum Mai 2000 besetzt.

Die Institutionen der libanesischen Demokratie haben schliesslich all dies und noch viele andere Rückschläge überlebt: die Ermordung zweier Präsidenten, des unter israelischem Druck gewählten Beschir Gemayel durch eine Bombe (am 14. September 1982), der noch 25 weitere Menschen zum Opfer fielen, und des René Muawwad (am 22. Nov. 1989, zusammen mit 13 anderen Personen), den Mord an Kamal Jumblat (am 17. März 1977) dem noch über 130 wohl falsch orientierte Rachemorde an libanesischen Christen folgten, und den Mord von Ministerpräsident Raschid Karamé (am 1. Juni 1987 durch eine Bombe in seinem Helikopter). Doch der Preis, den Libanon schliesslich für das Überleben seiner Institutionen entrichten musste, waren der teilweise Verlust der Unabhängigkeit des Landes und seine informelle, aber reale Unterordnung unter Syrien.

Libanon war immer eine labile Demokratie gewesen, die unter der Leitung eines «starken Mannes», nämlich des Präsidenten, leidlich funktioniert hatte, wenn sie funktionierte, was sie oft aber nicht tat. Nun wurde es zu einer überaus fragilen Demokratie mit zwei oder drei starken Männern: dem syrischen Präsidenten Asad und dessen Stellvertreter in Libanon, Geheimdienstchef Ghassan Kanaan; dem libanesischen Präsidenten (zuerst Elias Hrawi, später General Emile Lahoud[23]), und schliesslich möglicherweise auch noch dem jeweiligen Ministerpräsidenten, dessen Stellung durch das mit saudischer Hilfe ausgehandelte Abkommen von Taif[24] gestärkt wurde. Diese Übereinkunft unter libanesischen Politikern aller Gemeinschaften beendete den Bürgerkrieg auf der politischen Ebene. Ob sie die Kraft der demokratischen Institutionen im Libanon wirklich stärkte, wird sich in der Zukunft noch erweisen müssen.

23  General Emile Lahoud war von Präsident Hrawi kurz nach dessen Amtsantritt mit syrischer Zustimmung im Dezember 1989 zum neuen Oberbefehlshaber der libanesischen Armee ernannt worden. Doch der bisherige, General Aoun, anerkannte ihn nicht und kommandierte weiter den grösseren Teil der Armee von Baabda aus, dem eigentlichen Amtssitz des libanesischen Präsidenten, bis die Syrer ihn im Oktober 1990 blutig von dort vertrieben.

24  Das Abkommen der libanesischen Abgeordneten, die im Oktober 1989 in Taif, Saudi-Arabien, zusammentraten, bewirkte eine Stärkung des Amts des Ministerpräsidenten und der gesamten Regierung durch eine Reduktion der Befugnissse des Präsidenten.

# Jordanien auf dem Weg zur Demokratie?

Die jordanische Verfassung stammt von 1952 und sieht eine konstitutionelle Monarchie vor. Neben einer gewählten Volksvertretung mit 80 Abgeordneten steht ein vom König ernannter Senat, der das Recht hat, die vom Parlament beschlossenen Gesetze zurückzuweisen. Freie Wahlen waren zwar auch in der Verfassung verankert, wurden jedoch über lange Jahre hin nicht durchgeführt. In einem klassischen Fall von «keine Zeit für Demokratie» erachtete es der König als notwendig, vielen anderen Grundproblemen Vorrang zu geben, bevor er die im Prinzip versprochenen Wahlen wirklich durchführen wollte. Doch im Verlauf zuerst der nasseristischen Wirren, dann der Niederlage gegen Israel im Sechs-Tage-Krieg von 1967 und des daraus resultierenden Verlustes des halben Landes sowie der darauf folgenden Auseinandersetzung mit den palästinensischen Guerillas (1967–71) wurden die Volksvertretungen zeitweise suspendiert, zeitweise völlig entmachtet, die Parteien mehrmals verboten, die Presse zensiert und eine Art von Kriegsrecht eingeführt, das es erlaubte, die Grundfreiheiten der Jordanier, «wenn nötig» aufzuheben. Erst 1984 wurde das alte Parlament wieder zusammengerufen; die in den langen Jahren ununterbrochener Suspendierung (seit 1974) entstandenen Lücken unter den Abgeordneten wurden durch Ersatzwahlen gefüllt. Die Schliessung der Volkskammer war damit gerechtfertigt worden, dass ein grosser Teil Jordaniens unter fremder Besetzung stand («Westbank»); ihre Wiedereröffnung dadurch, dass nun, seit 1984, die Palästinenser selbst für die besetzten Gebiete Palästinas zuständig sein sollten und dass diese somit nicht mehr zu Jordanien gehörten. Eine administrative Trennung zwischen Jordanien und der Westbank, die diesem Grundsatzbeschluss auch auf der Verwaltungsebene nachkam, wurde im Sommer 1988 proklamiert. Mit ihr waren die Voraussetzungen für ein «rein jordanisches» Parlament, das nun nichts mehr mit dem besetzten einstigen Cisjordanien, der «Westbank», zu tun haben sollte, geschaffen.

Doch den Anstoss für eine «volle Demokratisierung» gaben die Brotunruhen vom 18. bis zum 21. April 1989 in Maan und Kerak im jordanischen

Süden. Sie brachen aus, weil die Preise der vom Staat verbilligten Grund-nahrungsmittel auf Druck des Internationalen Währungsfonds (der auf rea-listische Preise dringt) bedeutend erhöht worden waren; die lautesten Proteste richteten sich gegen die angebliche «Korruption» der Regierung, besonders des Ministerpräsidenten ar-Rifai. Es gab mindestens 8 Tote, und der Umstand, dass diese Unruhen ausgerechnet im Süden ausgebrochen waren, dessen «transjordanische» Beduinenbevölkerung als besonders regime-treu galt, liess sie umso bedrohlicher erscheinen. König Hussein entliess die Regierung und ernannte den Mann der gefährlichen Stunden, den ehemali-gen Generalstabschef Zaid Ben Shakir, zum neuen provisorischen Regie-rungschef. Dann stellte er einen demokratischen Neuanfang mit echten Wahlen in Aussicht.

Neben seinen strukturellen wirtschaftlichen Problemen (keine Boden-schätze, keine nennenswerte Industrie und Landwirtschaft), der daraus resul-tierenden Armut eines grossen Teiles der Bevölkerung, der Verschuldung des Staates sowie seiner Abhängigkeit von Auslandssubsidien (die Inflationsrate war 15 Prozent im Jahr 1988 und 31 Prozent 1989) hatte Jordanien damals mit einer ganzen Reihe von aussenpolitischen Problemen zu kämpfen, dar-unter der Golfkrieg, in dem die Bevölkerung leidenschaftlich für den Irak Partei nahm, während das Regime auf Washington Rücksicht zu nehmen hatte. Der Irak war seit dem irakisch-iranischen Krieg (1980–88) zu einer wichtigen Einnahmequelle für Jordanien geworden, weil die meisten iraki-schen Einfuhren über den Hafen von Akaba (der irakische Hafen von Basra war durch den Krieg gesperrt) und von dort durch die Wüste nach Bagdad gelangten und die Iraker sich auch, soweit es ein Angebot für sie gab, auf dem jordanischen Markt bedienten. Auch Saudi-Arabien gehörte zu den wichti-gen Geldgebern Jordaniens, doch die Saudis blickten seit 1990, dem Beginn des Zweiten Golfkrieges, mit Stirnrunzeln auf die guten Beziehungen mit dem Irak. Aus Kuwait waren vor dem Krieg viele Gelder von Palästinensern, die dort arbeiteten, nach Jordanien geflossen. Obwohl der kuwaitische Staat 5 Prozent von ihren Löhnen abzog, um sie direkt der PLO zu transferieren, versorgte doch jeder Gastarbeiter seine Familienmitglieder, die in Jordanien zurückgeblieben waren. Diese Gelder versiegten nun auch.

Die Rückkehr zur Demokratie in Jordanien hatte unter diesen Umstän-den eine Ablenkungs- und Beruhigungsfunktion: sie sollte aussenpolitisch das Bild eines liberalen und demokratischen Staates Jordanien verstärken und gleichzeitig innenpolitisch Hoffnungen auf Fortschritt und einen poli-tischen Neubeginn wecken. Die ersten Wahlen, die diesen Namen verdienten, wurden nach einer Vorbereitungsperiode von sechs Monaten am 8. November 1989 durchgeführt. Sie brachten ein sensationelles Resultat: unter den 80 Gewählten waren 31 islamistische Abgeordnete, also nahezu 40 Prozent. Dies waren fast doppelt soviel, als erwartet worden war. Die relative Mehrheit von 33 Abgeordneten blieb in Händen der Anhänger des Königs und der grossen Familien. Die verschiedenen linken Strömungen, Kommunisten, Nasseristen sowie Baathisten, das heisst die «alte» Opposition der 60er und 70er Jahre, erhielten zusammen 16 Vertreter. Doch all diese Affiliationen waren in Wirklichkeit ziemlich flexibel. Als der König einen neuen Ministerpräsidenten in der Person von Mudar Badran ernannte (zweiter Mann der Geheimdienste 1965/66, Minister und Ministerpräsident 1973–79, Chef des königlichen Kabinetts 1983–89), bildete dieser eine Regierung von 21 Personen, unter denen sich 10 der neugewählten Abgeordneten befanden: vier «Konservative»; drei «unabhängige» Islamisten sowie drei «gemässigte Progressisten». Diese Regierung erhielt 65 der 80 Stimmen des Parlamentes, darunter die der 19 Muslimbrüder.

Die nächsten Wahlen vom November 1993 fanden unter Umständen statt, die für die Regierung noch schwieriger waren als die Lage von 1989. Kurz zuvor, am 13. September 1993, war in Washington die «Prinzipienerklärung über Teilautonomie» zwischen den Israeli und den Palästinensern Arafats mit Hilfe des amerikanischen Präsidenten Clinton paraphiert worden, die als «Oslo-Erklärung» bekannt werden sollte. Jordanien war seinerseits am 14. September zur Festlegung einer Tagesordnung für bilaterale Verhandlungen mit Israel geschritten, die zu einem Friedensvertrag führen sollten. In Amman waren Demonstrationen gegen den Teilautonomievertrag der Palästinenser und Israeli ausgebrochen. Die Islamisten hatten sogar den Generalstreik ausgerufen, ohne grosses Echo allerdings. Der König beschloss auch, den Wahlmodus zu verändern. Er tat dies ungeachtet der Proteste der meisten Parteien, besonders der Islamisten. Diese drohten, sie würden die Wahlen boykottieren, wenn das Wahlgesetz gegen ihren Willen geändert werde. Der König hielt darauf eine Rede, in der er «gewissen marginalen Gruppen» vorwarf, sie wollten die Demokratie zerstören. Dies genügte, um die Brüder trotz der Änderungen zur Teilnahme an den Wahlen zu veranlassen. Die wichtigste Änderung legte fest, dass die Jordanier künftig, statt unter verschiedenen Listen pro Wahlkreis auszuwählen, nach dem Grundsatz «ein Mann (vgl. S. 380), eine Stimme» zu wählen hätten, das heisst, jeder Wähler hatte nur noch das Recht, seine Stimme für einen Kandidaten abzugeben. Durch ein weiteres Manöver vermied der König, dass die Frage des

Oslo-Friedensprozesses ins Zentrum der Wahldebatte rückte. Er hatte zuerst durchblicken lassen, dass die Wahlen möglicherweise vertagt werden müssten, bis die Folgen der neuen Lage in den besetzten Gebieten klar würden. Doch kurz vor dem Wahltermin erklärte dann sein Ministerpräsident das Gegenteil, indem er klarstellte, die aussenpolitischen Abmachungen zwischen Palästinensern und Israeli könnten nicht das innenpolitische Geschehen in Jordanien diktieren, die Wahlen würden stattfinden. Dadurch wurden die Islamisten der Zeit beraubt, einen ausführlichen Feldzug gegen die Oslo-Verträge als zentrales Wahlkampfthema zu organisieren.

Die Rechnungen, die hinter solchen Manövern standen, gingen auf: da sie nur einer Person ihre Stimme geben konnten und weil die Wahlthemen sich primär um die inneren Angelegenheiten drehten, stimmten die Wähler mehrheitlich für die ihnen bekannten und für sie wirtschaftlich wichtigen Klanoberhäupter, Patrone und Würdenträger. Die Islamisten erhielten nur halb soviele Mandate wie 1989: 16 statt 31. Ihr bekanntester Aktivist, der Ingenieur Leith Shubeilat, war schon vor den Wahlen zurückgetreten, weil er sich nicht mit seinen Gesinnungsgenossen über einen Boykott der Wahlen hatte einigen können. Auch die Linksparteien schnitten schlechter ab als 1989. Die meisten der Gewählten waren Oberhäupter von Familienklans oder Stämmen oder die Vertreter von angesehenen, reichen städtischen Grossfamilien, Leute, von denen die Wähler erwarten konnten, sie könnten ihnen persönliche Vorteile bringen.

Für die Wahlen von 1997 wurde das System von «ein Mann, eine Stimme» beibehalten. Die Presse wurde ihrerseits durch im Mai 1997 promulgierte Zusatzparagraphen zum Pressegesetz eingeengt, die ihr schwere Geldstrafen für die Veröffentlichung von «unverantwortlichen Informationen» androhten. Die neuen Regeln schienen darauf angelegt, einige der sensationelleren Wochenzeitschriften, die seit 1989 erschienen waren, finanziell abzuwürgen. – Diesmal boykottierten die Islamisten die Wahlen, was allerdings nicht ausschloss, dass eine Reihe von Unabhängigen islamistischer Ausrichtung dennoch kandidierten und sechs von ihnen Mandate erhielten. Auch einige der «progressiven» Parteien der Linksopposition schlossen sich dem Boykott an, doch eine kleinere Gruppe von etwa einem Dutzend wurde gewählt. Die Stimmenthaltung war gewachsen. Beobachter führten dies teilweise auf die Boykottparolen der Islamisten zurück, teilweise aber auch auf eine gewisse Politikmüdigkeit, die mit der Enttäuschung darüber zusammenhing, dass die neun Jahre der Demokratie die Lebensbedingungen der Jordanier nicht hatten zum Besseren verändern können: sie hatten sich vielmehr sogar verschlechtert und drohen sich weiter zu verschlechtern, weil der Friedensprozess Jordanien seiner bisherigen strategischen Position als Pufferstaat gegenüber Israel beraubt, was die Subsidien aus der Aussenwelt allmählich zu drosseln droht, während die verheissenen wirtschaftlichen Dividenden des Friedensprozesses bisher ausgeblieben sind.

Der Tod König Husseins im April 1999 hat das ganze politische Spielfeld entscheidend verändert; man kann jedoch noch nicht erkennen, in welcher Richtung sich die Veränderungen auswirken werden. Dies wird, wie immer in der Geschichte, teilweise von Personen abhängen, z. B. dem, was der neue König Abdullah tun wird, zum anderen aber von Ereignissen und Strukturen, die Jordanien kaum beeinflussen kann. Das Land dürfte an einem Wendepunkt seiner Geschichte angekommen sein, weil der «Friedensprozess», ob er nun tatsächlich Frieden bringen wird oder bloss lange Reden und Konferenzen, die Lage des Staates verändern wird. Jordanien wurde 1921 als eine Scheidewand zwischen Palästina und dem Rest der arabischen Welt «erfunden» und hat seither stets als solche gewirkt und sich nur durch diese Funktion als Staat erhalten können. Wenn diese Pufferfunktion einmal unnötig werden sollte, müsste das kleine Land entweder eine neue Rolle für sich finden oder allmählich von der Bildfläche verschwinden. Die Demokratie in Jordanien hängt daher nicht einfach von den innenpolitischen Entwicklungen ab; ihre Zukunft wird auch weitgehend durch die äusseren Entwicklungen in Israel-Palästina und rund um Israel-Palästina herum bestimmt werden. Trotz des suggestiven Wortes «Friedensprozess» ist aber in Wirklichkeit heute noch keineswegs klar, welche weiteren Verwicklungen und Krisen das Israel-Palästina-Problem noch durchmachen wird.

# Jemen, Stämme und Demokratie

Das Land Jemen ist ein komplexes Gebilde, weil es eines der letzten grossen Stammesgebiete umfasst, die heute noch in der islamischen Welt bestehen, weil es gleichzeitig ein Land alter Stadtkultur ist und ausserdem noch die Doppelstruktur von Nord- und Südjemen aufweist, Gebiete, deren jüngste Vergangenheit sehr verschieden war.

Aden im Süden und sein Hinterland waren britische Kolonien und Protektorate, während Nordjemen immer unkolonisiert geblieben ist. Dann hatten beide Landesteile zwei verschiedene Staaten gebildet, von denen die Republik Südjemen sich zum Ostblock schlug und eine Wirtschaftspolitik kommunistischer Art führte, während Nordjemen sich locker an den Westen anlehnte und eine liberale Wirtschaft aufzubauen versuchte. Nach dem Zusammenbruch der Sowjetunion, als keine Hilfsgelder mehr von dort kamen, beschloss Südjemen 1990, sich dem Norden anzuschliessen. Dass beide Jemen eigentlich zusammengehörten, war seit langem die theoretische Doktrin beider Regime gewesen (in dem Sinn allerdings, das eigene System dem anderen aufzuzwingen), war aber auch tief im Volksempfinden verankert. Der Zusammenschluss verlief nicht reibungslos. Da die Armeen beider Staaten nicht verschmolzen wurden, sondern nebeneinander weiter existierten, versuchten die Politiker des Südens mit Hilfe «ihrer» Armee, ihre Wünsche nach grösserer politischer Macht im neuen Gesamtjemen zu verwirklichen. Der Machthaber des Nordens jedoch, Präsident Ali Saleh Abdullah, stellte sich dem mit «seiner» Armee entgegen. Es kam 1994 zu einem Krieg zwischen den beiden Armeeflügeln, der mit dem Sieg der nördlichen Armee endete.

Seither regiert Sanaa, die Hauptstadt des Nordens; Aden, jene des Südens, ist klar untergeordnet. Die ehemaligen Politiker des Südens sind weitgehend ausgeschaltet. Doch die jüngste Vergangenheit spielt bei allen politischen Entscheidungen noch mit. Neue Gesetze müssen (im Idealfall) die unterschiedlichen Ausgangslagen und Bedürfnisse der beiden Landesteile berücksichtigen. Geschieht dies nicht, setzt in der Regel der Norden seine Interessen in Aden mit entsprechenden Massnahmen durch.

Denn die Stammesgebiete des Nordens wiegen deshalb schwer in der Waage der jemenitischen Politik, weil ihre Stammesleute bewaffnet sind und sich ihre Waffen nicht nehmen lassen. Es gibt ungefähr 300 000 in ihrer Art der Kriegführung erfahrene Bewaffnete, das sind mehr, als die jemenitische Armee an Soldaten besitzt. Normalerweise bestehen allerdings so viele Spannungen und Fehden unter den Stämmen, dass ein Feldzug gegen Sanaa oder eine andere der Städte nicht zu befürchten ist. Dennoch muss die Regierung von Sanaa stets auf die Stämme Rücksicht nehmen. Sie kann ihnen nicht einfach Befehle erteilen und Vorschriften auferlegen. Sie muss vielmehr die Mitarbeit einflussreicher Scheichs erlangen, und sogar wenn sie über diese verfügt, wird es doch fast immer andere einflussreiche Stammesführer geben, welche die gegenteilige Haltung einnehmen (manchmal sind sie nur deswegen gegen etwas, weil ihre Rivalen dafür sind).

Ali Saleh Abdullah, der den Norden nun schon seit 1978 regiert, ist selbst ein Mann der Stämme und über die Armee aufgestiegen. Er versteht viel von der verzwickten Stammespolitik und ist bis heute nicht der Versuchung erlegen, die Stämme mit Hilfe der regulären Armee zusammenzuschlagen, wie das viele der modernen Einmannherrscher in den islamischen Staaten getan haben. Doch auch für ihn ist es nicht leicht, die beiden auseinanderstrebenden Welten, die der Bauern und Städte und jene der Stämme, mit ihren oft gegensätzlichen Interessen so zu regieren, dass beide nicht allzu unzufrieden werden. Hinzu kommt noch das erwähnte Problem mit dem Süden, der unter seinem prokommunistischen Regime rascher und rücksichtsloser «modernisiert» worden war als der Norden und schon aus diesem Grund überhaupt keine Affinitäten zu den Stämmen und ihren Anliegen kennt.

Ein Beispiel für die Widersprüche, mit denen Ali Saleh zu kämpfen hat, ist der Tourismus. Die Regierung möchte diesen gerne fortentwickeln, weil er für das arme Land eine wichtige Einnahmequelle darstellt und Arbeit für die vielen Arbeitslosen und Unterbeschäftigten schafft. Die Stämme haben nichts dagegen. Doch einige der Stammesleute greifen immer wieder zu Entführungen von Touristen, die sie bisher nach den Stammesgesetzen immer recht gut, als Gäste, behandelt haben. Solche Entführungen sind ihnen ein politisches Druckmittel, um die Regierung von Sanaa handgreiflich zur Erfüllung ihrer Interessen zu bewegen. Mit einigen Touristen in ihrer Hand können die Stammespolitiker viel wirkungsvoller mit Sanaa reden als ohne sie.

Neuerdings bedienen sich auch Islamisten des Mittels der Entführung. Am 21. Oktober 1998 kam es dabei in der südlichen Provinz *Abyan* zum Tode von vier britischen Touristen. – Die Regierung ist scharf gegen die gewalttätigen Islamisten vorgegangen und tut auch ihr Bestes, um den Tourismus (und auch die Erdölgesellschaften im Lande, die aus denselben Gründen immer wieder betroffen werden) gegen die Stammesentführungen abzusichern. Ein Gesetz wurde verabschiedet, das Todesstrafe auf Entführungen festlegt, und es gibt auch eine parlamentarische Kommission, die sich speziell mit dem Problem der Entführungen befassen soll. Die Schwierigkeit für die Regierung ist die aller Regierungen, wenn es um politische Entführungen geht: Gibt die Regierung nach, und sei es auch nur teilweise, stimuliert sie neue Entführungen in der Zukunft. Schon im Jahr 1999 kam es zu neuen Entführungen von Touristen durch Stammesleute. Volle Sicherheit gegen solche Eingriffe wird es nicht geben, solange die Stämme ihre Waffen behalten, weil es im Wesen der Stämme liegt, dass sie die Interessen ihrer Klans, wenn nötig mit Waffengewalt, gegen alle Aussenstehenden, wozu auch der Staat gehören kann, fördern oder verteidigen. Ein häufiger Beweggrund für Entführungsaktionen ist, dass die Regierung irgendeinen Stammesführer gefangen genommen oder verurteilt hat und dass die Entführer ihn frei zu pressen versuchen oder mindestens eine Strafminderung einhandeln wollen.

Wie gefährlich die Politik in Jemen sein kann, zeigt das Schicksal der Imame, die vor der jemenitischen Revolution von 1962 Nordjemen beherrschten, und jenes der ersten vier Präsidenten der Republik. Imam Yahya, der Gründer der jemenitischen Selbständigkeit nach dem Ersten Weltkrieg (vorher standen die osmanischen Türken in den wichtigsten Teilen das Landes) ist 1948 ermordet worden. Sein Sohn, Nachfolger und Rächer, Imam Ahmed, erlag seinerseits 1962 den Wunden, die er in mehreren Anschlägen erlitten hatte; dessen Sohn, al-Badr, wurde im selben Jahr durch die Revolution abgesetzt, er konnte jedoch an die saudiarabische Grenze entkommen, von wo aus er einen anschliessenden Guerillakrieg gegen die Republik führte, der bis 1968 dauern sollte. Oberst Sallal, der erste Präsident der Republik, wurde 1967 (immerhin unblutig) durch Qadi Iryani entmachtet und ging nach Kairo ins Exil. Qadi al-Iryani, der einzige Nichtmilitär, musste 1974 ins Exil nach Syrien gehen, wo er später ermordet wurde; Oberst al-Hamdi, der Iryani durch einen Coup abgesetzt hatte, wurde seinerseits 1977 in einem Coup ermordet. Dessen Urheber, Oberstleutnant al-Ghashmi, fiel schon ihm Jahr darauf einer Bombe zum Opfer. Hinter diesem Attentat steckte höchstwahrscheinlich Abdul Fattah Ismail, der spätere Hauptmachthaber Südjemens, der damals schon Generalsekretär der Staatspartei und Hauptideologe des prokommunistischen Südjemen war. Nach al-Ghashmi kam Ali Saleh Abdullah zur Macht; er stammt ebenfalls aus der Armee und hat sich seit 1978 bis heute zu halten vermocht.

Eines der Mittel, das ihm zu dieser langen, der Asads in Syrien vergleichbaren Machtperiode verhalf, war ohne Zweifel das Parlament, so wie er es verwendete. Er organisierte eine Staatspartei, den Allgemeinen Volkskongress, dem bisher immer die Mehrheit der Parlamentarier angehörte. Doch er liess auch andere Parteien zu. Die wichtigste heisst heute al-Islah («Reform») und steht unter islamisch-islamistischem Vorzeichen. Früher (zwischen 1990 und 1994) war die ursprüngliche Staatspartei des Südens, die Jemenitische Sozialistische Partei, wichtiger; aber seit dem Krieg von 1994 zählt sie nicht mehr viel. Al-Islah hingegen ist mit dem Volkskongress verbündet. Vor den Wahlen stellen die beiden Parteien meist gemeinsame Listen auf, die allerdings stets dem Volkskongress eine Mehrheit sichern. Die Regierungen werden von beiden Parteien gemeinsam gebildet.

Die Verknüpfung der Stammespolitik mit der Parlamentspolitik wird dadurch sichtbar, dass alle bisherigen Parlamente unter Präsident Ali Saleh einen einzigen Parlamentssprecher besassen, Scheich Abdallah Ibn Hussain al-Ahmar, den man als den «Fürsten» der Grossföderation der Al-Haschid-Stämme ansprechen kann und damit als einen der mächtigsten, wenn nicht den mächtigsten Stammesführer des Landes. Al-Ahmar ist gleichzeitig der Vorsitzende der Islah-Partei, die ihrerseits die proislamischen Kräfte umfasst. Auf diesem Weg wird die eine der grossen Stammesföderationen in das parlamentarische System einbezogen, und auch die gemässigten muslimischen und islamistischen Kräfte stehen nicht ausserhalb des Systems. – Islah sorgt auch gleich für eine aussenpolitische Einbindung, weil die Saudis dieser Partei und ihrem Vorsitzenden nahe stehen. Sie unterstützen viele der Aktivitäten von Islah finanziell. Der Staatschef ist stets darauf bedacht, nicht nur mit «seiner» Staatspartei, dem Volkskongress, engen Kontakt zu halten, sondern auch mit der «verbündeten Opposition» von Islah. Auch ihre Spitzenpolitiker, besonders Scheich al-Ahmar selbst, haben leichten Zugang zu ihm.

Der Vordenker und Chef des ideologischen Flügels der Islamisten von Islah ist Scheich az-Zandani. Er spielt eine wichtige Rolle im Land, weil er, praktisch als einziger Politiker im Jemen, eine Ideologie hat, die ihm erlaubt, genau festzulegen, was er will und wie die Dinge eigentlich sein sollten. Weil sich diese Ideologie, wie bei allen Islamisten, selbst als «Islam» bezeichnet, geniesst sie bei den meisten einfachen Muslimen (die, wie auch die meisten Europäer, nicht zwischen «Islamismus» und «Islam» unterscheiden können) ein gewisses Ansehen, sogar wenn viele von ihnen nicht unbedingt selbst bei den mehr oder weniger fanatischen Islamisten mitmachen wollen.

Die politischen Bündnisse der verschiedenen Formationen untereinander können als ein Grundprinzip der jemenitischen Politik aufgefasst werden. Solche Bündnisse vermeiden, dass die verschiedenen politischen Fraktionen, die Verbündete und Rivalen zugleich sind, untereinander in allzu harten Streit geraten. Sogar wenn man miteinander rivalisiert und um Vorteile ringt, behält man doch Tuchfühlung miteinander; man bricht nicht so weit mit dem anderen, dass man dessen unversöhnlicher Feind würde. Die Stammesbündnisse vermeiden, wie schon dargestellt, Stammesfehden nach aller Möglichkeit; dieser Grundsatz der Stammespolitik scheint auch auf die parlamentarische Politik der Jemeniten übergegriffen zu haben. Islah ist übrigens selbst auch eine Föderation, die einerseits die strengen Muslime mehr oder minder fundamentalistischer Ausrichtung umfasst, aber andrerseits eben auch den gemässigten Obersten Stammeschef der Hashid und seine Leute. Die Hashid sind auch wieder eine Föderation verschiedener Stämme. Ihre grosse Rivalin ist die Gegenföderation der Bakil.

Im Jahr 1993, als der Krieg zwischen den südlichen und den nördlichen Landesteilen noch bevorstand, versuchte Sanaa, nach dem gleichen Prinzip der Föderierung mit Aden umzugehen. Der Allgemeine Volkskongress Ali Saleh Abdullahs verbündete sich mit der alten Staatspartei des Südens, der Sozialistischen Jemenitischen Partei, und diese zwei Parteien zusammen schlossen ein Bündnis mit al-Islah des Scheichs al-Ahmar ab; alle drei legten dann miteinander fest, wessen Spitzenkandidaten in welchen Wahlkreisen aufträten. Dies bewirkte, dass die wichtigsten Kandidaten auf jeden Fall ein Mandat erhielten, weil vermieden wurde, dass sie im gleichen Wahlkreis mit anderen Schwergewichten zusammenstiessen. Nach den Wahlen wurde eine Regierung gebildet, in der die Sozialistische Partei vier Ministerposten, den des Ministerpräsidenten und den eines Vizepremiers erhielt; der Allgemeine Volkskongress dreizehn Minister und und einen Vizepremier, der Islah fünf Minister und einen Vizepremier.

Doch es kam bald zum Streit zwischen den Südländern und den Leuten des Nordens. Mordanschläge auf Politiker des Südens fanden statt, und die Südländer sahen die nördlichen Parteien als dafür verantwortlich an. Der erste Vizepremier der Südländer, al-Bidh, verliess Sanaa im August 1993 und liess sich in Aden nieder.

Die eigentliche Zerreissprobe fand in der Armee statt. Sie bestand aus südlichen und nördlichen Einheiten, jeweilen unter ihren eigenen Offizieren. Die südlichen Truppen blieben den südlichen Politikern loyal, die nördlichen den Nordländern. Man hatte zwar im Zuge der Vereinigung südliche Einheiten im Norden stationiert und umgekehrt, doch die Einheiten als ganze waren nicht miteinander verschmolzen worden, gewiss weil beide Seiten in «ihren» Truppen ihr letztlich entscheidendes Machtinstrument gegenüber der Gegenfraktion sahen.

Der sich zuspitzende Konflikt sah verschiedene Vermittlungsversuche, an denen auch viele arabische Staaten mitwirkten, jedoch ohne dauernden Erfolg. Am Ende erklärte der Südländer al-Attas mit seinem Kollegen al-Bidh, dass sie erneut einen eigenen südlichen Staat gründen wollten. Für Präsident Ali Saleh war dies Hochverrat und ein Kriegsgrund. – Nach dem Krieg, den die Truppen des Nordens gewannen, wurde die Sozialistische Partei gezwungen, 16 der bisherigen Parteichefs zu entlassen, da sie dem Norden als die Hauptverantwortlichen der Sezession galten. Alle anderen Südländer erhielten eine Amnestie. (Den 16 wurde später ein Prozess in Abwesenheit gemacht. Sie waren nach London geflohen, wo sie eine Exilregierung proklamierten.) 200 Mitglieder der Sozialistischen Partei versammelten sich in Sanaa, erklärten die bisherige Parteiführung als abgesetzt und ernannten eine neue aus bisher wenig bekannten Politikern. Der Präsident erklärte, die Sozialistische Partei werde nicht an der nächsten Regierung teilnehmen. Diese Regierung (vom 6. Oktober 1994) wurde von Abdel Ghani geleitet, dem Stellvertretenden Generalsekretär des Volkskongresses. Unter ihren 26 Ministern befanden sich 8 Mitglieder des Islah, aber kein Sozialist.

Für eine jemenitische Partei ist es sehr wichtig, in der Regierung vertreten zu sein, denn die meisten Leute stimmen deshalb für ihre jeweilige Partei, weil sie von «ihren» Politikern Schutz und Interventionen bei der Regierung erwarten, falls sie einer solchen Aktion bedürfen. Dies ist häufig der Fall, natürlich umso öfter, je gewichtiger der betreffende «Stimmbürger» und seine geschäftlichen Interessen sind. Die kleineren Leute haben schwerlich direkten Zugang zu «ihren» Politikern, doch sie kennen irgendeinen weiteren Mittelsmann, von dem sie hoffen, dass er seinen Oberen ihre Wünsche nahelegen kann. Wenn deshalb von vornherein feststeht, dass eine Partei nicht zur Regierung gehören wird, stimmen die grossen Massen schwerlich für sie. Sie kann dann nur auf die minimale Stimmenzahl der ideologisch ihr Nahestehenden zählen.


## Wirtschaftsprobleme


Gegenwärtig dürften die Hauptsorgen der jemenitischen Regierungen und ihres Präsidenten solche wirtschaftlicher Natur sein. – Jemen hat grosse Schulden, und der jüngste Krieg muss auch noch bezahlt werden. Dies geschieht mittels der Notenpresse. Daher steigen die Preise immer an, und die Unzufriedenheit der Bevölkerung wächst. Die geringe Erdölförderung von etwa 350 000 Barrels pro Tag (Saudi-Arabien kann bis zu 10 Millionen, fast dreissig Mal mehr, produzieren) genügt nicht, um dem Land Wohlstand zu bringen. Es besteht ein grosser Bedarf an Lebensmitteln, die regelmässig importiert werden müssen, zumal die einheimischen Äcker, besonders im Norden, immer mehr der Qat-Produktion dienen. Qat, der Strauch, dessen animierende Blätter gekaut werden, ist – wie Zigaretten – gewohnheitsbildend, und sein Konsum weitet sich aus. Eine Qat-Pflanzung bringt ein Vielfaches von Kaffee oder gar Weizen ein. Qat wächst nur gut in Höhenlagen, die aber schneefrei sein müssen, und der Jemen ist daher ausgesprochen gutes Terrain für die Pflanze. Man kann sie aber kaum exportieren, da sie frisch sein muss, um zu wirken; höchstens ein paar Jemeniten im näheren Ausland sind Kunden. Ein Qat-Flugzeug bringt täglich den Qat für die emigrierten Jemeniten nach Djibouti hinüber. Die wirklich passionierten Qat-Kauer warten schon auf dem Flughafen auf seine Ankunft. Die Jemeniten sind traditionell ein Auswanderervolk. Man findet sie sogar in den Vereinigten Staaten, wo sie sich als Hirten spezialisiert haben. Doch die Hauptströme sind in das benachbarte Saudi-Arabien geflossen. Bis in die jüngsten Jahre hinein brauchten die Jemeniten für Saudi-Arabien keine Visa, und sie mussten sich auch nicht, wie Europäer oder Amerikaner, einen einheimischen Geschäftspartner suchen, um ein Geschäft aufzumachen. Doch mit diesen Privilegien ist es heute vorbei. Wegen der leicht proirakischen Haltung der Jemeniten im Kuwait-Krieg von 1990–91 haben die Saudis ihre Politik revidiert. Hunderttausende von Jemeniten wurden nach Hause geschickt. Nach Verhandlungen der jemenitischen Regierung mit den saudischen Brüdern, in denen die zwischen ihnen umstrittene Grenze weitgehend den saudischen Wünschen entsprechend festgelegt wurde, haben die Saudis wieder Jemeniten zugelassen. Aber sie brauchen heute ein Visum, und Saudi-Arabien ist nicht mehr so reich, dass es bereit wäre, beliebig viele Jemeniten als Bauern oder Bauarbeiter und schon gar nicht als Geschäftsleute einzulassen.

All dies addiert sich zu einer Wirtschaftskrise, die nur deshalb nicht in aller Deutlichkeit sichtbar wird, weil das Land immer sehr arm gewesen ist und stets eine breite Unterschicht von Menschen beherbergte, die äusserst karg, am Rande des Hungers, leben mussten. Diese Unterschicht, die es immer gab, wächst in den letzten Jahren.

Solange das gegenwärtige Regime sich überhaupt halten kann, dürfte auch die heutige spezifische Form der jemenitischen Prä-Demokratie bestehen bleiben. Doch sie kommt nicht ohne einen führenden Mann aus, der letztlich entscheidet. Die Erfahrung zeigt, dass nicht immer ein begabter Politiker, wie es Ali Saleh zweifellos ist, an die Spitze gelangt. Im Jemen verlieren jene, die glauben, das Land regieren zu können, ohne wirklich dazu in der Lage zu sein, leicht ihr Leben, was mit einiger Wahrscheinlichkeit eine Periode der Unsicherheit bedeutet, sobald der Präsident entweder stirbt oder seinen Posten verlassen muss. Gerade darum ist die jemenitische nur eine Prä-Demokratie, weil in ihr ein reibungsloser, durch stabile Institutionen abgesicherter und kanalisierter Machtwechsel nicht gewährleistet ist. Der Übergang von einem Machthaber zum nächsten könnte wahrscheinlich weniger risikoreich für das Land werden, falls es gelänge, die Machtfülle, über die der Präsident nach wie vor verfügt, auf mehrere Personen oder gar Institutionen zu verteilen. Doch dies ist sehr schwierig, weil die politischen Sitten des Landes eben sind, was sie sind. Sie fordern eine starke Hand und wenig zimperliches Regieren. Die Macht muss ausserdem personifiziert sein, um die Leute wirklich zu beeindrucken. Solche seit Jahrhunderten bestehende Traditionen lassen sich nicht auf Befehl verändern. Man kann nur daran arbeiten, sie so weit zu modifizieren, dass ein Staat in der gegenwärtigen Welt mit ihnen politisch und wirtschaftlich zu bestehen vermag.

# Eine palästinensische Demokratie?

Die Palästinenser besitzen noch keinen eigenen Staat, und ob sie je einen vollen Staat erhalten werden, muss zur Zeit als ungewiss gelten. Doch sie verfügen bereits über eine beschränkte Autonomie und sie hoffen sehr, diese Autonomie künftig weiter ausbauen und geographisch ausdehnen zu können. Das aus dem bisherigen «Friedensprozess» hervorgegangene autonome Teilgebiet (Ghaza und Teile der Westbank) besitzt eine Regierung, die sich allerdings nur «Exekutive» nennen darf, nicht Regierung. Sie konnte am 20. Januar 1996 Wahlen durchführen, und seither besteht ein Parlament mit gewählten Abgeordneten. Die Palästinenser haben jedoch auch ihren politischen starken Mann, den «Vorsitzenden» («Präsident» darf er sich auch nicht nennen) Yasser Arafat, der seinerseits mit grosser Mehrheit direkt von der Bevölkerung der Autonomiegebiete gewählt worden ist. Dennoch äussern sich viele Palästinenser eher kritisch gegenüber ihrer Demokratie. Gerade die bekanntesten ihrer Intellektuellen sprechen am deutlichsten von den sehr ernsthaften Schönheitsfehlern, die sie an ihr wahrnehmen. Gegen Arafat erheben viele den Vorwurf, er suche die Macht in seiner Hand zu konzentrieren, indem er nach eigenem Ermessen über die Staatsgelder verfüge und darauf ausgehe, auf alle Regierungsposten ihm ergebene und stark von seiner Gunst abhängige politische Gefolgsleute einzusetzen.

Auch seine Informations- und Pressepolitik wird ihm zum Vorwurf gemacht; sie gehe darauf aus, alle Kritik möglichst zu unterbinden, indem sie unbotmässige Media-Leute verfolge und nicht selten Misshandlungen aussetze. Am 20. Mai 1997 wurde einer der bekanntesten und mutigsten palästinensischen Journalisten, Daud Kuttab, auf direkten Befehl Arafats eine Woche lang incomunicado und ohne offizielle Anklage ins Gefängnis geworfen. Der Grund dafür war, dass Kuttab zusammen mit dem kleinen Sender der Universität Ramallah die Debatten des palästinensischen Parlamentes aufgenommen und teilweise direkt gesendet, teilweise über Kassetten an andere Kleinsender in Palästina verteilt hatte. Dies war geschehen, weil die

Presse und das staatliche Radio auf Weisung Arafats die Parlamentarier und die Arbeit des Parlamentes ignorierten. Die Zeitungsjournalisten waren so oft mit Arafat und seinen Informations- und Sicherheitsleuten in Konflikt geraten und gemassregelt worden, dass sie nicht mehr wagten, den Befehlen Arafats zuwider zu handeln. Die lokalen Sendungen über das Parlament und seine Tätigkeit, aus denen hervorging, dass manche der Abgeordneten eine durchaus kritische Haltung gegenüber Arafat einnahmen und ihre Kritik auch begründen konnten, waren ein grosser Publikumserfolg. Doch plötzlich waren sie systematisch gestört worden – durch den offiziellen, staatlichen Sender Arafats. Als Kuttab sich darüber empört gegenüber amerikanischen Kollegen äusserte[25], erfolgte seine Einkerkerung.

Am 31. Juli des selben Jahres rief das Parlament Arafat dazu auf, seine bisherige Regierung zu entlassen und sie durch eine Regierung von Fachleuten zu ersetzen. Der Aufruf erfolgte nach zwei Tagen einer hinter geschlossenen Türen durchgeführten Debatte über den Bericht einer parlamentarischen Kommission, in dem fast alle Minister der Korruption beschuldigt wurden. Drei von ihnen wurden namentlich genannt: Nabil Schaath, Minister für Planung und internationale Zusammenarbeit; Jamil Tarifi, Minister für «zivile Angelegenheiten», und Ali Kawasme, der Transportminister. Kurz zuvor hatte ein Rechnungsprüfer der Regierung, al-Kidwa, am palästinensischen Fernsehen erklärt, sein Bericht zum Staatshaushalt für das vergangene Jahr 1996 weise Hinterziehung oder Verschleuderung von insgesamt 236 Millionen Dollar nach. Der Bericht wurde nur teilweise veröffentlicht und von den betroffenen Ministern abgestritten[26].

Die Sicherheitspolitik Arafats und seiner sehr zahlreichen Sicherheitsleute ist ein weiterer wunder Punkt. Auch die Kritiker des «Vorsitzenden» müssen anerkennen, dass er darauf angewiesen ist, Gewalttaten in den Autonomiegebieten und in den Territorien, die weiterhin unter israelischer Oberhoheit oder unter «gemischter» Sicherheitskontrolle stehen, zu bekämpfen. Ohne dies könnte er keinerlei politische Konzessionen von den Israeli erlangen. Doch seine Kritiker meinen, die Sicherheit werde in wenig durchsichtiger Art angestrebt. Die Menschenrechte der Angeklagten seien nicht

---

25  Vgl. IHT vom 21. Mai 1997, Abdruck eines Berichtes von *Barton Gellman*, Washington Post Service. «Palestinian Parliament: How Jamming Stopped».
26  Siehe NZZ, 30. Mai 1997, Fernausgabe S. 5: «Sorgloser Umgang mit Geld in Arafats Ministerien».

gewährleistet, und die Hand der palästinensischen Polizisten und Geheimdienste laste allzu schwer auf der Bevölkerung.

Einer der bekanntesten palästinensischen Intellektuellen, Edward Said, der in der Columbia University (New York) vergleichende Literaturwissenschaft lehrt und zugleich geraume Zeit im palästinensischen Exilparlament als «Abgeordneter» gedient hat, gehört zu den schärfsten und bestinformierten Kritikern Arafats. Dies hatte zur Folge, dass seine Bücher, die überall auf der Welt in Englisch, Französisch oder Arabisch erhältlich sind, in der Autonomiezone verboten wurden. «Arafat», erklärt er, «hat eine palästinensische Autorität aufgebaut, die korrupt und diktatorisch ist. Was die Verbesserung der Lebensumstände (der Palästinenser) angeht, so hat sie kläglich versagt»[27]. An anderer Stelle hat er seine Kritik auf die kurze Formel gebracht: «Was uns heute fehlt, ist eine wahre politische Führung. Arafat ist ein Autokrat, der nie begriffen hat, was Demokratie ist, denn er hat nie Demokratie erlebt. Er kennt den Westen nicht. Er hat immer unter autokratischen Regimen gelebt; von ihnen leitet er seine Art ab, mit den Ereignissen umzugehen und die Geschicke seines Volkes zu lenken»[28].

Azmi Bischara, ein Palästinenser mit israelischer Nationalität, Politikwissenschafter und Mitglied der Knesset (wo er einer von elf palästinensischen Abgeordneten ist) wirft Edward Said zwar vor, er kritisiere nicht wirklich die Zustände in Palästina, sondern «er schreit nur von New York aus, während er der Realität den Rücken kehrt», doch im wesentlichen scheint er mit ihm einig zu gehen. «Bei den Palästinensern haben die beiden (grössten) Zeitungen al-Ayyam und al-Qods nichts mit freiem Journalismus zu tun. Die Selbstzensur hat den Vorrang vor der eigentlichen Zensur. Niemand würde wagen, Arafat zu kritisieren, weder seinen persönlichen, autoritären und patriarchalischen Stil noch seine Art, als Feudalherr zu operieren.» Und: «Wir haben gleichzeitig unter der israelischen Besetzung zu leiden und unter der Tyrannei der palästinensischen Exekutive (die ihrerseits unter dem Druck der Israeli und der Amerikaner steht). Sie nimmt keinerlei Rücksicht auf die Meinungsfreiheit und auf die Menschenrechte. Jedermann kann eingekerkert und gefoltert werden, ganz nach der Laune dieser Exekutive. Die Bewohner von Gaza sprechen die (palästinensischen) Polizisten mit ‹Sidi› an (‹mein Herr›). Das hatten sie gegenüber den israelischen Polizisten nie

---

27 The Observer, zitiert in Guardian Weekly, 8. Okt. 1996.
28 Interview mit Laurent Nicolet, in «Construire», Lausanne, Nr. 4, 22. Januar 1997, S. 51.

getan.» Schliesslich: «Seit den Oslo-Verträgen sind alle Seiten des täglichen Lebens, bis auf ihre kleinsten Einzelheiten, schlechter geworden: der Lebensstandard, die Wirtschaft, die Bewegungsfreiheit, die Errichtung jüdischer Siedlungen, die Menschenrechte, alles ist schlechter.»[29]

---

29  Aus einem Interview von Marion Van Renterghem in: Le Monde vom 16. Mai 1997 p. IX (supplément), «Azmi Bichara: la culture palestinienne est une culture de combat».

# Iran, von der Islamischen Revolution zur Demokratie?

$A$ls die iranische Revolution achtzehn Jahre alt geworden war, ereignete sich etwas Unerwartetes. Die Möglichkeit zeichnete sich ab, dass der islamische Gottesstaat, den Khomeini gegründet hatte, vielleicht künftig zu einer islamischen Demokratie fortentwickelt werden könnte, und von dort – warum nicht? – möglicherweise sogar zu einer Demokratie der iranischen Muslime … Diese Überraschung kam durch die völlig unerwartete Wahl von Mohammed Khatami zum neuen Staatspräsidenten im Frühling des Jahres 1997 zustande. Khatami war zwar offiziell zugelassener Kandidat für die Präsidentschaft gewesen, doch bis auf wenige Tage vor den Wahlen hatte kaum jemand ernsthaft damit gerechnet, dass er gewinnen könnte. Der mächtige konservative Kandidat Nateq Nuri, bisher Parlamentsvorsitzender und offensichtlich der Kandidat der Regierung und der herrschenden Kreise im Basar, hatte als der beinahe sichere, staatlich vorausbestimmte Sieger gegolten. Khatami, ein eher liberaler ehemaliger Kulturminister, der wegen zu grosser Freizügigkeit, die er den Intellektuellen gewährt hatte, abgesetzt worden war und seither als Bibliotheksdirektor gewirkt hatte, wurde als eine Vorzeigefigur angesehen, von der die Beobachter annahmen, die Regierung und die anderen Machthaber hätten seine Kandidatur zugelassen, damit der Wahlgang als echte Wahl und nicht bloss als arrangierte erscheine. Die Überraschung begann erst wenige Tage vor dem Wahltermin, als in fast allen iranischen Städten die jungen Leute im Studentenalter auf die Strassen zogen und für Khatami zu werben begannen. Sie erklärten einem jeden, der ihnen zuhören wollte, alle jene, die mehr Freiheit, mehr Rechtssicherheit, mehr Freizügigkeit, mehr Arbeitsplätze, mehr Rechte für die Frauen, mehr und freiere Information, eine Rückkehr ihres Landes in die internationale Staatengemeinschaft und ein Ende seiner Isolation im Zeichen eines zu eng verstandenen Islams, ein Ende der ungerechtfertigten Privilegien und Bereicherungsmöglichkeiten für die geistlichen Machthaber und ihre blindergebenen Gefolgsleute anstrebten, sollten Khatami wählen, denn er habe alles dieses als seine Ziele erklärt, falls er Präsident würde. Gegen alles Erwarten wurde Khatami am 23. Mai 1997 mit einer Mehrheit von beinahe 65 Prozent gewählt.

Als Präsident kam er dann in eine Zwickmühle: Er hatte einerseits «seinem» Publikum, den Jungen, den Frauen, den liberal ausgerichteten Iranern, versprochen, dass er das Regime lockern und einen demokratischen Rechtsstaat einführen werde, und das war zweifellos auch, was er tun wollte. Er hatte jedoch andererseits mit dem zwei Jahre zuvor bestellten Parlament zu rechnen, in dem eine Mehrheit von «konservativen islamischen Revolutionären» sass, das heisst Geistliche und Vertreter der Basarkreise, die darauf ausgingen, die Macht- und Monopolsituationen, die sie in der Islamischen Revolution erlangt hatten, um jeden Preis zu bewahren, und die ihre Haltung damit rechtfertigten, dass «der Islam» in der Islamischen Republik nicht angetastet werden dürfe. «Der Islam» bedeutete für sie natürlich die Ordnung, die Khomeini proklamiert und gehandhabt hatte und die ihnen zu den Vorzugsstellungen verholfen hatte, die sie einnahmen und nicht zu verlassen gedachten.

Nicht nur im Parlament sassen diese Nutzniesser der Islamischen Revolution, sondern auch bereits in vielen wichtigen Wirtschaftspositionen, besonders innerhalb der sogenannten «Stiftungen». Diese stellten grosse staatliche Holdings dar, in denen zur Zeit der Revolution alle Güter des Schahs und seiner Familie und alle schon damals bestehenden staatlichen Industrien und Unternehmen zusammengefasst worden waren. Die Stiftungen – es gibt solche für die «sozial Schwachen» (das heisst das arme, unbemittelte Volk), aber auch für die «Kriegsopfer» des Krieges gegen den Irak und ihre Familien – dienen offiziell sozialen Zwecken. Ihre Leitung jedoch liegt in den Händen von Verwaltern, die Khomeini selbst oder sein Nachfolger Khamenei unter ihren Getreuen ausgewählt und ernannt haben. Sie bestimmen über die Verwendung der Gelder, welche die Stiftungen abwerfen, was bedeutet, dass in erster Linie jene Kriegsopfer und sozial Schwachen berücksichtigt werden, die sich mit Leib und Seele der «Revolution» verschrieben haben. Unter anderen sind dies oft die bekannten *Hizbollahi* oder «Leute der Partei Gottes», die bereit sind, mit Knüppeln gegen alle Elemente vorzugehen, mit Vorliebe Zeitungsredaktionen und Parteihauptquartiere, die ihnen als «anti-islamische» Agitationszentren vorgegeben werden. Andere Gelder aus den Profiten der Stiftungen können «islamischen» Institutionen zugewiesen werden, natürlich auch solchen, die den unbedingten Khomeini-Anhängern nahe stehen, und einen Anteil heben natürlich die Verwalter für sich selbst ab. Die Stiftungen stellen auf diese Art ausserhalb des Budgets stehende halbstaatliche Grossholdings dar, deren Erträge in der Praxis für die Zwecke eingesetzt werden können, die den Zielen der «konservativen islamischen Revolutionäre» dienen. Viele, vielleicht die meisten Iraner glauben, dass diese Finanzquelle das wichtigste Standbein bilde, auf welches das «revolutionäre» Regime sich bis heute abstützt.

Doch gibt es noch andere Machtpositionen, über welche die Konservativen Revolutionäre mehr oder minder ausschliesslich verfügen; darunter ist die Gerichtsbarkeit. Der «herrschende Gottesgelehrte» ernennt den Obersten Islamischen Richter, natürlich unter den Gottesgelehrten, die ihm nahe stehen, und dieser Oberste Richter beaufsichtigt und organisiert die gesamte Gerichtsbarkeit. Diese ist in vielen Fällen, vor allem in politisch gefärbten Prozessen, nicht öffentlich, sondern findet hinter verschlossenen Türen statt. Für Geistliche, die angeklagt werden, gegen die Islamische Revolution und ihren Staat Stellung zu nehmen oder gar gegen sie zu intrigieren, gibt es ein Sondergericht, das immer geheim verhandelt[30].

Der herrschende Gottesgelehrte ernennt auch die Oberbefehlshaber von Heer, Luftwaffe und Marine und den Chef des Generalstabs; deshalb ist sein Einfluss mindestens in der oberen Führung der Armee entscheidend. Die Parallelarmee, die unter dem Namen von «Revolutionswächtern» von Khomeini geschaffen wurde, um die reguläre Armee zu überwachen und nötigenfalls ein Gegengewicht gegen sie abzugeben, dürfte ohnehin, jedenfalls in ihrer Führung, die ebenfalls vom herrschenden Gottesgelehrten ernannt wird, der Islamischen Revolution und dem Erbe Khomeinis sehr nahe stehen.

All dies zusammen bewirkt, dass die Konservativen Revolutionäre oder, wie sie sich gerne nennen, die «Kämpfer auf dem Wege Khomeinis», alle wichtigen Machtpositionen weiter in ihrer Hand haben. Hinter dem Präsidenten stehen einzig die Stimmen der Mehrheit der iranischen Bevölkerung – keine Divisionen, keine Gewehrläufe, keine richterliche Gewalt, keine der grossen staatlichen Holdings (zu denen man auch die Erdölindustrie

---

30   Der Geistliche und enge Mitarbeiter Khatamis, Abdullah Nuri, der vor einem solchen Gerichtshof angeklagt war, den Islam verunglimpft zu haben, verteidigte sich im Winter 1999 mit dem Argument, diese Sondergerichte seien nicht verfassungsgemäss. In der Tat erwähnt die Verfassung keine Sondergerichte für Geistliche. Doch Khomeini hatte solche von sich aus eingesetzt. Die Richter sahen sich als zuständig an und verurteilten den Angeklagten zu 5 Jahren Gefängnis und einer hohen Geldbusse.

rechnen kann, weil sie sich ebenfalls in staatlichen Händen befindet), bis zu den Parlamentswahlen vom Jahr 2000 keine Parlamentsmehrheit. Der Präsident hat nach der Verfassung die Regierung zu ernennen und ihre Aktion zu leiten. Dies geschieht jedoch unter der Kontrolle des Parlamentes, das einem jeden einzelnen Minister oder auch einer ganzen Regierungsequipe sein Vertrauen entziehen kann. In diesem Fall ernennt der Präsident einen Ersatzminister oder eine neue Regierung, die jedoch ebenfalls in der gleichen Art der Aufsicht des Parlaments unterstehen.

## Der ungleiche Kampf der Reformatoren

Aus dieser sehr ungleichen Machtbalance ergab sich fast zwangsmässig, dass der Präsident in den ersten zwei Jahren seiner Amtsperiode wenig Änderungen im Machtgefüge der Islamischen Republik bewerkstelligen konnte. Er hat jedoch nicht gezögert, den Kampf mit den Konservativen Revolutionären auf dem Felde aufzunehmen, das ihm die besten Erfolgsaussichten bot. Dies war das Gebiet des Rechtsstaates, der Kultur und der Informations- und Gedankenfreiheit. Die Gedankenfreiheit ist in der iranischen Verfassung garantiert, allerdings mit dem einschränkenden Zusatz «innerhalb der Grenzen des Islams». Wo genau diese Grenzen liegen, muss in jedem Einzelfall diskutiert und letztlich durch die Gerichte festgelegt werden. Die Gerichte jedoch sind bisher von den Konservativen Revolutionären dominiert worden. Der Oberste Richter, den noch Khomeini ernannt hatte, Ayatollah al-Yazdi, gehörte zu den bedingungslosen Anhängern Khomeinis und hat in allen Prozessen, bei denen es darum ging, ob «der Islam» enger interpretiert oder weiter gefasst verstanden werden könne, den Vorkämpfern eines engen Islamverständnisses den Vorzug gegeben.

Khatami ermutigte seinerseits die Gründung von neuen Zeitungen und Zeitschriften, in denen auch Fragen zur Diskussion gestellt wurden, welche das enge, wortgebundene Islamverständnis der Konservativen Revolutionäre berührten, und die andere Lösungsansätze als jene der Konservativen zu bieten versuchten. Die Frauenfrage ist eines der heissen Eisen, die immer erneut Diskussionen hervorrufen. Wieviel Verschleierung, Zurückstellung, Absonderung, Unterordnung unter die Männer verlangt «der Islam» von den Frauen? Und welchen Spielraum lässt er den jüngeren und älteren Frauen im öffentlichen Leben, im Beruf, im Sport, in der Ehe, bei der Erziehung ihrer Kinder – oder sind diese vielleicht überhaupt nur als die Kinder ihres

Gemahls anzusehen? Die Fragen, die allein auf diesem Felde aufgeworfen werden, sobald einmal die restriktiven Bräuche, die bisher fraglos als «islamisch» gesehen wurden, hinterfragt werden (sind sie wirklich «islamisch» oder sind sie bloss «traditionell»?), sind so vielfältig und zentral für die gesamte Gesellschaft, dass sie beständigen Anlass zu Diskussionen bieten.

Doch gibt es auch andere, nicht weniger explosive und zentrale Fragen, welche die gesamte Zukunft der Islamischen Republik berühren, zum Beispiel: Was ist eine islamische Demokratie? – Gewiss, mag man antworten: Demokratie im Rahmen des Islams! – Jedoch, wie sieht eine solche aus? Welches sind die Grenzen, die dem Volkswillen im Namen des Islams gesetzt werden? Und wer bestimmt den genauen Verlauf dieser Grenzen? – Eine besonders gefährliche Frage, die aufzuwerfen einen direkt ins Gefängnis führen kann, ist jene der Berechtigung der «Herrschaft des Gottesgelehrten» und ihrer Vereinbarkeit mit der Demokratie. Auch sie wurde angegangen, allerdings mit der gebührenden Vorsicht und auf einem eher abstrakten Niveau. Denn wer gegen den herrschenden Gottesgelehrten spricht, wendet sich gegen eine Institution, die in der iranischen Verfassung verankert ist. Dennoch wurde die Frage gestellt: «Ist der herrschende Gottesgelehrte unfehlbar? «Der Islam» als göttlich gegebene Ordnung ist es für einen Muslim natürlich. Jedoch bei allen konkreten Entscheiden, die der herrschende Gottesgelehrte treffen muss, geht es um sein Verständnis des Islams; kann man behaupten, dies sei unfehlbar richtig? – Sogar wenn man das zugibt, kann man voraussetzen, dass der herrschende Gottesgelehrte in allen konkreten Fragen, in denen er Entscheide zu treffen hat (und dabei kann es um Leben und Tod von Menschen gehen), korrekt und wahrheitsgemäss informiert wurde, so dass seine Entscheide notwendigerweise richtig und gerecht ausfallen? – Was aber, wenn der herrschende Gottesgelehrte Entscheide trifft, die sich – im Licht des Islams – als strittig erweisen oder gar später als Fehlurteile herausstellen? Schliesslich ist auch der herrschende Gottesgelehrte, gewiss ein gelehrter und frommer Mann, bloss ein Mensch und als solcher fehlbar. Auch er ist nicht restlos vor der Gefahr gefeit, von Übelgesinnten, die ihn zu informieren oder die in seinem Namen zu handeln vorgeben, in die Irre geleitet oder falsch repräsentiert zu werden. Wenn dies geschieht, besteht dann nicht die Gefahr, dass der Irrtum des herrschenden Gottesgelehrten das Ansehen des Islams und der Islamischen Republik bei der muslimischen Bevölkerung beinträchtigen könnte?

Derartige Fragen wurden in der politischen Diskussion angetönt, welche die islamischen Intellektuellen der Richtung Khatamis in den neuzugelassenen Medien anregten. Dies waren immer nur kleinere Blätter oder Sender; die grossen, landesweit verbreiteten blieben fest in der Hand ihrer vom Staate ernannten Herausgeber und Chefredakteure. Doch die Neuzugelassenen wurden eifrig gelesen und erreichten manchmal Auflagezahlen, welche jene der nationalen Presse und ihrer Hauptblätter übertrafen. – Mit der Lupe gelesen wurden die neuen Pressestimmen freilich auch von den geistlichen und weltlichen Vorkämpfern des Regimes und den unbedingten Erben Khomeinis. Sie suchten nach Stellen und Sätzen, die als Angriffe «auf den Islam» oder auf die bestehende Verfassungsordnung interpretiert werden konnten, und sie fanden sie, worauf sie nicht verfehlten, vor dem Presserat und vor den islamischen Gerichten wegen «teuflischen» Vorgehens gegen «den Islam» oder «die islamische Ordnung» Klage anzustrengen. Solche Klagen führten immer wieder zu Verurteilungen der neuen Blätter, ihrer Schliessung und längerer oder kürzerer Einkerkerung der Verfasser einzelner Artikel oder der Verantwortlichen der gesamten Publikation. Die verbotenen Publikationen erschienen bald neu unter neuen Titeln, für deren Zulassung der Präsident und seine Minister sorgten. Doch die Zeitungsmacher wurden unvermeidlicherweise noch vorsichtiger und noch indirekter, weil niemand gerne ins Gefängnis geworfen wird. Seit der Wahl Khatamis im Frühling 1997 bis zum September 1999 sind sieben Zeitungen verboten worden: Dem Blatt «Jame» (Gesellschaft) folgte nach dessen Verbot «Tus», diesem «Neshat», als das bisher letzte Opfer der islamischen Gerichte; weitere Blätter, die verboten wurden, waren: «Rahe Now» (Neuer Weg), «Zan» (Frau) und «Salam» (Frieden). Im Wahlkampf der Jahre 1999 und 2000 wurden zahlreiche weitere Veröffentlichungen verboten.

Anlässlich des Verbotes von «Salam» durch die islamischen Gerichte kam es Mitte Juli 1999 zur grössten Demonstration gegen das Regime, die bis heute in der Islamischen Republik stattgefunden hat. Ein Studentenheim, von dem aus Studenten eine kleinere Demonstration zu Gunsten von «Salam» durchgeführt hatten, wurde gestürmt, die ganze Inneneinrichtung zerstört und einige der Studenten so brutal zusammengeschlagen, dass es dabei einen Todesfall gab. Daraufhin kam es zu Grosskundgebungen der Studenten, denen sich auch Sympathisanten auf den Strassen von Teheran anschlossen. Unter dem Druck dieser Demonstrationen und der Khatami unterstehenden Regierung mussten Beamte des Innenministeriums zugeben, dass sie den Angiff auf das Studentenheim befohlen hatten. Sieben hohe Beamte der Sicherheitsdienste mussten sich später vor Gericht verantworten. Doch ihr Prozess spielte sich hinter verschlossenen Türen ab.

400

Schon am nächsten Tag gingen die Konservativen Revolutionäre zum Gegenangriff vor, indem sie die Tatsache ausnützten, dass die Studenten keine Demonstrationserlaubnis besassen, also «illegal» handelten. Hunderte von Verhaftungen wurden durchgeführt, und später wurden Anklagen gegen einzelne Studentenführer vorgebracht, nach denen diese, «angestachelt vom Ausland», hätten Unruhe stiften und die Islamische Republik diskreditieren wollen. Geständnisse in diesem Sinne wurden höchstwahrscheinlich aus einigen der Gefangenen «herausgeprügelt». Zur Gegenoffensive gehörte auch ein vielsagendes Schreiben von 24 Kommandanten der Revolutionswächter an Präsident Khatami, in dem sie ihn aufforderten, für Ruhe und Ordnung zu sorgen, andernfalls sie selbst es täten. Dieser Brief wurde in drei konservativen Zeitungen veröffentlicht, obgleich es sich um ein vertrauliches Dokument handelte. Khatami musste zurückweichen und die Handlungsweise der Studenten verurteilen.

Doch der herrschende Gottesgelehrte, Khamenei, scheint eine schützende Hand über Khatami gehalten zu haben. Die in Europa manchmal gehörte Ansicht, nach welcher der Präsident und der herrschende Gottesgelehrte die Hauptgegenspieler in dem Ringen zwischen den konservativen und den liberalen Kräften seien, das sich heute in Iran abspielt, dürfte nicht zutreffen. Khamenei ist eher bemüht, in der Mitte zwischen den Liberalen und ihren konservativen Gegnern zu stehen. Das sichert ihm eine einflussreichere Stellung, als wenn er sich ganz von den Konservativen abhängig machte. Khameneis politisches Ziel dürfte sein, die Islamische Republik zu erhalten und auszubauen. Wahrscheinlich ist er klug genug, um zu erkennen, dass der Präsident dabei eine wichtige Rolle spielt, weil alleine er auf die immer dringlicher geäusserten Begehren der wachsenden Lawine der jungen Iranerinnen und Iraner einigermassen glaubwürdig eingehen kann, während alle anderen islamistischen Politiker und Autoritäten in den Augen der jungen Generation täglich mehr an Ansehen und Glaubwürdigkeit verlieren, soweit sie nicht schon seit langer Zeit alle Reste davon verspielt haben. Doch die Unterstützung von Seiten des herrschenden Gottesgelehrten hört an dem Punkt auf, an dem es um sein Islamverständnis geht. Dieses, seine Auffassung vom Islam, will er mit dem Islam schlechthin gleichsetzen; die Möglichkeit, dass es verschiedene, vielleicht sogar miteinander konkurrierende Auffassungen darüber geben könnte, was der Islam sei und wie er heute verstanden werden müsse, will Khamenei offensichtlich nicht in Betracht ziehen.

Die Wahlen vom 18. Februar 2000 brachten einen überwältigenden Sieg der Tendenz der Reformer, die von Präsident Khatami angeführt wurde,

über die Konservativen Revolutionäre. Ihre Tendenz siegte in allen Grossstädten, und es schien klar, noch bevor die zweite Wahlrunde, die auf April
angesagt war, durchgeführt wurde, dass die Anhänger des Präsidenten eine
Mehrheit im Parlament erringen würden. Dies war ein bedeutender Fortschritt für die Sache der Reformanhänger. Doch war noch nicht abzusehen,
ob daraus ein Durchbruch zu einer echten Demokratie werden könnte.

Die Islamische Republik vereinigt in ihrer Verfassung zwei widersprüchliche Grundprinzipien, einerseits das der Volkssouveränität, die durch
die Volkswahlen des Präsidenten und der Parlamentarier zum Ausdruck
kommt, andererseits das der Theokratie in der Form der absoluten Herrschaft des von einem Komitee hoher Geistlicher für die Zeit seines Lebens
ernannten herrschenden Gottesgelehrten. Dieser besitzt Vollmachten, die
sich mit jenen des Parlamentes messen können (einige davon haben wir
schon erwähnt). Er ernennt den Obersten Islamischen Richter, der seinerseits
wiederum die anderen Richter bestellt; er ist der Oberbefehlshaber der Streitkräfte und der Pasdaran, das heisst des Parallelheeres der Revolutionswächter,
und ernennt ihre Befehlshaber. Er ernennt weiter die beiden wichtigen Räte,
welche die Gesetzgebung des Parlamentes beaufsichtigen: Ein «Wächterrat»
hat darüber zu befinden, ob die Gesetze des Parlamentes mit dem Islam
übereinstimmen. Wenn dieser Wächterrat mit dem Parlament in Konflikt
gerät, tritt ein zweiter Rat in Funktion, der sich «Zweckmässigkeitsrat» (englisch: «expediency council») nennt und die Aufgabe hat, zwischen dem Parlament und dem Wächterrat zu entscheiden. Der herrschende Gottesgelehrte
bestimmt auch die Vorsitzenden der grossen wirtschaftlichen Stiftungen, die
bedeutende Teile der persischen Wirtschaft umfassen. All diese ausserparla-
mentarischen Mächte bleiben vorläufig in der Hand der Konservativen,
obgleich die Wahlen deutlich gemacht haben, dass die Bevölkerung nach
21 Jahren Islamischer Republik eine Lockerung der engen Kontrollen
begehrt, in welche die Geistlichen bisher das gesamte gesellschaftliche, kulturelle, politische und wirtschaftliche Leben im Namen des Islams, so wie sie
ihn verstehen wollten, eingeschnürt hatten.

Der Ruf nach mehr «Leben», wozu sowohl Meinungsfreiheit wie auch
bessere Arbeits- und Verdienstmöglichkeiten gehören, ging vor allem von der
Jugend aus. Sie ist ab 15 Jahren wahlberechtigt. Ihre Ungeduld mit den bisherigen Zuständen wächst offensichtlich. Man muss befürchten, dass die
bisherigen Machthaber, die immer noch über nicht wenige Machthebel verfügen, eine Strategie der Ausnützung dieser Ungeduld befolgen werden,
indem sie versuchen, alle Anstrengungen des Präsidenten, seiner Regierun-

gen sowie ihrer Parlamentsmehrheit, das Land im Bereich der politischen Freiheiten und des wirtschaftlichen Wachstums voranzubringen, nach Kräften zu vereiteln. Wenn dies dazu führt, dass die Jugendlichen und ihre politischen Freunde die Geduld mit den Reformpolitikern verlieren, können die Konservativen mit zweierlei rechnen: Entweder die Lage bleibt ruhig, was grosse Selbstdisziplin der Anhänger Khatamis voraussetzte. In diesem Falle könnten die Konservativen vielleicht auf einen Gegenausschlag des politischen Pendels und bessere Resultate für sie in den nächsten Präsidentenwahlen (vorgesehen auf 2001) oder in einer künftigen Parlamentswahl hoffen. Oder aber, was wahrscheinlicher wäre, die Ungeduld der jungen Iraner führt zu Aufbegehren und Unruhen. Dann könnten die Konservativen sehr leicht zu energischen Repressionsmassnahmen schreiten, indem sie ihre militärischen und paramilitärischen Machtmittel auf der Strasse einsetzten, ähnlich wie sie es bereits nach den Studentenunruhen in Teheran vom Juni 1999 getan hatten. Sie fänden dabei möglicherweise sogar einen Grund, um das gegenwärtig neu gewählte Parlament unter dem Vorwand eines Notstandes aufzulösen.

Der Präsident und seine Anhänger stehen heute mehr als je zuvor unter dem Druck, die auf sie gesetzten Hoffnungen ihrer Wähler zu erfüllen. Die logische Gegenstrategie ihrer Feinde, die in der Vergangenheit vor Morden an ihren Widersachern und Kritikern nicht zurückgeschreckt sind, müsste darauf ausgehen, den Präsidenten und seine Mehrheit daran zu hindern, die Hoffnungen ihrer Wähler zu verwirklichen, so dass diese von ihnen abfielen. Die Wirtschaftsfragen dürften sich unter diesen Umständen als die Haupthürde für Khatami und seine Regierung erweisen. Denn um Iran entscheidend voranzubringen, müssten wirtschaftlich und sozial kostspielige Strukturveränderungen vorgenommen werden, die Zeit und ein diszipliniertes gemeinsames Vorgehen der gesamten Regierungsmehrheit über längere Frist benötigten. Ob Khatami jedoch mit viel Zeit rechnen kann, ist angesichts der dringenden Wünsche und Nöte der iranischen Jugend ungewiss; und es ist auch unsicher, ob seine Anhänger überhaupt eine harte und Opfer fordernde Wirtschaftsstrategie einführen und durchhalten wollen. Es gibt dem Vernehmen nach Strömungen unter den Reformern, die lieber auf eine dirigierte Staatswirtschaft als auf eine volle wirtschaftliche Liberalisierung setzen möchten. Der bisher bestehende und vorläufig auch trotz des jüngsten Wahlausganges offenbar fortdauernde amerikanische Boykott Irans wird die wirtschaftlichen Schwierigkeiten, welche die Reformer zu meistern haben, gewiss weiter erschweren.

# Pakistan und Indonesien

Die jenseits des Mittleren Ostens gelegenen Staaten der Muslime sind heute ihrer Bevölkerung und ihrer Ausdehnung nach die grössten Staaten der muslimischen Welt. Pakistan umfasst über 100 Millionen Muslime, Indonesien beinahe 200 Millionen. In diesen beiden gewaltigen Staaten «des Islams» spielt sich ebenfalls ein Ringen ab zwischen autoritären Führungen und periodischen Versuchen, zu demokratischen Regimen vorzustossen.

## Pakistan: Zwischen Demokratie und Militärdiktatur

Pakistan hat im Oktober 1999 offenbar erneut eine Periode der Militärherrschaft begonnen, nachdem ein demokratisches Zwischenspiel, das 11 Jahre gedauert hatte, damit zu Ende gegangen war, dass grosse Teile der Bevölkerung, wahrscheinlich ihre Mehrheit, der Demokratie, so wie sie in ihrem Lande geübt wurde, überdrüssig geworden waren. Sie hatte zuviel Korruption, Demagogie und ein immer stärkeres Auseinanderklaffen der begünstigten Eliten und der notleidenden Bevölkerung mit sich gebracht. Die letzte demokratische Periode war dadurch gekennzeichnet gewesen, dass Benazir Bhutto, die Tochter des 1978 durch den Militärdiktator Zia ul-Haq im Gefängnis ermordeten früheren Ministerpräsidenten Ali Bhutto, zuerst über demokratische Wahlen Ministerpräsidentin geworden war (1988), jedoch 20 Monate später ihrem Erzrivalen, Nawaz Sherif, hatte weichen müssen, weil der Staatschef wegen angeblicher Korruption 1990 zu ihrer Absetzung geschritten war. Nawaz Sherif regierte gestützt auf eine Allianz der gemässigten muslimischen Parteien, die sich *Islami Jamhoori Ittehad* (IJI) nannte (Islamische Republikanische Einheit). Er amtierte von 1990 bis 1993. Benazir Bhutto mit ihrer von ihrem Vater geerbten Pakistanischen Volkspartei (PPP) stand mehr für die modern und prowestlich ausgerichteten Kräfte. Ihre Feinde beschrieben sie als «proamerikanisch». Der politische

Schwerpunkt der Familie Bhutto lag in Sind, jener Sherifs im Panjab. – Benazir Bhutto hatte die Macht 1993 durch einen knappen Wahlsieg zurückerlangt; sie war aber am 5. November 1996 erneut vom Staatschef abgesetzt worden, wieder, wie er bekannt gab, wegen «Korruption und Inkompetenz». Dass der Präsident über die Vollmachten verfügte, Ministerpräsidenten zu entlassen, war eine Erbschaft des Regimes des Militärdiktators Zia ul-Haq. Dieser hatte 1985 eine Verfassung erlassen, welche ihm als Präsidenten diese und andere wichtige Vollmachten zusprach. Die nach seinem Tod 1988 zur Macht gelangten demokratischen Regierungen der Frau Bhutto verfügten nicht über die Zweidrittelmehrheit im Parlament, die notwendig gewesen wären, diese Verfassung zu ändern.

Die nächsten Wahlen von 1997 verlor Benazir Bhutto wieder an Nawaz Sherif. Ihr Gegner erhielt 80 Prozent der Stimmen; doch nur 25 Prozent der Stimmberechtigten hatten überhaupt ihre Stimmen abgegeben. Die Verliererin wurde der Korruption angeklagt und musste das Land verlassen, ihr Gemahl, der Baugrossunternehmer Asif Zardari, wurde eingekerkert. Heute glaubt man, dass beide Regierungsoberhäupter korrupt gewesen sind, Nawaz Sherif vielleicht noch mehr als seine Rivalin.

Die Militärs schritten am 12. Oktober 1999 zur Absetzung des Ministerpräsidenten und zu seiner Festnahme, nachdem ein Streit zwischen der Armee und der Regierung über die Verantwortung für eine gewagte Guerilla-Aktion an der indisch-pakistanischen Trennungslinie in Kaschmir ausgebrochen war. Diese Aktion von Kargil hatte Ende Mai 1999 begonnen; in ihrem Verlauf hatten propakistanische Kaschmir-Kämpfer unwegsame Felsenhöhen auf der indischen Seite der Demarkationslinie besetzt und von ihnen aus Dörfer des indischen Teils von Kaschmir sowie die wichtige Verbindungsstrasse zwischen Srinagar und der Hauptstadt von Ladakh, Leh, unter Feuer genommen. Die Aktion wurde nach Angaben pakistanischer Militär- und Regierungssprecher nicht von den pakistanischen Militärs unterstützt. Doch die Inder glaubten das Gegenteil, und sie behaupteten auch, die Kämpfer in Kargil seien Taleban-Guerilleros, die mit pakistanischer Hilfe aus Afghanistan nach Kaschmir transportiert worden seien. Die pakistanischen Dementis waren wohl nur Schutzbehauptungen, die dazu dienen sollten, einen pakistanisch-indischen Krieg an der gesamten Grenze und der Kashmiri-Waffenstillstandslinie zu vermeiden. Ein solcher wäre umso gefährlicher geworden, als beide Staaten über Atombomben verfügen. Nach mehrwöchigen Kämpfen mussten die propakistanischen Guerilleros schliesslich im Juli 1999 – unter Druck durch die pakistanische Regierung, die ihrerseits unter den Druck der Amerikaner gelangt war – ihre Position aufgeben und sich auf die pakistanische Seite der Waffenstillstandslinie zurückziehen. Nach ihrem Abzug kam es zu Spannungen zwischen der Armee und der Regierung, weil Regierungspolitiker in der Öffentlichkeit anzudeuten begannen, dass die Armee die Kargil-Aktion erdacht und aufgezogen habe und daher für ihren Fehlschlag verantwortlich sei. In Wirklichkeit scheinen die Armeespitzen und die Regierung gemeinsam die Operation geplant zu haben[1]. Ihr politischer Zweck dürfte gewesen sein, die Lage in Kaschmir in der Hoffnung anzuheizen, dass sie daraufhin Gegenstand internationaler Verhandlungen oder Vermittlungen werde, in denen Pakistan seinen Standpunkt durchsetzen oder mindestens fördern könnte. Pakistan verlangt seit Beginn des Kaschmirkonfliktes (1948!) ein Plebiszit unter den Kashmiris, das darüber bestimmen soll, ob sie zu Pakistan oder zu Indien gehören wollen. Doch dieses Ziel hat Islamabad nie erreicht, Delhi hat es immer hintertrieben.

Der Streit zwischen der Armeeführung und der Regierung spitzte sich so weit zu, dass Nawaz Sherif den Generalstabschef der Armee, General Pervez Musharraf, absetzen und durch General Ziauddin, den Chef des Geheimdienstes, ersetzen wollte. Der Geheimdienstchef galt als der gegenwärtige Verantwortliche für die Aktionen der Taleban in Afghanistan, und er gilt auch als einer der führenden Sympathisanten des islamischen Fundamentalismus innerhalb der pakistanischen Armee. Unter den pakistanischen Offizieren soll es eine kleinere, aber sehr entschlossene Minderheit von Anhängern des Islamismus geben. General Musharraf antwortete am 12. Oktober 1999 auf seine Absetzung mit einem Militärputsch, der ohne Blutvergiessen über die Bühne ging. Kurz darauf erklärte er dem Volke am Fernsehen, er habe den Arm (d. h. die Regierung) amputieren müssen, um den gesamten Körper (Pakistan) zu retten.

Musharraf, der als Sohn eines pakistanischen Diplomaten in der Türkei aufgewachsen ist, Türkisch spricht und seinen eigenen Aussagen nach Atatürk bewundert, hat einen Sicherheitsrat ernannt, wie er in Ankara seit 1982 besteht. Er steht unter seinem Vorsitz und enthält sechs Mitglieder, zwei Militärs, die Waffenchefs der Luftwaffe und Marine (mit dem Vorsitzenden sind es drei Offiziere), und drei Zivilisten, einen Juristen, einen Diplomaten und einen Wirtschaftsfachmann. Eine Regierung, deren Einsetzung ange-

---

1  Dies wenigstens war die Version der Armee, die sie nach dem Staatsstreich erkennen liess.

kündigt wurde, sollte unter der Beaufsichtigung dieses Rates arbeiten. Die Verfassung galt als «vorübergehend aufgehoben». Viele Pakistani sahen unmittelbar nach dem Putsch die Aktion der Armee als eine «letzte Chance für Pakistan» an. Sie sind der Ansicht, ihre demokratisch gewählten Politiker hätten das Land so weit heruntergebracht, dass es kaum mehr lebensfähig gewesen sei. Sie äussern die Hoffnung, dass die Armee unter dem neuen Regime dringend benötigte Reformen durchsetzen und das Land auf einen neuen Weg bringen könnte. Auf der bisherigen Strasse fortzufahren, so glauben sie, hätte ihren Staat zur völligen Auflösung gebracht. Der neue Machthaber bestätigte diese Vorstellung: «Unsere Wirtschaft ist zusammengebrochen, unsere Glaubwürdigkeit ist verloren, staatliche Institutionen sind zerstört, regionale Disharmonie hat unsere Föderation zersetzt. Wir haben unsere Würde verloren, den Respekt der Völkergemeinschaft. Wir haben den Tiefpunkt erreicht», erklärte er kurz nach seiner Machtübernahme.

Pakistan hat 24 der 52 Jahre seiner Unabhängigkeit unter Militärregimen zugebracht. Die anderen Jahre unter zivilen Regimen waren sehr oft höchst turbulent, so sehr, dass sie zu neuen Militärregierungen führten. Diese Entwicklung ist umso auffälliger, als das Nachbarland Indien bis heute seine Demokratie zu erhalten vermochte, wenn es gleich eine Periode des Ausnahmezustandes unter Indira Gandhi gekannt hat. Da Pakistan in erster Linie als Staat der indischen Muslime gegründet wurde und eine historische Erbschaft besitzt, die einen Teil der gesamtindischen Erbschaft darstellt, liegt der Schluss nahe, die geringe demokratische Stabilität Pakistans und die viel grössere Indiens durch den religiösen Faktor zu erklären. – Liegt es am Islam, dass Pakistan eine solch grosse Anfälligkeit für Militärregime besitzt? Und ist es umgekehrt mit der hinduistischen Tradition, einschliesslich der Lehre Mahatma Gandhis von der Gewaltlosigkeit, zu erklären, dass Indien seine Demokratie hat bewahren können?

Beim näheren Zusehen sind solche Globalerklärungen unbefriedigend. Die Instabilität Pakistans hat viele Wurzeln, die nicht direkt auf den Islam zurückgehen. Jedoch lässt sich nicht leugnen, dass der Streit darüber, welche Art islamischer Staat Pakistan werden solle, am Anfang der vielen Zerreissproben stand, denen Pakistan in seiner jungen Geschichte ausgesetzt war und die alle zusammen die Instabilität des Landes (der Nation?) ausgemacht haben. Dieser ursprüngliche Streit drehte sich darum, ob Pakistan ein «muslimischer Staat» werden solle oder «ein Staat für die Muslime». Die Vorkämpfer der Idee des «muslimischen Staates» traten dafür ein, dass das junge Pakistan dem islamischen Gottesgesetz, der Scharia, unterstellt werde. Für sie war ein islamischer Staat primär ein Scharia-Staat. Doch eine weitgehend säkularisierte Elite englischer Erziehung und Kultur erblickte im neugegründeten islamischen Staat einen «Staat für die Muslime»; sie verstanden darunter ein Staatengebilde, in dem die indischen Muslime, die sie als eine von jener der Hindus verschiedene «Nation» ansahen, als diese eigene «Nation» zusammenleben könnten. Die nichtsunnitischen Minderheiten in Pakistan, besonders die etwa 20 Prozent Schiiten, sowie viele der durch das Sufitum beeinflussten Muslime, Sunniten wie Schiiten, stimmten ihrerseits dieser zweiten Ansicht bei, weil ihre Scharia nicht mit der Scharia der sunnitischen Mehrheit übereinstimmt oder weil sie, im Falle der Sufis, diese nicht als das entscheidende Merkmal «des Islams» ansehen.

Der Gründervater der neuen Nation, Ali Jinna, selbst ein Schiite der ismailitischen Minderheit unter den Schiiten, hatte Pakistan als ein Land der Muslime konzipiert, nicht als einen Scharia-Staat. Doch er starb kurz nach der Gründung des neuen Staates, und die einfache Bevölkerung bezog ihr Kriterium dessen, was ein «muslimischer Staat» zu sein habe, von den Gottesgelehrten. Denn diese hatten seit alter Zeit der Bevölkerung «den Islam» ausgelegt und umschrieben. Die meisten und die einflussreichsten unter den Gottesgelehrten jedoch sahen einen muslimischen Staat als einen Scharia-Staat an. Und der erwähnte islamistische Ideologe Abu'l A'la al-Maudûdi wirkte mit aller Energie im gleichen Sinne. Dem ideologisch-politischen Zwist überlagerten sich unvermeidlich materielle und Machtfragen aller Art. Das Ringen um die «islamische» Verfassung des «muslimischen» Staates zog sich ungelöst hin, bis zur Machtergreifung des ersten der pakistanischen Militärmachthaber, des Generals Ayub Khan (1958–1969).

Zahlreiche andere destabilisierende Momente kamen zu dieser ersten Grundspaltung hinzu: Spannungen mit Indien, besonders über Kashmir; die Schwierigkeit, in einem sehr armen Land eine nach Millionen zählende neu eingewanderte Flüchtlingsgesellschaft unterzubringen; innere Spannungen unter den verschiedenen Provinzen und Ethnien des Landes, darunter jene, die zur Abspaltung des ursprünglichen Ostteils Pakistans und zur Bildung des neuen Staates Bangladesh führen sollten; Auseinandersetzungen mit Afghanistan sowohl vor wie auch nach der sowjetischen Invasion von 1979; die wachsende Korruption, die unter den herrschenden Eliten und den Bürokraten aller Ränge um sich griff, als die hohen Ideale der Zeit der Staatsgründung allmählich verblassten; die Bildung von Mafias als Folge des staatlichen Zusammenbruches im Nachbarland Afghanistan, die sich auf Schmuggel und Heroinhandel spezialisierten. – All dies hatte direkt mit

Islam nichts zu tun, doch kann man behaupten, dass der erste Prinzipien-streit, der dazu führte, dass Pakistan sich nicht wirklich zu einem von allen Streitparteien fraglos als übergeordnet akzeptierten Staat zu entwickeln ver-mochte, eine erste Spaltung verursachte, der sich dann viele weitere Ele-mente der Destabilisierung überlagerten und so zur Vertiefung der Spaltung beitrugen. Und dieser erste Prinzipienstreit war ein Streit über das Verständ-nis des Islams, der sich um die divergierenden Auffassungen des Begriffes «islamischer Staat» drehte.

### Befreiung in Indonesien?

In Indonesien war seit der Zeit Sukarnos (1945–1966) der Islam als politi-sches Thema bewusst zurückgedrängt worden. In den Zeiten der Holländer und noch der japanischen Besetzung im Zweiten Weltkrieg (1942–1945) hatte es genügend Streit darüber gegeben, was ein islamischer Staat zu sein habe, um Sukarno von der Notwendigkeit zu überzeugen, im Interesse des Zusammenhalts einer indonesischen Nation den politischen Islam auszu-schliessen. Dies geschah mittels des Kunstgriffs der «Panca Sila» oder fünf Grundprinzipien, denen alle Indonesier zustimmen mussten, die politisch aktiv sein wollten. Das erste der fünf Grundprinzipien ist «Glaube an einen Gott», der nicht bei seinem muslimisch-arabischen Namen «Allah» genannt wird, sondern mit dem einheimischen Begriff «Tuhan». Die weiteren vier sind: Humanität; nationale Einheit; Demokratie; soziale Gerechtigkeit. Diese fünf «Grundsäulen», deren Namen aus dem Sanskrit abgeleitet ist, wurden von Sukarno am 17. August 1945 als gesellschaftspolitische Grund-lage des neuen Staates aufgestellt. Auch die Generäle, welche 1965/66 die Macht von Sukarno übernahmen, nachdem sie einen prokommunistischen Aufstand[2] äusserst blutig niedergeschlagen hatten, haben die fünf Säulen bei-behalten. Sie umschrieben ein Grundprogramm, das viel weiter und natür-lich auch viel unbestimmter gefasst war als ein jedes «islamische», so weit in der Tat, dass es die verschiedensten Interpretationen zuliess und gerade

---

2  Heute, nach dem Sturz Suhartos, beginnen sich allerdings viele Indonesier zu fragen, ob der damalige Umsturzversuch der Kommunisten nicht von den Offizieren provoziert oder heimlich unterstützt worden sei. Vgl. John Gittings in: Guardian Weekley, 7. 10. 1999: «Indonesia begins to confront its ghosts».

darum als Rahmen diente, in den alle politischen Kräfte gespannt werden konnten. Im Namen der fünf Säulen wurden die ursprünglich islamisch orientierten Parteien gezwungen, entweder auf eine politische Rolle zu verzichten oder sich einzupassen und nicht mehr als ausgesprochen muslimische Gruppierung aufzutreten. In der Tat haben sich dann diejenigen Gruppierungen, die aus der Politik nicht ausscheiden wollten, in ein politisches System eingeordnet, das den Wünschen des Regimes entsprach. Die muslimischen Politiker mussten in einer Partei mitmachen, die keinen islamischen Namen erhielt und keine islamischen Wahlsymbole wie den Halbmond oder die Kaaba verwenden durfte. Sie wurde Nationale Entwicklungspartei (PPP) genannt und besass, weil sie die islamische Karte nicht ausspielen durfte, kaum Aussichten, gegen die politische Koalition der Regierung, Golkar, eine Wahl zu gewinnen. Jedoch der Präsident der grössten muslimischen Gruppierung, *Nahdatu'l-Ulemâ*, «Renaissance der Gottesgelehrten» (mit 35 Millionen Mitgliedern), Abdurrahman Wahid, verzichtete auf aktives Mitwirken in der Politik und hielt seine Organisation abseits, indem er sich auf Schulung der Muslime und muslimische Sozialhilfe konzentrierte.

Doch dieses während Jahren fest gefügte System brach durch die Wirtschaftskrise 1997/98 zusammen, nachdem in den Jahren zuvor bereits Zeichen einer wachsenden Unzufriedenheit sichtbar geworden waren. Die Tochter Sukarnos, Megawati, hatte 1993 die Führung der einstigen Partei ihres Vaters, der DPI (Demokratische Partei Indonesiens) übernehmen können und war zu einem höchst volkstümlichen Symbol des Protestes gegen die niedrigen Löhne und die gleichzeitig immer wachsende wirtschaftliche Macht der vom Staat privilegierten Holdings der Söhne des Präsidenten Suharto (r. 1968–1998) geworden. Doch im Mai 1996 war Megawati durch ein Manöver der Regierung ausgeschaltet worden. Die Behörden hatten eine Spaltung in ihrer Partei provoziert und den Herausforderer Megawatis, den früheren Parteipräsidenten Surjad, als den rechtmässigen Parteiführer anerkannt. Auf seine Aufforderung hin vertrieben die Sicherheitskräfte der Regierung am 12. Juli 1996 die Anhänger Megawatis unter Blutvergiessen aus den Parteilokalen in Jakarta. Dies führte zu heftigen Demonstrationen der Studenten und anderer Anhänger Megawatis in der Hauptstadt, die einen Sachschaden von gegen 40 Millionen Dollars verursachten und sich in vielen Fällen gegen die wohlhabende chinesische Minderheit richteten.

Die Wirtschaftskrise des folgenden Jahres führte zu zahlreichen Bankrotten von Grossunternehmen und dem drohenden Zusammenbruch des

Bankensystems. Zwischen Juni 1997 und dem Oktober des folgenden Jahres nahm die Arbeitslosigkeit auf offiziell 20 Prozent zu, der eine Unterbeschäftigung von 37 Prozent hinzuzuzählen war. Als unterbeschäftigt gelten Leute, die nur gelegentlich Arbeit finden. Das Pro-Kopf-Einkommen sank von 1088 Dollar im Jahr auf 610, und der Wert der Rupie fiel von 2450 pro Dollar auf 17 000. Nach offiziellen Angaben stieg die Zahl der Armen von 11 auf 39,1 Prozent der Bevölkerung. Dabei gilt als arm, wer täglich weniger als 2100 Kalorien zu seiner Ernährung erhält oder wer in den Städten ein Monatseinkommen weniger als 52 470 Rupien verdient; das sind weniger als 8 Schweizerfranken im Monat! Auf dem Lande ist die Armutsgrenze noch tiefer angesetzt, auf 41 540 Rupien oder knappe 6 Franken im Monat. Dabei stiegen die Preise der Grundnahrungsmittel um ein Mehrfaches, jener des Reises in der gleichen Periode um 400 Prozent. Als am 5. Mai 1997 die Preise für Benzin sowie die Transportpreise stark erhöht wurden, teilweise bis zu 70 Prozent, später vier demonstrierende Studenten erschossen wurden, kam es am 14. Mai zu schweren Unruhen und Plünderungen in Jakarta. Sie richteten sich in vielen Fällen gegen die chinesische Minderheit, die als reich gilt. 1200 Menschen kamen um, 5000 Gebäude wurden verwüstet, über 1000 Autos wurden zerstört. Der Sachschaden soll sich auf über 300 Millionen Dollar belaufen haben. Die Armee, so urteilten viele Beobachter, habe sich seltsam passiv verhalten. Dies führte direkt zum Rücktritt Suhartos. Sogar die Politiker der Regierungskoalition Golkar und die Minister seiner eigenen Regierung forderten nun seinen Rücktritt, und die Armee, die zu Beginn des Regimes vollständig hinter Suharto gestanden war, zeigte sich weniger geschlossen als bisher, weil der Präsident seine eigenen Kreaturen und Verwandten zu Oberbefehlshabern erhoben hatte und weil die Streitkräfte dadurch gegenüber Hochfinanz und industriellen Grossunternehmen (die primär in den Händen der Präsidentensöhne und -töchter in Kombination mit ausländischen Partnern und Geldgebern lagen) einen erheblichen Bedeutungsverlust erlitten hatten. Indonesien kam auch unter den Druck der internationalen Finanzinstitutionen, IMF und Weltbank, weil es dringend Überbrückungskredite benötigte und diese nur gegen Versprechen, seine Wirtschaftsstrukturen zu erneuern und Nepotismus und Korruption zu bekämpfen, erhalten konnte.

In einem seiner seltenen Interviews sagte Suharto, es sei möglich, dass politische Unruhen zurückkehren würden, nämlich wenn kein Wirtschaftswachstum zustande komme. «Solch ein Fehlschlag würde gewiss zu der Möglichkeit führen, dass die Leute andere ideologische Grundprinzipien suchen würden. Der Schlüssel liegt hier im Glauben und Vertrauen der Indonesier darauf, dass die aufrichtige, reine Erfüllung der ‹Panca-Sila›-Prinzipien am Ende die Lebensbedingungen aller verbessert. Wenn die Entwicklung versagt, würde das bedeuten, dass sie den ‹Panca Sila› keinen Glauben mehr schenken. Hier würde die Gefahr liegen; sie würden dann nach einer anderen Ideologie suchen.»[3] In dieser prophetischen Äusserung hat Suharto 1991 vorausgesagt, was 1998 geschehen ist[4]. Er kannte offenbar die Gefahren, konnte jedoch in den späten 90er Jahren nicht mehr erkennen, dass die Entwicklung seines Landes in Wirklichkeit auf einen Schiffbruch hintrieb.

Am 20. Mai 1998 entschloss sich Präsident Suharto zu Gunsten seines Vizepräsidenten und von ihm designierten Nachfolgers, Burchanuddin Jussuf Habibie, zurückzutreten. Habibie liess neue Wahl- und Parteiengesetze ausarbeiten, so dass zum ersten Mal seit der Zeit Sukarnos echte Wahlen für Parlament und Präsidentschaft möglich wurden. Sie wurden für das Jahr 1999 angesetzt.

Neue Parteien bildeten sich. Von ihrer grossen Zahl – gegen 80 – versprachen vier auf nationaler Ebene die aussichtsreichsten zu sein: die PDI-P (für Kämpfende Demokratische Partei Indonesiens) Megawatis; die Golkar-Koalition der Regierung, der nachgesagt wurde, sie verfüge über die beste Organisation auf dem Lande und vermöge die dortigen Klientelstrukturen auszunützen; dazu kamen zwei grosse muslimische Parteien: die Nationale Auferstehungspartei, PKG, die der Präsident der oben erwähnten Muslimassoziation *Nahdatu'l-Ulema*, Abdurrahman Wahid, lancierte, und die Nationale Mandatspartei, PAN, die von dem Vorsitzenden der *Muhammadiya*, der zweiten grossen Muslimverbindung Indonesiens (28 Mio Mitglieder), Amien Rais, angeführt wurde. Amien Rais war seit Ende 1997 scharf gegen die Diktatur Suhartos aufgetreten und hatte die Studenten in ihrem Widerstand ermutigt. Er hatte dadurch bei den Intellektuellen bedeutendes Ansehen erlangt.

3   Das Interview fand statt mit dem «Time Magazine» am 8. April 1991.
4   Nur seine Anspielung auf die dann eintretende Suche nach einer «anderen» Ideologie hat sich bisher nicht voll bewahrheitet, entweder weil die Ideologien seither überhaupt an Gewicht verloren haben oder weil diese Aussage ohnehin nur für die Ohren der Amerikaner bestimmt war und mehr Propaganda- als Realitätsgehalt aufwies. Sie sollte wohl eine indirekte Warnung abgeben, mit dem Unterton: «Entweder ich oder der Kommunismus.»

Unmittelbar bevor die eigentliche Wahlperiode begann, am 18. Mai 1999, hatten sich die drei potentiell grössten Oppositionsgruppen, DPI-P, PKG und PAN, zu einer Allianz gegen Golkar zusammengeschlossen. Die Allianz brach kurz vor den Wahlen zusammen. Doch das Wahlresultat vom 7. Juni 1999 brachte der Partei Megawatis mit einem Stimmenanteil von 33,74 Prozent den ersten Rang, Golkar mit 24,44 Prozent den zweiten. Die PKG Abdurrahman Wahids, die von Abdul Djalil Matori angeführt wurde, erhielt 12,61 Prozent der Stimmen, die PPP (die oben erwähnte Nationale Entwicklungspartei) unter dem bisherigen Industrieminister Hamza Haz 10,71 Prozent und die PAN unter Amien Rais 7,12 Prozent. Für die drei islamischen Parteien zusammen ergab dies einen Anteil von über 30 Prozent der abgegebenen Stimmen.

Damit war allerdings die Präsidentenwahl noch offen, weil sie durch eine erweiterte Wahlversammlung, die Beratende Volksversammlung, vorgenommen werden musste. Habibie trat noch vor der Wahl als Präsidentschaftskandidat zurück, weil die Beratende Volksversammlung am 20. Oktober 1999 seinen Rechenschaftsbericht über seine interimistische Amtsführung seit dem Rücktritt Suhartos zurückwies, was einem Misstrauensvotum gleichkam. Dabei waren es nicht die Untaten der indonesischen Armee und der von ihr aufgestellten Milizen in Osttimor, welche die Kritik der Beratenden Volksversammlung hervorriefen, sondern eher die Zustimmung Habibies zur Unabhängigkeit für Osttimor! Getadelt wurde auch das allzu milde Vorgehen des ehemaligen Vizepräsidenten gegen seinen früheren Präsidenten, Suharto, dem vorgeworfen worden war, er habe 15 Milliarden Dollar Guthaben im Ausland. Die Staatsanwaltschaft hatte eine Untersuchung gegen Suharto eingeleitet, sie jedoch am 11. Oktober 1999, nach einem Jahr der Nachforschungen, mit der Erklärung beendet, es lägen keine Beweise für Korruption oder den Missbrauch öffentlicher Gelder vor. Auch der Skandal der Bank Bali schädigte Habibie[5].

Nach dem Rücktritt von weiteren zwei Kandidaten blieben für die endgültige Präsidentenwahl nur Abdurrahman Wahid und Megawati Sukarnoputra im Rennen. Wahid siegte mit 373 gegen 313 Stimmen. Unter den Anhängern Megawatis brach Empörung aus, und es kam zu Zwischenfällen

---

5   Dieser Bank wurde vorgeworfen, sie habe an Freunde des ehemaligen Präsidenten 70 Mio Dollar bezahlt, um ausstehende Forderungen von bankrotten Banken zu erlangen.

in Jakarta, Solo und Bali. Doch am nächsten Tag wurde Megawati mit Ermunterung durch Wahid zur Vizepräsidentin gewählt. Sie erhielt 396 Stimmen gegenüber 284 für ihren Rivalen, Hamza Haz von der PPP. Der neue Präsident ist gesundheitlich schwer geschädigt. Wegen zweier Schlaganfälle, die er nur knapp überlebte, sieht er kaum mehr und er kann nicht ohne fremde Hilfe gehen. Doch als ein Mann, der sich aus der Politik alten Stiles fern gehalten hat und als ein hochangesehener Muslimführer geniesst er das Vertrauen eines grossen Teils der indonesischen Bevölkerung. Er entfernte den bisherigen Oberbefehlshaber der Streitkräfte, General Wiranto, von seinem Posten und erhob den Admiral A. S. Widodo zu seinem Nachfolger. Ein Ademiker, Juwono Sudarsono, wurde der erste nichtmilitärische Verteidigungsminister, den Indonesien seit langer Zeit erhielt. Der neue Verteidigungsminister beschreibt es als sein «langfristiges Ziel», die Unterordnung der militärischen Kommandanten unter seine Aufsicht zu erreichen[6]. General Wiranto wurde Mitglied der Regierung mit dem Titel eines Koordinierenden Ministers für politische Angelegenheiten und Sicherheit. Er schien zuerst seine neue Stellung dazu zu benützen, als eine Art Regierungssekretär und rechte Hand Wahids den Präsidenten zu informieren und die Tagesordnung der Regierung zu bestimmen. In den Regierungsratssitzungen sass er zur Rechten des Präsidenten. Obgleich er nun ein ziviler Minister war, wollte Wiranto nicht von seinem militärischen Rang zurücktreten, und die beiden anderen Militärs, die als Minister für Bergwerke und für Kommunikationen ebenfalls im Kabinett dienen, behielten auch ihren Rang bei, beide sind Generalleutnants. Manche Beobachter glaubten, General Wiranto könnte der nächste «starke Mann» Indonesiens werden. Doch als immer deutlicher wurde, dass Wiranto selbst in die Untaten verstrickt war, welche die von der Armee aufgestellten und bewaffneten sogenannten Milizen in Osttimor gegen die zivile Bevölkerung begangen hatten, und als eine Untersuchungskommission sein Erscheinen forderte, benützte Präsident Wahid diese Gelegenheit, um den Rücktritt Wirantos aus Armee und Regierung zu veranlassen.

---

6    Siehe Washington Post, wie in Guardian Weekly 9.12.99: Keith B. Richburg: Indonesian General exploits new role. Dort wird der Verteidigungsminister Juwono Sudarsono mit der Aussage zitiert: «I am just at the beginning of an eventual form of civilian control» … «it will take a few months, or years.»

## Neuanfang unter schweren Belastungen

Der gegenwärtigen jungen demokratischen Regierung stehen grosse Bewährungsproben bevor. Die indonesischen Offiziere sind unter Suharto mit der offiziellen Doktrin von der «doppelten Rolle» der Militärs aufgewachsen. Diese besagt, dass ihnen sowohl eine militärische wie eine politische Funktion zukomme. Ein Symbol der politischen Funktion, unter anderen, sind die 55 militärischen Mitglieder, die auch nach den neu erlassenen, demokratischen Gesetzen im Parlament als Vertreter der Streitkräfte sitzen. Die Wirtschaftskrise ist noch nicht bewältigt, und die staatlichen Banken sind ruinös verschuldet. Separatistische Bewegungen bedrohen die Einheit des gewaltigen Inselreiches. Am kritischsten ist die Lage in Aceh, an der Nordwestspitze von Sumatra. Dort hat eine alte Protest- und Unabhängigkeitsbewegung der als besonders strenge Muslime bekannten Acenesen durch die Lostrennung von Osttimor und den Zusammenbruch des Regimes von Suharto neuen Auftrieb erlangt. Schon in den vorausgehenden Jahren waren die «Aufständischen» von Aceh, und mit ihnen praktisch die gesamte lokale Bevölkerung, von der indonesischen Armee grausam bekämpft und niedergehalten worden[7]. Heute wird die Unterdrückungskampagne aus der Zeit Suhartos als der Hauptgrund dafür gesehen, dass die Acenesen offenbar mehrheitlich nicht nur Lokalautonomie, sondern Unabhängigkeit fordern. Doch gibt es viele Gründe, die es der Regierung fast unmöglich machen, dem Begehren nachzukommen. Die Militärs sind strikte dagegen. Aceh fördert Erdgas und Erdöl und ist daher als Einnahmequelle für den gesamten Staat wichtig, wenn nicht sogar lebenswichtig. Wenn Aceh unabhängig würde, gäbe dies anderen, bisher erst schwachen Unabhängigkeitsbewegungen ohne Zweifel Auftrieb. Es gibt die Bewegung für ein Freies Papua in Irian Jaya, die schon seit 1969 einen Guerillakrieg geringer Intensität gegen Jakarta führt. In den ebenfalls Erdöl fördernden Gebieten von Riau und Ost-Kalimantan auf Borneo gibt es Ansätze zu einer Unabhängigkeitsbewegung, und Unzufriedenheit mit der Zentralregierung lässt sich auch auf Sulawesi und Bali feststellen. Zwischen den muslimischen und den christlichen Dorfgemeinschaften und städtischen Quartieren auf den Molukkeninseln herrscht seit Januar 1999 Unruhe, die immer wieder zu gegenseitigen Überfällen zwi-

---

7    Der Anführer der acenesischen Unabhängigkeitsbewegung GAM, Hassan Muhammed di
     Tiro, lebt heute im schwedischen Exil.

416

schen den Bewohnern muslimischer und christlicher Dörfer oder Stadtteile führt. Das labile Gleichgewicht der beiden Religionsgemeinschaften auf den Molukken, das die Holländer zurückliessen, ist seit einigen Jahren durch die von der Regierung in Jakarta geförderte Auswanderungsbewegung aus dem übervölkerten Java erschüttert worden. Heute sollen die Muslime auf den Molukken über 60 Prozent der Bewohner ausmachen, und die Christen fürchten marginalisiert zu werden.

# Schlussbetrachtungen

Es sind einige deutliche Grundlinien, die aus unserer langen Übersicht über die islamischen Länder hervorgehen. Demokratie ist keine Erfindung der islamischen Welt oder der Zivilisationen, die vor dem Islam im Nahen Osten bestanden. Solange die Länder der muslimischen Welt ihre Kulturen relativ eigenständig entwickelten, das heisst bis ins 19. Jahrhundert hinein, bestand auch kein Bedürfnis nach Demokratie, schon weil sie ein dermassen fremder Begriff mit dermassen fremden Inhalten war, dass die Landeskinder ihn sich weder vorstellen noch wünschen konnten. Doch mit dem Eindringen europäischer Vorbilder, Lebensformen, Produktionsmethoden, Organisationsformen im staatlichen und im privaten Leben, im Ausbildungswesen und in den Armeen änderte sich die Situation zunehmend. Die immer effizienteren, vom Staat und später auch von den Privaten aus dem Westen übernommenen Vorgehensweisen und Technologien verliehen dem Staat immer mehr Macht, so dass er immer dringender auch im politischen Bereich der Übernahme westlicher Vorbilder bedurft hätte, der Institutionen und Kontrollmechanismen nämlich, die das Wirken des Staates auf die Wünsche und Bedürfnisse seiner Bevölkerung abstimmen. Dieser objektiv gebotenen Notwendigkeit wurde jedoch bis heute nicht nachgekommen. Nicht «dem Islam», sondern vielmehr den Machtinstinkten der verschiedenen Machthaber ist primär anzulasten, dass die Einführung der Demokratie im westlichen Sinne bis heute unterblieb. Die Machthaber wollten, wie das übrigens in Europa auch war, nichts von ihrer Macht abtreten und waren daher nicht bereit, ihren Völkern mehr als Scheindemokratien zu gewähren. Wie sie es in Europa auch waren, sind in den islamischen Ländern (und in vielen anderen der Dritten Welt) die Machthaber bis heute bemüht, neben anderen Kräften (wie Militär, Polizei, Geheimdienste, Staatsparteien, Zensur, staatliche Kommandowirtschaft) auch die Religion als ein Instrument ihrer Machterhaltung einzusetzen. Weil Religionen, wenn sie einmal institutionalisiert sind, stark konservative Züge entwickeln, eignen sie sich zu Instrumenten der Machterhaltung. Vom Grossgrundbesitz lässt sich das gleiche sagen.

## Rückgewandte Religionsauslegung

Wie wird nun bei der Verwendung des Islams für die Machterhaltung vorgegangen? – Man kann ihn als konservative und konservierende Kraft einsetzen, indem man ihn als eine rückwärtsschauende Religion versteht: sie will immer nur das, was «schon immer» seit dem Propheten getan wurde und gültig war. Neuerungen, arabisch *bid'a*, wurden so für die konservativen islamischen Theologen zu einem negativ belasteten Ausdruck. Er bedeutet «schlechte, verderbliche Neuerungen». Wer seine Macht erhalten will, muss solche konservativen Theologen fördern; jene jedoch, die es unternehmen, den Islam zeitgemäss zu verstehen und auszulegen, muss er zu Ketzern stempeln. Solange das Religionsgesetz, die Scharia, als einmal gegeben und daher für alle Zeiten unabänderlich aufgefasst wird, ist es auch ein hervorragendes Instrument zur Erhaltung der Macht. Der Islam kann auch als ein wichtiger Faktor in dem Ringen gelten, das sich seit geraumer Zeit in zunehmendem Masse in den Ländern der muslimischen Kulturen abspielt – in dem Ringen zwischen traditionellen, von vielen als «islamisch» verstandenen Lebensformen und Denkmodellen und jenen modernen aus Europa und Amerika, welche die althergebrachten Strukturen zusehends überlagern. Dabei geht es jedoch nicht wirklich um «den Islam», sondern vielmehr um bestimmte Islamverständnisse. Im Namen «des Islams» treten manche Muslime für die Erhaltung ihres kulturellen und zivilisatorischen Erbes ein. Andere streben einen «islamischen Staat» an, den die meisten von ihnen als einen Scharia-Staat verstehen, wie es ihn aber seit der Zeit des Propheten noch nie wirklich gegeben hat[9]. Noch andere versuchen ihren Islam und «die Moderne», die ihrerseits nur eine weitgehend westliche Moderne sein kann, miteinander zu versöhnen. Diese dritte Gruppe ist aller Wahrscheinlichkeit nach die grösste; doch die beiden anderen machen mehr von sich hören.

Gesamthaft gesehen muss man die sich selbst als islamisch bezeichnenden Kräfte und Orientierungen als ebenso vielfältig erkennen, wie es die kulturellen und zivilisatorischen Differenzen sind, denen sich die Muslime heute ausgesetzt sehen. Der Islam selbst steht in einer Zerreissprobe zwischen tra-

---

9    Hierzu siehe: Olivier Carré: L'Islam laïque ou le retour à la grande tradition, Paris 1993.
     Sowie die Veröffentlichung von Muhammed Said al-Ashmawy: L'Islamisme contre l'Islam,
     Editions la découverte, Paris, et Editions al-Fikr, Le Caire, Kairo 1989.

ditionell-eigenständig und modern-verwestlicht – nicht anders als die muslimischen Gesellschaften selbst. Die Europäer sollten sich dabei immer bewusst bleiben, dass sie selbst, das heisst: ihre Kultur, ihre Einflüsse, den einen Kraftpol abgeben, der diese Zerreissprobe bewirkt. Der andere Pol ist aber nicht, wie man in Europa glaubt, «der Islam», sondern vielmehr die gesamte Zivilisation und Eigentradition der verschiedenen muslimischen Völker (zu welcher verschiedene, divergierende Islamverständnisse gehören, genau wie das Christentum «des Westens» viele Auffassungen des Begriffs Christentum umfasst).

Damit soll nicht geleugnet werden, dass bestimmte, meist konservative oder fundamentalistische Islamverständnisse politisch wirksam werden können und natürlich gerade aus diesem Grund von Politikern und Machthabern benutzt werden[10], um ihre Positionen zu stärken und die Modernisierung ihrer Gesellschaften an dem Punkt zu hintertreiben, auf dem sie für ihre eigene Herrschaft oder Machtbestrebungen schädlich werden könnte. Damit ist die Grenzlinie gemeint, welche die Scheindemokratie von einer echten Demokratie trennt. Jenseits dieser Linie ruht die Macht letztlich nicht in die Händen eines Machthabers, sondern sie wird einem System anvertraut, das auf die Entscheide und den so objektiv wie nur möglich erkannten Willen der Bevölkerungen abstellt.

### Der europäische Weg zur Demokratie

Warum aber ist in Europa (und in den USA) im vergangenen Jahrhundert und im vorausgehenden der allmähliche Übergang zu demokratischen Systemen gelungen, während er im Nahen Osten bisher eher misslungen zu sein scheint? – Zuerst ist festzuhalten, dass der Sieg der Demokratie in Europa noch nicht sehr lange her (und noch nicht einmal überall verwirklicht) ist; noch der Zweite Weltkrieg stand im Zeichen des Kampfes zwischen Demokratie und Diktatur (auch wenn wir einräumen wollen, dass noch andere

---

10  Die Nutzung des Islams kann doppelter Art sein, entweder als positiv gesehene Anziehungskraft, etwa im Falle der Islamisten, oder auch als negativ bewertetes «repoussoir», Abstossungselement, zum Beispiel wenn die russischen Regierenden den angeblich «terroristischen» Islam der Tschetschenen dazu benützen, die Kriegsbereitschaft in ihrer Bevölkerung auf höhere Touren zu bringen.

Interessen im Spiel gewesen sein könnten). Der Sieg der Demokratien erscheint nur im Nachhinein unvermeidlich; in Wirklichkeit war er ungewiss, schwer zu erringen, blutig und verlustreich. Der Ausgang des Krieges hing oft in der Schwebe. Spanien blieb unter der Herrschaft eines faschistischen Diktators bis 1975; Portugal bis 1974; in Griechenland kam der Faschismus von 1967 bis 1974 zurück. Im einstigen «Ostblock» (der Begriff tönt erst neuerdings überholt) wurden meistens ältere, ziemlich autoritäre Regime durch sich als moderner ausgebende, jedoch tatsächlich noch totalitärere Formen eines kommunistischen Absolutismus ersetzt und hielten sich bis mindestens 1989. Russland ist heute schwerlich ein endgültig abgesicherter demokratischer Staat.

Gibt es überhaupt solche Ein-für-allemal-Demokratien? – In Wirklichkeit laufen sie alle immer Gefahr, in irgendwelche Formen der absoluten Herrschaft zurückzufallen. Sie können sich nur durch tägliche, zähe Bewährung als Demokratien erhalten.

Gegenüber den Ländern des Islams muss auch berücksichtigt werden, dass Europa, wie oben beschrieben, eine ganz besondere Entwicklung durchgemacht hat, auf Grund deren man behaupten kann, die Demokratie sei eine europäische Erfindung und Tradition, die mit den europäischen Einwanderern und ihrer – englischen – Sprache auch nach Nordamerika übertragen wurde und dort Wurzeln fasste. Im Nahen Osten und in der übrigen islamischen Welt, wie in der gesamten nichteuropäischen Dritten Welt, fehlt diese Tradition. Dass sie jedoch heute, in der Moderne, eine Voraussetzung für den mittel- und langfristigen politischen Erfolg der Staaten und eine Vorbedingung des individuellen Wohlbefindens der meisten unter ihren Bürgern ist, damit auch die einzig dauerhafte Grundlage einer politischen Stabilität, wie wir hier darzulegen versuchten, ist vielen europäischen und amerikanischen Demokraten schwerlich voll bewusst. In vielen Köpfen dürfte eine in der Zeit des Kolonialismus verankerte Vorstellung überleben oder nachwirken, nach welcher es eben Leute gibt, die sich für Demokratie eignen, und andere, die sie «nie» verwirklichen werden. Diese anderen, zu denen natürlich «die Muslime» geschlagen werden, aber eigentlich auch alle «Farbigen» (obwohl man weiss, dass man das nicht so direkt hinaussagen darf, weil es «politisch unkorrekt» wäre), werden als Menschen eingestuft, die nach ihrem genetischen Erbe oder entsprechend ihren Kulturen keine Demokraten seien und es auch schwerlich je werden könnten.

## Die schwierigen Übergänge zur Demokratie

Dem ist entgegenzuhalten, dass es in der Tat immer schwierig ist, funktionierende Demokratien zu gründen, und zwar weil dies immer im Kampf gegen die verzweifelten und meistens brutalen Anstrengungen von Machthabern geschehen muss, die ihre Position nicht verlieren wollen; und weil dabei zugleich vermieden werden muss, dass nach der Niederwerfung des alten Machthabers sogleich ein neuer, eben jener, der den ersten gestürzt hat, ersteht. Es ist auch zu bedenken, dass die ersten Demokratisierungsversuche in der nichteuropäischen (und nichtnordamerikanischen) Welt erst gegen Mitte des 19. Jahrhunderts in zaghaften experimentellen Schritten vorgenommen wurden. Dies geschah erst zu jenem Zeitpunkt, in dem die Verwestlichung dieser Welt in ein Stadium einzutreten begann, in dem sichtbar wurde, dass der Prozess bei der Übernahme von militärischen und administrativen Vorbildern nicht Halt machen konnte, sondern notgedrungen fortschreiten musste zur Inkorporation politischer Grundordnungen und -vorstellungen, die Mitbestimmung erlaubten und ohne die Fortschritt von innen her (nicht bloss imitative Modernisierung) schwerlich zustande kommen konnte.

Damals waren es bloss kleine und seltene Minderheiten, Leute vom Format eines Midhat Pascha, die solche Zusammenhänge erahnten. Auch heute noch dürften weite Kreise bis hinauf in die hohe Bourgeoisie und die Regierungseliten in den muslimischen Ländern der Meinung sein, die wirtschaftliche und technologische Modernisierung müsse zuerst kommen und werde als Grundlage für eine dann erst durchführbare Demokratisierung dienen. Erst allmählich erkennen die Führungseliten und die Intellektuellen der islamischen Welt, dass diese technologische und wirtschaftliche Modernisierung eben nicht dauerhaft abgesichert werden kann, wenn nicht im Gleichschritt mit ihr Diskussionsfreiheit, beruhend auf Informationsfreiheit, und ein wachsendes Mitspracherecht der Bevölkerungen bei der Gestaltung ihres künftigen Schicksals entstehen und sich ausbreiten können.

Die rein imitative, oft regelrecht eingekaufte Modernisierung, wie sie etwa für Ölstaaten bezeichnend ist, dürfte nur zu oft die Illusion fördern, dass «Fortschritt» und absolute Kontrolle von oben vereinbar seien. Denn es sieht ja nach Fortschritt aus, wenn in einer saudischen Stadt wie Riad oder Jidda das Schlittschuhfahren auf Kunsteisbahnen ermöglicht wird. Doch solche Imitationen des Fortschritts der anderen, Fremden, die mit Ölgeld eingekauft werden, sind natürlich kein kreativer, d. h. selbst hervorgebrachter und aus sich selbst heraus fortwirkender Fortschritt, sondern nur Übernahmen, die darauf angewiesen bleiben, dass das Ölgeld fortwährend fliesst, und die, sogar wenn sie lange Zeit fortdauern, keinen Durchbruch zur geistigen und wirtschaftlichen Eigenproduktivität sicherstellen.

Dass Fortschritt in seiner sozialistischen Spielform durch eine Kommandowirtschaft entstehen und fortdauern könnte, war viele Jahre lang, besonders für die Linksintellektuellen und die Machthaber in den sich sozialistisch nennenden islamischen Staaten, ein willig ebenfalls von aussen her übernommenes Dogma. Heute scheint es jedoch zusammengebrochen zu sein und wird es wohl mindestens so lange bleiben, als die neue Orthodoxie von der Wunderkraft des Marktes sich nicht ihrerseits selbst ad absurdum führt. Die praktischen Erfahrungen der Länder der islamischen Welt, die sich sozialistischen Ideologien verschrieben, liefen auf spektakuläre Fehlschläge hinaus, sei es in Ägypten, sei es in Algerien oder, für kürzere Zeitspannen und weniger allumfassend, in anderen Staaten der Muslime. Die Fehlschläge dürften klargestellt haben, dass auch diese Variante totalitärer Führung den notwendigen Durchbruch zur eigenen Selbstentwicklung nicht bewerkstelligen kann.

### Vorrang der Individuen oder der Gemeinschaften?

Man kann den ganzen Fragenkomplex auch vom Phänomen des Individualismus her aufrollen. Traditionelle und islamistische Muslime bestehen gerne darauf, dass im Islam die Rechte der Gemeinschaft den Vorrang hätten vor jenen des Individuums. Damit werden zum Beispiel grausame Strafen wie Handabhacken, Auspeitschen, Steinigung gerechtfertigt. Sogar die Diskrimination gegenüber den Frauen wird so zu begründen versucht. Solche Massnahmen und Regeln seien notwendig, heisst es dann, um die Gemeinschaft als solche zu erhalten. Die Frauen etwa sollten der Familie dienen, nicht sich selbst verwirklichen wollen. Was immer man von solchen deutlich apologetisch gefärbten Rechtfertigungsversuchen halten mag, jedenfalls kann man einräumen, dass in der Tat im traditionellen Islam die Gemeinschaft, es handelt sich primär um die Gemeinschaft der Gläubigen, den Vorrang vor den Rechten des Einzelnen beansprucht. Die Machthaber sind natürlich für diese Rangordnung der Rechte, weil sie es sind, die die Gemeinschaft symbolisch verkörpern und sie zu leiten beanspruchen. Es liegt nicht in ihrem Interesse, dass die Einzelnen sich allzu selbständig machen und ein

Recht auf Selbstverwirklichung für sich beanspruchen. Was Jacob Burckhardt als die Entdeckung des Individuums in der Renaissance schildert, zeichnet sich in der Hochzeit der klassischen islamischen Zivilisation, dem von städtischer Kultur geprägten 10. und 11. Jahrhundert, ebenfalls ab[11], doch ist es nicht zum permanenten Durchbruch gekommen. Stammesinvasionen, die man durchaus mit den Völkerwanderungen der europäischen Geschichte zwischen Antike und Mittelalter vergleichen kann, haben im 12. und 13. Jahrhundert in der gesamten muslimischen Welt die Städte zerstört und bewirkt, dass derartige Keime nicht voll ausreifen konnten. Erst wieder in der heutigen Zeit bestehen aus Europa abgeleitete Tendenzen, die den Vorrang des Einzelnen und seiner Rechte verteidigen, neben älteren Anschauungen der eigenen Tradition, die am Vorrecht der Gemeinschaft festhalten.

Im Alltagsleben zeigen sich beide Ausrichtungen in den Familien. «Moderne» Kernfamilien mit eigener Wohnung sind das Ziel und Ideal der meisten städtischen Muslime; Grossfamilien jedoch, in denen Eltern und erwachsene, oftmals verheiratete Kinder zusammenleben, sind auf dem Lande noch die Realität und müssen sogar in den Städten bei den Armen (aus finanziellen Gründen) und bei der Aristokratie (aus solchen des Standesansehens und -dünkels) in vielen Fällen weitergeführt werden. Zur Grossfamilie gehört und passt die strenge Trennung von Frauen und Männern, die Verheiratung der Kinder durch ihre Eltern, der Anspruch der Männerwelt, dass die Frauenwelt für Haus und Familie und sonst nichts da sei. Mit der Kern-, d. h. Kleinfamilie, hingegen ist der Anspruch der Frauen verbunden, sich ihrerseits als Individuen ebenso zu realisieren, wie die Männer es tun. Dabei ist ein eigenes Berufsleben entscheidend.

Die Menschenrechte sind Rechte der Individuen, der Frauen, der Männer, sogar der Kinder. Sie werden, gerade, weil sie dies sind, von manchen Ideologen und Machthabern in der islamischen Welt abgelehnt. Die Machthaber pochen auf die Rechte der Gemeinschaft, weil sie in ihrem Namen zu sprechen und zu handeln behaupten, und sie geben daher den Vorrang der Gemeinschaft vor den Individuen als islamisch aus.

Demokratie ist insofern mit Individualismus identisch, als sie dem Individuum den grösstmöglichen Freiraum zubilligt, nämlich soviel ihm gewährt werden kann, ohne dass dies seine Mitbürger in ihrem Freiraum schädigt.

---

11    Siehe Adam Mez: Die Renaissance des Islams, Heidelberg 1922, ein heute noch höchst lesenswertes klassisches Werk der Orientalistik.

Absolute Herrschaften werden hingegen dadurch legitimiert, dass der Machthaber «seine» Gemeinschaft befehligt und leitet, was er in seinem eigenen Namen zu tun beansprucht oder – häufiger – in jenem einer höheren, religiösen Macht. Der Machthaber und sein Regime nehmen es sich heraus, im Namen ihrer Machtansprüche gegen Individuen vorzugehen, die sich ihren Ansichten nicht fügen. Das gilt im traditionellen Islam als gerechtfertigt, solange die Belange der Religion (oder modernerweise der Ideologie), in deren Namen die Herrschaft ausgeübt wird, nicht tangiert werden. Der absolute Herrscher gilt im traditionellen Islam als legitim, solange die Muslime unter ihm als Muslime leben können, wie die bewährte Faustregel des althergebrachten islamischen Staatsrechtes lautet. Wann diese Grenze erreicht wird, wenn überhaupt je, bestimmen in der Praxis die Gottesgelehrten. Aber der Spielraum des Herrschers wird dadurch noch weiter ausgedehnt, denn er ist es, der in der Praxis die Gottesgelehrten in ihre Ämter und Ehrenstellen einsetzt. Aufsässige Gottesgelehrte kann er absetzen oder sogar einsperren, er muss nur darauf achten, dass sich nicht der ganze Stand der Gelehrten in seiner Gesamtheit gegen ihn stellt.

### «Glück und Unglück in der Weltgeschichte»

Doch die moderne Sicht des schöpferischen Individuums als Krone der Menschheit widerspricht den Kommandorechten der ererbten oder eroberten Kronen der Macht. Die individualistische Sicht ist mit den westlichen Ideen und verwestlichten Lebensumständen tief unter die Gebildeten in der islamischen Welt eingedrungen und wird sich nicht mehr aus ihr entfernen lassen, obgleich die ältere angestammte Ansicht lebendig und wirksam bleibt. Man kann das Fortleben des individualistischen Grundideals mit einiger Sicherheit prophezeien, weil das schöpferische Individuum und seine Werke für das Gedeihen und Überleben aller heutigen Gemeinschaften unentbehrlicher sind als je. Damit dieses Ideal jedoch politisch die Oberhand gewinnt, werden lange, durch einen glücklichen Verlauf gezeichnete Entwicklungsprozesse notwendig sein. – Glück braucht ein jeder Übergang von der Einmannherrschaft zur Demokratie. Damit er gelingt, müssen mehrere Umstände zusammentreffen. Als erstes muss der bisherige Alleinherrscher zu Fall gebracht werden, was nur zu leicht misslingen kann, wenn der Alleinherrscher über alle Machtmittel verfügt. Ein weiterer Glücksfall muss mit dem ersten zusammentreffen: der oder die neuen Machthaber, die den alten entmachtet haben (oder ihm nach seinem Tode nachfolgen), müssen Leute sein, die nicht darauf ausgehen, die Macht nun ihrerseits zu monopolisieren, oder die wenigstens gezwungen werden können, dies nicht zu tun. Dass sie freiwillig auf die errungene Macht verzichten und von sich aus darauf hinwirken, dass sie aufgeteilt und an demokratische Institutionen übergeben wird, kommt vor, ist aber sehr selten: Macht wirkt verführerisch. Dass sie sich zur Übergabe der Macht an demokratische Institutionen zwingen lassen, ist ebenfalls selten, weil in vielen Fällen das Machtpotenzial, mit dem sie die vorausgehenden Machthaber gestürzt haben, den neuen Herren ein Übergewicht verleiht, das sie nur noch zu festigen brauchen, um selbst Alleinherrscher zu werden.

Wenn die ersten beiden Glücksfälle eingetreten sind, braucht es noch einen dritten: die neueingeführte Demokratie muss sich einwurzeln und überleben. Damit dies gelingt, ist eine ganze Kette von weiteren günstigen Umständen notwendig. Die Aussen- wie die Innenpolitik des neu gegründeten Staatswesens müssen so weit erfolgreich sein, dass es seinen Kredit bei der Bevölkerung nicht verliert, bevor es noch einigermassen gesichert dasteht. Wie die Einzelpersonen erfahren auch Staatswesen manchmal Glück oder Unglück, ohne selbst etwas daran ändern zu können; in anderen Fällen schmieden beide, der Einzelne wie der Staat, ihr Glück selbst und verschulden ihr eigenes Unglück. Mit anderen Worten, es gibt Umstände, die sich voraussehen und kontrollieren lassen, andere jedoch können unvorhergesehen und unentrinnbar hervorbrechen und müssen dann als echte Unglücksfälle und Schicksalsschläge erlitten werden. Beide Arten von Rückschlägen, selbstverschuldete wie unabänderliche, können eine junge Demokratie abwürgen; ältere, festverwurzelte Staatswesen können Krisen, die jüngere bereits tödlich gefährden, leichter überdauern.

Günstige Umstände lassen sich allerdings bis zu einem gewissen Grade selbst vorbereiten und herbeiführen, unglückliche desgleichen. Die Wahrscheinlichkeit, dass sie eintreten oder nicht, lässt sich reduzieren oder steigern. Es ist klar, dass zum Beispiel eine Periode der wirtschaftlichen Prosperität einem neu zustande kommenden und sich auf eine Demokratie hin entwickelnden Staatswesen günstig ist, während Armut und Mangel die Aussichten auf einen erfolgreichen Übergang sehr erschweren. Man kann von einem Gefälle sprechen, das die Entstehung und Festigung einer Demokratie fördert oder hindert. Welcher Art dieses Gefälle im kritischen Zeitpunkt sein wird, hängt wiederum von einem Zusammenwirken von zweckmässigen oder unzweckmässigen Massnahmen mit schwer zu beeinflussenden Zufällen ab. Erst wenn man dies überdenkt, wird das ganze Ausmass der Ketten von kritischen Gegebenheiten und Handlungen sichtbar, deren positiver Ablauf für das Gelingen eines Demokratisierungsprozesses notwendig ist. Man kann daraus ableiten, dass aller Wahrscheinlichkeit nach viele Versuche, einen solchen Prozess auszulösen und erfolgreich voranzubringen, notwendig sein werden, bevor einer gelingt.

Dies ist natürlich auch die historische Erfahrung. Zwischen der Französischen Revolution, die demokratische Ideale zum Durchbruch brachte, und dem Zustandekommen einer stabilen Demokratie in Frankreich liegen gute 70 Jahre. Sie umfassten das napoleonische Konsulat und Kaiserreich (1799–1814 plus 100 Tage im Jahr 1815), die Restauration (1815–1830); die Juli-Revolution von 1830 und die Juli-Monarchie (1830–48). Nach der Wirtschaftskrise von 1846–47 kamen die Revolution von 1848 und die kurzlebige Zweite Republik (1848–1851); ihr folgte das Zweite Kaiserreich Napoleons III. (1852–1870) und nach dessen Niederlage gegen Preussen die Dritte Republik, die keineswegs frei von inneren Krisen war. Sie begann mit der blutigen Unterdrückung des Aufstands der Kommune von Paris 1871, vermochte danach bis 1940 zu dauern und kann als das erste einigermassen stabile demokratische Regime in Frankreich bezeichnet werden. Erst unter ihr hat die Demokratie wirklich Wurzeln gefasst. Die Genese der anderen grossen Demokratien der Welt ist nicht weniger komplex gewesen.

### Personifizierte Macht

Das oben angesprochene Gefälle, das die Glücksfälle mehr oder weniger wahrscheinlich macht, die zur Einrichtung einer stabilen Demokratie führen, kann seinerseits beeinflusst werden. Für die islamische Welt ist einzuräumen, dass das durch die grosse Vergangenheit der Region gegebene historische Gefälle sich eher hindernd auswirkt. Die einheimischen Traditionen der Herrschaft und des Staates sind, wie wir ausführlich dargelegt haben, nicht demokratisch, sondern theokratisch-aristokratischer Natur. Sie wirken sich aus bis heute. Die für Europäer so auffällige Präsenz eines Bildes des jeweiligen Staatschefs in allen Büros, Läden, Restaurants, manchmal auch auf den Strassen an leeren Häuserwänden und als Standbilder auf den Brunnen, ist in diesem Zusammenhang zu verstehen. Er, der «einzige Chef» (dies war ein Titel, den der irakische Diktator Abdul Karim Kassem sich selbst gegeben hatte), soll und muss allgegenwärtig sein. Etwas von der alten Funktion des

Ensi und des Pharao klingt nach, ER garantiert dem Staat und seinen Untertanen das Überleben, ER ist unentbehrlich. Es sind seine Geheimdienste, die dafür sorgen, dass sein Bild überall erscheint. Wehe dem, der es nicht aufhängen will. Doch die Geheimdienste wissen, warum dies geschieht. Bis heute schickt es sich für einen Staatschef – nein, ist es für ihn erforderlich –, in gottgleicher Art allgegenwärtig zu sein. Das Volk nimmt diese Allgegenwart als selbstverständlich hin, mit Achselzucken manchmal, aber als eben doch notwendig. – «So sind wir eben!» rief ein gebildeter Perser aus, als nach dem Sturz des Schahs die ersten überlebensgrossen Khomeini-Bilder an die leeren Hausmauern der Hauptstrassen von Teheran gemalt wurden und der Ausländer fragte, ob das nun wirklich sein müsse – unmittelbar nachdem man den vorausgehenden Staatschef und seinen Pomp unter blutigen Opfern losgeworden war und noch während man darüber triumphierte.

In den meisten islamischen Ländern darf man heute die Regierung – vorsichtig und «konstruktiv» – kritisieren; aber der Staatschef steht über aller Kritik. Ihn zu kritisieren, gilt als ein Vergehen oder sogar ein Verbrechen gegen den Staat – natürlich gerade dann, wenn er der tatsächliche Machthaber ist und seine Macht sehr direkt und persönlich ausübt. Die Tradition der Präsenz der Abbilder des Herrschers ist sogar stärker als das islamische Bilderverbot, das eigentlich gerade gegen Standbilder und Abbilder von Personen oder Tieren gedacht ist, die möglicherweise als Götzenbilder angebetet werden könnten.

Die Bilder des Machthabers sind in vielen «islamischen» Ländern so allgegenwärtig, dass sie selbstverständlich geworden sind. Es ist einfach so, dass der Staatschef überall möglichst aufdringlich und permanent in Erscheinung treten muss; niemand denkt sich mehr etwas dabei. Gerade deshalb ist dies ein gutes Beispiel dafür, dass gewisse tief eingefressene Gebräuche, Ansichten und Gewohnheiten bewusst gemacht werden müssten. Fragen, die bis heute übergangen worden sind, müssten gestellt werden: Warum sind diese Bilder da? – Wer hat ein Interesse daran, dass es sie gibt und dass sie fortdauern? – Durch Bewusstwerden kann das Gefälle, das sich zurzeit ungünstig für eine Demokratisierung auswirkt, umgekehrt werden.

Die Frage der Abbilder ist natürlich nur ein Detail unter vielen. Das oben zitierte «so sind wir eben» gegenüber dem Grossbild Khomeinis muss ebenfalls hinterfragt werden. Warum sind wir «so»? – Wer sorgt dafür, dass wir weiter «so» sind, und zu welchem Zweck? – Welche Folgen hat unser «So»-Sein? – Soll es – und wie kann es – geändert werden? – Natürlich müsste auch gefragt werden, was alles genau dieses «So»-Sein umfasst. Um

Bilder alleine geht es gewiss nicht; eher um das Verhältnis des Einzelnen zur Autorität des Staates und wohl auch seines eigenen Vaters sowie der Gemeinschaft, die durch eine Autoritätsfigur symbolisiert wird. Soweit ungünstige Gefälle in der Psyche des Einzelnen und, tiefer noch, in der Psychologie der Massen wurzeln, können sie nur durch Bewusstmachung verändert werden. Geschichte hat viel mit Bewusstseinsbildung zu tun. Eine kritische Geschichte der Machtausübung in der islamischen Welt ist bezeichnenderweise noch nie geschrieben worden.

## Wirtschaftsmacht als politisches Instrument

Natürlich haben die Einmannherrschaften nicht nur psychologische Hintergründe; wirtschaftliche spielen eine bedeutende Rolle, besonders wenn sie ihrerseits wieder psychologische Auswirkungen hervorbringen. Der Grossgrundbesitz ist in dieser Hinsicht gewiss eines der entscheidenden Elemente: er verleiht Macht, die sich in den Scheindemokratien und fehlgeschlagenen Demokratieversuchen etwa darin zeigt, dass die Grossgrundbesitzer regelmässig als Abgeordnete gewählt werden. Grundbesitz verleiht auch Ansehen und Autorität; er hat eine psychologische Komponente, die sich auf die Besitzer wie auf die von ihnen besessenen Dörfer und deren Bauern auswirkt. Grossgrundbesitz mit seinen typischen Zügen, die in der ganzen islamischen Welt im 19. Jahrhundert (und schon früher) bestanden und die in vielen Fällen im 20. Jahrhundert durch den Kolonialismus weiter verstärkt worden sind, muss als ein Hindernis für einen jeden Übergang zur Demokratie gesehen werden. Dies lässt sich leicht theoretisch begründen. Die Grossgrundbesitzer sind allzu mächtig, als dass sie ein freies Spiel der demokratischen Kräfte erlaubten. Sie verfügen über die Stimmen «ihrer» Bauern, bilden Mehrheiten oder Sperrminderheiten in den Parlamenten und benützen diese, um ihre Interessen als Grossgrundbesitzer zu verteidigen, indem sie den Staat zur Aufstellung von Regeln veranlassen, die ihren Interessen förderlich sind. Das ist auch aus den historischen Abläufen zu erkennen. Parlamente mit starken Minderheiten oder gar Mehrheiten von Grossgrundbesitzern werden unbeweglich, weil ihre Abgeordneten mehrheitlich oder zu grossen Teilen auf die Zementierung ihrer ohnehin schon enormen Privilegien ausgehen. Solche Parlamente werden zuletzt fast immer mit Gewalt zu Fall gebracht; meistens sind es Offiziere, die sie stürzen, weil in ihren Reihen Vertreter der stark verwestlichten Mittelschichten aufgestiegen sind. Nasser

z. B. gehörte zum ersten Jahrgang von Kadetten, die trotz ihrer ägyptischen Herkunft als Offiziersanwärter aufgenommen wurden. In den Jahren zuvor waren die Offiziersstellen den Abkömmlingen der seit Muhammed Ali herrschenden ägyptisch-türkischen Oberschicht reserviert geblieben. Zur selben Oberschicht gehörten auch der Hof, der König und die Grossgrundbesitzer. In den Ländern des Grossgrundbesitzes dürfte Landreform eine Voraussetzung für das Zustandekommen einer echten und stabilen Demokratie sein. Sie ist jedoch nur eine unter vielen Voraussetzungen, noch lange nicht ein allein zwingender Grund für das Gelingen einer Demokratisierung.

### Klientelbeziehungen: «Politik der Armen»

Das gleiche ist von wirtschaftlicher Prosperität zu sagen. Natürlich hilft sie, ein Klima zu schaffen, in dem ein politischer Wandel leichter zu vollziehen sein kann. Umgekehrt bedeutet permanente Armut eine schwere Belastung für einen Demokratisierungsversuch. In solchen Gesellschaften entwickeln sich leicht Klientelbeziehungen. Die Armen schliessen sich einem Reichen an, geben ihm politische Unterstützung und erhalten als Gegenleistung von ihrem «Patron» wirtschaftliche und soziale Hilfen in der Form von Präferenzen für Arbeit, zu bebauendem Land, Anleihen, Hilfe gegenüber den Forderungen des Staates usw., was natürlich die «patrones» (durchaus in der lateinischen Bedeutung des Wortes) ihrerseits zu politisch Privilegierten macht, zusätzlich zu ihrer wirtschaftlichen Überlegenheit.

Armut, besonders Massenarmut in den Städten, führt auch zu Anfälligkeit gegenüber Demagogie. Politiker können sich eine Massenanhängerschaft schaffen, indem sie Versprechen machen, die sie schwerlich werden halten können, weil es grosse Mengen von Menschen gibt, die so dringend Hoffnung brauchen, dass sie bereit sind, allen Versprechungen, ihr Los zu bessern, unbedenklich Glauben zu schenken, und sich nicht selten von ihnen in einen Begeisterungstaumel versetzen lassen, der dann dem Demagogen und seinen politischen Zielen zugute kommt.

Wohlstand muss also, um solche Gefahren zu vermeiden, richtig verteilt sein. Eine breit gelagerte Mittelschicht, die über ein genügendes Auskommen verfügt, bildet die viel bessere Voraussetzung für einen glücklichen Übergang zur Demokratie als ein schwerreicher Staat, wie es etwa die Ölstaaten sind, über dessen Reichtum letztlich nur Alleinherrscher oder Oligarchien verfügen.

In diesem zweiten Fall kann sich das Klientelwesen mit Cäsarenwahn verbinden. Der über beliebig viel Geld verfügende Machthaber kann sich leicht auf irgendwelche subjektiven Pläne politischer oder wirtschaftlicher Natur versteifen. Er wird immer Schmeichler und Profiteure finden, die ihn darin bestärken oder ihm sogar irgendwelche Lieblingsprojekte oder Utopien suggerieren. Sie können den Mittelsleuten viel Geld einbringen, ganz gleich, ob sie durchführbar sind oder nicht. Der Alleinherrscher kann dann sein eigentlich reiches Land in die Verarmung treiben. Figuren wie Saddam Hussein und Mu'ammar al-Ghaddafi sind geeignet, derartige Entwicklungen zu illustrieren. Wie die Abenteuer der saudischen Oligarchie, einer der reichsten von allen, zum Schluss enden werden, bleibt abzuwarten. Indonesien bietet gerade gegenwärtig ein anderes Beispiel dafür, wie steigender Wohlstand und sogenanntes Wirtschaftswachstum, wenn sie in der Hand des Machthabers und seiner Familie konzentriert werden, die besten Voraussetzungen für einen Zusammenbruch schaffen, der nur zu leicht einen Rückfall in die Massenarmut früherer Zeiten bedeuten kann. Im Fall Indonesien belastet diese Ausgangslage von vornherein den gegenwärtigen Versuch einer Demokratisierung.

Man kann in diesem Zusammenhang auch auf Nigeria verweisen, in dem gegenwärtig, nach dem plötzlichen Tod des Militärdiktators Sani Abacha (am 8. Juni 1998), unter dem neuen Präsidenten Olusegun Obasanjo (gewählt im Februar 1999) ein Versuch der Rückkehr zur Demokratie unternommen wird. Es geht hier um ein teilweise muslimisches afrikanisches Land, das über reiche Erdölvorkommen verfügt. Man kann die komplexen Machtkämpfe, die sich dort abspielen, als Verteilungskämpfe beschreiben, die sich um die Edölgelder drehen. Trotz der föderalen Verfassung hatte der frühere Militärdiktator, der diese Gelder für sich und seine Freunde in Anspruch nahm, durch die Konzentration der Gelder in seiner Hand und in seiner Hauptstadt eine De-facto-Zentralisierung des Landes unter seiner Führung bewirkt. Bei den Mobilisierungen, die nun verschiedene Kräfte betreiben, um politische (und bewaffnete) Unterstützung für ihre Seite in den Verteilungskämpfen zu gewinnen, wird fast unvermeidlich entweder die ethnische Solidarität oder die religiöse instrumentalisiert. Die verschiedenen Sprachgemeinschaften, meist als Stämme bezeichnet, lassen sich gegeneinander ausspielen, und das gleiche geschieht mit den muslimischen und den gegen sie mobilisierbaren christlichen Gemeinschaftsgefühlen. Im muslimisch-christlichen Ringen wird die Scharia eingesetzt. Die nördlichen, weitgehend muslimischen Teilstaaten Nigerias wollen das islamische Gottesgesetz

432

zu ihrem Zivilrecht erheben. Doch Unklarheit besteht darüber, ob die dortigen Polizei- und Sicherheitskräfte die Scharia-Vorschriften mit Gewalt durchsetzen sollen, etwa im Falle des Alkoholverbotes.[12] In südlichen, mehrheitlich christlichen Mitgliedstaaten der Föderation haben sich bereits Stimmen erhoben, die fordern, die Nordstaaten sollten die Föderation verlassen, wenn sie auf dem Scharia-Recht bestünden. Das Erdöl spielt hinein, weil dieses im Süden des Landes, im Nigerdelta, gefördert wird und die Bewohner des Deltas ohnehin der Ansicht sind, die Erdölgelder sollten mehr der lokalen Bevölkerung und weniger dem Grossstaat Nigeria und seinen muslimischen Machthabern im Zentrum und Norden zugute kommen. Die Umweltschäden, welche die Erdölindustrie verursacht und die offensichtlich beträchtlich sind, fallen jedenfalls der lokalen Bevölkerung zu Lasten; das gestürzte Regime General Abachas hatte lokale Stimmen, die gegen solche Schäden protestierten, mit Mordmassnahmen zum Schweigen gebracht. Diese Strukturen und diese Vergangenheit erschwerten nun die Versuche, eine ausgeglichene Lösung der Verteilungskämpfe zu finden.

## Umkehrung des Gefälles als Ziel

Die Vielfalt der hier aufgezeigten Fälle macht deutlich, dass es kein Allgemeinrezept für die Einrichtung eines demokratischen, pluralistischen Regimes geben kann. In einem jeden Einzelfall herrschen spezifische Umstände, die Hindernisse oder auch Vorteile auf einem Weg zur Demokratisierung bieten können. Allgemein kann man nur festhalten, dass das oben erwähnte Gefälle, das aus Gründen der Eigentraditionen in den islamischen Ländern meist zu Ungunsten eines Demokratisierungsprozesses verläuft, umgekehrt werden müsste, so dass es den Prozess begünstigte. Wie aber kann eine solche Umkehr bewirkt werden? – Nur ein langer Prozess der geistigen Wandlung wird dies erreichen können. Voraussetzung dafür, dass er beginnen

---

12    Die eigentliche Scharia-Lösung dieser Frage wäre natürlich, dass die Christen Nigerias «dhimmi», beschützte Untertanenvölker, der Muslime würden. Weil dies jedoch mit der modernen Verfassung des Landes zusammenstiesse, die Gleichheit der Bürger fordert, ziehen die Befürworter der Scharia es meistens vor, von diesen Aspekten des Gottesgesetzes nicht zu sprechen. Doch das Schweigen darüber zerstreut die Befürchtungen der Christen keineswegs, im Gegenteil, es kann dazu dienen, sie anzufachen.

könnte, wäre ein klareres Bewusstsein dessen, was die heutige Lage ist und in welchem Sinne sie geändert werden müsste. Ein solches Bewusstsein müsste auf beiden Seiten der Trennungslinie zwischen «Entwickelt» und «Unterentwickelt» um sich greifen, das heisst sowohl bei den islamischen Völkern selbst wie auch bei ihren europäischen und amerikanischen Partnern. Die simplistische Vorstellung, nach der «Entwicklung» kurz und schlecht durch Geldanlagen zustande komme, spukt heute noch immer in den Köpfen der Muslime und der «westlichen» Politiker und Unternehmer, ungeachtet der Tatsache, dass wir seit dem Zweiten Weltkrieg unzählige Male erfahren haben, dass das Rezept von «Investment» und «take off» nur in jenen Fällen funktioniert, in denen – wie zum Beispiel im westlichen Nachkriegsdeutschland – eine geeignete Mentalität, politische Grundstruktur und Bildungsgrundlage bereits vorgegeben sind. Das ist in keinem der islamischen Länder und in den allerwenigsten der weiter gefassten «Dritten Welt» der Fall.

Auch darüber, dass «Kommando-Entwicklung», meist dirigiert durch einen ehemaligen General, der die Macht an sich gerissen hat, zwar Anfangserfolge aufweisen kann (wie viele Gewaltherrschaften), dass sie jedoch fast regelmässig zu katastrophalen Fehlentwicklungen führt, die spätestens mit dem Ende der Einmannherrschaft sichtbar werden, besteht im Westen nicht genug Klarheit. Teilweise rührt dies gewiss daher, dass die Zusammenarbeit mit einem solchen Einmannregime den Unternehmern der westlichen Welt grosse Gewinne einbringen kann. Indonesien unter Suharto, das als einer der südostasiatischen Tigerstaaten bejubelt wurde, bietet ein gutes und rezentes Beispiel dafür. – Zur vorherrschenden Unklarheit der Ideen trägt bei, dass in der industrialisierten Welt des Westens die politischen und die wirtschaftlichen Funktionen soweit wie möglich getrennt werden. Dies bewirkt, dass der Unternehmer «wirtschaftlich denkt» und daher annimmt, er habe sich nicht um die politischen Fragen zu kümmern, die ja die Domäne der (beiderseitigen) Regierungen seien. Diese würden sich schon, wie es im Westen ja weitgehend der Fall zu sein pflegt, der politischen Fragen annehmen und damit den zweckmässigen Rahmen schaffen, in dem die wachsende Wirtschaft und blühende Handelsbilanz auch zu einer «modernen» Gesellschaft führe. Die Politiker ihrerseits «denken politisch» nur innerhalb ihres eigenen Landes (für das alleine sie verantwortlich sind), und sie neigen dazu, für das Ausland (und besonders für die Entwicklungswelt) mehr oder weniger bewusst anzunehmen, dass «die Wirtschaft», wenn sie nur genügend «Wachstum» vorweise, ihrerseits die erwünschte politische Entwicklung hervorbringen werde. So entsteht ein Verantwortungsvakuum, das kurzfristige Gewinne für die Geldanleger (meist aus dem Westen) und für die keiner Kontrolle unterstehenden Machthaber in den Entwicklungsländern zeitigen kann, aber die dortigen Gesellschaften auf mittlere Frist einer jeden echten Entwicklung beraubt.

Es handelt sich hierbei um eigentlich recht banale und leicht zu durchschauende Zusammenhänge. Wenn sie dennoch schwer erkannt, schon gar nicht berücksichtigt werden, dürfte das dadurch bedingt sein, dass die erwähnten kurzfristigen, aber manchmal saftigen Gewinne die Zusammenhänge verschleiern, wobei die absichtliche Entstellung der Tatsachen durch propagandistische Verzerrungen wahrscheinlich die geringere Rolle spielt als ein halb unbewusstes sie Nicht-zur-Kenntnis-Nehmen-Wollen, weil die Geschäfte doch so gut gehen und sich so zufriedenstellend «entwickeln».

## Die Grundfrage der Meinungsfreiheit

Bewusstseinsbildung kann nur durch Meinungsfreiheit zustande kommen. Diese, die Freiheit, sich Meinungen zu bilden und sie ohne Hindernisse zu diskutieren, wird daher zur wichtigsten aller Voraussetzungen des Fortschrittes auf Demokratie hin. Die Machthaber wissen dies ganz genau. Sie gehen daher darauf aus, die Meinungsfreiheit zu unterbinden, und sie tun es erfolgreich in der ganzen islamischen Welt. Überall gibt es Zeitungen, doch sie werden fast immer von den Machthabern entweder gemacht oder kontrolliert. Wenn ein Blatt beginnt, sich unabhängig zu zeigen, tun die Machthaber alles, um es unter ihre Kontrolle zu bringen. Zeitungsherausgeber oder einzelne Journalisten, die sich nicht gleichschalten lassen, werden mit allen Mitteln mundtot gemacht; wenn es nicht anders geht, durch Mordaktionen. Nichts ist wichtiger für den Alleinherrscher, als sein Informationsmonopol zu erhalten, nicht einmal seine Armee ist gleich bedeutsam für ihn, denn ohne sein Informationsmonopol könnten schliesslich die Armeeoffiziere ihrerseits zu denken beginnen.

Zu den Hoffnungen der jüngsten Zeit gehört die Annahme, dass in der Zukunft das Internet ein der Kontrolle der lokalen Machthaber entzogenes Informationsinstrument werden könnte. Doch ob es wirklich freie Zeitungen zu ersetzen vermag, bleibt gegenwärtig noch abzuwarten. Die beinahe unendliche Masse der im Netz erhältlichen Informationen macht es schwer, relevante von irrelevanten zu scheiden, ganz abgesehen von den Kosten, die bis heute mit dem Gebrauch dieses neuen Mediums einhergehen. Sie machen es vorläufig in der Dritten Welt, in Verbindung mit der noch völlig unterentwickelten informationstechnischen Infrasturktur, zu einem ausgesprochen elitären Medium. Es ist darüber hinaus denkbar, dass die Regierungen in der Zukunft Kontrollmittel erwerben, etwa indem sie auf die «Server» Einfluss ausüben. (Immerhin gibt es neuerdings Berichte, dass ein energischer Kämpfer gegen die Korruption in Indien, der Chief Vigilance Officer des indischen Staatenbundes, N. Vittal, einen «internet-site» eröffnet habe, auf dem eine Liste von, meistens seit langen Jahren, der Korruption angeklagten Beamten zu finden sei, gegen die keinerlei wirksame Massnahmen durchgeführt würden (NZZ 29. Januar 2000 S. 63, abrufbar auf: www.cvc.nic.in). Dieses Vorgehen soll beginnen, Früchte zu zeitigen. Die indische dürfte allerdings zurzeit die am besten mit Computern und Computerverständnis ausgerüstete Gesellschaft unter allen Entwicklungsvölkern darstellen.

### Rechtssicherheit?

Rechtssicherheit ist eine andere, meist zu wenig beachtete Voraussetzung für Demokratie. Iran liefert hier gegenwärtig ein negatives Beispiel. Die konservativen ehemaligen Revolutionäre, die darauf ausgehen, möglichst alle Machtpositionen für sich zu monopolisieren, indem sie sich auf den «Islam» berufen, setzen zurzeit ihre Ansprüche häufig mit Hilfe der «islamischen» Gerichte durch, deren oberste Leitung sie selbst bestimmen und die in vielen Fällen geheim urteilen, wobei regelmässig die von den Machthabern gewünschten Verurteilungen zustande kommen. Ihr Vorgehen geht darauf zurück, dass der auf Grund seiner liberalen Versprechungen mit grosser Mehrheit gewählte Präsident Khatami öffentlich einen Rechtsstaat fordert. Vor ihm hatten die Machthaber ihre Begehren mit der Hilfe von Schlägertrupps durchgesetzt. Es ist Khatami gelungen, solche Methoden als dem Rechtsstaat zuwiderlaufend zu diskreditieren. Doch die den Konservativen hörigen «islamischen» Gerichte bilden eine zweite Barriere gegenüber der Hoffnung auf einen Rechtsstaat, weil ihre Urteile schwerlich als gerecht gelten können. Bisher ist es den machtmässig schwächeren Anhängern des Präsidenten trotz der überlegenen Anzahl von Stimmbürgern, die hinter ihnen stehen, nicht gelungen, diese zweite Barriere zu überwinden. Nach dem Wahlsieg des Frühlings 2000 werden sie es wahrscheinlich noch einmal versuchen. Mehr Gerechtigkeit in den Gerichten müsste natürlich durch die Ernennung von unabhängigen Richtern und durch die öffentliche Durchführung der Rechtsprechung erreicht werden.

Umgekehrt haben die Richter in Indien, die in der Tradition der früheren anglo-indischen Gerichtsbarkeit stehen, viel zum Erhalt der indischen Demokratie beigetragen. Auch in Pakistan stellten die Richter lange Zeit einen Damm gegen die Ansprüche der verschiedenen Machthaber dar, die unter Missachtung der Verfassung herrschten. Dieser Damm droht allerdings immer brüchiger zu werden. Jahrzehnte von immer neuen Gewaltmassnahmen zur Aufhebung der Verfassung unterspülen ihn zusehends. In anderen Ländern islamischer Tradition sind europäische Rechtsbegriffe, die im wesentlichen auf dem römischen Recht aufbauen, nur während relativ kurzer Zeit von den Kolonialherrschaften eingeführt worden, und sie zeichneten sich damals auch nicht immer durch grosse Rechtssicherheit für die kolonialen Untertanen aus.

Der Islam besitzt natürlich seine eigene Rechtstradition. Sie ist bis heute lebendig, vor allem weil sie auf dem Gottesrecht der Scharia beruht. Die Divergenzen zwischen den beiden Rechtssystemen, dem einheimischen Gottesrecht und dem importierten Recht europäischen Stils, stellen bis heute eine der grössten Quellen von Rechtsunsicherheit dar. Dazu kommt, dass sich weder die Rechtsprechung nach dem islamischen Gottesrecht noch die Rechtsfindung durch das importierte «europäische» Rechtssystem als frei von Korruption erwiesen haben, dies sowohl unter Druck der herrschenden Mächte wie auch durch simple Bestechungen durch vermögende Rechtsparteien. Je stärker das öffentliche Ansehen der Richter sinkt, desto leichter fällt es sowohl den Reichen wie auch den Machthabern, auf rechtliches Vorgehen überhaupt zu verzichten und einfach ihren Willen mit Gewalt oder Geld durchzusetzen.

Eine weitere Folge der Rechtsunsicherheit ist das mehrfach angesprochene Klientelsystem. Der Einzelne ist gezwungen, bei mächtigen «Patrones» (arabisch Za'îm pl. Zu'amâ), Schutz und Fürsprache gegenüber den Eingriffen des Staates, der Bürokratie und der Reichen und Mächtigen zu suchen. Als Gegenleistung erwartet der Patron von ihm politische Gefolgschaft. Die Politik Libanons beruhte und beruht noch heute sehr weitgehend auf diesem Prinzip.

## Die Folgen des Endes des bipolaren Weltsystems

Das politische Rahmensystem der zwei einander feindlichen Supermächte, in welches alles politische Geschehen auf dem Erdball bis zum Zusammenbruch der Sowjetunion eingefasst war, bewirkte in den meisten Ländern der Dritten Welt eine gewisse von aussen her gegebene Stabilität. Wie in einem Panzer waren die Staaten der Dritten Welt eingebunden in die Widersprüche der beiden Grossen. Für die Supermächte war es wichtig zu vermeiden, dass einer der eigenen Satellitenstaaten unter die Herrschaft der anderen Supermacht gelange. Dies wurde, wenn es geschah oder auch nur zu geschehen drohte, als ein aggressiver Schritt der Gegenmacht empfunden, und die herausgeforderte Supermacht versuchte, ihn mit allen Mitteln zu verhindern oder rückgängig zu machen. Nicht nur die jeweiligen Satelliten aus dem Warschauer Pakt einerseits und der Nato andrerseits wurden mit allen Mitteln in «ihrem Lager» gehalten; auch die neutralen und neutralistischen Staaten der «grauen Zonen», die dazwischen lagen, mussten unbedingt «grau» bleiben. Ihr Abfall vom Neutralismus wurde vom Gegenblock als eine Bedrohung angesehen, weil sie sich in diesem Fall anschickten, enger mit einem der beiden Machtblöcke zusammenzuarbeiten.

Dies bewirkte, dass in der Dritten Welt vor allem von Seiten der Amerikaner und ihrer politischen Freunde «Stabilität» gross geschrieben wurde. Wenn ein Drittweltregime zu Fall kam, bestand stets die Gefahr, dass der «Revolutionär», der es zu Fall gebracht hatte, sich dem sowjetischen Machtbereich zuwenden könnte. Um dies zu vermeiden, nahmen die westlichen Vormächte, nicht nur die Amerikaner, auch die Briten und die Franzosen, häufig in Kauf, dass irgendein manchmal brutaler Alleinherrscher die Macht in einem der Drittweltstaaten ausübte, solange es sich nur nicht um einen «roten» Machthaber handelte. Er wurde unterstützt und in seiner Macht gefestigt, etwa durch Waffenverkäufe, geheimdienstliche Hilfe und Subventionsgelder, obgleich deutlich war, dass er seine Bevölkerung mit Gewalt unterjocht hielt. Wenigstens garantierte er die «Stabilität» seines Landes; was bedeutete: er sorgte dafür, dass keine sowjetfreundlichen Gruppen oder Individuen in seinem Lande zu wirken oder sich auch nur zu äussern vermochten. Mit dem Verschwinden der Sowjetunion nahm der Wert derartiger Klienten-Regime für «den Westen» rapide ab. Sie wurden nun eher eine Belastung, weil ihr Wirken in ihren Ländern die Behauptung, der Westen trete für Demokratie und Menschenrechte ein, jetzt endgültig Lügen strafte.

Das Wegfallen dieser Einschnürungen für die Länder der Dritten Welt und mithin auch für fast alle muslimischen kann zweierlei Folgen haben. Es kann zum Auseinanderdriften und dann zum vollen Zerfall von Staaten führen, die ohne das bisher bestehende Korsett, welches die sowjetische und die amerikanische Botschaft zusammen gebildet hatten, nicht fortbestehen können. Es kann anderen Staaten, die mehr inneren Zusammenhalt besitzen, jedoch auch eine Befreiung von dem bisher von aussen gestützten und an der Macht erhaltenen Gewaltherrscher bringen. Eine solche Befreiung bringt jedesmal eine Chance für einen demokratischen Neuanfang mit sich, was nicht bedeuten soll, dass er mit Sicherheit gelingen werde. Wir haben darüber gesprochen. Wahrscheinlich werden sich mehrere Anläufe als notwendig erweisen, bevor eine Demokratisierung erfolgreich beginnt und dann Bestand gewinnt. Der Sturz von Suharto bietet ein gutes Beispiel für einen derartigen Befreiungsprozess, wie er sich in der post-bipolaren Welt abspielen kann. Er ist bisher eher positiv verlaufen, wenn auch die grossen Schwierigkeiten, die er zu bewältigen haben wird, offensichtlich sind. Der Sturz von Mobuto in Kongo bietet ebenfalls ein Beispiel für die Folgen des neuen Systems in der Weltpolitik. Zur Zeit des Zweipolsystems war der kongolesische Diktator den Amerikanern nützlich oder gar unabkömmlich gewesen. Nun duldeten sie es, dass er gestürzt wurde. Doch sein Fall hat dem Kongo kein Glück gebracht, eher noch grösseres Unglück, da er zu einem Bürgerkrieg und zur Einmischung fast aller Nachbarstaaten in Kongo führte.

Jedenfalls ist mit dem Ende des festgefügten bipolaren Systems eine gewisse Starrheit, die allerdings auch eine Art von Stabilität bedeutete, aus der Weltpolitik gewichen. Die Möglichkeiten für die kleineren und ärmeren Staaten, ihre eigene Politik zu führen, haben zugenommen, womit allerdings auch die Gefahren wachsen, die aus Fehlern und Unglücksfällen entstehen. Wer mit dem Verfasser der Ansicht ist, dass demokratische Systeme keinen Luxus darstellen, sondern eine Notwendigkeit, muss auch die wachsenden Möglichkeiten willkommen heissen, Schritte auf eine Demokratie hin zu versuchen, sogar wenn es von vornherein nicht wahrscheinlich ist, dass der erste von ihnen sofort Erfolg bringen wird.

# Ausblick

Die islamische Welt steht heute am Beginn eines neuen Abschnittes ihrer langen Geschichte. Er ist dadurch gegeben, dass weltpolitisch der Kalte Krieg zu Ende gegangen ist, gleichzeitig innenpolitisch in vielen Ländern ein Generationenwechsel in der obersten Führung stattfindet und das Gespenst des Islamismus an Aktualität und Gefährlichkeit, genauer gesagt an ideologischer Zugkraft, eingebüsst hat.

Der Kalte Krieg hatte den Staaten der islamischen Welt sowie vielen anderen der Dritten Welt einen diplomatischen Vorteil verschafft, der sich in vielen Fällen in praktische Hilfe umsetzen liess. Nicht ohne Grund nannten sich so gut wie alle Staaten der islamischen Welt «Neutralisten». Als solche, die sich weder dem Ost- noch dem Westblock zurechneten, konnten sie eine Pendelpolitik zwischen beiden betreiben; manche von ihnen bezogen Waffen und Hilfsgüter von der einen oder der anderen Seite im Kalten Krieg, indem sie zwar «Neutralisten» blieben, jedoch als solche mit der einen oder der anderen Seite, manchmal sogar nacheinander mit beiden, zusammenarbeiteten.

Für die grossen Machtblöcke bestand das Spiel daraus, die «grauen Gebiete» soweit möglich auf ihre Seite zu bringen. Dies wurde für sie umso wichtiger, als die Hauptmachtblöcke, jeder in seinem Bestand, abgesichert durch atomare Drohung und Gegendrohung, unveränderlich blieben (bis zum Zusammenbruch der Sowjetunion), so dass Bewegung im Kalten Krieg eigentlich nur noch in den «grauen Zonen» möglich schien. Dort reagierte jeweilen der Gegenmachtblock mit Alarm und Aktionsbereitschaft, wenn sein Supermacht-Gegenspieler irgendwo politische Fortschritte machte. Die Waffenlieferungen der einen oder anderen Seite an die verschiedenen «neutralistischen» Staaten waren meistens der klarste Hinweis darauf, auf welche Seite der «neutrale» Drittweltstaat sich in einem gegebenen Augenblick neigte. Russische oder amerikanische Waffen gingen ja auch mit einer russischen oder amerikanischen Ausbildung für die Offiziere einher, und die anderen Hilfsgüter und Gelder kamen dann ebenfalls von der einen oder von der anderen Seite. Dabei waren manche der neutralistischen Staaten, die eine abenteuerliche Aussenpolitik führten, durchaus in der Lage, ihre jeweiligen Supermacht-Partner zu bedeutenden Leistungen zu nötigen.

So hatte die Sowjetunion Ägyten zur Zeit Abdel Nassers den Hochdamm «gestiftet», nachdem die Vereinigten Staaten ihr Hilfsangebot für das grosse Bauunternehmen zurückgezogen hatten, und diese amerikanische

440

Reaktion war zustande gekommen, weil Kairo 1954 ein Waffengeschäft mit dem Ostblock abgeschlossen hatte.

Syrien war von der Sowjetunion so weit aufgerüstet worden, dass das syrische Heer (wenn es gemeinsam mit dem ägyptischen operierte) eine echte Gefahr für das israelische abzugeben schien. In Afghanistan hatte die Sowjetunion 1964 den Strassentunnel durch den Salangpass gebaut, der zum ersten Mal die nördliche Landeshälfte Afghanistans über den Hindukusch hinweg durch eine beständig benützbare Strasse mit dem Süden verband. Auf dieser Strasse wurden dann allerdings auch, fünfzehn Jahre und drei Umstürze später, Weihnachten 1979, die sowjetischen Besatzungstruppen nach Kabul transportiert.

Nicht überall nahm das Kräfteringen der Supermächte ein gleich katastrophales Ende wie in Afghanistan. Doch in den meisten der «neutralistischen» Staaten der Dritten Welt bildeten die sowjetische und die amerikanische Botschaft zwei Machtzentren, die einander stets im Auge behielten und immer beflissen waren, sich gegenseitig den Rang abzulaufen. Die Lage vieler Staaten der muslimischen Welt glich daher während des Kalten Krieges ein wenig jener der persischen Qajaren im 19. Jahrhundert. Sie konnten ohne grosse Anstrengungen ihre Unabhängigkeit bewahren, indem sie zwischen den Russen und den Amerikanern lavierten, wie es die Qajaren ihrerseits zwischen den Russen und den Engländern getan hatten. Zu einem Teilungsabkommen wie damals im Vorfeld des Ersten Weltkrieges zwischen dem Zarenreich und Grossbritannien sollte es im Kalten Krieg nicht kommen. Doch der eine Machtpol brach weitgehend zusammen. Die Sowjetunion schied aus dem Gleichgewichtsspiel aus, und die Länder der Dritten Welt standen plötzlich einer Ersten Welt gegenüber, während die Zweite als Machtfaktor verschwunden war.

Dies war zweifellos unbequem für manche Staaten der islamischen Welt, besonders für jene, die sich zu sehr auf Zusammenarbeit mit der Sowjetunion eingestellt hatten. Doch langfristig gesehen bestand auch ein Vorteil. Er lag darin, dass diese Staaten nun gezwungen wurden, gewissermassen aus eigenen Mitteln zu leben und ihre Politik dieser neuen Lage anzupassen. «Rentnerstaaten» gab es immer noch auf Grund der «Erdölrente». Doch die «Rente» auf Grund der strategischen Lage im Kalten Krieg war zu Ende. Dies war ein Glück im Unglück, insofern als es die betroffenen Staaten zu einer realistischeren, sachlicheren Politik zwang und mit ihr zur Aufgabe von unrealistischen Wunschträumen im militärischen und aussenpolitischen Bereich wie auch in jenem der als «sozialistisch» bezeichneten Staats- und Kommandowirtschaft.

Damit war natürlich ein demokratischer Zustand noch lange nicht näher gerückt, wohl aber zeichneten sich die wirtschaftlichen und die aussenpolitischen Voraussetzungen einer Demokratie ab: mit der nun unumgänglich gewordenen Reduktion der unrentablen Staatsunternehmen zu Gunsten des Marktes und der Notwendigkeit, auf aggressive aussenpolitische Ziele und sogar Rhetorik zu verzichten. Eine Bresche für die private Wirtschaft wurde in die bisherige wirtschaftliche Allmacht der Regime gewisser «Entwicklungsstaaten» geschlagen, und die Möglichkeit, mit Kriegsrhetorik das eigene Volk zusammenzuhalten, nahm ab. Auch die einst in vielen Drittweltstaaten geltende Ansicht, dass die «Entwicklungswelt» ihren eigenen Weg zu gehen habe, der sich von jenem der Entwickelten unterscheiden müsse, also nicht deren Strukturen nachahmen solle, verlor ihre Glaubwürdigkeit, als die Sowjetunion zusammenbrach und der angestrebte «Mittelweg» der Neutralisten gar keine Mitte mehr fand.

Starke Illusionen, so kann man die Lage zusammenfassen, verschwanden auch für die Dritte Welt, als die Zweite zusammenbrach. Das Ende der Illusionen kann natürlich den Beginn eines neuen Realismus bedeuten, der besser erkennt, dass Modernisierung oder Entwicklung einer Nation nicht auf dem Kommandoweg herbeigeführt werden kann, sondern auf dem Grund tatsächlicher Zusammenarbeit der Bevölkerung mit ihren möglichst weitgehend von ihr selbst ernannten und kontrollierten Behörden fussen und aufbauen muss.

Die Generationenablösung vollzog sich zugleich in mehreren Ländern: Jordanien und Marokko erhielten junge Könige, Söhne ihrer verstorbenen Väter. Doch auch in den republikanischen Staaten rückten die Söhne nach, schon im Sommer 1999 im Falle des verstorbenen Hafez al-Asad sowie in der möglichen Zukunft im Irak und in Libyen, vielleicht sogar auch in Ägypten, wo ebenfalls die Söhne auf die Machtübernahme nach dem Hinscheiden ihrer zurzeit sehr absolut regierenden Väter vorbereitet werden. Dass dies nicht nur in monarchischen, sondern auch in republikanischen Staaten geschieht, hat zweifellos etwas zu tun mit der absoluten Macht, welche die «Präsidenten» auch in den Republiken ausüben. Die Staatspartei und das mehrheitlich aus ihr gebildete Parlament, die beide gemeinsam den absoluten republikanischen Herrschern als einer der Transmissionsriemen ihrer Macht dienen (andere, oft wichtigere, sind einfach die Polizei, die Geheimdienste, die Armee), sehen sich selbst nicht als die wirklichen und legitimen Inhaber der Macht an. Der tatsächliche Herrscher und De-facto-Souverän hat ihnen solche Ansichten längst und energisch ausgetrieben. Die Politiker der Staatspartei und die aus ihnen hervorgegangenen Abgeordneten in den Parlamenten sind in ihren eigenen Augen eher Gefolgsleute, die als Solidaritätsgruppen den tatsächlichen Machthaber stützen und abschirmen. Dass eines ihrer Mitglieder nach dem Tod des Machthabers zu dessen Nachfolger aufsteigen könnte, ist für alle anderen Mitglieder undenkbar. «Warum denn er, mein Kollege, aber nicht ich?» dürfte in diesem Falle ein jeder fragen. Der drohende Streit aller gegen alle wird daher dadurch vermieden, dass der Sohn des bisherigen Machthabers die Macht übernimmt. Ihm Gefolgschaft zu leisten, fällt den Dienern des Regimes weniger schwer, als plötzlich einen der Ihren in den Rang des Machthabers erhoben zu sehen, der dann von seinen bisherigen Kollegen, gerade weil sie seit langer Zeit seine gleichgestellten Kollegen waren, nur zu leicht in Frage gestellt und abgelehnt würde.

Die neuen, jungen Machthaber kommen wohl meistens an die Macht mit der Absicht, ein Regime der Konkordanz einzuführen. Sie suchen die Zustimmung ihrer Untergebenen. Doch dies ist nur die Ausgangslage in einem bevorstehenden Spiel von komplexen Entwicklungen. Die Sicherheitsdienste der bisherigen Herrschaft zum Beispiel melden sich bei dem neuen Machthaber, Sohn des bisherigen, mit der Aussage: «Nur wenn wir die Machtbefugnisse beibehalten, die uns unter dem Regime des Vaters zur Verfügung standen, sind wir in der Lage, die Sicherheit des Regimes wie bisher zu garantieren.» Sogar wenn der neue Machthaber schrittweise neue Sicherheitschefs einsetzt, wird er doch immer auf deren dringend geäusserten Wunsch stossen, ihnen mehr Kontrolle über die Bevölkerung zuzugestehen, als mit deren Menschenrechten und Freiheitsempfinden vereinbar ist. Echte und vermeintliche Gefahren, denen die Ordnung unter dem neuen Herrscher ausgesetzt ist oder zu sein scheint, dienen natürlich dazu, die Argumente der Sicherheitsleute zu bestärken. Alle Politiker des Regimes, die aus der Zeit des Vaters überleben, stossen fast immer in das gleiche Horn: «Nur keine gewagten Experimente in der heiklen Übergangzeit nach dem Verschwinden des mächtigen alten Mannes!» empfehlen sie seinem Sohn und Nachfolger.

Unter solchen Umständen ist die Herrschaft des jungen und für seine Zeit meist offeneren Sohns des grossen alten Machthabers zwar unbestreitbar ein Neubeginn, aber gewiss keine Garantie dafür, dass nun alles ganz anders und viel offener werde. Doch immerhin ist eine Initialöffnung da, was aus ihr werden soll, muss die – stets ungewisse – Zukunft erweisen.

In anderen wichtigen islamischen Ländern ist nicht der Sohn dem alten Machthaber nachgefolgt, der alte Mann ist jedoch abgetreten, so namentlich

in Indonesien, während in Iran – wie oben beschrieben – durch die Volks-
wahl von Präsident Khatami im Mai 1997 eine gewisse Machtverschiebung
zugunsten eines Neubeginns eintrat, die jedoch auf dermassen gewichtige
Hindernisse auflief, dass sie sich bis heute – trotz dem erneuten Wahlsieg in
den Parlamentswahlen von Februar und Mai 2000 – nicht wirklich durchsetzen konnte. Pakistan hat seinerseits den alten Weg zurück zu einer militärischen Alleinherrschaft eingeschlagen. In anderen Ländern der islamischen
Welt ist von einem Neubeginn wenig zu spüren. Manche stehen weiterhin
unter der Macht eines Einmannregimes, dem man nicht zutrauen kann, dass
es sich wirklich ändern wird, bis der heutige Herrscher abtritt. Man kann in
diese Gruppe Ägypten stellen, Tunesien, Libyen. Algerien ist insofern vergleichbar, als gegenwärtig keine wirklichen Chancen für eine tatsächliche
Demokratisierung erkennbar sind.

Was die bisher einflussreiche und gefährliche Ideologie des Islamismus
angeht, so wird immer deutlicher, dass sie den Höhepunkt ihrer Wirkung
überschritten hat und abzuklingen beginnt. In den beiden Staaten, in denen
sie zur Macht kam, Iran und Sudan, ist sie in eine Krise geraten. Das gleiche
gilt wohl auch von Afghanistan, wo die Taleban, gestützt auf Pakistan, hoch-
kamen, aber bisher nicht das ganze Land zu erobern vermochten. In anderen Ländern wurde ihr Versuch, die Macht zu erlangen, zurückgeschlagen:
Algerien, Ägypten, die Türkei; und in noch anderen sind die Islamisten nie
bis in die Nähe der Macht vorgestossen. Dass «der Islam» «das Heil» im politischen Sinne bringe, wie es die Islamisten verheissen hatten, wird immer
mehr Muslimen höchst ungewiss. Die Länder, in denen Islamisten zum
Durchbruch kamen, zeigen am deutlichsten ihre politischen Schwächen;
und die Grausamkeiten, deren sich manche der Islamisten in ihrem Streben
nach Macht schuldig machten, trugen und tragen dazu bei, ihre Lehre in Verruf zu bringen.

Der Islamismus hat, auch wo er keinen Durchbruch erzielte, in vielen
muslimischen Ländern dazu beigetragen, dass die Bevölkerung begann, sich
selbst als die Protagonisten des politischen Geschehens zu sehen, in vielen
Fällen zum ersten Mal seit dem Befreiungskampf gegen die Kolonialisten.
Aus diesem Grund gibt es die Möglichkeit, dass die islamistische Mobilisierung in gewissen Glücksfällen in eine demokratische umschlagen könnte.
Dass das Volk, wenn es nur weiss, was es will, das politische Geschehen nach
seinem Willen vorantreiben kann, wäre eine der möglichen Lehren, die aus
den Anfangserfolgen des Islamismus, vor allem gegen den Schah von Iran,
gezogen werden könnten – allerdings müsste sie nun auch ergänzt werden

durch die weitere Erkenntnis, dass «das Volk» die Macht nicht bedingungslos einem Einzelherrscher anvertrauen darf, wenn es nicht gewärtigen will, dass sich dieser zum nächsten absoluten Machthaber aufschwingt – gleich, ob er nun Offizier, Grossgrundbesitzer, Parteigewaltiger oder Gottesgelehrter sei.

Die Fachleute, die den Islamismus analysieren, sind übereinstimmend der Meinung, dass diese Volksbewegung nicht einfach einen Schritt zurück in die «mittelalterliche» Vergangenheit der Muslime darstellte, sondern dass sie «moderne» Züge getragen habe. Als grundsätzlich «modern» einzuschätzen ist die Mobilisierung eines Volkes auf Grund von Ideen, um auf diesem Weg politische Ziele zu erreichen. Dies taten die Islamisten und gelangten in einigen Fällen an ihr Ziel. Dieses Ziel selbst kann nicht als modern bezeichnet werden. Der islamische Staat, so wie er angestrebt wurde, trägt in der Tat mittelalterliche Züge. Doch die Methode, mit der das Ziel angegangen und im Falle Irans erreicht wurde, war keineswegs mittelalterlich, denn sie bestand nicht aus einem Feldzug unter irgendwelchen Feudalherren, sondern aus einer Mobilisierung der Bevölkerung (von Paris aus über Telefonlinien und Tonbänder!) auf Grund einer Ideologie, die sich gegen die herrschende Macht wandte. Dass dies möglich sei, wurde erprobt und gelernt. Möglicherweise kann das Folgen für die Zukunft haben, vielleicht sogar in dem Sinne, dass die seit der Mitte des 19. Jahrhunderts begonnenen, aber immer wieder abgebogenen und zusammengebrochenen Verfassungsrevolutionen nun doch zu einem erfolgreichen Ende geführt werden könnten.

Demokratien gibt es nicht ohne Demokraten; Demokrat aber kann man nur werden, indem man lernt, dass der eigene Einsatz, gestützt auf Gleichdenkende, konkrete politische Folgen herbeiführen kann – und indem man zugleich der Mehrheit das Recht einräumt, nach offener Diskussion und ehrlicher Feststellung des Willens der jeweiligen Mehrheit, Prioritäten zu bestimmen, Weichen zu stellen und Wege zu beschreiten. In diesem Sinne könnte – mit Glück – der Islamismus Vorstufe und Übungsfeld einer noch kommenden demokratischen Volksbewegung werden, wie sie die hieratisch gelenkten Völker des Islams (und anderer Staaten der Dritten Welt) bis heute nur in seltenen Ansätzen kennen lernten.

Es gibt einen Massstab dafür, wie weit solche erhofften Bewegungen in Richtung Demokratisierung wirklich vorankommen oder wie weit umgekehrt die gegenläufigen Tendenzen der Beibehaltung von Kommandoregimen sich durchsetzen: die hier schon mehrfach erwähnte Gedankenfreiheit (wobei dieser Begriff selbstverständlich nicht allein Freiheit der Gedanken meint, sondern auch Freiheit, diese Gedanken in Umlauf zu setzen). Die Gedankenfreiheit ist gerade in den heutigen, beweglichen und komplexen Gesellschaften von solcher Bedeutung, dass das Ausmass ihrer Einschränkungen durch die herrschende Macht oder ihrer Zulassung ein untrügliches Zeichen dafür abgibt, wie weit eine bestimmte Gesellschaft in einem gegebenen Zeitpunkt die Möglichkeit hat, sich auf demokratische Zustände hin zu bewegen oder wie weit sie sich auf dem umgekehrten Wege einer Festigung der Machtprivilegien der Machthaber befindet.

Iran bietet in der Gegenwart (Sommer 2000) eine gute Illustration dieses Umstandes. Im Frühjahr hat die Tendenz der Liberalisierung des Regimes mit grosser Mehrheit die Parlamentswahlen gewonnen. – Wird es nun daraufhin zu einer wirklichen Liberalisierung kommen? – Die Lage der Presse bietet die klarste Antwort auf diese Frage. Nachdem die «Liberalen», Anhänger des Präsidenten Khatami, im Mai gegen den Widerstand mächtiger konservativer Kreise die Wahlen endgültig gewonnen hatten, entfesselten ihre Widersacher, die Befürworter einer islamischen Republik «auf dem Wege Khomeinis», eine Gegenoffensive. Sie bestand darin, dass die iranische Justiz zwischen dem 23. und 27. April die Schliessung von nicht weniger als 18 Zeitungen und Zeitschriften befahl. Von diesen waren 15 Blätter, welche die Liberalisierung befürworteten.

Die Konservativen nützten den Umstand aus, dass die Gerichte sich völlig in ihrer Hand befanden. Die Richter urteilten denn auch, dass die 18 geschlossenen Veröffentlichungen sich in der einen oder anderen Form gegen «den Islam» vergangen hätten, und sie waren bestrebt, alle jene Personen, die sie als dafür verantwortlich ansahen, zur Rechenschaft zu ziehen. Wobei sie natürlich einen Islambegriff zugrunde legten, der den Vorstellungen der konservativen «islamischen» Machthaber entsprach. Regierung und Parlament, die seit dem Frühling 2000 von den Vertretern der liberalen Tendenz beherrscht werden, reagierten auf diese Herausforderung der konservativen Machthaber, indem das Parlament, kaum war es im August 2000 nach den Sommerferien zum ersten Mal zusammengetreten, dazu schreiten wollte, das iranische Pressegesetz umzuarbeiten, zweifellos mit dem Zweck, die Verurteilung von angeblich gegen «den Islam» gerichteten Aussagen und Meinungen zu erschweren. Doch der «herrschende Gottesgelehrte» Khamenei erklärte, bevor die Parlamentsdebatte beginnen konnte, eine solche Debatte über das Pressegesetz liege nicht im Interesse Irans. In einem Schreiben, das vor den Abgeordneten verlesen wurde, hiess es: «Wenn die Feinde die Presse infiltrierten, wäre dies eine grosse Gefahr für die Sicherheit des Landes und den religiösen Glauben des Volkes. Ich halte es nicht für richtig zu schweigen. Der Gesetzesvorschlag ist nicht legitim und nicht im Interesse des Systems und der Revolution.»

Der Parlamentspräsident, Mehdi Karrubi, brach daraufhin die Debatte ab. Er erklärte den Abgeordneten: «Unsere Verfassung enthält Bestandteile absoluter Herrschaft durch den Obersten Geistlichen Führer. Alle wissen und billigen dies. Wir sind alle verpflichtet, uns daran zu halten.» Mehdi Karrubi war als ein Kompromisskandidat zum Parlamentsvorsitzenden gewählt worden. Er galt als ein gemässigter Konservativer und langjähriger Anhänger Khomeinis, aber auch als ein persönlicher Freund von Präsident Khatami. Die Abgeordneten hatten sich vor der Sommerpause im Juni auf seine Person geeinigt, um Spannungen zwischen der konservativen Minderheit und der liberalen Mehrheit im Parlament zu vermeiden und um sich gegenüber den konservativen Mächten ausserhalb des Parlaments und der Regierung (dem herrschenden Gottesgelehrten und den von ihm direkt ernannten Instanzen von grosser politischer, wirtschaftlicher und juristischer Macht) versöhnlich und flexibel zu zeigen.

Der Geistliche Muhsin Kadivar, einer der Vordenker der Reform, wurde gerade zur Zeit des Eingriffes des herrschenden Gottesgelehrten in die Agenda des Parlamentes aus dem Gefängnis entlassen, wo er 18 Monate verbracht hatte. Er erklärte: «Wir leben in einem Lande der Dritten Welt. Wir haben eine Geschichte von 2500 Jahren der Despotie. Es ist nur natürlich, dass es zum Widerstand gegen die Freiheit kommt. Die richterliche Gewalt respektiert weder das Gesetz noch die Regeln der Religion noch die öffentliche Meinung. Die Tatsache jedoch, dass sie ihre Widersacher festnehmen, statt sie umzubringen, wie sie es früher taten, stellt einen Fortschritt dar.» Er hat damit den Inhalt dieses Buches knapp, aber treffend zusammengefasst.

Die Liberalisierung der Presse war einer der wenigen und gewiss der wichtigste der Liberalisierungsschritte gewesen, die der im Februar 1997 gewählte Präsident Khatami hatte unternehmen können, obgleich er zwischen 1997 und 2000 mit einem Parlament hatte arbeiten müssen, dessen Mehrheit seinen konservativen Widersachern zuneigte. Wenn es Khatami und seinen Parteigängern nicht mehr gelingt, die Hauptthesen der liberalen Reformer weiter an die Öffentlichkeit zu bringen, indem sie sich journalistische Sprachrohre schaffen, die sie artikulieren, dürfte die Reform weitgehend stecken bleiben.

Dies könnte allerdings leicht nur einen vorübergehenden Sieg der konservativ-islamistischen Kräfte bedeuten. Denn die schon gegenwärtig bestehenden starken Spannungen zwischen den Befürwortern einer Reform (die es auch innerhalb der Streitkräfte, der Revolutionswächter und unter den Gottesgelehrten gibt) und den Machthabern «alter Schule», denen es darum geht, sich in ihren bisherigen Positionen zu halten, drohen sich rasch und gefährlich zuzuspitzen und könnten am Ende zu bürgerkriegsähnlichen Zuständen führen.

Khatami muss sich im Jahr 2001 zur Wiederwahl stellen, und seine konservativen Feinde entwerfen schon heute die Strategien, die auf seine Wahlniederlage abzielen. Dazu wird mit grosser Wahrscheinlichkeit gehören, dass sie sich bemühen werden, seinen Versuchen, die Wirtschaft Irans wieder auf Touren zu bringen, entgegenzutreten. Die jungen Iraner, die auf Khatami hoffen, erwarten von seinem Regime, dass es ihnen bessere Arbeits- und Verdienstchancen verschaffe. Der Präsident und seine Regierungen werden darauf angewiesen sein, der Bevölkerung deutlich zu machen, dass Rechtssicherheit und politische Transparenz Vorbedingungen für eine Aufwärtsentwicklung der iranischen Wirtschaft darstellen. Er und seine Anhänger müssen schon aus diesem Grunde die islamistischen Mythen hinterfragen und die Propagandisten, die ihre völlig undurchsichtige und arbiträre Regierungsweise mit «dem Islam» identifizieren, öffentlich zur Rede stellen. Wenn sie dies jedoch tun, treten ihnen die «islamischen» Richter entgegen, und sie neigen dazu, ihre Sprachrohre, die liberalen Blätter, die ihnen als «unislamisch» und «dem Ausland hörig» gelten, zu schliessen sowie deren hervorragende Herausgeber und Autoren mit hohen Bussen zu belegen oder ins Gefängnis zu werfen.

Neben der richterlichen Gewalt gibt es auch noch andere nicht parlamentarische, aber konstitutionell verankerte politische Mächte in Iran, die ebenfalls eingreifen können, um die Reformbewegung zu blockieren. Dies hat der Schritt des herrschenden Gottesgelehrten zur Abwürgung der Parlamentsdebatte über eine Reform des Pressegesetzes sehr deutlich gezeigt. Die unmittelbare Zukunft Irans dürfte davon abhängen, ob es dem Präsidenten, seiner Regierung und ihrer parlamentarischen Mehrheit gelingt, sich aus dieser Zwickmühle zu befreien und das weitere Erscheinen einer Presse zu gewährleisten, die in der Lage ist, die Thesen der politischen Reform öffentlich vorzulegen und zu verteidigen.

Natürlich hat das Ringen um Gedankenfreiheit strategische Bedeutung, wenn es darum geht, ein Regime zu demokratisieren. Die Pressefreiheit ist in allen Ländern eine grundlegende Vorbedingung der Demokratisierung. Es gibt sie jedoch so gut wie überhaupt nicht. Eine Ausnahme bildet die Türkei; nicht von ungefähr ist sie auch der demokratischste aller muslimischen Staaten. Überall sonst greift die Regierungsmacht ein, um die Presse sich unterzuordnen. Dies kann auf höchst brutale Weise geschehen durch Verbote und Gefängnisstrafen, etwas subtiler durch Ernennung der Chefredaktoren durch die Regierung (wie es in Ägypten geschieht) – oder durch Druckmanöver finanzieller Natur, kombiniert mit Presselizenzen (wie es die saudischen Behörden am wirksamsten betreiben). Saudi-arabische Prinzen finanzieren – und beherrschen – mit solchen Methoden nicht nur die Medien in Saudi-Arabien, sondern auch die wichtigsten im Ausland erscheinenden arabischen Zeitungen, Zeitschriften und Fernsehstationen, wobei sie klug genug sind, den Herausgebern genügend Freiheit in arabischen Materien zu lassen, dass diese in der Lage sind, ihre Produkte für ihr arabisches Publikum attraktiv zu gestalten. Als Gegenleistung müssen die saudisch finanzierten Medien freilich die eine grundlegende Konzession eingehen: sie dürfen keine Kritik an Saudi-Arabien und der dortigen Regierung laut werden lassen.

Pakistan besitzt eine relativ freie Presse in der englischen Tradition (und Indien, mit seiner Minorität von über 100 Millionen Muslimen, natürlich ebenfalls). In Indonesien war nicht nur die Presse zur Zeit Präsident Suhartos gleichgeschaltet, sondern sogar die Sprache so reguliert, dass sie sich aus lauter Euphemismen für alle eher unangenehmen Erscheinungen des sozialen Lebens zusammensetzte. Zurzeit besteht eine weite Öffnung, jedoch sind die sozialen und politischen Zustände so, dass eine Fortsetzung des demokratischen Experiments keineswegs als gewiss gelten kann.

Die Informationsfreiheit ist für die Frage der Demokratisierung gerade darum so zentral, weil in den islamischen Ländern, im Gegensatz zu vielen europäischen, wie wir hier ausführlich dargelegt haben, eben keine einheimische und der eigenen Kulturtradition innewohnende demokratische Tradition besteht. In Rom steckte eine solche Tradition gewissermaßen im kulturellen Humus, aus dem sie wieder emporwachsen kann, und tatsächlich oftmals wieder emporwuchs, wenn sie vorübergehend unterdrückt wurde. Andere Staaten der europäischen Welt haben Teil an diesem – teilweise römischen – kulturellen Erbe. Doch in der islamischen Welt gibt es nicht einmal das Wort «Demokratie», bis es aus Europa übernommen wird. Das neue Wort muss erklärt werden, eingeführt, eingebürgert als neuer und bisher unbekannter Bestandteil des politischen und sozialen Lebens. Gerade weil es sich um einen wenig vertrauten Begriff handelt, ist er der Gefahr von Missverständnissen, aber auch von bewussten Verzerrungen und absichtlichen Fehlanwendungen ausgesetzt. Der demokratische Lernprozess muss von einem beständigen erklärenden und aufklärenden, kritischen und vielstimmigen Kommentar begleitet werden – bekanntlich auch in Europa und in den Vereinigten Staaten (wo eine jede Generation ihn neu einüben muss), wenn die Demokratie funktionieren soll. Dass dies umso mehr der Fall ist in Ländern, in denen es sich um einen nicht einheimischen Prozess handelt, der sich erst einbürgern muss, leuchtet ein. Doch gerade dieser lebenswichtige Kommentar wird deformiert oder völlig unterdrückt, wenn die Regierung die Presse bevormundet oder überhaupt selber schreibt. In der heutigen Zeit findet die Bevormundung der Gesellschaft in erster Linie über die Medien statt. In den letzten 50 Jahren hat sich die Palette der Bevormundungsmöglichkeiten vervielfacht. Nur eine aggressiv auf ihre Unabhängigkeit ausgehende, vielstimmige Presse- und Medienlandschaft kann eine Demokratie in der heutigen Welt am Leben erhalten oder, wo dies nötig ist, mithelfen, sie ins Leben zu rufen. Gedankenfreiheit im Sinne von Freiheit der Information ist heute, mehr noch als in früheren Jahrhunderten, das Lebenselement schlechthin, der Sauerstoff, ohne den eine Demokratie nicht zu atmen vermag.

# Register

451

454

459

461